BLACKWELL PHILOSOPHY GUIDES

丛书总主编：[美]斯蒂文·M·卡恩
(Steven M.Cahn)
中文翻译总主编：冯俊

社会科学哲学

[美]斯蒂芬·P·特纳（Stephen P. Turner）
保罗·A·罗思（Paul A. Roth） /主编
杨富斌/译

The Blackwell Guide to the Philosophy of the Social Sciences

BLACKWELL ▶▶▶▶
PHILOSOPHY GUIDES

布莱克韦尔哲学指导丛书

中国人民大学出版社
·北京·

教哲学和学哲学的方法指南

——《布莱克韦尔哲学指导丛书》中译本序

冯　俊

每一个民族和每一种文化都会有自己的哲学思想，而作为成熟的理论形态的哲学在世界的几大文明中都同样散发着智慧的光辉。哲学并非像黑格尔和德里达所言只是西方人的专利——只是起源于古代希腊，并用希腊文、拉丁文和德文等西方语言表达出来的一种独特的概念思维，哲学的形态、风格和语言表达都应该是多元的。19世纪末和20世纪初中国人从西方引进“哲学”一词和西方哲学时，只是把它作为与中国传统哲学不同的另一种新奇的哲学，而从未把它看作是世界上唯一的哲学。一百多年来，中国人在不断地引进、移植和改造着西方哲学并使其本土化，在对西方哲学的理解中渗透了中国文化的独特视角，在中国社会的现实和独特发展中对西方哲学产生了独特的理解和感悟。应该说，中国人在引进和研究西方哲学的过程中对于西方哲学也是有理论贡献的。

然而，在我们引进和研究西方哲学的过程中更多地是注意哲学的内容和学理，而很少去注意西方人是怎样学习和教授哲学的，实际上，哲学研究的方法和哲学教学的方法是两种不同的但却相辅相成的方法，学习哲学和教授哲学的方法能够帮助我们更好地了解和掌握哲学的精神实质和学理路径。早在17世纪，笛卡儿就注意到，研究者自己发现问题和解决问题的方法与他把这些发现表述出来告诉别人的方法是不同的，而霍布斯还专门研究了发现的方法和教导的方法之间的区别，这表明他们在研究哲学的同时还是十分注重哲学的教学方法，把自己的哲学表述清楚、传扬出去、教授给别人也是哲学家研究哲学的重要目的。因此，对于西方哲学的教学方法的研究应该是一个重要的课题。

哲学的教学方法一般说来包含三个方面，一是如何教，二是如何学，三是学什么，即教学的组织形式、学习形式和教材。在过去的半个世纪中，我们教授哲学和学习哲学的方法日显僵化，主要是老师讲，学生听，老师像是在宣示真理，学生却是在死背教条，丰富鲜活的哲学变成了枯燥无味的说教。没有辩驳、讨论，更谈不上与哲学家对话。哲学教科书一方面远离社会现实，不能对人类面临的重大问题作出回应，无法反映现时代的精神；另一方面也远离学术前沿，大多是已成定论的老生常谈，知识结构陈旧。同时，“教科书文化”大行其道，每一个学校、每一个地区甚至全国都在编写同一门课的教材，编者更多关心的是市场占有份额。教科书千书一面，大同小异，大多是介绍性、转述性的二手资料，学生通过教科书根本就不能了解哲学家本人的原著和思想理路，哲学系的学生学习了几年的哲学，没有读过几本原著，更没有读过原文原著，甚至不知道某位哲学家的名字原文该如何书写、如何发音。这种现状是否也值得哲学教育者们警醒呢？在我们大力引进和研究西方哲学的同时，是否也需要研究西方的哲学教育方法和教材的编写方法呢？

中国古代的哲学也有自己的研究方法和教学方法。就教学方法而言，古时学哲学不是靠一些导论性的教科书、二手的介绍材料；重视哲学家的原著，背诵、注解原著是一个突出的特点，学生在熟读和牢记哲学家原文原著的基础上，可以自然地体悟和阐释这些哲学的意蕴。这种传统的方法已被我们丢掉了。今天我们是否需要借鉴西学或是反观传统来重新审视和检讨我们该如何教哲学、如何学哲学呢？

在此我想以在牛津大学的一些体验来简要地考察一下西方大学里成熟的哲学教学方法。

首先，哲学的教学方法和教学的组织形式是多种多样的，大致分为：(1) **个别辅导**（tutorial）。牛津大学的本科生是导师制，学生在学院里生活，每周和导师见面一次，导师布置书目，列出思考题，学生去图书馆借书、看书，一周之后学生和导师再次见面时，学生向导师汇报读书心得，导师答疑解惑，与学生讨论切磋，再布置新的书目和新的思考题。周而复始，几年下来，学生阅读了大量的书籍，思考了大量的问题，与导师也进行了充分的交流，导师在辅导和答疑中也在不断收集新的问题，不断思考和提高，做到了教学相长。(2) **讲座课程**（lecture）。除了在学院里有导师个别辅导外，学生还要听全校公开开设的大课。课堂小则几十人，多则几百人；课程提纲挈领，统观全局，给学生以该学科的概貌、前沿问题和争论热点的梗概，为学生继续学习提供指引。课程不照本宣科、不面面俱到，浓缩凝练，一门课一般只有八讲。当然，也有几个老师开同一门课的现象，但是它们的内容和侧重点必定是有区别的，用不同的号码、代码区别开来以便学生选课。每一个老师，既需要在学院里做导师对学生进行个别辅导，也需要在学校里对全校开设大课。不管资格多老的教师或多有名的教授，都要给本科生上课，直到退休为止。（3）**讨论班**（seminar）。讨论班是高年级学生和研究生的主要教学组织形式，围绕着问题或原著，由学生们轮流主讲或宣读小论文，老师只是一个旁观者、参与者或引导者，在学生们讨论完之后稍做总结和归纳。讨论班中学生们都是主动地学习、研究型学习，经历了发现问题解决问题的全过程，收获非常大，表述自己的研究心得，与他人开展辩驳和争论，在争论中擦出思想的火花。参加一次讨论班，对学生的学习能力和研究能力是一次全面的锻炼。（4）**学术报告会**（colloquium）。学术报告会往往是提前一个学期或数月就安排好、隔周一次或定期性的学术活动，一般是以聘请校外名家为主就学术热点问题和前沿问题作学术报告，一般在报告人报告完后，还有评论人对学术报告进行评论，然后学生们再自由提问，报告人回答问题。往往一些好的学术报告可以使学生开阔眼界，为学生提供了与名人见面和现场讨教的机会。（5）**学术研讨会**（symposium）。研究生经常会和导师一起参加学术研讨会，宣读自己的学术论文，回答学者们提出的问题，和大家一起研讨，这是研究生走进学术圈，认识学术界朋友，同时也让学术界认识自己的一个很好的场所。（6）**学术大会**（conference）。各个学会、协会一年一度的学术大会，或全国性、国际性的专业大会，往往是围绕一个主题，多学科的学者多角度地进行研讨，规模宏大。一般说来，只有极少数学生或研究生在学习期间才有幸参加这样的大会。以上六种方式，经过几百年的实践，已经成为一种学术规范，被西方的大学和学术界广泛地采用。近几年来，我国学术界也已经部分地采用了这种规范，进行学术研讨或进行教改实验，但是，对于哲学教学特别是本科生的教学影响很小。

其次，就课程设置和学生的学习方式而言，与国内通行的教学相比，西方大学哲学系里开设的导论性、通史性的课程较少，专题课、原著研读课较多。例如，他们不会花大片的时间学习西方哲学通史，而是读柏拉图、亚里士多德、奥古斯丁、阿奎那、笛卡儿、洛克、休谟、康德、黑格尔、维特根斯坦和海德格尔等人的代表作，或开设专题讲座，他们更注重专深，而不太注重全面。由于名师名家与学生见面的机会多，学生参与学术活动的机会多，以及交流沟通工具和旅行的便利，在西方著名的大学里学生有更多的机会与名师名家面对面地交流、讨教、对话，甚至向名家追问、质疑。学生们学习和研究的界限越来越模糊，从开始学习时起就能走入学术的前沿，参与学术热点问题的讨论和对话。而我们的学生则是经过漫长的打基础的过程，读二手书，听二手课，讨论二手问题，上学几年没有见过本校名牌教授，没见过国内名家，更难设想与世界级学者对话。

最后，西方大学里很少组织编写教材，既没有统一的教材编写大纲，也没有教育部推荐教材。他们更多地是把哲学家的原著作为教材，把那些经过时间检验或被学术界广泛认可的学术专著选作教材，而这些都是由老师来定的，一些导论性的教材也是老师个人多年的讲义，而不是由官方或校方要求或组织写的。他们不做重复建设，如果哪本书好，被大家选作教材广泛使用，就可以不断修订，一版再版，没有人再去编写地方版、地区版、高教版、成教版、职教版等，不再做花样翻新、遍地开花的工作。教科书不要求人手一本，不要求每年新生来都要买教科书，既节约了纸张资源，也节约了经费，减轻了学生的负担，学生主要是在图书馆借书看，或者新生向老生借书看。

当然，不能因此就说在西方没有成系列的大学教科书。但是这些教科书不是由官方或大学来组织编写的，而是由出版社来主导编写的，他们组织作者队伍，有计划、有目的地编写系列教材供大学选用或列为参考书。他们通过教科书体系的完备、品种的齐全、体例的新颖、作者的影响力、内容的丰富和较高的质量来影响大学的教学。

在这里我想以英国著名的布莱克韦尔出版公司的哲学教科书系列为例，来考察一下英语世界的哲学教材编写的特点和风格。布莱克韦尔的哲学教材分为五个系列：（1）**一般导论**（general introduction）系列，主要是给大学本科生教授基本哲学概念和哲学线索的导论性教材，例如《哲学导论》、《哲学家的工具箱》、《以哲学的方式思维——批判反省和理性对话导论》、《从笛卡儿到德里达——欧洲哲学导论》。尽管是导论性的教材，但是在写法上专著的味道还是很浓。（2）**著作选读**（readers）系列，主要是哲学家的著作选集，以人为线，原著选读。（3）**专题文选**（anthology）系列，例如，*Blackwell Philosophy Anthologies*（《布莱克韦尔哲学专题文选》）。该系列以不同的理论热点为线来编纂，其中包含有《从现代主义到后现代主义》、《心灵和认知》、《心灵、大脑和计算机——认知科学的基础》、《当代政治哲学》、《后殖民话语》、《形而上学》、《认识论》、《分析哲学》、《逻辑哲学》、《数学哲学》、《技术哲学》、《宗教哲学》、《生命伦理学》、《环境伦理学》、《美国哲学》、《非洲哲学》等。(4) **指南** (guide) 系列,例如,*Blackwell Philosophy Guides*(《布莱克韦尔哲学指导丛书》)。这是论文选集,但基本上按照哲学的学科体系来分册,将该学科最具前沿性和代表性的论文收集整理成一个体系,让它基本上能反映出该学科的前沿问题。(5) **伴读** (companion) 系列,例如,*Blackwell Companions to Philosophy*(《布莱克韦尔哲学伴读丛书》)。该系列有两种体例,一种类似于专业词典,对于该学科内的一些重要知识点,列出词条,按字母顺序排列,进行详尽阐释,每一个条目后还附有参考书目,全书后面附有索引,如同专业词典;一种是专题综述文章,文章涵盖了学科体系的方方面面,每一篇文章后面都附有参考书目,类似于专业辅导书,一书在手,就可以对这个学科有一个全面的了解。以上五大系列,构成了一个完整的教材体系,蔚为大观,供各大学选用,供学生参考。当然,出版社只能靠教材的质量取胜,而不可能通过某种行政的力量或手段来推广。

我们在这里组织翻译了其中的一个系列,*Blackwell Philosophy Guides*,该系列一共十余本,包括《形而上学》、《认识论》、《科学哲学》、《社会科学哲学》、《哲学逻辑》、《心灵哲学》、《教育哲学》、《伦理学理论》、《社会政治哲学》、《古代哲学》、《近代哲学家》、《大陆哲学》、《工商伦理学》等。该丛书具有如下特点:首先,学术含量高。每一章都是由该领域的著名专家所写的一篇高质量的文章,编者按照文章所涉及的主题将这些文章编成体系章节,看上去是一本完整的书,但是它比一般的教科书有更高的学术含量和更密集的学术信息。其次,学科前沿性。每一本书都涉及了该学科的学术热点、前沿问题和学科发展方向,能够将读者一下子带到学术的前沿,让读者了解该学科的新进展、新动态。再次,专业性和可读性相兼顾。该丛书讨论的问题专业性较强,适合作为研究生包括硕士生和博士生的参考教材,但是,作者也十分注意丛书的可读性,力争让非哲学专业的读者也能读懂,让他们了解哲学领域内争论的问题和兴趣取向,从而扩大了该丛书的读者面和社会影响。最后,指导书和工具书相统一。该丛书由于前述的学术含量高、学科前沿性和专业性,因而它是读者学习哲学的指南、指导书;同时,它也给我们提供了非常全面的参考书目,给读者提供了一种向导,使他们能够进一步地学习和研讨,是难得的工具书。

引进此套丛书并不仅仅是为了介绍一种新的教学方法和教材编写方法,可能更有用处的是,这套丛书能够在很大程度上改变我们学生的知识结构。几十年来我们哲学教科书的知识结构已经陈旧老化，对于当代哲学的前沿问题知之甚少，与西方哲学界流行的话语体系距离越来越远。我们希望该丛书能够给我们学哲学的学生带来一些新的东西，改变一下哲学在他们心中的面目，让他们知道当代哲学正在讨论什么问题，用什么方法研究问题。我们期望，通过这套丛书潜移默化的作用，能够为中国新一代的哲学学人进行哲学的自主创新打下良好的知识基础，提供一些有益的启示。如果能够达到此目的，那么该丛书的“指南”或“指导丛书”的名字也就名副其实了。当然，该丛书也有明显的缺陷，它主要表现的是英语世界的哲学特别是分析哲学思潮的主要内容，而对于大陆哲学特别是现象学思潮、结构主义和后结构主义思潮、西方马克思主义思潮等则很少涉及。因而，还必须指出，该丛书提供的哲学及其知识结构也是不全面的，对于哲学的热点问题和前沿问题的观照也是有偏颇的。可以设想，如果是德国哲学家或法国哲学家编辑出来的哲学指导丛书，必定是给读者不同的指引和不同的向导。如前所述，文化是多元的，哲学是多元的，那么哲学的指南或指导丛书也会是多元的，就不难理解了。

2002 年春，我率代表团访问了剑桥大学出版社、牛津大学出版社和布莱克韦尔出版公司，在访问期间就产生了翻译该套丛书的想法，2002 年底正式提出出版计划，2003 年初签订了版权合同。我组织我的一些同事、同学、朋友和我自己的博士生参与了该套丛书的翻译工作，我对整套丛书的体例和质量要求提出一些基本原则和规范，所做的工作更多地是一种行政组织管理工作。他们都是不同领域的专家，他们自己会对他们所翻译的东西负责的，我希望他们的翻译没有给读者留下太多的遗憾。

目 录

作者简介 …………………………………………………………………………… 1

导 论 灵魂与机器：当代社会科学哲学中的动因、合理性与科学方法论问题……………………… 斯蒂芬・P・特纳，保罗・A・罗思 (Stephen P. Turner and Paul A. Roth) 1

社会科学哲学的起源 …………………………………………………… 2

温奇的三重奏 …………………………………………………………… 6

"大陆"哲学的合法性 ……………………………………………………… 8

进入戴维森 ……………………………………………………………… 9

理性的选择：内在的科学化 ……………………………………………… 11

今日的社会科学哲学 ……………………………………………………… 13

第一编 历 史

第1章 因果性、目的论的持续性与社会科学哲学的起源 ……………………………… 斯蒂芬・P・特纳 (Stephen P. Turner) 23

目的论与科学革命 …………………………………………………… 23

启蒙时期的目的论 …………………………………………………… 27

目的论的取代 …………………………………………………………… 29

社会科学的其他方面 …………………………………………………… 32

第2章 现象学与社会研究：从意识到文化和批评 ……………………………………… 布赖恩・费伊 (Brian Fay) 46

超验现象学 ……………………………………………………………… 46

从超验现象学到存在现象学 ……………………………………………… 48

从现象学到解释学 ……………………………………………………… 53

从现象学到文化分析 …… 56
从现象学到批判 …… 58
结论 …… 62
第 3 章 20 世纪分析传统中的社会科学哲学
…… 托马斯·尤贝尔（Thomas Uebel）71
导言 …… 71
20 世纪分析的社会科学哲学概览 …… 72
社会科学哲学中的前—后实证主义分析哲学真相 …… 80
结论 …… 90

第二编 方 案

第 4 章 作为实践知识的批判理论：参与者、观察者和批判者
…… 詹姆斯·鲍曼（James Bohman）103
批判者、观察者和参与者：两种形式的批判理论 …… 104
作为实践知识的社会研究 …… 107
多元论与批判性研究 …… 111
自反性、视角选取和实践确证 …… 114
结论：关于批判的社会研究的政治学 …… 118
第 5 章 决策论与信念度 …… 皮尔斯·罗林（Piers Rawling）122
冯·纽曼和摩根斯坦的理论 …… 122
理性选择论 …… 127
规范和描述 …… 130
拉姆齐的理论 …… 135
荷兰式赌博和认识论反驳 …… 137
萨维奇的理论 …… 141
何谓偏好和为何偏好比定性概率更根本？ …… 144
背景自由和偏好的传递性 …… 145
行动和事件的因果独立性 …… 146
常规行动难题 …… 147
阿莱和埃斯伯格的例子 …… 147

结论 …… 149
附录 …… 149
第6章 理性选择的方法论 …… 拉斯·尤德恩 (Lars Udehn) 158
古典经济学 …… 158
新古典经济学 …… 160
新古典方法论 …… 162
实证主义、波普及其他 …… 165
新制度经济学 …… 168
公共选择 …… 171
理性选择的社会学 …… 173
概括和总结 …… 174
第7章 社会科学中的数学模型 …… 保罗·汉弗莱斯 (Paul Humphreys) 184
为何要使用数学模型 …… 185
理论型模型 …… 190
数据型模型 …… 194
计算方法 …… 197
结论 …… 200
第8章 实践转向 …… 戴维·G·斯特恩 (David G. Stern) 205
什么是实践理论？什么是实践？ …… 205
现世存在和实践整体论 …… 208
两位哲学家与反哲学论：克里普克根斯坦、温奇根斯坦和治疗性的沉默论 …… 213
温奇根斯坦的实践理论 …… 215
从温奇根斯坦到弗兰肯斯坦 …… 221
探究性的实践 …… 223
第9章 科技研究与社会科学哲学 …… 斯蒂夫·富勒 (Steve Fuller) 231
相对主义与科学自治幻想 …… 231
手段成为目的 …… 234
目的成为手段 …… 235
关于这种可颠倒的手段—目的变换的道德 …… 237
科技研究中两面神式的反实在论：相对主义与建构主义 …… 238

科技研究缘何这样反哲学和反历史？
——科技研究的库恩式遗产 …… 242
被忽略的遗产：科学有时仅仅是纯粹的探究 …… 243
未加批判地接受的遗产：库恩的调和论 …… 244
科技研究缘何如此有争议？知识社会学的（伪）遗产 …… 249
关键语：科技研究所生成的科学社会学不再是知识社会学 …… 253

第三编 问 题

第10章 “另见文学批评”：介于事实与比喻之间的社会科学
…… 汉斯·凯尔纳（Hans Kellner） 263
（反）社会科学 …… 263
“科学效应”与现代事实 …… 267
“科学效应”与《美国心理学协会出版指南》 …… 268
作为本文的社会 …… 271
认识论即修辞学即政治学 …… 273
模型即故事 …… 275
全部用比喻 …… 277
那又怎么样？ …… 282
第11章 进化说明的承继：社会科学中的达尔文因素
…… 林恩·汉金森·纳尔逊（Lynn Hankinson Nelson） 287
方法论特例 …… 287
适应 …… 290
历史对适应的说明所起的作用 …… 291
进化论心理学中的回溯工程法 …… 293
个案分析：亲代投资论 …… 300
“适应性”行为原则与“指导性”行为原则 …… 307
负责任的科学 …… 310
第12章 立场方法论如何影响社会科学哲学
…… 桑德拉·哈丁（Sandra Harding） 324
立场的逻辑：起源 …… 326
方法的哲学 …… 332

第 13 章　超越理解：人文科学对“理解”概念的探讨历程

…… 保罗 · A · 罗思（Paul A. Roth）346

真正的理解 …… 347

远距离经历——理解夏威夷风格 …… 350

近距离经历——理解大屠杀罪犯 …… 354

结论 …… 362

参考文献 …… 373

索引 …… 430

译者后记 …… 470

作者简介

詹姆斯·鲍曼（James Bohman）是密苏里圣路易斯大学丹福斯（Danforth）讲座哲学教授。他是《公共研究：多元论、复杂性与民主》（1996）和《新社会科学哲学：不确定性问题》（1991）的作者。近年来他还与人合作主编了如下著作：《审慎的民主》（与威廉·雷格［William Gehg］合编）和《永久的和平：论康德的世界主义理想》（与马赛厄斯·卢茨-巴赫曼［Matthias Lutz-Bachmann］合编）。目前他主要致力于研究有关解释的认识论和全球化与民主问题。

布赖恩·费伊（Brian Fay）是卫斯理大学威廉·格里芬（William Griffin）讲座哲学教授。他出版的著作有《社会理论与政治实践》（1976）、《批判的社会科学》（1987）和《当代社会科学哲学：一种多元文化的进路》（布莱克韦尔，1997）。他还是《历史与理论》杂志的主编。

斯蒂夫·富勒（Steve Fuller）是英国沃里克大学社会学教授。他尤以"社会认识论"研究而著称，在一本学术杂志上连续发表社会认识论方面的论文，并在几本著作中推进了此方面的研究。目前他正在撰写两本专著：《关于科学和技术研究的哲学》与《社会学再思考》。

林恩·汉金森·纳尔逊（Lynn Hankinson Nelson）是密苏里圣路易斯大学哲学教授。她是《谁知道：从奎因到女权主义经验论》（1990）一书的作者，与杰克·纳尔逊（Jack Nelson）合著了《论奎因》（2000）一书，并与杰克·纳尔逊合作主编了《女权主义、科学与科学哲学》（1996）和《对奎因的女权主义解释》（即将出版）等著作。

桑德拉·哈丁（Sandra Harding）是洛杉矶加州大学教育与信息研究研究生院（the Graduate School of Education and Information Studies）和

妇女研究方面的哲学家。她是《符号：文化和社会中的妇女杂志》的合作编辑。她还是十多部著作的作者或主编，主要包括《女权主义中的科学问题》(1986)、《谁的科学？谁的知识？——来自女性生活的思考》(1991)和《后现代殖民主义、女权主义和认识论》(1998)。这些著作探讨了如下问题：认识论、科学哲学、方法论、女权主义理论和后殖民理论。

保罗·汉弗莱斯(Paul Humphreys)是弗吉尼亚大学哲学教授。他目前的研究兴趣包括关于文化进化的说明、因果性、概率、突变及其计算机模式。他的著作包括《扩展自我：计算科学、经验论与科学方法》(2003)和《说明的偶然性》(1989)。

汉斯·凯尔纳(Hans Kellner)是阿灵顿得克萨斯大学修辞学教授。他是《语言和历史表象：被扭曲的故事》(1989)的作者，《一种新的历史哲学》的合作主编(与F.R.安克史密特［Ankersmit］合作)，并撰写了多篇有关历史和修辞学理论的论文。

皮尔斯·罗林(Piers Rawling)是密苏里圣路易斯大学哲学副教授(撰写此书时他正在弗罗里达州立大学访学)。他发表了数篇有关决策论、伦理学、逻辑学、语言哲学和科学哲学方面的论文。

保罗·A·罗思(Paul A. Roth)是密苏里圣路易斯大学哲学教授。他是《社会科学中的意义与方法》(1979)一书的作者，《社会科学哲学》的编辑成员。他发表的著述广泛地探讨了有关说明的各种难题。

戴维·G·斯特恩(David G. Stern)是爱荷华大学哲学副教授。他是《维特根斯坦论心灵和语言》(1995)和《维特根斯坦哲学探究：引论》(剑桥大学出版社，即将出版)的作者，与他人合作主编了《剑桥伴读：维特根斯坦》(1996)和《维特根斯坦论温宁格》(即将出版)。

斯蒂芬·P·特纳(Stephen P. Turner)是南弗罗里达大学哲学系研究生导师、教授和系主任。他在历史和社会科学哲学领域所撰写的著作包括《作为翻译的社会学解释》(1980)、《社会科学方法论探究：涂尔干、韦伯和19世纪有关因果性、概率和行动的难题》(1994)、《有关实践的社会理论：传统、默示知识和预设》（1994）和最近出版的《大脑/实践/相对主义：追随认知科学的社会理论》（2002）。此外，他还广泛地撰写了与马克斯·韦伯有关的方法论和法哲学问题论文。

托马斯·尤贝尔（Thomas Uebel）是英国曼彻斯特大学哲学高级讲师。他出版的著述包括《自维特宾以来对逻辑实证主义的征服》（1992）等。他是《重新发现被遗忘的维也纳学派》（1991）的主编，并与南希·卡特莱特（Nancy Cartwright）等人合著了《奥托·纽拉特：处于科学与政治学之间的哲学》（1996）。

拉斯·尤德恩（Lars Udehn）是瑞典梅拉达伦大学社会学教授。他已出版的著作包括《公共选择的局限：对政治经济学理论的社会学批判》（1996）和《方法论的个体主义：背景、历史和意义》（2001）。

导　论

灵魂与机器：当代社会科学哲学中的动因、合理性与科学方法论问题

斯蒂芬·P·特纳，保罗·A·罗思
(Stephen P. Turner and Paul A. Roth)

这部著作是对过去25年来意义重大的知识图景的重构所作的考察。从历史上看，社会科学哲学一直是围绕社会知识的科学地位问题而进行的松散探究。科学地位问题是伴随着社会科学本身在19世纪后半叶的产生而出现的，并且继续以这样或那样的形式在20世纪的绝大部分时间里支配着这方面的讨论。意向性说明（和动因）的科学地位、理性的本质和科学的方法论标志——这些核心问题的三重奏似乎仍然贯穿于当前的讨论和争论之中。但是，与这些问题有关的主旨已经发生了根本性的变化和转换。倘若不考察这些实质性变化的细节，在这一主题方面所发生的转换就依然是模糊不清的。在本导论中，我们将考察这些转换，并对它们如何出现和为何出现作出解释。

不管人们如何看待科学，至少它是关于自然世界的科学。这种表述所引起的问题是：我们能够获得关于社会世界的科学知识吗？倘若能够获得，这种“科学知识”意味着什么？科学哲学主要致力于对第二个问题的回答。根据传统来看，社会科学哲学已经采纳了那些答案，并试图确定那些使科学知识在自然领域成为可能的条件是否也能为社会秩序所获得。在这方面具有导向作用的假定是，对于何物构成了科学知识的本性这一问题的回答，除了可以提供其他方面的答案以外，还可以提供一种划界标准，即区别科学探究与纯粹的伪科学探究的方法。[1]

这本文选的结构反映了编者关于支配社会科学哲学的这些潜在问题之中所发生的变化的观点。这些问题不再围绕着从科学哲学中借鉴来的那些

熟悉话题而安排：什么是规律，什么是解释，什么是本体论的组成部分（例如整体主义和个体主义），哪一种科学是主要的（还原论），理论的结构是什么，以及诸如此类的东西。相反，我们现在所发现的领域是一个边界模糊的领域，其中各种争论和问题相互交错。有些问题涉及社会科学对自然科学的盗用，有些理论则宣称整合了关于自然科学在社会科学框架内如何发挥作用的各种解释，而有些争论只是提出了一些更好的如何做好这种传统的解释和预言工作的新方法。许多话题相互竞争，竭力想把关于社会科学**实际上**如何发挥作用以及它**应当**如何发挥作用的理解统一起来。

关于合理性的标准和因果性的争论，从某些有趣的和极其重要的方面看，仍然是该领域人们所关注的核心，然而从认识论上看却具有极其重要的变化。在这些新问题中主要有如下一些问题：关于动因、规范性和价值——人们通常认为，这些幽灵般的性质正是构成我们的因素，并使得我们生机勃勃——的各种假设，如何能与关于社会的观念相一致，与像机器一样具有稳定的规律性的社会观念相一致？颇具讽刺意味的是，随着理性选择的各种说明逐步占据统治地位，各门自然科学本身已经成为说明的对象，甚至成为需要证明其合理性的对象，这是由与社会科学关系最为密切的决策学方法论所造成的。在这里，问题已成为自然主义是否要在规范的空间中预设“合理性”，或“自然”事实是否能说明合理性和规范性的问题。

社会科学哲学的起源

自然科学先于社会科学而产生，然而在一定意义上，科学哲学与社会科学哲学是一同产生的。在社会科学出现之前所产生的科学方法论问题具有截然不同的性质。[2]关于什么是规律、什么是解释以及其他许多相关问题，只有在面临把它们应用于社会科学的问题时，才能获得某种被严格界定的一般形式。社会科学向科学探究的诸概念所提出的各种问题可以证明，它使得回答诸如**一般地说**什么是“科学”或“科学解释”或“科学定律”之类的问题成为智力上极有意义的事情。毫无疑问，人们可以把科学哲学和社会科学哲学均看作是由社会科学的科学地位问题产生的。由某种特殊方法构成的科学概念只是在19世纪面对这一问题时才出现。关于如何界定科学和社会探究是否与这种“方法”相一致的问题，人们从一开始就众说纷纭，莫衷一是。一方面，奥古斯特·孔德（Auguste Comte）和J. S. 穆勒（J. S. Mill）等人的著作开启了后来成为科学之主要概念或具有竞争力的概念的传统；另一方面，约翰·F·W·赫舍尔（John F. W. Herschel）和威廉·惠威尔（Villiam Whewell）以同样的方式区分了社会科学的主题。前者对各种虚构包括社会理论的理论实体表示怀疑，孔德认为它们属于社会思想的前实证的或前科学的“形而上学”发展阶段；后者则坚持认为，解释需要理论，正是理论使得材料具有意义，理论是对材料的超越，而不只是像用数据点来适应曲线图表一样对材料作出概括。[3]

后来撰写的关于社会科学的哲学著述从未脱离这些问题，尽管对它们的再现是以极为不同的组合出现的。但是，更为重要的是，社会科学本身所造成的结果从来不是毫无争议地和毫不含糊地可以吸收到通常对这些问题所作的哲学回答之中。[4]对此，具有重要意义的一种表征是：虽然自然科学文献本身几乎都与哲学无关，而社会科学中的情形则与之大相径庭。社会科学是不是科学这一问题从历史上看与这一主题本身一直密切相关。[5]社会科学的原理本身针对这些原理是否科学的各种论断产生了大量文献，其中大多数是受科学哲学和社会科学哲学的著述启发而出现的。这些著作经常是过去几代科学哲学家所撰写的，并且必然是这样，因为最近几代人的著作，譬如拉里·劳丹（Larry Laudan）和B·范·弗拉森（Bas van Fraasen）的著作，是与启迪他们的问题毫不相干的：“证明”社会科学的合法性或正当性，或指导社会科学如何成为“科学”。

这启发我们想到，社会科学哲学与其主题之间的联系同自然科学哲学与其主题之间的联系是截然不同的。自然科学哲学可以把自己的主题看作不依赖于哲学思辨来处理的客体，这个主题即使不是业已完成的分析对象，至少也是自主的客体。社会科学哲学与其主题之间恰恰缺乏这种第二层的秩序或“形而上的”联系。各种哲学论断，尤其是关于其科学地位的各种断言，一直是社会科学内部各种运动内在固有的基本特性。

社会科学的科学地位问题从历史上看一直是一个核心问题，而如今这一问题已不再是当代社会科学哲学讨论的核心了。这一转变的理由之一是显而易见的，并且这种转变出现在科学哲学之中：150年来对“科学方法”要素的反思并没有使人们对是否存在“科学方法”达成共识，更不用说获得一种成熟的划界标准了。认为科学存在着方法论的本质，这种信念已随着被认为是科学的东西成为从历史的眼光看更加具有可塑性和偶然性而逐

步降低了。与此相应，对假定的社会知识的科学地位（或缺乏科学地位）
3 的持续争论的诱惑或需求也衰减了。

然而，曾几何时，科学哲学给社会科学本身打下了深深的烙印。逻辑实证主义和“科学统一”运动所掀起的高潮，与社会科学中的迅速扩张阶段是同一个时期，那时实证主义为了给科学知识的本质（包括与规律、说明、理解和推理有关的概念）问题提供一般的答案，并为了把这些结果应用于社会科学，进行了具有重大影响的和公开的尝试。因此，尽管存在诸如汤姆·尤贝尔（Tom Uebel）在他所撰写的那一章中所指出的那种事实，即社会科学本身从来不是实证主义和科学统一运动的重要关注点，然而实证主义的冲击仍然是巨大而影响深远的。它的系统论述在社会科学非常急切地想成为科学的那些年代里，被认为是社会科学成为科学的方法论关键。[6]

不过，在这个高度兴奋期——这个时期可以（非常粗略地）追溯到20世纪30年代早期并一直持续到60年代——的所有文献里，人们可以发现在逻辑实证主义者的分析哲学风格与那些力主“构造科学”的人们，譬如，那些用大规模的实验形式的经验材料去实际地造成科学成果的现实活动的人们之间，仍然存在着某种张力。这种张力是明显的，因为它标志着某种被严重歪曲的东西。与对于自然科学的态度不同——也就是说，自然科学所做的一切非常正确，而哲学则有助于指出这样做究竟意味着什么——实证主义的研究对社会科学来说意味着，所有冠之以这种名称的原理都需要从整体上进行改革。

颇具讽刺意味的是，那些主张改革并以“行为”科学的新术语来标榜自己的思想家们，则需要依赖于实证主义口袋中某些更为神秘和更成问题的诀窍。譬如，从对不可观察的微观物理学的理论实体的哲学反思中所引入的关于理论实体的观念。这些理论实体的实证主义说明在其中得以产生的那些语境涉及这些实体与标志着它们存在的那些测量标准之间的种种关系。换言之，这种理论的必要性或运用这些实体的方便之处在严格的规律网络或采取那种形式的观念化网络之中。关于诸如克雷格定理之类的话题随后引发了冗长的讨论。那些构成微观物理世界的奇异客体适合于这种模型。

亨佩尔（Hempel）自己对这些实体的评论标志着这个问题的深刻性。亨佩尔考察了他所说的“理论家进退两难的困境”，这种难题产生于用仅可观察之物来取代理论术语的可能性。这种“两难困境”是这样的：“如果一种理论的术语和原理可以满足它们的目的，它们就不是必然的……而如果它们不能满足它们的目的，它们就一定不是必然的。但是，若给定任何理论，它的术语和原理要么可以满足这种目的，要么不能满足，那么，任何理论的术语和原理都不是必然的。”（Hempel，［1958］1965：186）亨佩尔继续以下述理由为依据而拒斥这种两难困境：建立可观察物之间的演绎关系不是理论的唯一目的，理论概念有可能获得理论阐述的更大的简洁性，并且可能比没有理论概念的阐述更富有成果。有趣的是，他对这一问 4
题的讨论是用心理学的概念，以及哲学家古斯塔夫·伯格曼（Gustav Bergmann）和心理学家肯尼斯·斯彭斯（Kenneth Spence）的富有影响的阐述来说明的。

这一研究颇有讽刺意味的后果可以在社会心理学家唐纳德·坎贝尔（Donald Campbell）的著作中看到。诸如态度之类的心理实体必须从那些难以对实验作出解释时所造成的粗略统计资料中推导出来，而这些实验很少能产生在量上接近于那种能被理想化为规律的结果。针对产生的这些难题人们给出一些聪明的解决办法，因而导致某种极具丰富性和微妙性的实验传统。在这个意义上，那些理论术语是“富有成果的”。然而，作为“科学”，这是彻头彻尾的失败——这样说的意思是指，那些有规则地活动的实体是有限的，因而不能对它们作出有用的理论概括，并且在其中不能确定各种基础性的研究。这种态度理论的方案难以清楚地阐述，会导致诸如“如果态度是显而易见的，就会具有某些行为后果，而如果态度具有效果，就表明这些态度是显而易见的”之类的同义反复。实证主义给如何成为科学之谜所提供的种种线索导致了大量的实际活动，但却没有导致成功理论的产生。

这些大规模改革的倡导者们丝毫没有削弱实验的实在性与社会研究和历史研究以及类似于物理学的解释理论的真正标准之间的矛盾。人们只需考察一下亨佩尔的经典说明，即“一般规律的功能在历史中”（1942），就可对此略见一斑。在这里，众所周知，亨佩尔为社会科学实践提出一种相当抽象的形式模型，因而这种模型根本不能而且也从来没有应用于社会科学实践。其中的那些张力并没有被忽视。即使在社会科学共同体内部，这种社会知识的科学化方案也有相当多的反对者。这方面的著名例子之一是珀西·布里奇曼（Percy Bridgman）。布里奇曼是一位著名的物理学家和“操作定义”概念的发明者，这个概念被心理学家和行为科学家所采纳，并因而使这个概念流行起来。他曾公开地怀疑社会科学是否具有他所说的

“有意义的测量”这种属性。社会探究与科学概念之间不融洽的关系使得无数思想深刻的反对者反对下述命题：社会科学能与那些被认为是科学身份所必需的方法相适应；能与把社会探究想象为可能具有这种身份是否值得的问题的通常答案相适应。这些问题是由 F. A. 哈耶克（F. A. Hayek，［1942—1944］1952）和卡尔·波普（Karl Popper，［1944—1945］1961）以某种在今天看来极有预见性的方式强有力地推出的，因为他们关注的是经济理论，这个话题是实证主义者特别难以理解的。[7]

温奇的三重奏

这些讨论的知名度在 20 世纪 40 年代达到了最高峰，并且是在“分析”哲学自身内部展开的。与此同时，出现了另一条争论线索，这进一步使得在社会科学中出现的这种科学身份的宣称复杂化了。人类的活动问题，尤其是其动因的性质，逐渐在关于理由与原因、规律解释和意向说明的关系的争论中被界定，它把“日常语言”哲学家（主要在牛津）当作其中心。正如我们很快就会看到的那样，这种旷日持久甚至令人不得不进行的争论造成了把社会科学哲学诸问题转移到人们不太熟悉的一般哲学争论之中，这种结果是人们始料未及的。[8]

毫无疑问，这种令人激动的时刻可以在彼得·温奇（Peter Winch）的两个主要著述中发现，一是他的著作《社会科学的观念》（1958），一是他的论文《理解原始社会》（1964）。温奇提供的证明声称是为了表明为什么对动因、合理性和科学方法的核心关注构成了逻辑上不一致的三重奏。温奇坚持认为，这种不一致的来源是明确的。根据他的说明，与动因和人类理性之本性相适应的科学，就像某种圆的方一样，仅仅通过对相关概念的说明就可以表明这种客体是不可能的。科学概念要求各种关系的可概括性，而社会科学的观念在原则上不能提供这种概括。这种“原则上”的限定已被证明是关于合理性本身的概念，因而温奇在这里提出的推理通过表明“理性”的相对意义而改变了这个问题。因为温奇认为，在人类的各种关系中，决定何物为合理性的东西是因时因地因不同文化而相异的。没有思想的事物是按照宇宙的节律而运动的，而能思维的事物则并非如此。[9]

温奇关于合理性的社会可变性的说明使得这一问题对于有关社会探究

的特性的种种可能性成为决定性的问题。有关合理性和相对性的争论逐渐在社会科学哲学中占据统治地位。1964 年至 1980 年这个时期标志着社会科学哲学成为显学：它的核心问题在哲学中其他更为传统的核心领域里举足轻重。曾几何时，认识论和形而上学的传统问题——我们应当相信什么和什么是可信的问题——围绕着令人迷惑不解的人类学资料而生长起来，这些资料是与非洲人不太了解的信仰魔法者阿赞德人（the Azande）共同体有关的资料。这些阿赞德人在哲学上令人十分不解的是，他们似乎以在我们看来是"非理性的"方式推理，但是，在他们自己的生活形式背景中，这些推理却完全可以发挥作用，并且是不成问题的。

在有关合理性的争论中，温奇的"维特根斯坦"立场的意义在于，就像奎因（Quine）早期对分析—综合的区分所进行的攻击和消除一样，温奇向有关同一性的确定性的通常认识论范畴提出了挑战。根据温奇对合理性的处理，被认为是先验的确定性范畴只是相对的，也就是说，在某种给定的社会的智力主题之内它们的位置是给定的。他认为阿赞德人的思想是迄今为止为形而上学的绝对假定所保存下来的一种逻辑上的原始性。

温奇的推理在某些细节上需要详细阐述。爱德华·伊万斯-普里查德（Edward Evans-Pritchard）在阿赞德人的推理中发现了"种种矛盾"（例如，他们关于巫术用品的遗传可能性的观点包含着如下意义：几乎每个人都应当是一位巫婆或巫师，尽管他们否定这种观点）。温奇的观点意味 6
着，伊万斯-普里查德把阿赞德人的推理归结为它自身不会走向的方向，因而造成对阿赞德人推理方式的误解。（其他问题包括阿赞德人对巫术和神谕的信仰是否算作前科学的或非科学的，意思是指，它们不能由经验来检验。）

这个争论的深刻含义在于下列事实：它似乎消除了如下观念，至少关于文化的基本推论模式是这样，即可能存在着任何诸如错误、虚假或非理性之类的东西。"错误"是与该社会中的概念使用规则有关的概念。文化中的概念使用"规则"决定着应用是否正确。该社会的基本推理模式给那个社会限定着合理性是什么。但是，如果"合理性"对那些规则而言也是相对的，那么一种清晰含义将会在推理的先验条件的基本层面上确定相对主义的位置。再没有什么更为基本的东西了。并且这种意蕴终结了"分析"哲学概念，在这种哲学概念中，分析通过对语言的用法进行分析将会给传统的认识论和形而上学提供某种替代品。通过对阿赞德人的语言进行分析并不像 G. E. 莫尔（G. E. Moore）所期望的那样会导致通常意义的辩明，而是会直接导致关于毒品神谕的认识论和女巫的形而上学。

“大陆”哲学的合法性

温奇逐渐激进的论点与“大陆”哲学之间的密切关系或亲合力很早以来就是显而易见的。尤根·哈贝马斯（Jürgen Habermas）在1967年初版的《论社会科学的逻辑》一书中对此作了讨论。（1988，尤其是127—130、135—137）这种亲合力产生于如下两种观念之间：一种观念认为理由不是原因；另一种观念则是由新康德主义者威尔海姆·狄尔泰（Wilhelm Dilthey）和海因里希·李凯尔特（Heinrich Rickert）这样的人物提出的世纪转向所促发的，即认为人文科学（*Geisteswissenschaften*）的各种解释与自然科学（*Naturwissenschaften*）的各种解释相比是根本不同的类型。但是，对于基本范畴的新康德主义解释来说存在着更加密切的亲合力。

这里我们考察一下在新康德主义兴起之初心理学中关于物质和精神的假定所发生的有名的讨论（Fisher，［1866］1976：22），在某些方面，这个讨论是关于社会科学能否成为科学的基本问题的模拟。一种假定认为，人的心理是一种纯粹的物质过程，另一种假定则认为人的心理是人的灵魂。我们以什么为根据在这些观点之间作出决断呢？

这里的问题是，用奎因的术语来说，这两种假定之间是否存在着某种客观事实。新康德主义的回应是根本不存在这类客观事实，但他们并没有如此这般地对情况更糟的灵魂得出这种结论。相反，他们的观点是，要在它们两者之间作出决断没有任何合理的根据。构成或决定人的心理事实的
7 现实性因素可由两种方式来决定，这两种方式与每一种具有竞争性和不一致性的假定是相一致的。“心理”事实是由理论注入的东西，因而不能构成它们作为其组成部分的那些理论的证据。认为在某种意义上存在着独立的事实，或者认为关于理性直接作用于其上的世界存在着可供选择的独立事实，这只不过是一种幻觉。

这种新康德主义的论证方法引起一种关键问题，“大陆”哲学就是围绕这个问题而发展起来的。埃德蒙德·胡塞尔（Edmund Husserl）试图以回到“事物本身”这个核心的基本层面来解决这一问题。这项工作的失败导致在譬如马丁·海德格尔（Matin Heidegger）和卡尔·雅斯贝尔斯

(Karl Jaspers) 的著作中认识到，任何基础性的、建造绝对假定的工作都不会获得成功。法兰克福学派尝试了一种不同的黑格尔式的路径：把基础性的演进看作某种更大的历史事业的一部分，它在最终会提供对先前的基础所呈现的虚假意识的可理解性，并从中获得解放。从这种失败中产生的另一条道路是把解释的过程视为知识的根基，各种假定正是在这种根基中得以构造并在随后加以修正的。在“解释学的”路径中，仍然作为一种解释条件的先验性则具有可修正性。

在此人们不能忽视托马斯·库恩（Thomas Kuhn）在《科学革命的结构》（［1962］1996）一书中所取得的非凡成功与影响。通过他加以大量讨论的范式概念和它们如何在科学共同体中起作用的讨论，库恩重塑了科学自身的历史，把它看作指引着具有历史局限性的科学家共同体的先验假定的演进过程。这种推理的效果在于取消了自然科学的内在发展对基本假定问题的免除——这种观点甚至被“大陆”哲学默默地接受了。这反过来为各种相对主义打开了方便之门，而相对主义则建立在如下概念之上：信念的差异——在传统上哲学是通过理性的考察，譬如新材料或对错误信念的纠正来说明的——是由不同的历史共同体的不同基本假定所造成的。后现代主义者不失时机地论证道，关于真理和意义的传统概念只不过是对人们自己的共同体认为理所当然的标准所表现出来的部落忠诚而已（参见Fish，1989，1995）；解构主义者则论证说，这些概念是一些注定要作为理解的条件而向它们的读者隐藏起来的条件而已；而女权主义者则认为它们将不可避免地被赋予性别和具体化，关于真理和意义的传统概念表达了由性别化的社会中的特殊观点所允许的有局限性的理解。

进入戴维森

“分析”哲学采取了不同的转向。正如我们所指出的那样，通过20世
纪70年代和80年代早期关于合理性和相对主义的争论，社会科学哲学向 8
主流分析哲学提出了关键性的挑战。然而，来自哲学边缘的这种对哲学核心的挑战，最终由于发生在哲学核心中对合理性的这些最关键问题的研究而逐渐消失了。在这些研究中，著名的是唐纳德·戴维森（Donald Davidson）的《概念框架的观念》（［1974］1984）。理查德·罗蒂（Richard Rorty）最近把戴维森的论文描述为“仍然使我具有新纪元之冲击力的论

文。我认为，它可与《经验论的两个教条》和《经验论与心灵哲学》相提并论，可作为分析哲学发展史上的转折点之一”（Davidson，1999：575）。此外，这篇论文使得如下概念规范化，即作为合理性的翻译先于对合理性的判断：

> 在他者之中审视合理性实际上是一件在其言说和行为中认知我们自己的合理性标准的事情。这些标准包括逻辑一致性标准，与本质或动因的基本兴趣在理性上相一致的行为标准，以及接受那些根据证据是可感知的观点。（Davidson，1999：600）

与此同时，由于坚持关于我们要说明的“他者”的信念必定在很大程度上与我们的信念相同，便削弱了关于这一观念的激进相对主义的含义：“……若不知道说话者的信念或对说话者的信念作出许多假定，我们便不能向说明迈出一步。由于信念的知识只与说明词的能力相伴而来，在起初唯一的可能性是假定信念上的一般的一致性。”（Davidson，1984：196）真正激进的（但仍是可理解的）可替代概念框架是一种不可能性，正因为它将会触犯可理解性这一前提。这会导致争论的终结，这种争论集中于如下问题：所有文化是否共有某种单一的合理性标准或合理性的核心。戴维森的（整体论的和奎因的）观点是，这两者都是不必要的，因而导致该难题——主要的翻译作为合理性的东西在合理性的评价之上——的同样考察排除了那种激进的“生活在一个平行宇宙”相对主义之中的可能性，这种相对主义是某些较为丰富的库恩解释者的观点中所包含的。

在很大程度上，由于戴维森的论文的影响，那些开启了合理性争论的问题已不再是令人注目的焦点，这些焦点的争论发生在人类学案例所提供的问题上，因而发生在与社会科学哲学独有的案例的密切联系上。社会科学哲学返回到某种田园牧歌式的朦胧之中，这种模糊性与阿赞德人自身的模糊性并无不同。然而与温奇的三重奏的一致性有关的那些最初出现的难题并没有消失，两组新的难题却出现了：一个与相对主义有关，另一个与某种独特的、合理的选择性解释的内在解释有关，对此我们在下一节将会加以考察。

即使我们接受戴维森的如下论断，即人们必须接受大多数被我们解释为真的信念，以便对它们全都作出解释，相对主义的种种问题依然存在。因为这远没有证明这种约束或强制没有排除与大多数社会科学或社会理论或社会观点有关的相对主义，而实际上有可能保护了这种相对主义。随着女权主义认识论的出现，这些问题变得异常明显。某些女权主义论文论证说，有一种独特的观点从如下事实看具有认识论的偏爱：它没有束缚于占主导地位的群体的假定，因而能使它的拥有者看到该占主导地位的群体所不能看到的东西。

这是一种可能性，这种可能性从总体上看与戴维森的阐述相一致：它不需要再现一种他的论证所排斥的那种作为“平行宇宙”的相对主义。当我们说主人与女仆对地图和地板具有共同信念时，这并不是说这些信念构成了他们相互之间的基本的知觉，也没有谈到他们具有的社会关系，因而也没有谈到给他们的世界理论提供保证的那些经验。这大体上是说，对社会世界的这些理解本身就是“社会理论”，所谈到的这些经验正是社会知识的根基，早先作为“科学”的社会科学哲学所没有解决的难题，关于何种东西构成充足理由的难题，还仍然存在，有待于解决。此外，它们在这里表现出成问题的潜在相对主义循环的形式：这种评价标准本身是人们的观点问题。

理性的选择：内在的科学化

在人们围绕理由和原因进行争论的早期，关于“理由”解释的性质还存在着尚未解释的难题。一方面，它们被典型地认为是完全充分的——特别是不需要进一步加以解释，譬如因果解释就是这样，它与理由相联系，是一种作为其结果之行动的动因。实际上，大多数文献都集中于这样一种论证，即理由与原因之间的联系是一种不同的“概念”之间的联系，因而是一种非因果联系，或者是亚里士多德称为“实践推理”的东西。但是要解释这意味着什么就会引起无法解决的客观性难题。亚里士多德提出的实践推理依赖于各种信念，譬如“干食物有利于健康”，这些信念是没有普遍性的，只是与长期被替代的古希腊思想和烹饪范畴相联系。这些局部的信念至少在三种意义上是“相对的”：它们只能解释那些拥有信念的人的行动，只是在那些拥有这些信念的人看来才是解释，并且只对那些拥有这些信念的人来说才是真的和完全可理解的。温奇不畏艰难，这样回答：取代了行动解释的因果必然性的概念必然性是局部的，因而社会科学家的任务就是要说明这些局部的概念。

然而，在有关客观性的这些难题被明显地证明是致命的或毁灭性的之后仅仅20多年，我们却发现了这样一些论断：理性选择说明不仅提供解释的形式，而且提供了一种“可使我们获得有关社会生活的客观的然而又是
10 解释性的意义”（Hollis，1987：7）。根据这种观点，这类说明是有关它们自己的解释。用詹姆斯·科尔曼（James Coleman）的话说，它们是“我们不需要再更多地追问的”（1986：1）这样一些解释形式。实际上，它们是需要深刻反思的关键，解释的基础在此受到冲击。正像意义的可证实性标准一样，理论的语法及其所应用的证据被认为具有某种“自明性”，它们不需要进一步的解释。但是这种基础被大多数人强调为不是“局部的”，不是对某种解释性共同体的认识论偏爱。

这里到底发生了哪些变化？首先，主体变了。解释的终点不再是“理由”，因为它的客观有效性已有问题；而是某种决策，它的合理性被认为是理所当然的，但是它需要说明。成功的说明是成功的解释。解释的形式仍然是目的论的和内在的。但是进入理由之中的信念是没有普遍性的，正像关于“干食物”的信念一样，它们只是在相对意义上才是真的。根据合理性选择来解释开启了这样一种可能性（实际上也要求这样一种可能性），即这些信念本身可以同样的方式来说明，也就是说，可作为一种合理性的选择。倘若信念本身可以用这种方式来说明，那么即使自然科学的合理性也能以这些术语来解释。解释科学的这种合理偏好，根据这种相当惊人的观点，在本质上并不要求诉诸纯粹的“科学”方法，不要求诉诸认识论、实在论和对科学的其他传统的哲学证明。[10]

但是，越是对合理选择进行彻底的归纳，其结果就越奇怪，并且对这种终点是何种事物的问题越感到迷惑不解。如何才能确定解释的终点，且这种终点本身在本质上不以其他东西为基础——不管它如何有缺陷，正如传统的目的论证明那样，合理性是一种不动的推动者吗？而且倘若它不是一个“推动者”或意愿，它在解释中的作用能够不同于纯粹形式上的东西吗——或许是一种对于事件的形式上的再描述，这些事件在不同的描述层面上具有某种“实在的”但却不同的因果解释，譬如认知的或生物进化论的解释。倘若我们以奎因式的方式把这些有关合理选择的公理或自明之理看作特殊的基础，并因而认为它们不可能成为我们关于世界的理论的被修正的部分，它们难道不会失去它们的客观性，并再次成为相对的？这一次是针对我们的世界理论所满足的实用目的而言，难道这并不意味着合理选择只是另一种方法论视角吗？

今日的社会科学哲学

关于理性选择的分析是否会进一步要求某种基础的问题，指向于社会科学的科学性这一传统问题的持续重要性。这一问题在今日以新的形式出现。温奇对动因和合理性概念的社会嵌入性的关注旨在根据过去来揭示社会科学的模型——著名的是穆勒在《逻辑体系》(Mill，1843）中的模型和马克斯·韦伯（Max Weber）根据穆勒所作的解释——这种模式试图与日常的理由解释相竞争或取代它们。这些模型是法则学的解释，或者是休谟式的因果解释。两者在很大程度上是互不相关的论证，是以既有的现代社会科学和自然科学解释的形式为前提的。

结构上相同的模型似乎能够立于不败之地，它们构成了大部分的经验社会科学，并在根本上运用着诸如生物统计学之类的“自然科学”中所使用的方法，而且把这些方法运用于诸如全球变暖之类的话题。它们并没有引进它们有关解释域的内在还原性的一系列老问题，因为它们并没有采取规律的形式，没有依赖于规律，然而却能以最小的背景知识产生完全可靠的因果性结果。

但是一致性的难题并没有消失。相反它们却增生扩散了。这些模型与其他理论和由其他方法所产生的材料之间是什么关系？我们有理由认为生物学的和统计学的模型能与根深蒂固的动因和合理性观点相一致，或与认知科学的结果相一致吗？所假定的对行为的微观基础的说明能与宏观层次异常明显的规律性相一致吗？这些一致性难题相当复杂而难以解决，足以使人们想起有关理由和原因的那些古老而表述得更好的难题。[11]20 世纪 60 年代和 70 年代关于合理性（*Rationalitätstreit*）的讨论同样只是改变了而不是消失了。合理性的选择模型取代了实证主义的合理性特征表述，在哲学的主要领域占据了统治地位，仿佛它们才是社会科学。伦理学、认识论和科学哲学全部引用了它们假定的解释力。起源于哲学之外的合理性模型再一次驱动着该学科核心中对这些问题的讨论，它成为一种弥漫于其所能应用的话题之中的模型，并改变着这些话题。

或许最好是把今日的社会科学哲学看作关于由其强有力的问题传统之中所产生的那些论证之间的一致性所造成的这些新问题的哲学。温奇关于逻辑上的不一致性，关于概念不能同时对动因、合理性和科学方法论作出理智上的公正判断等论断，并没有得到解决。但是如何描述合理性的特征，以及这些描述如何影响对于社会的科学研究，已经成为更为紧迫的新问题。这些问题主要有：关于如何称呼合理性的不同看法的冲突问题（参见 Harding，ch. 13）；如何把自然科学家与社会科学家可能会解释的对象范围进行整合的问题（参见 Fuller，ch. 9）；如何用合理性的一般概念来解释人类活动各个领域中的决策问题（参见 Rawling and Udehn，chs. 5、6）；如何把明显的内在活动包含于生物学解释的种类之中的问题（参见 Nelson，ch. 11）。

对于这些一致性问题存在着某种隐蔽的主题。当奎因清楚地阐述他关于自然化的认识论观点时，他颇有争议地要求我们把合理性与科学的这种联系理解为“相互包含”的关系，尽管他补充说，“是在不同意义上的包含：自然科学中的认识论和认识论中的自然科学”（1968：83）。认识论包含着科学，这是就认识论是关于逻辑的研究而言的，我们通过这种逻辑而根据我们所获得的材料来建立我们关于世界的理论。但是科学包含着认识论，只是在下述意义上而言的：我们对于那些与我们相同的生物如何运用这种诀窍的说明是与研究我们如何在我们暴露于其中的那些刺激之下发展相联系的。哲学与科学之间的界线模糊不清了。

今日的社会科学哲学主要关注这种模糊不清的意义。从哲学上说，社会科学表现着某种形式的“真实存在的自然主义”，试图说明或声称要解释的主题是哲学家在传统上认为在理性本身的范围内是可说明的问题。今天，这些挑战典型地与“规范性”有关，它被理解为那种超越自然主义说明范围的东西。并且在这些问题中的许多问题背后是一些一般地说与自然主义相伴而生的问题——它能把这种规范性的工作与描述性的工作相合并或相融合吗？规范性的社会现象是某种与哲学家称为“规范的”东西相关联的吗？并且如果是这样的话，这对社会说明本身意味着什么？是否有某种超越自然主义的规范性，它能与因果世界发生相互作用？抑或“哲学”意义上的规范性是机器中的另一种幽灵？由于诸如此类的问题，社会科学哲学核心中的诸问题再次被移入哲学的中心舞台。因为它处于社会科学具有竞争性的概念之中——是我们仅仅把其看作待解释的事物的一部分，或者它本身就是待解释的对象——因而这类争论就会出现。或许历史在此可以逆转，至少在下述方式上是这样。正如由人类学案例所提出的诸问题在更加一般的关于合理性的争论中消失了一样，关于规范性来源的争论或许可以通过更加密切地观察关于它们的社会起源和特征的具有竞争性的说明而赋予其更加尖锐的形式。抑或由于规范性，我们可以达到诸如身心关系那样复杂的不相容。

注　释

[1] 参见，例如，由汉金森（Hankinson）、汉弗莱斯（Humphreys）、罗林（Rawling）和尤德恩（Udehn）撰写的各章节。在那里他们讨论了社会科学中的说明模型如何在关于何种东西界定科学方法的关注方面保持中立，或者社会科学家如何为了自身的目的而设法盗用自然科学（例如，生物学理论）。富勒（Fuller）和哈丁（Harding）在他们撰写的章节里讨论了对下述假定的挑战，即自然科学是通向社会现象之说明的捷径。最后，尽管在此未作讨论，关于作为一种"自然种类"（罗蒂的用语）的自然科学也存在着有趣的争论，参见杜普雷（Dupre，1993）、加林逊和斯顿普（Galison and Stump，1996）以及罗森伯格（Rosenberg，1994）。

[2] 这在论孔德之前和之后的"方法论"的论文集中是显而易见的，该论文集以《科学与假设》（1981）为题由拉里-劳丹出版。

[3] 颇具讽刺意味的是，这场争论中的实证主义者孔德拒绝统计学。赫舍尔（Herschel）说这是统计学上的奎特赖特（Quetelet）：

> 天文学记录和气象学记载是要对行星运行或空气运动作出合理的说明，统计学的回归则是要对社会哲学和政治哲学作出合理的说明。它们以确定的间隔赋予构成其根据的主题变量以数值，或至少赋予它们在直接的观察可接受的这类"功能"变量以数值。这是声学理论所要分析的现象，以便从它们之中导出那些具有深厚根基的要素，这些要素可进入一般规律的表述之中。(Herschel，1850：22)

[4] 在这方面尤其要参见由罗思和特纳在本卷中撰写的章节。

[5] 例如，在《建构主体：心理学研究的历史起源》（1990）一书中，库尔特·丹齐格（Kurt Danziger）把学院心理学和该学科本身基本上看作由科学和方法的错误概念所造成的产物。

[6] 逻辑实证主义的方法论宣言应合了一个时代，那时社会科学本身发现这些问题是特别突出的。结果，一些哲学家和具有哲学倾向的社会科学家在这一时期为非同寻常的、密切的、紧张的和富有成果的相互作用发现了机会。"实证主义"的社会科学家，譬如乔治·伦德伯格（George Lundberg），是维也纳学派中最积极的学院倡议者的支持者，该学派后来在美国又得以重建。心理学家们与古斯塔夫·伯格曼（Gustav Bergmann）志同道合，并尊敬赫尔伯特·费格尔（Herbert Feigl）。

实际上，如果没有社会科学中先前存在的某些亲和力，这场运动本身的历史可能会大相径庭，因为这种历史正是在这些亲和力之上展开的。譬如，卡尔·皮尔逊（Karl Pearson）的《科学的语法》（［1892］1911）在孔德与逻辑实证主义者之间提供了至关重要的历史联系。把逻辑实证主义者推到美国和英国海岸的

13

纳粹浪潮使他们与本土的社会科学实证主义建立了联系。然而这种浪潮也使得盎格鲁—美国人开始关注波普和哈耶克的著作，并且由于他们，一种强烈的反科学潮流出现于经济学和经济生活概念中，它与科学计划的观念和科学地组织起来的社会生活重建观念是相对立的。因此，正如它使自身在盎格鲁—美国文化中所感受到的那样，深深札根于科学哲学之中，是对把社会探究与科学相结合的怀疑。社会与科学的混合已被证明为在它们相结合的地方都是易引起争议的，正如它们在20世纪40年代那样。那时产生了如下一些著作，譬如伦德伯格的《科学能拯救我们吗?》(1961)、哈耶克的《科学的反革命》(1952)、摩根索的《科学人与权力政治学》(1946)和最有影响、最重要的著作，即波普的《历史决定论的贫困》(［1944—1945］1961)。

在战后时期，由于巨额基金的注入所导致的闷塞，当美国的社会科学第一次开始大规模地尝试创造一种真正的“行为科学”时，关于动因和合理选择的哲学问题便消失了。到20世纪50年代时，所搭建的舞台只是为了寻求关于建构社会科学知识问题的讨论了。关于20世纪60年代出现的社会科学哲学的哲学文献都是在40年代和50年代的文献基础上产生的，而后者是更早的相互作用的产物。

［7］并且仍然有困难。(参见Rosenberg，1992)

［8］然而在另一种前沿，20世纪50年代发生的争论中的大多数激烈氛围，在60年代
14 的学生运动中都采取了引人注目的新政治倾向。对实证主义来说，尽管它由自由主义和左派的观点(艾耶尔、石里克、纽拉特，甚至还有年轻的维特根斯坦)所发展，然而却已成为政治上的反动典型。这种阐述反映了波普对所有社会工程概念的强烈敌意，和与之相伴的不愿赋予社会科学以作出政策规定的能力的观点。这种非决定论观点处在关于方法论的讨论中心，得到很多讨论，并在波普及其同伙与法兰克福学派第一代到那时已经年迈的理论家(著名的马科斯·霍克海默和T. 阿多尔诺)之间发生着冲突。这些交流更多地发挥着相互谴责的功能，而不是对差异的理性探险。但是在这里，在大陆哲学和分析哲学(即使在这些特征被描述成标准用法之前)之间日益增长的冲突方面，社会科学哲学也是一种能动的前沿。

［9］颇具讽刺意味的是，这个难题非常直接地遵循的方法，是日常语言哲学家证明自己的方法合理而反对因果说明的方法。譬如，倘若对行动的说明被当作是对实践推理的说明而不是对规律的说明，那么根据这个标准，显而易见这些例子(“干食物对任何人都有利/这样一些食物是干的/我是人/这是一块这样的食物；得出结论：这块食物有利于我”——安斯库姆［Anscombe，(1957) 1963：58］只不过是假的——或充其量根据合理性的局部标准和特殊的宇宙学来看是“合理的”。这就提出了相对主义的难题：如果相信魔法中的动因并根据有关巫术的实践推理来“说明”他们自己的行动，那么，这也能算作对我们的说明吗?

［10］参见戈德曼(Goldman，1999)，特别是第8章；戈德曼和谢克德(Goldman and

Shaked，1991)；基舍尔（Kitcher，1993）。

[11] 回首往昔，成问题的社会科学哲学中的智力转换为韦伯作了辩护。在20世纪60年代，温奇和麦克因泰尔等著作家把韦伯看作解释主义者，认为他受到了朴素的逻辑错误的纠缠。这种错误的根源在于他试图把休谟的因果法应用于人类行动的说明之上，并幻想这将会产生一种摆脱了把自然科学一般化的概念要求的科学。然而，韦伯事实上抓住了这一难题，并论证说社会科学需要依赖于因果性的概率意义，这种因果性适合于因果范畴在其中预先建立的情形，它出现在关于合法的可靠性的判例中，且不能应用于非规范性的或休谟式的因果概念中。他还提出了关于行动命令和社会科学主题的文化相对建构的三角关系的所有三个方面之间的关系这些至关重要的问题，并提供了一种答案：对某些既定的文化受众来说是可理解的，所需要的行动可以根据那些受众所理解的理想类型来描述。某些理想类型，譬如工具合理性的理想类型，也即合理的选择，在文化上要比其他更加局部的类型更为可靠地得到应用。但是关于这种类型任何东西都不会使它非同寻常地有效或可以应用。它只不过是一种偶然的历史事实，他认为它可以说明，因而在某些时代它可以特别地应用，并且没有任何保证在未来它不仅会停止应用，甚至对未来的受众来说变得无法理解，正像先前的类型对我们来说不再是可理解的一样。

参考文献

Anscombe，G. E. M [1957] 1963：*Intention*. Ithaca，NY：Cornell University Press.

Coleman，James S. 1986：*Individual Interests and Collective Action*：Selected Essays. New York：Cambridge University Press.

Danziger，Kurt 1990：*Constructing the Subject*：*Historical Origins of Psychological Research*. Cambridge，UK：Cambridge University Press.

Davidson，Donald 1974：On the very idea of a conceptual science. *Proceedings and Addresses of the American Philosophical Association 47*. Reprinted in Davidson 1984：*Inquiries into Truth and Interpretation*. Oxford：Clarendon Press，183－198.

Davidson，Donald 1999：Reply to Richard Rorty. In Lewis Edwin Hahn (ed.)，*The Philosophy of Donald Davidson*. Carbonadale，IL：Open Court Publishing，595－600.

Dupre，John 1993：*The Disunity of Things*. Cambridge，MA：Harward University Press.

Fish，Stanley 1989：*Doing What Comes Naturally*：*Change*，*Rhetoric*，*and the Practice of Theory in Literary and Legal Studies*. Durham，NC：Duke University Press.

Fish，Stanley 1995：*Professional Correctness*：*Literary Studies and Political Change*. New York：Oxford University Press.

Fisher, Kuno [1866] 1976: *A Commentary on Kant's Critick of the Pure Reason: Translated from the History of Modern Philosophy*, trans. J. P. Mahaffey. London: Longmans Green.

Galison, Peter and David J. Stump (eds.) 1996: *The Disunity of Science: Boundaries, Contexts, and Power*. Stanford CA: Stanford University Press.

Goldman, Alvin I. 1999: *Knowledge in a Social World*. New York: Oxford University Press.

Goldman, Alvin I. and M. Shaked 1991: An economic model of scientific activity and truth acquisition. *Philosophical Studies* 63, 31—51.

Habermas, Jürgen [1967] 1988: *On the Logic of the Social Sciences*, trans. Shierry Weber Nicholson and Herry A. Stark. Cambridge, MA: MIT Press.

Hayek, Friedrich A. von [1942—1944] 1952: *The Counter-Revolution of Science: Studies on the Abuse of Reason*. Glencoe, IL: Free Press.

Hempel, Carl 1942: The Function of general laws in history. *Journal of philosophy* XXXIX, 35—48. Reprinted in Hempel 1965: *Aspects of Scienctific Explanation and Other Essays in the Philosophy of Science*. New York: The Free Press, 231—243.

Hempel, Carl 1958: The theoretician's dilemma: A study in the logic of theory construction. In Hervert Feigl, Michael Scriven, and Grover Maxwell (eds.), *Minnesota Studies in the Philosophy of Science*. Minneapolis, MN: University of Minnesota Press. Reprinted in Hempel 1965: *Aspects of Scientific Explanation and Other Essays in the Philosophy of Science*. New York: The Free Press, 173—226.

Herschel, John F. W. 1850: Quetelet on probabilities. *The Edinburgh Review* (American edn.), 92, 1—30.

Hollis, Martin 1987: *The Cunning of Reason*. Cambridge, UK and New York: Cambridge University Press.

Kitcher, Philip 1993: *The Advancement of Science*. New York: Oxford University Press.

Kuhn. Thomas [1962] 1996: *The Structure of Scientific Revolutions*, 3rd edn. Chicago: University of Chicago Press.

Laudan, Larry 1981: *Science and Hypothesis*. Dordrecht, Boston, and London: D. Reidel Publishing.

16 Lundberg, George Andrew 1961: *Can Science Save Us?* New York: D. McKay.

Mill, John Stuart [1843] 1974: *A System of Logic. Ratiocinative and Inductive (Collected Works, vol. Ⅶ—Ⅷ)*. Toronto: Toronto University Press.

Morgenthau, Hans Joachim 1946: *Scientific Man vs. Power Politics*. Chicago: The University of Chicago Press.

Pearson, Karl [1892] 1911: *The Grammar of Science*, 3rd edn. London, A & C. Black.

Popper, Karl [1944—1945] 1961: *The Poverty of Historicism*, 2nd rev. edn. London: Routledge & Kegan Paul. First published in *Economica*, 11—12.

Quine, W. V. O. 1969: Epistemology naturalized. In W. V. Quine, *Ontological Relativity and Other Essays*. New York: Columbia University Press, 26—68.

Rorty, Richard 1999: Davidson's mental-physical distinction. In Lewis Edwin Hahn (ed.), *The Philosophy of Donald Davidson*. Carbondale, IL: Open Court Publishing, 575—594.

Rosenberg, Alexander 1992: *Economics-Mathematical Politics or Science of Diminishing Returns?* Chicago: The University of Chicago Press.

Rosenberg, Alexander 1994: *Instrumental Biology*. Chicago: The University of Chicago Press.

Winch, Peter [1958] 1990: *The Idea of a Social Science and its Relation to Philosophy*, 2nd rev. edn. London: Routledge and Kegan Paul.

Winch, Peter 1964: Understanding a primitive society, *American Philosophical Quarterly* I, 307—324. Reprinted in B. Wilson 1970: *Rationality*. New York and London: Harper & Row, 78—111.

第一编

历　　史

第1章 因果性、目的论的持续性与社会科学哲学的起源

斯蒂芬·P·特纳（Stephen P. Turner）

本章的主题是对直到20世纪早期为止的社会科学中的因果问题和目的论的发展史进行考察，尤其是对那些训练有素的社会科学主要代表人物所思考的问题进行考察。这个主题是令人困惑的。但是，社会科学随后的历史发展若无对这些问题——它们从未得到完全的解决——的理解便是不可理喻的。这个难题的历史是由如下事实所推动的：大体上说，解释的目的论形式通常被成问题的或令人迷惑不解的形式所取代。古老的术语有时被新的术语所取代（譬如，“目的”的“功能”或“意义”，“有机体”的“自组织系统”），这些问题被转化为术语的争论，并且有时把这些不同的立场和观点弄得难以区别。这些新形式是否摆脱了那些旧形式的难题，迄今仍众说纷纭，莫衷一是。我将简短地回顾一下这段历史，大体上根据引起这段历史的那些难题的观点来讲述，最后讨论消除目的论的技术问题的当下状况，以及完成这一工作所遇到的（或许是不可逾越的）诸多困难。

目的论与科学革命

社会科学是在漫长的历史阶段中逐渐形成的，其形成背景可以追溯到亚里士多德和自然规律传统的遗产，并且是与之相伴而生的。这种遗产被某些思想家明确地拒绝，而另一些思想家对之则部分地拒绝，部分地吸收。这种传统是一种关于世界秩序包括社会秩序的目的论理论模式，它把所有存在看作是由具有目的的等级的规律所支配的。在这一场革命的开端，理查德·胡克（Richard Hooker）这样阐述了自然规律的理念：使用“自 21

然规律……我们有时是指上帝为每一种创造物所设定的工作方式”（1888：206—208）。人和物都被假定为能反映自然的本质或上帝的目的。“命运”一词被用来描述目的被包含在事物本性之中的过程。“每一种事物不论大小都要完成命运所设定的任务，”胡克引用希波克拉底（Hippocrates）的话说。“自然动因自发地”这样运行，而对自觉的动因而言，这种规律是“一种庄严的命令”，即必须完成把它们创造出来的任务。（1888：206—208）这种区别标志着人文和物理的分界线。

自然规律论认为这个世界构成了各种各样的存在和客体，它们的本质使它们倾向于完成更高的目的。这种更高的目的层级回答了诸如“事物X为何会存在”的问题——事物最明显的“本质”是创造的目的性之根据。这种模式既适用于物理世界，也适用于人类世界，但是要考虑到人与物的本质特征所存在的差别，考虑到它们被自然规律支配的各种方式。

这些说明的关键性技术特征是不对称。查里斯·泰勒（Charles Taylor）阐述这个问题的方式一直受到把这种惯性定律与运动的目的论概念相比较的影响。

> ［牛顿的］惯性原则并不选择任何特殊的方向，因而使物体“自然地”朝这个方向移动……因而可以说在说明这种行为时它可能涉及的那些物体的任何系统的不同状态之间是中性的。但是这不能被说成是一个不对称原则，其功能就是区分某种特别的状态或结果……因此，换言之，除非出现了相抵消的因子，否则这种结果将会产生。（Taylor，1964：23—24）

这样，对运动的目的论说明便涉及某种“‘倾向性’概念，某种给定条件，它所涉及的不仅仅是事件（在某种方向上）的普遍的和毫无例外的运动”。它涉及如下观念：“事件朝向某种特定的完成的倾向或压力，这种倾向或压力只能由某种与之相抵消的力来检验。”（Taylor，1964：24）用胡克的话说，这种“倾向”是导致上帝为这种存在所设定的命运的“工作方式”；对其他人来说，这成为各种力量和基本的自然的概念，而且是诸如“正常的”和“病态的”这类事物之间的不对称。

自然规律思想家不是天真的，并且这种解决智力问题的方式当然明显地可能会出错，甚至会出现很糟糕的错误。但是他们认为，对这种任意性问题有一种解决办法，这种办法或许可称为嵌套：在一种层次上某物所“倾向”的目的，在另一种更高层次上发挥着目的的作用，因而从这种更高

22

的观点来看，它并不是任意的。因此对这个概念的拯救方法是它的层级特征和如下事实：自然的种种目的是以各种更高的目的所具有的确定的和可知的序列来安排的，这些更高的目的一直向上延伸而达到上帝的目的。

然而，更为棘手的问题是循环性问题。“自然”或内在目的是事物的理论属性，只有通过其结果来推断，它们才能被理解。这些推论是假的吗？并且如果是这样的话，为什么？对此，经常被引证的说法是，这些解释是假解释，它们取决于语言的虚假性，它们显示出其空虚性和荒谬性，这是由莫里哀（Molière）提出的。他以医生的做法为例说明这个问题（这种方法一直持续到今天）：医生给疾病取一个拉丁名字，这只不过是给一种未知症状所取的一个名字而已，它被认为或假定为这种“疾病”的原因，因而给人一种解释性知识的错觉。对这种欺骗，莫里哀所举的最著名的例子是鸦片的“催眠力”。他在其医学学士论文中引用了如下一段话：“*Mibi à docto doctore/ Domandatur causam et rationem quare/ Opium facit dormire/ A quoi respondeo；/ Quia est in eo/ Virtus dormitiva/ Cujus est natura/ Sensus assoupire.*”（［1673］1987：“第三段”）为什么鸦片会引起睡眠？因为就其本性，它具有催眠力。因而睡眠实际上是鸦片所导致的效果。但是，通过鸦片的这种导致睡眠的力来解释这种效果，只不过是转了一个圈。说X具有催眠力，只不过是说X具有导致睡眠的效果。

这样一来，这种拙劣的模仿导致了一种强有力的观点。但是，正如列奥·斯特劳斯（Leo Strauss）后来所评论的那样，如果鸦片没有催眠力，它就不能导致睡眠。这种论断是独断的或任意的。充其量，它只是在分类学上有意义。这种分类在大多数情况下指向那些真正的解释性问题。它们使用了或取决于因果分析，其理论形式是：这些效果是该物本身中的某种东西的结果，他们就是根据这些效果而把这些力或内在本性归之于该事物。这里所丢失的正是那种现实的机制，或鸦片的何种属性导致睡眠的观念，或者说何种机制导致了这种效果。毫无疑问，应当发现的正是这些机制和属性。但是在许多这类相关案例中，以这些术语所提出的问题，科学都未能予以解决。在无数这类案例中，只要内在的本性和诸如此类的问题除了根据其效果而不能确定时，这种因果论证就是循环论证。

循环论证问题和不对称的独断性问题是两个截然不同的问题，在后来的历史发展中它们以不同的方式产生。对此，或许可加上一个第三者：自然、力和诸如此类的东西，它们是神秘的内在属性，不可观察，并且不能被归结为事物共同的物质特性。正如笛卡儿所说，它们“附着于物质之上，正像诸多小灵魂附着于肉体上一样”（1991：216）；并且它们的解释作用在许多方面是成问题的，因而灵魂在物质性宇宙之中的作用也是成问题的。“哲学家们，”他说，“之所以假定［它们的存在］，只是因为他们认为，除此以外就无法解释所有这些现象……”（1991：217）简言之，之所
23 以相信它们的存在，是因为需要用它们来解释某物。并且这个理由，解释的必要性，等于一种公开的挑战，即要建构一种解释，这种解释没有它们也能进行。

认为这些对“自然”的成问题的说明或者可以被对机制（或属性，它不是仅仅可以被循环论证所达到的）的说明所取代，或者可以被预言性的规律所取代，这种观念对反对自然规律的长久革命来说是核心的东西。但是在社会科学中，机制和预言性的规律是难以捉摸的，并且这些取代概念本身通常是成问题的。诸如亚当·斯密（Adam Smith）关于“以物易物的自然倾向”（Smith，［1776］1976：25）概念之类具有某种特性的观念与目的论的解释难以区分：以物易物毕竟是一种目的，关于这种“倾向”的真理性陈述内容难以同诸如“可自由地这样做的人，即商人”这类简单的描述相区分。

亚里士多德看待因果解释和目的论解释之关系的方式使得目的论依赖于因果性。在他看来，因果解释构成目的论解释必不可少的**组成部分**，并需要由目的论解释来**完成**。这种经常遭人诟病的观念，即认为知道这种目的是由因果现象造成的，一直持续不断，并且在某些方面关于目的的知识似乎是**有需求的**，以便使因果解释所诉求的那些“规律”有意义。请考察一下合理性行为的案例。我们可以在如下意义上“因果地”对它们加以说明，即我们可以对诸如“我去商店买牛奶”这样的说明作出分析，可以把这种说明分解为关于牛奶的前态度和我们能通过去商店而获得的“合理的”实践知识这种因果事实。

但是，倘若我们因此而追问：“为什么人们会合乎理性地行动?”那么，我们所提的问题显然是合法的，而如果不至少在认为对合理性有一种取向这种观念的形式上回到目的论，就难以回答这个问题。我们可以求助于这种（非对称的）原则：譬如，当没有任何东西阻止人们这样做时，人们就倾向于合理地行动。但这是对我们能观察到其结果的内在倾向性的描述，并且这显示着人们的本性。在这场革命的早期阶段，这种解决方式是典型的。譬如托马斯·霍布斯（Thomas Hobbes）试图以非目的论的方式来说明国家权威，也就是说，他并没有根据关于国家权力所假设的目的和

本性，而是根据缔造国家并使之具有权威的个体来说明国家权威。[1]然而在他这样做时，他陷入了困境，诸如人们为何会遵守并必然地会遵守他们在订立契约建立国家时所作出的承诺问题，对此他只能通过把某种内在的遵守承诺的**本性**归之于这些个体来解决：其阐述是含糊不清、令人怀疑的。（Hobbes，［1651］1965：74）遵守承诺是因果的和无方向的，或遵守承诺本质上是某种目的论概念，因而正像他致力于替代的对国家的说明那样是目的论的？这类解决方式仍然是有问题的。它们似乎是不完整的或软弱无力的说明，因而若加以改进，要么可转化为因果规律，要么可转化为具有方向性的目的论论断，对此我们在后面还要加以考察。[2] 24

启蒙时期的目的论

目的论说明和层级目的论世界观在不断增长的压力下出现于18世纪。在很大程度上，这是由对终极因果概念的扩大和“滥用”所造成的。尤其在德国，由于目的论在教会的控制之外已成为可能的，思辨的目的论思维便被带入逻辑结论之中，但却比莫里哀所想象的更加荒谬。譬如，哲学家克里斯琴·沃尔夫（Christian Wolff）特别详细地论证道，太阳照亮大地，因而人们能够非常轻易地在大街上或田野里从事他们的工作。（Wolff，1962，第一编，第7卷：74—75）[3]伏尔泰（Voltaire）曾嘲笑过一本当时的匿名著作，这本著作认为“潮汐被赋予大海，因而船只可容易地进入港口”（Voltaire，1924：133—135）。在这句话中，“因而”意味着一种说明——即这些目的说明了阳光照耀和潮汐的事实。

启蒙思想家在面对这些成问题的论证时仍然被拉向几个不同的方向。他们一般地赞同目的论在过去被滥用了。但是，下述观念给他们留下了深刻印象：有机体似乎只能通过目的论，根据某种内在原则或不能归结于有机体的本性，才是可理解的。此外，他们在其政治推理中直率地依赖于人的本质观念，认为人的本性以内在目的为特征。甚至最自然主义的启蒙哲学，尤其是当他们描述历史的必然路径时，都是习惯地和不自觉地以目的论方式来描述。他们认为“这些力量”保证了这种必然性或不可避免性，这些力量通常似乎难以同“催眠力”相区分。当他们坚持社会科学的规律与物理学或生物学的规律具有根本的相似性时，他们就不自觉地滑入了目的论语言之中。[4]不过他们知道这些用法中存在着尚未解决的难题。

关于起源的问题对他们来说尤其是不可理解的难题。倘若世界的机制像钟表一样，那么它似乎就需要一个制造者和上发条者，这就不仅给上帝创造了一个角色，而且创造了一个必然的角色。伏尔泰写道："如果钟表的制造不是为了报时，那么我将承认这些终极原因是狂想。"（1924：133）并且他认为下述论断是荒谬的："嘴被制造出来不是为了说话、为了吃喝，胃被制造出来不是为了消化"，以及诸如此类的论断。他指出，即使这些否认自然界中的终极因的人也"仍然承认裁缝师会制作外套来保护他们"，因而"他们至少否认与他们的工匠相一致，否认与自然、与伟大的存在，与普遍的智慧相一致"（1924：133）。

由于这些原因，譬如，伏尔泰拒绝放弃终极因，并试图在这个概念可接受的用法与滥用之间划一条界线。伏尔泰对潮汐的目的论说明的回答是："要确定原因为之而起作用的真正目的，就必须承认其结果将要存在
25 于任何时间和所有地方。并非在所有时间和所有海面上都有船只存在，因此人们不能说海洋是为航船而制造的。"（Voltaire，1924：133—134）但是，这只不过是说，没有任何东西可以成为终极因，除非它普遍地是其结果之原因，这就是说，它是一个因果系列。这并没有告诉我们如何从某种原因的各种普遍的结果中指出"真正的目的"。譬如，说所有人类都呼出CO_2，并不是说人类就是为此目的而存在的。因此，划界的难题表明以这些术语是难以解决的。我们需要一种新的研究进路。

提供这一进路的哲学家是伊曼努尔·康德（Immanuel Kant），并且他提出的解决方法是全新的。康德是作为目的论物理学的热情倡导者而开始其职业生涯的，但是最终他又拒斥了目的论。[5]他的社会科学论点是新颖的，这表现在他论述普遍历史的论文中。（Kant，1963）他拒绝承认目的论力量的**实在性**，但却坚持认为，必须把历史**理解**为一种目的论过程。康德为何能够以两种方式来说明？他在其成熟著作中详细论证了这样一种观点，即目的论说明永远是循环论证，因而在认知地位上不同于机械规律。在他的《判断力批判》一书中，他提出了有机体作为整体是否能以完全的因果方式来说明的问题，这是机械系统能够做到的。他否认有机体能做到这一点。这种"有缺陷的"论证因而继续是有利于目的论说明的基本证明。但是他接着论证道，目的概念恰当地说只能应用于智慧存在物的自由行动。因此，当我们把它应用于有机体时，我们只能在隐喻的或类比的意义上使用，也就是说，它们仿佛是有目的的。这样一来，他便引进了如下观念："一种有机的自然物是一种其每一组成部分都相互地既是手段也是

目的的事物。”（1988：24—26）[6]但是，手段和目的在此只能作为类似的术语起作用。

康德对（机械的因果关系意义上的）原因与目的论之间冲突的解决方法反映了某种难题的核心。他承认，关于目的论存在着某种幽灵般的东西，但也是某种具有强迫性的东西，并且这种强迫性冲动需要加以说明。为了确定目的的本性，要求我们超越感觉世界，即我们有待于观察或实验的世界。有目的地思考世界是我们的需求。目的关系到我们的关怀，作为智慧存在物，我们所感受到的对它们的需求是我们的需求。奥古斯特·孔德通过把这一问题历史化而把这种洞见极端化：他把目的论思维降低为思想的历史发展过程中的一个阶段，一种将会枯萎消失的“需求”。

目的论的取代

孔德的拒斥

奥古斯特·孔德是一个具有自我意识的革命者：“实证哲学区别于古代哲学……只不过是因为它对所有诉诸原因（第一因或终极因）的拒斥；还有它对构成自然规律的各种不变的关系的有限研究。”（Martineau，1858：799）他以此来说明从所有科学中彻底地消除“目的论的”和“形而上学的”概念，最著名的是各种形式的包括明显或隐蔽的有目的的宇宙概念。孔德的拒斥在范围上是空前的，并无情地穷追不舍。他以驱逐出隐蔽的目的论用法的思想家而著称。

孔德社会学观念的核心，即他的“三阶段规律”论，自身包含着消除终极因的观念。根据这一规律，每一科学领域都连续地通过三个阶段。第一阶段是迷信和万物有灵论阶段，他称为“目的论”阶段，其标志是求助于“虚构的存在物”。然后是中间阶段，他称为“形而上学阶段”，在这一阶段上，各种说明求助于抽象的存在物或力量，譬如“动力”（和“原因”本身，在任何意义上都不同于不变的关系的严格意义）。在最后阶段，这些观念被消除，因而纯粹的预言性规律构成该领域被认为是科学的事物之整体。就其大部分而言，物理学达到了这种实证阶段：譬如人们不再问何种原因“引起”了吸引力，这正是因为人们明白了对这类问题的唯一答案要么是目的论的，要么是形而上学的。生物学还没有达到这一阶段。终极因和其他假解释常常以隐蔽的形式大量存在。就其从假解释中解放出来而言，社会科学还任重而道远。孔德以此为己任。

实证阶段的概念是一种强有力的批评工具，并在尚未达到这一阶段的科学中产生了大量的有关科学概念的问题。“生命”和“有机体”是形而上学概念吗？这类概念能被取代吗？抑或能摆脱它们的形而上学内涵吗？这些难题是孔德在说明这些领域的发展时极为关注的问题，占据了他的主要著作《实证哲学教程》（*Cours de philosophie postive*，参见 Scharff，1995：73—91；Schmaus，1982：248—253）的大部分篇幅。有关虚构和假设的观念尤其使孔德感兴趣，部分是因为近代关于光波理论的争论。在这场争论中，他是一位积极的争论者。他认为，在科学探究的某些阶段上，运用假设甚至虚构是必不可少的，但是他坚信，这些假设最终都必须得到感性证据的支持。而有关“本性”以及诸如此类之物的论断，就其定义而言，则不能得到感性证据的支持。（参见 Laudan，1981：111—162）

因果性遇到的麻烦

对社会科学而言，致命的麻烦在于细节。社会科学中存在的大量细节
形成一组由规律、辅助性假设和诸如此类之物所构成的集合，它们能取代
形而上学的思维。孔德试图提供这些东西，至少在其三阶段规律和智力进
步条件的详细讨论形式中是这样，后者是他的辅助性假设。孔德还试图重
27 新阐述他认为在具有因果关系的社会有机体概念中而不是在目的论术语中
有用的东西，并且提出一些方法，根据这些方法，可以用非目的论的方法
思考“生命”。在此，这种研究方法提前使用了后来出现的逻辑实证主义
的研究方法——无情地批评和拒斥先前的哲学观念，但是却接受和试图重
新阐述现存的“科学”思维。孔德并没有持之以恒地这样做——他拒斥作
为一门科学的“心理学”，并憎恶统计学，同时却接受关于社会生活的有
机体特征的观念。受孔德影响很大的约翰·斯图亚特·穆勒，遵循了孔德
的选择偏好策略，但却选择了拯救不同的事物，包括经济学、统计学和心
理学（他以社会科学为基础确定了这些学科的地位，并且把它们的规律归
之于其他社会科学的真正的解释力）。

这些差别反映了它们的基本倾向方面所存在的根本性难题：根本没有或简直不存在社会科学规律，这超越了社会学三阶段规律的成问题的情形。存在着一些统计关系或联系；行动可以并且已经被“因果地”解释为

与可诉诸规律的人的行动模式相一致，并且在历史上存在着各种各样的长期趋势。经济学发展出某种给人留下深刻印象的演绎结构，但是，它是否真正地是因果性的尚有疑问：大体说来，这种结构建立在明显地是目的论的寻求财富的动力这种虚构之上，并且试图通过个体的目的论而解释市场的目的论，而个体的本性和目的则被循环地以它们的行动为基础而归因于其自身。

这种哲学论证有其自身的麻烦：即因果性的麻烦。正如我们已看到的那样，这种反驳目的论的案例建立在如下观念之上：关于目的存在着某种幽灵般的东西，这些东西潜藏于未来，把事件拉向它们的顶峰。然而，孔德认识到，导致某种结果的原因观念同样是怪异的，并且在很大程度上是由同样的理由所导致的。每一种概念都指向某种**永恒地**不能为经验所研究的东西，并且不只是暂时的“虚构”。孔德以规律为基础预言了发达科学的真正标志，以取代这种形而上学的因果观念。但是这遭到了批评，尤其是来自艾米尔·涂尔干（Émile Durkheim）等人的批评。涂尔干是一位实在论者，他认为，在化学这类科学中，试验的关键或意义不只是预言，而是要显示潜在的化学实在，这允许人们去说明各种预言的精确性。（Durkheim，1982：199）

除了这些哲学上的反对意见以外，还有一个更为令人痛苦的难题。社会科学可以作出预言，但是它们是统计学上的预言：与物理学上可以定量表示的规律相似的唯一结果是适合于统计结果的曲线图表，譬如自杀率，它们是一些或然性。但是，对此孔德予以拒斥。他论证说，医学统计学根本不是规律，至少在充分发展的实证科学意义上不是规律。而且当代经验已经形成这种东西。19 世纪中叶的霍乱大流行被那时最好的统计学家研究过，并且提出许多预言性的“结果”。但是事实已经证明，他们对其机制的说法有误导。霍乱的秘密是由约翰·斯诺（John Snow）揭开的，他的关注点不是统计，而是传播这种疾病的物质。[7] 28

有一种方便易行的方法可以走出这种在预言与规律——哲学层次上的——之间作出不愉快选择的难题。孔德的一位崇拜者，统计学家卡尔·皮尔逊（Karl Pearson）在该世纪末彻底思考了这些问题，并在其哲学著作《科学的语法》（［1892］1911）中提出了下述解决办法。为取代永恒的连续性，皮尔逊指出，变化是自然界的规律，因此即使物理学的规律也是关系的理想化，从经验上说，包含着真正的和不可消除的经验上的变化，因而相应的在相互关系和“预言性规律”之间没有任何原则性的区别。这种论证路线驱除了这些幽灵，并且以某种特别直接的方式，使这些资料成为预言性规律的决定者。但是它也具有其自身的代价。倘若每一种相互关联在科学看来是相等的，并且倘若相互关联和原因之间没有任何原则性的区别，那么社会科学就会有许多科学成果：事实上，这些成果太多了，以至于已没有意义。

皮尔逊的论证在抽象意义上有可能被人们所接受，然而在具体案例中则不能令人满意，因为在这些案例中，人们弄不清某个给定的统计学关联到底是偶然的，还是表现了某种真正的、有意义的联系，一言以蔽之，是否表现了某种因果关联。各种直觉知识（孔德主义者将会说是以因果关系的形而上学为条件的直觉知识），甚至试图补充这种做法的社会科学家的直觉知识，与下述观念发生了冲突：只有前途未卜的预言。因此，诸如原则上接受了皮尔逊论证的早期定量社会学家 W. F. 奥格本（W. F. Ogburn）这样的人物，也从来不承认有必要把某种额外的解释赋予这些结果，以使它们有意义。但是，奥格本以真正的皮尔逊方式论证说，这些解释没有科学地位，且与那些针对编辑卡通的解释有亲缘关系。（Ogburn，1934：17）这种推理方法是没有说服力的：原因和关联性之间的区别太难列出了，以至于不能作出区分。皮尔逊难题的流行形式是因果模式问题，即本书中保罗·汉弗莱斯（Paul Humphreys）撰写的那一章所讨论的主题。其困难是相似的：在由统计关联性所构成的因果的和非因果的统计模式之间作出区分，存在着纯粹的数学标准吗？抑或我们需要某种额外的信息，这种信息从另一源泉譬如有独立根基的理论、“背景知识”或关于“因果机制”的假设而增加了这种“因果性或因果关联”吗？尚不清楚的是，这些源泉是否摆脱了孔德和皮尔逊的严格程序旨在矫正的那些缺点，包括目的论的种种用法。[8]

社会科学的其他方面

有机体的相似性与功能

倘若人们不愿接受皮尔逊的严格经验论路线的含义——几乎没有哪个
29 社会科学家愿意这样做——还有其他一些可供选择之路。许多这样的选择都表现出与目的论的妥协——试图使两者相一致，接受特殊种类的目的论，或试图使目的论的论证具有因果意义，尤其是使两种论证都具有因果意义：即认为社会就像一个有机体的观念与认为历史过程具有必然结果的观念。关于这种一致性难题的哲学解决办法之一，是一种特别的诉求：把目的论系统视为因果系统，因而使目的论的说明成为因果说明的一个亚种。这相当于把目的论的说明归之于因果说明，大体上说，它们是合法的，并且它们的合法性建立在它们关于因果系统的论断具有可还原性之上。

“系统”一词具有严重的潜在的模糊性。在这些方面，目的论说明中所偏好的结果，就其选择的任意性而言，或许可在某些例子中通过因果地说明这种结果为何受到偏好而加以克服。因此，对温度调节器的目的论结构的说明，可通过参照构成这种温度调节器的因果机制和设定这种温度调节器的因果行为来解释，并使它成为非任意的。人类的本质，作为一个目的论概念，可以被解释为是承认因果关系的生物学或进化论过程的产物。“集合性的”结果，诸如产生于市场信息之信号的自发秩序，或许因果性地产生于个体寻求目的的活动之中，而并没有那种目的性的或有目的指向的“秩序”本身。但是在人工系统中，这些机制是实在的，可被理解的，而且是具有因果性的。把这些观念应用于人类动机或社会系统只是一种类比。

在社会学中，通过“有机体的相似性”而运用的说明语言既可导致因果性解释，也可导致目的论解释。如上所述，孔德反对目的论的斗争包括许多试图以目的论术语来吸收和说明诸如生命之类的现象。生命是19世纪的目的论捍卫者用来或选作坚守的战场：用机械性来说明生命是不合适的，这可被当作一种证明，它证实或肯定了在自然科学说明中不可能消除目的。与此相反，孔德和穆勒则试图表明诸如部分之间的一致这类概念是如何被因果地来理解，并进而用诸如和谐之类的物理学术语来取代目的论的概念。（Turner，1986：22－27，53）这些努力的结果之一是把有机体的相似性和“功能”的话语转化为双方共同的特性。另一种结果是严重地混淆了这种区别，因而在下一阶段，某些重要的思想家，如赫尔伯特·斯宾塞（Herbert Spencer）和涂尔干，最终竟难以对之作出分类。双方都严厉地拒斥目的论，但是他们所运用的许多术语也是目的论者所使用的，这表明这些术语可以在因果性上来理解。

斯宾塞谈到他自己的著作《社会统计学》（［1982］1954）时说：“在人与社会的进化中到处显露出一种占主导地位的信念。还有一种显露出来的信念是，这种进化是……由各种条件的偶然性即环境的作用所决定的。

30 并且还有……一种对事实的认知，即有机体的和社会的进化，遵循着同一规律。”（Spencer，1901：137）但是他的讨论几乎没有涉及条件的偶然性，相反却对“力的一般规律”作了许多讨论。（1901：138）这些讨论加强了进步是“通过连续的变异或差异而从简单到复杂的进化”这种一般原则。（1972：40）

在这个语境中，“进化”是一个极为含糊的用法：它是目的论的还是因果论的？“力的一般规律”也存在同样的问题。它们是对称的还是目的论的？它们似乎陈述了一种观点。但是，这种观点是有方向的、指向某种具体的目的，抑或仅仅是一种稳定的但却没有方向的因果特征，就像牛顿的惯性一样？人们有充分的理由被弄糊涂。正如他的评论者所说：“在《社会统计学》中，斯宾塞几乎是把社会状态看作先前存在的某种倾向的完成，并且他不断地强调这种结果在其中被预先决定的那些过程（如胚胎的成熟）与那些其结果没有被预先决定的过程（像社会化或社会进化）之间的一致性或同一性。（Peel，1972：xxxviii－xxix）[9]

这些混淆没有被那些运用这种类比的其他著作家所解决。法国社会学创始人艾米尔·涂尔干是孔德和斯宾塞著作的认真的读者，也是德国关心因果问题和目的论问题的心理学和法学理论家著作的认真的读者。他在哲学上受到一位试图为物理宇宙保留一章目的论版本的思想家的指导，根据这个版本，物理规律具有——并且被嵌入——一种终极的目的。（Boutroux，1920：159－160，193－194）毫不奇怪，涂尔干对这些目的论用法的含义是很敏感的，尤其对把明显是有目的的整体现象归之于机械说明的问题是很敏感的。他对因果的许诺是异常清楚的，并且他比斯宾塞要谨慎得多。但是他也试图说明那些集合现象，并不时地使用社会与有机体之间的类比。他倾向于这些“有机体”用法的意义应当说清楚地来自于他对社会建制的“维持”所作的评论。他运用的概念我们能够从康德那里看到，康德谈到过手段和目的的互惠互利。他提出“如果更为复杂地分析，原因和结果的互惠可能会提供一种调和手段，这种手段是生命的存在，尤其是持存所包含的”（Durkheim，1982：144）。因此，涂尔干对社会有机体提出一种因果解释。并且他花费了相当大的努力，以非目的论的方式，重新界定诸如正常和病态之类的概念，同时还使用了像“功能”而不是“目的”这样的词汇，并且根据因果性解释了这些词。

但是，试图纯粹地进行因果说明与完全成功地进行因果说明是风马牛不相及的两件事。涂尔干的老师在《社会劳动者的分工》中对这种说明抱有怀疑。布特鲁（Boutroux）是这样分析这个论点的：涂尔干说劳动者的分工必然地会带来生存斗争的终止。但是这种解决方法也“承认其他解决方法，其最简单的方法是相互吃掉。这确实是自然法则，劳动者的分工正是为了阻止这一法则完成这一目的而建立的”（Jones，1999：160，引自Boutroux，1914：199）。正如罗伯特·琼斯（Robert Jones）所说明的那样：

> 劳动者的分工是“必要的”，只是在更好的意义上——举例来说，在与人性观念更一致的意义上，在更为完全地反映对我们假定存在于人身上的弱点加以同情的意义上是这样。布特鲁问道，除了“我们认为是粗俗的因果性规律的东西涉及终极性（例如，目的论）的关系，和我们假定的人类智力和意志……的相互交织以外，这还能意味着什么呢?”(Jones，1999：160，引自 Boutroux，1914：199—200)

简言之，在涂尔干的说明所依据的这些原因和关系之中，有一些能够稳妥地以非目的论的方式来理解。

决策与意向性：韦伯与边际主义者

古典经济学在很大程度上不关心选择和决策，或因此而不关注“合理性”。其关注点在于生产和商品的“要素”，在于由生产的物质困难或支配食物需求的马尔萨斯的力所施加的压力。[10]这些都可以很容易地被解释为“原因”。边际主义进化论的结果是要把注意力转移到个体选择上——个体选择是一个最容易被目的论地理解的意向性术语：作出选择是为了获得目的——并且转移到个体的有目的的合理性上。

边际主义者假定了个体的合理性动力，追求自我选择的目的，他们的互不相关的决策导致平衡模式的聚集。因此他们假定有一种特别地被抽象化的目的论存在于个体层面，以说明市场的目的论属性。这种策略提出了循环性问题，以及实际上这些模式是否具有任何经验内容的问题。当代批评家，譬如索尔斯坦·维布伦（Thorstein Veblen）曾写过关于康德《判断力批判》的论文（参见 Veblen，1884），他认为这相当于是向目的论思维的回复，并因此与 19 世纪的一般潮流即反对科学中的目的论潮流背道而驰。

然而，有一种极为不同的、对选择和意向性的关注可能会导致的方法论方向。选择毕竟是由接受选择的人所作出的，并且他们的概念与决策的结果并非是互不相关的。其实，除狭窄的有关价格比较的经济领域以外，在每一种领域，理解和说明活动都依赖于人们接受具体情形的理解方式。这类概念在不同的文化和历史阶段上会发生变化。即使基本的社会科学和历史问题以人文术语出现，人文术语也是根据不同文化和历史阶段而发生变化的。马克斯·韦伯曾提出过如下问题：即使人们能有"一种'化学'而不是关于社会生活的心理基础的机械力学"，那么，它的结果"在其发展和文化意义中，对于我们的历史给定的文化知识，或任何因此而产生的阶段或状态，诸如资本主义"，是否有意义呢？（Weber，[1904] 1949：75）他的回答是：不会有意义，因为诸如资本主义这类术语是文化意义上的。

韦伯把"文化"理解为"世界过程之无限性中的某个确定的片断或碎片，人类为此碎片赋予了含义和意义"。不同的文化或时代给不同的有限碎片赋予了不同的"含义和意义"。他论证说，社会科学是文化科学，它们的问题——这些问题开始于什么对我们是有含义和有意义的——是根据"生活的语言"，也就是说，人类的术语提出的。这种语言在不同文化和历史阶段上会发生变化，因而社会科学寻求的"关于文化实在的知识永远是根据特殊观点得来的知识"（1949：81）。但是他还论证说，社会科学是因果性的，因而因果性本身的事实与观点是互不相关的。他拒斥目的论的思维，并且不遗余力地排除这种思维，猛烈地抨击经济学中德国历史学派的目的论论述以及出现在国家和法的集合概念中的目的论。（1975：55—91）但是同时他却捍卫关于他称之为根据人的意向性而进行的有意义的社会活动的说明。这些思考使他达到一种复杂的立场，这是一种兼容论，与唐纳德·戴维森的立场并无不同，后者如今仍然在行动哲学中占据支配地位。（Weber，1978：4—16）

作为一名训练有素的法学家，韦伯指出关于责任的法律推理是因果推理，并论证说，这种推理，如加以正确地理解，与那些产生于文化观点之内的实际历史问题是相关的，并且是充分的。对这些问题的因果性质的恰当理解是这样的：因果关系或责任的决定性并不需要科学规律，但却需要某种判断，因而在一类相似的情形下，减少一个给定条件就会降低这种结果的概率。这种推理可以应用于诸如新教对资本主义兴起的贡献这类历史问题，在这里必然地是一种假定。但是这种模式也允许把普通的意向性活动解释为自发的意向和因果关系。归因意向是通过表明该活动是其组成部分的事件之结果作为一种特殊种类的行为是可理解的或有意义的而完成的

(Weber，1978：8—9)，因果责任是通过确立它将具有产生该结果的某种可能性而表现出来的（Weber，1949：67—75)。

在韦伯的社会科学说明模式中，因果的或“有意义的”或意向性的思考是相同的和一致的，至少在原则上是如此。在韦伯看来，行动说明必须既在解释层次或理解层次上是正当的，也在因果关系层次上是正当的，意思是指“减少”某个原因就会改变需要说明的结果。这便承认了概率较低的、真正可说明的因果关系。

这对目的论来说意味着什么呢？当韦伯使用“意义”概念时，他的用法是为了避免使用目的论术语“目的”，它也能用于许多相同的背景。去掉“目的”而使用“意义”是接近刻画意向性活动问题的一种路径或方式。在韦伯那里，没有任何意思认为“意义”是原因。意义的归因，正如他所理解的那样，像目的的归因一样，表现在它们不是任意的，而是必须被直接地归因，除其他因素之外，这是以它们在活动形式中的结果为基础的。像催眠力的归因一样，这是一种循环论证。但是正如韦伯所阐述的那样，相关的证据包括围绕某种活动的“事件路径”，它比该结果的纯粹事实更能说明问题。

由于韦伯并不唯一地依赖这种循环推理，并且没有声称这种推理可以承担因果说明的任务，因而他避免了循环论证的问题。但是对一致性难题的这种解决方式之所以有效，是因为他允许以生活语言（包括意向性或“意义”）所描述的“原因”与“结果”的分类之间存在可能性关系。这种解决办法的代价是，这些说明，与那些涉及规律的说明不同，不能产生于其他更广义的或更基本的规律，并因此不能由其他更广义的或更基本的规律来说明。它们是因果的，但是关于因果性，它们是说明的死胡同。然而，关于“意义”，它们并非是死胡同。意义可以进一步给予说明。譬如，它们可以从历史角度来解释，根据可变的信念和价值，使用同样基本的框架和解说类型。“因果”内容若加以单独考察，同在可变因素之间任意选择的皮尔逊式的关系相比，没有任何更多的经验意义。使它们不同的是，对“意义合适性”的思考从巨大的现实可能性关系之类中引入了一种非任意的选择方法。

目的论的持续性

由诸如社会建制、人类实践活动和社会群体等人的活动和社会客体所组成的因果系统，或者与这些人类活动和社会客体相关的因果系统，迄今依然是人们争论的话题。但是对人类客体和社会客体的各种讨论具有不同的轨迹。在本章剩余的篇幅里，我将集中讨论与社会客体有关的目的论问题。但是这些领域并不是独立的，与“社会客体”有关的核心问题之一是这样的：在何种程度上它们是“实在的”，或换言之，它们拥有任何超越人类活动的因素和组成它们的物理因果关系的说明力吗？一种观点——也与韦伯有关——是：它们没有。从理性选择的前提也可得出相同的结论。但是这些论证依赖于意向性说明。因此，什么是意向性说明？它们是原因、目的论或其他某种东西吗？不论其答案是什么，都不能把它概括为社
34 会客体的问题。意向要求有心灵或思维，并且虽然谈论群体心灵或社会心智在一个世纪以前并非不常见，如今却是罕见的。但是不清楚的是，为说明群体心灵先前“说明”的社会现象而提出的那些概念，却没有受到群体心灵问题的困扰。

因果系统是一组相互联系并具有某些特征的因果机制。**目的论的因果系统**包括反馈机制（它会产生调整或平衡，因而该系统维持其自身或朝向把自身构成一个系统的目标前进）。这些系统可以被描述为有目的的或寻求目的的或目的论的。但是“目的论”并不（譬如说）寄居在这些机制中，就像社会目的曾经被认为寄居在群体心灵或集体“心智”中一样。寻求目的是一种属性，它没有增加任何说明内容——所发生的任何事情之所以这样，是因为诸如反馈机制这类因果机制的排列使得该系统朝向其目的状态。“目的”是这些机制排列的某种结果，而不是给说明增加了预言性力量或说明力的东西。倘若社会客体可被分析为这种系统，目的论的两个难题——任意性和循环论证——就不会产生了。

然而，把反馈机制具体化的要求是一个高标准的要求，那些特殊的集合社会科学概念的捍卫者们通常忽视或忽略了这个标准。结果他们被传统的目的论难题所困扰。考察一下种族歧视主义、性别歧视主义和压迫的概念。这些概念从目的论的表面看不出来。性别歧视主义和种族歧视主义被理解为个体的态度、信仰和诸如此类东西的特征，以及具有压迫性后果的制度实践的特征。维持这种压迫性的结构和实践，以及它们对改革的抵抗，似乎是一种需要说明的沉闷而熟悉的经验事实，而不是古老的说明策略的事实。但是事情并非如此简单。“种族歧视主义”和“性别歧视主义”现象是一些理论存在物，它们是各种态度或实践的潜在原因。因而有一些人可被证明为是种族歧视主义者、性别歧视主义者或压迫论者，并不是因

为在他们脸上印有种族歧视主义者、性别歧视主义者或压迫论者，而是因为他们造成了这些特殊的结果。这些结果与我们对这种现象本身的理解密切相关。或许它在循环方式上是相关的，因而目的论的“性质”与“目的”是相关的。[11]假定产生于任何种族差异或不平等的任何实践都可以被理解为和描述为种族歧视或性别歧视。如果某种态度或实践被界定为种族歧视是因为其结果，那么这种说明就是循环论证，或根据定义是真的：种族歧视论是任何会造成种族歧视结果的东西。

杰拉尔德·柯亨（Gerald Cohen）在《卡尔·马克思的历史理论》（1978：285，289—296）一书中对这些论证作了有影响力的辩护。柯亨为这些论证辩护，称之为**功能**论证。但是，这些功能性论证是否回避了目的论的传统困难，人们仍然看法不一。欧内斯特·内格尔（Ernest Nagel）试图以非目的论的语言来重新阐述目的论的术语。

> 譬如，请考察目的论的陈述：“人的血液中白血球的功能是为了使身体抵御外来微生物的侵袭。”现在不论保护这种陈述的证据是什么，这种证据也会确认非目的论的陈述：“除非人的血液中包含着足够数量的白血球，否则人体的某些正常活动就会被削弱。”反之亦然。（Nagel，1961：405）

但是，这种语言是非目的论的吗？正如维克托·古尔维奇（Victor Gourevitch）评论这一段话时所追问的那样：

> 在何种意义上，诸如“足够的”、“正常的活动”和“被削弱”之类的术语，同它们所取代的“功能”和“辩护”之类的术语相比，具有较小的目的论意义？仅就其本身来考虑，血液计量只不过是一个数字。照这样看，它完全没有意义，不传达任何信息。只有在与正常的血液计量相比较时才会形成信息，也就是说，被认为健康的人所拥有的血液计量**因此**就会被说成是显示了“正常的活动”。关于某人是健康的知识预先存在着，且独立于我们把他们的血液计量看作一个标准。它是前科学的，或者先于我们而存在。（Gourevitch，1968：293，黑体为原文所加）

“内格尔的这两个论述之间的唯一真正的区别，”古尔维奇总结道：“是所谓非目的论的陈述把目的论陈述呈现的清楚明白的东西视为理所当然的。”（1968：293）

碰巧，这是许多并未把自身呈现为目的论论证甚至“功能主义”论证的论证的常见特征。请考察社会学家皮埃尔·布尔迪厄（Pierre Bourdieu）的一个用法——“再生产”。布尔迪厄认为，那些造成一个群体被另一个群体统治的社会实践不仅通过教育途径得以传递，而且随着时间的推移而保持着一种潜在的统治逻辑。不论这种“逻辑”是什么，即使它不只是一种对实践结果的非说明性的描述，都不过是一种使自我永存的力量，其目的是维持统治。这是一种目的论的用法吗？显然是。永存不是一个事实，它依赖于对这种“逻辑”的意向性维持。实际上，这种逻辑必然在社会因素背后起作用，它必定会“错误地认识”它的意义，以便从事这种实践。倘若保护统治的这些实践的维持完全是特殊的因果条件的结果，那么，诉诸某种潜在逻辑的概念将没有任何意义。该系统将是因果的，但是由于这些原因将会产生和保持这些实践，而这些实践将会有结果，因而这些结果不是目的。然而对布尔迪厄来说，这些结果是目的。[12]柯亨对马克思的功能说明的辩护旨在回避这些含糊性。他观察到“一种有益的陈述会给某些项目赋予一些有益的结果”。因而他说，让我们通过追问“不论结果是有益的还是无益的，什么东西使得对这些结果的引用是可说明的？我们称之为结果说明的东西，什么是它们的真理性条件？”来概括“什么使得有益的陈述是可说明的”问题。（1978：259）他的回答是，它们依赖于经验的“规律”，这种规律支配着结果和它们要说明的先前事物之间的关系，因而这种规律是一种**结果性规律**，它可以通过如下类比来理解：即“e出现是因为f出现，因为不论何时F出现，E都会出现”与“e出现是因为它具有引起F的倾向，因为不论何时E引起F，E都会出现”之间的类比。（1978：261）

这类结果性规律的例子之一是人类学中的功能主义。“不论何时雨点飘舞R都会在随后不久带来社会凝聚力的提高，因此要使雨点飘舞”（1978：261）。柯亨因而通过说**存在着**一种预先的事实、一种倾向而克服了引起过去事件的未来的幽灵。

> 在依赖于这类概括的说明中，坚持认为之所以提出所造成的社会凝聚力是为了说明雨点的飘舞，是虚假的。相反，这种行为是由对社会倾向的事实所说明的：如果它被运用于雨点飘舞中，其社会凝聚力就会增加……引用雨点飘舞的结果可能有说明作用，这不是因为它的结果说明了它，而是因为如下事实：它具有那种结果，就会允许我们推论出，社会条件是这样的，因而雨点飘舞会增加其社会凝聚力，并且意味着这种可推出条件给这种飘舞提供了可能性。（Cohen，1978：

261—262)

关于这种倾向的论断可以被陈述为真正的概括。

关于所有这类论证的困难之一是相似的：循环论证——它们涉及的过程或倾向性的事实只有通过从它们的结果推论出它们的存在，才是可接受的。譬如，社会倾向作为产生意向活动的手段是非常神秘的。它们进入那些作为个体的精神原因或要求的飘舞者的头脑里了吗？倘若进入了的话，它们是如何进入的？倘若这类问题是不可回答的，这些说明就不能轻易地对它们仅仅产生于类比之中的指责作出反应。此外，由于所讨论的这些关系并不特别严格，它们就容易导致有多种选择可能的说明。人们必定会说，伏尔泰将会把这些说明看作与他自己的问题密切相关，而莫里哀则会把这些说明看作容易具有“催眠力”之类的同样弱点。柯亨则像斯特劳斯一样可能会作出同样的反应：倘若没有任何这种由规律支配的倾向，就不会有任何这种可预言的结果。这样一来，柯亨就通过使得目的论说明成为有倾向性的而解决了目的论的难题，这是说明的一种弱形式，部分是因为其说明证据不充分：就倾向性的说明来看，许多可以选择的说明典型地也适用于这些事实。在马克思主义的说明中，还有某些其他难题需要处理。如果马克思的“预言”相对于这些预言在其中来实现的时间来说是灵活可变的，那么这些预言就很容易成为虚假的吗？（Elster，1982：478，注 8）任何数量的现有证据都不能确认关于这种无限和或许是无限未来的预言吗？

通过把这些说明的机制具体化，使得它们进入目的论的“因果系统”的形式之中来强化这些说明，会面临其他障碍。“催眠力”可以通过与头脑中的鸦片感受器有关的机制来说明。同样，在社会科学中，“机制”可用来说明诸如寻求价格平衡这种具有市场倾向的事物，譬如关于理性选择论的已经被固定化的意向说明，可用来表现意向活动的集合，例如市场。这些意向活动共同构成了某种“看不见的手”。但是其他用作说明的集合性概念似乎完全是类比的，不能被分裂为似是而非的机制。考察一下布尔迪厄的实践概念（1977：59—60）或玛丽·道格拉斯（Mary Douglas）对弗莱克（Fleck）的“思想集合”概念的辩护（1986：12—17，32），即假定的一种普通的、精神性的群体思维框架。这类说明似乎要求这些集合性客体——譬如实践和思想集合体——对个体具有影响，或者在他们中因果地发生作用。被假定为由之而产生的这些机制是神秘的。因此人们怀疑这些说明是死胡同，这些类比与催眠力不同，不能成为更好的东西。并且， 37

由于它们是弱的，它们“所说明的”这些结果也会导致许多同样弱的可选择的说明。

注　释

[1] 关于霍布斯与目的论作各种斗争的详细讨论，参见 R. S. 彼得斯（R. S. Peters，1967：43—91，129—177）。

[2] 关于倾向性陈述的循环论证问题，其标准讨论是由卡尔·G·亨佩尔作出的（1965）。亨佩尔区分了“狭义的”人与“广义的”倾向性研究方法。譬如，对合理性的“广义的”倾向性分析并不是循环论证，因为除了由合理行动事例所提供的证据以外，这些论断可建立在不同的背景之上，它通过定义而假定了循环论证，并且就其自身而言可能会导致循环论证。（1965：473）这种推理方式后来由唐纳德·戴维森加以修正（1976），他抛弃了倾向性而更喜欢可能性，后者是独立的事实，因而可避免循环论证。

[3] 康德在《判断力批判》（1988：257—261）中批评了这种论证。

[4] 有一个例子是，即使那些以其自身坚持“经验方法的纯粹性”而自豪的思想家，那些摆脱了经院哲学的“系统之精灵”和17世纪的自然规律思想家的思想家，也无自我意识地相信目的论的用法，并坚持认为“他们只看事实”，参见曼纽尔和曼纽尔（Manuel and Manuel，1979：464—465）。

[5] 谢菲尔德（Schönfeld，2000）：第五章。

[6] 正如约翰·埃斯特针对皮埃尔·布尔迪厄所指出的那样：“仿佛”立刻被用于这些教科书中。但是，与康德不同，布尔迪厄运用这种语言的语境并不局限于“主观的理解”（参见 Elster，1982：453—482，尤其是456）。

[7] 参见麦克基姆和特纳（Mckim and Turner，1997），弗里德曼（Freedman，1999）。

[8] 皮尔逊的竞争对手 G. U. 尤尔（G. U. Yule）关于因果性重新界定了一种可供选择的推理方式，这种因果性以给定的某一组变量减去待评估的变量为基础，根据估计的后果而发挥作用，并且把观察到的结果与估计的结果之间的差别归因于所包含的变量。（Turner，1997：23—45）将要简要讨论的马克斯·韦伯所使用的统计资料，运用了类比推理，但对它的应用依赖于可能性而不是相互关联。

[9] 令人吃惊的是，相反的推论方法是以类似方式来解决那些例外的。

[10] 参见穆勒（1929）。

[11] 这些需要不是目的论的或倾向性的概念。关于“白人特权”的某些思想家想方设法来说明这些特权存在于何处，其手段是把这类考虑看作可能性，因而其他个体将不会把我的行为判断为我的种族的表现，或种族特性的结果。这些不是循环论证。（McIntosh，1988）但是它们是在个体行为的层面上，而不是在社会客体的层面上。

[12] 埃斯特讨论了与来自马克思主义社会科学中的许多工作相似的例子（1982），并详细考察了马克思（1985）。

参考文献

Bourdieu，Pierre 1977：*Outline of a Theory of Practice*，trans. Richard Nice. Cambridge，UK：Cambridge University Press.

Boutroux，Emile 1914：*Natural Law in Science and Philosophy*. London：D. Nutt；New York：Macmillan.

Boutroux，Emile 1920：*The Contingency of the Laws of Nature*，trans. Fred Rothwell. Chicago and London：Open Court.

Cohen，G. A. 1978：*Karl Marx's Theory of History*：*A Defence*. Princeton，NJ：Princeton University Press.

Davidson，Donald 1976：Hempel on explaining action. Reprinted in Davidson 1980：*Essays on Actions and Events*. New York and Oxford：Oxford University Press，261—275.

Descartes，René 1991：*The Philosophical Writings of Descartes*：*The Correspondence*，vol. Ⅲ，trans. John Cottingham et al. Cambridge，UK and New York：Cambridge University Press.

Douglas，Mary 1986：*How Institutions Think*. Syracuse，NY：Syracuse University Press.

Durkheim，Émile 1982：*The Rules of Sociological Method*，ed. Steven Lukes，trans. W. D. Halls. New York：Free Press.

Elster，Jon 1982：Marxism，functionalism and game theory：The case for the methodological individualism. *Theory and Society* 11，453—482.

Elster，Jon 1985：*Making Sense of Marx*. Cambridge，UK：Cambridge University Press；New York：Maison des Sciences de l'Homme.

Freedman，David 1999：From association to causation：Some remarks on the history of statistics. *Statistical Science* 14 (3)，243—258.

Gourevitch，Victor 1968：Philosophy and politics. *Review of Metaphysics* 22，282—328.

Hempel，Carl G. 1965：*Aspects of Scientific Explanation and Other Essays in the Philosophy of Science*. New York：The Free Press.

Hobbes，Thomas [1651] 1965：*Leviathan*. London：J. M. Dent & Sons.

Hooker，Richard 1888：*Laws in The Works of Mr. Richard Hooker with an Account of His Life and Death by Isaac Walton*，vol. Ⅰ，7th edn.，arranged by Rev. John Keble, revised by Rev. R. W. Church and Rev. F. Paget. Oxford: The Clarendon Press.

Jones, Robert Alun 1999: *The Development of Durkheim's Social Realism*. Cambridge,
39 UK and New York: Cambridge University Press.

Kant, Immanuel 1963: Idea for a universal history from a cosmopolitan point of view. In Lewis White Beck (ed.), *On History*, trans. Lewis White Beck, Robert E. Anchor, and Emile L. Fackenheim. Indianapolis, IN: Bobbs-Merrill Educational Publishing, 11—26.

Kant, Immanuel 1988: *Critique of Judgement*, trans. Werner S. Pluhar. Indianapolis, IN: Hackett Publishing Company.

Laudan, Larry 1981: *Science and Hypothesis*. Dordrecht, Boston, and London: D. Reidel Publishing.

McIntosh, Peggy 1988: White privilege and male privilege: A personal account of coming to see correspondences through work in women's studies, Working Paper No. 189. Wellesley, MA: Center for Research on Women, Wellesley College.

McKim, Vaughn R. and Stephen P. Turner 1997: *Causality in Crisis Statistical Methods and the Search for Causal Knowledge in the Social Sciences*. Notre Dame, IN: University of Notre Dame Press.

Manuel, Frank E. and Fritzie P. Manuel 1979: *Utopian Thought in the Western World*. Cambridge, MA: Harvard University Press.

Martineau, Harriet 1858: *The Positive Philosophy of Auguste Comte*. New York: Calvin Blanchard.

Mill, John Stuart 1929: *Principles of Political Economy: With Some of Their Applications to Social Philosophy*, ed. W. J. Ashley. London: Longmans, Green and Co.

Molière, Jean Baptiste Poquelin [1673] 1987: *The Imaginary Invalid*, trans. Miles Malleson. New York: Samuel French.

Nagel, Ernest 1961: *The Structure of Science: Problems in the Logic of Scientific Explanation*. New York: Harcourt, Brace and World.

Ogburn, William F. 1934: Limitations of statistics. *American Journal of Sociology* 40, 12—20.

Pearson, Karl [1892] 1911: *The Grammar of Science*, 3rd edn. London, A & C. Black.

Peel, J. D. Y. 1972: Introduction. In Herbert Spencer 1972: *Selected Writings*. Chicago: University of Chicago Press.

Peters, Richard 1967: *Hobbes*. Harmondsworth, UK and Baltimore, MD: Penguin Books.

Scharff, Robert C. 1995: *Comte After Positivism*. Cambridge, UK and New York: Cambridge University Press.

Schmaus, Warren 1982: A reappraisal of Comte's three-state law. *History and Theory* XXI (2), 248—266.

Schönfeld, Martin 2000: *The Philosophy of the Young Kant: The Precritical Project*. New York and Oxford: Oxford University Press.

Smith, Adam [1776] 1976: *The Wealth of Nations*. An inquiry into the nature and causes of the wealth of nations. Oxford: Clarendon Press.

Spencer, Herbert 1901: *Essays Scientific, Political and Speculative*, vol. II. New York: D. Appleton and Company.

Spencer, Herbert [1892] 1954: *Social Statics*. New York: Robert Schalkenbach Foundation.

Spencer, Herbert 1972: *Selected Writings*, ed. J. D. Y. Peel. Chicago: The University of Chicago Press.

Taylor, Charles 1964: *The Explanation of Behavior*. New York: Humanities.

Turner, Stephen P. 1986: *The Search for a Methodology of Social Science: Durkheim, Weber, and the Nineteenth-Century Problem of Cause, Probability, and Action*. Dordrecht: D. Reidel.

Turner, Stephen P. 1997: Bad practices: A reply. *Human Studies* 20 (3), 345—356. 40

Veblen, Thorstein 1884: 'Kant's *Critique of Judgment*.' *The Journal of Speculative Philosophy*. XVIII, July. Reprinted in Leon Ardzrooni (ed.), 1964: *Essays in Our Changing Order*. New York: Augustus M. Kelley, Bookseller, 175—193.

Veblen, Thorstein 1898: Why is economics not an evolutionary science? *The Quarterly Journal of Economics* XII, July, 373—397. Reprinted in Max Lerner (ed.), 1948: *The Portable Veblen*. New York: The Viking Press, 215—241.

Voltaire 1924: *Voltaire's Philosophical Dictionary*. New York: Alfred A. Knopf.

Weber, Max [1904] 1949: "Objectivity" in social science. In *The Methodology of the Social Sciences*, trans, and ed. Edward A. Shils and Henry A. Finch. New York: The Free Press, 49—112.

Weber, Max 1975: *Roscher and Knies*. New York: The Free Press.

Weber, Max 1978: *Economy and Society: An Outline of Interpretive Sociology*, 3 vols., Guenther Roth and Claus Wittich (eds.), Berkeley and Los Angeles: University of California Press.

Wolff, Christian Freiherr von 1962: Deutsche Teleology. In *Gesammelte Werke I*, vol. 7, J. École, H. W. Arndt, Ch. A. Corr, J. E. Hoffmann, and M. Thomann (eds.), Hildesheim and New York: G. Olms, 74—75. 41

第2章　现象学与社会研究：从意识到文化和批评[1]

布赖恩·费伊（Brian Fay）

超验现象学

在其发轫之初，20世纪的现象学是最不可能产生灵感之处或承诺一种社会科学哲学或现实的社会科学事业之处。埃德蒙德·胡塞尔通常被认为是20世纪现象学的创始人，他的最深刻的直觉之一是，把哲学心理学化或历史化是一种根本性的错误。哲学应当关注超验的领域，这个领域在性质上完全不同于由社会探究所研究的人类经验和行为的世俗领域。

这种超验的性质可通过反省如下问题来理解：逻辑、数学或科学的基础是什么？这是胡塞尔本人明确给予关注的问题之一[2]，但是这个问题可以扩大为更为一般的问题：在所有人类行为中起作用的意义性和规范性是什么？胡塞尔认为，对这个问题的恰当回答可能存在于现实的思维、言说和行动的偶然性（或事件）中，因为正是这些偶然性本身需要基础（需要奠定基础）。譬如，通过诉诸科学实践而给科学奠定基础，只不过是乞求于所要争论的问题而已。所需要的是一个超越这个世界在某种意义上所依赖的偶然的人类世界的领域，并且它可以作为内在于人类的经验、所作所为和实践的规范性和意义性的恰当基础。

胡塞尔指出，要想发现这个领域，哲学就需要关注意识。在胡塞尔看
42 来，现象学的起点是这样一个事实，即我们人类是作为意识的主体而存在的。这样，我们便拥有了胡塞尔所说的“自然态度”，这是我们所有人在我们的日常生活过程中必须接受的观点。应当如何理解这种自然态度呢？胡塞尔指出，为做到这一点，我们必须抛弃关于这种自然态度的日常概念，并反省使得我们的世界成为**生活**世界的意识概念：

> **代替［自然的］观点的是……我们把它看作产生于行动。我们与它分离，给它加上“括号”。**它仍然存在于那里，就像括号里所括住的东西一样，就像联结系统之外的被分离的东西一样……**但是我们不再使用它。**这样，与这个自然世界有关联的所有科学……虽然我在任何程度上都远离任何反对它们的思想，**我仍然与它们彻底分离，我绝对地不用它们的标准……**（Husserl，［1913］1931：secs. 27—32，黑体系原文所加）

这就是所谓**现象学悬置**，它开始于关于现实的意识，但是从其对世界的涉入和其关注其客体的实在性方面来说又与之相分离。其结果是在不参照任何现实的经验或任何具体的关于那种经验的客体的前提下来考察意识。为做到这一点，就要从具体的个体意识中移开，因而我要达到一种超验的意识领域，任何个体意识都是根据这个领域才成为可能的。

当这种向超验意识的运动出现时，仍然留下的便是任何意识活动或纯理智与其理智意义之间的某种结构性的相互关联，即一种作为意向性的和通过这种活动而掌握的客体。但是即使这种结构也可以括在所谓直观的还原之中，以确定经验据之构成和成为可能的那些基本形式（或“本质”）。正是这些本质为任何有意识的经验提供了根基。在胡塞尔看来，现象学因此在终极意义上是一门关于本质的科学，而不是关于具体的人类经验的科学。

因此，对于规范性之根基问题，胡塞尔回答说，在本质世界的不受时间影响的、非物质的必然性中，只有植根于现实、植根于在时间中存在的人类经验，我们才能理解逻辑、科学和其他有意义的结构的力量，人类经验和相互作用正是根据它们而起作用的。但是社会科学所关注的恰恰是物质的、世俗的世界。所以超验地理解的现象学不可能成为这种科学的指南（虽然胡塞尔在澄清其概念和为其实践奠定基础时是在为其规范作用而论证的）。由于采取了胡塞尔的这种超验的转向，现象学不仅看上去离开了对任何实在具有指导作用的经验的、现实存在的人类科学，而且表明，关于经验意识的科学研究是一个范畴错误，严格的自然科学正是在其中研究非自然现象的。[3]（正是由于这个缘故，胡塞尔十分厌恶格式塔心理学，因为它看上去可能是从广义的现象学研究方法中成长起来的。[4]） 43

但是现象学并非仍然永远是超验的。实际上，在其第二代便出现了至关重要的变化，其结果是把现象学转变为对研究现实的人类来说有用的学问。胡塞尔的学生海德格尔把超验现象学逐渐转变为所谓存在的现象学。

阿尔弗雷德·舒茨（Alfred Schutz）在与海德格尔不同的基础上开始其现象学研究，他试图用韦伯的行动和理解（*Verstehen*）理论来解决问题，但却转向致力于使胡塞尔的著作可应用于社会探究，可作为一种解决这些难题的方法，并且在这一过程中，从根本上把现象学转变为一种关于生活经验的现实世界的现象学。莫里斯·梅洛-庞蒂（Maurice Merleau-Ponty）则强调他所看到的是当代心理学的不恰当的科学至上主义（在其感觉主义和格式塔版本中），因而他把现象学集中于现实的身体和人类主体的身体举止之上。在这样做时，他为人类意识和活动的研究开启了重要源泉。正是由于这些思想家的工作，超验现象学才转变为存在现象学，并因而与社会探究发生了关联。

从超验现象学到存在现象学

这些变化对现象学来说不只是外在的，实际上在胡塞尔现象学中已经包含着这些变化了。现在我就试图指明这一点。[5]

胡塞尔的超验现象学所面临的问题是这样一个问题。它所揭示的必然结构必定可具体地表现在现实的社会生活中，以便去做其想要完成的工作，即为逻辑、科学和生活世界（*Lebenswelt*）据之而成为可能的规范性奠定基础。譬如，现实的逻辑学家必须能够至少明确地运用超验意识的必然结构，以便区分逻辑的和非逻辑的推理，现实的日常说话者必须能够至少清楚地认识到语言规则的规范性，以便能够区分有意义的话语和无意义的胡言乱语。但是这种具体事例的本性是什么？或许像胡塞尔本人所认为的那样，其本身是一种必然的关系。但是这时问题便出现了：为何是这种必然性被具体地展示出来？而且，完全不清楚的是，超验意识的先验必然性为何能具有心理的实在性。

海德格尔强有力地提出这一观点。他是通过探究胡塞尔对知觉的说明并不能取得其预想完成的任务而表明这一观点的。为了采用其现象学悬置，胡塞尔必须声称现象学家能够把知觉行为与它的各种要素区别开来——譬如知觉对象的存在，和彼此不同的客体的各种组成部分。但是这在实际上是不可能的：当我们知觉到某个客体时，我们必然地把它知觉为
44 存在，并且会把它的各个组成部分知觉为必然地相互联系，知觉为整体的组成部分。这意味着现象学还原在知觉中没有任何意义。正如约瑟夫·罗

斯（Joseph Rouse）所说：

> 在任何合理的说明中，知觉都使它的客体物质性地表现出来，并存在于时间和空间之中……因此被知觉客体和被知觉到的身体的物质存在都属于关于被知觉之物的感觉……被知觉的客体和进行知觉的身体的物质性存在是任何知觉表象的**基本的**组成要素。并且这就意味着现象学还原，它声称要悬置任何对现实的时空存在的关注（或任何其他“现实”存在或非存在的模式），以便揭示知觉的意向的和被意向的意义，转而消除它的知觉特性。(Rouse，即将出版)[6]

这样做的结果不只是关于知觉的一种无足轻重的观点，而是对超验现象学整个事业的一种毁灭性批评。知觉强化着人类的大多数经验，因而不能用一种相关的方式给它加上“括号”，这意味着转向某种非时间性的、非物质的必然性领域，使它不可能为现实的实践奠定基础，而这正是现象学的目的所在。为了完成这一目标，现象学必定会转向具体，转向物理的和存在于社会之中的实在，我们正是在这些实在中发现我们自身——转向现实存在的存在之现象学——以便使它清楚这类存在是如何经验、如何思维并如何与它们的世界相关联的。[7]

这恰恰是海德格尔在《存在与时间》（[1927] 1962）中所做的。在该书中，他分析的不是“意识的本来样子”，而是亲在（*Dasein*），即一种在世界中发挥作用的能动的存在，而世界的存在本身则是一个问题。亲在不是纯粹的心灵或意识，它与世界相互作用的事实也不能为了阐明其本性而加上括号。为了理解亲在，人们不能把它实际的社会参与悬置起来，以便确定它据之而具有这种存在时所具有的“本质结构”；这样做将会恰恰因为它**是**这些社会参与而成为不可见的。

从胡塞尔的“超验意识”到“亲在”，这种术语上的变化表明了海德格尔给现象学带来了根本性的变化。现象学被带回到由与其环境发生相互作用的能动存在所构成的真实世界（其本性本身是通过这种能动存在的关注和作用而显现的）。现象学的工作此时成为显示亲在的存在的基本要素，而不是在超越它的某种必然领域中为这种存在奠定基础。因此“存在的”最终取代“超验的”一词成为修饰词，它描述了现象学要达到什么目标。

当然，海德格尔并不只是要表明现象学必定是存在的，他还对其存在本身仍然是一个问题的某种生物的存在的根本结构提出了他自己的说明。因此他对“世界中的存在”和“与他物一起的存在”作了详尽的分析。他

45 把亲在的存在解释为从根本上说是暂时的，是参与在不断地向未来投射和不断地重估过去之中的存在。由于存在于时间之中并意识到它存在于时间之中，亲在必然会意识到它自身死亡的可能性，并且这种意识把它的所有情感和活动整合为某种结构。某种一般的焦虑充满着亲在的映射，实际上，其日常活动背后的推动力是试图逃避它自身的虚无性（虽然就这些成功的活动来说，它们必定会伪装为某种他物，否则，在试图预言某种下降而进入虚无的活动中，人们将会不断地想起它）。但是以这种遗忘方式把自身抛入映射中是一种不真实的标志，而存在的现象学的目标就是显示在亲在的生活中起作用的这种焦虑，并因而为它开启了过一种真正的真实存在之生活的可能性。

给定这种一般研究方法之后，就不难看到它是如何激发所谓**存在的心理学**的。[8]这是试图为了根据它“从存在的意义上”具有的基本难题和源泉而对人类心理的理解——也就是说，不是作为他是特殊时间中某个特殊个人的结果，而是作为参与在世界之中的有意识的存在的结果。存在的心理学试图理解人们的这些活动和意识状态——包括他们的神经活动和情感——根据他们对只是由于他们是人类而出现的基本的人类难题的处理。

同时，正是在现象学领域，当海德格尔全力以赴地摆脱（从中下降）胡塞尔的超验性时，阿尔弗雷德·舒茨则在本质上忽视了胡塞尔思想中的这一方面。舒茨给自己确定的任务是详细阐述韦伯的社会学，并把它建立在坚实的基础之上，为此他转而向胡塞尔求助。但是在试图使现象学对社会分析成为有用的过程中，胡塞尔思想的这些超验特征却被忽略了。从一开始，舒茨就把现象学理解为对“自然态度”和生活世界本身的探究。[9]

舒茨最伟大和最有影响的著作于1932年问世，后来被翻译为《社会世界的现象学》。[10]与韦伯一样，舒茨把他关于社会探究的分析植根于社会行动概念之中，且由于行动是由社会行动者构成并由之来表达意义的，因而意义概念位于其思想的核心。我将在下一节讨论他对意义的说明，但是这里至关重要的观点在于，在舒茨看来，**意义是由社会动力本身建构起来的**。之所以说这是至关重要的，是因为它会导致关于社会生活的根本观点：社会行为和社会关系是有关的社会动因的能动的创造物。行动者构建了社会实在，因而任何把社会行动者仅仅看作社会结构把自身建构于其上的被动客体的观点，都是极为错误的。

假定承认舒茨的研究方法和进路，那么，在舒茨看来，问题就是除个体动因以外的其他人是如何被卷入意义的建构之中的。许多现象学就是致力于表明这些单个主体如何能够和实际上为何必须理解其他个体主体的意义。在这方面，生活世界的作用是关键。生活世界包含着文化的、被认为理所当然的社会生活框架，行动者根据这种框架来理解并与他人发生相互作用。生活世界构成了关于社会的规定和分配的某些技能、象征、日常事务的知识，所有这些都能通过理想类型来研究，它是社会分析能够用来揭示社会世界中起作用的意义的主要工具。 46

舒茨的工作导致两个不同的然而有广泛联系的社会学研究方法：现象学社会学和民族方法学。这些研究方法中的每一种方法的创始人都与舒茨一起作过研究，他的影响在他们的著作中是异常明显的。这两种研究方法都试图使舒茨的工作在严格的、以经验为基础的社会行动及其产物的研究方面起作用，两者都试图从个体的社会行动者中消除社会分析，从而更加朝社会结构和社会建制方面前进。现象学社会学在彼得·伯格（Peter Berger）和托马斯·拉克曼（Thomas Luckman）的《实在的社会建构》(1967)[11]中获得经典表述。其书名本身就表达出现象学的来源及其主要观点：即使当考察所谓“客观的”文化产物，譬如文化、宗教体系、艺术对象以及其他诸如此类的东西时，在这些东西起作用并通过社会行动者的创造性活动中，社会行动者也要对它们加以解释，并把它们应用于社会行动者特殊的社会情形之中。

民族方法学顾名思义是指“关于民族方法的研究”——人们相互作用并使这些相互作用有意义的方法或程序。其创始人是哈罗德·加芬克尔(Harold Garfinkel)，他在20世纪40年代创立了这种研究方法；在其1967年出版的《民族方法学研究》中，民族方法学获得了经典表述。民族方法学者致力于使日常社会生活中认为理所当然的东西表现为成问题的，以便显示出正在进行的社会相互作用、规则和假定之中正在起作用的活动，那些相互作用、规则和假定正是隐藏在这些活动之中的东西。为做到这一点，民族方法学者建构了一些精致的或富有创造性的程序（例如所谓“破坏试验”），以之来打断社会生活的正常运转，以便显示其被认为理所当然的日常过程的性质。他们还研究了各种社会境遇或情形（譬如死亡集中营或移民的经验），其中被当作理所当然的东西不见了，一是被作为阐明这种理所当然的东西的方式，一是被作为研究社会行动者建构意义的手段的方式。

民族方法学还致力于把它自身的呈现物表现为成问题的——社会分析家们通过这种活动而从事他们的事业，并且根据其规则和假定这样做。民族方法学因而内在地是自我反省式的。民族方法学家研究的不仅是日常的人，而且他们自身还研究从事日常研究的人——这是他们必须要研究的，因为这两组人都参与着那些活动，他们正是通过这些活动而使他们的世界有意义，使世界成为一种行进中的实在。

除了《社会世界的现象学》，在现象学关注现实的人的生活世界的这一阶段中，现象学的另一伟大著作是 M. 梅洛-庞蒂的经典的《知觉现象学》(1945)。[12]尽管现象学没有忽略身体——譬如，舒茨讨论了他所说的“身
47 体的存在”或“肉体的给定”，试图以此说明理解其他行动者的主观意义的可能性，胡塞尔把身体的知觉当作《观念Ⅱ》（[1989] 1952）的主题——正是在梅洛-庞蒂的这本书中，身体被赋予一种现象学的处理，并被赋予理解意识的本质的某种核心作用。

梅洛-庞蒂赞同现象学的悬置应当适用于自然科学及其发现，但是却坚持认为，它不能适用于关于世界的前科学知识，尤其是那些通过知觉而获得的知识。（在这方面他回应了海德格尔，正如我在上面所表明的那样。）当做完这些时，并且当现象学把其注意力转向具体主体的生活经验时，一些重要的真理便把自身显现出来。首先，身体不是一个意识附着于其上的纯粹物理的存在，而是意识通过它自下而上地迸出的媒介。其次，身体不仅仅是一个单个事物（并且的确不是其他事物中的一个事物），而像单个存在物一样是一种社会存在物：身体永远是一个为他物而存在的东西。再次，一般的意识和特殊的知觉并不只是意识以之为基础而指引或使用身体的精神活动：意识永远处于空间之中，并处于时间之中。实际上，“处于”是一种过于能动的描述，因为意识总是一种对世界的实践参与。身体远不是一种如笛卡儿传统所坚持的那样是意识附着于其上的东西，而是精神生活的核心。在梅洛-庞蒂看来，人类永远是“世界之中的存在”，其本质上是社会的、实践的、具体化的。胡塞尔试图通过在人类存在的核心中抽象掉这些特征，因而从根本上说是一种误导，因为它抽象掉的是不能被抽象的东西，如果人们想理解人类存在的话。

梅洛-庞蒂对后来的心理学家和社会科学家产生了重要影响。在这些影响中，人们比较感兴趣的影响之一是一组被松散地界定的“反笛卡儿主义的”认知科学家。[13]那些创造这种研究方法的人论证说，要理解人类心灵，就不能不根据人的身体起着核心作用来进行。在这样做时，他们的目

标很明确，即采取了这样一种广泛接受的观点：一般的智能和特殊的认知可以根据类似于数字计算机信息处理的方式来理解，其中身体和身体技能没有扮演任何实质性作用。这样，譬如，在一本表现这种研究方法的书中，肯尼斯·夏皮罗（Kenneth Shapiro）明确地试图把梅洛-庞蒂的先见之明转化为一种成熟的经验心理学，追问经验如何才是有意义的——这部分是因为它被具体化了——并且把他的答案应用于这一问题，应用于矛盾心理现象。

在海德格尔、舒茨和梅洛-庞蒂的哲学著作中，胡塞尔的超验现象学，即关注为处于非时间必然性领域之中的现实世界奠定基础的现象学，被转化为一种关注现实存在的生活世界的结构、具体行动者的存在的现象学。这种转化使现象学直接适合于经验的社会研究了。

从现象学到解释学

尽管现象学在20世纪为社会分析提供了启示，但倘若人们观看一下社会科学哲学领域相对晚近的重要著作，就会发现一种奇妙的事实：几乎没有人再提及现象学了。[14]出现这种情况的部分原因或许是它的某些内容人们已经很熟悉，因此似乎不必再重复它们了，在此现象学已成为潜藏在当代社会科学哲学之地毯下的东西了。[15]对现象学的当代沉默也可能是那些忽视或厌恶“大陆哲学”的以英语为母语的哲学家占主导地位的结果。但是尽管真实情况是，某些人把现象学看作有些古怪的欧洲移民或流亡者在其中畅游的欧洲潮流的支流，但只要认真读一下注释［14］中所提到的那些著作就可以看到，其实际情形并非如此。这种忽视可能有更为深刻的和哲学上更令人感兴趣的理由在起作用。在我们的时代，语言取代了意识成为分析的基本焦点，其影响深远的结果便是如何理解社会探究的任务。

现象学本质上集中于意识的分析。这意味着语言的特殊意义和一般的经验、行动与关系的意义性，必须根据意识的活动来说明。这恰恰是胡塞尔和舒茨在提供意义论时所做的一切。

在他们看来，意义产生于有意向性的时间意识。人类不仅生活在一个变化的世界之中——我们这个星球上每一种他物都在变化——而且能意识到这种时间性。其实，人的这种意识在其核心中就是时间性的。作为本质上有意向的东西，人的意识指向对未来的投射，并意识到它过去一直在那里存在着。意义起源于这种本质上是时间的意识特性，正如舒茨所说：

> 我可以把我的注意力转向我的意识的有意向的活动……此时在我面前不再有完整的和过去所建立的世界，而是具有一个只有此时正在被建立的并且它是在我的持续的自我之流中一直被建构为新的世界；它不是一个存在的世界，而是一个每时每刻不断生成和消失的世界——或更准确地说，是一个不断浮现的世界。这样一来，对我有意义的是，根据这些赋予意义的活动，我就可以通过反省式的关注而意识到它们。(Schutz，[1932] 1967：35—36)

与此相应，舒茨把意义定义为**“把人的注意力指向某一项自我经验的一定方法”**（[1932] 1967：42，黑体系原文所加）。

请注意这里对意义的这种说明的特征，这种特征是它的唯我论，它使其特别不适合于社会分析。胡塞尔的投射是要通过给人类活动加括号而建构人类活动（科学、逻辑、言说和行动）的意义，以便进入超验自我的领
49 域。在《社会世界的现象学》（[1932] 1967）中，舒茨遵循着同一路线，从实体性的自我开始，然后引进一些特征来建构社会世界。[16]但是，在这种方法中以孤立的自我开始，就产生了其他孤立自我的存在和作用以及它们进行沟通的可能性问题。

舒茨和胡塞尔的意义概念依赖于个体关于实体性自我的经验。但是这个概念非常不充分：孤立的个体意识不能成为恰当的意义理论的基础。此外，这还意味着，关于他们的一般社会理论的基础——以及在此理论基础上抽象出来的关于社会探究的说明——是成问题的。[17]此外，为了修正这一问题，现象学的基础也出现了问题，因而整个现象学事业被转化为某种他物。这种他物就是解释学或解释的社会科学。

舒茨对意义的说明存在的问题是，作为其基础的意向性本质上是一种社会现象，以一种很具体的方式起作用。我之所以能具有意向性，只是因为我已经处于由我的语言和我生存于其中的文化所提供的意义网络之中，决不是因为那种产生于我的意向性和我的主观性的语言的意义，情况正好相反。正如哈贝马斯所说：

> 正如对卡西尔（Cassirer）来说，语言作为其他符号系统之中的一种符号系统，植根于意识的表现功能之中，意识的结构性不可能产生于语言的沟通一样，对胡塞尔和舒茨来说同样如此，语言符号植根

> 于超验自我广泛的表现活动之中。单子的意识从它们自身中发展出主体间性。语言还没有被理解为主体附着于其上的网络，并且它们通过这种网络而首先发展为主体。(1988：116—117)

在以英语为母语的世界中，最致力于表明意义在本质上具有社会性和公共性特征的哲学家是撰写《哲学研究》（［1953］1958）[18]的维特根斯坦(Wittgenstein)。尽管维特根斯坦没有针对胡塞尔和舒茨，他在该书中的论述却对他们根据个体意识的活动而说明意义的整个事业予以毁灭性的打击。在关于所谓私人语言的论证中，维特根斯坦表明，即使关注人们的自我内在意识状态，一个孤立的主体也不可能建构一种有意义的语言。语言需要有规则，而规则需要由他人来检验，以保证规则被遵循。

但是，即使在现象学传统内部，意义概念也在发生着变化，这是由海德格尔提出的。在海德格尔看来，理解不只是亲在对这个世界所采取的一种认识论的立场，而是亲在在世界中的存在方式。此外，理解及其所揭示的意义是嵌入在社会关系网络之中的。由于这个缘故，意义的解释就在于清楚地呈现这些关系中所包含的东西。为了掌握世界的意义（源泉），我们决不是使自己不参与、不介入日常生活世界，只是通过修补纯粹意识世界来实现——这正是胡塞尔所要求的——相反，海德格尔论证说，事实上我们必须介入这个世界，才能理解意义是如何在其中的。[19] 50

意义并不存在于（超验）自我的心灵之中，而是处于人类以之为基础而进行活动和相互联系的活动的相关领域。意义的源泉不是个体的（超验的）意识，而是处于其与世界正在进行的参与和社会实践之中的亲在。

但是这意味着社会研究的焦点必须从个体意识转向更广泛的社会世界及其历史，个体就是在此基础上首先成为有意识的（就意识所涉及的意义的形成而言）。为了理解个体意识，人们必须使之处于它在其中生存的更广泛的文化和历史世界之中。这个文化世界是由语言、社会规则和制度所构成的，由诸如房屋和城市街道与艺术品以及意识形态等诸如此类的东西所构成的，它们全都处于正在进行的历史传统之中。意义是一种广泛的历史文化现象，不是（单个的）心理现象，而意义的解释（以及对其意义源泉的寻找）必定会从人们的心灵转向相关实践的历史地处于其中的公共世界。[20]

克利福德·格尔茨（Clifford Geertz）在著名论文《浓重的描述》中对此作了很好的说明。格尔茨是一位人类心理学家，他致力于开创所谓特殊的人类学和一般的社会科学中的解释学转向。他指出：

说文化是社会地建立的意义结构，人们根据这种结构来从事诸如符号共谋和参与阴谋或受到侮辱和回应它们之类的事情，这就如同说密教经典、遗传学、动词的进行时、酒的分类、普通法或“引起条件反射的诅咒”的概念……是文化一样，都不过是说，它是一种心理现象，是人的心灵、个性、认知结构等事物的一种特性。(Geertz, 1971: 12—13)

结果，解释的社会分析并不在于钻研个体的心理，而是解释由意义或意谓的结构所构成的文化的公共世界。这便涉及不是去关注潜藏在他们心灵内部深处的社会动因，而是关注具体的行动、关系和具体地点、具体人的目标；也不是要在个体的（超验的）意识中，而是要在正在进行的社会相互作用的公共世界中来确定意义的基础。虽然实际上是针对结构主义者和语言学的形式主义者说的，当格尔茨拒斥胡塞尔提出的关于意义的超验研究方法时，他似乎是直接针对胡塞尔讲的：

提出关于意义的对称的晶体，去掉它们位于其中的物质复杂性的杂质，然后把它们的存在归之于自生的秩序原则，人类心灵的普遍属性或巨大的先验的世界观（*weltanschauungen*）是要伪称一门并不存在的科学，并想象一种不能被发现的实在。文化分析是（或应当是）对意义的猜测、对这些猜测的评估和从更好的猜测中得出说明性的结论，而不是要发现意义的大陆和绘制其没有实体的轮廓图。(Geertz, 1971: 20)

这一段话可以恰当地作为由致力于为意义世界奠定基础的现象学所启发的社会科学之墓碑的描述。这种现象学是在某种非时间的必然性领域，而不是在具体个体的相关实践中，或者是在内向地把注意力指向个体的有意识的心灵，而不是外向地指向公共行为和公共客体的相关实践中，为意义世界奠定基础的。

从现象学到文化分析

除了用语言和文化取代意识作为社会探究的中心以外，现象学与社会探究理论明显不相关的另一理由是它的明显的非历史特征。最近，一般的人类历史性和特殊的人类意识——历史性被理解为特殊的历史情形的产物——逐渐受到青睐。[21]其结果是，那种认为人类可以被理解为独立于他们特殊的社会文化和历史阶段的观点，从整体上逐渐受到怀疑。

胡塞尔的现象学明显地是非历史的——它寻求在超验的自我和本质领域中为人类奠定基础。即使在胡塞尔把注意力转向生活世界和历史时，他的目标仍然是显示意识的这种基本结构。舒茨的情形在这方面有些含糊不清，但一般地说他的目标是要揭示这种基本结构，这种结构因而构成了任何形式的可认知的社会生活。此外，这种非历史的目标甚至可以在海德格尔早期的存在现象学中发现，在那里他坚持认为，亲在的存在本质上处于时间之中。海德格尔还想针对人类说类似的话。他是在抽象地谈论亲在，而不是谈论这种或那种具体的亲在（或亲在的具体表现）。梅洛-庞蒂由于关注身体的时间和空间存在性，所以他仍然在谈论“人的身体”和“人的知觉”。在所有这些情形下，现象学的观念就是要区分那些普遍的、永恒的甚至是必然的结构。

但是，即使给定我在上节关于主体性如何由它位于其中的文化意义网络所构成的方法所说的话，这一观念也注定要失败，或只有有限的价值。 52
古罗马的市民明显地不同于现代罗马市民，而阿赞德人的生活与贝弗莉山脉中牛仔竞技表演击球的习惯很不相同。的确，可能存在着所有这些人都是相同的某些重要方面，但是除非人们抽象出那些不同点，并对它们感兴趣；即使那样，所留下的仍然是一般的观察，它们通常看上去相对地不会令人满意。历史学家或人类学家或社会学家想知道那些标志着不同阶段和文化，承载着特殊身份的结构是如何形成、持续、繁荣和衰落的。即使对人类身体本身，特殊的文化定位也是批判的——正如福柯（Foucault，1979）所表明的那样。

此外，当代哲学和社会科学家对诸如“我们视为理所当然的东西”或“我们视为正常的”东西中“我们”这个术语表示怀疑。他们想知道，这个“我们”是谁？阶级、性别、民族、种族、宗教和其他差别——不用说产生于不同历史阶段的差别——就可以把人们区别开来（实际上，可为他们有可能成为的那种人划定可能的选择界限），因而说“我们”仿佛是碎片的整体，就可以深刻地感觉到这些差别。在某种智能的（和政治的）世界中，若其中差别的重要性是其议程的关键点之一，那么，任何把其任务视为描述意识、人类或“这样的”人体基本结构的现象学，都将显得漠不相关，并最终表现为错误判断。

或更宽容地说，现象学所要强调的是号召驱逐出正在特殊的生活形式中起作用的解释框架、象征形式和相关性系统。尤其要强调的是生活形式中被认为理所当然的东西，以及这种理所当然的方法能够被揭示为它的构成。毕竟，现象学最深刻的冲动之一是其声称要把给定物呈现为成问题的，因而显示其本性。民族方法学，以其所有突然制止社会行动者的明智方法，并因而显示其认为是“常识的”和“明显的”东西的性质，是对现象学参与文化分析的特别生动的运用。

此外，现象学还有一种特别的洞见，以之来增加对理所当然之物并且实际上对所有文化分析的说明。这种观念正是，意识并非只是一个有待充满的容器，它也不是一个譬如文化在其上留下印迹的客体。意识是一种活动，它据之而生存的意义是由这种活动所构成的。今日的文化分析常常把人们说成只是等待转化的事物（或“笨蛋”，用加芬克尔带有色彩的术语来说），就像生面团等待面包切割刀把它切成某种特殊形状一样。这种研究方法是萨特（Sartre）恰当地称为“坏信仰”的例子。在这种方法中，个体身份的责任感和自我行动的责任感被否定了，被抛弃给他人或人们的“社会”或“制度”。萨特的术语是对他在其中工作的现象学传统的直接表
53 达，这种现象学坚持意识的能动性。

从现象学到批判

现象学本质上是描述性的：其目标是显示意识的基本结构和这些结构假定在人体以及社会制度和客体中存在的那些具体事例。但是在某些人看来，这种关于社会分析应当由什么构成的概念太狭窄了。因为它在如下意义上假定了这些结构及其具体化的真实性：掌握了它们，有关的社会行动者的经验、关系、行动和实践就会显示出来。但是，意义的这些结构难道就不可能像显示实在一样**遮蔽**实在吗？

这样思考就会使我们转回到早期的现象学概念，即在黑格尔的标题使用了这一术语的伟大著作中可发现的现象学概念。[22]实际上，在《精神现象学》（［1807］1977）中，黑格尔已经既为20世纪所理解的现象学奠定了基础，同时也为对它的根本性的批评提供了根基。黑格尔对现象学的处理方法是，使它不仅可以描述历史地出现的东西，而且也可对之进行批判。

在《精神现象学》中，黑格尔追溯了成熟状态下的精神（理性、自

由）的历程。在这种说明中，成熟是由精神的两个方面构成的，这两个方面最终在成熟时期融为一体：一个方面是过程的客观意义，在这一过程中，各种理性和自由概念伴随着时间得以发展，并在世界上各占其位；另一方面是对这一过程的意识，意识到它是这一过程。黑格尔称前者为“自在”；称后者为“自为”。就直到黑格尔时代为止的历史而言，“自在”脱离了“自为”，也就是说，人们认为是关于他们自身的特殊情形和一般历史的东西，与事实上出现的东西不一致。人们并不知道他们是过程的一部分，而具有自我意识的精神则通过人们自身的努力来逐步地达到成熟。只有在启蒙时刻，个体——因而精神本身，因为精神是唯一的在个体意识中并通过个体意识而意识到其自身的东西——才会认识到它们的历程就是要逐渐认识到它们是什么，并在它们的行动和实践中来把这种身份具体化。在此刻，“自在”成为与“自为”相等同的东西。

由于成熟部分地在于精神据之而成为在个体意识中并通过个体意识而意识到自身的经历，任何对这一过程的说明都必定包含着对各个阶段的过程的描述，意识就是因此而发展起来的。换言之，对成熟的任何说明必定部分地在于对“自为”的各个阶段的叙述，对个体显现给这一过程的积极参加者的身份和实在的叙述——因而是对精神的现象学的叙述。（黑格尔还认为，这一发展过程根据其自身的内在逻辑来展开，因而任何现象学也必定会描述发展的内在原则，这一原则在发展过程中潜藏在从一个阶段到下一阶段的运动过程之中。）因此，在这里存在着现象学的重要性、哲学和历史的根基：为了理解实在的性质，我们必须理解实在向那些经验到它的人所显现的方式的性质。做不到这一点，我们就不能把握实在本身的一个至关重要的方面，因为实在部分地是由它的显现方式和达到其最完整的表达方式所构成的，这种显现和表达是在具体存在的意识中并通过这种具体存在的意识而实现的，这种具体存在能够认识到实在部分地是它们通过达到对其性质的意识。现象学因而成为关于实在的任何哲学说明的必不可少的组成部分。 54

但是，倘若黑格尔是正确的，就其自身而言，这还不是充分的。因为在发展的长期过程中，个体对实在的意识随着实在本身而不断地变化——“自在”不同于“自为”。根据黑格尔的观点，精神在其后来的阶段仅仅存在于个体意识之中，并通过个体的意识而存在，但这些个体并不知道这一切，不知道它们是动因或行动者，而精神则是向其自身的完成前进的。它们不能确定它们是谁，并会误解它们是其重要的（即使是未知的）组成部分的这一过程的性质。由于这种原因，对精神的任何说明，除了描述它向其行动者所显现的那种方式以外，还包括对这些行动者不知道它的（因而是它们的）性质的方式的说明。《精神现象学》不仅是关于实在的现象的说明，而且是关于实在达到其自身的真正道路的说明——不仅是对作为其成熟的行动者的那些人的意识的说明，而且是对这种意识被误解的方式的说明。换言之，《精神现象学》不仅是关于“自在”而且是关于“自为”的描述，并且还是关于它们通过历史而分离的过程的说明。（只有在最后“自在”和“自为”才融为一体，因而对其中之一的描述反过来也是对另一个的描述。）

以这种方式来理解，《精神现象学》提供了一种对意识的批评，以及对其基本结构和内容的描述。这里的预言是明确的：虽然任何对实在的说明都必定包含着某种对描述实在向其参与者显现的方法的根本作用，它必定也包含着对这种显现的批判性评价。历史学者因而必定会采用一种怀疑的观点：一部分进入其参与者的生活世界，并描绘这个世界被体验和因之而有意义的方式；另一部分则从外部观察这个生活世界，注视其成员的幻象，以及他们对他们是谁、何种实在与他们实际是谁相分离和他们的本性是什么的方法。哲学家，或任何历史学者，必定会满足于作为其组成部分的那些人的经验，但他们不可能满足于这些：他们必定还会关注这种经验是不完善的那些方面，它会从其事实上是什么中隐藏自身。

简要地说，根据黑格尔的观点，倘若人们想要理解实在，仅仅依靠现象学（后来所理解的，即20世纪的方式）是不够的；任何现象学都还必须由对现象学的批评相伴随，如果这幅完整的图画可以被看得见的话。因此，虽然黑格尔为现象学奠定了基础，阐明了它是如何以及为何必定是任何理解社会实在的企图所具有的一种重要特征，同时他也为对现象学的批
55 评打下了基础，即实在显现的方式可能与实在是什么不一致。在这种情形下，学者们必须超越现象学，批判其内容以及对那些他们所研究的人的经验的假设。黑格尔的《精神现象学》提供的教训之一或许可以概括为“从现象学到意识形态批判”。（因此如下情形决非偶然：黑格尔启发了大量所谓“左派黑格尔主义者”，他们的理论目标在于揭示由社会实践所构成的观念是一些幻想，他们寄希望于在这样做时，这些幻想能被他们所从事的社会实践中随后发生的革命所取代。）

在此，回顾一下马克思在《德意志意识形态》（1972）中的描述是有价值的。马克思在那里把这些自我同一的左派黑格尔主义者称作“天真的

和幼稚的狂想”。他指出，他们天真地假定真正的批判能够仅仅在于观念的批判——仿佛社会实在完全是由关于它的观念构成的。他谴责了批判的现象学——如果可以用这个术语的话——指责它不能在以不平等的权力关系为标志的物质和社会过程中确定意识及其观念，因而不能掌握社会结构为社会幻想所要求的方面，并因而强化了它们。[23]一般地说，马克思坚持对观念的意义的真正理解要求说明它们的社会作用及其社会基础。[24]

这是对超越现象学的一种呼唤，无论怎样批判地理解，即把它与对这些观念处于其中的社会结构的经济分析和社会分析相结合。一旦掌握了那种幻想的可能性，以及把意义的结构解释为欺骗性的和启示性的需要，现象学就会指向一种其本身没有为之提供基础的分析形式：关于意义条件的因果分析，意义在这些条件中成为幻想，并且这些条件必定会被转化为在这类幻想的掌握中对这些分析提供启示。现象学因而不仅成为意识形态批判，而且成为一种成熟的批判理论，它能以一种非常不同的方式把意义和因果分析结合起来。

这同一种运动——从黑格尔到马克思——中的某种东西可以在现象学最近的历史中观察到。在他于1975年所作的美国社会学协会会长演说中，刘易斯·科瑟（Lewis Coser）抨击了现象学，声称民族方法学研究方式忽视了“一般的制度因素和在特殊的社会相互作用中起作用的权力的核心性”（1975：696）。这明确地反映了马克思在《德意志意识形态》中对左派黑格尔主义的批判。或许并非偶然，正是马克思的同一本著作，被多萝西·史密斯（Dorothy Smith）引以为其灵感源泉之一；同时还有加芬克尔的《民族方法学研究》，这启发了她的所谓“立场论”。立场论试图使现象学与批判理论相结合，以创造一种对妇女经验的批判性说明，把这种经验视为处于男性统治的巨大结构之中的东西。（Smith，1989）

> 我的思考是通过如何从经验的和具体化的社会学主体的位置、从妇女的立场来发展社会学探究而开始的……我们逐渐发现，我们生活于其中的世界是一个以我们知之甚少的方法拼凑到一起的世界…… 56
> ［因而］我们从人类所创造的文化的和智能的世界中获得了关于这种主体和主体性的种种术语、题目和概念，关于情感、情绪、目标、关系和客观世界的种种术语、题目和概念，这个客观世界是以文本为中介的论述并根据占据着统治设施的人们的观点而集合在一起的。（Smith，1990：1—2）

认识到妇女的经验由于被占统治地位的性别关系所遗忘而导致的污染，以及她们描述这种经验的种种方式，社会学不能仅仅满足于妇女的生活经验的基本结构。它还必须通过阐明她们扭曲实际上正在进行的经验的方法，以及阐明这些扭曲在家长式社会中起作用的权力结构中具有其原因，来使得这些结构表现为成问题的。因此，虽然以现象学方法开始，立场论社会学必定会超越这种方法。正如史密斯所说的那样，这种方法清楚地显示了从纯粹现象学方法到与批判理论联姻的现象学方法的运动，这种与批判理论联姻的现象学方法关注的焦点是权力的结构状况：

> 认识主体永远处于具体的时间和空间位置，是日常世界的具体的构形。探究指向于探索和阐明她所不知道的东西——充斥于她的世界但在其中不可见的种种社会关系和组织。(Smith，1992：88)

结　论

在20世纪之初，现象学由于对纯粹哲学的渴望而产生，这种纯粹哲学将要为人类的知识和活动确立一种完全清晰的和不证自明的基础。就这方面而言，它在本质上是一种笛卡儿式的理想。但是随着这一世纪向前发展，现象学从天上被拉回到人类经验的大地上。它被转化为对人类经验的基本结构的探究，这些是理解人类意识活动的核心。在这种转化中，现象学启迪了一些重要的尝试，即试图掌握人类经验和人类社会生活的基本结构。但是，这还是太抽象，因而后来的思想家们坚持在具体的历史文化和社会情形中来确定意识的位置。这便导致了那些相信意义对理解人类生活具有重要意义的人转向对具体文化的解释。在此基础上，现象学的本质上是描述的渴望，即渴望揭示意识和社会的基本结构，在其他人看来具有很大的局限性，假定这些结构——偶然的并处于不平等的权力关系中——可
57 能隐藏着那些据之而生活的人的生活本性，正像它们显示着这些人的生活本性一样。意识既可以是真的，也可能是假的，因而任何企图理解它的努力都必定能划分出这一区别。社会分析不能只是描述，它还必须是（可能的）批判的。因此现象学必须让步于意识形态批判，让步于这种意识形态所坚持的权力关系的批判。

从描述超验的主体到批判虚假意识的具体形式的运动，这就是20世纪现象学的历史——或至少是解析这段历史的一种方法。

注　释

[1] 我要感谢约瑟夫·罗斯（Joseph Rouse）对我撰写本篇论文的帮助，尤其要感谢他对初期的草稿所作的颇有见地的评论。

[2] 在追问并试图回答这个问题时，胡塞尔首先在其1891年的《算术哲学》中试图把布伦塔诺对心理学的说明应用于数学，参见《逻辑和数学哲学的早期著作》（1994）中的相关部分。但是在弗雷格（Frege）的批评下，他逐渐拒绝了这种布伦塔诺主义的方法，开始抨击那种试图把逻辑建立在经验心理学之上的心理主义。参见《逻辑研究》（[1900—1901] 1970）。（要想更多地了解布伦塔诺，参见注释[9]。）

[3] 参见希普和罗思（Heap and Roth，1973）。他们宣称，社会学家试图使用胡塞尔现象学概念的企图，从根本上误解了它们的意义。胡塞尔并不认为超验现象学与现象学心理学之间具有恰当的科学的相互关联，但是他坚持认为，后者不应当与前者相混淆。

[4] 在其主要著作《观念》的前言里，胡塞尔抱怨说，格式塔心理学错误地把自然主义误当作它想要取代的感觉主义。（[1913] 1931：24）尽管格式塔心理学创始人宣称现象学是启示他们的心理学的源泉之一，他仍然会得出这一结论。关于这一点，参见考夫卡（Koffka，1935：570—571，18—21）。

[5] 这一节的论证在很大程度上吸取了约瑟夫·罗斯即将完成的《科学如何践行问题》第一章中的思想。

[6] 罗斯引证了休伯特·德雷福斯（Hubert Dreyfus）的一篇文章（《知觉的认识：格威施的重要贡献》[1972a]），其中提出了对胡塞尔的这种特别清楚和有力的内在的批判路线。格威施（Gurwitsch）试图通过把知觉认识看作知觉的格式塔而回应胡塞尔的这些难题；在这方面，他主要依赖于格式塔心理学，因而把现象学与格式塔心理学又弄到一起。（Gurwitsch，1966）罗斯把这种论证追溯到海德格尔1925年的马堡讲座（Heidegger，1985）。

[7] 胡塞尔本人似乎在其晚年得出了同样的结论（部分是海德格尔批评的结果）。在其1936年的《欧洲科学的危机和超验现象学》中，超验的自我被说成与世界是“相互关联”的，因而世界不再是任何超验自我所理解的世界，而是具有主体间性的社会共同体的世界。由于这些变化，现象学此时成为一种对共同体经验出现于其中的方法的寻求，以及对这些方法的内在条件的寻求。这种变化究竟在多大程度上表现了胡塞尔观点的根本性改变，人们还有许多争论。为了更好地考察这些相关问题和观点，参见戴维·卡尔（David Carr）为《危机》（[1936] 1970）的英文版所写的导言。 58

[8] 存在心理学之父路德维希·宾斯万格（Ludwig Binswanger）明确地承认他受惠于

海德格尔。参见他的《世界中的存在》（1963）和《思想的存在分析学派》（1958）。关于现象学对心理学的贡献，有一个很好的说明，参见斯皮格尔伯格（Spiegelberg，1972）。

在法国，一度是海德格尔的学生的让·保尔·萨特（Jean Paul Sartre），在其1943年发表的《存在与虚无》一书中，也发展了关于意识的存在分析。这一著作的心理学成果在萨特的《存在的心理分析》（[1943] 1953）中得到进一步发展。萨特的研究方法直接给R.D.莱恩（R.D.Laing）及其合作者的著作提供了思想养料。（参见《分裂的自我：对健全心智和疯狂的存在研究》[1965]）

[9] 舒茨以某种方式提出要回到由胡塞尔的老师弗兰兹·布伦塔诺（Franz Brentano）提出的现象学概念。在其《从经验立场观看的心理学》中，布伦塔诺（[1874] 1972）试图对真正的人类意识模式和意识类型，而不是对超验的自我，进行分类和归入不同范畴。在这一过程中，他坚持认为意识不是一个充满内容的容器，而是在能动的主体与这种活动的客体之间的关系中所构造的活动。意识永远是关于某物的意识，从这方面看，意识的核心特征是其意向性。意向性的概念和作为活动的意识的概念是随后出现的所有现象学思想的基础。

[10] 这本著作是舒茨最主要的系统论述。此后他继续发展他的观念——在某些场合他还拒斥他早期的观点。他后来的思想收集在他的《论文集》（1962—1966）中，以三卷本形式出版，编者是莫里斯·纳坦森（Maurice Natanson）、阿维德·布罗德森（Arvid Brodersen）和伊尔斯·舒茨（Ilse Schutz）。

[11] 在当代社会学中，这是拥有最广泛读者的著作之一。

[12] 这本著作是除了其他资料来源以外，研究胡塞尔未发表的手稿的结果。这方面的情况，参见蒂利特（Tilliette，1970）。

[13] 对此，要想全面了解，请参看德雷福斯与德雷福斯（Dreyfus and Dreyfus，1999）。德雷福斯的《计算机不能做什么》（1972b，尤其是第7章）也是与此直接相关的。除此以外，下述著作者赋予认知科学中的“反笛卡儿主义”研究方法以一种很好的意义：瓦雷拉等人（Varela et al.，1991）、麦克坎贝尔和罗克林（McCannell and Rakerin，1994）与乔吉（Giorgi，1970）。

[14] 参见布雷布鲁克（Braybrooke，1987）、罗森伯格（Rosenberg，1988）、鲍曼（Bohman，1991）、马丁和麦金泰尔（Martin and McIntyre，1994）、哈利斯（Hollis，1996）、布莱克（Blaike，1993）、霍林格（Hollinger，1994）、马尼科斯（Manicas，1987）、费斯克和施威德（Fisk and Shweder，1986）。在近年的社会科学哲学中，广泛地忽略现象的唯一例外是伯恩斯坦（Bernstein，1976）。关于与社会科学的关注点有关的现象学的一种极好的说明，参见罗奇（Roche，1973）。关于现象学对社会科学的影响，论述最好的是纳坦森（Natanson，1973）和萨瑟斯（Psathas，1973）。而最近对现象学和当代心理学理论的说明，则参见沃拉斯和沃尔夫（参见 Wallace and Wolf，1999）以及里策（Ritzer，1988：第6章）。

沃拉斯和沃尔夫宣称，现象学作为一种社会学实践的方法，其声望一直在增长。（参见 Wallace and Wolf：291—292）

[15] 因此，譬如，那种认为社会分析必定开始于有待研究的社会行动者的概念和范畴，以便看清他们是如何接受他们的所作所为的思想，已经成为司空见惯的事情。这是从舒茨以来的现象学的核心观点。（参见 Schutz，1962：48—66）

[16] 在其后来的著作中，舒茨逐渐拒斥了这种做事方法，并把“主体间性”而不是主体性作为出发点。（参见 Schutz，1966）

[17] 关于反对我在这里支持的观点的一种观点，参见玛丽·罗杰斯（Mary Rogors，1983）。罗杰斯论证说，民族方法学是一种不充分的现象学，主要是因为它关注于规则、相互作用和实践，而不是这些东西在意识中的基础。不是朝意义和社会行为的社会的和公共的概念前进，正如我在这一节所指出的那样，罗杰斯将会通过现象学方法启示社会科学，使之更加严格地转回到意识及其分析方面。

[18] 路德维希·维特根斯坦的《哲学研究》（1953），尤其是开篇的那些章节（♯1—88），以及那些致力于遵循规则和著名的私人语言的论证（♯172—280）。对这些章节极有说服力的注释，参见克里普克（Kripke，1982）。对特殊的语言学意义和一般的规范性的精彩说明，这些遵循着广泛的然而在实质上丰富了维特根斯坦的思想路线的说明，参见布兰朵（Brandom）的《使之清楚明白》（1994）。布兰朵这本书的标题表明了某种现象学的推动力（尽管它没有明确地讨论现象学）：把含糊不清的东西呈现为清楚明白的。这本书致力于确立规范性的来源，正像胡塞尔的《逻辑研究》在 20 世纪初那样。但是布兰朵这样做具有完全不同的结果，这是在实际的社会相互作用的正在进行的生活中确定其位置。从胡塞尔到布兰朵的运动反映了现象学本身在 20 世纪的进程中所发生的种种变化。

[19] 请注意，舒茨在《现象学》（[1932] 1967）中也被迫讨论具体的客观世界和组成文化的那些处方（尤其要参见第 4 章）。在其晚期著作中，这一方面甚至变得更加明显。

[20] 把这些首先由海德格尔阐明的观念发展为成熟的理解哲学，实际上是关于人类的哲学的哲学家是汉斯·伽达默尔（Hans Gadamer）。他的代表作《真理与方法》（1992）是我们这个时代对解释学最深刻和最完整的阐述。这本著作的第二部分第一节第三小节明确讨论了胡塞尔这方面的著作。

[21] 或重新评价，由于这个观点已经由赫德（Herder）在 18 世纪末明确地阐述过了。参见赫德（1969）。

[22]《精神现象学》（1977）。在这部著作中，黑格尔汲取了康德关于自在之物和现象之间有根本区别的思想。正是康德对“现象”的用法成为“现象学”这一术语发展的基础。

[23] 正如马克思所说：“呼吁抛弃他们关于他们的状况的幻想就是要**呼吁抛弃要求幻想的那种实际状况**。”（1963：44，黑体是原文所加）

[24] 某些现象学家断言，恰当地理解的现象学为具体社会形式的批判性评估提供了基础。其基本的观念在于，现象学通过描绘人类的社会性中什么是真正普遍的，为对于只是偶然的因而是可变的东西的批评提供了基础。譬如参见奥尼尔（O'Neill，1972）和赞纳尔（Zaner，1973）。对于把马克思和现象学相结合时所导致的局促不安，有一种较好的一般看法，参见多尔梅耶（Dallmayr，1973）。

参考文献

Berger, Peter and Thomas Luckman 1967: *The Social Construction of Reality*. Garden City, NY: Anchor.

Bernstein, Richard 1976: *The Restructuring of Social and Political Theory*. Philadelphia, PA: University of Pennsylvania Press.

Binswanger, Ludwig 1958: The existential analysis school of thought. In Rollo May, Ernst Angele, and Henri F. Ellenberger (eds.), Existence: *A New Dimension in Psychiatry and Psychology*. New York: Basic Books, 191—213.

Binswanger, Ludwig 1963: *Being in the World*. New York: Basic Books.

Blaike, Norman 1993: *Approaches to Social Inquiry*. Oxford: Polity Press.

Bohman, James 1991: *New Philosophy of Social Science: Problems of Indeterminacy*. Cambridge, MA: MIT Press.

Brandom, Robert 1994: *Making It Explicit: Reasoning, Representing, and Discursive Commitment*. Cambridge, MA: Harvard University Press.

Braybrooke, David 1987: *Philosophy of Social Science*. Englewood Cliffs, NJ: Prentice-Hall.

Brentano, Franz [1874] 1972: *Psychology From an Empirical Standpoint*, trans. Amos C. Rancurello, D. B. Terrell and Linda L. McAlister, ed. Linda L. McAlister. London: Routledge and Kegan Paul.

Coser, Lewis 1975: Presidential address: Two methods in search of a substance. *American Sociological Review* 40 (6), 691—700.

Dallmayr, Fred R. 1973: Phenomenology and Marxism: A salute to Enzo Paci. In George Psathas (ed.), *Phenomenological Sociology*. New York: John Wiley, 305—356.

Dreyfus, Hubert 1972a: The perceptual noema: Gurwitsch's crucial contribution. In Lester Embree (ed.), *Life-World and Consciousness: Essays for Aaron Gurwitsch*. Evanston, IL: Northwestern University Press, 135—170.

Dreyfus, Hubert 1972b: *What Computers Can't Do*. New York: Harper and Row.

Dreyfus, Hubert and S. Dreyfus 1999: The challenge of Merleau-Ponty's phenomenology, of embodiment for cognitive science. In Honi Haber and Gall Weiss (eds.), *Perspec-*

tives on Embodiment: *The Intersection of Nature and Culture*. New York and London: Routledge, 103—120.

Fisk, Donald W. and Richard A. Shweder (eds.) 1986: *Metatheory in Social Science*. Chicago: University of Chicago Press.

Foucault, Michel 1979: *Discipline and Punish*. New York: Vintage Books.

Gadamer, Hans-Georg 1992: *Truth and Method*, trans, Joel Weinsheimer and Donald G. Marshall. New York: Seabury.

Garfinkel, Harold 1967: Studies in Ethnomethodology. Englewood Cliffs, NJ: Prentice Hall.

Geertz, Clifford 1971: Thick description: Toward an interpretive theory of cultures. In *The Interpretation of Cultures*. New York: Basic Books, 3—30.

Giorgi, Amadeo 1970: *Psychology as a Human Science. A Phenomenologically Based Approach*. New York: Harper and Row.

Gurwitsch, Aaron 1966: *Studies in Phenomenology and Psychology*. Evanston, IL: Northwestern University Press.

Habermas, Jürgen [1967] 1988: *On the Logic of the Social Sciences*, trans. Shierry Weber Nicholson and Jerry A. Stark. Cambridge, MA: MIT Press.

Heap, James L. and Phillip A. Roth 1973: On phenomenological sociology. *American Sociological Review* 38, 354—367.

Hegel, G. W. F. [1807] 1977: *The Phenomenology of Spirit*, trans. A. V. Miller. Oxford: Oxford University Press.

Heidegger, Martin [1927] 1962: *Being and Time*, trans. John Macquarrie and James M. Robinson. New York: Harper & Row.

Heidegger, Martin [1925] 1985: *History and the Concept of Time*, trans. T. Kisiel. Bloomington: University of Indiana Press.

Herder, Johan Gottfried 1969: *J. G. Herder on Social and Political Change*, trans. F. M. Barnard. Cambridge, UK: Cambridge University Press.

Hollinger, Robert 1994: *PostModernism and the Social Sciences*. Thousand Oaks, CA: Sage Publications.

Hollis, Martin 1996: Philosophy of social science. In Nicholas Bunin and E. P. Tsui-James (eds.), *The Blackwell Companion to Philosophy*. Oxford: Blackwell, 358—387.

Husserl, Edmund [1891] 1994: *Philosophie der Arithmetik*. In *Early Writings in the Philosophy of Logic and Mathematics*, trans. Dallas Willard. Dodrecht: Boston.

Husserl, Edmund [1900—1901] 1970: *Logical Investigations*, vols. 1 and 2, trans. J. N. Findlay. London: Routledge and Kegan Paul.

Husserl, Edmund [1913] 1931: *Ideas: General Introduction to Pure Phenomenology*, trans. E. Gibson. London: Allen and Unwin.

Husserl, Edmund [1913—1928] 1980: *Phenomenology and the Foundations of the Sciences*, vols Ⅰ—Ⅲ, trans. Ted E. Klein and William E. Pohl. The Hague: M. Nijhoff; Boston, MA: Kluwer.

Husserl, Edmund [1936] 1970: *The Crisis of European Sciences and Transcendental Philosophy: An Introduction to Phenomenological Philosophy*, trans. David Carr. Evanston, IL: Northwestern University Press.

Husserl, Edmund [1952] 1989: *Ideas Pertaining to a Pure Phenomenology and to a Phenomenological Philosophy, Second Book: Studies in the Phenomenology of Constitution*, trans. Richard Rojcewicz and André Schuwer. The Hague: Kluwer Academic.

Husserl, Edmund 1994: *Early Writings in the Philosophy of Logic and Mathematics*, trans. Dallas Willard. Dordrecht: Boston.

Koffka, Kurt 1935: *Principles of Gestalt Psychology*. New York: Harcourt, Brace, and World.

Kripke, Saul 1982: *Wittgenstein on Rules and Private Language*. Cambridge, MA: Harvard University Press.

Laing, R. D. 1965: *The Divided Self: An Existential Study of Sanity and Madness*. Harmondsworth, UK: Penguin Books.

McCannell, Juliet F. and Laura Rakerin 1994: *Thinking Bodies*. Stanford, CA: Stanford University Press.

Manicas, Peter T. 1987: *A History and Philosophy of the Social Sciences*. Oxford: Blackwell.

Martin, Michael and Lee C. McIntyre (eds.) 1994: *Readings in the Philosophy of Social Science*. Cambridge, MA: MIT Press.

Marx, Karl 1963: Contribution to the critique of Hegel's philosophy of right. An introduction. In *Karl Marx's Early Writings*, trans. T. B. Bottomore, London: C. A. Watts and Company.

Marx, Karl and Frederick Engels 1972: *The German Ideology*. New York: International Publishers.

Merleau-Ponty, Maurice [1945] 1962: *Phenomenology of Perception*. London: Routledge and Kegan Paul.

62

Natanson, Maurice (ed.) 1973: *Phenomenology and the Social Sciences*, 2 vols. Evanston, IL: Northwestern University Press.

O'Neill, John 1972: Can phenomenology be critical? In *Sociology as a Skin Trade*. New York: Harper Torchbooks, 221—236.

Psathas, George (ed.) 1973: *Phenomenological Sociology*. New York: John Wile and Sons.

Ritzer, George 1988: *Contemporary Sociological Theory*, 2nd edn. New York: Alfred A. Knopf.

Roche, Maurice 1973: *Phenomenology, Language, and the Social Sciences*. London: Routledge and Kegan Paul.

Rogers, Mary 1983: *Sociology, Ethnomethodology and Experience*. Cambridge, UK: Cambridge University Press.

Rosenberg, Alexander 1988: *Philosophy of Social Science*. Boulder, CO: Westview Press.

Rouse, Joseph forthcoming: *How Science Practices Matter*. Chicago: University of Chicago Press.

Sartre, Jean Paul [1943] 1953: *Existential Psychoanalysis*, trans. Hazel Barnes. New York: Philosophical Library.

Sartre, Jean Paul [1943] 1956: *Being and Nothingness*, trans. Hazel Barnes. New York: Philosophical Library.

Schutz, Alfred 1962: Concept and theory formation in the social sciences. In Alfred Schutz, *Collected Papers*, vol. Ⅰ, ed. Maurice Natanson. The Hague: Martinus Nijhoff, 48—66.

Schutz, Alfred 1966: The problem of transcendental intersubjectivity in Husserl. In Alfred Schutz, *Collected Papers*, vol. Ⅲ, ed. Ilse Schutz. The Hague: Martinus Nijhoff.

Schutz, Alfred [1932] 1967: *The Phenomenology of the Social World*, trans. George Walsh and Frederick Lehnert. Evanston, IL: Northwestern University Press.

Shapiro, Kenneth 1985: *Bodily Reflective Modes*. Durham, NC: Duke University. Press.

Smith, Dorothy E. 1989: Sociological theory: Methods of writing patriarchy. In Ruth A. Wallace (ed.), *Feminism and Sociological Theory*. Newbury Park, CA: Sage Publications, 34—64.

Smith, Dorothy E. 1990: *Texts, Facts, and Femininity: Exploring the Relations of Ruling*. New York: Routledge.

Smith, Dorothy E. 1992: Sociology from women's experience: A reaffirmation. *Sociological Theory* 10 (1), 88—98.

Spiegelberg, Herbert 1972: *Phenomenology in Psychology and Psychiatry*. Evanston, IL: Northwestern University Press.

Tilliette, Xavier 1970: *Merleau-Ponty: ou la mesure de l'homme*. Paris: Editions Seghers.

Varela, Francisco, Evan Thompson, and Eleanor Rosch 1991: *The Embodied Mind. Cognitive Science and Human Experience*. Cambridge, MA: MIT Press.

Wallace, Ruth A. and Allison Wolf, 1999: *Contemporary Sociological Theory*, 5th edn. Upper Saddle River, NJ: Prentice Hall.

Wittgenstein, Ludwig [1953] 1958: *Philosophical Investigations*, 2nd edn., trans. G. E. M. Anscombe, ed. G. E. M. Anscombe and R. Rhees. Oxford: Blackwell.

Zaner, Richard 1973: Solitude and sociality: The critical foundations of the social sciences. In George Psathas (ed.), *Phenomenological Sociology*. New York: John Wi-
63 ley, 25—46.

第3章　20世纪分析传统中的社会科学哲学

托马斯·尤贝尔（Thomas Uebel）

导　言

纵观20世纪哲学的发展进程，似乎可以公允地说，分析哲学传统对社会科学的关注仅仅在一个狭小的范围内有兴趣，即使在众多科学哲学家中也是如此。作出这种断定几乎不会有争议——对“为什么会这样”的问题作出回答更不会有争议。或许分析哲学“在本质上”已经落伍很久了（至少是在这方面）。但是，首先需要做的工作是把那些明显被忽略的东西按照年代顺序加以编排，看一下哪些东西被遗忘了。一旦弄清了这个问题，就会发现这种忽略毫无道理可言，因为这是某些哲学方法的分析性质所内在固有的。此外，对社会科学哲学的忽略有可能并不像通常认为的那么广泛。本章的任务首先是要对分析哲学的相关著作从宏观上作一初步探讨，其次要对那些早期比较重要的著作作一介绍，虽然它们的影响力并不很大。

在我们开始阐述之前，先对有关术语作一说明。希望读者原谅我们不能对有关分析传统的所有著作都作出必要且充分的论述。鉴于当前的目的，这里只论述下列哲学家的著作所运用的方法、所具有的风格及其内容，这些哲学家包括格特洛普·弗雷格（Gottlob Frege）、伯特兰·罗素（Bertrand Russell）、G. E. 摩尔、路德维希·维特根斯坦、鲁道夫·卡尔纳普（Rudolf Carnap）、W. V. O. 奎因、唐纳德·戴维森、R. M. 海尔（R. M. Hare）、约翰·罗尔斯（因此，分析传统的范围远不止逻辑经验主义）。要想进一步界定“分析”，你就会发现作为其边界线的情形，那就是埃德蒙德·胡塞尔和理查德·罗蒂。胡塞尔没有接受语言学的转向（根据迈克尔·德米特的标准）[1]，而是开启了大陆现象学——分析哲学通常是以反对这种学说为基础而展开论证的——而罗蒂的交谈论在其对后现代理论的研究中则把哲学限定为尊重事实的论述。在新康德主义者中，我们可注意到欧内斯特·卡西尔属于这一类，而海因里希·李凯尔特则不属于这一类（还是根据德米特的标准)。最后，“后实证主义”和“反实证主义转向”这些术语意味着在它们之前描述实证主义特征的三个教条被拒斥。这三个教条是：科学哲学中“已被接受的观点”、意义理论中的实证论、心灵哲学中的归纳主义。非常典型的是，这种拒斥同时伴随着把自反均衡作为通往概念发现的路径。这种反实证主义转向可以追溯到20世纪60年代末（照例有先驱和后来者），到弗雷德·达梅尔（Fred Dallmayr）和托马斯·麦卡锡（Thomas McCarthy）在社会科学哲学中出现为止。他们在1977年出版的文集赋予肯定解释学规则的分析哲学家一个引以为荣的地位。(Taylor，1971)

20世纪分析的社会科学哲学概览

显然，直到20世纪中期（大约是第二次世界大战末期)，分析的科学哲学领域中那些领袖人物，要么只是忽略社会科学，要么就是对社会科学根本不予理睬，这在那时是司空见惯的做法。相反，那些形式化的东西和物理学则对他们更具吸引力。这种理论取向汇聚了这样一批不同的哲学家，如弗雷格、罗素、早期维特根斯坦、莫里茨·石里克（Moritz Schlick)、卡尔纳普和奎因。(当然，可以预言，维特根斯坦后期的著作打破了这种早期的模式，而弗兰克·P·拉姆齐［Frank P. Ramsey］的短命则使他没有时间进一步发展他所提出的那些颇有希望的线索，这个任务留给了唐纳德·戴维森。）至今那场自诩为分析革命的无名战士们应该在这个被遗忘的领域中有一些重要著作，也正因如此，这个领域才没有被彻底遗忘。当然，也并不是因为没有在上面的名单中列出，分析传统的某个重要人物就不重要，而是因为主流是不可否认的。

这种忽略的诸种原因有可能是什么呢？即使今天的社会科学比物理学发展确实要慢一些，但在哲学上对这一领域感兴趣的理论家不乏其人。譬如，一些现代社会科学的奠基人在哲学上颇有建树，并不比亨利·彭加勒（Henri Poincarè)、路德维希·博茨曼（Ludwig Boltzmann)、艾尔伯特·爱因斯坦逊色。然而这些跨世纪的社会科学家——譬如马克斯·韦伯，乔格·席美尔（Georg Simmel）、费尔迪南·托尼斯（Ferdinand Tönnies）、艾米尔·涂尔干、威尔弗雷多·帕雷托（Vilfredo Pareto）——并没有对上面提到的那些分析哲学家产生重大影响。这些哲学家自身也没有想过联合起来形成统一的联盟。这两派理论学家似乎是在“不同的世界”里起作用，尽管有些例外需要注意。对于有些人来说，这可能意味着是对自诩远离传统哲学问题的那些人的控诉，而这些哲学问题正是那些分析理论的实践者们引以为荣的。（分析哲学大都避免谈论关于“善的生活”之类的实质性问题。我们还能从那些科学哲学家们那里期待些什么呢?）但我们必须注意不能过分地进行概括。 65

诚然，甚至在我们尚未到达20世纪下半叶之前，对于这幅概括图画而言就有一些例外。在这里，我们只随意地介绍一下为分析传统作出贡献的维也纳学派成员，但不希望断言只有他们才是分析哲学家。值得注意的是，这些例外中最重要的——就更广泛的哲学公众所关心的而言——直到我们考察的这个阶段的最后才出现：卡尔·波普，自诩为逻辑实证主义哲学的“掘墓人”。除1934年出版的《研究的逻辑》（*Logic der Forschung*，直到1959年才有英译本）以外，在1944年至1945年间他发表了一系列文章，最后汇集成《历史决定论的贫困》（1957年以书的形式再版），1945年他出版了两卷本的《开放社会及其敌人》。这些著述把他推到迅速崛起的美籍英国人主流之中，而且使他不再流亡新西兰而重返欧洲。同样值得注意的是，波普尽管有上述影响，却被像卡尔·门格尔（Carl Menger）这样的分析学说的同仁所拒绝。无论如何，他撰写的那些观点鲜明的论文使他在社会科学哲学领域中鹤立鸡群，在整个20世纪50年代甚至60年代确实如此。在晚些时候，受“共产主义衰落”的影响，分析的社会科学哲学重新唤起了人们的兴趣。

我们下面要关注的另一个例外是一位维也纳学派成员，人们记住他大多是因为他组织了科学统一运动，并提出一些十分抢眼的名词和口号（譬如，物理主义），这个人就是：奥托·纽拉特（Otto Neurath）。他起初学的是社会学，但他对历史和经济学却具有广泛且非同寻常的兴趣。纽拉特长期抱怨维也纳学派缺乏对社会科学元理论的关心。由于纽拉特的著作在哲学领域处于边缘地位，因而在他1945年去世以后，他的著作便被人们所遗忘，而这时波普则作为一颗新星在哲学界冉冉升起。尽管纽拉特的认识论思想晚些时候被一些研究一般科学哲学的历史学家重新加以考察，但他的社会科学理论在很大程度上依然不为人知。事实上，在分析哲学的发展历程中，他的社会科学理论与其一般认识论一起呈现出一条从未有人走过的路，或者毋宁说一条很久以后才被人们所采用然后自己便独立发展之路。

另一个例外是卡尔·门格尔，即卡尔的儿子。在移民前他是个数学家，曾一度是维也纳学派成员，召集过非常著名的数学研讨会，且大部分与会成员都来自经济学界。由于他在1934年发表的《道德、决策与社会组织：伦理学逻辑研究》一书，他把决策的形式化模型引入哲学，开辟了一条最终导致约翰·冯·纽曼（John von Neumann）和奥斯卡·摩根斯坦（Oscar Morgenstern）——他们两人都参加了这次研讨会——的博弈论得以产生的道路，从而为当前的社会科学树立了一个最重要的典范。然而，由于这部著作在20世纪结束前并没有对大多数分析哲学家产生重大影响，并且在我们讨论的这个时期也是如此，因此我们就不再进一步讨论他了。[2]

为完整起见，应该再提一下两位与维也纳学派有一定联系的理论家——埃德加·齐塞尔（Edgar Zilsel）和菲利克斯·考夫曼（Felix Kaufmann；他们二人分别于1944年和1949年逝世，他们的著作并没有分析哲学的特征，并且在他们生前和逝世之后这些著作也没有多大影响）。在20世纪20年代，齐塞尔已经是种族主义意识形态的严厉批评者，从20世纪30年代起他开创了科学社会学的研究方向，后来这方面的研究被罗伯特·默顿（Robert Merton）及其学派所遮蔽。[3]考夫曼同时参加维也纳学派和F. A. 哈耶克的学术活动，他试图在逻辑经验主义和现象学之间寻求某种妥协。1936年他发表了《社会科学方法论》一书，并由于在纽约社会研究新学院工作期间吸收了实用主义的影响，该书的英文版（1944年）被他完全重新改写了。

因而很明显，直到20世纪中叶，分析哲学家对社会科学的忽略仍然有明显的例外，即使把来自维也纳学派的哲学家算上也是如此。然而，除波普以外，他们都是一些无名之辈。而且，在下一个时期，分析的社会科学很少注意这些哲学家在战前发表的著作，而这时波普又是个例外。

我们现在看一下从20世纪中期（第二次世界大战结束）至反实证主义转向这一时期的分析的科学哲学。当然，我们或许想知道对分析的社会科学哲学来说后者是不是作为出发点所需要的。在量的意义上，其答案显然是否定的：在我们讨论的这个时期，科学的分析哲学大行其道，颇受欢迎，尤其是涉及社会科学的分析哲学更是如此。而根据现在的标准从较为偏重质的意义上看，其答案似乎是：反实证主义转向确实是必要的，然而，这只是在前—后实证主义形式（prepostpositivist）倾向于归纳取向时才是如此。我们可以保留它的所有形式事实上是否都有那种倾向；无论如何，后实证主义的社会科学哲学从定义上说是反归纳主义的。有时，这被看作相关研究领域中的反实证主义所导致的后果，但这并非是必要的。有一个通常不大引人注意的事实是，反归纳主义的社会科学哲学可以超越其他哲学领域而导致重要的结果，这个事实是由唐纳德·戴维森发现的（1974）。他论证了如何在广泛的解释学洞察力基础上坚定地发展其后实证主义的心灵哲学，而这种洞察力显然是从早期的社会科学中获得的。

然而，在战后分析的科学哲学中，那种明显的标准是什么呢？由于无法对所有相关的哲学杂志进行详尽考察，我们不妨挑一些那时比较重要的文集作为我们初步的向导，来看一下从20世纪40年代到60年代在分析的社会科学中哪些东西在“起作用”。首先必须注意的是，直到20世纪60年代中期，有关这个主题的文集才最终出现。直到那时，赫伯特·费格尔（Herbert Feigl）和威尔弗里德·塞拉斯（Wilfried Sellars）在他们著名的《哲学分析的阅读材料》（1949）一书的“科学哲学”部分中才收录了唯一一篇直接与此有关的论文，并收录了两篇广义上与此相关的论文。而费格尔和梅·布罗德贝克（May Brodbeck）合著的《科学哲学阅读材料》（1953）一书至少包含了整个一篇社会科学哲学的内容，该书由八篇论文构成，论述的内容从一般方法论和即将成为标准的话题，直到专门的经济学讨论。而一般的社会科学哲学文集则是在另一个十年之后才得以问世，其中有一些论文直到20世纪70年代才公开发表。在这之后，直到1994年，一直没有重要的讨论一般性问题的文集出版（尽管有一些讨论范围较窄的论文仍在不断出现）。同样，在1966年理查德·鲁德纳（Richard Rudner）的著作和1970年阿兰·莱恩（Alan Ryan）的著作出现之前，没有一本广泛阅读的著作专门研究分析的社会科学哲学。随后又是一段时间的空白，直至1987年才由戴维·布雷布鲁克（David Braybrooke）所写的一本可替代鲁德纳著作的专题著作掀起了最近的一波高潮。[4]

这些材料与分析传统之中那些相对忽略社会科学哲学的论文以及从20世纪50年代开始的“逐渐解冻”是相一致的。但是，且让我们考察一下是什么东西开始“破冰”的。到20世纪60年代早期已出现了足够的材料，这使得莫里斯·那坦森（Maurice Natanson）在1963年得以出版了他的文集，该文集试图反驳“自然主义的”（分析的）和现象学的观点。（在这方面还没有典型的分析著作出版。）1965年，布雷布鲁克出版了一本部头较小的文集，这本文集更明确地具有分析倾向，而且涵盖了早期的形式技巧的发展。沿着分析这条几乎是唯一的路线，梅·布罗德贝克和伦纳德·克里摩曼（Leonard Krimerman）分别在1968年和1969年出版的大部头文集中尽可能全面概括地陈述了这个主题中的许多课题。由多萝西·埃米特（Dorothy Emmett）、阿拉斯代尔·麦金泰尔（Alasdair MacIntyre，1970）和阿兰·瑞安（1973）出版的一些小部头文集都为此作出了贡献。

这些文集都涉及哪些话题呢？单就社会科学哲学的主题而言，费格尔和塞拉斯认为历史上只有亨佩尔是演绎规则学的典范，而费格尔和布罗德贝克则比较重视研究一般社会科学规律的论文以及专门研究经济学与历史学的论文，重视研究自然主义方法和现象学方法的冲突，重视研究辩证法的优缺点，重视方法论上的特殊性，以及重视客观性和价值判断的问题。莫里斯·那坦森特别重视“自然主义”和“现象学”在有关概念、理论构造、客观性和价值判断问题上的冲突。而布罗德贝克和克里摩曼则试图涉足整个领域：社会科学的可能性及其与自然科学的关系，主要是社会科学论题的普遍性和复杂性的范围与严格性，因果说明与合理性说明的关系，目的论说明和功能说明的地位，社会科学概念的构成和模型的特殊性，方法论的独特性、客观性和价值判断，以及经济学中的实在论和工具主义。由多萝西·埃米特、阿拉斯代尔·麦金泰尔和阿兰·瑞安所撰写的一些部头较小的文集，主要是通过以他们自己的观点来引入合理性和相对主义问题作为话题而受人瞩目——大约是在这个时期，这个话题开始吸引一些跨越反实证主义转向的专题论文集的注意。（Wilson，1970；Hookway and Pettit，1978；Hollis and Lukes，1982）[5]

我们不可能讨论甚至列出所有在这些文集中有重要作用的作者。或许我们可以直截了当地把C. G. 亨佩尔和欧内斯特·内格尔当作领军人物（波普的地位主要不是由他本人而是由约翰·W·N·沃特金斯［John W. N. Watkins］来实现的），把阿尔弗雷德·舒茨、莫里斯·曼德尔鲍姆、彼得·温奇和威廉·德雷（William Dray）当作规则学方法上处于领先地位的社会科学批评家。其中，内格尔、亨佩尔（以及波普），正如曼德尔鲍姆和舒茨（后者也是维也纳学派成员，但他通常被人们看作现象学阵营中的成员）一样，代表着战前的一批老干将，而（譬如）温奇和德雷则代表着年轻的反对派，诸如麦金泰尔和利昂·戈尔茨坦（Leon Goldstein）这样的著作者则在这两个对立的派别之间另立一派。

回首往昔不难看到，在反对以自然科学为榜样而假定社会科学也受规律支配时，温奇在他经常被人引用的《社会科学观念》（1958）一书中，德雷在他关于史料编纂的专题论文中，都否认理由是原因（这与其他不大关心社会科学的哲学家是一样的）。作出如下推测是很诱人的，即与他们的老对手舒茨和曼德尔鲍姆仍能利用德国的历史决定论传统不同，他们已被占有压倒优势的自然主义霸权拉到这种极端立场上了（温奇的理论部分地来源于维特根斯坦），他们认为这种自然主义霸权在20世纪50年代的社会科学哲学中是摇摆不定的。[6]然而，用比较肯定的语言来说，在这些讨论中我们可以看到现在仍在进行的关于"合理性说明"和"合理性"争论的开端。把理由引入原因并使之进入规律学的框架，已被证明为不像自然主义者起初所假定的那样毫无问题——正如一位早期的原因论（1963）拥护者戴维森所强调的那样（1970）。

同样值得注意的是，在自然主义这边，由于其阵营的目标是在如下两类人之间寻找社会科学的规律，即一类人认为这些规律可以归结为心理学甚至更为基础的科学，另一类人则拒绝这种看法，因而该阵营内部的反对者仍然没有得到认真的讨论。广义地说，逻辑经验主义者及其盟友倾向于对社会科学中的演绎规则学说明模型[7]的可应用性作辩护，而批判理性主义者则倾向于为方法论的独特性而战[8]。这两种态度看起来都代表了主流思想的不同方面，但它们潜在的不一致在这些文集中却很少提到。只要通过回顾就会发现，这两种态度之间的冲突立刻会变得异常明显。[9]

把分析的科学哲学的两位领军人物内格尔和亨佩尔在20世纪60年代发表的两本部头较大的著作与这些文集作一比较也是极有意义的。首先，请允许我们强调，在第二次世界大战之后的这个时期中，与先前的时期不同，我们充其量可以谈论这种主流传统对社会科学哲学的**相对**忽略：毕竟，在内格尔的《科学的结构》（*The Structure of Science*，1961）和亨佩尔的《科学说明的诸方面》（*Aspects of Scientific Explanation*，1965）中，有近四分之一篇幅关注的是该领域中的问题。（以这些书为基础或再版的某些著作，可以追溯到20世纪50年代初甚至更早。）

此外，在内格尔和亨佩尔对社会科学哲学的贡献中，功能主义和功能说明占有特殊的重要地位。内格尔和亨佩尔反对前者，但是列出了一些后者可以合法存在的具体条件，从而把它的创立导入了自我调节的过程。[10] 69
毫无疑问，这种关注反映了当时社会科学的状况，那时功能主义作为一种特殊的社会学说明模式，仍然为分析的唯物主义和历史唯物主义的分类提供了主要的系统替代物。内格尔和亨佩尔的批评不仅指向早期人类学家如马林诺夫斯基（Malinowski）和瑞德克里夫-布朗（Radcliffe-Brown）的著作，也指向当代的社会学家帕森斯（Parsons）和默顿（Merton）。[11]因此我们可以注意到，在这一阶段中那些主要的参与者都密切关注着该领域中那些现实的研究，并不是仅仅关注那些元理论家或哲学家。尽管路德纳（Rudner）的教科书可能已成为那个时代的标志，但由于它缺乏生动的事例，从总体上看它根本不能成为代表。第三点是，在这些主流著作中，确实有一些著作经受住了考验。方法论的独特性是依据何种独特性的谓词而建立起来的，这并不清楚——通常认为这个观点是斯蒂文·卢克斯（Steven Lukes，1968）提出来的。有许多用于指谓个体的术语是以某种社会关系领域为前提的，没有这种前提它们就成为不可理解的了——但是，这些术语严格地说都是“个性化”的吗？内格尔已经提出一种类似观点来反对沃特金斯，这是为了区分方法论独特性中可接受的“本体论”论题和不可接受的“归纳主义”论题。[12]另外一个相关的著名例子是罗素·基茨（Russell Keats）在其评价“批判理论”时求助于内格尔关于价值判断的“描述”与“评价”的区别。[13]在一定程度上，可以把内格尔的某些贡献看作当今所谓“非归纳的自然主义”发展中的某些步骤或台阶，亨佩尔在20世纪70年代末对内格尔《科学的结构》的称赞包含在这种非归纳的自然主义之中：“在关于科学哲学的分析方法与历史—社会方法之间近来所发生的冲突并没有削弱其重要性；事实上，在我看来，内格尔思想中的实用主义元素有助于使我们在这些相互对立的学派之间发展出一种和睦关系。”[14]

其实上述所有论文集，尤其是布罗德贝克和克里摩曼的著作，明显地属于并且在事实上代表着前—后实证主义的和分析的社会科学哲学。在全部比较古老的论题中，当代分析的社会科学哲学中的许多问题大都与最近出现的合理性和文化相对主义问题密切相关。[15]然而在这些前—后实证主义的文集中还讨论了其他什么话题呢？它们在当代还能激发起实践者吗？

虽然在今天这些问题很少得到讨论，它们也不是热点问题，然而它们仍然是日常讨论问题的一部分。实际上，下列这些论题为何不能作为其主题的构成部分呢？（1）就其范围、普遍化的严格性和主题的范围而言，社会科学的可能性及其与自然科学的关系；（2）社会科学的概念构成和（或）数学模型的特殊性；（3）因果说明与合理性说明的关系；（4）功能说明的性质及其与目的论说明的关系；（5）客观性和价值判断；（6）方法论的独特性；（7）个体原理中的实在论与工具主义。由于缺乏主题或哲学取向的变化，对这些问题中某些问题的看法通常就界定着分析的社会科学

70

哲学。当然，在迈克尔·马丁（Michael Martin）和李·C·麦金泰尔（Lee C. McIntyre）1994年初编著的文集中，它们都或多或少地发生了直接的作用。当然，这并不是说，从反实证主义转向出现后这种立场就没有发生过大的变化或没有出现过其他话题。此外，在《人文科学哲学》（1990）中占重要地位的中西部研究卷中并非所有的论文都可以归入已确立的这些范畴之中。

有两组特征使当代对旧课题的研究相互区分开来。首先，是我们当代人自我意识到的并已获得认可的反实证主义。其次，是对社会科学中的各种实例日益增强的关注。反实证主义具有多方面的特性。除了目前所需要的反归纳主义和对社会科学的自主性的肯定——它们同时具有概念的和规则学方面的特性——以外，正如罗思（Roth，1987）所认为的那样，晚期反实证主义是以对社会科学方法论的多元论态度为特征的。人们再也不认为研究社会科学只有一种唯一正确的方法：方法论的多元论本身已成为一种新的范式。但是后实证主义也倾向于某些东西。它对社会科学各种著作的分析与先前的社会科学通常用来讨论区别问题的抽象观念层次形成了鲜明对照——社会科学本身不大承认方法论的变种。[16]基于上述原因，尽管这并非范畴的区别，我们仍可得出结论说，当代分析哲学仍然把社会科学当作已被付诸实践的——尽管决不是不加批判的——而不是来自权威的立法和根据原则本身一种合适的社会科学应该怎样发展。这种对社会科学的多元研究方法和明确的以实践为基础的理论化在最近一些教科书和研究文集中均得到了充分阐述。[17]同样，《社会科学哲学》杂志在波普研究的基础上通过一系列显然是讨论“大陆”哲学主题的文章而扩大了研究范围。

或许更为重要的是，随着反归纳主义的出现，正像我们已提到的那样，已经出现对解释学挑战的接受。这不仅为各种各样的反省式探究（社会科学研究方法论、自然科学和社会科学中的种族、性别）开辟了领地，也影响了我们对分析传统之外的著作家的接受。因此，尽管在这种转向之前，韦伯基本上被认为是向经验主义观点提出挑战的人，而现在他则被当作（至少部分地被当作）为广义的经验主义提供建议的人。直到今天，对后实证主义的分析的社会科学哲学的挑战，在总体上仍被看作是对物质世界的“自然秩序”中至今仍不可取消的关于主观视角因果效应的认知和参与者所使用的范畴的“整合”（至少在原则上是这样——即不考虑诸如“文化研究”中所存在的那种微妙的相互作用）——在物质世界中“自然秩序的整合”恰恰是有待研究的论题之一。

因此我们似乎可以得出结论说，即使有一些旧的争论——譬如说理由与原因，或方法论的独特性问题——它们也不像从前那么盛行了，现在仍然不清楚的是当前假定的哪一种一致——理由可能是原因，形而上学的整体论遭到怀疑——在处理上述问题（1）至（3）时走到了前台。自然科学中的情形也是如此，因而分析哲学中的反实证主义转向已经涉及一些悬而未决的问题。社会科学的“不规则”性将会被证明为并不像长期以来人们所想象的那么不规则。

社会科学哲学中的前—后实证主义分析哲学真相

由于上述材料已说得异常清楚，这里已没有必要进一步描述那些标准的辩论所具有的特征了。或许探索前面那些问题即上面提到的社会科学哲学的逻辑经验主义哲学家所忽视的工作更为切题。考察纽拉特在特殊前提方面的贡献将会在很多方面具有指导意义。首先，这样做不仅会凸显社会科学哲学原则上的社会政治背景，而且会凸显它在特殊场合中的社会政治背景——从而为在后现代理论中颇受重视的自反性提供一个早期的令人吃惊的例子——其次，会因此而为早先争论的话题之一，即方法论的独特性，提供一些非常重要但长期被忽视的前史。虽然与波普在基本态度上有很大的相似之处，纽拉特仍然是波普许多论点的最重要的匿名反对者。

人们或许奇怪这类探究是否可能不仅仅局限于只是出于对档案材料的兴趣。这里所寻求的答案是，纽拉特关于社会科学是不规范的理论化的例子与社会科学哲学中正统的前—后实证主义分析哲学有存在的必要性的观点是相矛盾的，因为这个例子表明，有一些早期的探索实质上都采用了后实证主义的立场——但由于种种原因，这些探索随后都被遗忘了。

在这些原因中，有两个原因（或许马上会提到）对于那些研究过纽拉特著作的人来说，既是贯穿其所有著作的本质，也是他有时会出现的漫谈式和程式化文风的本质。[18]然而，如果在分析传统中还有其他享有盛誉的哲学家也有可能被指责为模糊不清、令人难以理解，那么纽拉特的忽视就更加难以得到全面地解释了。一个相关的因素肯定是鲁道夫·卡尔纳普的著作代表了与纽拉特分歧最大的一派，而他们两人有时可以算作是一派的。另一个因素是纽拉特的基本上属于实用主义的取向与他那些主流逻辑经验主义同伙更加注重形式主义的取向格格不入。然而还有一个因素是，他与后者的联合排除了这场运动之外的一些志趣相投的理论家对纽拉特著作的阅读兴趣。因此，即使有一些读者超越了纽拉特假定的实证主义，他那松散的陈述（例如，在他对韦伯的一些评论中）也有可能表明他是一位非常粗糙的唯物主义者（对此我在下面将会得出论证）。

就纽拉特的社会科学哲学而言，其表象和实在的区别最好用他的关键口号“物理主义”来解释。由于一直想用一种最极端的方法来解释归纳主义，它的用途在纽拉特看来实际上包含着具有极不相同意图的不同学说。就我们的目的而言，我们可以区分其中的三个：物理主义的认识论概念、元语言学概念和规律学概念。

其中第一个概念固然重要，但我们不必在此作过多的讨论。他把物理主义看成一种“全面的态度”，这种态度现在被称为“认识论的自然主义”，即对认识论的先验论的否定。[19]大体上说，这种态度是试图以科学的方式来解释各种科学知识论断并使其合法化。纽拉特关于这个学说的早期版本与奎因的晚期版本不同，表现在它允许社会科学在对科学知识的“说明”中占有一席之地。而且，像当代的许多版本一样，纽拉特的认识论自然主义不依赖于可引发相对应的真理论的科学实在论，而是吸收了某些结构主义要素，这些结构主义要素建立在与诸如“正当化”概念有关的元认识论层次上。[20]

我们需要区分的第二个“物理主义”概念是元语言学观念，这种观念关涉科学语言中具有指导作用的概念。在这里与卡尔纳普作一比较颇有裨益。对于他来说，“物理主义”就是各种科学语言，即科学的所有不同原理的语言，都可以转化成物理学语言。（1932）这可以简单地理解为唯物主义穿上了元语言学外衣，但卡尔纳普并没有打算提出任何本体论论断：众所周知，他拒绝任何把他的物理主义解释为某种形式的唯物主义的企图。卡尔纳普从来不承认他能超越如下问题：各种可能的语言和从有关现在的或未来的语言用法的实用决定中得出的本体论论断的内在一致性及其相互兼容性。（在这一点上，从奎因以来他一直受到人们的批评。）他关于物理学语言普遍性的论题仅仅标志着关于语言一致性和科学统一性的论题被提升到科学理论的构成原则的地位。我们还可以补充说，卡尔纳普的物理主义起初要求所有的科学语言都可以完全地翻译为物理学语言，但这种要求逐渐被放宽了。

而纽拉特的元语言物理主义的侧重点则有所不同。“每一种科学陈述都是对经验事实所具有的类似规律的秩序所作的陈述。”（［1931］1981：

424）纽拉特把他的物理主义元语言学论题与意义性的经验主义评判标准密切联系起来，在早期就寻求允许它的非归纳形式存在：“物理主义……仅仅作出什么东西可以向后**以某种方式**与观察相联。”（[1931] 1981：
73 425，黑体是本文作者所加）除此以外，纽拉特把意义性看作与主体间证据的获得性具有不可分割的联系，并且他在1931年就已经拒绝了私人语言（基本句子）的可能性。重要的是，他认为实验过程以之为基础而进行的那种语言（基本语言）并不是物理学本身的理论语言，而是“已被物理学净化”的日常语言。纽拉特的物理主义语言概念并不局限于这类物理学语言，我们现在看一下它到底局限于什么。

这些观点的一致性导致了某种元语言学物理主义概念，并由于提供了一个可替代物，这种概念补救了它与卡尔纳普相比所明显缺乏的准确性。为替代卡尔纳普的可翻译性，纽拉特提出了可检验性。对于纽拉特来说，元语言学物理主义并不代表统一科学不同原理的高级理论中那些个别表达式的关系方面所具有的逻辑条件，而是统一科学中全部陈述的可接受性的认识论条件。这里有两个观点非常有名。

首先，在纽拉特看来，元语言学物理主义表达了经验主义的条件。对他来说，物理主义陈述是有关“时空结构”的陈述。（[1931] 1981：425）只有那些可接受的陈述才可以通过直接或间接地参照主体间可获得的观察事实而加以检验——或者如纽拉特所说，才可“加以控制”。由此可得出结论说，社会科学理论必须认可这种可以用谈论时空结构的日常语言来阐述并能以此来检验的来源。

> 物理主义既包含历史学、经济学，也包括心理学；因为在它之中只有姿势、词汇、行为，但没有“动机”，没有“自我”，没有“个性”，超出了用时空可以解释的范围。确定传统材料中哪些部分可以用新的严格的语言来表达，这是另一项任务。物理主义不承认“心灵”是“物质”的产物这个命题，但承认我们可以清醒地谈论的一切事物都是按时空顺序来安排的。(Neurath，[1931] 1973：325)

纽拉特对“行为主义”这个术语的接受也可从这种意义上来理解。

> “灵魂”已不再有任何特殊的存在领域。根据这里所支持的立场来看，沃特森（Watson）、巴甫洛夫（Pavlov）和其他人是否继续坚持某些个别的目标已无关紧要。重要的是只有物理学上可以阐明的关系才可用于生物的描述，不管在这些存在物中观察到了什么。

(Neurath，[1932a] 1983：73)

“行为主义”对纽拉特来说仅仅意味着物理学陈述的界限，即有关发生在时空中的人类活动陈述的界限。虽然他没有着重强调，我们可注意到，这也包括对许多“其中交织着的变量”的讨论，这些变量对上述提到的心理学家来说已成为非法的了。这表明纽拉特不仅在原则上对弗洛伊德的心理分析理论持开放态度——他还主办了一个研究小组，专门研究弗洛伊德著作中的“心理过程”——而且他自己的科学证据陈述论（基本理论）明显地参照了通过诸如“语言思维”、“思维的人”之类的短语来表达的意向性现象。[21]因此纽拉特写道： 74

> 虽然应避免形而上学的标志，但物理主义在原则上有可能根据人们的“计划”和“意向”（“对自我说的话”）在一定程度上预测未来的人类行为。但是，个体行为主义和社会行为主义的实践表明，如果人们不过度地依赖这些产生于“自我观察”的因素，而是依靠我们用不同方式所观察到的其他大量资料，我们就可以实现更远和更好的预测。(Neurath，[1936a] 1981：714)

正是在这个意义上，纽拉特论述了“最终可以把握所有社会学、政治经济学、历史学等”学科的“社会行为主义”([1932b] 1981：565)。当然，我们可能对唯一使用明显的行为主义方法的价值表示怀疑，但这里要强调的是，纽拉特的物理主义并不仅仅局限于这些行为主义方法。

第二点需要注意的是卡尔纳普最初的物理主义要求每一个术语都具有可翻译性。这就相当于说所有具体科学的术语都可归结为物理语言的术语(譬如把“市场”归结为对原子行为的复杂的描述)。纽拉特的认识论立场只要求那些可接受的陈述要与那些在整体上与物理主义的日常观察语言陈述有关联的陈述在逻辑上有关联。因此，纽拉特的元语言物理学并不遵循卡尔纳普的理论所追随的东西：统一科学可接受的所有单个术语都可用物理理论来界定。

我认为，即使我们把纽拉特的元语言物理主义解释为至少在意向上是今天所谓“非归纳的物理主义”（排除其本体论维度）的一种局部形式，我们也并没有过分地夸张。当然，纽拉特并没有使用后者的论述中所使用的很多术语，譬如像“伴随产生”(没有可还原的本体论依赖)，但是对他所采取的明显的对位法写作方式的审慎评价，强烈地暗示着他的元语言学物理主义允许（经验主义框架内的）具体科学的概念自主性。

在此即将提到的物理主义的第三个方面关涉规则学的可还原性，即所假定的各种单个科学的规律还原为某些基础科学规律的可还原性。它减轻了纽拉特关于科学统一观念本身的非标准概念。当然，科学统一的标准概念把这种统一设想为一种（倒置的）金字塔，其中处于基础地位的相关原理依次递减，因此至少在原则上需要把社会规律归结为物理规律（因而社会规律只不过是物理规律的复杂混合物的缩写而已）。运用对比手法，纽
75 拉特写道：

> 物理主义社会学的发展并不意味着——正像有些人所想象的那样——可以把物理规律传递到生物及其种群之中。包罗万象的社会规律同样可以作为狭隘的特定社会领域里的规律，而不必回到微观结构，因而可以根据物理规律来构造这些社会规律。（Neurath，［1932a］1983：75）

这里有两点至关重要：拒斥把社会科学规律还原为物理学规律的假说和拒斥方法论独特性的假说（其伪装之一）。

拒斥社会科学规律的还原性是对拒斥把社会科学的单个术语还原为物理学术语（通过上面讨论过的含义）的模仿。对于这种结果，纽拉特还需要向我们作出明确的论证，但他写的也已足够了：“一个人无需观察其细节就可从总体上弄明白蒸汽机的工作原理。并且实际上，机器的结构或许要比构成它的材料更重要。”（［1931］1973：333）所涉及的那种说明性的结构不必还原到这些相关的材料构成成分。这表明，当纽拉特得出结论说“不依赖狭义的物理学规律而建立起来的社会学规律并不必然地因为后来发现的物理结构的增加而改变”（［1932a］1983：75）时，这并不仅仅是他正在探索的发现背景与正当化之间的区别——因此只有后者才需要理论内部的规律还原。实际上，他指出：“根据物理主义，社会学规律不是应用于社会学结构的物理规律，但是把它们还原到原子结构的规律也不是没有问题。”（1933：106）

然而法则学的反归纳主义也有一个关于社会科学的更为具体的关联维度，即在其概念的和法则学的意义上对方法论独特性的拒斥。关于社会学规律，纽拉特写道：“很自然会产生一些相互关联，这些相互关联在个体、星体或机器中是找不到的。社会行为主义建立了一套它自己的规律。”（［1932a］1983：75）在《经验社会学》（*Empirical Sociology*）中纽拉特强烈反对形而上学的社会科学，明确反对在后起的民族意识形态中流行的

那种乞求于超个体存在物的观念。有鉴于此，纽拉特显然不是以任何一种本体论的整体论为目的的。相反，他一再强调社会科学的概念自主性。

这样一来，对纽拉特来说，关于统一科学的断言是最低要求——它一直被称为“行动中的统一”[22]：“如果统一科学的所有规律想要尽可能经常地完成预测个别事件或一组事件的使命，那么这些规律就必须能够相互联系起来。”（[1932a] 1983：68）他没有要求社会科学像自然科学一样运行。“统一科学的纲领并不预设物理学可以被看作其他所有科学的典范。”（[1937] 1981：788）纽拉特还警告说忽视社会科学的独特性将会给一般的科学理论带来严重后果，但这种警告并没有起到多大作用。在他的《社会科学基础》（1944）中，他再一次反对还原论，但这并没有引起人们的重视。 76

在 20 世纪 30 年代，纽拉特已经在两条战线上为正确的和经验的社会科学而战：一方面反对人文科学的形而上学论断，另一方面反对在 20 世纪 50 年代仍然盛行的那种还原论的统一科学论断——其中有些哲学家后来就是在谴责这种“实证主义”的缺陷中成长起来的。（参见 Oppenheim and Putnam，1958）纽拉特的社会科学哲学还有其他方面具有后实证主义的性质，但我们现在要转向他的对手卡尔·波普。

尽管波普在一开始并不是一位社会科学哲学家——他的《科学发现的逻辑》（*Logic of Scientific Discovery*）实际上是关于一般方法论和自然科学的——但在 20 世纪 30 年代后半期中欧面临政治灾难时，他较早地涉足了这个领域。然而，直到波普有机会加入 F. A. 哈耶克关于方法论独特性的运动（Hayek，[1942—1944] 1952）之时，他才出版了他的著作——重新为方法论定位（非常谨慎地这么做），使之偏离哈耶克自己关于社会科学分离主义的反科学立场——即在上面提到过的《历史决定论的贫困》一书。（这部著作中的论文为社会哲学提供了方法论的对立面，这种社会哲学在《开放社会及其敌人》[1945] 1966 一书中已有论述。）

历史决定论被严厉地批评为“研究社会科学的方法，这种社会科学假定历史预言是其主要目的，并假定这个目的可以通过发现构成历史进化之基础的‘节律’或‘类型’、‘规律’或‘趋势’来实现”（Popper，[1944—1945] 1961：3）。对波普来说，历史决定论通过为之提供理论上的合法性和认识论基础来支持极权主义。（[1944—1945] 1961：159）[23]方法论的独特性是历史唯物主义衰落后的唯一替代物，并且像哈耶克一样，他试图把他的反对意见钉在整体论的十字架上，这就是反独特性。

波普区别了自然主义的反独特性理论和反自然主义的反独特性理论，这里“自然主义”意味着某种附着于科学统一命题的东西和反对自然科学和社会科学相分离的命题。（波普本人只有在这种意义上才是一个自然主义者。）反自然主义的历史决定论者错误地以为社会整体的本质在某些方面像事物的属性一样可以被直觉到。他们或是依靠毫无根据的反实验主义（在这方面与自然科学没有原则性的不同），或是依赖对一定阶段或时期之普遍化的专门化，如波普所认为的那样，这个观点表明了对理论的使命（发现严格的普遍规律）有误解。根据他们的观点，自然主义的历史决定论者认为唯一真正的社会科学是历史学（［1944—1945］1961：39），社会科学是“对各种起作用的力量的研究，并且首先是对社会发展规律的研
77 究”（［1944—1945］1961：45），它以客观的目的论为假设，而这种目的论则建立在这类指引活动的研究的规范化主张之上（［1944—1945］1961：50）。后来的情况表明，他们认为存在着与社会整体相关的规律这个观点是错误的：所谓发展规律只是对一些趋势的陈述，这些陈述充其量标志着某种单纯的事实。波普认为历史决定论找规律找错了地方。没有集体发展的历史规律，只有作为个体活动之集合的规律。我们要发现的规律必须是对所有个体并因而对所有政治国家中的各种变量都普遍适用的规律。

那么，波普对方法论独特性教义的理解是什么呢？很明显，他的着眼点是这样一个假设，那就是各种实体不能被还原为个体，因此它们之间的关系及其组合物可以被看作是动因。所以波普反对本体论意义上的整体论。但是从要求所有社会科学的概念和规律都可以归结为个体心理学的角度来讲，他是否也坚持方法论的独特性呢？这个绝不明确——实际上，在这方面完全有理由认为波普是一个反独特性论者。他从本体论上把方法论的独特性定义为“一种重要学说，它认为所有社会现象，尤其是所有社会建制的功能，应该总是被理解为来自于人类个体的决定、活动、态度等，因而我们绝不应当满足于根据所谓‘集体’（国家、民族、种族等）作出的解释”（［1945］1966：vol. 2，98）。并且他还认为：“心理主义的错误表现在它所作的如下假设，即认为社会科学领域中的这种方法论独特性意味着把所有社会现象和社会规律性还原为心理现象和心理规律。这种假设的危险是它已经具有历史相对论的倾向。”（［1945］1966：vol. 2，98）

这段话明确地否定了把社会科学的概念和规律还原为心理学规律的要求。波普承认“社会学的自主性”——只有在这方面他认为马克思比穆勒高明——并赋予社会科学以“分析有意识的人类活动之无意识的社会反省

的任务”（[1945] 1966：vol. 2，95)。其他社会科学不同于心理学，因为它们研究的是整个社会中的有意识行为所具有的这类无意识后果的集合作用，而心理学则研究有意识行为的各种动机和预期后果。（尤其对波普来说，即使是“心理学——有关个体的心理学——也是社会科学的一种，虽然它不是所有社会科学的基础”[（1945）1966：vol. 2，97]，但也必须考虑其社会背景。）

然而，波普坚持独特性观点，这不仅表现在本体论意义上，而且从道德和政治意义上讲亦是如此。他捍卫自由主义的经济自由论（拥有生产方式的权利），认为它是自由和（或）进步的前提，并追随哈耶克，宣称全面的社会和经济计划是不可能的。鉴于人们对市场价值的认识是有限的和易错的，市场在允许个人理性地进行经济活动的过程中发挥着必不可少的信号作用，并因而调节着个体的活动。倘若不这么想，而是试图寻找一种全面的“计划经济”，那就是迈向极权主义的第一步。 78

在这里须注意，波普把社会科学哲学提到了明显的政治议程上。波普在《历史决定论的贫困》和《开放社会及其敌人》中的一些论点在支持冷战反对社会主义的过程中，在第二次世界大战后的西欧赢得了最广泛的支持，然而其最初的意图是既反对纳粹主义也反对社会主义。波普陈述了对手提出的完整的整体论，并认为这种对科学知识之性质的广泛而严重的误解——加上那些乌托邦式的设计——在现实生活中造成了灾难性的后果。尽管从某些方面说人们会相信坚持社会科学的价值中立性是科学的，但即便是社会科学哲学方面的某些前-后实证主义的分析哲学也在道德和政治上为自己预设了一个位置。

在社会科学家中，谁是那些被波普谴责为非理性的历史决定论式的空想理论家呢？波普有没有在理智上把那些拼凑政党宣传口号的雇佣文人夸大呢？实际上波普的反对目标仍然不是很明确。曼海姆（Mannheim）已被公认犯有这方面的错误，但是波普列出的那些坚持斯大林主义的其他思想家还不是很明确。很奇怪，在谴责反自然主义的历史决定论的那一章中只有一次提到纽拉特，且是因为他提出的科学方法在假定上有混乱。（[1944—1945] 1961：103）波普在论证乌托邦式的全面计划具有内在的不合理性时，恭敬地提到了哈耶克的《集体经济计划》（*Collectivist Economic Planning*，1935）来支持他的论点，我们注意到上述情况后会清楚地发现，在波普的论述中，纽拉特可能是其一个预期的目标：纽拉特是其心中的反面角色。这表明，纽拉特是一个被波普认为他可以把自己的观点强加于他的20世纪的理论家，至少根据初步印象来看是合理的，这个观点即是在同时接受历史决定论和空想社会主义（就像哈耶克把科学至上主义概念强加于他一样）。然而，不管纽拉特的传记对他的方法论计划有多大作用，波普已经把他的历史决定论的“惊人的智力结构”提到了中心地位——正如他在1957年首次出版的那本著作（［1944—1945］1961：vii）的序言中所写的那样。

这里有一个重要的问题：波普对纽拉特的谴责正确吗？鉴于当前的目的，我们可以把纽拉特“计划经济”建议中的棘手问题先放到一边，集中精力研究他的社会科学方法论是否成为波普反历史决定论论点的牺牲品。倘若我们将要说的情况不是这样，则波普的批评便不会起任何作用，不管纽拉特提出的那种有争议的经济学到底是什么性质。必须注意的是这个问题有系统功能，表现在一个否定的回答可以为波普的回答提供某种社会科学的替代概念，波普骨子里的门格尔主义让他只能设想出一种真正的社会科学。（对于波普来说，卡尔·门格尔的理论演绎科学概念对**所有**理论科学都是正确的，而不仅是——请原谅，哈耶克——对经济学或社会科学是
79 这样。［（1944—1945）1961：131］）换句话说，纽拉特用例子既向我们展示了我们要为不服从个性化所付出的代价——正如波普所设想的，又向我们展示了这个代价可以得来的替代物。

众所周知，我们必须防止把纽拉特的“物理主义”和“社会行为主义”的观点误解为一个仅仅求助于精神状态的还原主义教义。它所禁止的东西都是指无实体的精神状态和内容，因此这些属性在原则上是不可检验的。纽拉特的自然主义方法论不排除参照有意识的现象。但这实际上并非是波普所抱怨的（尽管哈耶克一直对此持批评意见）；相反，他是一个“历史决定论者”。这意味着纽拉特不同意波普对目的论独特性的限制。那么，纽拉特的“整体论”又如何呢？

毫无疑问，他应该感激皮埃尔·杜恒（Pierre Duhem），这种感激表明认识论的整体论分量不小（科学知识受到一致的支持），这里不讨论这个问题，然而纽拉特的社会科学不能容许本体论的整体论或反独特性。纽拉特拒绝谈论诸如“民族”或“民族精神”之类的不可还原的集合性实体——实际上，在学术界内部甚至以外反驳这种观点，构成了他的社会科学自然主义最核心的动力。正是因为当代一些坚持分离主义的人文科学的倡导者同意这种说法，才被他看作是为法西斯主义和纳粹主义提供形而上学的伪基础。纽拉特的观点与波普后期的观点在这一点上达成了一致，对

此波普毫不避讳。[24]当然，就像上面提到的，纽拉特并不要求把社会科学概念和规律还原为心理学，但决不能把这当作是他对波普的批评，波普实际上赞成纽拉特的这个观点。[25]而且，令他的同事们有些恼怒的是——后期的纽拉特特别强调对社会科学中可预测性的原则性限制，他认为这种可预测性在某种程度上已从自反式预言现象中兴起。这种现象——波普后期反对历史预测论点的另一个主要依靠——纽拉特在一战前（1911）就已经评论过，并且再三重申（例如1931，1944）。[26]可以说，纽拉特在严格意义上躲过了被波普叫作历史决定论者的指责，从本体论意义上也不能认为他反对独特性；而且他所倡导的观点的某些方面，波普在后来才提出来。

然而如上所述，波普认为纽拉特已陷入他自己编织的论点网络中难以自拔。波普确信纽拉特弄错了理论科学的性质，因为他把社会科学的目标定为普遍化，这种普遍化只有在"'当前的宇宙学时期'内"有效。（Popper，[1944—1945] 1961：103）这个引语并不确切，但波普为纽拉特在统一科学第二次大会期间的论文做了正确的脚注，在这篇论文中，纽拉特提到了社会科学普遍化的"相对性和历史性"（[1936b] 1981：772）。对波普来说，纽拉特所以可被称为历史决定论者，是因为他始终向往"软"历史规律。但是这些相对的规律还是历史的规律吗？至少人们对纽拉特式的理解有不同的解读是可能的，但这不是波普所追求的。 80

波普写道：

> 如果我们可以附加这样一个条件，这并不是值得称道的科学谨慎的标志，而是说明我们不理解科学的程序。（这里加了脚注，用以指像纽拉特这样的"历史决定论者"。）因为这是对科学方法的一个重要假设，即认为我们应该在无限的有效范围内寻求规律。如果我们承认规律自身可以改变，那么变化永远不可能用规律来说明，这将会导致承认变化只不过是奇迹。因而这可能是科学进步的终结，因为如果可以做没有预期的观察，我们就没有必要修改我们的理论了："规律已经改变"这种特设可以"解释"一切。（Popper，[1944—1945] 1961：103）

显然，把寻找没有例外的规律作为"一项重要"任务，这并不意味着这是科学的唯一任务——除非我们考虑的是门格尔式的理论科学。但是为何那样就可以未加论证而接受呢？

要想动摇波普的论点，我们就必须对他的思想发展所依赖的预设发出挑战，通过挑战波普关于什么样的科学规律值得作为目标（即使不使用这样的标题），当代的学术争论已达到这一点。当代理论家很有说服力地证明，那种门格尔式的普遍规律决不是社会科学的唯一目的。（例如，Kincaid，1996）或许现在预言这次辩论的结果仍然为时尚早，但带着这个问题我们可以直接返回讨论另一些问题，这些问题使一百多年前门格尔和舒莫勒（Schmoller）之间那场声名远扬的方法论之争变得生动起来。他的“理论经济学”和舒莫勒的被门格尔称为“历史经济学”之间的最大区别是理论规律的绝对普遍性。

因此，这里不无讽刺意味的是，纽拉特不仅使这场“当代”运动指向波普的传统，而且他还使这场运动对方法论之争中的一些经典立场了如指掌。关于那次辩论，纽拉特早就在原则上提到了，“没有理由认为历史和理论研究是对立的，把它们设想成彼此孤立的是不合实际的”（1911：113）。纽拉特根本不是对科学到底是关于什么的问题有误解，他是不同意波普关于科学知识的门格尔式的理解，这种理解认为科学发现的规律必定是普遍规律。没有这种门格尔式的前提，波普用以反对纽拉特的最终论据也将溃败。倘若允许社会科学不以普遍规律为最终目标，那就没有一种标准可用来探究“中间范围”的普遍化，这种普遍化是关于社会现象和受时间指数限制而其他条件都相同的规律的普遍化。这种普遍化可能会拒绝在本体论上不可还原的整体之中进行交换——这就是用以打破波普强加于社会科学的僵局所需要的全部：用独特性和普遍性的方法或非科学方法来对
81 待问题。

结　论

我要强调的是，上面给出的论点并非指向波普所欣赏的那种研究社会科学的可能性方式，但是他认为必须按他的方法做。他的修辞学和明显的成功就是建立在忽视这个虽小然而却重要的差别之上的。这表明了我们的叙述所包含的“寓意”。在20世纪40年代晚期，科学理论中“被接受的观点”在被“接受”之前（整个20世纪50—60年代都是如此），分析的科学哲学具有可供替代的概念体系，特别是比社会科学哲学中后实证主义立场早的那些概念体系。它自己在这方面的进步看起来晚了很长时间，这种进步与分析传统的内在特征没有多少关系。

作出如下结论是很诱人的：在20世纪40年代出现了一个断层，即在社会科学哲学领域40年代以前所做的工作和在此之后所做的工作之间有一个间断，但我们仍可注意到内格尔的著作所具有的持续影响。倘若今天对它的记忆有些模糊了，这或许是因为我们倾向于把所有与被接受观点相联系的东西看作是形式主义的。但是倘若说纽拉特表现出早期逻辑经验主义的那种原始实用主义的一面，那么则可以说内格尔体现了20世纪中叶美国科学哲学中实用主义的一面。因此，论述非还原的自然主义著作有一定的连续性，但这种情况没有什么标志，或许没有引起人们的注意，情况就是如此。当然，现今，尽管对实用主义的兴趣有所恢复，作为科学哲学的代表人物并因而作为罗蒂后现代理论的受害者，内格尔的先驱工作仍有被忽视的危险。

除了上述的英文读者易受影响这个问题以外，对纽拉特来说，这种忽视在很大程度上是一种政治牺牲品——至少对波普的论点来说或是失败或（像哈耶克那样）是严重曲解他的立场（当涉及方法论的独特性时很相似）。在此可以看到，社会科学哲学的政治维度在学术辩论（甚至是非辩论）本身中体现出来。在实质上所丢失的东西——对纽拉特的著作继续进行研究便可以看到这一点——并不仅仅是一种早期的逻辑经验主义的社会科学哲学，而是一种逻辑经验主义的“批判的”社会科学概念体系，这个概念体系是前—后实证主义主流无论如何也想不到的。

这种丢失的严重后果在这里无须赘述；然而应该弄清楚的是，介于逻辑经验主义还原论和批判的理性主义普遍论之间的社会科学哲学，其分析传统在战后的观点是公认的，但这些观点无论如何不能穷尽已经提出的理论。我期望表明（对此我已经说得足够多了）实际上已经存在——至少在大致上存在——一种后实证主义的分析的社会科学哲学——这不仅是指战后这种已被接受的观点占统治地位的时期，也指第二次世界大战之前。至于这是否是一个后现代的讽喻，那得由读者来决定了。[27] 82

注　释

[1] 德米特把这个标准表述如下：“各种迹象表明，使分析哲学区别于其他学派的是这样一个信条，即首先，对思想的哲学说明可通过对语言的哲学说明来获得；其次，一种全面的说明只有这样才能得到……因此，根据这种描述，只有当发生‘语言学转向’时，分析哲学才会诞生。”（1993：4—5）

[2] 参见伦纳德（即将出版的）对门格尔的影响所做的广泛讨论。

[3] 参见齐塞尔（2000），尤其是编者的介绍。

[4] 有一本专门研究这个领域的杂志，即《社会科学哲学》，直到1971年才创办，它的主编是I. C. 贾维（I. C. Jarvie）、J. O. 威兹德姆（J. O. Wisdom）、约翰·奥尼尔（John O'Neill）和哈罗德·卡普兰（Harold Kaplan）。其中贾维曾是波普的学生。上述情况与我的研究是一致的。

[5] 现在的考察所没有涉及的一个领域是心理学哲学，因为人们通常把它理解为心灵哲学的一种科学变体。因此费格尔和布罗德贝克除了“社会科学哲学”外，也为“生物学和心理学的哲学问题”专门留了一章。史密斯（Smith，1986）发现，在20世纪的大部分时间里，应用心理学理论学家和行为主义哲学家之间的关系并不密切——我们可以说，明显不如20世纪50年代末60年代初费格尔的明尼苏达社会科学哲学研究中心出现的著作中所提到的那么密切。同样，分析哲学家对精神分析学所产生的兴趣也只能在这里提一下。（Wisdom，1953；MacIntyre，1958）

[6] 1990年，温奇在其1958年首次发表的著作的第2版前言中承认了这个错误。

[7] 正如亨佩尔（1965）所认可的那样，这种演绎法则学（DN）模型把科学说明定义为一个论点，根据这个论点，表达着一种观察或一个理论预测结果的陈述（解释的前提）可以被看作是从那些关于相关规律的陈述中以及从起始条件获得的陈述中演绎而来的。关于DN模型的辩论，参见萨蒙（Salmon，1989）。

[8] 已被广泛理解的方法论独特性论题禁止求助于社会整体或集体，因为这种社会整体和集体不能进一步归结为它们的个体成分及其关系（它的对立面是方法论的整体性）。这种论题可以进一步区分为方法论独特性的本体论的、认识论的和语义学的或概念的方面或子论题，它们的各种结合体在不同程度上具有合理性，这在下面的论述中将会提到。

[9] 布罗德贝克（1958）是一个例外。下面将简要介绍一下关于这个争论的另一个众所周知的例子（内格尔与沃特金斯），关于这个争论的一个“不为人知”的例子在下一章里将详细加以阐述（纽拉特与波普）。

[10] 因为习惯于把R. B. 布雷斯韦特（R. B. Braithwaite）和内格尔一起作为把目的论说明解释为适用于自我调节系统的因果解释的先驱（例如，亨佩尔，[1959] 1965：326n），人们可能会注意到，布雷斯韦特于1946年所作的富有开创性的讲座（这些内容成为他于1953年出版的那本书的第十章）并没有包括罗森布鲁斯（Rosenblueth）与他人合著的《目的论行为变成了受负反馈控制的行为之同义语》（Braithwaite，1953：328中引用）一书脚注中的引用语，该书的初版和再版中均没有使用“自我调节系统”这个术语（但它大量地使用了“目标指向行为”一词）。因为布雷斯韦特率先倡导了关于“功能说明”的因果的但非归纳的解释这种观念，因此内格尔是应该“感激”他的（1953年重印：注546），他把与自我调节的关联充分搞清楚这个任务留给了内格尔于1952年和1953年出版的著作——而

且，在他1952年和1957年有详细论述的著作中，他把这种解释与社会科学中的功能说明问题联系起来（这个问题布雷斯韦特根本没有触及）。

[11] 参见内格尔（1957，1961：ch. 14，sect. 2）和亨佩尔（1959）。

[12] 参见内格尔（1961：ch. 14，sect. 3），这一段在卢克斯（Lukes，[1968] 1944：458）参考书目的脚注12中也被引用。

[13] 参见基特（Keat，1981：40）引用的内格尔（1961：ch. 13，sect. 5）的部分。

[14] 参见内格尔（1961）的1979年再版本的封底。从20世纪70年代后期开始，在反思与他当时的同事库恩的相互影响时，亨佩尔本人非常在意这种友好关系的建立；例如，参见亨佩尔（1988）。

[15] 如上所述，合理性选择的理论，尽管现在影响非常大，那时却仅仅是从坎贝尔（Campbell）、索顿（Sowden，1985）、埃斯特（Elster，1986）、莫泽（Moser，1990）的众多文集中积聚力量。

[16] 后者仍然引起关注和周期性地追溯经典这种重新定位的需要，可从特纳（Turner，1996）的文集中看出来。

[17] 十分明显正是如此，或许在布雷布鲁克（Braybrooke，1987）、利特尔（Little，1991）、霍利斯（Hollis，1994）、费伊（Fay，1996）的著作中是这样。

[18] 关于前一种观点可注意到，直到后实证主义转向出现时（碰巧），纽拉特给《国际统一科学百科全书》（*International Encyclopedia of Unified Science*）的投稿是他唯一的一篇已译成英语的论社会科学哲学的论文（此外他早一些时候即1932年发表的同样是纲领性的著作首次于1959年被译成英语）：他的第一部手稿为了逃离纳粹的进攻而留在了荷兰，再次写作时则有些仓促，其非标准视角和论点由于他赋有个性化的英语而没有得到很好的表述。卡尔纳普拒绝与他合作编著有关著作，内格尔则明确地对莫里斯（Morris，该论丛的另一位合著者）说他对这个专题论文十分反感（ASP RC102－55－25，102－55－24）。亦可与1969年的亨佩尔作一比较（即亨佩尔在发生实用主义转向之前，参见注释[14]），他在正统意义上接受了纽拉特的社会科学哲学。

[19] 纽拉特在给卡尔纳普的一封信中最初使用的术语是"Gesamthaltung"（APS RC029－09－45）。关于把纽拉特解释成一个认识论的自然主义者的讨论，参见尤贝尔（Uebel，1991）。

[20] 这一点在尤贝尔（1996）的著作中有进一步的论述。

[21] 前者见弗伦克-布伦斯韦克（Frenkel-Brunswik，1954），后者见尤贝尔（1993）。

[22] 在卡特莱特（Cartwright，1996）等人那里就是这么叫的。

[23] 显然，这与更常见的历史决定论不是同样类型的观点，因为历史决定论坚持文化和文化产品，譬如概念和理论化的概念（有时与托马斯·库恩的著作相联系）具有历史独特性。

[24] 亦可比较一下纽拉特对柏拉图的社会理论的反驳（Neurath and Lauwery，1945），

这种反驳很偶然地得到了罗素（Russell，1945）的赞赏，罗素对纽拉特的其他理论则嗤之以鼻（1940：186）。波普为了把他自己对柏拉图和纽拉特的评论区别开来，甚至有意识地说纽拉特是在“为黑格尔辩护”（［1945］1966：vol. 1,325）。

［25］还需注意的是，后期纽拉特甚至批评他的同路人逻辑经验主义者，譬如卡尔·亨佩尔和埃德加·齐塞尔，因为他们试图描绘严格的历史规律，虽然这些批评只是出现在他的信件中。

［26］在纽拉特的著作中也是如此（1936b），而波普则是在不同的关系中引用了它们。

［27］我感谢这些编辑们极有意义的评论和建议。

参考文献

ASP（Archive of Scientific Philosophy），Special Collections Department，University of Pittsburgh Libraries，Pittsburgh，PA.

Braithwaite，Richard B. 1947：Teleological explanation. *Proceedings of the Aristotelian Society* 47，i—xx.

Braithwaite，Richard B. 1953：*Scientific Explanation. A Study of the Function of the Theory，Probability and Law in Science*. Cambridge，UK：Cambridge University Press.

Braybrooke，David（ed.）1965：*Philosophical Problems of the Social Sciences*. London：Collier-MacMillan.

Braybrooke，David 1987：*Philosophy of Social Science*. Englewood Cliffs，NJ：Prentice-Hall.

Brodbeck，May 1958：Methodological individualisms：Definition and reduction. *Philosophy of Science*，25，1—22. Reprinted in Brodbeck 1968，*Readings in the Philosophy of Social Science*，280—303.

Brodbeck，May（ed.）1968：*Readings in the Philosophy of Social Science*. London：Macmillan.

Campbell，Richmond and Lanning Sowden（eds.）1985：*Paradoxes of Rationality and Cooperation. Prisoner's Dilemma and Newombe's Problem*. Vancouver：University of British Columbia Press.

Carnap，Rudolf 1932：*Die physikalische Sprache als Universalsprache der Wisenschaft*，revised and trans. as *The Unity of Science*［1934］1995. Bristol，UK：Thoemmes Press.

Cartwright，Nancy，Jordi Cat，Lola Fleck，and Thomas E. Uebel 1996：*Otto Neurath：Philosophy between Science and Politics*. Cambridge，UK：Cambridge University Press.

Dallmayr, Fred and Thomas McCarthy (eds.) 1977: *Understanding and Social Inquiry*. Notre Dame, IN: University of Notre Dame Press.

Davidson, Donald 1963: Actions, reasons and causes. *Journal of Philosophy* 60. Reprinted in Davidson 1980: *Essays on Actions and Events*. New York and Oxford: Oxford University Press, 3—19.

Davidson, Donald 1970: Mental events. In Lawrence Foster and J. W. Swanson (eds.), *Experience and Theory*, Amherst: University of Massachusetts Press. Reprinted in Davidson 1980: *Essays on Actions and Events*. New York and Oxford: Oxford University Press, 207—224.

Davidson, Donald 1974: Psychology as Philosophy. In S. C. Brown (ed.), *Philosophy of Psychology*, New York: Barnes & Noble. Reprinted in Davidson 1980: *Essays on Actions and Events*. New York and Oxford: Oxford University Press, 229—239.

Dray, William 1957: *Laws and Explanations in History*. London: Oxford University Press.

Dummett, Michael 1993: *Origins of Analytical Philosophy*. Cambridge, MA: Harvard University Press.

Elster, Jon (ed.) 1986: *Rational Choice*. Oxford: Blackwell.

Emmett, Dorothy and Alasdair MacIntyre (ed.) 1970: *Sociological Theory and Philosophical Analysis*. London: Macmillan.

Fay, Brian 1996: *Contemporary Philisophy of Social Science*. Oxford: Blackwell.

Feigl, Herbert and May Brodbeck (eds.) 1953: *Readings in the Philosophy of Science*, New York: Appleton-Crofts.

Feigl, Herbert and Wilfried Sellars (eds.) 1949: *Readings in Philosophical Analysis*. New York: Appleton-Century-Crofts.

French, Peter A., Theodore E. Uehling, Jr. and Howard K. Wettstein (eds.) 1990: *The Philosophy of the Human Sciences*. Notre Dame, IN: University of Notre Dame Press.

Frenkel-Brunswik, E. 1954: Psychoanalysis and the unity of science. *Proceedings of the American Academy of Arts and Sciences* 80, 271—350.

Hayek, Friedrich A. von (ed.) 1935: *Collectivist Economic Planning*. London: Routledge & Sons.

Hayek, Friedrich A. von [1942—1944] 1952: Scientism and the study of society. In Economika 9, 267—291, 10, 34—63, 11, 27—39. Reprinted in *The Counter-Revolution of Science: Studies on the Abuse of Reason*, Glencoe, IL: Free Press 17—182, also reprinted 1972 Indianapolis: Liberty Fund.

Hempel, Carl G. 1959: The logic of functional analysis. In L. Gross (ed.) *Symposium on Sociological Theory*. Reprinted in Hempel 1965, *Aspects of Scientific Explanation: And Other Essays in the Philosophy of Science*, 297—330.

Hempel, Carl G. 1965: *Aspects of Scientific Explanation and other Essays in the Philosophy of Science*. New York: The Free Press.

Hempel, Carl G. 1969: Logical positivism and the social sciences. In Peter Achinstein and Stephen F. Barker (eds.), *The Legacy of Logical Positivism: Studies in the Philosophy of Science*. Baltimore, MD: John Hopkins Press, 163—193.

Hempel, Carl G. 1988: On the cognitive status and the rationale of scientific methodology. *Poetics Today* 9, 5—27. Reprinted in Hempel 2000: *Selected Philosophical Essays*, ed. Richard Jeffrey. Cambridge, UK: Cambridge University Press, 199—228.

Hollis, Martin 1994: *The Philosophy of Social Science*. Cambridge, UK: Cambridge University Press.

Hollis, Martin and Steve Lukes (eds.) 1982: *Rationality and Relativism*. Oxford: Blackwell.

Hookway, Christopher and Philip Pettit (eds.) 1978: *Action and Interpretation: Studies in the Philosophy of the Social Sciences*. Cambridge, UK: Cambridge University Press.

Kaufmann, Felix 1936: *Methodenlehre der Sozialwissenschaften*. Vienna: Springer.

Kaufmann, Felix 1944: *Methodology of the Social Sciences*. Oxford and New York: Oxford University Press.

Keat, R. 1981: *The Politics of Social Theory: Habermas, Freud and the Critique of Positivism*. Chicago: The University of Chicago Press.

Kincaid, Harold 1996: *Philosophical Foundations of the Social Sciences: Analyzing Controversies in Social Research*. Cambridge, UK and New York: Cambridge University Press.

Krimerman, Leonard (ed.) 1969: *The Nature and Scope of Social Science: A Critical Anthology*. Appleton-Century-Crofts, New York.

Leonard, Robert forthcoming: *From Red Vienna to Santa Monica: von Neumann, Morgenstern and Social Science*, 1925 — 1960. Cambridge, UK: Cambridge University Press.

Little, Daniel 1991: *Varieties of Social Explanation*. Boulder, CO: Westview.

Lukes, Steven 1968: Methodological individualism reconsidered. *British Journal of sociology* 19 (2), 119 — 129. Reprinted in Michael Martin and Lee C. McIntyre (eds.) 1994: *Readings in the Philosophy of Social Science*. Cambridge, MA: MIT Press, 451—458.

MacIntyre, Alasdair 1958: *The Unconscious*. London: Routledge & Kegan Paul.

Martin, Michael and Lee C. McIntyre (eds.) 1994: *Readings in the Philosophy of Social Science*. Cambridge, MA: MIT Press.

Menger, Karl [1934] 1974: *Moral, Wille, Welgestaltung*. Translated as *Morality, Decision and Social Organization. Toward a Logic of Ethics*. Dordrecht: Reidel.

Moser, P. K. (ed.) 1990: *Rationality in Action. Contemporary Approaches*. Cambridge, UK: Cambridge University Press.

Nagel, Ernest 1952: Problems of concept and theory formation in the social sciences. In American Philosophy Association, *Science, Language and Human Rights*. Philadelphia: University of Pennsylvania Press, Philadelphia. Reprinted in M. Nathanson 1963: *Philosophy of the Social Sciences: A Reader*. Random House, New York, 189—209.

Nagel, Ernest 1953: Teleological explanation and teleological systems. In S. Ratner (ed.) *Vision and Action*. New Brunswick, NJ: Rutgers University Press. Reprinted in Feigl and Brodbeck (eds.) 1953: *Readings in the Philosophy of Science*, New York: Appleton-Crofts, 537—558.

Nagel, Ernest 1957: A formalization of functionalism. In *Logic without Metaphysics*. New York: Free Press, 247—283.

Nagel, Ernest 1961: *The Structure of Science: Problems in the Logic of Scientific Explanation*. New York: Harcourt, Brace and World. Reprinted 1971 Indianapolis, IN: Hackett.

Natanson, Maurice (ed.) 1963: *Philosophy and the Social Sciences: A Reader*. New York: Random House.

Neurath, Otto 1911: Nationalökonomie und Wertlehre. *Zeitschrift für Volkswirtschaft, Sozialpolitik und Verwaltung* 20. Reprinted in Neurath 1998: *Gesammelte ökonomische, soziologische und sozialpolitische Schriften*, vol. 1, R. Haller and U. Höfer (eds.). Vienna: Hölder-Pichler-Tempsky, 470—590.

Neurath, Otto 1931: *Empirische Soziologie*. Vienna: Springer. Reprinted in Neurath 1981: *Gesammelte philosophische und methodologische Schriften*, ed. R. Haller and H. Rutte. Vienna: Hölder-Pichler-Tempsky, 423—527; excerpts trans. as Empirical sociology in Neurath 1973: *Empiricism and Sociology*, ed. Marie Neurath and Robert S. Cohen, trans. Paul Foulkes and Marie Neurath. Dordrecht and Boston, MA: Reidel, 319—421.

Neurath, Otto 1932a: Soziologie im Physikalismus. *Erkenntnis* 2, trans. as Sociology and physicalism in A. J. Ayer, ed. 1959: *Logical Positivism*. New York: Free Press, 282—317, and as Sociology in the framework of physicalism in Neurath 1983: *Philosophical Papers* 1931—1946, ed. and trans. R. S. Cohen and M. Neurath. Dordrecht:

Reidel, 58—90.

Neurath, Otto 1932b: Sozialbehaviorismus. *Sociologicus* 8. Reprinted in Neurath 1981: *Gesammelte philosophische und methodologische Schriften*, ed. R. Haller and H. Rutte. Vienna: Hölder-Pichler-Tempsky, 563—569.

Neurath, Otto 1933: Das Frendpsychische in der Soziologie [unsigned abstract]. *Erkenntnis* 3, 1906—1907.

Neurath, Otto 1936a: "Mensch und Gesellschaft in der Wissenschaft. *Actes du Congres Internationale de Philosophie Scientifique, Sorbonne, Paris 1935, Facs.* Ⅱ, *Unite de la Science*. Paris: Herman & Cie. Reprinted in Neurath 1981: *Gesammelte philosophische und methodologische Schriften*, ed. R. Haller and H. Rutte. Vienna: Hölder-Pichler-Tempsky, 711—718.

Neurath, Otto 1936b: Soziologische Prognosen. *Erkenntnis* 6. Reprinted in Neurath 1981: *Gesammelte philosophische und methodologische Schriften*, ed. R. Haller and H. Rutte. Vienna: Hölder-Pichler-Tempsky, 771—776.

87 Neurath, Otto 1937: Prognosen und Terminologie in Physik, Biologie, Soziologie. *Traveaux du Ixeme Congres International de Philosophie*, Ⅳ, *L'Unite de la Science: La Methode et les Methodes, le partie*. Paris: Herman & Cie, Paris. Reprinted in Neurath 1981: *Gesammelte philosophische und methodologische Schriften*, ed. R. Haller and H. Rutte. Vienna: Hölder-Pichler-Tempsky, 787—794.

Neurath, Otto 1944: *Foundations of the Social Sciences*. Chicago: University of Chicago Press.

Neurath, Otto and Joseph A. Lauwerys 1945: Plato's Republic and German education. *The Journal of Education* 77, 57—59, 222—224, 394.

Oppenheim, P. and Hilary Putnam 1958: The unity of science as a working hypothesis. In H. Feigl, G. Maxwell and M. Scriven (eds.), *Minnesota Studies in the Philosophy of Science 2*. Minneapolis, MN: University of Minnesota Press, 3—36.

Popper, Karl [1934] 1959: *Die Logik der Forschung*. Vienna: Springer. *The Logic of Scientific Discovery*, trans. with addenda by Karl Popper. London: Hutchinson.

Popper, Karl [1944—1945] 1961: *The Poverty of Historicism*, 2nd rev. ed. London: Routledge and Kegan Paul. First published *Economica* 11—12.

Popper, Karl [1945] 1966: *The Open Society and Its Enemies*, 2 vols, 5th rev. ed. London: Routledge and Kegan Paul.

Roth, Paul 1987: *Meaning and Method in the Social Sciences: A Case for Methodological Pluralism*. Ithaca, NY: Cornell University Press.

Rudner, Richard 1966: *Philosophy of Social Science*. Englewood Cliffs, NJ: Prentice-Hall.

Russell, Bernard 1940: *An Inquiry into Meaning and Truth*. London: Allan & Unwin.

Russell, Bernard 1945: *Letter*. *The Journal of Education* 77, 224.

Ryan, Alan. 1970: *The Philosophy of Social Sciences*. London: Macmillan.

Ryan, Alan (ed.) 1973: *The Philosophy of Social Explanation*. Oxford: Oxford University Press.

Salmon, Wesley C. 1989: *Four Decades of Scientific Explanation*. Minneapolis, MN: University of Minnesota Press.

Smith, L. D. 1986: *Behaviorism and Logical Positivism: A Reassessment of the Alliance*. Stanford, CA: Stanford University press.

Taylor, Charles 1971: Interpretation and the sciences of man. In Fred Dallmayr and Thomas McCarthy 1977: *Understanding and Social Inquiry*. Notre Dame, IN: University of Notre Dame Press, 101—131, and in Michael Martin and Lee McIntyre 1994: *Readings in the Philosophy of Social Science*. Cambridge, MA: MIT Press, 181—212.

Turner, Stephen P. (ed.) 1996: *Social Theory and Sociology: The Classics and Beyond*. Oxford: Blackwell.

Uebel, Thomas E. 1991: Neurath's programme for naturalistic epistemology. *Studies in the History and Philosophy of Science* 22, 623—646.

Uebel, Thomas E. 1993: Neurath's protocol statements: A naturalistic theory of data and pragmatic theory of theory acceptance. *Philosophy of Science* 60, 586—607.

Uebel, Thomas E. 1996: Normativity and convention. On the contructivist element in Neurath's naturalism. In F. Stadler and E. Nemeth (eds.), *Encyclopedia and Utopia*. Dordrecht: Kluwer, 97—112.

Wilson, Brian R. (ed.) 1970: *Rationality*. New York and London: Harper & Row.

Winch, Peter [1958] 1990: *The Idea of Social Science and its Relation to Philosophy*, 2nd rev. edn. London: Routledge and Kegan Paul.

Wisdom, John 1953: *Philosophy and Psycho-Analysis*. Oxford: Blackwell.

Zilsel, Edgar 2000: *The Social Origins of Modern Science*. Diedrick Raven, Wolfgang Krohn and Robert S. Cohen eds. Dordrecht and Boston: Kluwer Academic Publishers. *88*

第二编

方　　案

第4章　作为实践知识的批判理论：参与者、观察者和批判者

詹姆斯·鲍曼（James Bohman）

考察社会科学哲学的历史不难看出，批判理论在其中占据着显要位置。在自然科学和社会科学中，长期以来人们一直在寻求把这种批判理论的目的、方法、理论和说明形式与那些标准的理解区分开来。然而，它却宣称，社会探究应当把说明和理解的两极即结构和动因结合起来而不是把它们分离和消除。批判理论家认为，这种方法可以使他们的研究切实可行，并具有独特意义。他们并不追求某种独立的目标，而是（诚如霍克海默所下的著名定义一样）寻求“将人类从各种奴役他们的环境中解放出来”（Horkheimer，1982：244）。这项任务要求哲学和社会科学相互作用，以及多维的和交叉学科的社会研究。（Horkheimer，1993）

倘若强调所有这些环境，那么人们就必须从多种视角来运用说明和解释。有时持有这种目的的批判者必定会运用实践的知识，并采取一种超越行动者的局部实践知识的立场。这种立场通常被认为是“客观的”立场。从广义上说，批判理论的大多数支持者（包括法兰克福学派内外的学者）此时往往都把这种论断视为充其量是误导，即使批判者的认识论情形只是一种除此而外的实践动因。因而问题不仅是这种探究如何能够既是解释的又是说明的，而且是如何能够同时既是描述的又是规范的。这种可供替代的选择既可避免纯粹的“内部人”和参与者的立场（以解释学的方式），也可避免纯粹的“外部人”和观察者的立场（以自然主义的社会理论方式）。批判的社会研究所具有的这种不同规范化立场的特征被称为“批判-反省式的参与者视角”（Habermas，1984；McCarthy and Hoy，1994：81）。正如这种连字号所表明的那样，这不是社会理论家特有的视角或独占的领域，而是不同层面和多种视角的综合。

霍克海默的定义并非暗示一个需要达到的特别目标，而是要确立一种独特的实践活动。社会批判主义的活动为某种特定类型的社会科学探究提供了基本的结构。批判的社会科学的明显特征不在于它为社会科学知识创造了某种新形式。相反，通过把反省式的社会探究转化为实践知识（也就是说，关于实践知识的知识），行动者恰好获得了那种有效的社会动因和社会世界中的自由所需要的知识。[1]这种实践知识与行动者采纳和运用各种社会视角的能力是密切相关的，而这种能力反过来又为社会批判提供了认识论基础。理论向来都是按其实践意蕴来理解的。

对社会探究的这种实践说明与新老实用主义思想颇有相同之处。（Bohman，1999a，1999b）正像实用主义一样，批判理论逐渐地拒斥为植根于宏大理论的批判主义奠定科学的或客观的基础的需求。事实证明，这种需求很难与指向特定时间，并且其自身具有不同需求的特定人群的社会批判主义的需求相一致，很难与解放的需求相一致。第一步是引导批判的社会科学家从追求单一的综合理论转移到采纳不同历史环境中的多种理论。更恰当地说，最好是从行动者的前理论知识开始。批判的社会探究的问题不仅是如何将关于社会世界的前理论的知识与其理论知识联系起来，而且是如何沿着不同的、不能还原的视角前进的问题。第二步是要表明这种实践选择不仅为精力充沛的社会批判主义提供了基础，而且它更好地说明并运用了内在地存在于各种社会探究理论和方法之中的多元论。我在此提出的观点是，只有这种实践的探究形式，才能应对社会批判主义的认识论的和规范性的挑战。

批判者、观察者和参与者：两种形式的批判理论

在关于如何定义批判的社会探究的不同特征问题上，有两种共同的一般性回答：一种是实践的，另一种是理论的。后一种研究方法宣称批判的社会探究运用的是一种不同的理论，这种理论能把各种不同的研究方法和说明统一为一个整体。根据这种观点，批判理论构建了一种综合性的社会理论，这种理论将会把各种社会科学统一起来，并承认这种批判的优越性。第一代法兰克福学派批判理论在宣称放弃把社会科学当作其研究的中心以前，一直在劳而无功地追求这样一种理论。（Wiggershaus，1994）相比较而言，根据实践的研究方法，各种理论是由它们植根于其中的政治形

式和这种政治所必需的确证方法来区分的。在此我赞同这种方法的某种形式，这种形式植根于实用主义的民主概念，把它当作一种探究方式，寻求发现解决所有这些受到影响的人都可接受的那些难题。但是，宣称批判的社会科学最好是在实践中、在政治上统一起来，而不是在理论上或认识论上统一起来，只不过是不要把它归结为民主政治而已。相反，它已成为参与者在其与他人的社会关系中所采用的探究方式。 92

在转向这种关于批判的社会探究的实践解释之前，考察一下这种理论方法为何在长时间内被如此众多的批判理论家所青睐，也许是恰当的。首先，这种理论长期以来一直坚持认为，只有一种综合性的社会理论才能统一批判的社会科学，并因而为批判主义超越世俗知识的限制提供“科学的”基础。其次，不仅批判主义的认识论基础必须独立于行动者的实践知识，而且说明也必须是正确的，不管它对特定受众的政治影响如何。这样看来，社会批判主义就是一种两阶段论：第一阶段，研究者运用可获得的综合理论独立地发现最好的说明，然后，在第二阶段，他们令人信服地把其批判性成果与那些对其实践活动抱有虚假信念的参与者相沟通。

以马克思的历史唯物主义为起点，宏观社会学和历史理论长期以来一直被当作批判的社会科学的最恰当的说明基础。然而，问题之一是综合性并不能保证说明力。实际上，存在着很多这样的宏大理论，每一种都具有其自身与众不同且可以仿效的社会现象，这些现象指引着它们的统一尝试。[2]第二个问题是，若仔细考察这些标准的批判性说明，诸如意识形态理论，就会发现它们典型地在借助于多种不同的社会理论。（Bohman，1996）哈贝马斯对批判性说明的实际运用就证明了这一点。他对现代社会的批判借助于对两种截然不同的理论术语之间关系的说明：一种是理性的微观理论，这种理论建立在沟通性的协作之上；另一种是关于处于市场机制下的现代社会的系统整合的宏观理论。（Habermas，1987）

这种综合性理论的理念不仅假定存在着一种更好的批判说明模式，它还假定存在着一个更好的社会批判目标，即能实现人类解放之标准的社会主义理论。只有在其背景中有这样一个目标，运用历史唯物主义建立一个认识论的和规范性的独立立场的两步过程才有意义，实际上这一过程是独立的，因而参与者拒斥这类说明的可能性对于批判主义的正确与否是无关紧要的。多元主义的探究指出了一条不同的正确性标准：批判必须由那些参与实践的人来确证，对实践确证的这种要求是探究过程本身的组成部分。

尽管其自身存在着矛盾，哈贝马斯对于接受实践的和多元的研究方法给出了很好的理由。正像在分析与不同的知识构造兴趣相关联的探究模式
93 时一样，哈贝马斯接受了各种不同的理论和方法，这些理论和方法各有其“相对的合法性”。其实，像杜威一样，他已走得很远，因而他坚持认为社会说明的逻辑应是多元的，无须所谓“一般理论的手段”。在不存在任何这类一般理论的情况下，研究社会科学知识的最有效方法是将各种不同的方法和思想相互联系起来：“虽然关于自然的、文化的和解释的科学能够彼此不同地，甚至是充满敌意而不是和平地共处，社会科学却必须承受同处一个屋檐下的各种不同方法之间的张力……”（Habermas，[1967] 1988：3）在《沟通行为论》一书中，哈贝马斯同样用多元论来构造批判的社会理论，然而却运用了统一的方式。譬如，在讨论关于社会现代化的各种说明时，哈贝马斯认为现有的主要理论作为经验研究的发达形式，都具有它们自身的“特殊的合法性”，并且批判理论承担着批判地统一各种理论及其不同方法和假定的任务。“批判理论并不与建立作为竞争者的研究路线相联系；以现代社会的崛起概念为出发点，它试图说明这些方法的具体局限及其相对的正确性。”（Habermas，1987：375）哈贝马斯认为，方法论的多元主义是社会探究的普遍特征。批判理论的目标就是要将这些方法的结果整合在“一个屋檐下”。

统一性与多元性之间的张力导致了我已说过的两种不同方向，一种是实践的，一种是理论的。那种或许可称为“康德式”的研究方法从一个个案例研究入手，以便看清这些理论如何突破它们的局限，并试图超越它们有效领域中的核心现象。（Bohman，1991：ch. 2）这种方法在取向上并不是理论的，但用哈贝马斯的老话来说，却更接近于“具有实践意向的社会科学”（Habermas，1971）。对这种康德式的回答给予最明确阐述的是韦伯在其社会科学哲学中给出的。尽管认识到作为因果性的和解释性的社会科学具有这种混合特征，他仍然试图说明那些能把这两个维度相统一的特殊现象。譬如，在其《新教伦理与资本主义精神》一书中，他把对体制结构的宏观分析与对经济理性和宗教信仰的微观分析结合起来。（Weber，1958）根据这种对比方法，各种理论和方法的“相对的正确性和特殊的局限性”就由把它们付诸各自特定的（因而是有限的）经验领域而确定，而不是通过包罗所有其他理论的一种更加综合的理论来确立关于这些范畴和领域的判断的方式来确定。

第二种方法我称为“黑格尔式”。在这里，理论家们试图把社会科学

知识统一于那些广义的综合理论中，并认为这些综合理论能形成关于现代社会的一般历史。但是，一般理论所提供的是“一般的解释框架”，在这种框架之上只是有可能建构“批判的当代史”（MCarthy and Hoy，1994：229—230）。即使对综合理论的这种说明也几乎不能消除把不同理论和方法相结合的相互冲突的历史事实。这种“黑格尔式”的理论与其说它着眼于一个单独的最好的历史，不如说它是一种实践的呼唤，它的批判性追求在道德上和认识论上并不是独立的，根据解释的合适性标准来看，它是实践的和需要受到公众检验的。

那么，作为规范性的社会批判的基础又是什么呢？它是否像哈贝马斯在其关于交往原因的说明中所提出的那样，是一种更加综合的理性论呢？即使是这种理性论也必须作为一种实践的重构来理解，如果它要避免罗蒂所说的介于其作为“认知能力和道德功效”的地位之间的“理性的模糊性”的话。罗蒂想使它们保持各自的界线。“理性的认识论概念关注我们与非人的事物之间的关系，而道德概念关注的则是我们与我们的人类伙伴的关系。”（Rorty，1996：74）

因此，批判的社会探究的实践概念所存在的问题在于，它要努力避免这种窘境：它既不可能是纯粹认识的因而不完全是认知主义的，也不可能是纯粹道德式的。两者都不会提供充分的、批判性的收益。在观察者看来，两者的距离非常远，因而很难看清这种理论如何能促进批判；从纯粹参与者的视角看，两者的距离又非常近，因而不能促进批判或证明任何批判是正确的。正是这同一种一般理论和方法论上的窘境也可描述自然主义和非自然主义方法之间的争论。尽管前者把诸如理性这类术语看作解释的前提，以便说明规范之类的现象，后者则认为，规范性术语并不是可还原的，因而既不能算作**解释的前提**，也不能算作**待解释的事物**。这种最实际的说明在此弥补了罗蒂的模糊性，它把这种认识论的组成部分置入社会世界中，置入我们的各种认知视角中，这种认知视角包括着对他人的规范性视角。这种模糊性因而成为采用不同观点的实际难题，即反省式的参与者在自我批判的实践中必定是已经能够做的事情。

作为实践知识的社会研究

这种“视角选取”的转换已经包含在批判理论的实践形式的自反性之

中了。批判理论并不是要为社会科学知识寻找那些普遍的和必然的特征，而是要关注社会科学中的探究者和其他行动者之间的社会关系。这种关系可以由探究者根据对出现在他们的说明和解释中的行动者所采取的视角来从认识上加以确定。这两种主要的和截然不同的方法采用了非常不同的视角。一方面，自然主义者主张采用第三人称的或说明性的视角；另一方面，解释的社会科学的反还原主义则坚持理解的优先性，因而坚持基本的方法论的二元论。自霍克海默以来，批判理论一直在试图提出一种新观
95 点，以取代这两种观点。

哈贝马斯和其他一些批判思想家正确地对那些社会探究者冠之以“技术官僚”的称谓，它只是根据关于所有可获得的行动路线的非人结果的纯粹第三人称知识，提出最佳的问题解决策略。从米德（Mead George Herbert）到杜威的实用主义者都提出了相同的批评。（Habermas，1971，1973；Dewey，1988）这类探究将社会科学家等同于工程师，他针对设计难题专业性地提出最佳解决方案。对于作为理想的理性的和有知识的活动者的社会科学家来说，“可行的解决方案的范围显然是有限的，相关的可能性和效用也是明确确定的，甚至所要运用的理性标准（譬如，期望效用的最大化）也被清楚地表达出来”（Hempel，1965：481）。这种技术官僚模式，即社会科学家被当作不相干的观察者（而不是反省式的参与者），永远需要被置于相关的社会关系背景中，这些社会关系是技术官僚所建立的、社会性分布的实践知识形式。

与这种工程模式相反，解释的社会科学从第一人称视角出发，试图弄清行为或表达的意义。作为实践知识的种种解释并不是建立在某些一般理论之上（当解释有困难时，不论这些理论多么有帮助或是有解释力，情况都一样），而是要重建行动者自己的理由，或至少这些理由从第一人称视角看如何可能是合理的。这使解释者陷入一种奇特的认识困境：从他人的观点出发看待事物，只有在**给我们**提供了关于事物如何**对他们**存在的最好解释时，才能充其量接近于他人的观点。就解释责任而言，不能回避的事实是，人种学或历史只不过是我们试图“以我们自己的范畴来看待另一种生活形式”而已。（Geertz，1971：16－17；Bohman，1991：132）解决这一难题的唯一方法就是要明白实践的知识形式并非只有一种形式。

自然主义的和解释学的研究方法把探究的主体和客体的关系看作迫使社会科学家要么采取第一人称视角要么采取第三人称视角。然而，批判的社会科学家必然会要求采取复杂的视角和不同观点的调合，最低会要求社

会科学家与所研究的主题的调和。“第二人称视角”就其实践知识的特殊视角而言，既不同于“第三人称观察者”的视角，也不同于“第一人称参与者”的视角。它所运用的是关于处于对话或沟通之中的参与者“知道为何”的知识。(Bohman，2000a) 这种视角提供了可替代相反视角的选择，尤其在我们的第一人称知识或第三人称理论出错时更是如此。(Bohman，2000b)

当面临解释他人的行为时，我们很容易陷入第一人称知识**简化论**的局限之中。而从第三人称视角看，又无法断定某种行为是遵循着某种常规，还是仅仅表现了某种特例。这些第三人称说明面临着同样的在私人语言论证中已经弄清的“欺骗问题”(Brandom，1994：28ff)。也就是说，总是有可能把某种行为解释为与许多不同的甚至互不相容的背景因素有关。无论是解释者的视角还是观察者的视角，都不足以具体地确定相对他人而存在的这些不透明的意向性背景。由于行动不会决定由第三人称或第一人称解释者所赋予它们的那些解释，因而不可能有一种可供替代的选择为行动者的自我解释提供解释，而行动者的自我解释有可能由实际上正在进行的对话或相互作用所决定。社会科学家以及更为一般地说对于实践中的参与者来说，这类冲突的判决需要采取共同的或相互的视角，这是其自身的实践理性模式。

不同种类的理论都把解释当作一种实践，即当作一种处于正在进行的沟通活动和过程之中的实践。从这个视角来看，沟通可被视为一种不同形式的实践理性活动。关于沟通活动的批判理论提出它自己关于理性的独特定义，这个定义是认识的、实践的和主体间性的。譬如，对哈贝马斯来说，理性并不在于拥有特别的知识，而在于“说话的和行为的主体如何获得和利用知识”(Habermas，1984：11)。我把任何这类说明都称为“实用”的，因为它与其他把解释者视为竞争的和可知的行动者的观点具有一些截然不同的特征。最重要的是，实用主义方法以“操作性的态度”，也就是说，从有能力说话者的观点，对实践知识提出一种说明。一种理性论可以是建立社会关系所必需的实践知识的重构。这种重构对于理解反省式的参与者包括批判者的责任或义务是必不可少的。

假定这种视角具有不可还原性的理论有两个一般性论据。第一种论据认为，解释不仅仅是对某物的描述。相反，它建立的是解释者与被解释者之间的义务与权利。第二种论据在这样做时，解释者采取了特殊的**规范性**态度。这些“规范性态度”必定是关于被解释者的态度。在解释时，人们不只是在客观地报道，而更多地是在表达和确立对某种论断的态度，诸如解释者以被解释者的名义说某事是真的，或从事某种根据社会规范来看是合适的行为。在这类态度中有一些在本质上是双重人格态度：解释者并不仅仅是以第一人称视角来表达某种态度，而是通过解释别人在做什么来附加某种承诺或义务。（Brandom，1994：79）提供一个被接受的解释就在于弄清那些可操作的社会规范，并因而要确立关于社会关系的规范性条件。

这种批判性态度与源自于第二人称视角的解释具有同一结构。在这里，行动者的信仰、态度和实践不能被简单地解释成有意义还是无意义，还必须对它们作出评价，断定它们是正确的、不正确的还是尚未确定的。当然，仅仅采用第二人称视角对于批判来说还是不够的。要评价一个批判行为正确与否，通常还必须借助于第一人称和第三人称视角。

与第三人称视角一样，第二人称视角坚持采取其他规范性标准的可能
97 性。然而，与第三人称视角必定会宣称对其他参与者在认识上的优势不同，第二人称视角是相互透视的而不是超越透视的。反省的参与者必定会采取所有这些立场，他们并不假定有一种单独的规范性态度对所有批判性的探究来说是恰当的。只有相互透视立场才是完全对话式的，能给予探究者和行动者以同等的地位。

批判的探究者寻求建立的正是平等动因之间的这种政治关系。他们强调他们所批判的这些人是反省式参与者在实践包括探究的实践之中的伙伴。批判者从事这种探究，进入第一人称解释者所仅仅假定的实践的合作性基础之中，作为解释学意义上的“前判断”或“前见”。即使实际上所有合作活动都“涉及探究的时刻”（Putnam，1994：174），他们也需要对这种探究本身的前判断进行自我反省的时刻。正是这种反省，呼唤着一种截然不同的批判视角的实践形式。倘若批判性社会探究正是要探究这类合作实践的基础，它就会把实践探究视为进一步反省的步骤。探究者不会独自完成这一步，而是探究者与公众一起完成。正如库恩在规范科学与革命科学之间作出区分一样，第二层次的批判性反省考虑的是合作本身是否需要加以改变。这类批判直接指向现行制度以及指向阐明那些能够解决难题的合作的新术语。

各种视角在不同的批判情境中都是恰当的。当参与者坚持规范不变时，工具性的和战略性的探究模式就可用于确定政治和实践的目标以及社会后果。在这种情况中，批判性反省并不局限于第一人称知识的限制，也不受理性的独立标准的欺骗性难题的困扰。为了占据介于第一人称和第三

人称视角之间的规范性领域，就需要社会科学的细化（此时社会科学被理解为第二人称的合作探究，探究那些合作性的实践）。倘若要确认合作式探究实践的所有难题，就必须能够占据和说明各种各样的视角。只有这样才能使得公共反省在自由而平等的参与者之间成为可能。

就拿治疗艾滋病的试验性药品的可能性问题来说吧。显然，这种药品的开发和实验只是科学专家们的事，因为这些人掌握了越来越多的有关艾滋病毒及其在体内生长情况的知识。只要专家们在解决这一前沿性难题上毫无疑问地在努力，艾滋病患者就会心悦诚服地把他们看作这一领域中的权威。然而，这种流行病的持续扩散和缺乏有效的治疗手段，会给专家的权威地位带来危机，用杜威的话说，就是“存在着问题环境”（Dewey，1988：492）。通过其社会后果，并通过弄清研究者与患者之间的社会合作关系来界定专家的活动，便使得参与者来重构获得医学知识和权威的那些实践活动。实际上，正如斯蒂芬·爱泼斯坦（Stephen Epstein）所指出的那样，艾滋病研究活动的结果并不仅仅牵涉科学之外的诸如研究基金这样的问题，而且会挑战实验所用数据在统计学上的有效性标准问题。（Epstein，1996：Part Ⅱ）受到影响的公众改变了这一领域中的合作与探究的规范性关系，以便这些制度能够应用于可接受的头等难题的解决。这便要求在科学实践及其操作规范中采取反省式的探究。 98

对专家权威赖以建立的规范提出的这种公开挑战，也许可以推而广之应用到所有合作性的研究模式中。这意味着社会科学的某些认识论难题已经转化为如下实践问题：如何使它们的调查研究方式经得起公众的检验和公众的评说。这种需求也意味着对批判的社会探究的某种“实践的确证”是必须的。尤其当它处于解决问题的第二次序而不是第一次序时，我们如何判断它的实践效果呢？因为这种第二层次的反省涉及检验现有的各种规范。这样一来，它就必须检验社会探究的规范，包括公众评价的规范。在此，重点将是实践的取向而不是理论的统一了。

多元论与批判性研究

批判理论的实践方法以两种方式回应社会科学中的多元论，再一次包容和统一了关于规范论断的认识的（说明的）与非认识的（解释的）方法之间这种传统对立的两个方面。一方面，它确认了对一般理论的需求，尽管这削弱了承诺批判主义而为它们所作的强烈的认识上的论断。另一方面，它将批判的探究者置于沟通的实际环境中，将批判者看作是在强烈地宣扬他们的批判性分析的正确性和真理性。这是批判者的论辩的前提，没有这种前提，对他人的批判就毫无意义。

但是，这种强烈的道德认知主义再次被同样强烈的关于这类道德论断被放置的特性在认识上的让步所抵消，尤其是根据文化多元论和随之而产生的多种规范视角来看更是如此。根据现代社会的复杂性和多元性事实，很难看清作为反省式参与者的批判者将如何面对同样基本的认识限制，不管他们如何运用理论知识，包括一些道德理论知识或关于道德规范的社会理论知识。这些知识不仅在应用上是解释性的，而且这些理论本身就体现了各种各样的社会视角。

就以视角选取为基础的批判理论而言，对其实用的和多元的概念进行检验的良好情形，将会对社会批判中的一般理论和社会科学方法，包括道
99 德理论和规范理论的作用，赋予一种更为精确的说明。就其超越透视的综合性而言，理论并不是要在批判中发挥证明其正确的作用，相反，最好是把理论视为解释，其有效性是由其能够开启行动的种种可能性来保证的，而这些行动本身则在民主探究中得到检验。不仅如此，每一种这样的理论本身都是在特定的视角之内得以阐述的。因而最好是把一般理论视为实践的诉求，根据解释的恰当性标准，其批判性的收获在道德和认识上并非是独立的，而是实践的和得到公开检验的。这意味着并不是理论的或解释的框架是决定性的，而是运用这类框架跨越社会批判活动中的不同视角的实际能力才是决定性的。第二人称视角在任何这类过程中都为这种正当化提供了这种框架，因为实践上的成功在民主条件下就是要建立各方都能接受的社会合作关系。在上述例子中，改变关于艾滋病的医学探究实践，严格地从病人的视角出发，事情就能得到解决。

为什么说这种实践视角具有决定性呢？要阐明有关当前的可能的一般历史，似乎有无限多的视角。仅仅确定一些与具有各种不同目的和利益有关的不同方法和不同理论，就足以使社会科学家陷入毫无希望的认识论困境之中。要么在理论、方法和利益中的这种选择似乎是完全随意的，要么批判理论家具有某种特殊的探究这一领域的认识论断言，并出于正当理由作出这种恰当的选择。一方面，前者由于具有较多的怀疑色彩，其进退两难的困境被理查德·罗蒂这样的“新实用主义者”所认可（Richard Rorty，1991），他把所有此类知识都看作是“与目的相关的”；这种困境也被

韦伯所认可，他在其更有决定性影响的方法论著作中有类似表述。后者或许接近于黑格尔主义，它要求对一般的社会科学和特殊的批判理论家的认识优越性作出客观主义的论断——这些论断正是哈贝马斯和其他批判理论家一直竭力抗拒的。（Weber，1949；Habermas，1973：38）有没有什么办法使多元论既不承认认识的优越性，又能保持批判的可能性，从而走出认识的困境呢？

走出这种困境的方法其实已经体现在对批判探究的社会背景的反省式强调上，体现在它所运用的社会知识的实践特征上。它把探究的主体说成是平等的反省式参与者，说成是有见识的社会行动者。这样一来，技术控制背景的种种不对称就被悬置起来了，这意味着批判的社会探究必须由一组不同的实践效果来检验，旨在多多少少增加行动者已经拥有的“反省式知识”。作为社会世界中的行动者本身，社会科学家参与了他们的理论将在其中得到检验的那些环境的创造。批判性探究的目标因而不在于控制社会进程，甚至也不在于影响行动者以任何确定的方式可能采取的决策类型。相反，其目标在于发起一场自我反省的公共进程。（Habermas，1971：40—41；Bohman，1996：ch. 5）根据某种综合理论，这种考虑进程并不能确保成功。相反，批判者寻求的是促进民主的这些条件，这使得这类进程有可能成为最好的进程，这类进程根据合适的反省就可获得。 100

如果把批判者理解为完全依附于理论知识的优越性的话，那么批判者在社会上就无立足之地，并且也无法在众多相互冲突的理论和方法中作出选择。但这种观念是建立在关于社会研究的证明的错误模式之上的。在实际验证过程中，行动者也许到最后发现他们的见解是不被接受的，因而不会改变他们在自我理解中的第二次序地位。这种实际验证过程的公众性自然产生了自己的与社会批判相联系的判断批判成功或失败的独特标准，正如对被批判者的诠释行为一样。对这种标准的描述是随着成功的批判者在批判中所展现的实力和能力的类型而发展的。这再一次反映了社会科学中的多元维度：多元主义视角。就像实际当中作为反省式参与者对别人发表公众讲话的演讲者一样，批判主义思想自然采用了第二人称的规范视角。

但仅仅有公众性并不能确定批判社会研究的特殊之处。它是具有双重特色的，它是采取第二人称的视角进行批判的，但同时与其他视角也有关联：第一人称、第二人称和第三人称在不同的批判形式中以不同的方式相互联系在一起。表示同意或不同意的检验过程就是彻头彻尾的实践检验过程；这种检验过程要求采取多种实用主义视角的自我反省，同时它还与批判主义所植根于其中的社会以及解释的局限性的了解相联系。

自反性、视角选取和实践确证

如果上一部分的论证是正确的，实用主义的论述就必然是方法论上的、思想上的和视角上的多元主义。任何一种社会科学方法或解释体系都具有潜在的批判性。并没有一种特殊的方法或确定的批判科学思想体系可以说明批判视角的正确性。原因之一即是并不存在一个单一的批判视角，即使对说明了社会批判行为和其实践成功的环境的反映论来说也是如此。

观察批判家的所作所为而不是他们的理论暗示了社会限定的批判主义行为的典型特点就是它们的跨视角特征：批判主义从第三人称到第一人称的跨越，从第二人称到第一人称的双重视角以及诸如此类。这样多视角的批判考虑到对批判来说所必需的反映距离，甚至在单个人反省自我欺骗和
101 操纵的可能性例子时也是如此。第二人称的视角当然具有合理的优先性，但在批判的来源上并不具有优先性。其之所以具有合理的优先性就在于批判者在批判行为中所做的一切：C（批判者）将 CC（批判性论述）和 S（批判的观众）联系起来了。这种论断必须随着观众规范性态度的适当改变而改变，以被观众所接受。批判者只有采取第二人称的态度才能在批判行为中获得成功（而不能以第三人称的视角把观众作为操纵的对象），也就是说，应采取针对第二人称的规范主义态度。

那些认为存在特殊的和综合的批判理论的思想家们倾向于认为批判必须从一个客观的、第三人称的视角出发。标准的意识形态理论将行动者的信仰看作体系性的错误，此种理论认为，批判是客观的就在于它没有立场，第三人称的、思想的解释性批判是跨视角的，这些批判显示了参与者从自身的生活经历出发以第一人称视角看待事物的局限性（就像马克思从历史经验和经济理论的视角讨论对工人的剥削行为时所做的那样）。拒绝此种无视角的理论为超越“单纯的”多元主义和“批判的”多元主义奠定了基础，这样就可以在社会科学中经常相互冲突和相互矛盾的思想和解释中作出清晰的判断。

第三人称视角的非确定性（相互矛盾理论选择的非任意性缺陷）揭示了批判者的规范主义态度不能被束缚于某种单一的社会视角或被假定为正确的社会理论。实际上，对于批判来说，一种理论所能达到的客观程度是

“视角形式的问题而不是无视角的或跨视角内容的问题”（Brandom，1994：600）。如果他们这样看待自己，思想家们就不会宣称他们的理论是正确的了，因为它仅仅是对社会结构的一种独特的准确描述而已。客观性的适当形式应是批判的：社会学家可以确定显示出任何单一视角的道德与解释性不足的视角组合。譬如，说某种信仰是错的，这只是个意识形态的判断而已，如果行动者采取与他本人不同的视角，那么他就会发现诸如种族主义之类信仰的错误之处，但不同的社会角色的视角往往和公认的正义信仰不同。社会批判的揭露作用就在于，它能把恰当的视角联系起来，并展示通往真理和道德正确性的规范性论述。

批判学家并没有跨视角地宣扬客观性，而是坚持认为社会探究应采取“双重视角”（Habermas，1996：1；Bohman，1991：4）。这种双重视角已通过多种方式表达出来了。思想家们一直坚持认为批判行为有双重方法和目的：它们同时是解释性的和规范性的，完全表现出对社会内容的解释和对社会变化的实用动机。批判思想家们在关于社会科学的争论中一直坚持这种双重视角，无论是关于实证主义的争论还是微观或宏观解释的问题都是如此。

在关于实证主义科学的争论中，批判主义思想家拒绝所有形式的还原主义，坚持对实际原因的解释性功能。在关于诠释的争论中，批判者认为社会科学并不是在解释和理解之间被迫作出选择。即使社会学家只有通过诠释才能获得通往社会现实的通道，他们也不能用“解释性的理解”来重复行动者所了解的东西。这里我们也许会想到创造了宏观与微观联系的解释体系，就像行动者出于自己的目的所寻求的有意识的行动和由于彼此之间的相互影响所造成的无意识结果的关系一样。这种双重视角解释和批判考虑到了批判的反映的距离，考虑到了参与者偏于内向的和批判者偏于外向的立场之间所存在的解释性鸿沟。由于认识到了解释和立场的多样性，当代社会科学已创造了多种方法来丰富批判的视角。

这样的双重视角提供了关于客观性的更诚实的观念：它既不是跨视角的客观性，也不是理论上的变视角，而是要求有认知和反映能力的社会行动者在社会活动中所可能采纳的实际视角范围内行动。它是通过相关解释和立场的多种组合来实现的。考虑到不同层次上多样性的社会现象，批判社会探究已经采纳了多种解释和解释策略。马克思的历史社会学使他把追求利润最大化的资本主义不稳定的功能性解释和工人阶级的自身经历联系在一起。在细化的历史分析中，历史上的女权主义和种族主义方法论的研究已展示了规范性实践的偶然性。(Epstein，1996；Longino，1990）他们也采用了不同的诠释性立场。女权主义者已说明了那些貌似公允和正当的规则是如何建立在对其种族、基因和能力的歧视之上的原因。(Mills，1997；Minnow，1990）在这些例子中，那些声称科学的客观和道德中立的论断都由于不能获得各种相关公众的认可而暴露出自身的缺陷。

第三人称批判的更诚实的形式不必被狭隘地诠释。第三人称视角确定
103 了非意向性的过程、反馈机制、副产品以及并不完全处于自动控制下的复杂社会结构的其他特色。这种视角也许会揭示出利益最大化的非预期性结果、自我击败的策略或政策、微观行为的宏观结果，以及那些由行动者有意发起却产生始料不及或不良结果的社会机制。这里的一个例证是托马斯·谢林对居住方面无意识的种族隔离的爆发点或国家调整框架方面各种不正当结果的分析。(Schelling，1971)

意识形态理论在传统的批判探究中提供了更为直接的指导实例。作为双重的或跨视角批判的目标，意识形态可以从被削弱了成功联系的所谓被歪曲的正义性视角来理解，或是从行动者由于社会地位原因的生活经历所限而形成的视角来理解。所有这些歧视构成了对完美的民主生活形式的阻碍。(Kelly and Bohman，2000）所有这些例子的共同线索就是它们在社会批判行动中所体现出来的方式。

理论并不是社会学家揭露这些规范性的歧视和偶然性限制的唯一方式。行动者也可采用第一人称视角批判其他多种视角的局限性。以这种方法，置身局外的行为者就可指出那些具有权威意义的传统和偏见的局限性，显示出他们自身的经历和所谓的正统性标准的自我理解是如何的不符。(Mills，1997；Mansbridge，1991）这种批判需要同时拥有个人的经历和对传统与机制的规范性自我理解才行，才能揭露偏见和歧视，它用生动的第一人称的经历描述来使那些否则便看不到自身交流活动局限的行为者变成洞察者。

批判主义应该使批判者能以第二人称的身份进行交流。这种“第二人称”的视角在所谓合理性的行为中尤其有用，它从合理性本身以及为何它不具有说服力的视角来解释合理性。譬如，提供证词是一种社会批判行为，但它并不仅仅是一种自我表述，它还是一种展示真实的证言何以能够帮助行动者跨视角地达到反映行为的复杂的交流形式。

在这些例子中，跨视角为何如此重要？在这里第二人称对于批判行为来说具有特殊的和自我反映的地位。可以从两个反映性实践中考虑从第一

人称或“我们的”视角跨越到第二人称视角：科学与民主。在科学性的幌
子下，专家团体根据所谓的客观标准行事，其目的是为了指导科学探究和
说明其解释性权威的合法性，这些行动所蕴含的不平等与歧视可以通过多 104
种批判科学研究和社会行动来揭露，就像爱泼斯坦于 20 世纪 80 年代在艾
滋病研究中所指出的那样，所谓科学家在科学实验中绝对权威的论断被证
明还没有社会大众从自身视角观察所得来的客观。为了这种“我们的视
角”，科学家们起初拒绝回应批评和患者的关切，直到明白指出所谓实验
标准的偶然性和多变性，以及无法通过“第二人称”视角的患者的检验。
（Epstein，1996：5）海伦·朗吉诺（Helen Longino）还指出一些行为主
义研究中有微妙的分歧。对朗吉诺来说，这种批判不仅仅是否定性的，而
且还需要一种更好的客观性形式，“应以真正民主社会的认知需要来衡量”
（Longino，1990：236）。同样的，批判社会探究不但关注真正民主的实证
性假设问题（Kelly，2000），而且还反映了一些批判者的中心思想：政治
参与的利益问题。实证性研究已表明，现有的参与形式与高地位和高收入
是密切相关的，那些收入低和社会地位低的人由于担心公众耻笑而不情愿
参与这种公众论坛，因而举办所谓的公众听证会对行政决策也不会有太多
的影响。（Verba et al.，1995；Mansbridge，1991）采纳那些不能有效参
与者的“第二人称视角”并不仅仅是揭开了所谓平均主义和理解现有的公
众参与形式的面具，这也是在建议另一种公众表达的模式和论坛。（Bohm-
an，1996）用这样的方法，从对现有的社会及其实践的“我们的视角”的
观察，跨越到受其影响的公众的“第二人称视角”，就可以使对科学与民
主的反映性探究更加富有活力和生机。

在这样的探究氛围中，可以发现第二人称的规范性态度既不完全是真
实的描述，也不是自我的表达。实际上，相信别人所说，或通过别人的行
动来判断其好还是不好，诠释者建立了更多与更好的诠释的可能性，也增
加了将来对话或诠释与交流的可能性。伽达默尔用实用的方式作了如下表
达：“每次诠释都建立了一种和别人产生关系的可能性。”（Gadamer，1992：
397）从参与者的视角看，能力决定了诠释的决定性力量，对话也打开或
关闭了我们在致力于相互诠释和理解的进程中和别人发生的种种可能性。 105

这种实践的和第二人称的理解说明了批判和诠释之间的争论需要重新
诠释。如果我关于批判的跨视角性质的观点是正确的话，那么将这场争论
看作是以传统和建立在传统之上的权威为一方，将意识形态批判之类的社
会科学解释看作另一方的观点就是错误的。视角的多元性说明了在第一人

称（或作为内部参与者的“我们的视角”）和作为外部批判者的第三人称的视角之间并无内在的冲突。它更是一种在第二人称视角内的互动主义规范性态度的扩展。当然，有时借助于社会的标准以便清晰地界定行为是必需的；而在另外一些时候，关注也许会限制实践可能性的诠释环境更为必要。真正的问题是诠释内容中反映性的作用，反映性使得实证性提高的可能性得以成立。

一旦我们将批判社会性探究看作是实践的和采取多视角的实用知识，我们就可以看到关于实践知识工具性描述的局限性。第三人称视角将专家在手段或方式上的优越性转移到了人际互动的领域，而工具性视角又因为把权威授予规范之上的社团而限制了反映。这两点都暗示了社会学家也许可以借用的权威的政治联系，即使是从服从于批判的另一个视角来看也仍然是这样。思想家作为大众阶层的一员，应当将他们的观众作为一个公开的整体来建立关于责任和权利的社会关系。这种对将来的可能观众的偏理想主义描述也许就是多元的批判主义思想所要求的。这种理想化本质上是对话性的，将自由和平等的公民视角在一种更公开和自我反映的民主实践中加以扩展，这种民主实践是评价我们当前社会第二人称视角的总结。

结论：关于批判的社会研究的政治学

从我的观点中可延伸出关于批判社会学的两种截然不同的诠释：一种是理论性的诠释，它继承了德国唯心主义的遗产；另一个是植根于实用主义精神的实践的和多元性的诠释。第一种诠释的主要缺陷在于，它依赖于
106 能统合所有不同方法和实践目标的所谓综合理论的过分宏大的目标。这种方法是失败的，其原因在于所有的综合理论都面临着如下困境：要么它把某种视角置于一种特殊地位，要么包含有多种子理论，每一种子理论都有其自己的视角。

实践为这个问题提供了解决方法，就是把批判社会理论当作对那些似乎很难处理的理论性问题，当作实践问题的批判探究的实用主义重新诠释。批判社会学的作用就是提供对当前社会生活规范自我检查的必要方法。这种规则包括批判社会学的主要规范。这种理论与实践的关系和先前的不同：并不仅仅是要弄清特定事项的手段与目的的关系，这些社会学还需要规范性实践和合作标准的反映。批判社会学在某种意义上是反映性

的，包括在探究本身中建立的暗含社会规范与关系。没有批判社会的探究，就没有反映性的实践，而批判社会探究也只有通过这种实践来检验。提高的方式就是将权力和权威中的社会关系转化为在政治平等的环境中进行民主解释。(Bohman，1999a；Epstein，1996)

恰当地重构起来后，现代社会中的批判社会探究就为把社会学更好地理解成实践知识的独特形式奠定了基础。它们发起批判的能力不仅使它们成为现代探究实践中的民主行动，也使它们成为对社会探究基础本身的反身性探究。这样，规范性的批判不仅基于通过联系和跨越不同视角的道德和认知距离，它也有实际的目标。它寻求在对话反映中扩大各种规范性的视角，以这种方式使人类更加明了束缚他们的自由与阻碍他们的实践知识的环境。

注 释

[1] 我是在两种意义上使用“反省式的”一词的。说社会科学知识是反省式的，一是指它会促进对于知识得以产生的社会状况的反省，二是指它能够说明其自身。作为一种有关实践知识的理论，它能提供有关这类知识的知识，并因此能够表明行动者如何和何时能够成为有关他们自身的实践知识的批判者。

[2] 当考察现代社会的复杂性时，理论家可诉诸帕森斯社会学理论的结构功能主义来解释社会差异，或诉诸卢曼（Luhman）的系统论来解释多中心且无意识的社会秩序。

参考文献

Bohman, James 1991: *New Philosophy of Social Science*: *Problems of Indeterminacy*. Cambridge, MA: MIT Press.

Bohman, James 1996: *Public Deliberation*: *Pluralism*, *Complexity and Democracy*. Cambridge, MA: MIT Press.

Bohman, James 1999a: Democracy as inquiry, inquiry as democratic: Pragmatism, social science, and the cognitive division of labor. *American Journal of Political Science* 43, 590—607.

Bohman, James 1999b: Theories, practices, and pluralism: A pragmatic interpretation of critical social science. *Philosophy of the Social Sciences*, 29, 459—480.

Bohman, James 2000a: The importance of the second person: Normative attitudes, practical knowledge, and interpretation. In Karsten Stueber and Hans Koegler (eds.), *Em-*

pathy and Agency: *The Problem of Understanding in the Human Sciences*. Boulder, CO: Westview Press, 222—242.

Bohman, James 2000b: When water chokes: Ideology, communication, and practical rationality. *Constellations*: *An International Journal of Critical and Democratic Theory* 7 (3), 382 — 392. http: //www. blackwellpublishers. co. uk/asp/journal. asp? ref = - 1351- 0487&src=arc&vid=7&iid=3

Brandom, Robert 1994: *Making It Explicit*: *Reasoning*, *Representing*, *and Discursive Commitment*. Cambridge, MA: Harvard University Press.

Dewey, John 1988: *The Public and Its Problems*. In *The Later Works*, vol. 2. Carbondale: Southern Illinois University Press.

Epstein, Stephen 1996: *Impure Science*: *AIDS*, *Activism and the Politics of Knowledge*. Berkeley: University of California Press.

Gadamer, Hans-Georg 1992: *Truth and Method*, trans. Joel Weinsheimer and Donald G. Marshall. New York: Seabury.

Geertz, Clifford 1971: Thick description: Toward an interpretive theory of cultures. In *The Interpretation of Cultures*. New York: Basic Books, 3—30.

Habermas, Jürgen [1967] 1988: *On the Logic of the Social Sciences*, trans. Shierry Weber Nicholson and Jerry A. Stark. Cambridge, MA: MIT Press.

Habermas, Jürgen 1971: *Knowledge and Human Interests*. Boston: Beacon Press.

Habermas, Jürgen 1973: *Theory and Practice*. Boston: Beacon Press.

Habermas, Jürgen 1984: *The Theory of Communicative Action*, vol. Ⅰ, trans. Thomas McCarthy. Boston: Beacon Press.

Habermas, Jürgen 1987: *The Theory of Communicative Action*, vol. Ⅱ, trans. Thomas McCarthy. Boston: Beacon Press.

Habermas, Jürgen 1996: *Between Facts and Norms*. Cambridge, MA: MIT Press.

Hempel, Carl G. 1965: *Aspects of Scientific Explanation and other Essays in the Philosophy of Science*. New York: The Free Press.

Horkheimer, Max 1982: *Critical Theory*. New York: Seabury Press.

Horkheimer, Max 1993: *Between Philosophy and Social Science*. Cambridge, MA: MIT Press.

Kelly, Terrence 2000: The unhappy liberal: Critical theory without cultural dopes. *Constellations*: *An International Journal of Critical and Democratic Theory* 7 (3), 372—381.

Kelly, Terrence and James Bohman (eds.) 2000 *Theories of Ideology*. Special issue of *Constellations*: *An International Journal of Critical and Democratic Theory* 7 (3). http: //www. blackwellpublishers. co. uk/asp/journal,asp? ref=- 1351 - 0487&src=

arc&vid=7&iid=3 108

Longino, Helen 1990: *Science as Social Knowledge*. Princeton, NJ: Princeton University Press.

McCarthy, Thomas and David Hoy 1994: *Critical Theory*. Oxford: Blackwell.

Mansbridge, . Jane 1991: Feminism and democratic community. In]. Chapman and I. Shapiro (eds.), *Democratic Community*. New York: New York University Press, 339—396.

Mills, Charles 1997: *The Racial Contract*. Ithaca, NY: Cornell University Press.

Minnow, Martha 1990: *Making All the Difference*. Ithaca, NY: Cornell University Press.

Putnam, Hillary 1994: *Words and Life*. Cambridge, MA: Harvard University Press.

Rorty, Richard 1991: Inquiry as recontextualization. In David Hiley, James Bohman and Richard Shusterman (eds.), *The Interpretive Turn: Philosophy, Science, and Culture*. Ithaca, NY: Cornell University Press, 59—80.

Rorty, Richard 1996: The ambiguity of "rationality." *Constellations* 3 (1), 74—82.

Schelling, Thomas 1971: *Micromotives and Macrobehavior*. New York: Norton.

Verba, Sidney, Kay Lehman Scholzman, and Henry Brady 1995: *Voice and Equality: Civic Voluntarism in America*. Cambridge, MA: Harvard University Press.

Weber, Max 1949: *The Methodology of the Social Sciences*, trans, and ed. Edward A. Shils and Henry A. Finch. New York: The Free Press.

Weber, Max. 1958: *The Protestant Ethic and the Spirit of Capitalism*. New York: Charles Scribners' Sons.

Wiggershaus, Rolf 1994: *The Frankfurt School*. Cambridge, MA: MIT Press. 109

第5章 决策论与信念度[1]

皮尔斯·罗林（Piers Rawling）

按通常标准的划分，理性可分为实践理性和理论理性。实践理性关注的是我们应当做什么，理论理性则关注我们应当相信什么。决策论告诉我们要以最大的“预期效用”来履行决策行为（这是贝叶斯［Bayes］1763年提出的箴言，尽管这种思想早在贝叶斯之前就已经出现了——参见杰弗里［Jeffrey，1965］1983：1，20—21），由此可见，决策论关注的是实践理性。但是，从决策论的许多形式来看（参见Fishburn，1981，因为它为决策论提供了大量样本），该理论也明显地关注我们应当相信什么，因为它认为我们的信念度（从直觉上说就是认为事物是或将是如此的信念度）应该遵循标准的柯尔莫戈洛夫（Kolmogorov，1933）概率论公理。[2]就一般性的解决方法而言，关键目标是要对理性偏好制定最小化的定性条件，这些定性条件足以证明一个典型性定理，其大意是，如果一个人遵守定性偏好定理，那么特定的量化事实对他也适用：不仅他的偏好次序与它们各自的预期效用相一致，而且他的信念度也遵循标准的概率公理。然而，这样就会产生一个问题：信念度在多大程度上是实践的而不是理论的？但是，由于冯·纽曼和摩根斯坦（von Neumann and Morgenstern，［1944］1953）的原因，我将首先集中论述一种认为信念度是给定的理论观点。

冯·纽曼和摩根斯坦的理论

说某种长度可以被测量，也就是说存在着某个相对于非负实数的物体，这种物体保持着“至少一样长”的定性关系。这种关系符合某种定性标准：反身性（任何物体都至少和它自身一样长）、传递性（如果A至少和B一样长，B至少和C一样长，那么A至少和C一样长）和相关性（对任何给定的两个物体，其中一个至少和另一个一样长）。如果在这种基本的定性标准中增加某些结构性条件，那么就可以证明相关的典型命题：在被测量的物体（“长度”的拥有者）和非负实数之间存在着某种映射，它所代表的关系“是至少一样长”。并且由于在长度的例子中存在着自然零的情况，我们就有了一种比率标准：这种映射是唯一的，相当于乘以一个正实数（任何两种长度标准之间的唯一区别就在于所乘的固定常量不同——例如，1码等于36英寸，或者1米等于100厘米）。注意其组成部分：我们有被测量的物体、关于这些物体的定性关系，以及从这些物体投向测量范围（在长度的例子中指非负实数）的映射（对某种转换来说通常是唯一的），测量范围说明了相关的结构（因此，在长度的例子中，该物体越长，相关的实数就越大）。

在测量效用方面，对偏好所涉及的事物人们尚存一些争议。在冯·纽曼和摩根斯坦的例子（1953）中，这些事物是博彩或赌博（在此，我采用雷斯尼克针对纽曼和摩根斯坦所使用的可接受的处理方法，参见 Resnik，1987：88—98）。

每一种大型博彩活动都设有两种奖项（或者是“基本奖”，或者是其他），两种奖项获奖概率之和为1。该理论假设所提供的基本奖项数量为有限数（大于1），行为人对其中某些奖项的偏好是有差异的（因此就有了最优奖B和最差奖W）。每一个基本奖都可被当作是一个小型博彩。如果L_1和L_2是博彩，并且$0 \leqslant a \leqslant 1$，那么某次博彩活动把$L_1$作为奖项，获得$L_1$的概率为a；$L_2$作为奖项，获得$L_2$的概率为$1-a$（这样的博彩可以表示为：$L[a, L_1, L_2]$，这与$L[1-a, L_2, L_1]$是同样的博彩）。任何其他做法都不能称为博彩。

每天的决策都可以被视为博彩。设：

a＝下雨的概率

“L_1”为“雨天和打伞”的缩写；

“L_2”为“晴天和打伞”的缩写；

“L_3”为“雨天不打伞”的缩写；

“L_4”为“晴天不打伞”的缩写。

在决定是否带伞时，我们可在如下两种方案之间作决定：

$L(a, L_1, L_2)$ 和 $L(a, L_3, L_4)$

冯·纽曼和摩根斯坦针对这些博彩制定了某种偏好标准，这种标准足以证明一个典型命题——即，他们证明了，假定一组博彩能满足这个标准，就会存在有关该组博彩和实数之间关系的函数 u，它能满足下列特性（其中，R 代表某人的弱偏好关系——即 L_1RL_2，当且仅当某人对 L_1 的偏
111 好远远超过 L_2，或者此人对 L_1 和 L_2 的偏好没有差异）。

（1） $u(L_1)\geqslant u(L_2)$ 当且仅当 $L_1R\,L_2$

（2） $u[L(a, L_1, L_2)]=au(L_1)+(1-a)u(L_2)$

（3） 任何满足（1）和（2）的 u' 都是 u 的正相关线形变形

［也就是说，对任何满足（1）和（2）的 u'，都存在实数 $m(m>0)$，b 满足所有的 L：$u'(L)=mu(L)+b$。］

命题（2）通常被认为是预期效用属性，其理由可由以下例子来解释。假定你相信掷骰子是公平的，每次若掷出 6，你就会赢 11 美元，掷出其他的数字就会输掉 1 美元，那么你预计可以赢多少？平均来讲，每掷六次，你就会有一次赢 11 美元，有五次输掉 1 美元，也就是每次得到 1 美元。在这里，$a=5/6$，L_1＝赢 11 美元，L_2＝输 1 美元。那么：

$$L(a, L_1, L_2)\text{的值}=[1/6\times(L_1\text{ 的值})]+[5/6\times(L_2\text{ 的值})]$$
$$=[1/6\times(\$11)]+[5/6\times(-\$1)]=\$1$$

其中，效用的引入替代了美元的价值，因为即使在奖项是货币的情况下，行为人如何估价奖品的价值并非一定是其美元价值的线性函数。这一点也可由货币的边际效用递减规律加以证明：对我们大多数人而言，第一个 100 万美元的价值大于第二个 100 万的价值。

命题（3）说明冯·纽曼和摩根斯坦是以不连续的尺度来测量效用的：这与以华氏和摄氏度来测量温度的情况相似。

需要满足的这种标准如下：

（A）序列条件：

假设 R 代表弱序列——即 R 具有反身性（对所有博彩 L 来说，LRL）、传递性（对任一博彩 L_1，L_2，L_3，如果有 L_1RL_2，L_3RL_4，那么就有 L_1RL_3）和相关性（对任一博彩 L_1，L_2，或者 L_1RL_2 或者 L_2RL_1）。（注意无差异性，I，和严格偏好，P，可以用 R 来界定：当且仅当非［L_2RL_1］时，有 L_1PL_2；当且仅当存在 L_2RL_1，L_1RL_2 时，有 L_1IL_2。）

（B）较好奖项条件：

对任何实数 $a(0\leqslant a\leqslant 1)$，对任何博彩 L_1，L_2，L_2'：

当且仅当 $L(a, L_1, L_2)PL(a, L_1, L_2')$ 时，有 L_2PL_2'。

大体上说，两种博彩如果只在某一奖项上有区别，而在其他方面完全相同，那么，对这两种博彩中某一个有偏好，一定是由于对这种区别有偏好。

(C) 较好概率条件：

对任何实数 a，b(0≤a，b≤1)，对任何博彩 L_1，L_2：

如果有 L_1PL_2，那么 a>b，当且仅当 L(a，L_1，L_2) PL(b，L_1，L_2)。 112

大体上说，如果一种博彩的奖项优于另一种博彩的奖项，那么人们就会偏好于这种能够给予最大机会的奖项。

(D) 连续性或阿基米德条件：

假设你认为有一种博彩糟糕透顶（可称之为“H”，因为它是地狱 Hell 的第一个字母），因而下列条件成立：有两种其他的博彩 L_1 和 L_2，因而有 L_1PL_2，然而如果在 L(a，H，L_1) 中 a>0，那么你对 L_2 的偏好仍然会远远超过 L(a，H，L_1) [即 L_2PL (a，H，L_1)]，不管 a 多么接近（但是仍然大于）0。此时，你的偏好就不能由实际的价值效用来表示。[3]这样，我们就需要一个条件来排除这类情形。这可表示如下：

如果有 L_1PL_2 和 L_2PL_3，那么就有实数 a(0<a<1)，
因而会有 L(a，L_3，L_1)IL_2。

(E) 复合博彩条件的变化：

在博彩 L[a，L (b，L_1，L_2)，L(c，L_1，L_2)] 中，赢得 L_1 的概率是多少？有两种方法：一种是你赢得 L(b，L_1，L_2) 的概率为 a，那么你赢得 L_1 的概率为 b——通过这种方法赢得 L_1 的总概率为 ab；另一种是你赢得 L(c，L_1，L_2) 的概率是 1－a，那么你赢得 L_1 的概率为 c，通过这种方法赢得 L_1 的总概率为 (1－a)c。将这两种方法的结果相加就得到赢得 L_1 的总概率为 ab＋(1－a)c。那么你赢得 L_2 的概率就是 1－[ab＋(1－a)c]。根据这些计算，就要求：

L[a，L(b，L_1，L_2)，L(c，L1，L2)]IL([ab＋(1－a)c]，L_1，L_2)

标准 A 到 E 被认为是博彩的理性偏好条件。下一步是要说明符合这些标准的偏好序列可以由满足上述 (1)、(2)、(3) 标准的效用函数 u 所表示。该函数的存在可以通过使 u(B)＝1，u(W)＝0，和 u[L(a,B,W)]＝a 得以证明；在雷斯尼克那里（1987：88－98）可以得到另外一种证明方法。这个典型性定理可以用来证明预期效用最大化是理性的。如果某人认为满足标准 A 到 E 是理性的，那么他就必须同意博彩的理性序列与其预期

效用相一致。这并不是说理性要求计算，而是说如果行为人对博彩的偏好符合标准 A 到 E，那么他对博彩的排序就好像是在计算预期效用。（例如，参见 Luce and Raiffa，1957：31－32）

这里所论及的理性观点是“弱的”，也就是说没有提出任何实质性的关于基本奖项的观点：标准 A 到 E 对利己排序和利他排序没作任何区别。在随后我们对理性选择论的论述中还会对该弱点进一步加以阐述。

但是，即使这种弱的理性观点也受到了质疑。考虑一下由于戴蒙德（Diamond，1967）而引起人们关注的布鲁姆变量（Broome，1991：26）的例子。你正面临着某种痛苦的抉择——你将要把自己的一个肾捐给 A 和
113 B 两个病人中的一个：谁得到你的肾，谁就将活下去；而另一个得不到肾的病人会死去。可能的选择有：要么把肾给 A，要么通过掷硬币来公平地决定，正面给 A，反面给 B。你对两种基本“奖项”［A 活，B 死］和［A 死，B 活］的偏好是无差异的。因此，根据较好奖项条件，你应该对 L(1/2，［A 活，B 死］，［A 活，B 死］)——这就相当于将肾捐给 A——和 L(1/2，［A 活,B 死］，［A 死，B 活］）的偏好也是无差异的。但是你不是：因为出于公平的考虑，你会严重地偏好 L(1/2，［A 活，B 死］，［A 死，B 活］）—— 并且这样做似乎是非常合乎理性的。

可以挽救该理论的途径之一，是更为恰当地将结果具体化（例如，参见 Broome，1991：95－117)，也就是坚持认为在这两种博彩中确实有三种基本奖项：［A 活，B 死］，［A 死，B 活］和［A 活，B 死，并且你不公平地对待她］，并且你对［A 活，B 死］的偏好胜过［A 活，B 死，并且你不公平地对待她］。因此，根据较好奖项条件和偏好的传递性，你对 L(1/2，［A 活，B 死］，［A 死，B 活］）的偏好胜过 L(1/2，［A 活，B 死，并且你不公平地对待她］，［A 活，B 死，并且你不公平地对待她］)。但是，现在我们难以把此类博彩实现如下（这种理论要求它是一种博彩）：L(1/2，［A 活，B 死，并且你不公平地对待她］，［A 活，B 死］)。

这个困难将在下文对萨维奇（Savage，［1954］1972）的讨论中以“常规行动问题”的形式再次出现。根据贝叶斯的观点（参见下文）来看，冯·纽曼和摩根斯坦（1953）的更为一般的缺点是，数量化的概率不是作为典型命题之结果出现的，而是从一开始就存在。冯·纽曼和摩根斯坦认为，“最简单的程序是……坚持……把概率解释为长期频率”（1953：19)[4]。（例如，在抛硬币的情况下，大致来讲，这种观念——大体上——认为，硬币正面出现的概率是长期抛币过程中正面出现的比例。）

诸如拉姆齐（Ramsey，1926）和萨维奇（1972）这样的理论家们（我在下文中将对这两人进行讨论）所追求的目标，是获得关于主观概率（或信念度）和关于纯粹定性的偏好公理之效用的方法。

注意到冯·纽曼和摩根斯坦的较好概率条件（1953）可以指引我们根据有关行为人偏好的信息对行为人的信念度排序，或许有助于我们理解萨维奇的方法（1972：31）。如果 $L_1 P L_2$，为什么一个理性的行为人更偏好于 G3（如果事件 A 出现，则得到 L_1，否则，则是 L_2），而不是偏好 G4（如果事件 B 出现，则得到 L_1，否则，则是 L_2）？按照较好概率条件逆推，似乎可以得出如下思想（具有某些附带条件）：行为人对 A 的信念度高于 B。 114

拉姆齐（1926）根据偏好推出信念度的方法具有类似的推导过程：如果 L_1PL_2，为什么理性的行为人对于 G3 和 G5（如果事件～A 出现，则得到 L_1，否则 L_2）的偏好没有差异呢？当然是因为（有某些限制条件）行为人对 A 和～A 的信念度相同。

在详细讨论拉姆齐和萨维奇之前，我将首先讨论决策论和理性选择论之间的区别。

理性选择论

在柏拉图的《斐多篇》（*Phaedo*）中，苏格拉底自称他的肉体仅仅是他坐牢之原因的能动条件，这种原因是精神性的：他的信念使他接受国家认为他应受的惩罚是正确的。苏格拉底观点中的这两个方面在这里是彼此关联的。首先，他在这种行为解释中诉诸心理状态。其次，他相信对一种目的的偏好胜过另一种，这是有原因的，即某些目的优于另外一些目的。

这第二个特点与休谟的观点形成鲜明的对比，休谟认为：

> 如果某种激情既不是建立在错误的假设之上，也没有选择不足以达到目的的手段，那么这种理解既不能证明它是正当的，也不能谴责它。这与更喜欢摧毁整个世界而不是抓破我的手指的推论并不矛盾。这与用我的整个毁灭来防止印第安人或某个我完全陌生的人感到不安的推论也不矛盾。同样，这与我甚至更偏好我自己认可的小利而不是大利，而且对前者的感情比对后者更为热烈的推论一点儿也不矛盾。（Hume，［1739］1968：416）

根据休谟的论述，理性仅仅决定手段，而与对任意两种目的的相对偏好的顺序无关。而在苏格拉底的论述中，理性同时也决定了对目的偏好的顺序。

关于决策论的一种理解是，把决策论看作是行为的心理解释中有关信念度（而不仅仅是信念）的说明方法，而这同时也进一步强化了休谟对偏好的论述。在上文简要讨论过的那个普通方法中，关键目标是要对偏好的合理性确定最小化的定性条件，这些条件足以证明一个典型命题，即：如果行为人遵守定性偏好公理，那么他或她的信念度就符合柯尔莫戈洛夫
115 （1933）定理，并且他或她的偏好排序与其预期效用相一致。

假设人们同意休谟的论点，即对任意给定的两种结果，理性与其相对的偏好排序无关。那么，理性是否与对结果的偏好有关呢？标准的决策论观点认为，对结果的理性偏好肯定至少具有相关性（对任意给定的两种结果 A 和 B，要么偏好 A 胜过 B，要么偏好 B 胜过 A，或者 A 和 B 排序一致）和传递性（对任意给定的三种结果 A、B 和 C，如果对 A 的偏好胜过 B，对 B 的偏好胜过 C，那么对 A 的偏好则胜过 C）。对于休谟论者能否对偏好施加这些限制条件而同时又完全保持休谟观点，人们存有争议。（例如，参见 Broome，1993；Hampton，1998；Rawling，1997）

但是，决策论与反休谟论者的如下观点并不一致：理性并没有声明偏好于抓破手指胜过摧毁整个世界。决策论者根本没有论及这些问题，因为这些问题位于他们的研究领域之外。这与理性选择论又形成鲜明的对照，至少决策论被经济学家们用来研究某些人称之为亚当·斯密理论传统的现象。（参见 Walsh，1996：114—119，针对有人质疑斯密倡导的是纯粹自利的假设所作的回应。）理性选择论者们非常典型地坚持认为，理性的行为人对个人利益的追求胜过对他人利益的追求。

斯密“看不见的手”的观点可以被视为是对霍布斯的回应，在《利维坦》（*Leviathan*，1651）中，霍布斯认为（大体上说），只有在君主的统治下生活才是理性的。这是我们将自己从“自然状态”下解放出来的唯一途径，而在“自然状态”下，我们对私利的不懈追求将会使我们的公共状况变糟。用博弈论的术语来说，自然状态使我们面临“囚徒困境”。主权国家则通过履约使合作成为可能。

严格地说，“囚徒困境”由于 A. W. 塔克（A. W. Tucker）的论述（参见 Jeffrey，［1965］1983：ch. 1）成为以下两人的“博弈”。在你和你的同犯被分别关入牢房之前，执法警官告诉你们如下情况：如果你们两人都不认罪，我们有足够的证据判你们每人 1 年的刑期；如果你们两人都认

罪，则各自被判 5 年刑期。但是如果一人认罪，而另一人不认罪，那么认罪者将被释放，不认罪者将被判 10 年刑期。

以下是你的推理。如果我的同犯认罪，我应该认罪（5 年刑期优于 10 年）。如果他不认罪，我也应该认罪（被释放优于 1 年刑期）。我不知道他将如何做，也没有办法影响他或与他交流而达成交易。因此，我应该认罪。你的同犯的推理与此类似。所以你们就都认罪，结果会分别被判 5 年刑期。但是，要是你们都不认罪，就只会被判 1 年刑期。

这种问题相当普遍。假设安妮有选项 A 和 B，谢里尔有选项 C 和 D，由此得出如表 5—1 所示的结果，安妮的偏好序列为（第一个是最优选项）：β、δ、α、γ；谢里尔的偏好序列为：γ、δ、α、β。

表 5—1

	C	D
A	α	β
B	γ	δ

假设安妮和谢里尔都不相信对方能够遵守协议，那么安妮选择 A，因为 A 优于 B（即，不管谢里尔选 C 还是选 D，安妮都更偏好结果 A，与 V 和 M 的较好奖品条件比较），而谢里尔会选择 C，因为 C 优于 D。因此，问题就集中于彼此的第三种选择是什么？然而，如果他们能够达成约束性协议，安妮选择 B，谢里尔选择 D，那么他们就会选择 δ（即两人的第二个选择）。可以把霍布斯看作是认为理性的方法是采纳一种体制来执行协议，从而使我们都能选择 δ。

有些人将亚当·斯密《国富论》（*Wealth of Nations*，1776）中的观点解释为与霍布斯的观点相反，认为在没有权威性政府的情况下，对个人私利的追求能够促进公共利益的提高：

> 正如亚当·斯密最初所构思的那样，[理性角色] 理论提供了一种强大而富有创造力的机制，在这种机制中，对个人私利的追求将会导致集体的福利。斯密的天才性创造——由看不见的手所调控的市场机制——解决了自从霍布斯作出其如下著名论断以来一直困绕哲学家们的问题：霍布斯的论断是，存在着一种基本的人性，这种人性是以自我为中心的，因而一个由自私的公民所构成的社会在没有权威性政府的情况下如何会导致集体的福利呢？（Monroe，1991：1）

斯密的论点，从根本上讲，就是资本家通过把利润作为资本再投入经营之中，并通过扩大经营来追求其私利，将会导致经济的增长，并因而会使整个社会受益。

但是，即使后者是真的，人们也会对此提出质疑：资本主义在多大程度上削弱了霍布斯对权威性政府的必要性所作的论证。显然，可执行的契约和已执行的契约对于资本主义社会的运转是至关重要的，因此就必须有强制性权威的存在。也许新斯密主义的论点是，假设存在这样的权威（大概是民主的），我们就可以通过做得好而创造利益（颠覆了 Tom Lehrer 的空想）。为支持这一观点，新斯密主义者做了许多努力，试图表明利己行为或自利可以产生社会利益。但是，认为理性使人们对自身利益的偏好胜过他人利益的观念是反休谟主义的，同时也不属于决策论的范围（尽管与决策论并非不一致）。决策论描述了各种偏好之中的某种内在一致性，但它并未对其中的目的作出说明。

可能有人会抱怨以上论述混淆了规范性和描述性。理性选择论是描述性的还是规范性的？如果是前者，那么不管人们应该如何行动，人们确实是出于个人私利而行动，至少在大多数情况下是如此。但是，这个说法也不在决策论的范围之内：就决策论具有描述性而言，这些都局限于诸如人们偏好的实际传递性之类的问题之中。如果理性选择论是规范性的，那么它在坚持认为人们应该出于（并且只是出于）个人私利而行动方面超过了决策论的规范。

规范和描述

本讨论围绕一个有趣的问题进行：在何种程度上可以把决策论中的规范与描述区分开？戴维森“怀疑有一种有趣的方法来理解这种所谓的区别”（Davidson，1985b：89）。

理性是一种评价性的概念：例如，宣称理性行为人的偏好是可传递的或他或她的信念度是相关的，就是宣称实际行为人的偏好应当是可传递的或他或她的信念度应当是相关的。休谟主义（一般来讲）对决策论的看法是，它提供了部分对理性的工具性描述：不管你的目的是什么，最好在偏好与理论主旨相一致的情况下达到目的。决策论确实预先假设你有目的，并且，当然，目的是你的这一事实表明这些目的在一定意义上对你是有价值的。但是这与坚持认为你的目的都是自私的有区别：它们也可能是利他的（对你而言，认为你自己是利他的与你的利他主义存在于利己行为之中是完全不同的）。

更为激进的观点认为，决策论既是规范性的也是描述性的：各种行为人均符合该理论的规范。这一观点得到了戴维森的支持。（例如，参见 1985b；1990：Section Ⅲ；另外参见 1980，1984，1985a，1989）这里首先可考察一下信念简化[5]和“标准民间心理学解释”的情形。一方面，我们对人们应该如何行为以及在人们的信念和愿望给定的情况下人们应该偏好什么具有规范性的观点。实际上，我们对人们应当相信什么、应当对什么东西有愿望具有规范性的观点，这种规范性观点既是假定的，又是直言的或类的。（例如，假定的观点关系到人们在其他信念和愿望给定的情况下，人们的信念和愿望应该是什么；直言的或类的观点则仅仅关涉我们应当相信什么和期望什么。）

另一方面，我们通过讨论人们的信念和愿望来解释（描述性活动）人们的行为和偏好。但是这种解释涉及理性化（非贬义的意义上）的问题：解释一种行为就是要将其置于行为人的信念和期望之中，惟其如此，我们对该行为人和他或她的行为的解释才有意义——我们要尽可能地使该行为人是理性的。任何地方做得不足都表明未能将该人当作行为人对待。但是使行为人是理性的，就是把行为人看作符合我们的规范性标准。阿曼达相信戴维正在为晚餐准备牛肉，同时她对红酒和牛肉的偏好胜过白酒和牛肉，这就解释了她为什么要买红酒，因为在她的信念和偏好给定的情况下，她应该买红酒。 118

要解释一种行为或态度，我们就必须将其描述为符合规范性标准。（当然，这并不是说每一种行为和态度都会得到认可；但是即使希特勒的反犹太主义，如果在心理学上是可以解释的，那么也可以解释为符合理性的某些标准，不管其符合的程度有多大。）一旦我们的这些努力失败，并且在某种程度上发现某人心理上前后不一致或者是非理性的，那么在这种情况下，我们就不能作出恰当的解释。这一观点是戴维森提出来的，也是奎因的“宽容原则”[6]的发展：“……［在解释语言行为时］一个人的对话者若愚蠢得超过一定点，还不如蹩脚的翻译——或者，在国内的情况下，还不如语言上的差异。”（1960：59）

在解释一般的意向行为时，极度的非理性还不如有瑕疵的建议性态度。对某人作解释就是要说明他的精神状态。戴维森认为，任何精神状态都是部分地由其与行为人其他精神状态的理性联系而形成的。因此，我们对现在是午餐时间的信念，就是部分地由于它与我和同事见面吃午饭的意向所引起的适当行动相联系而产生的；而且这个信念意向既使我的行为理性化，又解释了我的行为。

那么，根据戴维森的论述，理性在心理中起着某种构成性的作用：只有某种东西是理性模式的组成部分，它才有可能被称为建议性的态度或行动。不仅对行为的解释需要求助于使其理性化的建议性态度，而且理性化的态度必须存在，以使行为成为行动。更进一步讲，这些态度自身的存在也依赖于它们在一个更大的态度理性模式中所处的位置。[7]

针对信念度的全部范围这种情形，戴维森认为，涉及选择和偏好的规范性标准由（我们最好的）决策论所组成。而且，与信念简化的情形作类比，我们在信念度和偏好的属性，在将行为解释为行动，并且在解释这些行动时，都（含蓄地）运用了决策论。

在戴维森看来，决策论与其说是关于大脑和行为的经验性理论，不如说是关于心智和行动的构成性理论的一部分——即，与我们最优的决策论标准（大致地）相符合是其具有心智和能够行动的一部分；而且构成性理论似乎也并非不存在于其他领域。尽管最后有可能会证明，或许已经被证明 $E \neq mc^2$，但正如戴维森所指出的那样，决不可能出现“比……长”的关系是不可传递的（给定各种条件）。（1980：220—221）（或者至少，如果不可传递，“我们就不可能轻易地了解长度概念”［Davidson，1980：220］。）实
119 际上，戴维森将偏好的传递性比作长度的传递性：

> 如果长度是不可传递的，那么用数字测量长度的意义是什么？除非或直到我们确实努力去解释“比……长”而使其显示出传递性，否则我们不可能找到或编造出答案。“对……更偏好”也同样如此。（Davidson，1980：273）

那么，显而易见，那些娴熟的解释者们最后只能求助于不可传递的偏好属性了。

一方面，决策论显然是规范性的：对于偏好公理的诸多争议都与我们应该在何种程度上遵守它有关。另一方面，决策论具有描述性的成分：它被公认为运用了偏好和信念度。具有“信念度”的人能够完全不符合柯尔莫戈洛夫定理吗？完全感觉不到传递性压力的人能真正表达他的偏好吗？然而，戴维森必须应对许多人所共知的质疑，这些质疑都是针对所有现存

决策论在规范性和描述性方面是否适当提出的。对于在规范性方面是否适当的质疑，他可以坚持说我们还未形成最好的理论（目前他赞成杰弗里[Jeffrey，1965] 1983)，同时他还可以运用下文所讨论的内容来回应这些质疑。

对于在描述性方面是否适当的质疑，首先应注意到与决策论相符合并不要求行为人的计算。决策论的观点仅需要行为人的偏好（大致地）符合一系列定性偏好公理[8]（我们的最优决策论)。之后（正如我们在纽曼和摩根斯坦的例子中所见到的类似情形那样)，根据（与之相关的理论的）典型定理，行为人的行动似乎使效用最大化（即，似乎他或她会指定代表效用和信念度的适当数字，从而计算出他或她的最佳选择)。

但是，我不愿过分强调典型性定理的作用。在解释选择时，我们往往直接求助于信念度，至少在性质上是这样。如果阿曼达回家买的是白酒，我们可以解释说，她以为晚餐准备的是鱼，而且她更喜欢白酒和鱼，而不是红酒和鱼。在更为复杂的情况下，我们也可以提供更为复杂的解释（当然，也许在阿曼达一例中，我们也必须这样做）——并且，比如说，在可能性和偏好的结果之间寻求“平衡”。

也许有人认为，典型性定理仅仅表明在信念度中相关性的标准和偏好的标准相互强化；并认为，它仅仅指出了从我们的偏好中可发现有关信念度信息的方法，反之亦然。但是，如果这是对典型性定理的全部要求，那么它仅仅是接近乔伊斯的一小步。杰弗里（1999；建立在 Jeffrey，1992：229－230 的建议和 Bolker，1966，1967；de Finetti，1937；Jeffrey，1983；Savage，[1954] 1972 和 Villegas，1964 等著作之上）是从如下定性限制条件中推导出效用和信念度的：“不比……更可能”的关系；“不更偏好……”的关系；以及这些关系之间的关系。 120

当谈到约数时，戴维森并不愿坚持信念度的属性要求完全的相关（信念度当且仅当它们符合柯尔莫戈洛夫 1933 年提出的标准概率定理和条件概率定义时才是内在一致的；参见注释 [2])，但是，要求有一定的相关度是为了避免我们对行为人的特征辨别有误。如果我们所认为的某人的信念度未表现出内在相关的倾向，我们就可以得出结论：我们的解释有错误。

以下例子可以应用信念度来证明戴维森的观点：蒙蒂·霍尔（Monty Hall）三扇门的例子。安妮知道如下情况：

> 三扇门中的一扇门后面藏有奖品。她会得到该奖品，当且仅当她在下列程序结束后选择那扇门。她将首先选择一扇门。然后蒙蒂将打

开其他两扇门中的一扇，但不是藏有奖品的那扇门。之后安妮可以坚持她最初的选择或者选择打开另外一扇门。

她应该怎么做呢？如果她改变选择，她就会有最大的获奖概率，但是很多人看不到这一点。在此，我的目的不是让读者确信安妮应该改变选择，而是要表明，该情形很容易导致不一致的信念度，同时也表明戴维森不必为了说明某人具有信念度而坚持信念的完全一致。

假设安妮最初选择 A 门。设：

A 代表奖品在 A 门后的比率；

C 代表奖品在 C 门后的比率；

M 代表蒙蒂打开 B 门的比率。

或许有人认为信念度如下：

P(A)＝1/3 且 P(A，给定 M)＝P(C，给定 M)＝1/2。

正是后者或许隐含着如下想法：即使蒙蒂打开 B 门，安妮也毫无理由从 A 门转向 C 门。

但是，这些人同样也可能具有如下信念度：P(M)＝1/2（蒙蒂不会打开 A 门，因为安妮选择了 A 门；在没有更多信息的情况下，B 门和 C 门被打开的可能性是相同的）和 P(M，A 给定)＝1/2（如果奖品藏在 A 门后，那么就没有理由假设蒙蒂更有可能打开 C 门而不是 B 门）。但是如果 P(A)＝1/3，p(M)＝1/2，P(M，给定 A)＝1/2，那么就会有 P(A，给定 M)＝1/3，而不是 1/2（使用注释［2］中的（4））。因此，任何人若坚持认为 P(A)＝1/3，p(M)＝1/2，P(M，给定 A)＝1/2，就是违背了内在一致性。

这种违背并未强制推行一种错误解释：我们可以分布不相关的信念
121 度。行为人只是犯了一个错误，戴维森不必否认这一点。但是他坚持认为：这种错误或非理性的分布是不可能出现的，除非行为人有足够的概率相关度来首先保证信念度的分布——尤其是我们需要在此作出以下分布：

P(A)＝1/3，p(M)＝1/2，P(M，A 给定)＝1/2

以及 P(A，M 给定)＝1/2。

正如他所说的那样：

> 如果我们指责人们所犯的错误和非理性程度是有意义的，那么就会……不可避免地认为人们具有较高程度的内在一致性。普遍的疑

惑……是不可思议的，这并不是因为想象力萎缩了，而是因为太多的疑惑使得我们已经没有什么东西可疑惑了……（Davidson，1980：221）

非理性的存在并非没有余地，而是它不能过分流行。

在多大程度上才是过分流行？戴维森对此并未作出精确的回答：我的头是秃的，保罗则不是，然而对于秃的界限我们没有精确的概念。但是，有一个很好的证据表明，人们在不确定的情况下进行判断时容易犯**系统性**的错误（参见 Kahneman et al.，1982）——这难道不是对标准概率理论在描述性方面是否适当的质疑？这一点同样可应用于：例如，是什么使所谓的概率估计成为概率判断？

理性标准对于何种东西构成了解释或说明设置了限制条件。但是这些限制条件并未使解释变得更加困难，相反却使解释成为可能。（参见，例如，Davidson，1990：325）为了使相互作用成为相互的解释，各方必须对对方进行假设，这些假设不能是错误的，以免无法解释他们的活动，所以任何解释都不可能从一开始就进行。正如戴维森所承认的那样，除奎因以外，他的另一位前辈是拉姆齐。拉姆齐的理论形成于冯·纽曼和摩根斯坦之前（对这两个理论所进行的可接受的讨论是由杰弗里所给出的［Jeffrey，1983：ch.3］）。这是一项标志性的成就，且根本不是因为它（就我所知）是从对偏好的定性限制条件推导出效用和信念度的第一个理论。作为戴维森的解释模型，以及在如何使理性的限制条件使解释成为可能方面，它也是非常重要的。[9]

拉姆齐的理论

在拉姆齐（1926）的理论中，他所关注的重点之一是信念度的概念以及如何用数量标准去测量它。他指出了两种可能的方法。我们可以“假设一种信念的度是某种可由其所有者感知到的东西。例如，信念不同于与之相伴的某种情感的强度，这种情感可被称为信念情感或确信的情感，并且我们使用信念度这一概念时，我们所指的就是这种情感的强度”（Ramsey，［1926］1931：169）。拉姆齐不赞成这种说明：“在［他］看来，这显然是错误的，因为我们所拥有的最强烈的信念在实践中通常并不伴随任何情感；也没有人会对自己认为理所当然的事情产生强烈的情感。”（［1926］ 122

1931：169）他赞成的论述是"一种信念的度是它的因果属性，我们可以将其模糊地表达出来，其程度与我们准备按照其行动的程度相同"（[1926] 1931：169）。他将该论述应用于对赌博的偏好中。但是，这种偏好有两个决定性因素：除了对赌博结果所依赖情况的信念度之外，对这些结果的渴望程度同样也是至关重要的。在此拉姆齐运用他天才的方法从仅有的对赌博偏好的信息中推导出了效用和信念度。

大致说来，拉姆齐的方法按下文所述而展开。（参见 Ramsey，[1926] 1931：177ff）如果对所有的结果（为简便起见，我假定所有的结果都与 E 和～E 相容——与拉姆齐在第 178 页的脚注对比），行为人对 [α&E] 和 [α&～E] 的偏好无差异，那么就可以称可能事件 E 对行为人在"伦理上中立"。我们必须找到伦理上中立的可能事件 E 和两个结果 α 和 β，这样我们的行为人安妮对以下两个赌博的偏好便无差异：

G　如果 E，则 α；如果～E，则 β

H　如果 E，则 β；如果～E，则 α

然而对 α 的偏好仍然远远胜过对 β 的偏好。现在，我们假设任何其他结果都统一为 G 和 H 中的 α 和 β 替代，安妮对如此产生的赌博偏好是无差异的；并且我们定义（177 页）安妮对 E 的信念度是 1/2。这与预期效用的说法相一致。我们得到：

$$u(G)=u(\alpha)p(E)+u(\beta p(\sim E))$$
$$u(H)=u(\beta)p(E)+u(\alpha p(\sim E))$$

因为 $p(\sim E)=1-p(E)$，且 $u(\alpha)\neq u(\beta)$，使 $u(H)=u(G)$ 则得到（通过简单的代数运算）$p(E)=1/2$。

由此开始，拉姆齐继续表明（这是他的典型性定理）如何一般地测量效用和信念度——条件是行为人的偏好必须符合某些公理。并且拉姆齐证明，如果行为人满足这些公理，那么，给定任何事件 p，我们都可以分配给该行为人对 p 的信念度（并测量之）；并且他或她对多个事件的信念度是内在一致的。（对 Ramsey 解决方法的异议，参见 Jeffrey，1983：
123 ch. 10）。

拉姆齐认为信念度在某种意义上必须和偏好相关：注意他在伦理中立的事件中，根据偏好无差异将信念度**定义为** 1/2。对信念度和偏好关系的限制使我们能够以后者为基础来测量前者。

但是，拉姆齐是否认为具有某种信念度就是具有某种偏好呢？回顾他的观点“一种信念的度是它的一种因果属性，我们可以将其模糊地表达出来，其程度与我们准备按照其行动的程度相同”（［1926］1931：169）。也许拉姆齐认为偏好和信念度都仅仅是行为的倾向。但是他对行动的关注暗含了理智的作用。根据拉姆齐的观点，信念度是独立于其他因素而存在的心理状态，这些心理状态解释了我们为什么具有各种偏好；而且，不是偏好形成了我们的信念度，而是偏好部分地由信念度所产生。拉姆齐和戴维森（参见 Davidson，1990：317）都同意偏好为信念度提供了证据［在上例中，安妮偏好无差异是 p(E)＝1/2 的有力证明］；而信念度在解释偏好时则有一定作用。

决策论，比如拉姆齐的理论，从偏好的理性条件推导出相关的信念度，为关于内在一致性或相关性的要求提供了合理理由：如果你的偏好符合理性条件，那么你就会得到相关的信念度。另一个关于一致性的论述是由拉姆齐（1926）和德芬蒂（de Finetti）独立提出的荷兰式赌博。

荷兰式赌博和认识论反驳[10]

如果我们假设（例如 de Finetti，1974：ch. 3；同时也可参见 Seidenfeld and Schervish，1983：408－409）一种价值是小额美元的线性函数，那么我们在保证［如果出现 A，则得到 1 美元；否则，0 美元］的情况下，使 p（A）（你对出现 A 事件的信念度）等于美元价值。请注意，用 V 和 M 的术语表示，如果 $u(L_1)=1$，$u(L_2)=0$，那么

$$u(L[p(A),L_1,L_2])=p(A)u(L_1)+[1-p(A)]u(L_2)=p(A)$$

如果你愿意参加一组赌博，该赌博保证不管出现什么结果你都会输，那么你就会倾向于选择“荷兰式赌博”。荷兰式赌博论点由拉姆齐（1926）和德芬蒂（1937）分别独立地提出，其目的在于通过表明你的信念度是不相关的，当且仅当你倾向于选择荷兰式赌博来说明不相关的信念度（即，违反柯尔莫戈洛夫 1933 年的定理信念度，参见注释［2］）是非理性的。

我从一个例子开始。假设 p(A)＝x；p(A&B)＝y；p(A&～B)＝z。你对如下情况的偏好无差异： 124

x 美元以及保证如果出现 A，则得到 1 美元，否则，0 美元；

y 美元以及保证如果出现 A&B，则得到 1 美元，否则，0 美元；

z 美元以及保证如果出现 A&~B，则得到 1 美元，否则，0 美元。

因为 A 与［（A&~B）或（A&B)］等价，根据柯尔莫戈洛夫定理，结果显然是：

$$p(A)=p(A\&B)+p(A\&\sim B)$$

但是，假设你的信念度如下：

$$p(A)>p(A\&B)+p(A\&\sim B)\text{（即，}x>y+z\text{）}$$

那么，作为荷兰式赌博的登记员，我会付给你（y+z）美元作为你保证如果出现 A&B 则付给我 1 美元，和如果出现 A&~B，则付给我 1 美元的交换；并使你付给我 x 美元作为我保证如果出现 A，则付给你 1 美元的交换。但是不管结果如何，我都会净赚［x－(y+z)］美元。这个例子同样可以用来解释拉姆齐（［1926］1931：182）的评论："如果某人的精神状态违反［柯尔莫戈洛夫定理］，他的选择取决于提供给他的选项的确切形式，这是荒谬的。"你会选择如果出现 A，则支付 1 美元的保证，而不会选择"如果出现 A&B，则支付 1 美元和如果出现 A&~B 则支付 1 美元"的保证，即使这两种保证是完全相同的。

更为一般地说，正如我在附录中所提到的那样：

> （T）你的信念度违背柯尔莫戈洛夫定理，当且仅当存在一组命题，因而使得你的信念度之和（**s**）或者大于其逻辑上可能的最大真值数（**g**），或者小于其最小的真值数（**l**）。

在这两种情况中的哪一种情况下，荷兰式赌博的结果都是显而易见的。如果 **s**>**g**，荷兰式赌博登记员就要求你支付 **s** 美元作为他或她保证至多付给你 **g** 美元的交换；如果 **s**<**l**，他或她就会付给你 **s** 美元作为你保证至少付给他或她 **l** 美元的交换。

对于荷兰式赌博论证有许多反驳。例如，希克（Schick）指责该论点预先假设了"价值增加"（1986：113）。在上例中，你或许对 **y** 美元及第二个保证和 **z** 美元及第三个保证的偏好无差异，因为比如说你太穷了，超过 **y** 美元或 **z** 美元后钱的边际效用递减。[11]

对荷兰式赌博之内在一致性是否公正合理的另一种反驳是一种或许可被称为"认识论反驳"的反驳。这种反驳通常更为一般地被应用于决策论对信念度的解决方法之中，它所质疑的是用实践的方法去证明理论问题在检验性上是否有力。荷兰式赌博论诉诸财务亏损的实际问题来证明内在一致性的合理性。但是，认识论反驳则宣称，信念度属于理论推理的范畴，因此对内在一致性的正当性证明也应当用理论的方法来进行。（参见Joyce，1998；Kaplan，1996）

例如，我们可以尝试这样一种观点，即把信念度看作是对客观概率[12]的信念，而且我们知道客观概率与此相关。但是这个观点也失败了，失败的原因有很多。首先，如杰弗里（1992：46）所述，你认为A的客观概率或者是10%，或者是70%，10%的可能性为5：1，因此，即使你很确信0.2不是A的客观概率，你对A的信念度却是0.2(=[5/6×0.1]+[1/6×0.7])。

其次，纯粹的贝叶斯派，例如德芬蒂，否认客观的概率。（但是，或许可以采用"混合贝叶斯主义"[参见Jeffrey，1992：197]，根据这种观点，客观概率是存在的。）在此背景下，贝叶斯主义是对概率的解释[13]——或者，更为确切地说，是一组解释：根据爱德华兹等人（Edwards et al.）的观点，"贝叶斯观点至少肯定和持有贝叶斯观点的人数一样多"（1963：195）。贝叶斯主义的主要理念是，认为信念度是信念者的特性而不是信念对象的特性：如果你对抛硬币出现正面的信念度是1/2，那么这是你的特性而不是硬币的特性。从纯粹的贝叶斯主义观点来看，行为人的概率分配当且仅当违反柯尔莫戈洛夫定理时才应当受到批评：任何单一的主观概率在孤立状态下都不应当受到批评（当然，这要假定它处在必需的真理和谬误的概率之间并包含着这两个概率）。

贝叶斯主义的另一个特点是宣称"所有的不确定性都可用概率来测量"（Edward et al.，1963：196）；还要注意到林德利（Lindley，1983）的观点："贝叶斯主义统计学建立在一个简单的观念之上：**对不确定性唯一令人满意的描述是运用概率手段。**"因此，在贝叶斯主义者看来，无论何时只要你对某个命题感到不确定，就表明你对它有信念度。但是信念度是什么？下列说明至少又回到了贝叶斯（1763）：对你而言，如果A是真的，p(A)就相当于该价值单位所保证的价值。（参见Jeffrey，1983：72）在这一部分开头，我们就假设了一个价值是小额美元的线性函数，并使p(A)等于保证"如果出现A，则得到1美元；否则，0美元"的美元价值。这是将信念度**定义为**具有实际概念。拉姆齐（1926［1931］：169）同样认为信念度是实际的："一种信念度是它的因果属性，我们可以将其模糊地表达出来，其程度与我们准备按照其行动的程度相同。"但是，即使信念度是个实际问题，那么也许应该期望得到对一致性的实际证明。

就信念而言，我们对其具有某种理论上的构成性目标，即真理（即，真理是以真理为目标的信念的一部分）。这种目标产生了对一致性的理论证明：不一致的信念不可能同时全部为真。进一步而言，既然意向同样地以真理为构成性目标，我们在理论上就证明了意向的一致性（不一致的意向不可能同时实现），但是意向却具有实际的意义。区别信念和意向的标准方法之一（按照［Anscombe，1975］1963 的说法），是指出尽管两者都以其事件内容的真实性为目标，但两者实现目标的方向不同：信念通过与世界相符合来实现目标，而意向则通过改造世界来实现目标。如果信念是不一致的，信念就不可能全部符合世界；而即使意向不一致，世界也不可能被改造得全部符合意向。

就贝叶斯主义者对信念度的概念而言，哪些方面与真理这一理论上的构成目标相似呢？乔伊斯（1998）曾对其“分级精确度”作过论证，但由于篇幅所限，我们在此不作讨论。相反，我将以一致性是相关性的特例这一观点为基础，尝试从理论上举一个有关相关性的例子。杰弗里（1986：52）最终认为柯尔莫戈洛夫定理“与逻辑法则一样地显而易见”。在某种意义上，我现在做的就是在支持这一论述。

德芬蒂指出了“预知”和“预言”的关键性区别：假定某人预知每个家庭平均（比如说）有 2.1 个孩子，那么某人对随机抽取的任一家庭孩子数量的预言最高就是 2。（de Finetti，1974：98）杰弗里（1986）按照德芬蒂的观点进行了区别，只是分别用“估计”和“猜想”代替了预知和预言。对于完整的信念和信念度之间的关系，人们是有争议的（参见注释［5］）。但是，我们可能把你对某一命题的所有组成部分的真理或谬误的全部信念看作是使你具有了对该命题及其每个次命题的真值数（全部数量）的预言。在信念不一致的情况下，对于这些信念的命题内容，行为人预言它所包括的真值数大于逻辑上可能的最大数。更为一般地说，一致性明确要求对任何命题的真值数的预言至多是逻辑上可能的最大数或至少是逻辑上可能的最小数。[14]那么对某人信念度的合理条件是某人对任何命题的真值数的预知（估计）至多是逻辑上可能的最大数或至少是逻辑上可能的最小数。因此，一致性就是应用于全部数量预知的后一个条件。并且，如果你的预知承认信念度函数，那么，根据（T）（参见上文），这后一个条件就相当于相关度：

假设你对多组命题的真值数量的估计满足函数 p，该函数为所考察的命题中的每个命题都指定一个数字，所指定的数字使你对任一命题｛A_1，……，A_n｝真值数的估计是 $p(A_1)+\cdots\cdots+p(A_n)$ 之和[15]（将具有此特性的函数称为“信念度函数”；p 不必是唯一的）。既然 p 是信念度函数，我们现在就可以（有一点滥用该表示方法）使对任何一组事件｛A_1，……，A_n｝，都有 $p(\{A_1,\cdots\cdots,A_n\})=p(A_1)+\cdots\cdots+p(A_n)$。而且我们得到如下对（T）的另一种表述：

信念度函数 p 违背柯尔莫戈洛夫定理（即未能实现内在一致）当且仅当存在一组命题｛A_1，……，A_n｝满足 $p(\{A_1,\cdots\cdots,A_n\})$ 或者大于｛A_1，……，A_n｝逻辑上可能的最大真值数或者小于其逻辑上可能的最小真值数。

但是，即使我们令人满意地成功证明了这种内在一致性，与此有关的难题（在上一部分中已经讨论过）仍然存在。信念度仍然是一个效用或实效概念，并且或许有人会担心这违背了似乎可信的对决策论的解释，这种解释仅仅产生于偏好的定性限制条件的信念度的大小。人们还会把这些理论看作只是表明了偏好和信念度是如何相关的——信念度如何理性地与某些偏好结合起来产生其他信念，以及我们如何从行为人的偏好而推导出行为人的信念度（从偏好推导出信念度，为我们提供了了解信念度的途径）。但是，如果信念度自身是一个实践概念，那么就会有这样的疑虑：行为人可能为了知道自己的信念度而去了解自己的偏好。（或许这同样可以应用于信念：相信某事就是在适当情况下做好为之而行动的准备。）但是在此我将不再进一步讨论这个问题，相反，我要讨论一下从偏好推导出信念度的情形：萨维奇的决策论被许多人包括费希伯恩（Fishburn，1981：194）在内认为是“最好的理论之一”。

萨维奇的理论

萨维奇的公理化方法与冯·纽曼和摩根斯坦的方法相似，表现在他认为，行动与把结果指定给世界各种可能状态的博彩是相似的。他假定存在着一组结果和互相排斥的一组状态，行动是这一组状态（S）到结果序列（F）（可能该序列少到只有两个结果［Fishburn，1981：161］）的函数。（1972：14）（作为萨维奇定理的结果，S 是不可数的［Fishburn，1981：161］；S 的任何次一级状态都是一个事件。）这一系列行动是 S 进入 F 的这一组函数的"次一级的函数"（Fishburn，1981：160，162）。萨维奇的定理P1（Savage，1972：18）认为"关系（不更偏好于……）是各种行动之间的（弱）次序"（与冯·纽曼和摩根斯坦的标准［A］比较）。这些结果通过"常规"行动而得以在弱偏好中排序——所谓"常规"行动是指"结果独立于世界的状态"的行动。（Savage，1972：25）

冯·纽曼和摩根斯坦的较好奖项条件（大体上说）在萨维奇的公理3（1972：26），也可被称为主导原则（PDOM）的公理中找到了自己的表述方式：

> 设$\{B_i\}$是事件B的分段事件（分段事件是指事件所分成的有限个相互排斥的小事件）。设F(s)[g(s)]是行动f(g)在状态s下的结果。假设对任何i，对任何s，都有$t\in B_i$，$f(s)=f(t)=f_i$，$g(s)=g(t)=g_i$。那么：如果对于所有的i都有g_iRf_i，那么假定B存在，就有gRf。此外，如果对某些满足B_j不为零的j，有g_jPf_j，那么在B给定的情况下就有gPf。
>
> （B是零事件当且仅当对任何行动f和g，假定B存在，就有gRf。因此行为人认为B"实际上是不可能的"［Savage，1972：24］。）

我们在"囚徒困境"的讨论中已经看到过主导推理的一个例子。萨维奇（1972：21）举过另外一个例子：如果你认为下一次总统选举的结果与你是否购买某个房产有关，你相信或者民主党或者共和党胜利，并得出结论：你在任一情况下都应该购买房产，那么你就应该购买该房产。上文讨论冯·纽曼和摩根斯坦时所用的戴蒙德（Diamond，1967）捐肾的例子中布鲁姆（Broome，1991：26）变量是主导推理的反例，在上述例子中将主导推理应用于无差异情况（如果对每个事件E，你对在E情况下两种行动结果的偏好无差异，那么你对两种行动也应当是无差异的）。

在萨维奇系统中，主导原则所依赖的假定之一是他的"确定事件原则"（STP）：

> 如果有行动f，g和f'，g'是这样的：
>
> 1. 对所有$s\notin B$，都有$f(s)=g(s)$，$f'(s)=g'(s)$，
> 2. 对所有$s\in B$，都有$f(s)=f'(s)$，$g(s)=g'(s)$，
> 3. gRf，
>
> 那么就会有$g'Rf'$（1972：23，P2）。

就偏好而言，要提供必要和充分的条件，以使某一事件"不比另一事

件更可能”(Savage 1972：31)，就要求有一种假定，以保证后一种关系的定义清晰。设定 f_A 表示在A情况下产生结果f，不在A的情况下产生结果 f' 的行动；f_B 表示在B情况下产生结果f，在非B情况下产生结果 f' 的行动；g_A 表示在A情况下产生结果g，在非A情况下产生结果 g' 的行动；等等。该假定就要求：

如果有 fPf'，gPg'，f_BRf_A，那么 g_BRg_A。

这就产生了如下规则：

A不比（≤）B更可能，当且仅当：如果 fPf'，则 f_BRf_A。

为确保≤的关系不是一般性的，萨维奇增加了一个假定（1972：31，P5)，其大意是，存在结果f，f' 因而有 fPf'。因而他表明≤的关系是一种“定性概率”（1972：32；也可参见 de Finetti，1931，1937；Koopman，1940)：

(1) ≤是可传递的和相关的；

(2) 给定任一事件B，C，D：如果D与B和C不相容，那么

B≤C当且仅当［B或D］≤［C或D］

(3) 不可能事件不比任何事件更可能，并且某一特定事件比不可能事件更可能。

但是必须加上一个条件，以便给事件概率强行分派一个特有的概率。为实现此目的（参见 Villegas，1964：1787)，德芬蒂和库普曼任意地假定将某一事件分成概率相同的分段事件。但萨维奇并未直接求助于均等概率（1972：33)；相反，他增加了另一个偏好公理（1972：39，P6)，该公理说明不存在如此好或如此坏的结果f，以至于我们无法找到足够精确的分段使其影响严重偏好——即，假设有hPg，那么某一事件就存在分段事件如下：如果在分段事件每一种组成要素的每个状态下，h的变形能产生f，那么有［h变形］Pg；如果在分段事件某个要素的每一状态下，g的变形能产生f，那么有hP［g变形］。(参照纽曼和摩根斯坦的标准［D］)

我在此并没有对萨维奇的七个定性偏好公理逐一加以讨论，但是我希望以上的论述能使读者对萨维奇的方法有大致的了解。他研究效用的方法和冯·纽曼和摩根斯坦相一致。(参见，例如，Savage，1972：75）但与

冯·纽曼和摩根斯坦的典型性定理不同的是，冯·纽曼和摩根斯坦认为信念度是给定的，萨维奇的典型性定理则同时包括信念度和效用：他证明（大致说来）如果行为人符合偏好的定性条件，那么他们的信念度则遵守柯尔莫戈洛夫定理，并且效用（现在 u 是行动和结果序列的函数）也符合以下与冯·纽曼和摩根斯坦理论类似的特性，p 在此表示推导出的信念度函数，该函数是内在相关的并且是唯一的：

(1) $u(f)\ u(g)$当且仅当 fRg

(2) $u(f)=\sum_i p(E_i)u(f_i)$

（f_i 是 E_i 事件的结果 f；$\sum_i p(E_i)u(f_i)=p(E_1)u(f_1)+\cdots\cdots+p(E_n)u(f_n)$，n 是分段序列 $\{E_i\}$[16]的事件数量）

(3) 任何满足（1）和（2）的 u'是 u 的正向线性变形

［即，对任何满足（1）和（2）的 u'，都存在实数 m（$m>0$），b 满足所有行动 f 和结果 f：

$$u'(f)=mu(f)+b \text{ 且 } u'(f)=mu(f)+b。]$$

下面我将讨论有关萨维奇理论存在的问题和疑问。

何谓偏好和为何偏好比定性概率更根本？

萨维奇将偏好公理化，然后推导出定性概率（在得出定量概率之
130 前），但是为什么不将定性概率直接公理化？萨维奇的回答部分地是在论证通过直接询问来估计定性概率与“某人面对不确定时的［外倾］行为”相差甚远。（1972：27）另一方面，对偏好作出估计则更为接近行为的常态。

萨维奇指出：“面对两种行动 f 和 g，某人有可能更偏好 f 而不是 g。大体上讲，这意味着，如果要求他在 f 和 g 之间作出选择，同时没有其他行动可供选择，他必将选择 f。”（1972：17）可以通过提供给行为人相关的可替换选项来观察他或她的选择，或通过询问行为人当他面临这一选择时如何行动，来判断行为人的偏好。萨维奇认为后一种方法，即询问正是一种理论努力，它是开始“将一致性标准运用于我们自身决策中的正确程序”（1972：28）。

萨维奇承认其提出的行为方式存在着一些困难。例如，如何决定两种

以上的行动的排序问题？（1972：29）并且其他学者也对萨维奇的行为方式持批判态度。例如杰弗里（1999：99）谈到，某人可能对A的偏好胜过B，但是他却无法在两者之中进行选择（比如天气；也可参见杰弗里对拉姆齐的批判［1983：ch. 10］）。

另一个与偏好的性质相关的问题是它与愿望的关系。例如，乔伊斯遵循塞登菲尔德（Seidenfeld）和舍维什（Schervish）的观点（1983：398）（明显地）将偏好与愿望相等同，并且认为萨维奇将“偏好视为一种第二等的事件态度，只有就其与愿望的关系而言才能够被理解”是危险的。（Joyce，1999：89）但也许我们应该在讨论萨维奇时持更为同情的态度，就像我讨论拉姆齐一样。偏好与愿望不同：我对巧克力的愿望比对苹果的愿望更强烈，但是由于我认为（相信）它们对我的健康的影响不一样，因而我对苹果的偏好超过了巧克力。偏好是愿望和信念的结果，并且萨维奇指出一种我们可以根据有关偏好的信息来测量信念度的方法：如果你更偏好苹果，那么你对“掷出6得到苹果，否则就得到巧克力”的偏好胜过“掷出5得到苹果，否则就得到巧克力”，当且仅当你相信6比5更可能出现。这既没有使信念成为“第二等的命题态度”，也没有妨碍你在计算概率时检查骰子。

背景自由和偏好的传递性

对偏好的传递性人们仍有许多争议。我在此仅仅强调，对它的讨论只有在对背景自由加以讨论的情况下才能进行。

背景自由（CF）是一种规范原则，即在偏好范围内增加或删除可替换选项不应该改变人们对原有范围的偏好——考虑萨维奇的评论：“范希对屠夫说：‘由于你有鹅，我会买鸭子，而不买鸡或火腿。’”（1972：206） 131
迈克莱尼（McClennen，1990：1）认为背景自由是决策论的重要组成部分。（参见McClennen，1990的相关历史）森（Sen，1970：17）把背景自由的另一种说法（“相关可替换选项的独立”或“特性”）描述为“理性选择的最基本要求”。但是该原则也是有争议的：存在（假定的）违背该原则但却是理性的例子。在罗林（Rawling，1997）中，我认为萨维奇的公理化并未假设这一点（尽管有证据表明萨维奇认为背景自由是理性的约束条件）。

对于成对的偏好概念，即根据此概念你偏好 f 胜过 g 当且仅当只有 {f，g} 可供选择时你对 f 的偏好胜过 g（与上一部分比较），由定义就可以判断不可能违反背景自由。当然，成对的偏好概念产生了对“偏好”简单易行的经验性测试——提供给行为人相关的成对选项。并且，同时产生了对违反“传递性”的简单测试——对背景自由的偏好描述，传递性就相当于成对的传递性：

> 如果当只提供 {f，g} 选项时，对 f 的偏好胜过 g；并且当仅提供 {g，h} 时，偏好 g 胜过 h；那么当只有 {f，h} 时，对 f 的偏好胜过 h。

但是，经验上的简单易行既不应给人强加概念，也不应给人强加理性的规范。而且如果我们抛弃关于偏好的背景自由概念，那么对传递性的讨论就会成为相当微妙的事。但由于篇幅所限，在这里对此不作讨论。

行动和事件的因果独立性

如下文所述，主导推理（参见上文）只有在“行动对事件毫无影响”的情况下方才有效。（Savage，1967：307——可称之为“行动—事件独立性标准”或 AEIC）[17]考虑下例：吸烟者根据患癌症的风险决定是否戒烟。若运用主导原则，吸烟者的推理如下（在此，S 代表继续吸烟的行动，Q 代表戒烟的行动，［～］C 代表［不］患癌症的事件）：我对 S&C 的偏好胜过 Q&C，对 S&～C 的偏好胜过 Q&～C，因此我应该继续吸烟。但是，患癌症的风险与吸烟行为具有因果关系，所以，显然这种推理是错误的。当然，萨维奇不会赞同这一点：他的理论预先假设了行动-事件独立性标准。（参见，例如，Savage，1967）但是，这并未限制该理论的应用范围，因为不符合行动-事件独立性标准的情况常常为符合它而被修正。（参见
132 Savage，1972：15；Fishburn，1964：53—55；Jeffrey，1976）

例如，我们可以将吸烟者的例子应用于如下萨维奇的框架中。有四个相关事件，它们都独立于行为人的行动：不管吸烟或戒烟，行为人都不会患癌症（S－＞～C，Q－＞～C）；如果她吸烟就会患癌症，戒烟就不会患癌症（S－＞C，Q－＞～C）；如果她戒烟就会患癌症，吸烟就不会患癌症（S－＞～C，Q－＞C）；不管她吸烟或戒烟，她都会患癌症（S－＞C，

Q－＞C)，我们用表 5—2 表示以上事件：

表 5—2

	S－＞～C，Q－＞C	S－＞～C，Q－＞～C	S－＞～C，Q－＞C	S－＞C，Q－＞C
S	S&～C	S&C	S&～C	S&C
Q	Q&～C	Q&～C	Q&C	Q&C

与表 5—3 对比：

表 5—3

	C	－C
S	S&C	S&～C
Q	Q&C	Q&～C

在表 5—2 而不是表 5—3 中，行动-事件确定性标准得以满足。因此在后一个表中应用主导原则得到 S 是错误的，将主导原则应用于表 5—2 是正确的，但由于两种行为都不是主导行为，因而无法得出结论。

常规行动难题

表 5—2 清晰地表明了常规行动的难题。（参见 Savage，1967：306；Fishburn，1981：162－163）上文提到结果通过“常规”行动进行排序——常规行动指“结果独立于世界状态”的行动。(Savage，1972：25) 因此，譬如，萨维奇的公理化要求在表 5—2 中存在一种行为，其结果总是 S&～C，与第二和第四个事件（在这两个事件中 S－＞C）的已有性质相反。 133

阿莱和埃斯伯格的例子

阿莱（Allais，1953，1979）和埃斯伯格（Ellsberg，1961）对萨维奇的确定事物原则（STP：参见上文）提出了独特的（现在是经典的）

质疑。

阿莱考虑了表5—4中的赌博，该表最上端一栏的数字是写在随机抽取的博彩上的数字，奖品是货币化的，比如是以百或千为单位的美元。

表5—4

	1	2—11	12—100
G1	5	5	5
G2	0	25	5
G3	5	5	0
G4	0	25	0

STP认为有G1RG2当且仅当G3RG4，但许多人偏好G1胜过G2，偏好G4胜过G3——这是理性的吗？可以证明并非如此（尽管萨维奇认为是这样；1972：103）。但是正如与上文所述戴蒙德/布鲁姆的例子一样，我们可通过将结果更为精致地个别化来回应阿莱。（参见，例如，Broome，1991：98，以及那里所引用的参考文献）选择G2得到0美元而不是选择G1可确定地得到500 000美元，这与选择G4而不是选择G3而得到0美元是一种不同的经历。但是现在我们再次遇到常规行动的难题：根据萨维奇的公理化理论，必定存在具有常规结果的行为，"选择G2得到0美元而不选择确定的500 000美元"。

阿莱的例子与确定性的价值（确定无疑的500 000美元）相关，而埃斯伯格（1961）的例子则与某种概率的价值有关。（也可参见McClennen，1990：70—71）在一个盒子里有90个实心彩球：30个是红色，60个是黄色或黑色，黑球与黄球的比例未知。你面临表5—5所示的赌博。STP认

134 **表5—5**

	红	黑	黄
g1	100美元	0美元	0美元
g2	0美元	100美元	0美元
g3	100美元	0美元	100美元
g4	0美元	100美元	100美元

为有 g1Rg2 当且仅当 g3Rg4。但是许多人偏好 g1 胜过 g2，偏好 g4 胜过 g3。或许有人认为这是不理性的，但是如果不是这样的话，我想，对 STP 质疑的回复就具有欺骗性。

结　论

因此，萨维奇的理论面临诸多困难。但是，我所知道的决策论还没有不面临困难的。（参见 Fishburn，1981）杰弗里（1983；其典型性定理已由博尔科［Bolker，1966，1967］所证明）的理论并不要求常规行动的手段（Savage），也不要求通过赌博来实现（Ramsey；参见 Jeffrey，1983：ch. 10），并具有其他诸多优点。但是它也同样面临诸多困难。（参见 Fishburn，1981：187；Joyce，1999；Rawling，1993）如上文所述，乔伊斯（1999）从“不比……更可能”的关系、“不更偏好……”的关系以及这些关系之间的关系的定性限制条件中推导出效用和信念度。[18]这并不只是要抛弃从理性偏好推导出信念度的某种贝叶斯主义梦想。但是或许这一梦想根本就无法实现。

附　录

为了表明：

（T）你的信念度违背柯尔莫戈洛夫定理，当且仅当存在一组命题，因而你的信念度之和或者大于其中逻辑上可能的最大真值数，或者小于其中逻辑上可能的最小真值数。

柯尔莫戈洛夫定理：

（1）对任何命题 A，$0 \leqslant p(A)$。

（2）如果 A 是确定的，那么 $p(A)=1$。

（3）如果 A 和 B 是相互排斥的，那么 $p(A \text{或} B)=p(A)+p(B)$。

（Ⅰ）假设你的信念度违背柯尔莫戈洛夫定理。

为了表明：

存在着一组命题 D，因而包括其组成部分的信念度之和或者大于其逻辑上可能的最大真值数，或者小于其逻辑上可能的最小真值数。如果下列两者只有其一：

（ⅰ）存在着命题 A，因而 $p(A)<0$，或者

（ⅱ）存在着某种命题 A，因而 $p(A)\neq 1$，

设 D= {A}。

135 如果存在命题 A 和 B 相互排斥，且 p(A 或 B)≠p(A)+p(B)，那么

I　p(A 或 B)+p(非[A 或 B])≠p(A)+p(B)+p(非[A 或 B])

请考察 D_1={A，B，非 [A 或 B]} 和 D_2={A 或 B，非 [A 或 B]}。在每一序列中都只有一个真值，但是或者 p(A)+p(B)+p(非[A 或 B])≠1，或者 p(A 或 B)+p(非[A 或 B])≠1。如果是前者，则假设 $D=D_1$；如果是后者，则假设 $D=D_2$。

证明完毕。

（Ⅱ）假设你的信念度符合柯尔莫戈洛夫定理。

为了表明：

不存在命题序列 D，因而包括其组成部分的信念度之和或者大于其逻辑上可能的最大真值数，或者小于其逻辑上可能的最小真值数。

用向量来表示（有限）的命题逻辑有一种标准的方法。（例如，参见 Scott，1964：246）如果我们以 n 个命题字母开始，那么相关的真值表就有 2^n 行，并且我们认为 2 是 2^n 个命题的幂（模态逻辑上的对等性）。这些命题中的每一个命题都可以表示为一个具有 2^n 个项目的向量，全部为 0 和 1，其中，如果一个命题要出现在第 i 个位置，当且仅当该命题在第 i 行为真时才是如此。任何一组符合柯尔莫戈洛夫定理的信念度都可以表示为向量 b，具有 2^n 个项目，全都大于或等于 0，其和为 1，其中命题 A 的信念度是由 b 与代表 A 的向量之积所给予的。

（$(A_1,\cdots\cdots,A_n)$和$(B_1,\cdots\cdots,B_n)$的数量乘积是实数：
$[(A_1\times B_1)+(A_2\times B_2)+\cdots\cdots+(A_n\times B_n)]$）

任意一组命题 D 均可由向量具有 2^n 个项目的 d 来表示，其中第 i 个项目相当于真值表上第 i 行 D 的真值数。包含所有 D 的（内在一致）的信念度之和 s 是 b 和 d 的乘积。设 g 是 D 中最大可能的真值数，l 是其最小真值数；因而 g 就是 d 中最大的项，l 则是最小的项。

由于 b 中的各项之和为 1，且其所有的项都大于或等于 0，则 $1\leqslant s\leqslant g$。

证明完毕。

注 释

[1] 感谢保罗·罗思（Paul Roth），我希望由于他的帮助使本章更容易为人理解。

[2] 某人的信念度可以成为内在一致的，当且仅当它们符合柯尔莫戈洛夫（1933）标准概率定理和条件概率定义。（参见 de Finetti，1972：67—69）这些定理体现了概 136
率的形式特征，并且由于其未考虑可数的增加性问题（Omitting de Finetti 1972：69，axiom VI），可以将其表述如下（参见 Jeffrey，［1965］1983：80；Resnik，1987：47—54）：

概率函数 p 趋进于实数有其主要的命题。

（1）对任何事件 A，$0 \leqslant p(A)$

（2）如果 A 是确定的，那么 $p(A)=1$

（3）如果 A 和 B 互斥，那么 $p(A$ 或 $B)=p(A)+p(B)$

条件概率定义：

$p(A$，B 给定$)$（写作“$p(A|B)$”）$=p(A \& B)/p(B)$，假定 $p(B) \neq 0$

以下是直接结果（参见 Resnik，1987：53）：

（4）如果 $p(B)$ 是非零，那么 $p(A|B)=[[p(B|A) \times p(A)]/p(B)]$

[3] 非典型性的证据是显而易见的。为了进行论证，假设存在这样的典型，且 $u(L_1)=r$，$u(L_2)=s$，$u(H)=t$，在此 r，s，t 都是实数。那么 $r>s>t$ 且对所有满足 $0<a \leqslant 1$ 的 a 都有 $s>at+(1-a)r$。因此，$a>[(r-s)/(r-t)]$。然而仍可选择 a 满足 $0<a \leqslant [(r-s)/(r-t)]$。若坚持阿基米德条件，即如果有 L_1PL_2 和 L_2PL_3，那么存在一实数 $a(0<a<1)$，满足 $L(a, L_3, L_1)$ IL_2 为形式的阿基米德杠杆支点，那么就会将非常糟糕的博彩排除在你的偏好序列之外。（尤其是该条件暗示对任何 L 都有实数 $a(0 \leqslant a \leqslant 1)$ 满足 $LIL(a, B, W)$；而且它对保证效用的连续性起到很关键的作用：$[r: r=u(L)$，某个 $L]=[r: r$ 是实数，$u(W) \leqslant r \leqslant u(B)]$。）

这种糟糕的博彩产生了一种辞典式偏好：在比较博彩时，你会首先选择出现 H 为非零概率的博彩，然后在比较那些未出现 H 的博彩（假设存在这样的博彩）。根据德布勒（Debreu）的观点，“在经济学中，通常假设某一序列 X 的次序完全由某个行为人的偏好所决定，这就有可能为该序列定义一个具有实际意义的次序—保护函数（效用，满意度）。这显然是不正确的”（1954：164，注 1）。德布勒让我们“考虑一下平面的辞典排序：如果［$a'>a$］或者如果［$a'=a$］且 $b'>b$］，那么坐标点（a'，b'）优于（a，b）”。他表明（引用同上）这种次序不可能以次序-保护的方式映射为一条实线（即，不存在函数 α 可以使平面映射为实线满足对于所有 w，x，y，z；$\alpha[(w, x)]>\alpha[(y, z)]$ 当且仅当（w，x）优于（y，z）。平面的辞典次序被阿基米德条件排除，如果我们假设 L(a，[w，x]，[y，z]）就是点（[aw+(1-a)y],[ax+(1-a)z]）。（注意基本奖品条件数量有限的假设也排除了该次序。）

[4] 尽管他们未注意到（Debreu，1954：164，n.2）“如果某人反对将概率解释为频
137 率，那么可以将这两个概念（概率和偏好）一起公理化”。

[5] 即使对信念和信念度之间的关系也有很多争议。（例如，参见 Kaplan，1996）最明显的建议是将信念的总体定义为信念度，但这也存在问题。例如，在说明某人面对证据为何应当改变信念度的标准时，总体的信念此时就应当不管遇到任何证据都能保持下来。

[6] 奎因把这一术语及其基本观念都归之于威尔逊。（Wilson，1953）

[7] 有些人担心有关态度的这种整体的互相依赖会产生与直觉相反的结果。例如，如果所有的态度都互相依赖，那么就可能出现行为人不能从信念 p 转向信念非 p，因为互相依赖表明了如下命题：p 不能是新信念之内容的一部分。但是，这是对互相依赖的性质所作的错误解释（我并非注意到这一点的第一人，譬如，普里斯特[Priest，1981：78] 就曾指出其错误）。实际存在着这样的相互依赖情况：其中一种因素的变化不会使其他因素改变。考虑一下欧姆法则：电压伏特（至少在特定的理想电路中）等于阻力和电流之积（V=RI）。在此，我们有三个互相依赖的量，当然它们之中一个量的变化肯定会导致其他两个量之一的变化；但是第三个量可以保持不变（例如，通过增加固定阻力电路的电压，就可以增大电流）。当然，在命题态度和言说的内容这种情形中，我们有大量的变量——但是同样的道理在此也适用：变化可引起分裂，但是它们的范围仅仅会影响你的命题态度和意义网络的很少一部分。而且我也不必考虑你的全部命题态度和意义网络的全部，只需考虑其中的一部分即可（我们可以给两种电路施加三种电压，电流和阻力各不相同）。联结点的数量可以尽可能地大；互相依赖的性质是最关键的。那么在此整体论本身就不会对命题态度构成威胁。

[8] 此观点以及本文中的其他几个基本观点，都是笔者在与 D. 戴维森交谈时获得的。（也可参见 Luce and Raiffa，1957：31-32）

[9] 戴维森（1990：318-319）谈到过拉姆齐和奎因之间惊人的相似之处。奎因著作的核心是对如下问题的论述和对这些问题的解决：假设我们已知行为人所说的话中有一句话 S 在特定环境下为真，而在其他环境下则为假。我们如何知道他说此句话的意思呢？我们面临如下难题：S 为真，既取决于行为人说此话的意思，又取决于他认为（相信）环境是什么样的。必须同时对意义和信念加以考虑。“奎因的解决方法 [是] [通过慈善原则] 认为（相信）是固定的、正确的解释……不可能明确地承认解释者和被解释者有关信念的某些差异和某种差异的程度。”（Davidson，1990：319）正如奎因所面临的要根据“认为是真的”来估计意义和信念的问题一样，拉姆齐（1926）也面临着从偏好推导出效用和信念度的问题。

[10] 感谢保罗·威尔希（Paul Weirich）指出了本部分初稿中的大量错误。当然本部分仍然存在的其他错误则由我负责。

[11] 希克（Schick，1986：113，注4）同样认为即使我们用“尤特尔”（我应用“#”标记）代替美元，也会有困难出现。但是这并不是很清楚。假设 y＝z＝0.3，u(0.3美元)＝0.3尤特尔。这与0.5尤特尔＝u(0.6美元)一致。从 u[(y+z)美元]≠ u(y美元)＋ u(z美元)意义上讲，价值并不是增加的。但是要建立对价值(y+z) 尤特尔与保证出现A得到1尤特尔，否则0尤特尔的严格偏好的理性更加困难。例如，尽管理性行为人对某一物体α和保证“出现A—B得到1尤特尔，否则0尤特尔”的偏好，以及对某一物体β和“出现A—非B得到1尤特尔，否则0尤特尔”的偏好无差异，但是行为人仍然严格偏好α和β胜过两个保证，但是证明这一点是没有意义的。例如，如果行为人已经选择α，那么β的价值可能超过z尤特尔，因此α和β的价值超过（y+z）尤特尔。 138

[12] 客观概率是什么——即使有的话——仍是颇有争议的。我们有一个可能的建议：长时段的频率。

[13] 贝叶斯定理（这样称呼是因为在贝叶斯1763年的论述中很含糊）是柯尔莫戈洛夫定理和条件概率定义的直接结果（参见 Resnik，1987：53），因此接受贝叶斯理论的人并不一定是贝叶斯派（参见 Edwards et al.，1963：193－194），尽管这个定理在贝叶斯计划中起到了至关重要的作用（参见 Resnik，1987：55－56）。

[14] 设S是一组n命题；～S＝{非P：P∈S}。设p＝你对S中真值数的预言；设l＝S中逻辑上可能的最大真值数。假设 p<l，那么 n－p >n－l。

且 n－p＝你对～S中真值数的估计；n－l＝～S中可能的最大真值数。因此你对整个～S的信念是不一致的。

[15] 参照杰弗里所谓的“关于小数的德芬蒂法则（DE FINETTI'S LAW OF SMALL NUMBERS）：你对事件 A_1，……，A_n 真值数的估计必须等于你分配各事件的概率之和”（1986：54）。也可参见 Jeffrey（1992：60）和 de Finetti（[1937] 1964：ch. 2）。

[16] 在其第7页内容的协助下，萨维奇将效用一般化为其结果为无限的行动。（1972：77）

[17] 在此为避免不适当的复杂化，我假设：AEIC有效，当且仅当行为人认为它有效。

[18] 乔伊斯在杰弗里（1983）的基础上得出，但是我不能肯定他避免了该理论所有的可推定的困难。

参考文献

Allais，Maurice 1953：Le comportement de l'homme rationnel dcvant la risque：Critique des postulats et axiomes de l'Ecole Américaine. *Econometrica* 21：503－546.

Allais, Maurice 1979: The foundations of a positive theory of choice involving risk and a criticism of the postulates and axioms of the American School. In Maurice Allais and Ole Hagen (eds.), *Expected Utility Hypothesis and the Allais Paradox*. Dordrecht: D. Reidel Publishing Co., 27—145. Originally published 1953: *Econometrie* 40.

Anscombe, G. E. M. [1957] 1963: *Intention*. Ithaca, NY: Cornell University Press.

Bayes, Thomas 1763: An essay towards solving a problem in the doctrine of chances. *Philosophical Transactions of the Royal Society* 53, 370—418. Reprinted 1958: *Biometrika* 45: 293—315, and in E. S. Pearson and M. G. Kendall (eds.), 1970: *Studies in the History of Statistics and Probability*. London: Griffin, 134—153.

139 Bolker, Ethan D. 1966: Functions resembling quotients of measures. *Transactions of the American Mathematical Society* 124: 292—312.

Bolker, Ethan D. 1967: A simultaneous axiomatization of utility, and subjective probability. *Philosophy of Science* 34: 333—340.

Broome, John 1991: *Weighing Goods: Equality, Uncertainty, and Time*. Cambridge, MA: Blackwell.

Broome, John 1993: Can a Humean be moderate? In R. G. Frey and Christopher W. Morris (eds.), *Value, Welfare, and Morality*. Cambridge, UK: Cambridge University Press, 51—73.

Davidson, Donald 1980: *Essays on Actions and Events*. Oxford: Clarendon Press.

Davidson, Donald 1984: *Inquiries into Truth and Interpretation*. Oxford: Clarendon Press.

Davidson, Donald 1985a: Incoherence and irrationality. *Dialectica* 39 (4), 345—354.

Davidson, Donald 1985b: A new basis for decision theory. *Theory and Decision* 18: 87—98.

Davidson, Donald 1989: What is present to the mind? In Johannes Brandl and Wolfgang L. Gombocz (eds.), *The Mind of Donald Davidson*. Amsterdam and Atlanta, GA: Editions Rodopi, 3—18.

Davidson, Donald 1990: The structure and content of truth. *Journal of Philosophy* 87 (6), 279—328.

Debreu, G. 1954: Representation of a preference ordering by a numerical function. In Robert M. Thrall, C. H. Coombs, and R. L. Davis (eds.), *Decision Processes*, New York: Wiley, 159—165.

de Finetti, Bruno 1931: Sul significato soggettivo della probabilità. *Fundamental Mathematics* 17: 298—329.

de Finetti, Bruno [1937] 1964: Foresight: Its logical laws, its subjective sources, trans. Henry E. Kyburg, Jr. In Henry E. Kyburg, Jr. and Harold E. Smokler (eds.), *Stud-*

ies in Subjective Probability. New York: Wiley, 97—158. Originally published as La prévision: Ses lois logiques, ses sources subjectives. Ann. Inst. Henri Poincare 7, 1—68.

de Finetti, Bruno 1972: *Probability, Induction and Statistics: The Art of Guessing*. New York: Wiley.

de Finetti, Bruno 1974: *Theory of Probability: A Critical Introductory Treatment*, vol. 1. New York: Wiley.

Diamond, Peter A. 1967: Cardinal welfare, individualistic ethics and interpersonal comparisons of utility: Comment. *Journal of Political Economy*, 75, 765—766.

Edwards, W., Lindman, H., and Savage, L. J. 1963: Bayesian statistical inference for psychological research. *Psychological Review* 70 (3), 193—242.

Ellsberg, Daniel 1961: Risk, ambiguity, and the Savage axioms. *Quarterly Journal of Economics* 75, 643—669.

Fishburn, Peter C. 1964: *Decision and Value Theory*. New York: Wiley.

Fishburn, Peter C. 1981: Subjective expected utility: A review of normative theories. *Theory and Decision* 13, 139—199.

Frey, R. G. and Christopher W. Morris (eds.) 1993: *Value, Welfare, and Morality*. Cambridge, UK and New York: Cambridge University Press.

Hampton, Jean E. 1998: *The Authority of Reason*. Cambridge, UK: Cambridge University Press.

Hume, David [1739] 1968: *A Treatise of Human Nature*, ed. L. A. Selby-Bigge. London: Oxford University Press.

Jeffrey, Richard C. 1976: Savage's omelet. *Proceedings of the 1976 Biennial Meeting of the Philosophy of Science Association* 2, 361—371.

Jeffrey, Richard C. [1965] 1983. *The Logic of Decision*, 2nd edn. Chicago: The University of Chicago Press. 140

Jeffrey, Richard C. 1986: Probabilism and induction. *Topoi* 5, 51—58.

Jeffrey, Richard C. 1992: *Probability and the Art of Judgment*. Cambridge, UK: Cambridge University Press.

Joyce, James M. 1998: A nonpragmatic vindication of probabilism. *Philosophy of Science* 65, 575—603.

Joyce, James M. 1999: *The Foundations of Causal Decision Theory*. Cambridge, UK: Cambridge University Press.

Kahneman, Daniel, Paul Slovic, and Amos Tversky (eds.) 1982: *Judgment Under Uncertainty: Heuristics and Biases*. Cambridge, UK: Cambridge University Press.

Kaplan, Mark 1996: *Decision Theory as Philosophy*. Cambridge, UK: Cambridge Uni-

versity Press.

Kolmogorov, A. N. 1933: *Grundbegriffe der Wahrscheinlichkeitsrechnung*, Berlin: Springer. Translated 1950 as: *Foundations of the Theory of Probability*, trans. Nathan Morrison. New York: Chelsea Pub. Co.

Koopman, B. O. 1940: The axioms and algebra of intuitive probability. *Annals of Mathematics* 41: 269—292.

Lindley, D. V. 1983: Theory and practice of Bayesian statistics. *The Statistician* 32, 1—11.

Luce, R. Duncan and Howard Raiffa 1957: *Games and Decisions*. New York: Dover.

McClennen, Edward F. 1990: *Rationality and Dynamic Choice*. Cambridge, UK: Cambridge University Press.

Monroe, K. R. (ed.) 1991: *The Economic Approach to Politics. A Critical Reassessment of the Theory of Rational Action*. New York: HarperCollins.

Priest, G. 1981: *Review of Theory and Meaning*, D. Papineau. *The Philosophical Quarterly* 31, 77—79.

Quine, W. V. O. 1960: *Word and Object*. Cambridge, MA: The MIT Press.

Ramsey, Frank P. [1926] 1931: Truth and probability. Reprinted in *The Foundations of Mathematics and other Logical Essays*, ed. R. B. Braithwaie. London: Routledge and Kegan Paul, 156—198.

Rawling, Piers 1993: Choice and conditional expected utility. *Synthese* 94, 303—328.

Rawling, Piers 1997: Expected utility, ordering, and context freedom. *Economics and Philosophy* 13, 79—86.

Resnik, Michael D. 1987: *Choices: An Introduction to Decision Theory*. Minneapolis, MN: University of Minnesota Press.

Savage, Leonard J. 1967: Difficulties in the theory of personal probability. *Philosophy of Science* 34, 305—310.

Savage, Leonard J. [1954] 1972: *The Foundations of Statistics*, 2nd edn. New York: Dover.

Schick, Frederic 1986: Dutch bookies and money pumps. *Journal of philosophy* 83, 112—119.

Scott, Dana 1964: Measurement structures and linear inequalities. *Journal of Mathematical Psychology* 1233—1247.

Seidenfeld, T. and M. J. Schervish 1983: A conflict between finite additivity and avoiding Dutch Book. *Philosophy of Science* 50, 398—412.

Sen, Amartya K. 1970: *Collective Choice and Social Welfare*. San Francisco: Holden-Day.

Villegas, Carlos 1964: On qualitative probability α-algebras. *Annals of Mathematical Statistics* 35, 1787—1796. 141

Von Neumann, John and Oskar Morgenstern [1944] 1953: *Theory of Games and Economic Behavior*, 3rd edn. Princeton, NJ; Princeton University Press.

Walsh, Vivian Charles 1996: *Rationality, Allocation, and Reproduction*. Oxford: Clarendon Press.

Wilson, N. L. 1959: Substances Without Substrata. *Review of Mataphysics* 12, 521—539. 142

第6章　理性选择的方法论

拉斯·尤德恩（Lars Udehn）

在近年来的社会科学中，最值得关注的现象之一是一种叫作“理性选择”的理论和/或方法论达到其鼎盛时期。起初，这种理论只限于经济学，最近它又进一步扩展到政治学和社会学，甚至扩展到人类学。它之所以叫理性选择，是因为基于如下假定：人类为达到他们喜欢或偏好的目的而选择手段时总是理性的。（参见 Elster，1986）在理性选择理论家，尤其是经济学家中，通常都假定人类的“终极目的”是利益最大化（Arrow，1987：204ff.），但是也有少部分人假定了人们还具有一致的偏好（Riker，1990：172）。实际上，根本不存在一种单独的、共同接受的理性选择论的版本，但是却有一个由不同版本组成的家族，它们由相似性结合在一起，建立在不同的合理性概念之上。（Sen，1990；Sugden，1991）在这里，我的任务不是要细察这些不同版本的理性选择论，也不是要给现有的已经过多的理性选择论再增加点什么新内容。在这一章里，我的兴趣是使用理性选择论，而不是弄清其精确的意义。更精确地说，我的兴趣是在理性选择的某些哲学或方法论方面，正如社会科学家所使用的那样。出于这一目的，“理性选择”大体上就是这个名称在社会科学史上所表现的那个样子。

古典经济学

理性选择论可以追溯到希腊古代：追溯到诡辩家，追溯到亚里士多德，追溯到伊壁鸠鲁（Epicurus）。在社会理论后来的历史上，托马斯·霍布斯、戴维·休谟和杰里米·边沁（Jeremy Bentham）对理性选择论都作出了重要贡献。

在社会科学中，对理性选择论最早也是迄今最主要的运用是在经济学中。经济学之父亚当·斯密并没有把他的市场理论明确地陈述为理性选择论，但是他似乎确实包含着如下意思：参与经济交换的诸个体都是在以理性方式寻求他们自身的利益。大卫·李嘉图（David Ricardo）甚至更不清楚他的方法论，但是他运用了一种方法，这种方法叫作“抽象演绎”或“几何”方法，因为人们认为它模仿了欧几里德几何学的方法。然而，这一方法的真正拥护者是李嘉图的朋友和哲学教师詹姆斯·穆勒（James Mill)，他本人在其《论政府》（[1820] 1955)[1]中使用了这一方法。

关于理性的假设只是逐渐地被认为对经济学来说是基本的，并被逐渐地弄清楚。在这方面，重要的一步是由詹姆斯·穆勒的儿子约翰·斯图亚特·穆勒在其论文《论政治经济学的定义和适合于它的研究方法》（[1836] 1950）中完成的。在这篇论文中，约翰·穆勒提出政治经济学“是有关他（人类）唯一的作为渴望拥有财富的存在，他能够判断这一目的的比较性的功效”（1950：420)。因而根据穆勒的看法，作为经济存在物，人们的目的是财富最大化，并且这一目的是通过计算达到这一目的的不同手段或以理性方式获得的。

穆勒的论文是第一次严肃地或至少是成功地去试图澄清作为一门科学的经济学之性质。根据穆勒的观点，作为一门科学的经济学与作为一门**艺术**的经济学可以清楚地区分开来。经济学是一门道德的或心理的科学，它不同于物理科学，它所处理的是存在于一定社会状态而不是自然状态之中的人类。同所有道德科学一样，政治经济学建立在人类本性的规律之上，但是并非建立在所有这些规律之上。除了理性地追求财富以外，政治经济学是从每一种人类动机中抽象出来的。（Mill，[1835] 1950：420）人类被假定永远偏好最大部分的财富而不是较小部分的财富。“并非任何政治经济学家都如此愚蠢，以至于假定人类确实是这样构成的，而是因为这是科学必定在其中必然地前进的方式。”（1950：421）

因此，在穆勒看来，政治经济学并不讲述整体的和绝对的真理。政治经济学最终所依赖的人类本性的规律只是对这种真理的最大的接近，而且它并不关注被认为影响复杂的社会实在之中的经济现象的许多起干扰作用的原因。在穆勒之后的那一代经济学家所引入的术语中，经济规律只在其余情况相同时起作用（*ceteris paribus*）。[2]根据穆勒本人的观点（[1836] 1950：438)，包括经济规律在内的社会规律采取**趋势**的形式。（也可参见Mill，[1843] 1974：898）因为在现实中，其他事物很少是相等的；并且各种趋势通常是相互抵消的，有时是先就虚空的，确证是困难的，即使不是不可能。由于所有这些原因，根据穆勒的意见（[1843] 1974：844ff.），经济学不是一门精确的科学。它的结论“只有在纯粹想象的情况下才可能是真的，没有限制的”（Mill，[1836] 1950：425）。即使如此，穆勒仍然把政治经济学视为一门抽象的或演绎的先验科学，并以反驳他那个时代的激进经验论者（归纳主义者）而为这种观点辩护。然而，重要的是要清楚
144 穆勒方法论中“先验”一词的意义。他并不是说经济规律是真的或有效的、先验的，而只是说它们是从关于人性的某些假定中推演出来的；假定是近似真的，但不是通过归纳达到的，并且不容易得到检验。穆勒拒绝归纳主义的如下论断，即通过归纳手段有可能概括出更高的一般规律，并坚持所有科学进步是从假定的前提出发通过推理而实现的。通过归纳，人们只能达到经验规律或概括，不能达到因果规律。

在穆勒看来（[1843] 1974：861ff.，879，907ff.），在社会或“道德”科学中只有一种因果规律：关于人性的心理规律。可能存在着与社会状态相关的社会规律，但是这些经验规律必定是从关于人性的因果规律中推演出来的。用更为晚近的术语来说，穆勒是一位方法论上的个体主义者，他要求社会科学中的所有宏观理论都要由微观基础来提供。由于这些微观基础可以在心理学中发现，人们通常认为穆勒坚持心理学的还原主义学说或心理主义学说。

正如我们在上述引自穆勒的第一段话中所看到的那样，政治经济学对人类的关注程度仅仅是他们要达到财富的最大化。由于这种动机主要是在市场行为中表现出来的，因而我们可以得出结论说，就经济学的范围而言，穆勒认为经济学对市场的作用是有限的。在进入 20 世纪的头几个年代里，经济学家通常都坚持这种观点。一个众所周知的例子就是阿尔弗雷德·马歇尔（Alfred Marshall，[1980] 1920：1ff.），他关于经济学本质的观点接近于穆勒，但是他补充说，经济学相对于其他社会科学的优越性表现在，它依赖于货币这种标杆。

新古典经济学

尽管与功利主义哲学相联系，穆勒并没有在经济学中引入功利最大化的假定。这一活动是由斯坦利·杰文斯（Stanley Jevons）进行的，他坚持认为“快乐和痛苦是……经济计算的终极目标”，或换言之，“使快乐最大

化是经济学所要解决的难题”（[1871] 1979：101）。杰文斯是造成边际主义革命[3]的三位经济学家之一——另两位是卡尔·门格尔和列奥·沃尔拉斯（Leon Walras）。如果说是杰文斯引入了理性观念，把它视为功利的最大化，门格尔和另一位奥地利人则引入了经济观念，或者说最大限度地（最理想地）利用满足需要的稀缺资源观念。

奥地利经济学在主流经济学之外坚持着自己的主张，但是它对其他新古典经济学家施加了某些影响，这些新古典经济学家采纳了作为理性选择的经济学观念。一个例子是英国经济学家菲利普·威克斯蒂德（Philip Wicksteed），他坚持认为经济学建立在“对可供选择之物的选择心理学”之上。（1910：2f.）另一个例子是芝加哥学派的创始人弗兰克·耐特（Frank Knight），他可能是第一位明确地提出经济学是“理性选择”论的经济学家。（1921：89）然而，更重要的是他对风险与不确定性的区分。在风险存在的情况下，不同收益的概率是可知的，理性是可能的。然而在不确定情形下，我们对这些概率一无所知，并缺乏理性活动的基础。然而现代经济学家倾向于模糊或否定风险与不确定性之间的区别，并把两者都视为风险情形。

第三位受到这些奥地利经济学家严重影响的重要经济学家是莱昂内尔·罗宾斯（Lionel Robbins）。他采纳了这位奥地利人的经济观念，并把它用在其著名的经济学定义之中，即把经济学定义为“研究人类行为，把它当作目的和具有可选择之用处的稀缺手段之间关系的科学”（[1932] 1935：16）。他还是第一批把理性视为一致性偏好的人中的一位。“如果我更偏好A而不是B，更偏好B而不是C，那么，我也更偏好A而不是C……”（1935：92）

沃尔拉斯最终对合理行动几乎没说什么，但对许多个体在市场上的经济活动的总结果却说了很多。沃尔拉斯是经济学中一般均衡论的创始人，因而当然对理性选择的贡献不小。均衡理念——不仅一般均衡——通常是要在两个或更多个体的相互作用的理性选择模式中达到确定性（Murphy，1995），并且一直被视为科学的新古典经济学的基本原则（Hausman，1922：ch. 3）。然而最近的研究表明，理性选择论经常不能达到确定的结果。（Bicchieri，1993：15—18，ch. 2）在理性选择模型较为成问题的方面中，有一种多重均衡问题。（Kreps，1990：95—107）

随着约翰·梅纳德·凯恩斯（John Maynard Keynes）的《关于雇佣、利益与货币的一般理论》于1936年问世，经济学中发生了第二次革命。这甚至标志着现代宏观经济学的诞生，它是关于诸如产量、投资、节约与雇佣之类集合体之间关系的理论。从早期开始，凯恩斯的宏观经济学就被更为正统或保守的新古典经济学家，尤其是那些奥地利经济学家认为是可疑的，或有不足，尤其是缺乏以理性选择模式存在的稳定的、个体的微观基础。(Weintraub，1979；Janssen，1993)

经济学中的第三次革命则开始于约翰·冯·纽曼和奥斯卡·摩根斯坦出版他们的《博弈论与经济行为》(1944)。传统经济学与博弈论之间的主要区别是，后者考察理性个体之间的社会相互作用，并假定每个个体的活动都建立在他或她对其他个体的活动的期望之上。在传统经济学中，个体只是非个人地和匿名地作用于市场，但是在博弈论中，他们与其他个体相互作用，这些个体也被假定是理性的。因而博弈论处理的是“游戏者对每一位他者的行为相互依赖的互惠期望……”(Harsanyi，1977：10) 应用J. 埃斯特的术语来说，博弈论是以假定“策略的”合理性为前提的，这种策略的合理性不同于传统的古典经济学中“变量的或参数的”合理性。
146 (Elster，1979：18f.，117f.)

新古典方法论

在边际主义或新古典主义经济学的这三个分支中，正是这种最不正统的奥地利经济学对经济学的哲学方面最感兴趣。譬如，卡尔·门格尔撰写了一部关于政治经济学方法的著作（[1883] 1963)，它在很大程度上与穆勒的观点相一致，但也受到了德国哲学和社会科学的影响。像穆勒一样，门格尔在两种规律之间作了严格区分：自然规律或严格意义上的规律与经验规律。他还为抽象论和方法论的个体主义或原子论辩护，反对经济学中的德国历史学派的历史主义、整体主义和经验论。然而与穆勒不同的是，门格尔宣称经济学规律是严格意义上的规律。

门格尔理解的“严格意义上的规律”是不易为人们所接受的，尤其是在盎格鲁—萨克逊哲学传统中成长起来的读者更不容易接受。这种哲学背景可在亚里士多德和奥地利哲学家和心理学家弗兰兹·布伦塔诺（Franz Brentano）的现象学中找到。(Kauder，1958；Smith，1986) 就我现在的目的而言，可以有把握地说，根据门格尔的观点，严格意义上的规律不只是穆勒的先验意义上的（参见上文)，而且是绝对真实的或先验地“有效的”。它们是**“对分析地或抽象地理解的经济世界有效的规律”**（Menger［1883］1963：72f.，黑体系原文所加），而不是因此而对真实世界有效的规律。在门格尔看来，严格意义上的规律是关于事物本质的规律。（参见Mäki，1990）

门格尔还是方法论个体主义的主要创始人。他自己称呼这种学说为“原子论”，这种理论认为，“谁要想从理论上理解‘国民经济’现象……就必须……回到它们的真正要素，回到该国单个的经济［个体］，并且要探究后者用来建构前者的规律”（Menger，［1883］1963：93）。

门格尔关于经济学方法论的著作引起一场热烈的争论，通常被称为“方法之争”（*Methodenstreit*）。这场激烈争论持续了几十年，但并没有对所涉及的问题带来多少启发。一个例外是马克斯·韦伯的贡献，这个贡献有助于根据手段和目的来澄清“理性”概念（Weber，［1903－6］1975：186ff.），并指出经济学的假定，包括理性的假定，是一些**理想类型**：即“通过对实在的某些要素的分析性强调而达到的”一些抽象结构。（Weber，［1904］1949：90）换言之，理想类型是关于实在的简化模型，是通过“孤立的抽象”而达到的。（Weber，［1917］1949：43）这样一来，它们便是“一些纯粹的虚构”，然而又不完全是虚假的，因为它们接近于实在。“经济理论”，譬如：

> 作出某些假定，这些假定几乎不完全对应于实在，但是却在各种程度上接近于它，并且追问：如果人们的行动完全是理性的，那么他们为何要根据这些假定的条件行动？它假定了纯经济利益的支配地位，并排除了政治的和其他非经济利益的作用。（Weber，［1917］1949：44）

韦伯通常被视为介于经济学家的奥地利学派和历史学派之间的人物，但是我认为他的方法论观点更接近于奥地利学派，因为他既为合理性选择辩护，也为方法论的个体主义辩护。然而他没有接受门格尔关于经济学规律是严格意义上的规律的观点。在韦伯看来，它们根本不是规律，至少在与典型的自然规律相等同的意义上不是规律。譬如，合理性的假定并不是通常意义上的预设，因为它不能通过事实来证伪。（Weber，［1905－1906］1975：188－191）

对韦伯来说，合理性假定的使用主要具有启发性和说明性（［1904］1949：90；［1905－1906］1975：188ff.），但是他赋予它一种方法论上的优先地位。[4]理性行动的理想类型比其他行动具有比较容易理解的优点，因而可能会被用作一种方法论的出发点。其他行动类型，或至少是非理性的行动类型，与理性行动相比较时最容易理解。所以，韦伯的建议是通过假定个体的行动是理性的开始，然后把其他行动看作对这种理想类型的偏离。(Weber，[1922] 1978：5—7)

通常（即使是不幸的）人们把路德维希·冯·迈瑟斯（Ludwig von Mises）当作奥地利方法论的代表。(参见，例如，Caldwell，1982：103f.，117ff.）这样做的理由之一是因为他采取了经济学规律先验地是真的极端立场。另一原因是因为他影响了莱昂内尔·罗宾斯，后者撰写了论经济学方法论的经典著作之一。(参见下文）但是路德维希·冯·迈瑟斯并不是奥地利方法论的典型代表，并且他也不是唯一影响莱昂内尔·罗宾斯的人。

迈瑟斯方法论反省或反思的出发点是马克斯·韦伯的解释社会学，尤其是他的理想类型概念。迈瑟斯接受了韦伯方法论的大部分思想，但是却拒绝了他的“理性”概念和他所提出的经济学是理想类型的基本假定。(Mises，[1929—1933] 1976：75ff.）对迈瑟斯来说，所有行动，作为与起反作用的行为不同的行动，必然地是理性的。行为是最终赋予人类经验的一个范畴，关于这种经验的一般理论叫作“人类行为学”，并且这样看来它是由被认为先验地是真的陈述所构成的。([1929—1933] 1976：12—17，23ff.；[1949] 1965：11ff.）有些人认为，迈瑟斯把经济学视为由先验地是真的分析性陈述所构成，而不是由关于实在的陈述所构成（Smith，1990：279—282)，但是最常见的解释是，他曾是一位康德主义者，因而他提出了经济学是由综合陈述构成的，这些陈述被认为先验的是真的，但决不是关于实在的陈述。(Caldwell，1982：121；Selgin，1988：21）后一解释更有可能，但两种解释都可能是假的。还有人提出，迈瑟斯关于理性原则的先验解释起源于清晰的科学观念，即现象学哲学家弗兰兹·布伦塔
148 诺和艾德蒙德·胡塞尔意义上的科学观念。(Smith，1990：279ff.）

即使这样，迈瑟斯对经济学的解释并没有被20世纪最有影响的奥地利经济学家弗里德里希·冯·哈耶克所接受。在其经典论文《经济学与知识》(1937）中，哈耶克既驳斥了均衡论分析也驳斥了人类行为学或选择的逻辑。这两者的问题在于，它们是同义反复的，因而对实在没有作出任何说明。哈耶克所偏好的选择是根据马克斯·韦伯提出的方法来理解经济学：把经济学理解为一门说明的科学，它把理想类型当作其主要的分析工具来使用。(Hayek，[1937] 1948：47，注12；52，注18）哈耶克对经济

学方法论的主要贡献并不在于他澄清了经济概括的性质和地位，而在于他根据首次由门格尔提出的方法阐明了方法论的个体主义。（Hayek，[1942—1944]，1952：36—43）

奥地利经济学家对经济学方法论的影响要比对经济学理论的影响大得多，但是他们的影响在很大程度上不是直接的。这种影响的渠道之一是弗兰克·H·耐特；另一个渠道是莱昂内尔·罗宾斯，他撰写了这一领域的主要经典《论经济科学的性质和意义》（[1932] 1935）。罗宾斯一点也没有隐瞒他对奥地利经济学的忠诚，尤其在第一版中他说要把此书献给路德维希·冯·迈瑟斯。（[1932] 1935：xvi）在第二版中，马克斯·韦伯替代迈瑟斯成为主要权威。（[1932] 1935：xi—ii）

这一变化的原因很可能是罗宾斯自己关于经济概括的地位之观点的变化所致。在第一版（1932）和第二版（1935）之间具有重要的差别。在第一版中，经济学被说成是建立在某些自明的真理之上，以直接经验为基础，在此基础上推演出具有纯形式特征的经济概括。（1932：96ff.）根据弗兰克·H·耐特这位也受到迈瑟斯影响的经济学家的观点，罗宾斯指出了经济学与逻辑学和数学的密切联系。（1932：110）然而在第二版中，这种密切联系则被明确地否定了。与逻辑和数学不同，经济学概括是关于实在的概括，因而在本质上不是形式的。（[1932] 1935：104）经济分析现在“是由根据一系列假定的推理所构成的，其大多数几乎是人类活动具有经济意义时所呈现的普遍的经验事实……”（[1932] 1935：99f.）经济理论是关于实在的理论，但它本身并不是实在的。正是抽象理论的本质是非实在的。关于理论所要追问的问题不是它是否是真的或实在的，而是它是否或可否应用于一种给定的情形。（[1932] 1935：116ff.）根据罗宾斯的观点，实在研究的主要功能是要决定哪些理论可以应用，需要哪些辅助性假设，并对这些理论本身重新进行阐述。

实证主义、波普及其他

奥地利方法论中仍然没有受到挑战和最难接受的是迈瑟斯提出的经济学概括先验地是真的观点。从 20 世纪 30 年代到 60 年代，占统治地位的科学哲学是逻辑实证主义，或更为宽泛地说，是逻辑经验主义。根据这种哲学，只有两种有意义的陈述：分析的和经验的。分析陈述是必然真的，但 149

却不是关于实在的陈述；经验陈述是关于实在的陈述，但却不是必然真的。根据这种哲学，不可能存在既是先验的又是实在的综合陈述。因此，倘若经济学宣称是经验科学，它就不可能是先验的，因而它的规律必定可由事实来验证或至少与事实是一致的。

T. W. 哈钦森（T. W. Hutchison）在《经济理论的意义和基本假设》（1938）中对这一观点作了最有力的论证，他宣称经济学必须转化为一门以经济行为的观察为基础的经验科学，但是大多数新古典经济学似乎接受了实证主义或某种其他经验主义的观点。保罗·萨缪尔森（Paul Samuelson）用显示出来的偏好来替代效用的努力是由经验上希望避免不可观察的理论存在所推动的（Hutchison，1938），而 A. G. 帕潘德里奥（A. G. Papandreo）所担忧的则是试图建立一种普遍有效的经济理论所带来的后果。他提出，其结果将会是“操作上的无意义性”和缺乏经验的相关性。（1950：721）[5]

米尔顿·弗里德曼（Milton Friedmen）的《实证经济学方法论》（1953）是迄今问世的经济学方法论最著名的论文，这篇论文也一直被认为是“实证主义的”，但它实际上具有自身的特点。倘若需要一个标签，描述其立场的最佳标签或许是“工具主义”（Boland，1979；Caldwell，1982：ch. 8）。根据弗里德曼的观点，经济学的各种假设既不是先验的，也不是经验的，而或多或少是可对经济现象作出预言的方便工具。经济学的假设甚至不是真的，但是也不要认为它们是假的。假定的真理性或实在论是非物质的，因为科学的目标是预言，而不是说明。[6]虽然有很多读者，弗里德曼在方法论上却几乎没有追随者。大多数经济学家似乎相信假定的“实在论”是某种有重要意义的东西。（Koopmans，1957：137－142；Samuelson，1963）

到弗里德曼的实证主义学说开始衰退时，卡尔·波普（Karl Popper）的证伪主义很快取代实证主义的证实主义，成为经济学中主要的方法论。[7]波普的观念首先是在《发现的逻辑》（1934）中提出来的，哈钦森早在 1938 年就提到了这一观点，但是直到这部著作的英文版（1959）问世之后，波普的证伪主义才在经济学家中间流行开来。（De Marchi，1988）到这时，波普已经写了《开放社会及其敌人》（1945）和《历史决定论的贫困》（［1944－1945］1961）。在这两部著作中，他提出了一种叫作“情景逻辑”的方法，以之作为社会科学最重要的工具。根据波普本人的看法，情景逻辑是经济学的方法。因此，从表面上看，波普是社会科学中理性选择论最早的倡导者之一。他还是一位方法论的个体主义者，曾提倡制度论。（Popper，［1945］1966，vol. 2：135ff. ）把理性选择论、方法论个体主义和制度论相结合的工作已经在经济学中的新制度论中实现。（参见下文相关论述）在把社会制度看作外生变量的意义上，我们必须面对一种新形式的方法论个体主义，它一直被叫作制度个体主义。(Agassi，1975；Boland，1982：ch. 2)

然而，我们很快就会证明，波普的方法论并不比实证主义更有保证。在大多数观察者看来，相当明显的是，经济学家在其科学实践中并不是证伪主义者。(Blaug，1980）相反，给人的印象是，没有任何证据表明，经济学家会放弃他们的基本假定和理论。用波普主义者的话说，他们似乎可避免拒斥，其手段是参与“传统的战略”(Popper，1959：82)。

但是，经济学家应当竭力拒斥他们的假定吗？正如我们在前一节所看到的那样，许多经济学家否定经济学的假定可以被证伪。倘若它们微妙的简化或理想类型被认为只是接近于实在，那么，它们如何能被证伪呢？那种声名狼藉的“其他条件相同”又怎么样呢？如果没有这种被认为是使可证伪性极为成问题的从句，经济学家真能进行研究吗？(Grunberg，1966)对这两个问题的回答可能是否定的，并且天真的证伪主义至少看起来不是经济学的合适的方法论（Caldwell，1982：chs. 11、12；Hausman，1992：ch. 10)；或者就此而论，不是任何其他社会科学的适当的方法论。可以补充说，波普或许从来不是一位天真的证伪主义者，并且最终也承认证伪主义在社会科学中的作用是有限的。(参见 Caldwell，1991)

1963 年，波普在哈佛大学经济系所作的一次演讲中，明显地否定理性原则具有经济说明论或可检验假定的作用。(Popper，1994：169）他承认它是先验的（1994：171)，但却否认它是先验地真的或有效的。根据波普的看法(1994：172)，它“明显地是假的”。像所有模型一样，它是一种“巨大的过分简化论”，但也是一种“幸运的过度简化论”（1994：173)。然而，这并不意味着波普接受了弗里德曼的工具主义。科学的目的是获得真理，不可能把它视为接近真理的方法。理性原则是对真理的很好的接近，但是它的地位有点特殊。根据波普的看法，它几乎是每一种可检验的社会理论整体的一部分，但是它本身却可以免遭驳斥。“我的命题是，正是**可靠的方法论方针**决定了不是要使理性成为原则，而是该理论的其他部分——也就是其模式或模型——是可解释的或应负责任的。”（1994：177）根据我对波普的理解，他所辩护的立场与穆勒、韦伯、罗宾斯和豪斯曼的观点具有许多共同点。

新古典经济学家的现实实践似乎与托马斯·库恩的范式观念更加一致，尤其是与他的规范科学观念（Kuhn，[1962] 1996）相一致。新古典经济学家不是对他们的科学基础提出疑问，而是在接受的范式中典型地参

151 与了解决问题的活动。然而，对经济学者更为亲切的观念是由波普的追随者伊姆雷·拉卡托斯（Imre Lakatos；参见，例如，Latsis，1976）提出的科学研究纲领。根据这一观念，理论从来不会因为一个单独的证伪或两个证伪而被拒斥，而是当处于“反常的海洋”时仍然能够生存。（Lakatos，1970：133，138）理论是研究纲领的一部分，这些研究纲领可能是进步的，也可能是退步的，但是“**在一个更好的理论出现之前不存在任何证伪**”（Lakatos，1970：119，黑体是原文所加）。这一论断对经济学家和其他理性选择论的坚持者们都是好消息，他们肯定地确信他们自己的研究方法至少比他们的对手好得多。（参见，例如，Chong，1995；Ordeshook，1995：186）用乔恩·埃斯特的话说：“新古典理论的继续统治是由人们不能什么也不用就能打击某物这个事实来保证的。”（Jon Elster，1986：27）

几乎没有例外，今天的经济学家们并不认为他们的科学的基本假设先验地是真的，但是可以论证说，他们把它们当作仿佛是真的来使用，并实际上把它们转化为分析陈述。正如约瑟夫·阿加西（Joseph Agassi，1970：50）所指出的那样，“大多数传统经济学，至少可以这样说，处于分析的和经验的之间的无人地带”，但是这里存在着一种不断地走向这种分析或同义反复的倾向。（也可参见 Sen，1979）亚历山大·罗森伯格（Alexander Rosenberg）对这一观点的陈述最为有力，他坚持认为，经济学已经不再是经验科学，而是转化成为“数学的一个分支，大体上位于纯粹的和应用的公理系统的交叉区域”（Rosenberg，1983：672）。

丹尼尔·豪斯曼的意见与此不同，他不认为经济学家的论断是非常独断的。经济学家们的方法在穆勒的意义上（参见上文）是先验的，但他们并不把他们的基本假设看作是分析的。跟随豪斯曼我们转了一圈又回到了约翰·斯图亚特·穆勒以及把经济学当作不精确的和与其他学科相分离的科学的观念，这种经济学与其说是真的或假的，不如说它或多或少可应用于不同现象并且在多数情况下可应用于市场。我发现在豪斯曼的分析中有许多是可以同意的，但它是规范的而不是描述的。现实的情况是，今日许多经济学家都把经济学看作一般的而不是与其他学科相分离的社会科学。

新制度经济学

在传统的古典经济学中，社会制度，譬如公司制度和国家制度、法律以及其他社会规范，都被当作外在给定的东西而被忽略。然而，在20世纪50年代，一些经济学家，主要属于经济学的芝加哥学派和弗吉尼亚学派，开始把社会制度包括在其分析之中。

经济学中的新制度主义直到20世纪60年代才开始起飞，但是它的真正起点在罗纳德·科瑟（Ronald Coase）的两篇著名论文里：《公司的性质》(1937) 和《社会代价问题》(1960)。在第一篇论文里，科瑟问为什么会有公司，并提出一种非正统的答案：市场交换涉及代价而不是那些由价格所掩盖的东西。讨价还价和缔结契约需要代价，这会使以公司中的权 152
威关系来替代市场上的交换关系成为理性的。科瑟称之为“契约代价”，但是它们后来被人称为“交易代价”，并且逐渐包括了他没有提到的东西，最重要的是信息代价。交易代价的观念后来被奥利弗·E·威廉森（Oliver E. Williamson）开发得最有成效，他竭力要确证各种“统治结构”发展背后的一般原因。市场和层级是经济关系连续统上的两个端点，但是在两者之间有许多其他形式的整合。

在其第二篇论文《社会代价问题》里，科瑟提出一种有争议的论点，即认为只因存在着交易代价，各种外在因素才导致无效（率）。在一个没有交易代价的世界里，经济代理商为达到否定的外在因素就必须购买他们的权力，因而最终结果对作为整体的经济（制度的状况）来说是有效的。这一论证特别借助了某些芝加哥学派成员的观点，这些人求助的是对产权的分析。产权传统的先驱者是阿门·A·阿尔奇恩（Armen A. Alchian, 1961）和哈罗德·德姆塞茨（Harold Demsetz, 1964, 1966, 1967），他们还对有关公司的新制度理论作出了重要贡献（Alchian and Demsetz, 1972）。另一位与芝加哥学派保持着一些距离的重要人物是经济史家道格拉斯·C·诺斯（Douglass C. North），他论证道，合适的基础性规则包括产权的存在和稳定性是经济增长的先决条件。政治国家的重要性也同样如此，因为政治国家正是创造和保持恰当的经济活动的法律框架——游戏规则——的制度。(North, 1981, 1990)

产权传统中的社会制度分析太复杂和多样化，以致在此不能详细说明，但是其中潜藏的信息通常是简单的：社会制度是——或应当是——最大化行为的结果。它们出现和保持存在，是因为它们对个体来说是理性的，对社会而言则是有效的。这一信息通常可在芝加哥学派一些成员的著作中发现，并可能反映着一种强烈的方法论个体主义：社会制度被看作内生变量，或某种要解释的东西。[8] 然而在其他情况下，包括威廉森和诺斯所作的分析，社会制度通常被当作所要解释的外生变量。在这些情况下，我们必须处理的是一种弱的方法论个体主义，叫作制度个体主义。

初看上去，这种新制度经济学可能会增强经济理论的实在论和经验内容，但是事情并非如此简单。诸如“信息代价”和“交易代价”这类概念表示的确实是真正的代价，但却难于测量。最终，它们很可能会导致经验内容的衰减而不是增加。（参见，例如，Elster，1979：156）在科学理论的信息内容和经验内容之间作出明确区分是重要的。前者必须解决理论中关于现实究竟有多少内容，后者则只涉及其可检验性。这些方面是相关
153 的，但不是等同的。

这种新制度经济学不仅在其研究方法上，而且在其适用领域上超越了新古典经济学。对传统的经济学疆界的这种侵犯被人叫作“经济学帝国主义”（Tulluck，1972；Stigler，1984）。经济学帝国主义最激进的样板是加里·S·贝克尔（Gary S. Becker，1976），它是作为一种关于人类行为的一般理论而提出的，并被用来解释歧视、犯罪、婚姻这类复杂现象。为达到他的目的，贝克尔在其功利作用中引入了新的成本与收益类型。在他的创新中，我们发现诸如“心理成本”和“歧视趣味”之类的东西。

像许多其他经济学家一样，贝克尔（1976：7，13）认为关于人类行为的较为一般的研究方法是一种避免特设解释的方法。然而，根据经济学帝国主义的许多批评家的看法，贝克尔自己的研究方法由于过度使用了特设解释而臭名昭著。（Rosenberg，1979：513ff.；Blaug，1980：242ff.；Simon，1986：28ff.）对这种不同意见的说明是，贝克尔认为，只有那些依赖于其他动机而不是功利最大化的说明才是特设的，而批评者则认为，在人们的功利功能中引进所有成本与收益（论证或论点）同样是特设的。我认为这些批评家的观点是正确的。对人类行为的经济学研究方法确实引入许多特设说明，它们在经验内容方面存在严重的问题。

然而，一种一般理论所导致的不仅是经验内容的损失，而且也是信息内容的损失。一种理论若试图说明一切，最终会以什么也说明不了或只能说明一点点而告终。（Weber，[1904] 1949：80；Popper，[1944－1945] 1961）这至少是当现象是异类时的情形，此时它们典型地是在社会科学中。（Roberts，1974：58）在这种情况下，在一般与内容之间有一种相反或反向的关系。这只不过是一种被认为是“范围与张力的相反变化原则”的逻辑事实。（Nagel，1961：575）

公共选择

经济学帝国主义的特殊形式是公共选择，或关于政治学的经济理论。公共选择可分为两个分支：(1) 弗吉尼亚学派，成员是经济学家；(2) 罗彻斯特学派，由政治学家组成。这两个分支都明确地应用了理性选择，并以方法论的个体主义为基础。

弗吉尼亚学派的创始人和领头人是詹姆斯·M·布坎南（James M. Buchanan），他宣称公共选择是以关于自我利益、交换和方法论个体主义的三个假定为基础的。（Buchanan，1988：104）该学派发展史上最重要的是第一个假定：公共选择根据政治家实际上是根据经济人[9]的观念为出发点，因而个体在政治上就像他们在市场上一样，同样是以自我利益为中心的。这一假定导致了关于各种政治活动家，诸如政治家、投票人、资本家 154
和利益集团的理论，他们都被假定为在寻求他们自身利益而不是公共利益。从本质上说，所有这些理论的结论在政治上都是无效的。[10]

罗彻斯特学派的创始人是威廉·H·赖克（William H. Riker）和彼得·H·奥德斯胡克（Peter H. Ordeshook），他们也是把博弈论运用于政治分析目的的先驱者。（Riker and Ordeshook，1973）政治学是广泛应用博弈论的第一批学科之一。（参见 Ordeshook，1990，1992）这其中的缘由或许是策略的相互作用在政治学中比在其他形式的社会生活中更加常见和更加明显。

像新制度经济学一样，公共选择是一个巨大的领域，这一章难以述其全部。我将只简短地谈一谈它的两个主要的经典，这两者都对理性选择提出了一些重要问题。

在《政治学的经济理论》（1957）中，经济学家安东尼·唐斯（Anthony Downs）开始以经济理论为工具来研究民主政治学。首先，他假定政治人实际上是经济人，即他理性地并且为其自身的私利目的而活动。（1957：27ff.，282ff.）政党成员“唯一地为了获得来自于执政的收益、声望和权力而活动”（1957：28），这是由赢得大选才能获得的。所以，政治家的直接目的是使得票数最大化。另一方面，投票人的活动是为了使他们的功利最大化，这种功利即是他们期望从为某个政党投票中获得的利益。（1957：37）

唐斯对关于政治学的经济理论的最长久贡献是他关于投票的空间理

论。（1957：ch. 8）在他的理论中，政党被视为是按照从左到右这种一维的意识形态光谱而分布的。由唐斯提出的最著名的假设是，两党制中的各政党都倾向于聚合在意识形态的中心。其原因是，他们通常可以依赖于那些处于中间区域同一边的投票者给予支持，但是他们的观点较为极端。所以，政党赢得选举的机会通常在于吸引靠近中心的投票者。[11]

在关于民主的经济理论中，假定了投票者把他们自身的功利最大化。但是在这一假设中，难于看到为什么人们应当投票。正如唐斯已经观察到的那样，投票的成本通常会超过期望的回报。在这些情况下，理性的选择是不再投票。（Downs，1957：ch. 14）考虑到一张具体的选票对决定大规模选举的结果通常具有无限小的概率，投票几乎永远是“非理性的”，至少根据理性选择的假定是如此，然而大多数市民都投票。这一事实叫作“投票悖论”。在理性选择框架内解释这一悖论一直是其辩护者的当务之急。

加登·图洛克（Gordon Tullock，1967）指出，人们投票是因为社会压力迫使他们这样做。赖克和奥德斯胡克（1868，1973：60f.）则认为，投票还有一些其他利益，包括完成自己的职责所产生的满意感。费尔约翰和菲奥里纳（Ferejohn and Fiorina，1974）采取了一种完全不同的路线，
155 并宣称，如果人们要把他们最大的遗憾最小化而不是把他们所期望的功利最大化的话，投票毕竟可能是理性的。然而迄今为止，在群众选举中对投票还没有提出任何可信的理性选择，并且期望它即将来临则有可能会落空。这也是某些理性选择论者的结论。（Brennan and Buchanan，1984；Fiorina，1990）

可以把投票悖论看作一种更为一般的集体活动问题的例子：当每个人的贡献非常小，因而不能对结果造成任何有重大意义的不同，并且即使人们不播种，他们通常也能获得那些成果时，为什么人们仍然会参加集体行动呢？这些考虑导致经济学家曼柯尔·奥尔森（Mancur Olson）在其经典的《集体活动的逻辑》（［1965］1971）中总结说：“除非群体中的个体数量太少，或除非存在强迫或其他某种特殊手段，从而使个体在他们共同的利益中行动，否则**理性的自我利益个体就不会为获得他们共同的或群体的利益而行动**。”（［1965］1971：2，黑体系原文所加）正如已经指出的那样，这方面的第一个原因是规模。在一个小群体中，即使一个以自我利益为中心的个体为实现集体利益而作贡献通常也是理性的，但是，随着群体规模的增加，每一个体的贡献和他或她在结果的份额中的相对重要性都会减少。第二个也是众所周知的原因是，根据奥尔森的观点，集体的或公共

的利益是由不可排除性来加以典型刻画的。不可能或至少难以把人们从这类事务中获得的利益相排除。重要的例子是诸如法律、规则和工资之类的事，它们典型的是各种利益群体集体行动的结果，但它们通常是提供给特定人们的群体或范畴中所有人的。因而根据奥尔森的观点，只有当存在某种附加给由公共利益本身产生的利益可选择的动机，人们才会参与大规模的集体行动。

投票悖论和集体行动问题是社会的反常状态，它们反映着各种失效或失常，就理性选择的作用来说，它们可解释重要的社会现象。正如我们已经看到的那样，这也是某些理性选择论的领军人物所承认的。在这种情形下，理性选择论者面临着两个基本选择：(1) 试图以特别的方式，在理性选择方法之内来解决这些难题；(2) 断定理性选择存在局限，因而它并不完全平等地适用于所有社会生活领域。大多数理性选择论者选择了第一种解决方案。然而，这种解决方案的代价很高，并且损失了如此之多的使用理性选择所伴随的经验内容。关于唐斯和奥尔森的理论，第一个以清楚明白和令人可信的方式指出这一点的是政治学家布赖恩·巴里。(Brian Barry，[1970] 1978：19—23，33—37) 在后来还有唐纳德·P·格林 (Donald P. Green) 和伊安·夏皮罗 (Ian Shapiro，1994)，他们从更为"经验的"观点出发指出了这一点。

在说明投票悖论和集体行动时的第二种解决方法是引入其他原因，而不是个体的理性选择。这是约翰·埃斯特的解决方法，他论证道，最好是把集体行动解释为混合动机的结果。(Elster，1985，1989) 156

理性选择的社会学

理性选择最终到达社会学中，该学科起初并不十分愿意使用这种方法。(Heckathorn，1997：6) 社会学家倾向认为，人类是各种规则的追随者，而不是工具意义上的理性行动者。如上所述，马克斯·韦伯是个例外，因为在其解释的社会学中，他赋予工具性的理性活动的理想类型以重要地位。([1922] 1978：24ff.；也可参见 Elster，2000) 然而，理性选择社会学的真正先驱者是詹姆斯·科尔曼 (James Coleman)，他在 20 世纪 60 年代提出一种以理性选择为基础的交换理论，以之取代那时占统治地位的结构-功能主义的研究方法。(Coleman，1964)

科尔曼的工作在《社会理论的基础》（1990）中达到顶峰，它是迄今为止对理性选择社会学最重要的独特贡献。在许多方面，科尔曼的交换理论是一般化的和应用于社会交换的经济学。但是也有一些不同。最重要的差别或许是，像许多其他社会科学家一样，科尔曼看到了我们需要经济学理论中所没有的“社会结构”概念。

从方法论的观点看，科尔曼社会学最重要的方面是，它把理性选择当作各种形式的宏观社会学的微观基础（Coleman，1986），包括由经验社会学家典型地造成的统计相关性（Hedström and Swedberg，1996）。科尔曼本人把他对微观基础的要求或寻求视为方法论个体主义的显现（Coleman 1990：5），但它是一种极端弱的方法论个体主义形式，因为它承认社会结构，把它当作个体社会行动的决定性因素（Coleman，1994：166f.）。

概括和总结

根据一种解释，理性选择论是演绎系统，它由先验地真的陈述所构成。根据某些人的看法，这些陈述是分析的；根据另一些人的看法，它们是综合的。今天，几乎没有人愿意接受康德式的先验综合陈述观念。科学理论要么是分析的，要么是综合的，但不可能是先验地综合的。在一定意义上，它们是先验地真的，它们不是关于实在的，而在另一种意义上，它们是关于实在的，它们不是先验地真的。根据逻辑实证主义，所有综合陈述是或必定是经验的，但是今天大多数科学哲学家都认识到了科学中的“形而上学因素”，它们由非经验的综合陈述所构成。今天，几乎没有哪些理性选择的坚持者仍然宣称他们的理论是分析的和先验地真的，但是在理
157 性选择的批评者中间，通常却认为它们是这样的。

通常人们也认为理性选择论以两种形式存在：（1）作为一种形式的微积分学，它实际上是分析的；（2）作为一种被解释的理论，它是经验的。在关于理性或“正确的”选择或行动的规范理论的理性选择，与作为一种关于人类行动的实证理论之间作出区别，甚至更为常见。（参见 Harsanyi，1977：16；Elster，1986：2）在规范的版本中，理性选择论以各种情形来界定理性。在实证版本中，它假定人类实际上会作出理性选择，至少在某些情形中是如此。

倘若我们相信社会科学是要对实在作出某些说明，那么正是理性选择

的实证版本是重要的。而且，倘若我们相信社会科学的主要任务是**说明**，那么米尔顿·弗里德曼的实证经济学方法论则是不恰当的，因为它的目标在于预言，而不是说明。换言之，倘若理性选择意在成为关于社会现象的经验的和说明的理论，它就必须具有某些经验内容和说明力量。这就引起了那个已经讨论了很多的理论与实在或与理性选择论的实在论之间的关系问题。

自从约翰·斯图亚特·穆勒时代以来，最常见的解释一直是，理性选择论或经济学不是一种严格意义上的科学，它建立在不是实在的而是简化的、不是真实的而是接近于真理的假定之上。理论和实在之间的联系是可应用性之一，而不是真理。理性选择论或多或少可应用于不同的社会情形。直到大约20世纪50年代，经济学家仍然习惯于相信理性选择论可应用于市场，但却不可应用于其他社会现象。随着博弈论和经济学帝国主义的兴起，理性选择已经被应用于各种社会现象。然而，仍然具有争议的是，理性选择最好可应用于市场，因为人们的动机更容易与其他制度框架相混淆。

理性选择论如何是实在的，还是一个有争议的问题，但是更为有争议的是它们为何应当是实在的问题。所有科学理论和模式都是对实在的抽象的和简化的描述。抽象性和简化性不是方法论的优点而是其缺陷吗？对这个问题不存在任何简单的答案，但是很难看到理性选择如何能提供对社会现象的说明，除非它们非常好地接近真理。对这一难题的通常解决办法是那种“减少抽象”的方法（Lindenberg，1992）：从很抽象和简化的模式开始，然后以连续的不断增加的实在模式来接近实在。这一方法或许会（但不需要）使用一种连续的理性选择方法。它停留在理性选择的范围之内，只要它完全建立在理性原则之上。但是如果它引入其他行为原则，就会超越它。

对理性选择的类似使用是由马克斯·韦伯提出来的，他主要把它看作达到“真理”的解释工具，或更为恰当地说，达到说明社会现象的解释工具。在这种情况下，理性选择本身并不提供关于它所适用的范围内那些现象的说明，至少不是一种充分的说明。对大多数社会现象的充分说明都要求引入非理性的动机，诸如（道德）价值观、情感和传统。对韦伯来说，人类行动通常是混合动机的结果。 158

作为总结，我提出理性选择或多或少可用于不同的社会情形。它可应用于某种社会情形的程度是一种经验的事情。例如，有充足的理由相信，理性选择更为适用于市场而不太适用于政治领域。倘若如此，理性选择是有局限的，至少作为一种关于人类行动的说明理论是如此。作为解释性工具，它或许仍可普遍地应用。

但是理性选择在另一方面似乎也是不充分的。在大多数场合，个体在其中活动的情形包括社会制度和社会结构，不能归结于个体的选择。在这些情况下，理性选择分析是不够的，但是必须由制度论和结构主义来补充，以便其成果更丰富。在这些情况下，理性选择也不再是一种严格的方法论个体主义的显现，而像制度和结构个体主义一样，是方法论混合物的显现。

注　释

[1] 穆勒在《论政府》中的分析几乎与当代公共选择论完全相同，而且像后者一样，它也被指责为缺少经验内容。这种指责来自历史学家 T. B. 麦考利（T. B. Macaulay，1829）一篇著名的评论，它未失去任何时事性。

[2] “其余情况相同”这个术语在穆勒之前经济学家已经使用，而显然不是由穆勒本人最先使用的。穆勒的追随者约翰·E·凯恩斯使这一说法流行起来，他是在其颇有影响的《政治经济学的性质与逻辑方法》(1875：63) 中使用这一术语的。

[3] “边际主义革命”是指从根据商品的全部效用来说明市场行为转换到根据商品的附加单位的效用来说明它。举一个简单的例子：第一块蛋糕使你获得很大快乐，第二块蛋糕使你获得一些快乐，而第三块蛋糕使你获得一点快乐或一点快乐也没有。这就是消除边际效用的规律，它是边际主义革命的基础。

[4] 韦伯的观点与乔恩·埃斯勒所辩护的“慈善原则”相似。

[5] 一个例外是奥地利经济学家弗里茨·马克卢普（Fritz Machlup)，他拒绝了对经济学的经验解释。根据他的观点（在 1954 年首次发表的一篇论文中，后来收入在其 1978 年出版的一本书中)，经济学的基本假定是理想类型，并且不是独立地可检验的。(Machlup，1978：ch. 5)

[6] 作为方法论的工具主义，弗里德曼的解释也存在明显的问题。（参见，例如，Mäki，1989：184—187；Hausman，1992：162—169）一个问题是弗里德曼指出假定应当“充分地接近于现有的目的”(1953：15)。根据工具主义的观点，根本没有必要假定接近真理。

[7] 波普拒绝逻辑实证主义的主要根据是，普遍规律的确证是不可能的。任何有限数量的确定性证据都不能确定普遍规律是真的。总是存在着否定性事例的可能性。与此形成鲜明对照的是，一个否定性事例就足以证伪一个普遍规律。所以，根据波普的观点，要尽最大努力去证伪你的科学假设。

[8] 应当提到的是，由芝加哥学派成员作出的说明有时会转化为工具主义和对方法论

159

个体主义的破坏。社会制度的出现和持续存在，从总体上说，可根据它们的合理性或对社会的功能来说明，但是却没有对个体的理性选择的说明，而这是所有社会现象的终极原因。理查德·波斯纳（Richard Posner）的著作充满了对这种理性选择论的这种曲解的例子。参见，例如，他的论文《原始社会理论：特别是关于法律》（1980：5），在这篇论文里，他明确拒斥了理性选择并承认功能主义。

[9] 我在此使用的这种语言（例如，"经济人"、"政治人"），在我写作的那个时代是流行的，并且处于那个时代所作论证的核心。

[10] 然而，参见布坎南（Buchanan，1989），他在这里否定关于自我利益的假定是理性选择模式中的必要因素。在这篇论文里，他提出理性选择模式具有下列三个要素：方法论个体主义、效用最大化和各种约束，包括由社会制度所施加的约束。

[11] 这个假定只有在投票者的偏好是平均分布或集中于核心时，而不是是否存在强烈的意识形态的两极化时才起作用。

参考文献

Agassi,Joseph 1970：Tautology and testability in economics. *Philosophy of the Social Sciences* 1，49－63.

Agassi，Joseph 1975：Institutional individualism. *The British Journal of Sociology* 26，144－155.

Alchian，Armen A. 1961：Some economics of property rights. In Armen Alchian (ed.)，*Economic Forces at Work*. Indianapolis，IN：Liberty Press，127－149.

Alchian，Armen A. and Harold Demsetz 1972：Production，information costs，and economic organization. *American Economic Review*，62，777－795.

Arrow，K. 1987：Rationality of self and others in an cconomic system. In R. M. Hogarth and M. W. Reder (eds.)，*Rational Choice*. *The Contrast between Economics and Psychology*. Chicago：The University of Chicago Press，201－215.

Barry，Brian [1970] 1978：*Sociologists*，*Economists and Democracy*. Chicago：The University of Chicago Press.

Becker，Gary S. 1976：*The Economic Approach to Human Behavior*. Chicago：The University of Chicago.

Bicchieri，C. 1993：*Rationality and Coordination*. Cambridge，UK：Cambridge University Press.

Blaug，Mark 1980：*The Methodology of Economics*：*Or*，*How Economists Explain*. Cambridge，UK and New York：Cambridge University，Press.

Boland，Lawrence 1979：A critique of Friedman's critics. *Journal of Economic Literature* 17，503－522.

Boland, Lawrence 1982: *The foundations of Economic Method*. London: George Allen & Unwin.

Brennan, G. and J. M. Buchanan 1984: Voter choice: Evaluating political alternatives. *American Behavioral Scientist* 28, 185—201.

Buchanan, James M. 1988: The constitution of economic policy. In J. D. Gwartney and R. E. Wagner (eds.), *Public Choice and Constitutional Economics*. Greenwich, CT: JAI Press, 103—114.

Buchanan James M. 1989: Rational choice models in the social sciences. In *Explorations into Constitutional Economics*. College Station: Texas A&M University Press, 37—50.

Cairns, John E. 1875: *The Character and Logical Method of Political Economy*. London: Macmillan & Co.

Caldwell, Bruce 1991: Clarifying Popper. *Journal of Economic Literature* 29, 1—33.

Caldwell, Bruce J. 1982: *Beyond Positivism: Economic Methodology in the Twentieth Century*. London: George Allen & Unwin.

Chong, D. 1995: Rational choice theory's mystical rivals. *Critical Review* 9, 37—57.

Coase, R. H. 1937: The nature of the firm. *Economica* 4, 386—405.

Coase, R. H. 1960: The problem of social cost. *The Journal of Law and Economics* 3, 493—496.

Coleman, James S. 1964: Collective decisions. *Sociological Inquiry* 34, 166—181.

Coleman, James S. 1986: Social theory, social research, and a theory of action. *American Journal of Sociology* 91, 1309—1335.

Coleman, James S. 1990: *Foundations of Social Theory*. Cambridge, MA: Harvard University Press.

Coleman, James S. 1994: A rational choice perspective on economic sociology. In N. L Smelser and R. Swedberg (eds.), *The Handbook of Economic Sociology*. Princeton, NJ: Princeton University Press, 166—180.

De Marchi, N. 1988: *The Popperian Legacy in Economics*. Cambridge, UK: Cambridge Univeristy Press.

Demsetz, Harold 1964: The exchange and enforcement of property rights. *The Journal of Law and Economics* 7, 11—26.

Demsetz, Harold 1966: Some aspects of property rights. *The Journal of Law and Economics* 9, 61—70.

Demsetz, Harold 1967: Toward a theory of property rights. *American Economic Review* 57, 347—359.

Downs, Anthony 1957: *An Economic Theory of Democracy*. New York: Harper &

Brothers.
Elster, Jon 1979: *Ulysses and the Sirens. Studies in Rationality and Irrationality.* Cambridge, UK: Cambridge University Press.
Elster, Jon 1985: Rationality, morality and collective action. *Ethics* 96, 136—155.
Elster, Jon (ed.) 1986: *Rational Choice.* Oxford: Blackwell.
Elster, Jon 1989: *The Cement of Society. A Study of Social Order.* Cambridge, UK: Cambridge University Press.
Elster, Jon 2000: Rationality, economy, and society. In Stephen P. Turner (ed.), *The Cambridge Companion to Weber.* Cambridge, UK: Cambridge University Press, 21—41.
Ferejohn, J. A. and Morris P. Fiorina 1974: The paradox of not voting. A decision theoretic analysis. *The American Political Science Review* 68, 525—536.
Fiorina, Morris P. 1990: Information and rationality in elections. In J. A. Ferejohn and J. H. Kuldinski (eds.), *Information and Democratic Processes.* Urbana, IL: University of Illinois Press, 329—342.
Friedman, Milton 1953: The methodology of positive economics. In *Essays in Positive Economics*, Chicago: The University of Chicago Press, 3—46.
Green, D. P. and I. Shapiro 1994: *Pathologies of Rational Choice Theory. A Critique of Applications in Political Science.* New Haven, CN: Yale University Press.
Grunberg E. 1966: The meaning of scope and external boundaries of economics. In S. R. Krupp (ed.), *The Structure of Economic Science.* New York: The Free Press of Glencoe, 148—165.
Harsanyi, J. C. 1977: *Rational Behavior and Bargaining Equilibrium in Games and Social Situations.* Cambridge, UK: Cambridge University Press.
Hausman, Daniel M. 1992: Essays on Philosophy and Economic Methodology. Cambridge, UK: Cambridge University Press.
Hayek, Friedrich A. von [1937] 1948: Economics and knowledge. *Economica* 4, 33—54. Reprinted in Hayek 1972: *Individualism and Economic Order.* Chicago: The University of Chicago Press, 33—56.
Hayek, Friedrich A. von [1942—1944] 1952: *The Counter-Revolution of Science: Studies on the Abuse of Reason.* Glencoe, IL: Free Press.
Heckathorn, D. D. 1997: Overview: The paradoxical relationship between sociology and rational choice. *The American Sociologist* 22, 6—15.
Hedström, Peter and Richard Swedberg 1996: Rational choice, empirical research, and the sociological tradition. *European Sociological Review* 12, 127—146.
Hutchison, T. W. [1938] 1965: *The Significance and Basic Postulates of Economic*

Theory. New York: Augustus M. Kelley.

Janssen, C. W. 1993: *Microfoundations. A Critical Inquiry*. London: Routledge.

Jevons, Stanley [1871] 1979: *The Theory of Political Economy*. Harmondsworth, UK: Penguin.

Kauder, E. 1958: Intellectual and political roots of the older Austrian school. *Zeitschrift für Nationalökonomie* 17, 411—425.

Keynes, John Maynard [1936] 1973: *The General Theory of Employment, Interest and Money*, in *The Collected Writings of John Maynard Keynes, VII*. London: Macmillan.

Knight, Frank H. 1921: *Risk, Uncertainty and Profit*. Chicago: The University of Chicago Press.

Koopmans, Tjalling C. 1957: *Three Essays on the State of Economic Science*. New York: McGraw-Hill.

Kreps, David M. 1990: *Game Theory and Economic Modelling*. Oxford: Oxford University Press.

Kuhn, Thomas [1962] 1996: *The Structure of Scientific Revolutions*, 3rd edn. Chicago: The University of Chicago Press.

Lakatos, I. 1970: Falsification and the methodology of scientific research programmes. In I. Lakatos and A. Musgrave (eds.), *Criticism and the Growth of Knowledge*. Cambridge, UK: Cambridge University Press, 91—196.

Latsis, S. (ed.) 1976: *Method and Appraisal in Economics*. Cambridge, UK: Cambridge University Press.

Lindenberg, Siegwart 1992: The method of decreasing abstraction. In J. A. Coleman and T. J. Fararo (eds.), *Rational Choice Theory. Advocacy and Critique*. Newbury
162 Park, CA: Sage Publications, 3—20.

Macaulay, T. B. [1829] 1978: *Mill's Essay on Government*. Utilitarian logic and politics. In J. Lively and J. Rees (eds.), *Utilitarian Logic and Politics*. Oxford: Clarendon Press, 97—127.

Machlup, F. 1978: *Methodology of Economics and Other Social Sciences*. New York: Academic Press.

Mäki, U. 1989: On the problem of realism in economics. *Ricerche economiche* 42, 176—198.

Mäki, U. 1990: Mengerian economics in realist perspective. *History of political Economy* 22, 289—310.

Marshall, Alfred [1890] 1920: *Principles of Economics*, 8th edn. London: Macmillan & Co.

Menger, Carl [1883] 1963: *Problems of Economics and Sociology*. Urbana, IL: University of Illinois Press.

Mill, James [1820] 1955: *An Essay on Government*. Indianapolis, IN: Bobbs-Merrill.

Mill, J. S. [1836] 1950: On the definition of political economy and on the method of investigation proper to it. In *Philosophy of Scientific Method*. New York: Hafner, 407—440.

Mill, John Stuart [1843] 1974: *A System of Logic. Ratiocinative and Inductive* (*Collected Works, vol. VII—VIII*). Toronto: Toronto University Press.

Mises, Ludwig von [1929—33] 1976: *Epistemological Problems of Economics*. New York: New York University Press.

Mises, Ludwig von [1949] 1966: *Human Action. A Treatise on Economics*. Chicago: Contemporary Books.

Murphy, J. B. 1995: Rational choice theory, as social physics. *Critical Review* 9, 155—174.

Nagel, Ernest 1961: *The Structure of Science: Problems in the Logic of Scientific Explanation*. New York: Harcourt, Brace and World.

North, Douglass C. 1981: *Structure and Change in Economic History*. New York: W. W. Norton and Company.

North, Douglass C. 1990: *Institutions, Institutional Change and Economic Performance*. Cambridge, UK: Cambridge University Press.

Olson, Mancur [1965] 1971: *The Logic of Collective Action. Public Goods and the Theory of Groups*. Cambridge, MA: Harvard University Press.

Ordeshook, P. C. 1990: The emerging discipline of political economy. In J. E. Alt and K. A. Shepsle (eds.), *Perspectives on Positive Political Economy*. Cambridge, UK: Cambridge University Press, 9—30.

Ordeshook, P. C. 1992: The reintegration of political science and economics. In G. Radnitzky (ed.), *Universal Economics. Assessing the Achievements of the Economic Approach*. New York: Paragon House, 171—200.

Ordeshook, P. C. 1995: Engineering or science: What is the study of politics? *Critical Review* 9, 175—188.

Papandreo, A. G. 1950: Economics and the social sciences. *The Economic Journal* 60, 715—723.

Popper, Karl 1934: *Die Logik der Forschung*. Vienna: Springer.

Popper, Karl [1944—1945] 1961: *The Poverty of Historicism*, 2nd rev. edn. London: Routledge & Kegan Paul. First published *Economica*, 11—12.

Popper, Karl [1945] 1966: *The Open Society and Its Enemies*, 5th rev. edn. Routledge

& Kegan Paul.

Popper, Karl 1959: *The Logic of Scientific Discovery*, trans, with addenda by Karl
163 Popper. London: Hutchinson.

Popper, Karl 1994: *The Myth of the Framework*. In *Defence of Science and Rationality*. London: Routledge.

Posner, R. A. 1980: The theory of primitive society, with special reference to primitive law. *The Journal of Law and Economics* 23, 1—54.

Riker, William H. 1990: Political science and rational choice. In J. E. Alt and K. E. Shepsle (eds.), *Perspectives on Positive Political Economy*. Cambridge, UK: Cambridge University Press, 163—181.

Riker, W. H. and P. C. Ordeshook 1968: A theory of the calculus of voting. *American Political Science Review* 62, 25—42.

Riker, William H. and Peter H. Ordeshook 1973: *An Introduction to Positive Political Theory*. Englewood Cliffs, NJ: Prentice-Hall.

Roberts, M. J. 1974: On the nature and conditions of social science. *Daedalus*, 47—64, 103.

Robbins, Lionel [1932] 1935: *An Essay on the Nature and Significance of Economic Science*, 2nd edn. London: Macmillan.

Rosenberg, Alexander 1979: Can economic theory explain everything? *Philosophy of the Social Sciences* 9, 509—529.

Rosenberg, Alexander 1983: If economics isn't science, what is it? In M. Martin and L. C. MacIntyre (eds.), *Readings in the Philosophy of the Social Sciences*. Cambridge, MA: The MIT Press, 661—674.

Samuelson, P. 1938: A note on the pure theory of consumer behavior. *Economica* 5, 51—61.

Samuelson, P. 1963: Problems of methodology-discussion. *American Economic Review. Papers and Proceedings* 53, 231—236.

Selgin, George 1988: *The Theory of Free Banking: Money Supply under Competitive Note Issue*. Totowa, NJ: Rowman & Littlefield.

Sen, Amartya 1979: Rational fools: A critique of the behavioral foundations of economic theory. In F. Hahn and M. Hollis (eds.), *Philosophy and Economic Theory*. Oxford: Oxford University Press, 87—109.

Sen, Amartya 1990: Rational behavior. In J. Eatwell, M. Milgate, and P. Newman (eds.), *The New Palgrave: Utility and Probability*. New York: W. W. Norton and Company, 198—216.

Simon, H. A. 1986: Rationality in psychology and economics. In R. M. Hogarth and

M. W. Reder (eds.), *Rational Choice. The Contrast between Economics and Psychology*. Chicago: The University of Chicago Press, 25—40.

Smith, B. 1986: Austrian economics and Austrian philosophy, in W. Grassl and B. Smith (eds.), *Austrian Economics*. London: Croom Helm, 1—37.

Smith, B. 1990: Aristotle, Menger, Mises: An essay in the metaphysics of economics. In B. J. Caldwell (ed.), *Carl Menger and his Legacy in Economics*. Durham, NC: Duke University Press, 263--288.

Stigler, G. 1984: Economics—the imperial science. *The Scandinavian Journal of Economics* 86, 301—313.

Sugden, R. 1991: Rational choice: A survey of contributions from economics and philosophy. *The Economic Journal* 101,751—785.

Tullock, Gordon 1967: *Towards a Mathematics of Politics*. Ann Arbor, MI: University of Michigan Press.

Tullock, Gordon 1972: Economic imperialism. In J. M. Buchanan and R. D. Touison (eds.), *Theory of Public Choice. Political Applications of Economics*. Ann Arbor, MI: The University of Michigan Press, 317—329. 164

von Neumann, John and Oskar Morgenstern [1944] 1953: *Theory of Games and Economic Behavior*, 3rd edn. Princeton, NJ: Princeton University Press.

Weber, Max [1904] 1949: "Objectivity" in social science. In *The Methodology of the Social Sciences*. New York: The Free Press, 49—112.

Weber, M. [1903—6] 1975: *Roscher and Knies. The Logical Problems of Historical Economics*. New York: The Free Press.

Weber, Max [1917] 1949: The meaning of "ethical neutrality" in sociology and economics. In *The Methodology of the Social Sciences*. New York: The Free Press, 1—47.

Weber, Max [1922] 1978: *Economy and Society: An Outline of Interpretive Sociology*, 3 vols., Guenther Roth and Claus Wittich (eds.), Berkeley and Los Angeles: The University of California Press.

Weintraub, E. R. 1979: *Microfoundations. The Compatibility of Microeconomics and Macroeconomics*. Cambridge, UK: Cambridge University Press.

Wicksteed, Philip H. 1910: *The Common Sense of Political Economy*. London: Macmillan.

Williamson, Oliver E. 1975: *Markets and Hierarchies. Analysis and Antitrust Implications*. New York: The Free Press.

Williamson, Oliver E. 1985: *The Economic Institutions of Capitalism: Firms, Markets, Relational Contracting*. New York: The Free Press. 165

第7章 社会科学中的数学模型

保罗·汉弗莱斯（Paul Humphreys）

社会科学中的数学模型运用的是多种多样的、有时有效的一组技术。从哲学角度看，我们关注的是以下几类问题：社会科学中的模型方法如何不同于物理学或生物学中的模型方法？是否存在着能应用于不同的社会科学的统一方法？要构建并使用这些模型需要多少与研究课题相关的知识？这些模型单靠实证数据就能构建出来，还是要加入实质性的理论？社会科学的数学模型在多大程度上能取得成功？本章将涉及以上大多数问题，但是需要强调的是，并没有一个简洁明快的答案。实际上，该领域中的一般性概括充其量尚处在未成熟阶段，而且这些概括通常非常容易给人以误导。进一步了解数学模型在什么情况下是有益的，它的局限性是什么，以及新的模型方法正在如何改变社会科学的研究方法，这些都需要我们密切关注一些具体方法的潜质和缺陷。

这里所提出的主要观点是：社会科学模型比物理学模型更不统一和更具有具体情境性。但这种程度上的差异并没有大到能引发关于模型方法的有趣归纳上来。模型向我们展示的原理之一是各个不同的学科可以有完全相同的表示方法，并且关注其他学科所使用的方法可受到诸多教益。举个例子来说，博弈论模型既可运用于生物系统，也可运用于经济系统，疾病流行模型则可运用于处理观念的融合问题。此外，生态中的食肉动物—猎物模型与和平时期军备扩充的模型之间存在着非常有趣的相似性。[1]这就引发了人们对学科组织的一些有趣的问题：各类科学是应该按照传统的学科进行分类，还是应该按照成功的模型方法来划分？从本体论上说，我们天生地倾向于前一种组织模式，但是从方法论角度看，后一种模式也是更新的模式则前景更为远大。

为何要使用数学模型

许多社会科学家抵制使用数学模型。在这些反对意见中，有一些是合理的，但许多反对意见并不合理。一些人把模型仅仅看成是或多或少可以进行成功预测的基础，在他们看来，这些模型与现实的一致性无关紧要；而另外一些人则把模型看作是被模拟系统的潜在结构的展示。这两类人由此形成了重要的分界。支持第一种态度的著名辩驳是米尔顿·弗里德曼（Milton Friedman）提出来的（1953），考尔斯（Cowles）在20世纪50年代撰写的一些关于计量经济学的著作中似乎就是沿着这种态度展开其论述的。（参见，例如，Koopmans，1950；Hood and Koopmans，1953）与之形成鲜明对比的是，举几个例子，譬如关于地位结构的许多社会学模型，关于内在短语结构处理的心理语言学模型，以及关于亲属关系和赠予经济学的人类学模型，显然意在用模型对现实进行模拟。现在，我们可以把动机方面的差异放在一边，先来谈谈这些模型所具有的共性。

通常，反对以模型方法模拟社会现象的观点认为有些模拟活动没有以明智而谨慎的方式进行。数学模型只有在它们似是而非的时候才显得深奥难懂；数学模型能为子虚乌有的情形制造出知识幻景；它们也能制造出经过粉饰的谬论；它们具有使机器计算代替智力推理的永恒危险；并且根据这些模型所作的许多猜想要么在实践中不能令人满意，要么从这些猜想中只能得出最站不住脚的结论。然而，与这些谨慎考虑的背景不同，人们提出的要慎重使用模型的其他一些理由也不能令人信服。

譬如，对模型的普遍反应是坚持认为，运用数学表达法会忽略所考察的社会现象或人类现象之中的某些基本因素。这一观点激发了社会学和人类学中理解（移情理解）方法的应用；这一观点也强调了心理学中模仿方法的应用，即以把自己投射于主体角色之中来代替对该行为的理论分析；并且这一观点还支持对体验的内在本质——即体验的主观“感受”——的诉求能成为考察任何客观的人类研究本质上是不完整的理由。根据理解方法，对某些人类学现象和社会学现象的恰当理解，据说只有把自身融入社会之中，并根据所考察的社会视角去体验这些现象，才能获得。根据模拟方法，把自身移情地投射于其行为需要理解的那些个体的精神状态之中，是获得对他们的精神状态之恰当洞察的较好基础。根据后一种主观主义方法，形式表达法被认为忽略了人类体验的质的内容，而没有这些内容，我167 们就不能充分了解或根本不能了解我们内心生活的本质特征。它宣称，任何有关幽默的数学理论都无法传达出大笑这种体验。

毫无疑问，在这些非形式方法中，任何一种都可给我们提供关于人类体验的信息。但这没有理由让我们否认能从数学模型中得到不同类型的知识。关于原始母语的传播和发展模型可以向我们表明，迄今为止一直被认为截然不同的那些语言其实是有联系的，我们也不必会说那些语言，或曾经是操那种语言的历史社会的一部分。我们不必将自身全部投射于精神分裂症病人的精神状态之中，甚至不用去亲身感受他们的精神状态，就能知道精神分裂症是如何遗传的，知道基因如何引起与发育因素（或传染因子）的相互作用。虽然民族分裂确实常会带有深厚的情感，但还是存在强有力的模型能够解释仅仅是纯粹个体之间的简单互动也会导致这种分裂，而且这些模型并不要求使用该模型的人为了有效地运用这些模型而去假设或去体验民族冲突。

抽象方法有时也是必需的，因为要捕捉发生在社会之中的变化就要求离开具体的东西。譬如，在经济学中货币概念实际上已经变得非常抽象，因而任何交换媒介，不管它是金属的、电子的或者是纸质的，都可以归入这个一般的、以功能来定义的概念之中来考察。[2]倾向于使用抽象方法的另一种考虑是，正是数学模型的抽象性，即它们缺乏直接的内容，才使得它们如此有用。正是因为这些动力平衡模型不仅可以应用于经济系统，而且可以应用于食肉动物和猎物的数量。它是从一个科学领域中产生的洞见，并且数学技巧的发展还会使得这些洞见更加精致，因而才能被传递到其最初应用与之相距甚远的社会科学领域之中。这种在更加抽象的层次上，根据结构的相似性，去看待不同主体在数学上的等同性的能力，是一种不可缺少的模拟技术，而在其他领域训练有素的社会科学家对此不够重视，已成为这些技术发展的严重障碍。

反对数学模型的第二种常见观点认为，需要模拟的现象太复杂了，因而不能恰当地把这些现象模拟出来；这些现象受多种影响的干扰，所以很难系统地处理这些现象；这些现象也转瞬即逝，经不起理论上的严肃推敲。在这些考虑当中，第二个和第三个考虑比较重要。复杂性本身不是问题，因为物理学通过运用抽象和简化，把变数的量减少到可操作的量，就可成功地模拟复杂现象。现在，在这类物理系统中，某些系统的本质已经很少，存在着后果较小的可支配的影响，并且各种影响也可区分，这就可以根据一组较小的机制而形成非常精确的物理模型。不幸的是，在处于实验室之外的社会科学中，那些其影响可支配和可分离的系统并不多见。

一旦能获得这些条件，其实验结果就是至关重要的——应当有更多这样的实验结果——并且这些有趣的结果已经存在于实验经济学之中，存在于社会学的小组理论之中，存在于知觉之中，存在于认知解释和谬误推理领域之中。这里只列举一些以实验为基础的例子。这类实验的背景易于做模型，因为这些领域中都人为地带有支配性、稀缺性和可分割性。但是，由于有了这些实验结果，还必须证明在实验室中可行的结果也适用于更大的范围。而正是在从实验室可控制的和已知的环境到外界社会的不可控制和经常是未知的环境的过渡中，那些初始模型背后的假设经常被违背或完全不能适用。[3]因此，模型和试验具有相似性，因为它们都局限在被简化的日常世界模本中，模型即使像社会系统中自然运用的模型一样有问题时也能准确地反映实验场景。社会模型中关键的因素（而且一般是在试验中）是，第一，恰当地选择变量，因而要将支配性的影响包括到模型中来；第二，要保证这些影响在不同的情境中保持恒定。要作出这些选择需要相当的技术和对具体课题的深刻了解。这两个条件完全具备，在社会科学中是极为罕见的，而经常的情况则是，仅仅捕捉到某个现象大致的质的结构就算是成功了。

就社会科学系统而言，其某些类特征可能会影响数学模型在这一领域中所采取的形式，而且这些类特征可能会使有效的模型比在自然科学中更加困难。大多数社会系统是开放而不是封闭的。也就是说，它们容易受到来自该系统之外的因素影响，这些影响要么不包括在该模型之中，要么即使包括在内也是不可预测的。在这类影响中，我们比较熟悉的例子有所谓关于因果模型的“错误术语”，它通常表达了有关该系统的所有因果影响的整体效果，而这些因果影响并未明确地包括在该系统之中；其他的例子还有经济周期的随机震荡模型。[4]

在处理开放系统时，其主要危险是把问题搞乱，在这里，一个复杂变量明显地与所考察的变量相关联，因而这些关联被误认为是因果联系。譬如说，一个变量可能并不包括在该模型之中，因为我们根本没有意识到它的存在，或者我们错误地认为这一变量是毫不相关的，那么这一变量就有可能成为并不包括在这一模型之中的两个变量的共同原因，因而产生了它们之间的某种关联。如果没有这个被忽略的共同原因，这种联系就很容易被用来表明那两个被包括在其中的变量之间的某种直接的因果联系。[5]

对于开放系统的长期预测，即使是盖然性的预测也是非常困难的，除非这个系统的结构足够稳定，从而能够支撑把输入与输出关联起来的固定功能形式。许多社会系统容易受到大量相关变量的影响，这些变量中大多数是人们未知的或不可测量的，这与物理学教科书中的例子是不一样的。
169 在后者中变量的状态很少，而且它们是已知的和可测量的。一个系统的特性是开放的抑或是封闭的，是多元的还是一元的，这在逻辑上是独立的，因为无论是封闭式系统还是开放式系统都有许多相关变量，也都只有为数很少的变量。然而，在社会科学中，具有开放系统通常意味着要处理大量的变量，即使它们中大多数都会成为类属的错误术语。此外，社会科学系统很少是决定论的。用来表达该系统的那些概念既没有精确的定义，也未涉及那些并不明显地对应于已知系统之类似特性的抽象特性。这些模型几乎不能用从已知能满足该模型之假设的系统中得来的经验数据来检验。而且用来评估这些模型的那些数据通常是不可复制的，其特性是令人怀疑的，而且其数量太少，不能形成诸多细节。

这些模型之所以缺乏决定论的特性，是因为它们所处理的那些现象本身基本上没有决定论的特性——这些现象当中存在着不可还原的相关偶然性——或者是由这些决定论现象的潜在性所造成的，它们容易成为随机的进入，因而它们被当成仿佛是非决定论的。前一种情形在目前的社会领域中没有必要认真对待，这是因为在这一领域中，现行的知识状况并不能支持那些不可还原的非决定论证明，而这些证明已经为某些量子现象构建起来了。随机模型可以作为后一种情形中进行选择的载体，因为混沌模型对于所选择的现象展示了某些希望。

然而所有这些难题已经困扰了自然科学中运用模型的工作，当然它们也未能阻止一些高度成功的数学模型被设计出来。要想规避这些困难，通常要求我们自己承认一个在许多人看来很不受欢迎的事实：几乎任何模型都要求我们大量地简化实在系统，以便把它再现出来。正是这种对简化和抽象的厌恶潜藏在人们对社会模型的大多数批评之中。因为人类熟悉自己的通常是复杂的动机，所以许多人反对这样一种观念，即我们的行动是由极其简单的机制或相关作用产生的，或者社会结构的重要特征可由这些机制来模拟。然而足球恶棍的行为，地位不平等的陪审团成员的行为，起立鼓掌的观众之举动，美国人参与拍卖会的行为，壁纸中规则性图案的走向，以及许许多多其他行动者的行为，都能以令人吃惊的简单数学模型加以描述，有时还能作出相当好的预测。

再着重谈谈其他一些考虑。无疑，我们经常使用相当简化的方法，譬如，在社会模型中经常使用线性假设几乎完全是为了数学上的方便。此外，许多社会变量具有相互作用的效果，因而因果关系通常是不能简单累加的。然而在模型中，非线性和相互作用的效果此时可以通过计算方法来处理，而不是使用传统的分析技巧来处理，并且由于价格不算昂贵的计算机的普及，关于社会现象的纯粹计算模型也已成为传统模型方法的有力补充。这一进展给所有科学的数学模型所带来的变革是不可低估的。从方法论的进展而言，它至少可与微积分的引入和统计学方法的发展相媲美。 170

模型必须与可获得的数据相符合。在社会科学的许多领域中，所存在的难题一方面是数据太多，另一方面是数据太少。说它太多是因为，譬如，在经济系统的普查中所能收集的数据点数有时太多；而说它太少是因为对任何一个具体系统而言，所获得的数据种类通常又是有限的，或者这些数据的收集没有任何具体的研究目的或收集这些数据耗资巨大。然而就其本身而言，所获得的这些数据的质并不构成问题。某些物理科学为其研究对象构建的统计模型，其规模比任何社会科学领域都要大得多。即使数据是从每个美国人那里收集到的，所涉及的人数也只能处于小于气体分子数的 10^{-15} 序列上。其问题在于社会科学的数据通常是不纯的，被采访者并不总是说实话，一些人还可能会放弃参与实验。而且调查要么是不完全的，要么是抽取的样本太多——并不是所有被选中的参与者都能被联系上，他们或全部或部分地会拒绝参加调查，或者他们的回答不止一个。此外不可避免的事实是，人口数量有可能会受到外界的影响，这个影响比外界环境对热平衡的影响要复杂得多。[6]人口数量很少能像气体分子那样同属一类，因此作出一般性结论是很危险的，而且社会规则通常并不会像我们所期望的那样长期保持。

总而言之，以上讨论似乎都表明，在使用并解释社会科学中的模型结论时要慎之又慎，这实际上也是本章所要阐述的主旨之一。但是也有许多成功的例子。我们可以把模型方法分为三大类：以理论为基础的模型（简称“理论型模型”）、以数据为基础的模型（简称“数据型模型”）和计算型模型。最后一类与前两类部分地重叠，但在某些情形中它却提供了非常不同的方法。

理论型模型

构建理论型模型的过程可以用一个例子来说明。[7]这个例子尽管既不过于简单也不过于复杂，但却要求人们考虑社会科学中的构建模型者所面临的许多特殊问题。考虑一下犯罪当中的累犯问题。我们想知道至少犯有一种罪刑的人再犯罪的概率。第一个任务就是要从规范上确定什么要件构成累犯。因为不同的司法制度对累犯的界定是不同的，对这个术语并不存
171 在一个普遍认可的定义。监狱部门并不关心那些曾被逮捕、判刑而没有送到监狱却再去犯罪的人，而警方对此类人自然会十分关注。一般公众则倾向于关注犯罪不断重复发生，对犯罪嫌疑人是否被逮捕还是被监禁则漠不关心。[8]因此构建模型的人作出的第一个决策，就是要确定模型中所使用的变量的恰当定义和测量标准。一个常见的定义是，累犯是指曾经因犯罪而被囚禁、释放后再次被捕的犯人。这样给出的定义就包括了以上谈到的某些而不是全部考虑。构建模型者不得不承认这样界定的定义通常是有争议的：许多定义有操作上的考虑，诸如要获得对某一类个体的系统数据，而强加给我们的。不论原因如何，清晰而有争议总比模棱两可要好。给累犯赋予一个约定性的概念没有什么不妥，但这样的定义不可能被普遍接受；社会科学的大多数领域（除了精神病学）都非常明智地不愿建立国家标准局。

尽管在社会科学中对定义的这类分歧是显而易见的，但对核心概念达成一致性定义的困难通常则被更长的历史和自然科学中常见的一致性所遮蔽。譬如，温度似乎是一个自然的变量，它可以被轻而易举地测量出来而不会引起什么争议。然而几十年来对于究竟应当采取哪一种理论的温度定义则有严重的分歧，并且即使这个问题解决了，在实际应用中还有两个截然不同的温度概念——一方面是建立在可逆的卡诺循环之上的理论热动力概念，另一方面是大量实际的温度刻度，而每一实际刻度是刻在不同的物质材料之上的，并且每一刻度的值都与这种理论概念具有微小的差异。[9]

再回过头来考察这个模型。假设有一个犯罪人群，其中每一个体至少犯有一种罪行。我们假定可能会有四种状态，因而某个个体可能会处于状态 1：不再另犯新罪，因而不再卷入司法系统；状态 2：在给定的某个时间段里又犯了一种罪；状态 3：在某个时间段里被逮捕；状态 4：在某个时间

段里被监禁。在任何状态之间，甚至在同一状态里，都可能会有时间上的过渡，但是有特例：一旦一个人处于状态 1，他/她就会仍然处在这一状态中；没有人可以从状态 2 直接过渡到状态 4，也不会从状态 4 直接到状态 3 或状态 4；而要针对其间没有犯罪就不可能重新被捕的情况制作模型，那么一个人也不可能从状态 3 直接到状态 3，这一假定排除了错误逮捕。还必须确定各个时间段的恰当长度，这里所能作的选择是：在某个给定的时间段里，不能出现连续的逮捕。

有了这些状态，就有可能根据马尔可夫（Markov）程序，用一个有趣的终端状态，来为累犯制作模型了。状态 1 可被认为是有趣的，因为一旦 172
进入这个状态，就决不会被留下来。有一种强有力的假定认为，从状态 Si 到状态 Sj（其中 i 与 j 可以是相等的）过渡的概率与该个体先前的历史是无关的，这种假定使得我们具有了马尔可夫特性，并且我们还可以假定这些过渡概率在该罪犯的生涯中是恒定的。显然这些假定一般地说都不可信，而且由此得出的模型最终会被精致地加工，以使它包括非马尔可夫和非静止的过渡概率。为了让我们清楚地看到这些假设是不可信的，这一构造程序具有把这些假定强行公开化的无价优点，而且这一模型要以何种方式得到精致化已经显而易见了。当然，要使这一程序成为非马尔可夫式的程序，将会使其数学内容极大地复杂化。在此我们可看到模型中的精确性和数学处理能力之间存在的普遍平衡问题。所有模型都会简化或扭曲现实，但是理论模型的主要优点之一——如果做模型的人认真仔细的话——是这些简化和扭曲可以被弄得清楚明白，并且通常会知道为了改进这个模型以后需要做哪些修改。

设 p_R 为再犯另一种罪的概率，并且先前已处于状态 2 或 3 或 4 中。也就是说，假定先前已犯过罪，那么再犯另一种罪的概率就会被当作具有再犯另一种罪（且先前曾被逮捕）的概率的值，并且还具有再犯另一种罪的概率（假定先前曾被监禁过）。这些概率等同于累犯的概率，累犯在这里的含义要比前面所讨论过的宽泛得多。p_R 是这一模型中一个未知的参数，并假定在不同的时间段和在不同个体之间是恒定的。因此可以假定 p_R 与个体是否曾被逮捕和判刑是没有关系的。这些假定没有一个是特别有道理的，但是采用这些假定会极大地简化该模型。

假定 p_A＝P（被逮捕/已犯罪），并假定这是个常数，且因此不受周期性的法律强制行动的影响。p_A 的价值可以根据警方的数据作出估计。在下一个时间段里又犯至少一种罪的概率为 $(1-p_A)p_R$。

设 $p_I = P$（被监禁/被逮捕）。这被假定为是一个常量，并可根据经验进行估计。又犯至少一种新罪的概率，且假定被逮捕，为（$1-p_I$）p_R。根据这些概率，可以构建一个过渡性概率矩阵[10]，根据该矩阵有可能预测诸如再捕和再拘禁这类现象的概率，预测一个罪犯犯罪生涯的平均罪行数，以及改变再犯概率对这个平均数的影响。基于这个透明的模型，可以进行出人意料的预测，譬如 p_R 减少 0.1 就会使犯罪平均数减少一半。[11]正是在这里数学模型的威力得到明显的展示，它能使我们避开常识中的种种谬误和常规。这里的困难任务，并且是模型可以在其中发挥重要作用的困难任务，在于看到这些令人吃惊的结果在先前提到的这些人为假定变得更为现
173 实时是否还能站得住脚。

在社会科学哲学中，传统的争论之一与规律的存在相关。有些人，譬如唐纳德·布莱克（Donald Black，1997），认为不仅社会学有其自身的规律，而且就是因为有这些规律，社会学才没有被归之于其他学科。另一些人，如约翰·瑟尔（John Searle，1984），则提出由于社会特性的多重可实现性，无法对之作出任何重要的概括，而且根本不存在社会规律。这种对规律的渴望是可以理解的，但是如果我们把注意力转移到模型上来的话，需要用规律来支持理解的需求就减少了。取而代之的是，我们需要很好地掌握导致先前那些不同行为的机制和参与构建该模型的各种假定。尽管依据传统在自然科学中模型构建总是假定模型背后存在着规律，但事实上并不需要这类类似于规律的一般性，因为模型构建的本质是要为被模拟的特定系统制作模型。其困难在于制作模型时不要陷入特别的“削足适履”的泥坑之中。

我把这一部分的题目命名为“理论型模型”可能有些简单化。称一种模型为理论型模型，并不要求它必须建立在宏大的普遍理论之上，譬如建立在理性选择论或生成语法所使用的那种理论上。大多数模型，譬如刚才论述的那个模型，是由具体的、依靠特定系统的假定所组成的，而且每个假设都已分别得到了合理性证明。有时在这些合理性证明中有一种明确的理论，但这并不是必需的。已知的“常识”、对谬误的合理感受和实际参与者通过参加各种实践活动而获得的知识，通常都会被用来构建模型，并且会有助于保护许多模型免受灭顶之灾。而且，即使是宏大理论也需要有关参数值、边界条件的特定系统说明，以及对理想化和近似值的合理性证明来补充。

这些理论型模型给我们提供的是**计算模板**，即一些模型框架，它们

包含着诸如优先次序、地位排名、异化程度和尚未确定的再捕概率等关键要素。这些要素必须由相关系统说明加以补充，有时要根据更为具体的理论来补充，有时要由直接测量来补充，而有时则要由间接的推断来补充。

把这种计算模板解释为表达了社会系统的抽象结构，而不是抓住了具体系统的本质内容是很诱人的。这是因为这同样的模板也可以用来为各种各样的系统制作模型，而这些系统的内在本性是非常不同的。譬如，刚才提到的马尔可夫链模型就可以用来模拟一代一代的人们在不同阶层之间的社会流动性、职业流动性、人口统计变化、股市价格变动、市场份额和许多其他实际的应用。虽然这些理所当然地确定无疑，其情形却不是直接明显的。大多数教科书中的数学模型只是近似于该系统的一般战略，它们还必须由有关具体主题的策略来补充，以此来模拟所探讨的该系统的细节。也就是说，计算模板与实际系统发生联系，是通过使用具体系统的知识来确证对有关假设的修正、对各种理想化的松动、对各种参数值的估计以及诸如此类的事情来实现的。正是对捕捉系统的细微结构的关注（其中最需要模拟技巧）才是最需要的，但是这也是研究最少的环节。在社会科学中，大多数数学模型属于那种“下了架的”类型，其常用的数据被应用于我们对其结构非常熟悉的系统之中，因而这种模型可以无须修改或不必多费思考就直接应用。但是，把这些在教科书中有大量例子和有许多哲学讨论的常见模型看作简单的形式主义碎片，通常会给人以误导。因为所有模型，甚至是这些常见模型，都是被构建起来的，而这一构建过程在确证这一模型的使用和修正方面发挥着重要作用。这种形式主义在每一种情形中都有体现于其中的解释和合理性证明，因而对该模板的任何修正，都要求我们明确地对那种解释（例如，通过我们所采纳的累犯定义）和最初被用于构建这一模型的合理性证明予以说明。 174

当需要检验诸如上面提到的这类模型时，就会面临许多社会背景所共同具有的难题——数据不完整而且有误。譬如，如果一个罪犯被逮捕的司法系统不同于我们所研究的司法系统，那么这样的逮捕通常就不会出现在数据中。其他的困难还包括错捕、控辩交易、因证据不足而被撤销的案例以及不能处决某些罪行的决定。再者，尽管在自然科学中也总是有错误的或丢失的数据，在任何非实验性的情景中所采集的数据都是如此，然而根本不可能原封不动地复制这些数据，除非人们能保证该系统结构一直保持不变，而这种保证在大多数社会背景中是很难得到的。

在比较社会科学中的模型和其他地方所使用的模型时，有时会使人对之产生一种不恰当的情感，这种情感应该通过某种健康的感觉来减轻，即要考虑什么是在给定领域制作模型的恰当目标。这种致力于开放、多元和随机系统的目标，不应该类同于把原子能的层级计算成六个意义重大的数字，也不应该类同于引导一位登月探险者在事先决定好的登陆地点几英尺之内着陆。对一个系统的几个显著而核心的结构特征作出预测和解释，有可能是某种意义非凡的成就，并且这同样的成就也可以在开放、多元、随机的物理系统中实现。譬如，高楼大厦可以被夷为平地，因而它们的倒塌就很容易预测，而且还会限定在严格划分的范围之内——做到这一点并不是要计算每个砖块的具体细节，而是要依赖关于爆炸负荷、结构的稳定性和地球引力的简单法则。这一领域中的相关人士已经表达了这种以较小的期望值而开始的需求：

> 倘若能构造出一个再现实在系统之主要特质的模型，那么社会科学家们就应当十分满足……［随机模型］的根本目的是把由现实社会系统所展示的复杂模式变得可以理解，其方式是根据有关个体行为的
> 175 几个简单假设来揭示它们是多么的复杂。(Bartholomew，1982：2)
>
> 或许还有许多需要作的微观说明——把微观的规则描绘成宏观的结构可以是多对一。在社会科学中，多对一将会成为富人们的尴尬；而在许多领域，任何多对一都是一种进步。（Epstein and Axtell，1996：20）

但是对模型局限性的更广泛的认知都将受到欢迎。

数据型模型

数据型模型依赖于某种“自下而上”的方法，通常是在实验或非实验状态下获取的数据基础上，运用各种统计或计算方法，来建构相关变量之间的联系。其重点长期以来均集中在非实验场景下使用的种种方法上，在这种场景中，不管是出于伦理的还是实际的原因，都不可能进行随机测试，因为在这种场景中最具挑战性的困难是在变量中推导出稳定的关系。为了说明这些技术和难点，我们可以描述一套在社会科学中被广泛使用的技巧，它们在经济学和社会学中已得到应用，一般被称为“因果模型”。

与我们已经讨论过的模型相比，这些模型形式奇特，因为在这些技术任何已知的应用中，可能都有其特殊的主题内容，而这些内容却都潜藏在所指向的图表之下，而这些图表则构成了标准的再现工具，因为它们声称提供了一套与学科无关的一般方法。

探究这些因果模型的早期历史可以从休厄尔·赖特（Sewall Wright，1960）、赫伯特·西蒙（Herbert Simon，1954）、休伯特·布莱洛克（Hubert Blalock，1971）的著述中找到。几乎所有这些方法的设计都旨在根据从非实验情景中收集的数据里推断出因果关系，而对随机设计则没有任何益处。这些方法的首要目标，是用可以再现因果关系网络中所存在的变量间之因果关系的更为复杂的技术，来取代简单的还原技术，以再现单一独立变量和许多独立变量之间的因果关系。[12]这些方法有各种名称，如结构等式模型和路径分析模型，但是在这里我对这些技术之间相对微小的区别存而不论。根据这些方法所得到的结果通常是用图表来表示的，在图表中，节点代表所研究的变量，节点之间的线（通常是线性关系）代表着由附着于连线上的系数所表达的强度或效力关系。

虽然这些方法在研究数据时可能是有用的，但是人们有时却表达出这样一种不切实际的愿望：既要运用这些方法，同时又尽可能小地诉诸理论，或——这是不一样的——不使用实质性的具体学科知识。为什么是这样的呢？因为隐藏在统计方法背后的那些通常很强硬的假设需要得到合理性证明；因为决策的制定必须围绕所使用的概念化的适合程度来进行；因为各种变量之间大量逻辑上可能的关系必须在数据分析开始之前作出删减；还因为从模拟数据中得出的推断需要对照现有的知识检验其合理性。倘若不运用有关这一主题领域中的实质性背景信息，所有这些工作都不可能进行并被人们感知到。尽管有人说仅仅根据经验数据就可以评估这些因果模型，但在所要研究的这种模型背后通常必定存在着某种理论。除了提供各种变量之间的因果秩序以外，背景理论还有助于消除科学上有所怀疑的关系，并且还有助于检验通过这些模型所得结论的有效性。譬如，在大多数情况下人们总是假定，对任何独立变量而言，模型中省略的对该模型的各种因果影响可以由“错误术语”来表达，而这些错误术语通常被假定为要么在统计学上是相互独立的，要么是独立于相关等式中出现的剩余变量之外，要么是与之毫不相关的。这类强有力的假定在没有随机设计、不援引实质性科学知识的前提下，很少能得到合理性证明。此外，理论或至少是思想应该在选择变量时也被考虑进来。不恰当的选取变量可能会导致大量的谬误，就像生态谬论一样[13]，或者把因果性归之于一般变量，例如社会阶层，而这些一般变量只不过是构成真正的因果变量之诸多潜在特征的综合指标而已。

有关因果模型的某些问题类似于我们已探讨过的与理论型模型相关的问题。譬如，这些模型中一个需要考虑的重要因素是关于可确认性的观念。要使一个等式系统中的参数是可确认的，就必须有足够的数据可独立地估算这个参数。如果数据不足，与这些数据相符的模型就会不止一个，而一旦模型选择错了，就会推断出错误的因果关系。在这些模型中，经常必须做的假定是各种变量与对这些变量完全测量之间的线性关系，但这两者通常都是不现实的。通常，我们需要诉诸背景知识，或诉诸时间次序，以支持递归模型所需要的变量之间的对称性。（参见注释［12］）

第二个大问题是如何解释这些模型所作出的因果结论。这些模型本身假定该模型中所包含的变量之间具有决定论的关系，并且用错误的术语引入了随机输入。这就要求我们把某些盖然论的因果关系形式归因于该系统，而不是根据必要或充分条件归因于其他更为传统的说明。在汉弗莱斯（Humphreys，1989）的著作中有关于或然性因果关系的哲学理论和这些因果模型之联系的系统论述。对这些模型所作的相关的因果说明包含着这
177 样一种理念：这些模型的系数（即那种“结构系数”）表明了一个独立变量在其原因改变一个单位之后，其自身有多大改变。实际情况是，在两个变量 X 和 Y 之间是有关系的：在产生这些数据的条件下，X 的一个单位水平足以维持第二个变量 Y 中的 bX 值。这个关系不足以支持如下推论：当该系统受到某种干预，从而用 ΔX 改变了 X 的值时，那么 Y 也会由于 $b\Delta X$ 单位而改变。这种区别对于政策的决定是至关重要的，因为这种干预可能会干扰导致 X 和 Y 之间最初关系的平衡，或者其他因果路径会影响 Y。现在还有一些文章在谈论这类模型中反事实推理的作用。经典的资料有罗宾（Rubin，1974）和霍兰（Holland，1988），但这一观点至少从内曼（Neyman，1923）就开始谈论了。不幸的是，这些高度模型化的可能世界却是倾向于反事实的，譬如在刘易斯（Lewis，1986）的著作中可以看到这一点，尽管它可能对因果说明的形式语义符号学是有价值的，但在这些环境中它却没有多少实际用处。

近年来的发展之一是发明了计算机辅助方法来检测依赖关系的数据库。其中最出名的是 LISREL（一种计算机软件——译者注）和 J. 珀尔（Judea Pearl）的成果（Pearl，1988，2000）。尽管这些新方法中有些是有

趣的，但是，所谓自动化研究程序可以实现，尤其是不使用背景理论这种研究就能取得成功的说法，有些言过其实。这些模型被假定为具有因果性，其确切含义是什么通常也并非显而易见的。对这类方法的优缺点所进行的更加广泛的探讨，参见麦金和特纳（McKim and Turner，1997）；也可参见汉弗莱斯和弗里德曼（Humphreys and Freedman，1996）、罗宾斯和沃瑟曼（Robins and Wasserman，1999）以及弗里德曼和汉弗莱斯（Freedman and Humphreys，2000）。

计算方法

在社会科学中，数学模型构造者所面临的最重大的难题之一——模型的数学复杂性——现在至少可以部分地通过运用计算机辅助模型和模拟来解决。在用计算方法模拟社会系统之前，对于是否采用方法论的个体主义必须首先明确地或隐含地作出决定。虽然所谓方法论个体主义极其模糊不清，但它包含着一种似乎可作为标准的立场：所有社会现象都可根据个体的固有特征得到说明。尤其是个体之间的社会关系，要么必须根据这些个体的内在特征，加之空间关系这类可容许的物理关系来重新加以说明；要么如最近的研究所说，它们必定会被证明是与个体的固有特征同时发生的。说这些关系是与个体的固有特征同时发生的，意在表明这些个体的内在特征一旦被固定下来，它们之间的关系也就随之而自动地固定下来了。178 换句话说，不可能有两组完全相同的N个个体，同时它们之间又有不同的N个社会关系。[14]因此，在这种个体化的方法中不承认自治的社会事实的存在。由此而得出的结论是，从群体水平到个体水平，均不存在任何因果性的影响。相反，为现实的社会关系制作的模型——或者我更愿意说，其中会出现突现现象的模型——通常包含着某种向下的因果关系，即从社会结构到在该结构内部起作用的个体。

在当代建立模型的过程中，越来越重要的一种类型是明确地建立在个体主义之上——这种类型通常被称为动因型模型。社会科学中的这类模型是由冯·纽曼和乌拉姆（Ulam）[15]设计的蜂窝自动装置模型的派生物，通常被认为是复杂适应性系统的一个特例。沿这个思路构建出的模型可以在T. 谢林（Thomas Schelling）早期关于隔离的著作（1971），更近一些在R. 阿克塞尔罗德（Robert Axelrod，1997）关于犯人两难处境的著作、蜂窝模型方案[16]和科勒与古默曼（Kohler and Gumerman，1999）的著作中找到。这些模型的中心特征是只允许对个体有局部的影响，这些影响是由一些简单规则支配的。动因型模型能克服我们已认识到的影响传统理论型模型方法的主要困难之一——即行为人是在不断变化的环境中起作用的，一个行为人的行为同时也会受到其他行为人选择的相互影响。此外，在复杂的适应性系统中，行为人很容易学习或变异和选择。动因型模型的主要优点之一，是能在计算的每一时间步骤上反复地计算该系统的状态，并能适应这种动态的变化，这样便对某一特定领域的基本假设提出了挑战。譬如，爱泼斯坦和阿克斯特尔（Epstein and Axtell，1996）的糖柄模型。这一模型可以对行为者不断变化的偏好顺序做出模型，并且这会导致这样一个结果：在传统的经济模型中，固定的偏好通常会导致平衡，与这种平衡相比较，它会在该系统中造成很大程度的不平衡。大多数传统模型把个体看成是同类的；群体中的每一个体都被认为像其他个体一样具有共同的基本特性。这一限制不必强加在更灵活、更个体化的动因模型上。在现代社会中，通常每个行为者都非常不同，对社会系统的限定条件和影响也是变化极快的。一个例子是在使用商业模型时，计算机公司就是行为者。在这类产业中，商业环境是流动的和高度动态性的，同时消费者的期望也在不断变化，标准在不断提高，竞争者不断出现和消失，公司内部也在不断变化，如此等等，不一而足。要有效地模拟这类系统就需要某种本质上是动态的研究方法。

在为社会系统做模型时，对计算机的这种使用与传统的计算机模拟中运用计算机是很不相同的。在后者中，先是建构了明确的数学模型，譬如
179 我们前面考察过的关于累犯的马尔可夫模型，然后才开始数字计算，并且这种计算能力的引入是为了根据作为该模型之组成部分的等式提供解决方案。这种模拟在经济学中是常见的，它可以根据复杂的模型进行预测，在这个过程中不使用计算机是不可能的。相对而言，在动因型模型中，对社会系统根本没有一个包罗万象的模型——那些通常出现在宏观领域中的现象是微观层次上多重相互作用的结果，这些宏观现象在进行个体层面分析之前是不可预见的。然而，这种方法也不是全新的。几乎所有统计的或盖然的模型都会在整体层面产生集合行为，这种行为与个体层面的行为截然不同。我们只需考察一下概率理论中大数法则这样的结论便可认识到，群体层面稳定而可预见的现象可以从个体层面异质的和不可预测的行为中产生出来。这里的创新是用计算实验来克服不能明确地从这个模型中推断出

许多结果的不足。也就是说，它不是从数学模型中分析演绎出预测，它只是通过计算机码来再现该模型中的因素，并通过运行真实的计算机程序，就能了解某些确定的结果。这是一个全新的方法，尽管它并不是动因模型和复杂性理论独有的方法，因为这种方法被应用于蜂窝自动装置和固态物理学已经多年了。

由于出现了这些高层次的现象，便使得方法论的个体主义论不怎么有趣了。也许从本体论上说它还有一些吸引力，但在我们能从该模型中得出什么样的信息上，它给我们指出的方向却是错误的。因为它总是在个体层面上来审视一个系统，因而该系统所突现的特征就成为显而易见的了，而在个体分析层面上这些特征是看不出来的。

在刚才提到的糖柄模拟中，关于这种模型的一个更为重要的问题是这种模型所产生的理解程度。经常有人宣称，这种动因模型不是对社会现象的现实说明，它所能做的只是给我们提供它们所模拟的社会现象的清晰说明或洞见，并且其首要目标是根据有关这些行为者的一些简单假设来重现该系统的广泛特质。这种观点与许多传统的模型方法所做的一切没有什么重大区别，这也是我们在前面提倡的对这些旧式方法要持审慎目标的缘故。

虽然提出了目标要审慎，还必须再次强调，关于洞见和理解的这些论断一定要持相当程度的审慎态度。运用简单的潜在规则来重现宏观层面的复杂现象有一个著名的例子，这就是古希腊天文学中的本轮和均轮系统。这一系统使用了对个体行星运动的各种假设（即它们的明显的运动是复杂的统一圆形运动的结果），根据这些假设，“突现的”行为，如高等行星的
逆行运动，产生于那些更为基本的行为的结合（“相互作用”）。显然，对 180
托勒密系统所产生的行星系统真实结构的任何洞见，都是彻头彻尾的幻想，并且这个例子说明，把一个有效的计算模型与一个有真正解释力的模型相混淆，具有种种危险。就像爱泼斯坦和阿克斯特尔所说的那样：“作为社会科学家，我们遇到的是‘已经出现的’集合现象，因而我们要寻找的是那些能产生这些现象的微观法则。”（1996：20）事实上，正是因为这种模型方法的目标是要发现一组足以重现所观察数据的条件，而不是要把那些得到这种结果所必需的条件孤立起来，因而关于理解含义的错位才总是危险的。动因模型是给社会科学家的武器库中增加的又一种强有力的武器，但是就像任何黑匣子计算方法一样，对于理解人们很容易产生幻想。

关于这类模式需要牢记的第二点警告是，它们不允许群体中的任何智

能成员认识这些突现的社会特征，并且通过某种战略性干涉，自上而下地强加这一结构。这不能包括这类向下的因果关系，因为这是动因模型中所使用的“自下而上”方法的直接结果，但它也是由期望这种模型工具能保持一般化，因而不仅可模拟生物过程，也可模拟社会过程所导致的，并且这类“经理”在生物学案例中是不存在的。或许还是因为首要的推动力是要表明在不存在某种核心的组织趋势时秩序如何能够产生。不管情况如何，个体主义方法由于忽略了这样一种可能性，即一个机敏的领导可能会把一个转瞬即逝的结构优势转变为一个准永久的结构优势，因而丢掉了某种对许多社会过程来说非常重要的东西。[17]这里的核心精神是，只要有充足的理由能说明那些简单的“机制”符合所探讨的系统的真实特征，那么使用那些简单的机制就是可接受的。的确，那些非常复杂的物理模型在建构那些描述精确的计算模型时，所使用的是非常简单的物理原理。举个例子来说，物理学上就经常使用伊辛（Ising）模型来描述磁性。这里共同的简化是，晶格上各种粒子之间的相互作用被局限在最相邻的相互作用之上，这些粒子不断变化的旋转方向被简化为二进位制的“上”和“下”两种值。虽然有这些极端的简化，这些模型长期以来已成功地重现了固态物理学中磁性和其他现象的主要特征。

结　论

我们已经比较详细地讲述并评估了数学模型的三种不同方法。这些方法与社会科学中一直使用的其他方法如陈述式描述和宏大理论的使用大相181 径庭。尽管数学模型不会对社会现象提供全面的说明，但它现在已经是科学方法中不可分割的一部分了。从我们的论述中可以得出以下某些一般性结论。理论取向方法和以经验为基础的方法之间的传统区分在模型方法中不是特别突出。模型方法涉及一组复杂的理论、背景知识、理想化、相似性、简化和数据之间的相互作用。这在数据型方法中尤其如此，根据这种方法，那种认为只有根据经验数据才能提供模型的观点是得不到支持的。社会科学中使用的许多模型方法并不是该领域中所独有的，而只是为一些学科提供了形式上的统一性。因此在某些情形下，人文科学的主题需要有专门用于该领域的模型方法，就没有什么特别的了。然而在构造这类模型以证明采用它们的合理性时，通常需要特定领域的知识。在这种形式一致性与合理性证明的学科特殊性之间不存在任何不相容性。

在构造模型时所运用的构建技术，既为这类模型提供了合理性证明，也为这些模型提供了解释，只要采用这些模型的基本原理存在，这种证明和解释就不会被消除。因此，关于模型的过度形式主义的方法，或视模型为类似于假定的试验性观点，要在与数据不符合或两者都不正确时予以摈弃。这种构建技术给我们提供的是一个指南，它指导我们在模型发生错误时——这并非是不可预期的——如何对它进行修正。现代计算方法给我们提供了进入社会系统突现特征之中的门径，固执地坚持纯粹的个体主义是一种误导。把个体作为基本单位可以作出社会现象的模型，但是这些个体之间的相互作用会在高层面上形成稳定的结构。为社会系统广泛的特质制作模型常常被视为某种重大成就——其中精确的数字预测是意外收获。

在社会科学中做模型要求对研究课题具有审慎的目标，对其具体特征有一定认知。然而，智慧地借用其他领域中现有的形式模型，并对它们进行重构，以使它们恰当地适用于社会领域，可使我们获益匪浅。尽管现在成功的模型的比率相对于不成功的模型而言很小，方法库中计算型模型的增加仍然给有效地处理许多社会系统的复杂性带来某种希望，因而被认为是多年来社会科学模型中最有发展前景的进步之一。

注　释

[1] 关于最后一个例子的细节，参见爱泼斯坦（Epstein 1997）。

[2] 在现代社会中，不管实行哪种货币度量，譬如 M1、M2 还是其他，都是这样。

[3] 这个任务有时被称作建立“外在的有效性”。

[4] 对后者的描述参见摩根（Morgan，1990：ch. 3）。 182

[5] 关于这种困惑有一种非常系统且在很大程度上是非数学的讨论，可在弗里德曼等人（1998：ch. 2）的著作找到。

[6] 从封闭系统转向开放系统是人工智能中所谓“框架问题”的基础——其难题是把关于所有偶然性的知识都纳入数据库并在需要时对相关知识提供有效的弥补。就其余情况相同的条件而言，其一般性难题在于与开放系统密切相关，并且与框架难题密切相关。

[7] 这个例子是以贝尔特阿米（Beltrami，1993）提供的一个例子为基础的。

[8] 细节参见马尔茨（Malz，1984：ch. 6）。

[9] 细节参见奎因（1983）。

[10] 参见贝尔特阿米（Beltrami，1993：sec. 1. 4）。

[11] 细节参见布鲁姆斯坦因和拉森（Blumstein and Larson，1971）。

[12] 在因果模型中重点通常放在循环结构上，也就是说，在这种模型中没有因果圈。当等式系统是递归系统时，可以用普通的最少正方技术来估计该模型的参数。

[13] 在个体层面，当数据分析能产生一些联想，而且这些联想能产生与群体层面的分析相比所不同的符号或价值时，这种情况就会出现。对此问题的讨论参见罗宾森（Robinson，1950）。

[14] 相反，完全相同的一对对个体之间的空间关系可以明显不同。在这个意义上，空间关系是外在的。否认社会事实与断定所有社会关系都是内在的观点之间存在着密切联系。

[15] 参见卡斯蒂（Casti，1992）。J. H. 康韦（John Horton Conway）关于“生命”的游戏也是蜂窝自动装置模型的直接后代。

[16] 其参考文献可参见 http://www.swarm.org 或 http://www.santafe.edu。

[17] 我要感谢 T·冯·吉齐（Tiha von Ghyzy），是他给我指出了动因模型的这一方面。

参考文献

Axelrod，Robert 1997：*The Complexity of Cooperation*. Princeton，NJ：Princeton University Press.

Bartholomew，David J. 1982：*Stochastic Models for Social Processes*，3rd edn. Chichester：John Wiley and Sons.

Beltrami，Edward 1993：*Mathematical Models in the Social and Biological Sciences*. Boston：Jones and Bartlett.

Black，Donald 1997：*The Social Structure of Right and Wrong*. Orlando，FL：Academic Press.

Blalock，Hubert (ed.) 1971：*Causal Models in the Social Sciences*. Chicago：Aldine.

Blumstein，A. and R. Larson 1971：Problems in modeling and measuring recidivism. *Journal of Research in Crime and Delinquency* 8，124－132.

Casti，J. L. 1992：*Reality Rules*：*1*. New York：John Wiley & Sons.

Epstein，Joshua 1997：*Nonlinear Dynamics*，*Mathematical Biology*，*and Social Science*. Reading，MA：Addison-Wesley.

Epstein，Joshua and Robert Axtell 1996：*Growing Artificial Societies*：*Social Science*
183 *from the Bottom Up*. Cambridge，MA：The MIT Press.

Freedman，David and Paul Humphreys 2000：Are there algorithms that discover causal structure? *Synthese* 121，1－26.

Freedman，David，Roger Pisani，and Roger Purves 1998：*Statistics*，3rd edn. New York：W. W. Norton.

Friedman, Milton 1953: The methodology of positive economics. In *Essays in Positive Economics*. Chicago: University of Chicago Press, 3—46.

Holland, P. W. 1988: Causal inference, path analysis, and recursive structural equations models. *Sociological Methodology* 18, 449—493.

Hood, W. and Tjalling Koopmans (eds.) 1953: *Studies in Econometric Methods*. New York: J. Wiley and Sons.

Humphreys, Paul 1989: *The Chances of Explanation*. Princeton, NJ: Princeton University Press.

Humphreys, Paul and David Freedman 1996: The grand leap. *British Journal of Philosophy of Science* 47, 113—123.

Kohler, Timothy and George J. Gumerman 1999: *Dynamics in Human and Primate Societies*. Oxford: Oxford University Press.

Koopmans, Tjauing (ed.) 1950: *Statistical Inference in Dynamic Economic Models*. New York: I. Wiley and Sons.

Lewis, David K. 1986: Causation. In *Philosophical Papers*, vol. 2, Oxford: Oxford University Press, 159—213.

McKim, Vaughn R. and Stephen P. Turner 1997: *Causality in Crisis? Statistical Methods and the Search for Causal Knowledge in the Social Sciences*. Notre Dame, IN: University of Notre Dame Press.

Maltz, Michael D. 1984: *Recidivism*. Orlando, FL: Academic Press.

Morgan, M. 1990: *The History of Econometric Ideas*. Cambridge, UK: Cambridge Univer-sity Press.

Neyman, J. [1923] 1990: Sur les applications de la théorie des probabilités aux experiences agricoles: Essai des principes, trans. D. Dabrowska and T. Speed. *Statistical Science* 5, 463—480. Originally published in *Oczniki Nauk Rolniczki* 10: 1—51.

Pearl, Judea 1988: *Probabilistic Reasoning in Intelligent Systems*. San Mateo, CA: Morgan-Kaufman.

Pearl, Judea 2000: *Causality: Models, Reasoning, and Inference*. Cambridge, UK: Cambridge University Press.

Quinn, Terrence J. 1983: *Temperature*. London: Academic Press.

Robins, J. and L. Wasserman 1999: On the impossibility of inferring causation from association without background knowledge. In Clark Glymour and Gregory F. Cooper (eds.), *Computation, Causation, and Discovery*. Cambridge, MA: MIT Press, 305—321.

Robinson, W. S. 1950: Ecological correlations and the behaviour of individuals. *American Sociological Review* 15, 351—357.

Rubin, D. 1974: Estimating causal effects of treatments in randomized and non-randomized studies. *Journal of Educational Psychology* 66, 688—701.

Schelling, Thomas 1971: *Micromotives and Macrobehavior*. New York: Norton.

Searle, John 1984: *Minds, Brains, and Science*. Cambridge, MA: Harvard University Press.

Simon, Herbert 1954: Spurious correlation: A causal interpretation, *Journal of the American Statistical Association* 49, 467—479.

Wright, Sewall 1960: Path coefficients and path regressions: Alternative or complemen-
184 tary concepts? *Biometrics* 16, 189—202.

第8章　实践转向[1]

戴维·G·斯特恩（David G. Stern）

什么是实践理论？什么是实践？

什么是“实践理论”？最简洁的回答是：它是任何把实践当作基本范畴，或者把实践作为其出发点的理论。当然，这个答案还会引出新的问题。在这里“实践”指的是什么？把实践当作出发点或基本范畴涉及哪些问题，并且这种承诺意味着什么？以“实践”为基础的理论和以其他范畴为出发点的理论，其对立的焦点是什么？

或许，就那些持有实践转向观点的人来说，他们最有意义的共识是实践转向提供了一种方法，这种方法能够超脱那些强求一致然而又似乎无法摆脱的范畴，诸如主观和客观、表征和被表征、概念的框架和内容、信仰和欲望、结构和行为、规则及其适用、微观和宏观、个体和全体。取而代之的是，实践理论者主张我们要以实践为出发点，并以之为基础重新思考我们的理论。例如，布尔迪厄坚持认为，只有关于实践的理论才能开通前进的道路：

> 对于我们所熟悉的世界可以进行实践地把握，而对这种实践把握的客观分析……告诉我们，我们要摆脱在客观主义和主观主义之间进行刻板的非此即彼的选择。在这种选择中，社会科学迄今为止一直使自己身陷泥淖，只要我们试图探求生产方式和实践把握——这种实践把握使客观上可理解的实践，以及对这种实践的客观上令人迷惑的经验都成为可能——就会如此。（Bourdieu，1977：2—3）

实践转向有两个最重要的特征，一是关于意义的整体论——具有破坏传统差别的整体论；二是对密切关注具体实践和这些实践所处环境之重要性的强调。但是，对于实践该如何理解，以及实践究竟如何为克服这种约定俗成的差别提供基础，人们还很少能达成共识。对一位没有同情心的批评家来说，他很容易会争辩说，实践理论家面临着一种两难选择：他们要么仍然默认传统的范畴，要么他们因未能采用任何内在一致的立场而放弃这些范畴。当然对于实践理论者来说，如果他们希望重新绘制熟悉的地图，或者他们想用实践转向来引导我们放弃有利于探究这个领域的地图，这些危险确实会出现。但是他们没有任何理由认为这项事业不能成功。

什么是实践？这里给不出任何简洁的答案。至少可以说，实践不是人们仅仅从事一次的活动，而是经常性的活动。但它远不是以某种方式从事活动的倾向性：实践的同一性不仅依赖于人们做什么，它还依赖于这些行为的意义及其发生的环境。这只是开始回答如下问题：我们如何理解当人们在从事实践活动时“人们在做什么”，或实践等于什么。因为就是对于这个问题，在实践理论者中还存在着相当大的分歧，而且这种分歧的范围还很大。对实践的讨论使用了一系列相互重叠、联系松散且含糊不清的术语，这些术语隐含着一些可导致诸多不同方向的关系。它们包括：活动、实践、表现、用途、语言游戏、习俗、习性、技能、知识、设备、习惯、默认知识、预设、规则、规范、制度、标准、框架、传统、概念框架、世界观、背景和世界图景。对实践理论进行分类的方法之一，就是看哪些术语在实践的对应概念中处于中心地位。譬如，我们可以对比个体概念与社会概念、区域概念和全球概念、规范概念和描述概念、含蓄的概念和明晰的概念。但是这将会产生双重的问题。这将会从一开始就重新引入那些实践理论认为其有问题的两分法，并且这对以下事实也有失公允：在所讨论的这些术语中，有许多术语像实践本身一样也是有争议的。

“实践理论”可能是一种难以理解的理论，需要加以明确地说明。把实践作为出发点并不要求承诺任何特定的方法，或确定具体的目标。结果，“实践理论者”成为非常不同的群体。关于实践的话题广为传播，不仅在关于社会科学的哲学中，而且在整个哲学、人文科学和社会科学中都言必称实践。大约20年前，在一篇综述性论文《60年代以来人类学中的理论》中，奥特纳（Ortner）观察到“在过去几年中，正在兴起一种对如下相互关联的术语从不同侧面进行分析的兴趣，这些术语包括：实践、践行、行动、互动、行为、经验、履行”，她把对这些概念进行分析的兴趣视为她的研究领域内最有趣、最有前途的发展趋势之一。通过查阅语言学、社会学、历史学和文学研究中的相关著作，奥特纳（1984：44—45）发现，“现在这场运动似乎比单独的人类学领域要宽广得多”。然而虽然对实践的兴趣一直在增长，相对来说很少有作者明确地声称自己是“实践理论者”，而且在所谓实践理论者中，对诸如谁是实践理论者和如何理解实践理论也有相当大的争议。实践理论者经常以革命的和激烈变革的腔调来表述他们的著作，因此几乎所有过去的著作都被人们谴责为属于片面的 186
“传统”中的一部分。除了与他们观点一致的直接盟友以外，他们很少承认其他人的观点。只是在最近，一些仔细比较和对比不同实践方法，并研究它们与先前著作之间关系的著作才开始出现。沙茨基（Schatzki，2001）等人撰写的《当代理论中的实践转向》，是把哲学家、社会科学家和科学家整合在一起，共同探索实践在人类生活中的意义的第一本著作。当作者撰写本章时，这本著作仍在印刷和销售。

出现这种情况的原因之一是，多数实践理论者反对把实践看作是一种**理论**，如果把“理论”视为一种关于各种假定的形式系统，这种系统能够产生说明和预言的话。然而，还有一种更加开放的理解，根据这种理解，“理论”这个术语可用于任何一种一般的或系统的方法，并用之来研究某种给定的课题，包括提供模型、为具体案例的研究提供样本、发展概念框架或范畴，或者提供一种族谱之类的活动，正是在这个意义上“实践理论”才是一种理论。但即使这样，把一切论述实践的著作都说成是“实践**理论**”也属于用词不当，因为密切关注实践的动机之一，尤其是对那些主要受维特根斯坦影响的人来说，是完全反对把实践理论化的。这种观点认为，正是由于我们的实践能力的这些方面不能依靠系统的或形式的说明来把握，才是我们参加实践的关键之所在。由于这个原因，在更广泛的意义上谈论实践转向，进而把实践理论看成其组成部分，才是有益的。颇具讽刺意味的是，这些相互缠绕而又相互对立的研究方法之间的关系是，诸如布尔迪厄或布卢尔（Bloor）这样的实践理论家，竟然会引用维特根斯坦关于实践不可还原为理论的论证来为实践建立某种系统的理论。

在社会科学领域内，实践理论已经吸引了一些人，他们把实践看作一种超越关于方法论和本体论之传统争论的方法，研究社会理论是否应该为社会整体——诸如民族、团体、阶级或种族之类的上层建筑范畴——提供基础地位，或者它是否必须以个体譬如理性参与者、人类、效用最高者或生物有机体为出发点。因此，沙茨基把“实践理论”概括为：

> 一整套说明，这一套说明能推动实践，把实践视为基本的社会现象。诸如皮埃尔·布尔迪厄、安东尼·吉登斯（Anthony Giddens）、让-弗朗索瓦·利奥塔（Jean-Francois Lyotard）、查里斯·泰勒，在某

种程度上还包括欧内斯多·拉克拉乌（Ernesto Laclau）和尚达·穆菲（Chantal Mouffe）这样的理论家都认为，实践不只是我们在说明当代西方社会时所要分析的主要客体，它还是其中的核心现象，只有参照这种现象，其他诸如行动、制度和结构之类的现象才能得到理解。（Schatzki，1996：11）

实践理论还为解决规则遵守这些看似无法解决的问题提供了新方法。
187 普里达（Preda）指出实践理论可为如下难题作出回应：社会科学家假定“行为规则”在关于任何人类活动的说明中都扮演着重要角色，而要使这个假定有意义，社会科学家就会面临诸多难题。这些规则是如何根据应用它们的具体实例而被重新建构起来的？当我们说有人在遵守规则时，这意味着什么呢？社会秩序是如何建立并不断地再现出来的？那些把遵守规则看作是基础的实践理论家们通常会面临这些问题所提出的种种困难。当面对这些困难时，实践理论家往往宣称“对社会规则的反思会导致社会秩序的重新概念化，并因而导致社会学研究的重新概念化”（Preda，2000：270）。普里达把重点放在实践理论家的三个群体上：布尔迪厄及其伙伴；哈罗德·加芬克尔的民族方法学，以及迈克尔·林奇（Michael Lynch）、杰夫·卡尔特（Jeff Culter）和戴维·博根（David Bogen）等民族方法学家的著作；还有迈克尔·卡伦（Michel Callon）和布鲁诺·拉图尔（Bruno Latour）的行动者网络理论。

虽然“实践理论”这个术语经常被用于沙茨基和普里达所讨论的相对较小的社会理论家群体，然而它们却是得到广泛传播的“实践转向”的一部分，而且这种转向正是我要讨论的主要话题。在此，要考察从亚里士多德到马克思再到美国实用主义这些先哲的所有著作是不可能的。根据我们的目的，并且在当下实践转向中的很多参与者看来，实践理论起源于马丁·海德格尔和路德维希·维特根斯坦的著作，主要是海德格尔的《存在与时间》（[1927] 1962）和维特根斯坦的《哲学研究》（[1953] 1958）。

现世存在和实践整体论

关于理论与实践的根本分歧不仅在实践理论家中造成了分裂，而且还导致了系统而影响深远的误解。这个问题在海德格尔和维特根斯坦的著作中表现得尤为严重，他们富于同情的阐述通常表现为不加批判的解释，而无同情心的批判通常使他们的文章成为无足轻重的谎言。正是因为这个原因，我把休伯特·德雷福斯（Hubert Dreyfus）关于海德格尔论实践首要性的明晰而又富有挑战性的维特根斯坦式的解释作为我讨论的出发点。德雷福斯对有关意义和解释的两种整体论进行了有益的区分。理论整体论认为，所有理解都是一种解释，意思是在把一种熟悉的理论、一种“元语言”应用于一种不熟悉的理论，即“对象语言”。在这种奎因模型中，我们经常得从理解我们自己的语言开始，而这种理解存在于规则和表征系统之中。实践整体论则认为，虽然理解“涉及明确的信仰和假设，这些信仰和假设只有在具体的语境和共有的实践背景中才会有意义”（Dreyfus，1980：7）。实践整体论者同意理论整体论者的如下观点，即我们总是处于解释学循环之中——我们没有其他可供替代的方法来开始我们当下的理解——但是实践整体论者认为，理论整体论错误地把理解视为阐述某种理论的模型，或描绘某种不熟悉的风景时所使用的语言，这便忽略了实践的背景、设施、位置和更广阔的视野。这些因素虽然不是具体的预设或假定，但却是我们从事交谈或寻找出路之能力的重要组成部分。 188

> 只要人类学家还没有意识到他们对客体的观点的内在局限性，他们就会被谴责为不明智地为一己之利采用了关于行为的表征，这种表征被强加给行为者或各类群体，因为他们缺乏对极有价值的能力的实践掌握，因而不得不以全套规则的形式给他们自身提供某种明确的，至少是半形式化的替代品……“文化”有时被描绘成地图是有重要意义的；正是这种类似情况会发生在一个外来者身上，他处于陌生环境之中时不得不找到行进路线，他要用一种适用于所有可能路线的模型来弥补自己对实践掌握这种本土特权的缺乏。（Bourdieu，1977：2）

根据语境抽象地考察，一种规则就像清晰阐述的定义一样，能够符合每一种行动路线。乍看起来，陈述一个熟悉的规则，或以清晰的观点指出一种客体，都是一些表面上似乎直接明白、不成问题的行为。但是我们稍加思考就能想到，在有些环境中规则或者指向某种客体的行为并不具有其通常的意义。譬如，一个用来陈述规则的词也许被赋予非同寻常的意义，或者可以发现我们所指向的客体自始至终都遵循着某种路线。此外，我们同样也很容易想象这些具有澄清意义的陈述本身也可以被重新解释。在这种情况下，“我们不断地给予解释，仿佛每一种解释至少能使我们满足一会儿，直到我们想到后面还有一种解释”（Wittgenstein，［1953］1958：

189 §201)。只有当我们回归“粗糙的地面”(§107)并考虑规则所属的实践背景时，规则才采取一种确定的形式。理论整体论者可能会回答说，如果这种背景是必不可少的，它必定能根据进一步的规则、意向或默示的信仰系统进行分析。反过来，实践整体论者可能会回应说，无论何时，只要找不到明确的信仰，因而不能公正地对待情境的、具体化的和即兴的实践特征，那么假定默示的信仰就是错误的。规则不能自我解释，它们的应用取决于技能：“规则存在着瑕疵，因而实践得为自己辩护。”(Wittgenstein，1969：§139)

在《现世存在》一书中德雷福斯认为，对维特根斯坦和海德格尔来说，遵从公开建立的规范已融入我们的生活结构之中，因而“世界可以理解的源泉在于一般的公众实践，没有实践就不会有任何理解”(Dreyfus，1991：155)。构成这些实践的规范不应当根据明确陈述的或可陈述的共同信仰或价值，或者根据有意识的意向来理解——虽然这些信仰、价值或意向肯定会不时地起作用——而应当把它们理解为未加反思的从众行为，做了一些“人们”所做的事。这方面的绝妙例子是人们通常遵从本地发音和举止模式的那种方式：

> 如果我对一个词的发音是错的或者读错一个名字，其他人会格外注意我发错了什么音并正确地读出这个词，因而通常我甚至在无意识中就形成了固定的发音。(我们肯定没有意识到我们是如何形成与他人之间在站立时应当保持的恰当距离的。)(Dreyfus，1991：152)

这些实践的“一般性”主要不是统计学意义上的，也不是因果意义上的：它是形成我们的所作所为和本质的一致性方法所造成的。德雷福斯认为，海德格尔和维特根斯坦是用关于客体的知识是由某种共同的语言和实践背景使之成为可能的观点，取代了沟通是由我们关于客体的知识使之成为可能的观点：“我们的观点中具有某种**共同的东西**，因为正是在这种**共同的**一般性中，我们对所说的一切才具有共同的理解。”(Heidegger，[1927] 1962：168)换言之，“我们的社会实践体现着一种本体论”(Dreyfus，1991：16)。

为维护海德格尔的“一致性是可理解性的源泉”这一命题，德雷福斯引用了维特根斯坦《哲学研究》([1953] 1958：§241)一书中经常被引用的一段话，并在括号中插入了注释：

> 维特根斯坦像海德格尔一样回答了客观者的问题：

“因此你是在说人类的共识决定着何谓真假?”——正是人类所说的东西才有所谓真假；并且他们对所使用的语言达成了共识。这不是在意见（意向状态）上达成了共识，而是在生活形式（实践背景）上达成了共识。(Dreyfus，1991：155)

我们可以把这种实践整体论的观点总结如下：除非我们讲一种共同的语言，在这里一种语言能够被理解包括其实践背景，否则，我们就不能说任何事情是真是假。德雷福斯最近又用密切相关的术语重申了这些主张：

在我的评论中，我明确地阐述了海德格尔的基本论点：(1) 人们具有应对各种设施、他人和他们自身的技能；(2) 他们共有的解决问题的日常实践符合常规；(3) 这些相互关联的设施、常规和社会角色的总体形成一个整体，海德格尔称之为“意义”；(4) “意义”是一般的可理解性的基础；(5) 这种一般的可理解性可以用语言进一步阐明……我的结论是，对海德格尔和维特根斯坦来说，世界和“亲在”的可理解性的源泉就是能用日常语言所能阐明的这种一般的公共实践。(Dreyfus，2000b：156)

实践可通过两种不同但却相关的方式进入这个说明。首先，如果在日常生活中被忽略，就会有一些熟悉的“操作技能”在我们的日常活动中被认为是理所当然的，德雷福斯在上述引文（1）中提到了这种操作技能。支持这一观点的事例包括词语发音和站立距离方面所涉及的技能，但这些 190
技能在我们应付我们周围的环境、他人甚至我们自己时是普遍存在的。《存在与时间》(Heidegger，1962) 第Ⅰ编中有一个主要的争论认为，这些实践不能被理解为一个一个的碎片。相反，它们聚合在一起，形成一个整体，表现为一种“在世界之中存在”的现象，它们先于自我和世界，正如这些术语在日常生活中所理解的那样。这把我们从一般公共实践，即论题（1）中所谈到的特殊技能，引向了“意义”，即论题（3）中所谈到的相互关联的整体性。但是这也把我们带到了实践说明的第二个层次：背景处理。意义——可以把它理解为背景处理——不是和日常生活处理极为不同的东西，“相反，对全部有目的的举止而言，它正是作为整体背景起作用的**同一种处理方式**……存在于世界之中恰恰是一种更有技巧的活动”(Dreyfus，1991：107)。最近，德雷福斯开始限定这种认同，他不仅仅承认背景实践是我们应付技能的总和，并把它们与海德格尔的“显现”概念相联，作为使得应付技能成为可能的东西。(参见 Wrathall，2000；Drey-

fus，2000a：338－339）正如罗斯（Rouse）所观察到的那样，过分强调“应付技能”和明确地遵循规律或活动之间的对立，会导致我们忽略它们之间的相同点。把实践背景解释为显现不应该导致一种认为实践活动与非实践活动是相对立的方法，而应该导致一种坚持认为我们生活的各方面总是已处于实践视野之中的方法：“实践不只是行动者的活动，而且也是这些活动只有在其中才有意义的构造世界的活动。”（Rouse，1996：133）正是与这个视野相等同的东西是《存在与时间》第Ⅰ编的主要论题。无须进一步钻研海德格尔和维特根斯坦的解释，我们就可以说，他们的观点中包含着一种指向他人、熟悉的事物、地点、情绪、过去的环境和未来的规划之取向。

实践整体论的批评者通常把关于实践的观点看成讨论我们比较熟悉的范畴的另一种方法，这些范畴包括，譬如，行为的原因、行为中可观察到的规律性或信仰系统。但是实践既不仅仅是一种意向状态，也不是一种行为，而且试图仅就这些方面来解释实践的实践理论也未能公正地对待它们。试图寻找某种实证理论的海德格尔和维特根斯坦的读者们经常把他们关于实践或“生活形式”的讨论作为实践理论的出发点。这种实证观点的核心是要证明我们关于意义和理解的讨论是正确的，其方法是把这种讨论置入因果空间或理性空间之中——布尔迪厄称之为“机械论或目的论的两难困境”（Bourdieu，1977：22)。“机械论者”提供了一种无意向性的或非规范性的实践理论，因为他们把实践理论置入人类行为的广阔背景之中，而这些行为可以用自然主义的或因果论的术语来描述。（参见，例如，Bloor，1983，1997，2001)。“目的论者”则提供了一种具有意向性的或规范的实践理论，因为他们虽然也把实践理论置于人类行为的广阔背景之中，但他们认为这些行为最好能用合理性证明或提供论据的方式来描述。
191 （参见，例如，Brandom，1994）

然而，规范方法和因果方法都只是部分地得出了什么是实践，而且两者都没有承诺要寻找一种摆脱这种标准和误导哲学两分法的方法。它们是同一枚硬币的两面。如同《世界之中的存在》的作者海德格尔一样，布尔迪厄相信实践整体论提供了摆脱这种两难困境的正确方法——一种既不把实践还原为规则系统，也不把它还原为因果理论的实践理论。

> 一个概念如果明显地模糊不清，就像人类学或语言学理论中的规则概念一样，那么其地位就不能被人们充分地理解，除非能表明这个概念能给人们谴责一些研究者由于使用了不适当的或——实际上指的

是同一件事——含糊不清的实践理论而造成的矛盾和困难提供一种解决方法。(Bourdieu，1977：22)

布尔迪厄认为关于“规则”的概念为目的论者和机械论者提出的各种难题提供了解决方法，因为这个概念为他称之为“习惯”的一种明晰的理论提供了基础。大致说来，习惯是布尔迪厄用来描述其他实践理论家称作“知识”或“实践理解”的词汇：这些技能使明确地遵循规则成为可能，而且这也是他的实践理论主要关心的问题。这种理论旨在更广阔的框架内克服机械论或目的论的两难困境，从而清晰地显现出为什么这两种争论都对较为复杂的现象提供了片面的和容易误导人的描述。

两位哲学家与反哲学论：克里普克根斯坦、温奇根斯坦和治疗性的沉默论

在《哲学研究》中，维特根斯坦坚持认为“我们也许不能发展任何理论……我们必须放弃所有**解释**，必须只用描述取而代之”(Wittgenstein，[1953] 1958：§109)。乍一看，这本书是寻求实践**理论**的奇怪领域，即使对“理论”赋予最松散的理解也是如此。但是，在维特根斯坦对哲学的理论化所持的根深蒂固的不信任态度和他的读者在《哲学研究》中发现的各种理论之间，实际上存在着某种密切关联。虽然维特根斯坦对规则遵循如何是可能的持怀疑态度的观念把他引至一种实践理论，但这一观念早已出现在温奇(Winch，1958)和福格林(Fogelin，[1976] 1987)的著作之中，克里普克的《维特根斯坦论规则和私人语言》(Kripke，1982)则为当前的争论确定了术语。克里普克认为维特根斯坦已经提出并回应了关于规则遵守的怀疑论证明，也就是说，当有人坚持我们不能为关于遵循规则意味着什么提供一个令人满意的答案时，维特根斯坦总是予以回应。这本书提出这样一种论证，即假定可显示出从来没有任何关于人们是否正确遵守规则的事实，因为人们可能总是碰巧读到一种以之为根据另一种行为是正确的规则。因为克里普克明确地避免承认这个论证出自维特根斯坦，也没 192
有把这个论证归于其自身，因此我们可以省心地把著作权问题放在一边，把这种怀疑论观点看作是“克里普克根斯坦”的观点，即这两个人观点的综合。

虽然克里普克根斯坦关于规则遵守的怀疑论几乎没有支持者，这种理

论却成为研究规则遵守的标准途径的出发点和分歧点。很多读者同意克里普克认为维特根斯坦是在回应关于规则遵守的怀疑论观点，但他们对这个回答的正确性却有争议。两个主要阵营是“个体主义者”和“社群主义者”。“个体主义者”，如麦克金（McGinn，1984）和布莱克彭（Blackburn，1984），主张一个单独的个体就能提供解决问题的源泉。换句话说，涉及规则遵守的实践也许会是某个孤立个体的实践活动。“社群主义者”，如温奇（1958）或布卢尔（1983，1997），认为只有当一个人成为某个共同体——一种群体——中的一员时，才可能解答怀疑论的问题——因此所讨论的这些实践即使不是共同体范围内的实践，也一定是社会的实践。

另一种可参考的观点认为，怀疑论和反怀疑论、个体主义者和社群主义者之间的争论，都忽略了维特根斯坦的观点，即关于规则遵守根本不存在任何哲学难题，在规则及其关涉到怀疑论与反怀疑论的应用之间根本不存在“鸿沟”。克里普克根斯坦的规则遵守理论是建立在错误的期望之上的，它错误地期望我们需要一种语言和实践理论来证明我们关于规则、意义和理解的讨论是正确的。针对这种沉默论者的阅读，维特根斯坦的实践转向并不是要开启某种实证的实践理论，或实用主义的意义理论，毋宁说它意在提供一种治疗方法，以帮助读者摆脱欲把心灵和世界、语言和实在理论化的癖好。戴蒙德（Diamond，1991）和麦克道尔（McDowell，1981，1993）是这方面的积极倡导者；还可参见克拉利和里德（Crary and Read，2000）。

通常从《哲学研究》中被当作沉默论陈述而被引用的段落数量相对较少，而其中人们争论和辩护的有关怀疑论和反怀疑论的段落数量却很大。再也没有比把维特根斯坦当作要么是怀疑论的，要么是反怀疑论的，要么是理论的整体主义者或实践的整体主义者，要么是治疗性的沉默论者更简单的了，这取决于人们抬高哪些段落或贬低哪些段落。而对下述事实人们却没有给予足够的重视，即维特根斯坦最接近于赞同实践的整体论观点，譬如《哲学研究》§241或§§198—202，是他对那些具有攻击性的问题的回应，而不是教条式的命题。整部《哲学研究》最应该被解读为一种既包含实践的整体论也包含治疗性的沉默论这两种声音的对话，而不是清楚明白地认可任何一种观点。（参见Stern，1995：ch.1）这就是该书为何既为社群主义实践理论提供支持——在这种实践理论中该术语被广义地理解为包括温奇和布尔迪厄、布卢尔和德雷福斯建立的理论——也为沉默论脱离实践理论提供支持的缘故。然而，很多实践理论家确实依赖于他们在《哲学研究》中发现的观点，而且有关如何理解实践理论的争论，包括对方法和理论化的分歧，与如何从整体上阅读《哲学研究》所存在的更广泛的争论具有很大的相似性。（参见 Stern，即将出版）正因如此，通过考察温奇的解释所导致的结果会有助于研究各种各样的实践概念。

温奇对维特根斯坦关于语言和实践观点的阐释是尤其重要的，因为这是维特根斯坦如何进入 20 世纪 60 和 70 年代的“合理性辩论”的方式：作为相对主义者对哲学和社会科学中有关合理性的普遍标准提出了挑战。（参见 Wilson，1970；Dallmayr and McCarthy，1977；Hollis and Lukes，1982；以及 Hiley，1991）这里我们所关心的不是温奇或者维特根斯坦在打算做什么，而是有关维特根斯坦的阅读材料，因为大多数温奇的读者在阅读《社会科学理念》和《理解原始社会》（Winch，1958，1964）时，都把有关维特根斯坦的阅读材料抛弃了。由于这个选集把维特根斯坦和温奇的一些最有趣的观念变为某种极坏的理论，使它比之维特根斯坦更像弗兰肯斯坦，人们最好不要再去读它。然而，它却值得讨论，这不仅是因为很多哲学家依然把这个不死的理论认为理所当然，还因为它对为何不去做实践理论和实践理论如何被系统地误解，都是一个极好的范例。为了把有关这是不是温奇或维特根斯坦的公正选集问题放在一边，我将把这个观点的支持者——不论是谁——称作“温奇根斯坦”。

温奇根斯坦的实践理论

温奇的《社会科学及其与哲学的关系之理念》一书捍卫了关于社会科学的解释性方法，这种方法以主体认为理所当然的东西作为出发点：

> 我并不希望坚持我们必须在那种缺乏反思的理解方面止步……但是我确实想说，任何注重反思的理解一定会必然地预设——如果它可以算作真正的理解的话——参与者的理解没有经过反思。（Winch，[1958] 1990：89）

但是，这种未经反思的理解若脱离了它们广阔的实践和文化背景，即所讨论的那些人的“生活形式”，就不能被理解。因为我们的说话方式和做事方式已经嵌入这种广阔的背景之中，语言和世界已经不可分割地缠绕在一起。

温奇关于这些影响深远的结论的主要论点包含在他对维特根斯坦关于规则遵守的阐释之中。（[1958] 1990：24—39）温奇开宗明义地指出，词语若与其他词语相孤立就没有意义。我们可以通过给出一个定义来解释一个词是什么意思，但此时人们仍然不得不解释遵循定义会涉及什么，以其
194 定义中所规定的相同方法来使用这个词会涉及什么。因为在不同语境中，"相同"可以用不同的方法来理解："只有根据某种给定的规则，我们才能赋予'相同'一个具体的意义。"（[1958] 1990：27）但是，对于规则我们当然也可以提出同样的问题：我们怎么知道怎样才算是用同样的方法遵循规则？假定有充足的灵活性，我们总是有可能想出新的出乎意料的方法来应用规则。然而，在实践中，我们都在很大程度上认同：如果给予某种训练，事实上每个人都会像其他人一样继续用相同的方法使用这些词语。正是这样才使我们有可能在给定的语境中赋予"相同"这个术语以某种意义。(Winch，[1958] 1990：31)

温奇争论说，在遵循规则的概念中，其基本的方面是有关犯了错误的概念，因为如果某人确实在遵循规则，而不只是，譬如，心血来潮地做事，我们必定能区分他做对了还是做错了。犯了错误，就是在违背某种东西，这种东西"已**被确立**为是正确的；这样一来，它必定**能被辨认出**是一种违背……确立一个标准并不是一种使得把某种活动归之于任何与其他个体完全孤立的个人有意义的活动"（[1958] 1990：32)。规则遵循预设了标准，而标准又预设了一个规则遵循者群体。

温奇根斯坦的研究方法给日常行为提供了中心舞台，它被理解为一种规则遵循的模型。这种模型理所当然地认为，这些规则通常是含蓄的，但是倘若需要，则能被规则使用者本人或诸如哲学家或人类学家这些富有同情心的研究者们明确地加以阐述。然而，对这种方法来说，至关重要的是，这些规则只有在给定的生活形式中才具有它们应有的意义，而反过来这种给定的生活形式则是某些共同的实践所构成的，社会科学因而是对这些共同实践的研究。但是，所讨论的这些实践如何才能被理解呢？一种可能是，它们是活动的模式，这些模式包括行动、设施和活动地点，而且这些模式永远都不会被精确地或最终地界定。我认为，这就是维特根斯坦在《哲学研究》开篇几部分引入"语言游戏"这个术语时所提出来的观点。这个术语部分地是通过描述一些简单的实践而被引入的：维特根斯坦的"建造者"，即想象出来的人们，遵循着一套有限的简单秩序，譬如孩子的

文字游戏（如 ring-a-ring-a-rose），以及孩子学习词汇的方法。但是这个术语也可应用于任何以某种方式与语言有关的实践之中，应用于任何人类生活与语言的相互缠绕之中："我还要把这个整体：语言和语言交织于其中的活动，称为'语言游戏'。"（Wittgenstein，[1953] 1958：§7）

> 但是总共有多少种句子呢？譬如说肯定句、疑问句和命令句？有**无数**种，无数不同种类的、我们称之为"符号"、"词语"和"句子"的使用方式，而且这种多样性不是固定的、一成不变的。但是我们可以说，新的语言类型、新的语言游戏还会不断出现，并且其他语言类型和游戏会因为变得过时而被遗忘。（我们可以从数学的变化中对此获得某种大致了解。）
>
> 这里"语言**游戏**"这一术语意在强调的事实是，语言的**言说**是活动的一部分，或者是一种生活形式。
>
> 可在下列事例以及其他事例中考察语言游戏的多样性：
>
> 提供指令，遵守指令——
>
> 描述物体的外形，或给出它的尺寸——
>
> 根据某种描述（一幅画）来构建一个物体——
>
> 思索一个事件——
>
> 构成并检验一个假设——
>
> 用表格和图形来表现实验结果——
>
> 编一个故事，阅读这个故事——
>
> 演戏——
>
> 唱歌、接球——
>
> 猜谜语——
>
> 编一个笑话，把笑话讲出来——
>
> 用算术解决一个难题——
>
> 把一种语言翻译成另一种语言——
>
> 提问、感谢、诅咒、问候、祈祷。（Wittgenstein，[1953] 1958：§23）

第二种可能性是，关于实践的恰当概念极有可能是使语言游戏得以进行的必要因素。关于实践的这种补充性概念是作为"背景"出现的：作为规则能起作用的任何必要因素。

维特根斯坦的这两种解释——作为语言游戏的实践与作为背景的实

践——与德雷福斯关于处事技能和实践背景的区分密切相关。第一种解释综合了“处事技能”和“背景处理”这两个概念的诸方面，但却去除了后一个概念所具有的先验的一面。然而，其意义非常之广，超越了所涉及的那些人的肉体特性和认知能力，扩展到了他们所使用的设施以及所讨论的那些活动发生于其中的环境。

温奇根斯坦们在这里总是提到“生活形式”，但是在《哲学研究》中却几乎很少使用这个术语，而且它可用极为不同的方式来理解：先验的（譬如，作为沟通之可能性的必要条件）、生物的（譬如，作为实践如何成为可能的进化论说明）、文化的（譬如，对特定社会群体中通常都有哪些成员提供社会学或人类学的说明）。然而在20世纪五六十年代，实践通常是根据一套规则来理解的，这些规则支配着特定语言的使用，并被参与者潜移默化地接受，只有研究者才能对之加以整理。包含在受规则支配的语言使用这个概念之下的活动是极为不同的。从其整个范围的一个方面来看，有日常小规模的具体行动模式，如做一顿饭，许一个诺言，玩一个游戏，做一次祷告或者是做一个试验；而另一方面，也有行动模式的模式，这可能会包括地方的烹饪风格、法律系统、奥林匹克传统、
196 宗教或牛顿物理学。

虽然维特根斯坦和温奇都强调那些“人类的共同行为”用来使我们能认识到陌生人和外国人之意义的方法，大多数温奇根斯坦主义者却把这些理所当然的行为方式主要地看作是某个既定共同体所特有的。尽管温奇后来也开始为此而感到后悔，但他的确提供了一种清晰而有争议的陈述，表明了关于这些标准的相对主义如何能产生于背景差异之中：

> 逻辑标准不是上帝直接给予我们的礼物，而是产生于并只在生活方式或生活模式背景下才是可理解的。因此可以得出结论说，人们不能把逻辑标准应用到诸如此类的社会生活模式中。例如，科学是这样一种模式，宗教是另一种这类模式；而且每一种模式都有其自身所特有的可认知性标准，所以在科学或宗教中，行为可以是有逻辑的，也可以是没有逻辑的……但是我们很难合理地说，科学实践或宗教活动要么是合乎逻辑的，要么是不合逻辑的；两者都是非逻辑的。(Winch，［1958］1990：100—101)

因为实践转向提供了一种把科学的理论化视为某种社会产物的方法，所以最热烈的讨论一直围绕在实践转向对知识、尤其是科学知识的应用之

上。起初，为了“理解原始社会”（Winch，1964），温奇根斯坦的观点主要是受到人类学哲学的关注。但是很快他们在后实证主义的科学哲学和科学知识社会学（SSK）中找到了一块相当肥沃的栖息地。科学知识社会学是一种结构主义的科学社会学，它通过社会学方法来研究科学知识的内容。沙宾（Shapin，1982）是一位早期有影响的科学知识社会学的实践者；高林斯基（Golinski，1998）对于它在科学史和科学研究中被接受提供了某种似乎有些未加批判的总体评价。至于批判性的哲学讨论，参见范恩（Fine，1996）、弗里德曼（Friedman，1998）、罗斯（Rouse，1996）、罗思（Roth，1998）和斯特恩（Stern，2001）。

温奇对其他文化的特殊性的尊重，以及从其内部来理解这些文化的需求，在那些希望通过比较方法来研究科学文化的人看来是极具吸引力的，这些人想把托马斯·库恩的范式概念与温奇对理解另一种文化的说明相结合。这里关键的一步是要按照温奇对生活形式的讨论所提出的——如果不是所要求的——研究方法，考察特定的科学家群体所具有的文化——库恩著名的多义术语“范式”所具有的诸多意义之一。戴维·布卢尔和哈里·柯林斯把“生活形式”理解为是指具体的文化和社会群体，即可与温奇所讨论的“原始社会”或库恩的科学研究文化相提并论的社会实体。

> 维特根斯坦所称的“生活模式”或“生活形式”可以被认为是一种社会性地持续存在的边界模式。（Bloor，1983：140）
>
> 用库恩的习语（Kuhn，[1962] 1996）来说，不同文化的成员拥有不同的“范式”；或者用维特根斯坦的术语来说，他们生活在不同的生活形式之中。（Collins，[1985] 1991：15）
>
> 从社会科学哲学中引出的最重要观点是，可以把行动者理解为在某种“生活形式”中活动（Winch，[1958] 1990；Wittgenstein，[1953] 1958）；这种观念在科学史上、在范式概念中应该有其相应的观点（Kuhn，[1962] 1996）。（Collins，[1985] 1991：171，cf. n. 3）

197

虽然布卢尔提供了一种更为彻底和更加系统的解释，认为维特根斯坦是科学知识社会学的主要哲学先驱，但柯林斯的特有贡献则是为如何用以实践为基础的方法从事实地社会调查提供了具体实例。他倡导的主要方法是在科学实验室中进行社会学观察，这种方法已经被人们认识到是“有争议的研究方法”，它涉及观察有争议的知识论断的每一个方面。（Collins，

[1985] 1991；Collins and Pinch，1993，1998）柯林斯和布卢尔两人都坚持认为他们各自的研究方法是科学的，但是布卢尔对把哲学和社会科学视为以自然科学为模型这一问题没有疑虑，而柯林斯由于吸收了温奇和伯杰（Berger）的观点则属于理解传统。

《科学知识》——一本科学知识社会学的教科书——指出，"在科学社会学背景下，使个体表现为能动的行为者"的最好方法，"就是把他塑造成生活形式的参与者"。这本书对这个术语的解释是这样的：

> 这个术语是维特根斯坦的，它在这里的用法直接或间接地是许多社会学家的著作与维特根斯坦的著作有关联的见证。那些研究托马斯·库恩著作的人因此已把自己同维特根斯坦联系在一起了；那些把民族方法学延伸到科学社会学之中的人也是如此。哈里·柯林斯，这位在科学中明确地引用生活形式次数最多的人，把哲学家彼得·温奇的著作看成是进入维特根斯坦观点的门径。[布卢尔] 在这本书中关于科学知识之作用的有限论说明是同一个立场的另一个版本。(Barnes et. al.，1996：116)

实际上，有关"生活形式"和"语言游戏"的说法在科学知识社会学领域，正像在社会科学和人文科学的很多领域一样，已经变得如此普遍，因而它们已被普遍使用，不必再明确地指出它们出自维特根斯坦。在科学知识社会学中广泛使用"生活形式"的一个好例子，可参见被多次讨论过的斯蒂芬·沙宾和西蒙·谢弗（Simon Schaffer）的《利维坦与空气泵》。在这本书中，这个术语被明确地指出与维特根斯坦有关，但它是被用来指称社会利益的：

198
> 我们试图把科学方法展示为透明的社会组织形式和调整科学共同体中社会互动的方式。为了这个目的，我们要自由地但不是非形式地使用维特根斯坦的"语言游戏"和"生活形式"概念。我们要把科学方法作为整合在行为模式中的方法来研究……我们将建议把解决知识问题的方法嵌入解决社会秩序问题的方法之中，而且解决社会秩序问题的不同实践方案包括与解决知识问题的实践方法相对比。(Shapin and Schaffer，1985：14—15)

但是这种"实践解决方法"隐藏着许多理论包袱，而且批评家回答说，诉诸实践对此问题的解决根本无济于事。在下一节中，我将对一些直接指向温奇根斯坦实践理论的主要批评作一概括。

从温奇根斯坦到弗兰肯斯坦

40多年来，欧内斯特·盖尔纳（Ernest Gellner）一直是维特根斯坦和维特根斯坦主义的“日常语言”哲学的主要批判者之一。他的第一本书《词与物》（1959）率先提出了现行的对实践理论的反驳；《语言与孤独：维特根斯坦、马里诺夫斯基和哈布斯堡困境》（1998）把他的批判提炼为明确的谴责。在盖尔纳看来，作为《逻辑哲学论》作者的早期维特根斯坦，把他的哲学建立在两种因素之上：抽象的普遍推理和感觉经验。盖尔纳视之为怀疑论的监狱：从逻辑和个体经验出发，就无法逃脱这种孤立困境。盖尔纳通过“哈布斯堡困境”——确信**“人类的思想有两种，而且只有两种可以选择”**（1998：72）来解释维特根斯坦从早期哲学到后期哲学的变化：要么是个体主义的知识观，要么是社群主义的知识观。根据第一种观点，知识是个体和自然之间的关系。另一种观点则认为，知识在本质上是社会的。盖尔纳把这种社群主义观点归于维特根斯坦的后期哲学思想：

> 第二种观点认为，人类的思维和语言是嵌入在社会习俗系统之中的，二者都与使用它们的社会共同体相关联，而且二者在逻辑上都是最根本的，可自我证实的，而且都能超越其他任何可能的证实。一个共同体在言语中所表达出来的习俗，是人类可以认识或赖以生存的唯一法则。（Gellner，1998：72）

政治保守派既用实践来认同他们国家的习俗和传统、地域或种族，也用实践来攻击政治改革派。盖尔纳眼中的维特根斯坦是一个哲学保守派，因为他用实践作为应付怀疑论和形而上学体系的方法：我们的日常生活方式是有秩序的，它们原本就是这个样子。它们既不需要任何合理性论证，也不能被给予某个论证。这是一种“哲学，它声称，对任何人类实践而言，不可能找到任何理性的智力根据，但是，它的合理性证明只能存在于‘生活形式’之中，换言之，存在于文化之中”（Gellner 1998：105）。但是，正是盖尔纳被“哈布斯堡困境”困住了，而且由于看不到摆脱这种困境的方法，他只能把维特根斯坦看作启蒙运动的敌人，认为他倒退到文化传统的本体论上，并把保守主义的教条改写为语言哲学： 199

作为维特根斯坦哲学之核心的语言理论，只是一种符号化的社会理论：人类生存在文化共同体之中，或者用维特根斯坦的话说，生活在“生活形式”之中，它们自我维系，具有自我合法性，而且在逻辑和规范性上都是终极性的……真正的观点在于，有关语言习惯的证实问题事实上是有关社会实践和习俗的证实和合理性证明问题，而且这两个问题又交织在一起。(Gellner，1998：14)

盖尔纳通过指出《哲学研究》中对这种“符号化的社会理论”并没有直接的文本支持而规避了这个难题。他说，虽然维特根斯坦本人对于把这个理论应用到传统哲学问题中特别感兴趣，但正是温奇根斯坦主义者们把它变成一种文化上的合法化运动：

维特根斯坦是在**以抽象的方式**一般地鼓吹相对的平民主义，而未偏爱任何具体的文化图案。然而，他的追随者却**这样做了**。在实践中，这种技术的展开目的不仅仅在于排除所谓假问题……也在于正面地维护他们自己的“常识”。(1998：161)

盖尔纳的批评既是认识论上的也是政治上的。这种对文化上的先验标准的拒斥是一种糟糕的知识论，因为它会引向一种非理性主义的相对主义，认为每一种文化都可以内在的自我证实，而且都可免遭外部的批评。同样，它也是糟糕的政治理论，因为它为了朦胧而不可靠的传统观念而抛弃了为理性辩护的启蒙事业，把每一种文化都锁在自我封闭的监狱里。盖尔纳把这种对先验文化合理性的拒斥称作相对主义。但是，它也有基础主义的方面：因为实践为文化标准提供了终极基础，它们为文化扮演了基础性角色，虽然只是一个“内在”的角色。因此，斯蒂芬·福勒把库恩和维特根斯坦划归于基础主义者之列，“只是和这种基础的**本体论**一起从命题转向了实践”(Fuller，June 17，2000；另可参见 Fuller，1992，1997；以及 Lynch、Pickering、Turner 的《人类研究·1997》)。

特纳对社会理论中的实践观点的拒斥（1994，1997)，提供了有关实践本体论问题的最充分的陈述，尤其是论述了它们在文化传播中所扮演的角色。特纳主张，如果实践能完成实践理论分派给它们的工作，那么它们就是社会共同体中每个成员都拥有的东西，并且可以传递给他人。但是如果这种事物是要保证一种文化的存在，那么它能是什么东西呢？特纳认为，从终极意义上说，它只不过是一种不严谨的谈话方式，能误导社会理论家们相信有某种实质性的东西隐藏在我们的行动背后。但是这种作为

“公共财产”的实践概念不是内在一致的，“在因果性上是受嘲笑的”。因为一种公共实践必定是可“从一个人传给另一个人的。但是，没有任何理由说明获得这些实践就能在因果性上支持如下观念：同一个内在事物、同一种实践可以在另一个人身上再现。（Turner，1994：13）如果我们把实践理解为近似于默示的信仰——隐藏的、内在的客体，它们在因果性上是我们行动的原因——特纳无疑是正确的，因而社会实践理论这个概念本身就是滑稽可笑的，而且要理解这种事物是如何传递的，还存在着无法克服的困难。特纳建议我们用人的“习惯”来替代关于实践的讨论，因为习惯是可以观察到的行为模式，它不需要预设某种隐秘的原因。

倘若实践理论留给我们一种选择，要我们在神秘之物和可观察的习惯之间，或者在空洞的自我论证和民主的讨论之间作出抉择，那么哪一种选择更为可取就不言而喻了。的确，这些是对实践理论的某些陈述的有力反驳，但却没有表明这种实践转向必定会走向灭亡。人们可以和特纳一样，把海德格尔、维特根斯坦、库恩及其追随者理解为依赖于某种无所不能的模糊而隐蔽的实践概念，而这种实践概念就像绿野仙踪一样，只是一种具有欺骗性的托词。但是，维特根斯坦是对如下神话进行批评的最伟大的批评家之一：我们的日常生活现象必定可由隐藏于其后的不可见之物来解释；而且海德格尔和库恩关于实践必定要说的许多话语，都可以用这种方式来解读。虽然维特根斯坦和海德格尔确实激发了实践理论，这种理论可用奇迹和假设的故事来替代艰辛的工作，然而他们的著作也为那些既希望探究实践，又不愿被作为隐蔽力量的实践理论所累的人提供了理论资源。（参考 Rorty，1993；Stern，1997，2000）

探究性的实践

实践理论家们倾向认为，我们有可能在主观主义和客观主义、关于动因的经验描述和具有决定性作用的社会理论这两种对立的危险之间游弋。然而，对这种理论的每一种尝试，都会很快遇到批评者，他们会论证说，这并没有超越主观主义和客观主义的困境。在这里，我们似乎非常接近康德在《纯粹理性批判》中所说的“二律背反”：一种争论中有两种相反的观点似乎能穷尽各种可能的观点，然而每一种观点都可对另一种观点提出反驳。像康德一样，实践理论家试图通过某种更广阔的视角来解决这种困境，也就是说，他们试图使每一个对立面都能看上去部分是正确的，部分是错误的。然而这些尝试总是会遭到批评，批评者认为这些尝试只不过是对所讨论的难题提出的那些老套而又不成功的答案的翻版。布尔迪厄的习惯理论，即他自己解答目的论和唯物主义这种二律背反的钥匙，已经多次
201 被指责为必定会失败。在那些二手文献中，对习惯概念的标准反驳是它“恰恰退回到布尔迪厄自己反驳的那种客观主义”（King，2000：418）。因为布尔迪厄认为，构成这种习惯的知觉结构和内化倾向直接来源于个体的社会经济地位或结构性的立场。“每一个行为者，不管是有意识的还是无意识的，不管是否愿意，都是客观意义的再现者……他的行动和言语都是一种**操作模式**的结果，在这种模式中，他不是制造者，也没有任何有意识的控制。”（Bourdieu，1977：79）然而，金（King）继续指出，虽然人们可为这种解读引用充分的证据，人们在布尔迪厄的著作中也能找到第二种不相容的思路，这种思路指向一种“建立在主体间的、有意义的实践之上的非二元论的社会理论”（Bourdieu，1977：79）。

其核心观念——它驱动了这第二种思路——是要仔细描述处于工作状态中的专家，描述直接理解的情形，这种直接理解是在具有非凡技能的实践活动中显示出来的。其目的是要刻画实践的灵活性，这种灵活性超越了对那些最终得到陈述的原则的任何机械式的应用。面对预料之外的挑战，这些专家会凭借他们对整个情形的控制来处理某种有创造性的反应，这种反应超越了先例，然而却能回想到，并可看作是对手头这个难题所作的精彩反应。（参考 Dreyfus，2000b，沿着这些思路，他在阅读海德格尔的著作时，对其作了亚里士多德式的解读。）布尔迪厄著作中的这第二条线索，把社会生活当作“个体之间的互动和实践相互协商的网络，它总是必然地向战略性转变开放”（King，2000：31）。金坚持认为，这并不会涉及“向主观主义的倒退”，但是实践理论的批评者则可能会回应说，赞美专家对已经确立的先例进行“战略性的转变”并不能解决实践理论的根本困境。如果所讨论的转变最终是专家的社会经济观点的产物，那么我们又回到了第一种思路即客观主义。即使它不受客观主义说明的影响，那么，我们要么退回到主观主义地去庆贺个体的创造性，要么仍然在客观主义和主观主义方法之间徘徊不定。

当德雷福斯强调他对海德格尔的解读与维特根斯坦后期坚持实践的首要性观点相一致时，他并没有忽略早期海德格尔和后期维特根斯坦的主要区别。海德格尔的“存在论分析”对日常活动背景的结构所作的详细说

明，是一种系统的实践理论，而维特根斯坦却“相信组成人类生活形式的实践是一种令人绝望的混乱状态……而且还对任何使这种混乱系统化的企图提出了警告”（Dreyfus，1991：7）。但是维特根斯坦所描述的这种“混乱”，从顽固不化的系统论者的视角看，只是一种“令人绝望的混乱状态”。对于那些从具体实例出发寻找实践研究方法的人们来说，就某种不依赖实践理论而去探究实践的方法而言，维特根斯坦的非系统化研究方法还给我们保留着希望，使我们有可能公正地对待日常生活多姿多彩的不确定画面：

> 我们判断某种行为通常是根据其在人类生活中的背景来进行的，并且这个背景并不是一种单色图案，但是我们却可以把它描绘为一种非常复杂的图案模式，这种复杂模式确定无疑是我们不能复制的，但我们能根据它所产生的一般印象认出它来。这种背景就是生活的熙熙攘攘……如何才能描述人类的行为呢？无疑只有通过展示各种各样的人们的活动，因为它们全是混杂在一起的。不是一个人**此时此刻**所做的事情，而是整个的混杂局面构成了我们观察某种行为的背景，而且它决定着我们的判断、我们的概念和我们的反应。（Wittgenstein，1980：§624—625，629）

在这段话中，维特根斯坦对实践的研究方法提供了一种特别清晰明白的陈述，这种方法坚持我们要停留在表层，关注构成我们生活的复杂模式的细节和复杂性。但是，对于任何认为社会科学家必须超越仅仅描述我们日常生活细节的人来说，这种方法类似于朴素的经验主义或极端的主观主义，容易误导人们试图放弃所有的理论化，以利于保持关于社会生活的第一人称视角。对于这类批评家来说，维特根斯坦式的描述如此缺乏理论性，因而它无望再保持实践理论的品格了：由于抛弃了系统性和严密性的目标，它避开了试图阐述实践理论而产生的种种难题，但是它对实践理论公认为成问题的原创性观点，也不再有解释力了。另一方面，对于维特根斯坦主义者来说，一种雄心勃勃地旨在揭示现象背后之系统模式的研究方法，例如布尔迪厄的实践理论，在相反的方向走得太远，它用一种有关虚构之力的理论替代了对我们生活中实际发生之事的仔细观察。也许这就是实践理论的千变万化的特点，正是这个方面给我们提供了希望，从而有可能使严格的社会理论的目标与对具体情况的详细描述相适应，因而使之既具吸引力，又难以正确地决定。至于是否有可能产生一种实践理论，能对这种冲突提供一种内在一致的解决办法，仍然是一个悬而未决的问题。

注 释

[1] 我想借此机会表达我对爱荷华大学、比勒菲尔德大学和亚历山大·冯·洪堡基金会的感谢；没有它们的帮助，这篇论文就不会写成。在比勒菲尔德，我要特别感谢艾克·冯·萨维尼（Eike von Savigny）、卡林·诺尔·塞蒂纳（Karin Knorr Cetina）和亚历克斯·普里达（Alex Preda），感谢他们对我研究实践理论的指导和支持。在爱荷华，通过和哲学系的很多同事和 2000 年秋季海德格尔课程上的学生进行讨论，我受益很多，但我尤其要感谢莱尔德·阿迪斯（Laird Addis）、帕娜约·布奇瓦罗夫（Panayot Butchvarov）、康斯坦丁·坎布拉斯（Constantine Cambras）、菲里浦·卡明斯（Phillip Cummins）、戴维·迪皮尤（David Depew）、理查德·弗莫顿（Richard Fumerton）、丹尼尔·格罗斯（Daniel Gross）和谢里尔·赫尔（Cheryl Herr），感谢他们持续不断地提出了很多富有建设性的问题。特德·沙茨基和斯蒂芬·特纳为本论文的最终定稿提供了非常有益的评议。

参考文献

Barnes, Barry, David Bloor, and John Henry 1996: *Scientific Knowledge: A Sociological Analysis*. Chicago: Chicago University Press.

Blackburn, S. 1984: The individual strikes back. *Synthese* 58, 281—303.

Bloor, David 1973: Wittgenstein and Mannheim on the sociology of mathematics. *Studies in the History and Philosophy of Science* 4, 173—191.

Bloor, David 1983: *Wittgenstein: A Social Theory of Knowledge*. Oxford: Blackwell; New York: Columbia University Press.

Bloor, David 1997: *Wittgenstein, Rules and Institutions*. London: Routledge.

Bloor, David 2001: Wittgenstein and the priority of practice. In Schatzki et at. (eds.), *The Practice Turn in Contemporary Theory*. London and New York: Routledge, 95—106.

Bourdieu, Pierre [1972] 1977: *Outline of a Theory of Practice*, trans. Richard Nice. Cambridge, UK: Cambridge University Press.

Brandom, Robert 1994: *Making It Explicit: Reasoning, Representing, and Discursive Commitment*. Cambridge, MA: Harvard University Press.

Collins, Harry [1985] 1991: *Changing Order: Replication and Order in Scientific Practice*, 2nd rev. edn. Chicago: University of Chicago Press.

Collins, Harry and Trevor Pinch 1998: *The Golem at Large: What You Should Know*

About Technology. Cambridge, UK: Cambridge University Press.

Collins, Harry and Trevor Pinch [1993] 1999: *The Golem: What Everyone Should Know About Science*, 2nd rev. edn. Cambridge, UK: Cambridge University Press.

Crary, Alice and Rupert Read (eds.) 2000: *The New Wittgenstein*. New York: Routledge.

Dallmayr, Fred and Thomas McCarthy (eds.) 1977: *Understanding and Social Inquiry*. Notre Dame, IN: University of Notre Dame Press.

Diamond, Cora 1991: *The Realistic Spirit: Wittgenstein, Philosophy and the Mind*. Cambridge, MA: MIT Press.

Dreyfus, Hubert 1980: Holism and hermeneutics. *Review of Metaphysics* 34 (1), 3—24.

Dreyfus, Hubert 1991: *Being-in-the-World: A Commentary on Heidegger's* Being and Time, *Division I*. Cambridge, MA: MIT Press.

Dreyfus, Hubert 2000a: Responses. In Mark Wrathall and Jeff Malpas (eds.), *Heidegger, Coping, and Cognitive Science: Essays in Honor of Hubert L. Dreyfus*, vol. 2. Cambridge, MA: MIT Press, 313—349.

Dreyfus, Hubert 2000b: Could anything be more intelligible than everyday intelligibility? Reinterpreting division I of *Being and Time* in the light of division II. In James E. Faulconer and Mark A. Wrathall (eds.), *Appropriating Heidegger*. Cambridge, UK: Cambridge University Press, 155—174.

Fine, Arthur 1996: Science made up: Constructivist sociology of scientific knowledge. In Peter Galison and David J. Stump (eds.), *The Disunity of Science: Boundaries, Contexts, and Power*. Stanford, CA: Stanford University Press, 231—254.

Fogelin, Robert [1976] 1987: *Wittgenstein*, 2nd rev. edn. London: Routledge & Kegan Paul.

Friedman, Michael 1998: On the sociology of scientific knowledge and its philosophical agenda. *Studies in the History and Philosophy of Science* 29, 239—271.

Fuller, Steve 1992: Social epistemology and the research agenda of science studies. In Andrew Pickering (ed.), *Science as Practice and Culture*. Chicago: University of Chicago Press, 390—428. 204

Fuller, Steve 1997: Why practice does *not* make perfect: Some additional support for Turner's *Social Theory of Practices*. *Human Studies* 20 (3), 315—323.

Gellner, Ernest [1959] 1979: *Words and Things*, 2nd rev. edn. London: Routledge & Kegan Paul.

Gellner, Ernest 1998: *Language and Solitude: Wittgenstein, Malinowski and the Habsburg Dilemma*. Cambridge, UK: Cambridge University Press.

Golinski, Jan 1998: *Making Natural Knowledge: Constructivism and the History of Science*. Cambridge, UK: Cambridge University Press.

Heidegger, Martin [1927] 1962: *Being and Time*, trans. John Macquarrie and James M. Robinson. New York: Harper & Row.

Hiley, David R., James F. Bohman, and Richard Shusterman (eds.) 1991: *The Interpretive Turn: Philosophy, Science, Culture*. Ithaca, NY: Cornell University Press.

Hollis, Martin and Steve Lukes (eds.) 1982: *Rationality and Relativism*. Oxford: Blackwell.

King, Anthony 2000: Thinking with Bourdieu against Bourdieu: A "practical" critique of the habitus. *Sociological Theory* 18 (3), 417—433.

Kripke, Saul 1982: *Wittgenstein on Rules and Private Language*. Cambridge, MA: Harvard University Press.

Kuhn, Thomas [1962] 1996: *The Structure of Scientific Revolutions*, 3rd edn. Chicago: The University of Chicago Press.

Lynch, Michael 1997: Theorizing practice. *Human Studies* 20 (3), 335—344.

McDowell, John 1981: Non-cognitivism and rule-following. In S. H. Holtzmann and C. M. Leith (eds.), *Wittgenstein: To Follow a Rule*. London: Routledge & Kegan Paul, 141—162. Reprinted in A. Crary and R. Read (eds.) 2000: *The New Wittgenstein*. New York: Routledge, 38—52.

McDowell, John 1993: Meaning and intentionality in Wittgenstein's later philosophy. In *Midwest Studies in Philosophy Volume XVII: The Wittgenstein Legacy*. Notre Dame, IN: Notre Dame University Press, 40—52.

McGinn, Colin 1984: *Wittgenstein on Meaning*. Oxford: Blackwell. Ortner, Sherry 1984: Theory in anthropology since the sixties. *Comparative Studies in Society and History* 26, 12—66.

Picketing, Andrew 1997: Time and a theory of the visible. *Human Studies* 20 (3), 323—333.

Preda, Alex 2000: Order with things? Humans, artifacts, and the sociological problem of rule-following. *Journal for the Theory of Social Behaviour* 30 (3), 269—298.

Rorty, Richard 1993: Wittgenstein, Heidegger, and the reification of language. In Charles Guignon (ed.), *The Cambridge Companion to Heidegger*. Cambridge, UK: Cambridge University Press, 337—357.

Roth, Paul 1998: What does the sociology, of scientific knowledge explain? Or, when epistemological chickens come home to roost. *History of the Human Sciences* 7, 95—108.

Rouse, Joseph 1987: *Knowledge and Power: Toward a Political Philosophy of Science*. Ithaca, NY: Cornell University Press.

Rouse, Joseph 1996: *Engaging Science: How to Understand Its Practices Philosophically*. Ithaca, NY: Cornell University Press.

Rouse, Joseph 2000: Coping and its contrasts. In Mark Wrathall and Jeff Malpas (eds.) *Heidegger, Coping, and Cognitive Science: Essays in Honor of Hubert L. Dreyfus*, vol. 2. Cambridge, MA: MIT Press, 7—28.

Schatzki, Theodore 1996: *Social Practices: A Wittgensteinian Approach to Human Activity and the Social*. Cambridge, UK: Cambridge University Press.

Schatzki, Theodore, Karin Knorr Cetina, and Eike von Savigny (eds.) 2001: *The Practice Turn in Contemporary Theory*. London and New York: Routledge.

Shapin, Steven 1982: History of science and its sociological reconstructions. *History of Science* 20, 157—211

Shapin, Steven and Simon aschaffer 1985: *Leviathan and the Air Pump: Hobbes, Boyle and the Experimental Life*. Princeton, NJ: Princeton University Press

Stern, David G. 1995: *Wittgenstein on Mind and Language*. Oxford: Oxford University Press.

Stern, David G. 1997: Heidegger and Wittgenstein on the subject of Kantian philosophy. In David Klemm and Günter Zöller (eds.), *Figuring the self: Subjuct, Individual and Other in German Idealism*, Albany, NY: SUNY Press, 245—259

Stern, David G. 2000: Practices, practical holism, and background practices. In Mark Wrathall and Jeff Malpas (eds.), *Heidegger, Coping, and Cognitive Science: Essays in Honor of Hbert L. Dreyfus*, Volume 2, Cambridge, MA: MIT Press, 53—69.

Stern, David G. 2002: Sociology of science, rule following and forms of life. In Michael Herdelberger and Friedrich Stadler (eds.), *Vienna Circle Institute Yearbook* 9/2001: *History of Philosophy of Science—New Trends and Perspectives*. Dordrecht: Kluwer, 347—367

Stern, David G. (forthcoming): The methods of the *Tractatus*. Beyond positivism and metaphysics? In Paolo Parrini, Wes Salmon, and Merrilee Salmon (eds.), *Logical Empiricism: Historical and Conteporary Perspectives*. Pittsburgh, PA: Pittsburgh University Press.

Turner, Stephen P. 1994: *The Social Theory of Practices: Tradition, Tacit Knowledge, and Presuppositions*, Chicago: University of Chicago Press.

Turner, Stephen P. 1997: Bad practices: A reply. *Human Studies* 20 (3), 345—356

Wilson, Brian R. (ed.) 1970: *Rationality*. New York and London: Harper & Row.

Winch, Peter [1958] 1990: *The Idea of Social Science and its Relation to Philosophy*, 2nd rev. edn. London: Routledge and Kegan Paul.

Winch, Peter 1964: Understanding a primitive society. *American Philosophical Quarterly* I, 307—324. Reprinted in Brian Wilson (ed.) 1970: *Rationality.* New York and London: Harper & Row, 78—111.

Wittgenstein, Ludwig [1953] 1958: *Philosophical Investigations*, 2nd edn., trans. G. E. M. Anscombe, G. E. M. Anscombe and R. Rhees (eds.). Oxford: Blackwell.

Wittgenstein, Ludwig 1969: *On Certainty*, trans. G. E. M. Anscombe and D. Paul, G. E. M. Anscombe and G. H. von Wright (eds.). Blackwell, Oxford.

Wittgenstein, Ludwig 1980: *Remarks on the Philosophy of Psychology*, vol. II, trans. C. G. Luckhardt and M. A. E. Aue, G. H. von Wright, and H. Nyman (eds.). University of Chicago Press, Chicago.

Wrathall, Mark 2000: Background practices, capacities, and Heideggerian disclosure. In Mark Wrathall and Jeff Malpas (eds.) *Heidegger, Coping, and Cognitive Science: Essays in Honor of Hubert L. Dreyfus*, vol. 2. Cambridge, MA: MIT Press, 93—114.

第 9 章　科技研究与社会科学哲学

斯蒂夫·富勒（Steve Fuller）

科技研究（STS）领域的发展通常被认为是相对主义哲学敏感性的巨大胜利，这种敏感性已经将自身转化为一种经验研究项目。对于那些用政治术语来思考智力问题的人来说，这个时刻可视为某种“进步”，但实际上这种情形还非常模糊。在本章第一部分，我将论述相对主义与科学自主性的辩护之间的历史关联，这种科学自主性仿效了自晚期不列颠帝国主义和美国冷战科技政策以来我们就比较熟悉的遏制政治。在这里，科技研究中经常探讨的科学家和土著人之间的类比，更多地需要从字面意义上去理解。在第二部分，我将论述相对主义本身只不过是反现实主义辩证法的一个极端，它划定了科技研究的哲学范围。另一极端是建构主义。这两个极端都假设科学实在论是错误的，但对其错误原因的诊断则大相径庭，实际上其做法是在重复社会学中的基本争论。科技研究通过有意识地采用托马斯·库恩关于科技变化的理论来掩饰自己的起源和发展。库恩的思想观点是第三部分的主题。库恩模型对各种不同观点的调和，由于模糊了科学在 20 世纪所经历的社会学方面的巨大变化，开始说明科技研究为何没有像人们所期望的那样没有明确的批评科学的社会功能。第四部分联系最近流行的伊恩·哈金（Ian Hacking）对科技研究的正式辩解对此进行了探讨。像大多数科技研究参与者一样，哈金对创造性的知识社会学所具有的批判的变革意图视而不见，其科技研究在很大程度上已放弃了知识社会学。因此，正如我在最后一部分所论述的那样，科技研究所产生的科学社会学已不再是知识社会学了。 207

相对主义与科学自治幻想

那些一直在从某种高度追寻科技研究发展历程的人，很容易将该领域中的哲学贡献归功于基本的相对主义策略所进行的丰富多彩的扩展，这种相对主义策略是由彼得·温奇在《社会科学的观念》（Winch，1958）一书里最早提出来的。毕竟，科技研究领域中的各种经验学派——无论是在爱丁堡还是巴黎——在很大程度上都遵循着温奇的维特根斯坦式的脚步。对忽视当地实践描述的“哲学解释”，他们都持怀疑态度。因此，其目标就是使这些说明不合法，并在某种意义上让这种现象为自己辩护。这里，“哲学的”与“形而上学的”在可反驳的意义上是同义词，正是这种可反驳的意义最初曾使维特根斯坦与逻辑实证主义者在共同的因果性上联合在一起，即，误解、虚假的期望和潜在的灾难性相互作用的源泉，这些东西是由我们让我们所说的东西进入我们所看到的东西中造成的。然而，在可反驳的意义上被认为是“哲学的”现实实践的范围，已经超越了专属于大多数被当作社会科学研究中的说明理论的形而上学，甚至是土著人日常的自我理解，就这些理解是在理论的掌握之中因这种理论没有适当地抓住原始的实践而言。

回顾这些温奇式论点的特征有助于说明科技研究的许多鲜明特点。考察一下这个领域里具有里程碑意义的专论——由拉图尔和伍尔加所写的《实验室生活》——在其开篇部分作者便指出，科学试验的理想观察者是对正在被调查的学科一无所知的人。（Latour and Woolgar，1979）因而这会使他们具有信念上的怀疑，不相信与他们共同工作的科学家所提出的分类。实际上只有与这种现象仍然“密切”相关的社会科学研究方法才会正式得到认可。在实践中，这就意味着一个人竭力模仿人们的民族志学研究，把自己的理论看作“植根”于本土经验之中。（Glaser and Strauss，1967）斯蒂文·沙宾（Steven Shapin）的用语“真正的见证”，虽然其原意是用于科学写作上的，却恰当地抓住了叙述的视角，因而他作为一名专门研究科技研究的历史学家，为了保持“有根据”而采用了这种视角。因此，科技研究只不过是轻视了（至少可以这样假定）科学事业中的社会科学说明，正像它轻视了科学事业中的自然科学说明一样。（Fuller，2000b：322—324）

在此，把温奇式的相对主义策略相对化，使其等同于科技研究，也许是有用的，因为它自身并不是产生于社会学真空之中的。重要的是，温奇及其追随者主要是从人类学尤其是爱德华·伊万斯-普里查德（Edward Evans-Pritchard）的实地考察中获得他们的经验灵感的，普里查德最有名的学生 M. 道格拉斯（Mary Dougles）是许多科技研究理论早期的理论渊源。（例如，Bloor，1983）哲学家们知道普里查德大多是通过他 20 世纪三四十年代对奴尔人（the Nuer）和阿赞德人（the Azande）这两个苏丹部落的研究，为跨文化的理性判断提供了“铁证”。但是，在人类学年报中，可以看到普里查德是第一批坚持为了深入了解土著人的世界观，人类学家应当避开翻译，自己掌握当地语言的学者之一。（Evans-Pritchard，1964：79—80）这种具有鲜明特征的相对主义方法在太阳开始照耀不列颠帝国的时候就已经提出，而此时英国皇室关注的主要是保持土著人的良好意愿，而土著人的忠诚有可能由纳粹检验，因为战争的舞台在第二次世界大战中已从欧洲转移到非洲。（Goody，1995：63—66）

因此毫不奇怪，对普遍主义与相对主义之争作出主要贡献的人，即那些在讲英语的世界里发明了“社会科学哲学”的人，是在英国而不是在美国接受教育的。这一争论的双方都反映了英帝国统治史上连续不断的重要时刻。第一个重要时刻是当地人最初屈从于英皇室的时期，第二个重要时刻是在面临其他帝国主义力量威胁时仍然保持他们忠诚的时期。在这里相对主义者提出了既没有暴力也没有卑躬屈膝的外部统治的前景，因为，譬如说，只要苏丹人不破坏英国人对抗德国人，他们就可以按照自己认为合适的方式行事。简而言之，英国和苏丹人达成一致：只要不牵涉他们自己，他们就可以互不干涉对方的实际活动。然而，虽然官方已考虑到当地人实际活动的统一性，但从强权政治的观点看，相对主义只不过是强化了已经存在的殖民统治的术语而已。（Fuller，2000b：18—21，146—149）

实际上，这种策略的成功暗含着马基雅维利主义的教训，即把人们作为“目的本身”或许是把他们当作实现其自身目的之手段的最好手段之一。当把这个教训应用于现代科学的建制过程中时，其结果特别悲哀，对手段和目的的两种颠倒出现了。首先，最初用来抚慰土著人的相对主义策略与其原先的环境相分离，成为其自身的目的，正如支持和反对相对主义的论证被永无休止地精致化和争论一样。在这里科技研究就像哲学研究一样令人难以捉摸。（Hollis and Lukes，1982；Pickering，1992）但是更为重要的是，相对主义者在政治上的成功使得土著人愿意让自己在大国争斗中成为可以信赖的玩家。我们现在将把这两种颠倒应用于科学，让科学家发挥土著人的功能。在以下各部分里我将考察：（1）**手段如何能转化为目的**；因而（2）**目的怎样才能转化为手段**。前者可以说明我们怎样将科学与政治区分开来，后者则可以说明科学如何能具有政治意义。因此，我将通过结合（1）和（2），在可颠倒的手段—目的颠倒的基础上提出一种道德规范。

手段成为目的

根据19世纪和20世纪关于社会变化的大多数进化模型，一种具有创新性的社会实践，通常会作为达到某种特定目的的手段而（无意识地）出
209 现，进而通过其在这个角色上的成功，可（有意识地）成为其自身的目的。威尔海姆·旺德（Wilhelm Wundt）最早将这一洞见归属于社会心理学，他用康德的术语谈到，人的目的从“他治”到“自治”的演变是复杂社会里劳动分工的副产品。旺德坚持认为，他治是在同一种建制（譬如教堂）里，由解决（譬如）满足精神和物质丰厚需求的需要所引发的，然而现在这些更为合理地由两个不同的机构来管理，且每一个机构只掌管一种形式的福利。同时，旺德还扩展了康德寻求自治的原初含义，认为它比他治的寻求在道德上更加纯洁，它有助于形成常规科学领域的道德范围，因为科学领域不断增加的技术细节使它们与现存的社会问题相脱节。在1910年德国社会学学会的就职仪式上，费尔迪南·托尼斯（Ferdinand Tönnies）用旺德的深刻见解来解释社会科学与社会政策的区别。（Proctor，1991：91—93）

在1925年，当逻辑实证主义初露锋芒之时，莫里茨·石里克（Moritz Schlick，[1925] 1974：94—101）就曾论证说，消除了本体论的（康德式的）伦理学，要比推断论的（边沁式的功利主义）伦理学更优越，其根据与旺德相似。石里克还借用亚里士多德的观点指出，社会必须充分的悠闲，从而允许人们从事一些并不能从中获得直接利益的活动。根据当时盛行的社会学区分，石里克看到了“文化”和“文明”分别对应于功利主义者和坚持消除本体论者。前者明确地关注促进特定民族的发展，后者则关注较为分散且漫无边际的事务。石里克的明确论述在帝国时代引起了人们直觉上的共鸣，因为“祖国”的居民一般要承受“白人的重负”的冲击，这是因为他们自己的生活水平随着海外“文明”的传播而保持原状，甚至会下降。在下一部分，我们将会看到，就相对主义和建构主义的区别而言，文化与文明的区分已经上升到更为抽象的层面了。

以进化论和极端的概括为支撑，卡尔·波普（Karl Popper，1972）扩展了石里克最初的思想路线，以说明客观知识或“世界3”的起源。用波普的语言来说，改进生存工具的努力促成一批专家产生，他们研究从各个

应用环境中抽取出来的那些工具的特性。这些专家通常从检修工开始，他们就像我们如今所说的那样，“反向操纵”这些工具，以发现它们的性能极限。这样，测量和计算的实践活动就产生了几何学和算术知识。在当代经济学中，这被描述为一种自我组织过程，它产生了马歇尔·佩尔曼(Michael Perlman，1991)所说的“后公共产品”。因此，一旦人们鼓励“自由骑手”在交换中用一门科技来把他们的经验与其他缺乏相关经验的使用者相沟通，一门科学也就形成了。 210

目的成为手段

在西方法律传统中，各种行会通常为那些根据共同目的而组成的团体提供最可靠的指导，但最终这些团体却被更大的代理人所操纵。(Krause，1996)行会凭借其能持续不断地保持高质量的能力，对一些技术传播和产品交换拥有有效的垄断权，并得到官方的认可。从历史上看，行会具有保险机构的谨慎特性，它们负责审核不符合管理委员会要求的越轨行为。正如俾斯麦(Bismarck)所熟知的那样，“学术自由”的行会权利使德国学术界更好管理：国家不必进行干涉以阻止政治上颠覆立场的传播，如果学术机构自己认为这样做对它们的共同利益有益的话。这样一来，实力相当的同行之间相互批评的过程会在同时淘汰掉那些比较激进的观点，从而确保所剩下来的都是质量上乘的东西，且符合公认的政治目标。(Hofstadter and Metzger，1955)

科学的构成作为一种自我组织、自我管理的“共同体”，虽然在从哲学家托马斯·莫尔(Thomas More)到查尔斯·桑德斯·皮尔士(Charles Sanders Peirce)的著作里都有所预测，但在20世纪50年代的自然科学家看来，这只是一种第二本质，在很大程度上这是对令人讨厌的公共审查制度在意识形态上的反抗。(Hollinger，1990)与人文主义者和社会科学家不同，自然科学家从来没有主要地集中在大学里。自然科学家实际上存在于整个经济领域的每个阶层中，这意味着他们与生产方式并不具有某种共同关系，而这是马克思主义的阶级意识能够出现的必要条件。从20世纪30年代到60年代，J.D.贝尔纳(J.D.Bernal)持之以恒地试图使自然科学家与工业无产阶级结成联盟的努力正是建立在这些根据之上的。实际上，约瑟夫·罗特布拉特(Joseph Rotblat)劝说科学家同行采用以希波克拉底誓言为模板的职业道德规范之所以屡屡失败，同样应当这样看：显而易见，自然科学家并非都属于同一种职业。

然而，所有这些都没有使自然科学家被操纵的情形减少多少。第二次世界大战后不久，美国国会提出的支持“国家科学基金会”的创见性提议，本来应该使科学研究成为实现更大社会目标的手段，却还要得到以社会科学为主的专门监督小组的认可。（Fuller，2000a：117—131）为了原子弹计划的成功，美国政客所作的深思熟虑的反应是，必须对那些学术权威和科学家严加监管，以保证他们继续为公众利益服务。他们认为，科学直接服务于社会之时，就是最好地服务于社会之日。回首往昔，这种态度后来被证明为正是富兰克林·罗斯福新政的关键。建立在同行评论基础之上并最终大获全胜的国家科学基金会，反映了1946年被选入国会的反对新政的大多数共和党人的观点。（Kevles，1977）支持这种政策转换的主要思想家或倡导者是那些挂着招牌的“北方佬共和党人”，如詹姆斯·布赖恩特·科南特（James Bryant Conant）和万尼瓦尔·布什（Vannevar Bush），他们提倡传统的俾斯麦观点，认为进行学术研究的科学家自发的自我调整功能可确保所发表的研究成果具有高质量。然后这些成果可由决策者在没有科学家本人参与应用的情况下充满自信地独立运用。

在“冷战”的背景下，这个提议以国家安全为名号召科学界共同努力。科南特和布什帮助国会从美国原子弹计划的成功中所吸取的教训是，学术科学家凭借自己的力量也能充满自信地完成这项工作。毕竟，这项计划背后有好几个智慧的头脑是亚原子物理学界的先驱。这样，政府首次成为美国科学界的主要股东，它的经营移交给在很大程度上以纪律为基础的同行专家小组。这个小组受到SCI（科学索引）这类新开发出来的“元科学”政策工具的支持。SCI是用来培育研究的，就像人们能孵化生物体一样。提出“科学共同体”奇特地既是自治的又是可操纵的伟大思想家是托马斯·库恩和德里克·德·索拉·普赖斯（Derek de Solla Price）。他们将科学形象的质和量两方面都理论化了。

大多数科学家在这种制度下如鱼得水，同时舒适地为凯撒和上帝服务。例如，决策论——这个改变了哲学、心理学、经济学和计算机科学面貌的新领域——就是“冷战”时期科学政策的果实，关于这一点，从这个领域的讨论文章中所包括的致谢部分就很容易看出来。虽然这些出版物经常要得到军方的许可，但它们通常会通过审查，因为在决策论中，其学术兴趣所具有的抽象性和专门性特征对国家安全没有多大威胁。实际上，前面由英国对苏丹部落的帝国政策所描述的相对主义道德规范乐园，就是一个很好的例子，双方通过让对方达到目的，也实现了自己的目的。然而，一旦有一方对另一方的目的产生了兴趣，问题就出现了，或许是他们相信大家都生活在同一个道德世界里。一个著名的例子是与“五角大楼文件案”有关的丑闻，即在1971年有关越南战争的文件由著名的决策论学者丹尼尔·埃尔斯伯格（Daniel Ellsberry）传到了《纽约时报》。

关于这种可颠倒的手段—目的变换的道德

为了完全领会这种可颠倒性的含义，我们必须从字面意思开始说明：科学是“自治”的，其意思是指自我是现代伦理学中的自我。在这种情形下，科学是下列概括的一个特例：自治不仅是工具的成功所可能具有的长期存在的特性，而且工具性还可能会呈现出某些社会实践的自主活动所导致的出人意料的后果，这些后果是从最初赋予它们以形状和方向的背景中所产生的。这个故事的核心至少可以说具有讽刺意味。用人际关系术语来说，你越是被持续不断地构建为康德式的自我，我就越能成功地让你成为我自己的目的的潜在手段。当然，我不能让你完全按照我的意愿行事。但是你持续不断地坚持，会促使我调整自己的行为，从而使我最大限度地利用你。因此，被原则束缚住的行为者通常会被证明为只能提供策略合理性问题的次等解决办法，最佳解决办法是某人只做我想让他做的事，而最差的解决办法是某人做了任何人（包括我的对手）想做的事。 212

然而，冷战的结束颠覆了科学政策上的次等解决办法，因而上述“服务于两个主人”的版本有可能逐渐被认为是自由探讨的历史中的“黄金时代”，尤其是如果美国在自由市场意识形态世界中仍然保持其主导力量的话。从这个立场看，冷战的遗产是大学和其他国立知识机构前所未有的巩固增长时期。相比之下，我们勇敢的新自由探究的新世界则已经将科学“世俗化”，使之日益受需求所驱动，以问题为取向，其结构是可渗透的。（Fuller，2000a：99—116）在欧洲的科学政策圈中，谈论从知识产品“模式1”到“模式2”之间的转换如今是很时髦的话语。（Gibbons et al.，1994）此外，正如我们现在将要看到的那样，相对主义和建构主义作为科技研究的哲学发展史中的连续状态，一直影响着这种发展。

科技研究中两面神式的反实在论：相对主义与建构主义

到目前为止我一直遵循着如下标准的哲学实践，即科技研究把哲学视为相对主义。另一个术语——建构主义——也不断地在同一语境中被使用。然而，相对主义和建构主义的地位并不等同。尽管如此，它们因为有一个共同的敌人即科学实在论而总是被交替使用，而科技研究中的许多研究项目都是针对这种科学实在论而制定的。下面是对科学实在论所下的定义，还有相对主义和建构主义各自对它所提出的挑战。

科学实在论有两个明确的断言，每一个断言都能分别被否定：

1. 科学说明是普遍有效的。因此，如果科学理论 T 是真的，那么它在任何地方和任何时候都是真的。对这种论断的否定就是**相对主义**。它的意思是指，在任何给定的时间内，实在会随空间而变化。

2. 科学说明的有效性并不依赖于人们想什么和做什么。因此，如果 T 是真的，那么即使没有人相信它，它也是真的。对这个论断的否定就是**建构主义**。它的意思是指，对一个特定的地点而言，实在会随时间而变化。

因此，相对主义和建构主义各自对实在论提出了挑战。相对主义的特
213 殊指向是反对实在论的普遍性断言，而建构主义对认识者的偶然行动的信赖则破坏了实在论关于必然真理的断言。这样，针对建构主义的哲学批判如果批的是相对主义的问题就可能会无的放矢。例如，博格霍西安（Boghossian，2001）把建构主义的口号“合理性本身从构成上说就是社会的”曲解为“充足理由对可变的社会环境的相对化”。然而，建构主义的这个口号意在否定“什么是合乎理性的”与“什么是社会中可接受的”之间具有任何明确的区别。这个观点既可与相对主义认识论相容，也可与普遍主义认识论相容。它所蕴含的意思正是合理性可以从社会性上得以说明。从原则上说，“社会的”相关含义对所有社会来说都可能是共同的。它确实不必仅仅局限于相对主义的界线明确、自给自足的社会世界，因为这个世界对于一个人不可能同时站在其世界“里面”和“外面”这个悖论是有利的。实际上，建构主义者根本不接受（社会的或其他的）世界有明确的“里面”和“外面”之分这一观点，因为这些界线本身就是社会建构的产物，而不是其原因。

由此可以作出结论说，相对主义和建构主义只有在某些特定条件下才

是一致的。然而，从巴门尼德（Parmenides）开始，西方哲学传统就倾向于混淆这一点，因而一方面把必然性和普遍性，另一方面把偶然性和特殊性混为一谈。这方面的绝妙例子包括长期以来一直存在的先验知识与后验知识的区分，或者人们可通过数学推理获得的知识与通过感觉经验所获得的知识之间的区分。可以肯定地说，一直都有创造某些中间形式的尝试，例如康德的先验综合理论或黑格尔的具体普遍性理论，但通常人们对他们的观点表示怀疑。其假定是，无论是根据纯粹的多样性（相对主义的）或永无休止的变化（建构主义的）来定义，差别总是一种固定规范的变异，它要么需要由说明性的小前提（也就是说从理论上），要么需要由社会（也就是说从实践上）来规制。

与此相反，西方如果采用赫拉克利特（Heraclitus）的进路，我们现在可能就会在一个相对主义和建构主义区分明确的哲学宇宙里翱翔，而科学实在论只能作为一种不稳定的混合物而存在。这样，我们便会对真理不首先打破分离所有可能世界的界限而仍然能在所有可能世界中保持不变感到困惑。（换言之，普遍论除了成为帝国主义还能成为别的什么吗？）因为，在赫拉克利特的世界里，有关知识的论断要么偶然地是普遍的，要么必然地是特殊的。这里的假定是，要使同一性保持一致，就要在一个充满无止境流变的世界里不断进行斗争，而且这种斗争只能在局部取得成功。

正如已说明的那样，赫拉克利特的出发点是科技研究所采纳的那种出发点，我们很快就会看到，这种出发点有助于解释其内部哲学争论的显著特点。然而，并不只是科技研究屈从了赫拉克利特。有关“全球化”的文献通常都假定我们正生活在一场争斗之中，即本杰明·巴伯（Benjamin Barber）称之为“吉哈德与麦克沃尔德（Jihad vs. McWorld）的斗争”，或用曼纽尔·卡斯特尔（Manuel Castells）的杰作《信息时代》（1996—1998）前两卷的标题来说，是“网络社会”与“身份的力量”之间的斗争。在每一对术语中，前一个术语指的是无拘无束的建构主义，而后一个术语指的则是有抵抗力的相对主义。但是我们可以进一步追溯到社会学著名的二元论之一，即费尔迪南·托尼斯所说的“共同体”（*Gemeinschaft*）与“社会”（*Gesellschaft*）。可以肯定，古典社会学家对历史之流的看法与今日的全球化主义者截然不同。他们把“社会”看作是对“共同体”的合理性说明，通常要通过国家的干涉，而全球化理论家则将共同体看作是对不再受国家控制的“社会”实践的自发反应。 *214*

非相对主义的建构主义有一个最明显的例子，这就是资本主义的自由市场，在这里商品的价值是由利益双方协商决定的。没有任何偏好或信仰能够重要到可以将这种协商排除在外；对协商而言，不存在任何“自然的”结果。实际上，正是这种内在的反复无常性把相对主义者和实在论者联合在一起，共同反对建构主义者。实际上，当代相对主义立场的原型——即把一种世界观附加给某个特殊群体的“文化”——是在德国产生的，其目的是为了避开19世纪早期源于英国的商业伦理的普遍化野心。（Fuller，2000c）此外，在后现代主义出现之前，大多数人类学家可能是相对主义者而不是建构主义者。相信真理在文化上是相对的，通常意味着（关于部落史、地理学甚至生理学）有一些客观事实，就这些事实而言，有关知识的论断对其相对应的文化来说是真的。像伊万斯·普里查德这样的人类学家，就不假定土著人像他们以往那样就他们的认识实践活动进行协商。这将会使人类学这门科学实际上成为不可能，对此后现代主义者倒是乐于承认。相反，人类学家通常将土著人的实践活动看作是所发生的社会里正常行为的一种特例。这里，困难的任务在于确立这些实践活动的范围：何时何地土著人会有这种行为？但是，在原则上，这项任务和确立经验规则据以应用于物理世界的边界条件没有任何不同。

人们经常忘记激进的“他人”或“异类”，人类学家通常把他们视为土著人，这可归之于如下观念：土著文化所共有的知识是人类学家所不了解的。这样，对建构主义者来说，人类学的相对主义等同于关于多元社会世界的实在论。（库恩的不可通约性命题也是这类实在论；参照Fuller，1988：85—89。）然而，人类学也吃了其最初坚持非建构主义的相对主义许多苦头，尤其是对互动结果的低估——即土著人的实践很容易由外来的干涉而改变，而外来者也很容易被土著人的讥讽和欺骗所愚弄。因此毫不奇怪，人类学向建构主义转变开始于一个反思性的认识，即认识到人类学家正是**处在**他们所竭力描述的世界里。（Marcus and Fischer，1986）
215 从建构主义观点来看，相对主义的“异类”已被证明为是一种形式的自我欺骗，人类学家因此而感到泄气，不再观察他们自己在帝国主义计划中的参与。在这个意义上，反思性的相对主义就是建构主义。（Fuller，1993：ch. 9）

在很大程度上，且在更短的时间里，科技研究重复了人类学的相对主义不断巩固和建构主义不断扩散的过程，这分别由戴维·布卢尔（1999a，1999b）和布鲁诺·拉图尔（Bruno Latour，1999）最近出版的著作为代表。他们共同论证了我在表9—1中称为社会学中的赫拉克利特式辩证法的情况。正如在“社会变化原则”一栏中所说明的那样，我们可以把相对主义和建构主义视为相互补充的观点，例如，它们都认为，如果将一群人拥有的财产重新分配给另外一群人，其社会功能经过几代人之后会重新出现。然而，一旦这个重新分配过程被看作是这些财产的源泉，并认为它改变了这种重新出现过程的特点，例如女性何时开始扮演原先由男性扮演的角色，那么这张清晰的宏观—微观图就开始瓦解。正是在这个问题上，建构主义与相对主义分道扬镳。

表 9—1 社会学中的赫拉克利特辩证法

反实在论的种类	相对主义	建构主义
基本过程	识别	区分
社会形象	限制性群体	互动网络
社会范围	有限且不可变	无限且可变
价值源泉	社会固有的	在交换中定义
社会变化原则	宏观层面再现	微观层面再分
古典社会学形象	习俗	协议
界定社会实践	战争	商业
政治上的极端	极权主义	帝国主义
生物学版本	种族主义	适者生存论
科技研究版本	群体—晶格理论	行为者—网络理论
“受压抑者的回归”	“革命”	“生态学”

根据从霍布斯到斯宾塞的英国知识传统，“战争”和“贸易”经常表现为可以相互替代的历史阶段。战争使得人民为了战胜同一敌人而团结起来，而贸易则鼓励人们结成可以延伸到部落边界之外的网络。实际上，这种态度普遍存在于科学政策思维中，并被带进20世纪，在这里，标志着战前和战后阶段里的科学努力不断地被动员和重新部署。（Reigold，1994）根据这个模式，战争的威胁使得社会得以稳定，而这经过一段时间之后就可能会被强化为极权主义的思维定势，因而个体之间的差异完全被融合为单一的文化同一性。外来威胁的消除为一种更加外向的政策敞开了大门，这 216
种政策通过许多交流而不断获得积累优势，并可能演变为帝国主义。哪个帝国主义者都不会声称（譬如）基督教教义对非西方人来说是“自然的”，而

只会说采用这些文化有可能是有益的。至于这是由基督教满足了某种基本需求抑或是由其相关后果引发了这一需求，帝国主义者对此是漠不关心的。

在科技研究的有关文献中，与拉图尔密切相关的行为者-网络理论将帝国主义者的这种漠不关心推崇为建构主义的研究方法。因此，建构主义者往往对各方关于交流预先存在的（“结构的”或“历史的”）权力关系不敏感，而这可能会由多种因素决定了随后所进行的谈判结果，正如19世纪三四十年代英帝国主义和非洲当地居民之间的冲突一样。与此相反，布卢尔从道格拉斯那里所借用的群体—晶格理论则明确地关注社会同一性得以稳定的条件。因此，“外来者”仅仅被看作是原住民的候选人，而不可能被当作整个社会秩序的潜在因素。因而这正是建构主义和相对主义的具有互补性的弱点，这些弱点表现为其观点中“受压抑”的方面。建构主义者一直受到关于“自由交流”的社会界限和（或）物质界限观念的纠缠，这种观念现在经常被称为是将“生态学”融入社会理论的需求。（Mrudoch，2001）因此，相对主义者面临的前景是，他们的规范秩序凝聚为一些不正常的事物并不断积累而没有正式的解决办法。库恩的科学“革命”概念表述了这种情形，这在下一部分中我们就会看到，然而这种科学革命概念却又给科技研究的哲学基础和历史基础增添了新的麻烦。

科技研究缘何这样反哲学和反历史？——科技研究的库恩式遗产

至此，我们已经探讨了科技研究这个哲学难题的两个主要方面。一是科技研究没有意识到如下悖论性的结论：就科学在现代社会中的地位而言，它既可以是手段，也可以是目的。二是该领域中占主导地位的哲学辩证法，并非介于实在论与反实在论之间，而是介于反实在论的相对主义与建构主义之间。这两个方面是与该领域选择使用托马斯·库恩的遗产所导致的某些险恶的智力后果连在一起的。总之，科技研究的社会学敏感性是库恩的历史敏感性减去他的哲学敏感性的结果，或者在我看来，糟糕的是《科学革命的结构》（［1962］1996）乏善可陈——当然，库恩本人认为他已经证明了他对科学的说明。由于我将详述库恩的这种说明的缺点，我且从简要叙述他的优点开始，尽管众周所知库恩本人并不是其观点最热心的
217 宣传者。

被忽略的遗产：科学有时仅仅是纯粹的探究

库恩明确地知道科学具有不同的社会功能，但他却选择只详述其一个功能——科学作为有组织的探究的功能。他对这种功能的合理性证明值得回顾，特别是因为他把这个问题弄成是对如下问题的回答：即使有20世纪科学的新发展，他为何仍然没有改变他的说明？

> 我没有理由假设，关于知识的本质我认为自己已经掌握的那些东西将会受到改变科学理论之需求的干扰。我有可能在科学和知识的本质这两个方面都错了，但是我会作出这种区分，以便解释我为什么不太关心“科学在变化吗”这个问题，相反，我却关注科学研究的本质首先不只是一种看待知识图景的方式。（Kuhn in Sigurdsson，1990：24）

这里所隐含的启示是，在科学史的某个关键点上，科学的社会功能可能会被证明为（或者已经被证明为）是一种生产要素或一种管理工具，而不是对知识的追寻。在这种情况下，科学就退出了库恩模式的规范视野。虽然科学可能在可信赖的基础上继续生成真理，但这些真理却有可能是在妨碍科学构成自主探究的社会条件下产生的。其他一些相互反对的领域，譬如分析的认识论和科技研究，则由于它们不能看出这种微妙点而合为一体。

部分地由于W. V. O. 奎因的影响，当代分析的认识论正处于其自称的“自然主义”阶段，先入为主地以规则为基础区分了“以真理为取向的”和“以非真理为取向的”探究形式。只有前者被认为是“可信赖的”（Goldman，1999）。这个方案意在同时证明两个观点：第一，只要我们从事一种假定的理性活动，我们就“总是已经在”寻求真理；第二，我们能够（至少在原则上）决定这类以真理为取向的活动是怎样的。即使有上述引自库恩的话，使这种对可信性的先入为主有可能会使科学在所有认识论之争中获胜，然而，如果科学最终所产生的可信赖的真理是在摧毁整个探究事业的帮助下完成的，那它就会在更大的价值论之战中失败。对库恩来说，一个形象生动的例子是物理学被军工企业集团所掌控，它们热衷于完善对绝密武器的载重运输的理解。

218

因此，我们需要在把知识作为**目的本身**来追求的兴趣和**把追求其他目的作为前提**之间作出区分。前者具有库恩的敏感性，后者则是自然化的认识论者所坚持的观点。毫无疑问，在实践中要注意这种细微的区分，因为自然主义者很容易被认为会使“冷战”科学政策中“为两个主人服务”的构想合法化。此外，这种情形并没有被科技研究的建构主义解释所改善，因为它否认满足知识需求和其他需求之间有先验的明确区分。这种区分只不过是事后建构起来的，倘若人们不需要或不想为自己行为的所有后果承担责任的话，这种区分可能是非常方便的。实际上，科学家们通常由于有助于治疗某些疾病而不是有助于引起各种难题而获盛誉。

未加批判地接受的遗产：库恩的调和论

库恩的历史敏感性可以被恰如其分地称为不同哲学观点的**调和**。他把科学史上不同时期的特点结合起来，好像它们总是同时出现一样。（Fuller，2000b：195ff.）因此，我们很容易找到一些历史例证，能适合库恩对科学实践所作的论述和他所说的科学实践所经历的不同阶段上的各种要素，但是却不可能找到某个实际的历史情节来证实他的全部说明。所以毫不奇怪，库恩在《科学革命的结构》一书中对历史实例的阐述，要比同时期关注历史的科学哲学家，譬如伊姆雷·拉卡托斯（Imre Lakatos）或拉里·劳丹的阐述简单得多。对所有他们这些人来说，历史所提供的是一个过程的某些片断，这一过程被假定是以这一理论来解释的，而这些例证正是为了这种理论而被使用的。因此，库恩告诉我们，正是那些悬而未决的反常事物的不断积聚最终导致范式的危机，但他从未向我们展示过现实的科学共同体成员由之而逐步认识到这一转变的那些社会过程。

无疑，一些从事科技研究的学者曾试图给库恩的这些“骨头”添加“血肉”，但是具有重要意义的是，他们所研究的科学共同体的规模在很大程度上可归于社会学“范式”的最初假设。范式以往是指整个学科或学科分支，而不仅仅是一个研究团队。（例如，Pickering，1984）因此尽管科技研究者很少有人公开认可《科学革命的结构》中所述的科学变迁模式，却很少有人尝试寻找一个替代它的范畴。此外，根本没有理由认为在皮克林（Pickering，1984）的著作中所讲到的这一类“微型库恩”故事的集合会加到库恩自己的宏大叙事之中。相反，它有可能只会导致科学更容易受到上面所讨论的“目标变为手段”的影响。

在历史著作中，调和论是与修辞学家所说的“交错排列”修辞法相联系的，这是一种变换，它能模糊从中抽出的那些要素的不同特性。在《托马斯·库恩：我们这个时代的哲学史》(Fuller，2000b）一书中，我以库恩对科学中关于理性的哲学问题的理解为背景，讨论了这种调和策略。简言之，现代科学史导致了两种界定理性与非理性的区别的方式，每一种方式都与某种哲学标准相联系。我分别称之为**启蒙**标准和**实证主义**标准，以表明它们分别起源于 18 世纪和 19 世纪。(Fuller，2000b：289—294）库恩的创新是把这两个区分重新组合为他的科学变迁模式中可以交替的不同阶段：常规阶段和革命阶段。其结果是中和了启蒙主义和实证主义在其中被僵化的对理性的论述所使用的规范性语言。这样，科学哲学便失去了它那令人惊骇的“划分者”形象，这一形象似乎一直在寻找滥竽充数者。的确，库恩的模式非常适合被社会科学家和其他顽固的“伪科学家们”所采纳，以作为强化他们的认识论地位的秘方。

对表 9—2 和 9—3 加以比较便可看出，库恩所说的每个阶段都包含着科学变迁的两种历史模式的成分。尤其是，库恩把“传统”和“方法”的特性赋予常规科学的概念中，把“批判”和“无序”的特性赋予革命科学的概念中。同时，由于库恩明确地指出了常规科学是经典的，而科学革命是离经叛道的，因而他的著作被广泛地理解为促进了作为一种理性新模式的常规科学的发展，而科学革命则隐含地代表着非理性。这一转变的迹象是，在库恩之后最杰出的“科学批判主义”代言人保罗·费耶阿本德(Paul Feycrabend)，逐步成为自称的无政府主义认识论者，而在他之前则是坚定的启蒙主义者卡尔·波普。库恩的调和论遗产延续着这一倾向，不断吸纳着所有的科学认识论，把它们融入“真理一致论”的旧模式之中，包括那些（例如 C.S. 皮尔士、唐纳德·坎贝尔以及我自己的观点）明确地把争论和竞争作为科学事业之核心的观点。

表 9—2　　库恩之前的科学哲学

关于理性的哲学概念	理性的形象	非理性的形象
启蒙主义的	批判	传统
实证主义的	方法	无序

表 9—3　　库恩之后的科学哲学

科学阶段	常规科学（即“理性的”）	科学革命（即“非理性的”）
研究实践	方法	批判
社会缺陷	传统	无序

宽容的读者可能会期望把库恩的科学变迁模式理解为韦伯式的“理想类型”，认为它能从总体上展示大量案例在不同程度上可显现出来但都不
220 能完全显现的一些特征。然而，这种宽容姿态是成问题的，因为我们已经看到，库恩模式在意图上主要是规范性的。因此，哲学家一般都拒绝这一模式，这不是因为它缺乏足够的经验或历史的逼真性，而是因为这一模式所假定的把理性主义和实在论作为科学探索的元规范的失败。与此相似，社会科学家之所以热情地接受这一模式，并非因为它抓住了社会学科的真实历史，而是因为它似乎为社会学科转换为恰当的科学提供了某种描述。在这方面，库恩的模式被接受的方式与社会科学接受家政学的方式非常相似。大多社会学家继续拒绝家政学并不是因为它未能预测社会行为，更多的是因为它所暗示的人们的“非社会”形象。与此相反，经济学家则把这一模式当作标准，以之来判断并且在恰当的政策环境中来改善实际的经济状况。韦伯的理想类型概念所要反对的正是对家政学的这些规范诉求。

但是，更为重要的是，把库恩的科学变迁模式看作理想类型是有问题的，因为《科学革命的结构》一书中的调和论把科学史上不同阶段的不同方面相结合，而这些方面在社会学上是相互排斥的，因而使他的模式在经验上是不连贯的。库恩假设科学的社会结构在规模和形状上的变化没有改变从事科学研究的认知动机。此外，库恩的假定含有某种扭曲：牛顿和麦克斯韦对科学的爱好被赋予今天的动机，而不是今天的科学家被赋予他们的动机。因此，库恩的全部历史实例实际上是从欧洲自然科学史上大约1620年到1920年的300年间提取的，然而他描述这些实例所使用的术语——关于“范式”的语言——开始在紧随其后的时期里得到普及。这里的关键是作为背景的社会条件。只有在这种社会背景条件下，科学才被看作是某种自我组织的探究者共同体，对知识生产的手段拥有足够的控制权，对何人可算作科学家，何种知识论断是有效的，哪个研究方向是恰当的拥有最终的决定权。

表 9—4 和 9—5 显示了库恩所导致的调和论结果，现代科学建构史上的两个相继阶段即“小”科学和“大”科学的各种特征，借此被重新结合

起来，从而产生了常规科学和科学革命这两个相互交替的范式阶段，它们分别由“内在的”和“外在的”因素所驱动。正如我们将要看到的那样，把库恩的调和论影响局限于关于理性的哲学理解是错误的。果真如此的话，这只会对科学自治的社会学理解产生更大的影响。

表 9—4　　库恩之前的科学社会学

自治的社会学条件	“小科学”（军工大企业之前）	“大科学”（军工大企业之后）
微观基础	个体的好奇心	技术难题
宏观基础	自发组织的科学团体	政府提供经费的研究和培训项目

表 9—5　　库恩之后的科学社会学

科学的范式阶段	常规科学（即“内在的”）	科学革命（即“外在的”）
微观基础	技术问题	个体的好奇心
宏观基础	自发组织的科学团体	政府提供经费的研究和培训项目

在库恩从中选取实例的那些年代里，科学的经济需求和政治野心相对而言还比较适度。例如，伦敦皇家学会章程唯一地许可以实用科学来交换对王室的效忠。皇家学会并不依靠皇室为其活动提供资金，而皇室也不期望皇家学会解决不列颠的所有政治和经济问题。当然，政府的期望（进而资金）不断提高，但是在库恩的模式据以建构的那个时期里，科学活动主要是由私人来组织和提供资金的，并且在这个意义上，它们不受较大的社会政治和经济力量所控制。 221

此外，与最初的科学机构相联系的实验主义者和自然主义者倾向于独立精神，他们追求广泛的研究议程和形而上学取向。把他们联合在一起的是对纯粹的评价方式的共识。这种科学探究观点作为不同的灵感和共同的评价标准最终在哲学文献里被奉为“发现”和“证明”背景之间的区别。在讲到对比时，库恩否认这一区别，尤其是这个区别暗含着发现的动力来自于某种恰当地构成的科学范式的**外部**。对他们来说，皇家学会的早期成员不可能把他们的努力看作致力于库恩式的“常规科学”的“解决疑难”。

这里值得强调的是，库恩的洞察力与科学的取向正好相左，正如它与麦克尔·波兰尼（Michael Polanyi，1958）的“彼此信任”和珀西·布里奇曼的“操作主义”不同一样。如今，波兰尼的信任感被理解为基于同行科学家的专业能力的，这样，同行们相互“信赖”对方的研究报告，除非有理由怀疑其有错误或欺诈。然而，波兰尼最终又退回到某种修道院式的理想，这意味着虔诚的探究者为到达上帝而需遵循的那条路线所具有的终极的无理性（或非理性的可能性）。不过，一个自我组织起来的信仰共同体将能确定这些探究者是否能达到他们的目的地。布里奇曼的操作主义为一个时代更新了这个观点，这个时代已开始把它对人类判断力的信任转向了机械的量度。然而，在这里处于操作化需要中的概念之源同样是那个神秘的前实证主义的"形而上学"世界，这个世界的有形结果最终将由操作主义显现出来。

波兰尼的禁欲理想的影子仍然出现在今天的科普著作中，它们激励着那种把"好奇心"作为对精神渴求的世俗版本的探究路径。然而，好奇心未能抓住库恩的常规科学概念中存在的自治的微观基础。《科学革命的结构》所表述的微观层面的说明与20世纪科学探究的特殊化和一体化倾向非常接近。这里，科学自治是由科学和国家之间的社会契约得以保证的，这种状况始于1870年普法战争时德国人所采取的策略，到"冷战"时期美国的科学政策中取得硕果。这一时期与表9—4中标志着从"小科学"转变为"大科学"的军工企业集团的出现相吻合。这样，同行评论的过程便从研究结果的确认扩展到引导或管理研究的权力。

如今科学家们对同行的依赖不仅表现在最后发表成果之时，而且表现在预先的立项和提供科研资金之时。他们不再是好奇的"全才"，而是目光短浅的技师，眼睛只盯着受到广泛关注的范式之外的那些无关紧要的问题。正因这个缘故，卡尔·波普的追随者逐步把有关库恩范式的使用看作某种群体心理的表达。然而，人们似乎都没有注意到库恩的所有例子都来自这个易遭反对的微观社会学形成**之前**。这一忽略反映了在科学等级和范围的主要历史变迁中关于科学证明的语言所具有的相对一致性。（Fuller，2000a：28—45）换言之，尽管科学家们正在与三个世纪之前完全不同的背景下做着完全不同的事情，然而他们仍然运用着基本相同的语言材料来证实他们的知识主张。因而哲学家们仍然在用17世纪的科学来说明科学方法的基本点就毫不奇怪了。甚至，罗伯特·默顿（Robert Merton）提出的有关科学的四个著名的社会准则——普遍主义、社团主义、无兴趣性、有组织的怀疑主义——也是从好几个世纪的哲学家和科学家的观点中概括出来的，他并没有考察哪一种具体的科学实践。

在比较形态学中，人们区分了**同源染色体和相似体**，有可能在这一背景中这是有用的。（Runciman，1998：8）生物学家已经观察到，一方面，那些外表相似的生物结构在不同物种中执行着不同的功能（同源染色体）；另一方面，循环器官的功能是由不同物种的不同结构完成的（相似体）。并非所有同源染色体都是相似体这一事实有助于削弱万能的创世主有可能使用统一的生命蓝图这一观点的基础。然而，在对科学的理解上我们还有待于达到某种相当高的认知状态，这样，“科学方法”从中产生的多种研究背景将会损坏这个方法的意义明确性。在一定程度上，科技研究对此一直很敏感，尤其是注意到科学家们实际上所做的和他们声称所做的之间有矛盾时更是如此。（Knorr-Cetina，1981；Gilbert and Mulkay，1984）然而，调和论不期而至，一旦科技研究者们效仿库恩的实例，就会被那个变化多端的人，即微观社会学的“身处其境的理性思考者”所强化。其结果是，那些被组织到各个分离的共同体（也可叫作“不可通约的范式”）中相当神秘的科学家形象便在时空中分布开来，然而他们设法解释相同规范所用的方法与他们的共同体和他们所创造的知识具有完全不同的结果。（Doppelt，1978）那么，这些规范在何种意义上才能保持“相同”呢？ 223

科技研究缘何如此有争议？知识社会学的（伪）遗产

自从“知识社会学”在20世纪的战争间歇年代开始以这个名称传播开来时，这个概念就一直是争议的焦点。（Frisby，1992）那些乐于接受对社会生活的社会科学解释、评价和提高的知识分子，对应用于他们身上的那些方法产生的结果尤其犹豫不决。正是看到了这一历史，伊恩·哈金使自己成为最著名的哲学家，在后来被称在科学之战的活动中充当“诚实的经纪人”角色。这场正在进行的横跨大西洋的战争将会界定后“冷战”时期科学的社会功能，更新我们时代的“两种文化”问题。（Gross and Levitt，1994；Ross，1996；Fuller，2000b：354—365）然而，这个问题不能被简单地归结为——如哈金所认为的那样——科学家抵制把科学的详细观察应用于他们自己的实践中去。相反，我认为，科技研究可能由于比其科学对手更缺乏自我反省而蒙受损失。

尽管在表述上有很多含糊之处，哈金（1999）仍然指出社会建构主义成功地揭示了某些精英科学家的意图，他们宁愿科学多做些政治工作而不仅仅局限于严格批准的事情。同时，他也相信社会建构主义的政治和哲学功能需要区分开来：他称前者为“揭露”，称后者为“反驳”。（哈金认为，

224

一些可作榜样的著作，如麦肯齐［MacKenzie，1990］的著作，把这两者结合起来了。）因此，科学之战——就偶然性与必然性、唯名论和唯实论、外在论与内在论所进行的辩论——所使用的哲学货币很可能是永远没有结果的。但这并不否认社会建构主义已经注意到了科学对社会把握的压迫性特征。因而哈金的意思是我们应该关注科学的负面社会功能，即使社会建构主义不能提供关于科学的彻底的认识论批判。

哈金的不偏不倚还有很多方面需要说明。他表明，科学家错误地假定对科学实践的社会学揭露等同于对这种实践之潜在知识论断的驳斥。然而，哈金的主张也包含着对揭露者的揭露，因为社会建构主义激进的哲学包装似乎是对其直接的经验主义论断的转换，即它认为由科学所激发的某些观点已经证明了压迫性的社会实践的合理性。但是这又立刻引起了抽象的哲学区分缘何竟会首先界定了科学之战的术语问题。据哈金说，事情本来不应该是这样。的确，哈金本人倾向于把哲学之争仅仅看作是复杂的命名问题。

这里恰恰是哈金论述的盲点所在。这可以追溯到他的基本上属于科学哲学的反理论研究方法中。（Hacking，1983）更像社会建构主义者而不是其哲学和科学对手，哈金过于集中关注实验科学作为“稳定的物质实践活动”的地位，以致他忽略了这些实践活动的修辞意义，不知道这些实践活动支配着“合理的”、“实在的”、“客观的”以及诸如此类的相关哲学标签。然而，对这一修辞的支配在**所有**科学中仍然是其获得社会合法性的主要方式。否则，那些聪明的外行人缘何竟然能看到实验现象的稳定性与日常社会生活稳定性之间的联系？（Fuller，1997：40—79）有多少人熟悉使在实验室中的发现成为宝贵知识或可靠技术的那些阶段？如果这些人数量多的话，拉图尔（Latour，1987）就不会造成那样的混乱。在这方面，关注其领域被视为“建构”之结果的自然科学家们，比他们的社会学对手更好地掌握了有关其情形的知识社会学。科学家们不仅受到社会建构主义的人身攻击：他们有理由担心他们所做的努力将面临何种命运。

在这些科学之战中，我的观点可从下面的悖论中准确地把握：我既同意科学家的知识社会学，也同意社会科学家的科学哲学。换言之，关于科学的社会建构主义解释大部分是正确的，但是科学在当代社会中较高的认知地位依赖于对这些解释的原则性抛弃。因此，科学的社会认识论必须拷问：一旦社会建构主义的解释被广泛地**接受**，科学怎样取得其合法性？（Fuller，1992）科学能像宗教那样以某种去神秘化的形式继续生存下去吗？库恩的遗产未能使我们解决这一问题，因为只有当科学范式的实践者们不能使用其术语，并因而进入“危机”之时，他们才有权讨论他们的研究的整个目的。

这一观点反过来可应用于科技研究自身对学术地位的渴望。它导致这一领域接受了库恩的常规科学形象，而这反过来使之看不到它自身的实践活动在更广泛的社会领域所产生的结果。当卡尔·曼海姆（Karl Mann- 225
heim，1940）最初提出“自由流动的智者”可能是最理想的揭露者时，他决不会想到他们会出卖自己至关重要的自主地位，以换取由范式提供的天然保护色，正如科技研究所做的那些有争议的事情一样。（Fuller，2000b：354—365）

哈金根据曼海姆对知识社会学与认识论的最初区分，在“揭露”和“反驳”之间划出一条界线：

> ［揭露］心灵的转向不是寻求反驳、否定或怀疑某些观念，而是对它们加以分解，并且以此方式，社会阶层的全部世界观同时也被分解了。在此，我们必须注意在“否定某种观念的真理性”和“决定这种观念的功能”之间作出现象学的区分。就否定某种观念的真理性而言，我仍然把它假定为一个“命题”，因而把我自身置于该观念据以建构的理论（仅仅是理论）基础之上。就对这一“观念”具有怀疑而言，我仍然在同一范畴模式内把它当作它在其中得以存在的范畴。但是当我甚至并不提出这种观念所主张的是否正确（或至少当我并不把这个问题当作我的论证的负担），而仅仅根据它所具有的超理论功能来对之进行考虑时，那时且只有在那时，我才能达到某种“揭露”，这种揭露事实上并不代表理论上的反驳，而是代表着这些观念的实际有效性的毁灭。（Mannheim，［1925］1952：140）

哈金追随大多数辩论家，把曼海姆理解为使两个同等有效的评估知识论断的方法相并列，以“揭露”和“反驳”分别对应于“外在的”与“内在的”方法。因而对哈金而言，问题是前者是否需要后者来完成其任务(哈金的回答是否定的)。然而，曼海姆本人（［1929］1936）并不认为这两个方法同等有效，尤其是在意识形态冲突的年代。反驳关于某种不属于自己的意识形态的知识论断通常既太容易也太难。例如，倘若没有假定资本家从工人身上榨取剩余价值的话，那么反驳马克思主义关于资本主义剥削的论述就相对容易；而一旦作出这种假定，事实上就不可能反驳马克思主义。在这种情况下，常用的认识论工具将不起作用。结果，就需要由知识社会学来显示那些背景条件，这些背景条件坚持了这套构成意识形态框架的假定。

就像很多两战期间关注广义“框架”的思想家一样——从鲁道夫·卡尔纳普到罗宾·科林伍德（Robin Collingwood）——曼海姆假定意识形态的预设在逻辑上是相互独立的，但由于历史上的种种偶然原因而结合在一起了。因此社会学家就通过确认这些相关的背景原因而揭露这种意识形态，因而为瓦解这种意识形态特有的假设组合提供了基础。这种揭露常常是对这种意识形态的对症解读，它可能会集中于股票的例子（那种意义上
226 的“范式”），这些例子被用来促进对这种意识形态的论证。例如，马克思主义意识形态框架表面上的合理性利用我们的倾向把“劳动力”想象成19世纪的工厂工人，譬如根据查尔斯·狄更斯的书来抽象出这种形象。在某种意义上，马克思主义的预设意在强调这一引人注意的形象的不同方面。或许相关的心理联想置根于卡尔·马克思及其最初的追随者所经历的现实中，但它已不再能清晰地捕捉到今日劳动力的经验了。（留心的读者会注意到，我早期尝试解开库恩关于科学史的调和论解释的企图就采用了与此类似的模式。）

当曼海姆大胆地提出对根深蒂固的知识论断不能只在其表达层面进行评估时，卡尔·波普则声名狼藉地根据心理分析、实际上还根据马克思主义来诅咒知识社会学，把它诅咒为对现行独裁的颠覆。（Popper［1945］1966：ch.23）然而，对波普来说，理性是非常宽容的事物——只不过是对错误敏感的、并根据未来活动而消除其非理性选择的产物。波普反对曼海姆并不是因为他公开提倡非理性，而是因为他假装达到了更高的理性方式，这种方式只会摧毁波普自己的宽容措辞，正如曼海姆把批评范围限制在擅长有关揭露技术的方面一样。尽管波普在修辞上一直胜过曼海姆，波普本人却坚持认为，如果思想家不愿把他们表达论断的知识付诸可能的反驳，那么对它就无可奈何——理性归根到底是一种非理性的选择。

从曼海姆和波普首次进行交锋的魏玛背景来看，我们可以看到，这位揭露者（曼海姆）与反驳者（波普）相比，更致力于通过人的心理而从社会学上全面地把握理性概念，而后者则是从狭隘的哲学概念上把握理性。尤其是，这位揭露者假定心灵是一座自身被分隔开来的宫殿，因而可以断言那些只是被表达出来的知识论断通常忽略了这些论断中那些没有被表达出来的与之有冲突的动机。此外，这位揭露者还假定，精神上的权力平衡

可以在恰当的环境条件下重新分配。例如，曼海姆似乎预见到了“共同协商”的观念，其宗旨是通过让各方参与者致力于某项共同的任务来解决他们的意识形态差异，解决能约束所有相关成员的政策指导方针的设计问题。(Fuller，2000a：11－19；参照 Hacohen，2000：542－543) 如果有人（譬如波普）把这解释为操纵，这或许是因为他假定了人们只有当受到明确挑战时，而不是当最初使得这种信仰合理可信的条件发生时，才应该改变其信仰。

曼海姆觉察到了乔恩·埃斯特（Jon Elster，1999：341）称为“矫饰的文化力量”的现象，人们正是凭借这种力量在一定的情境中来掩饰他们的信仰，而那些信仰的表达在这些情境中是非物质的，甚至可能对他们的利益有害。此外，倘若这些情境被制度化，并且人们的利益经常由此而得到满足，他们就可能会逐步接受这一面具，把它当作其自身的真相，并因而学会对不同东西均有所需求。的确，公民共和民主这一显著特点旨在通过为人们提供诱因，以使他们认识到自己的个人利益只有能促进他人利益时才能得以最好实现，从而促进这种心理转变。(Pettit，1997；参照 Fuller，2000a)

在这一方面，曼海姆希望通过设计某种资本主义市场显然未能完成的方案来实现，即把私人缺点转换为公共美德。以更为严格的社会心理学术语来说，曼海姆假定在一个专门构建的决策环境中可以使人们改变偏好，因而能克服他们全然不同的历史中那些容易引起分裂的抛锚效应。波普认为，实施曼海姆的建议将会弊大于利，而近年来那些审慎地拥护民主的人，譬如哈贝马斯，则通常认为有可能在现有的政治结构中达到曼海姆的目的。由揭露那些不能被直接驳斥的意识形态而开启的事业有其积极的一面，即重构规范；而就其本身而言，科技研究基本上未能完成这一任务。

关键语：科技研究所生成的科学社会学不再是知识社会学

知识社会学大体上有两个传统，即以认识者在空间和时间上的接近为基础。前一个传统研究那些聚集在同一地区而具有不同祖先的人们如何随着时间的推移而获得相同的思维定势；而后一传统则研究分布于广阔空间之中的人们如何由于大体出生在同一时期而保持相同的思维定势。第一个战略与法国传统有关，L. 列维-布卢尔（Lucien Lévy-Bruhl）和爱米尔·涂尔干对此曾经举例说明；而第二个战略与德国传统相关，对此威尔海姆·狄尔泰（Wilhelm Dilthey）和卡尔·曼海姆曾举例说明。这两个传统的共同假设是集体的思维模式是由对环境的集体抵御行为所构成的。这种抵制的确切性质可由相关人员的时空排列来解释。宗教运动和政党因而显然成为知识社会学的目标。一位涂尔干主义者也许会表明宗教仪式如何能使虔诚者摆脱其物质条件的束缚，并能接受潜在的压迫者，而一位曼海姆主义者则会表明持久稳固的意识形态如何能以特定的一代人的经历来为整个社会界定政策参数。在这两种情况下，知识社会学都是意在补充而不是代替正常思维过程的心理学，个人正是通过这个过程来适应在很大程度上不是他自己所创造的世界。

知识社会学可以发现自己处于特别规范的地位。它所探究的对象——对实在的有组织地抵制——是稳定的还是发生了病变？宗教和意识形态是以某种仿佛“高于”或“低于”日常推理标准而活动的思想实例吗？它们是才能还是癖好（或狂热）？这两种知识社会学传统本身在这一点上是自相矛盾的，而再把科学加进来作为潜在的研究对象只会使问题更加复杂。当然，一些古典社会学家，譬如著名的威尔弗雷多·帕雷托（Vilfredo Pareto），对适合于社会学观察的知识形式的“非逻辑”地位非常清楚。毫不奇怪，在帕雷托引导下，从汉斯·赖辛巴赫（Hans Reichenbach）到拉里·劳丹的科学哲学家们以“理性”和“非理性”为界把认识论和知识社会学的劳作区分开来。有趣的是，二战伊始，曼海姆本人从这一观点转变为更加接近于美国实用主义观点，这种观点使得关于科学理性的判断发生了转向——正如它们对任何信仰体系一样——转向了以其名义所采取的行动后果。这一转向为 C. 赖特·密尔斯（C. Wright Mills）的科学政治批判奠定了基础，使其成为“冷战”时期的军工企业集团。(Nelson，1995)

然而，科学并不那么容易被这种实用主义模式所同化。因为科学并非显而易见地在受控的精神和物质空间——譬如研讨班和实验室——之外已具有显著的理性结果，而其独特的知识形式正是在其中生产出来的。毕竟，如果关于宗教和政治的理性判断同样局限于神学的争辩和国会的辩论，那么关于它们的理性判断同科学相比会遭受重大的损失吗？这里，包括卡尔纳普、波普和更大范围意义上的库恩在内的维也纳小组的广泛遗产，提供了某种具有启发意义的参照点。从广义上说，维也纳小组大体上是以康德的方式看待概念框架的。因此，应该选择哪个体制这个“外在的”问题被当作是“实践的”，而从被选择的框架中得出什么结论这种“内在的”问题则被认为是“理论的”。这导致我们现在对框架的起源和结果的处理是“不对称的”。前者代表着某种实存的选择，而后者则是由逻辑所决定的。

曼海姆由于以实存的而不是逻辑的术语来解释这类框架的“结果”而脱离了这一遗产。这使得他在1940年以前把自然科学和数学排除在知识社会学的范围之外。但是在1940年以后，他开始把这些学科纳入进来——代价是使它们的理性成为经验上的开放性问题。毕竟，传统上“最纯粹的”科学——数学和物理学——都已被整合到人类历史上最受压迫和破坏的一些情境之中。换言之，知识社会学中最初转向“对称”——否则就会与科技研究中被研究的中立性紧密相联——不是来自于对其他研究轨迹的思想开放，而是对占统治地位的研究轨迹的公然批判态度。

然而，科技研究的整个历史实际上是对曼海姆后来的知识社会学规范所带来的刺痛逐渐消除，这在很大程度上是通过减弱科学作为有组织的研究方式的地位所导致的，而这种有组织的研究提供了对于它在其中被发现的世界的共同反抗。因而，我们找到三个解决“科学理性问题”的前后相继的方法：（1）**使之相对化**；（2）**把它括起来**；（3）**消除它**。 229

（1）应当把科学看作是有组织的反抗，像政治运动或宗教运动一样。因此，科学的理性由其内部运作来看可被认为是排他的。路德维克·弗赖克（Ludwick Fleck，1979）率先把法国的知识社会学传统应用于生物科学的“思想集合”和库恩的科学变迁一般模式就是很好的例证。

（2）科学理性的全部问题都需要用括号括起来，尤其需要假定在譬如科学和宗教或政治的理性中所存在的明显差异——甚至是真科学和伪科学——实际上是人们所选择的这种评价框架究竟是内在于还是外在于所讨论的这种实践的问题。否则，就没有任何经验的理由来认为这一套做法比另一套做法更富有理性。这就是科技研究中的爱丁堡学派所坚持的“强纲领”的对称原则，它曾经声名狼藉，而如今却被人们广泛接受。（Bloor，1976）

（3）最近人们对巴黎学派的如下观念提出挑战，即巴黎学派认为科学可以明确地同社会的其他方面分离开来，尤其是当人们在科学后果的外在意义上运用科学时更是这样。如果不能作出这种分离，那么知识的理性就会崩溃，成为无差别的“科技”世界中政治理性的一个特例。那些能在最

230 长时间内坚持网络工作的人，只能被定义为既是最博学的人，**也是**最强有力的人，只是前者通常会通过模糊人们一直所面对的局部争斗来解释后者罢了。(Latour，1987)

当我们到达第三种情况时，就可以合法地追问科技研究的科学社会学是否仍然是**知识**社会学。库恩当然不会这么想，因为科技研究并不认为知识具有能够引导科学建制之发展的独特的规范性特征。为了领略科学社会学一旦失去知识社会学的支持后会是什么样子，人们只要转向商学院新出现的领域——“知识管理”就可以了。(Fuller，2001) 知识管理者们倔犟地把赋予知识以“多元例证”的古典哲学观念与认为理性的行为者是“受约束的优化者”这种新古典经济学观念相结合。他们的结论是，只有在不论哪一种有组织的安排碰巧对当前的任务最有效率时，知识在这种“需要知道”的基础上才是有价值的。当然，哲学家和经济学家们往往倾向于把知识看作一个极为特殊的商品——称为“公共的”、“集体的”或“难以捉摸的”商品——以此来抵制这类还原运动。然而，这一传统的规范性障碍已经开始减弱，尤其是当越来越多的科技研究专家发现他们自己陷入短期学术契约中，从而使他们感激那些非学术的“客户”不断支持时更是如此。这样，在知识管理文献中，大学是“沉默的组织”的典型例子。这一组织的“智力资本”非常高，而其“结构资本”则比较低，因而管理者们不能完全掌握其雇员的劳动成果。(Stewart，1997) 这里，“聪明的组织”的例子是快餐连锁店的加盟店，这种加盟店的低智力资本已由科学的管理者所提供的高结构资本所补偿。

这几乎不是激活曼海姆计划积极方面的理想社会背景，该计划将会发展出一些建制，以此来整合越来越多的平民，共同思考知识的目的。我已根据关于知识政策的公民共和方式发展了这种可能性。(Fuller，2000a，2001：ch. 4) 然而，目前的社会力量倾向于向反面前进，也就是把民众已经相信的东西融合于已经存在的知识生产结构之中。只有当科技研究正式地认可这些具有选择余地的不同轨迹之时，它才有可能成为正在进行中的科技社会转变中一个真正进步的动力。

参考文献

Barber，Benjamin 1995：*Jihad vs. McWorld*. New York：Ballantine Books.

Bloor，David 1976：Knowledge and Social Imagery. London：Routledge.

Btoor, David 1983: *Wittgenstein: A Social Theory of Knowledge*. Oxford: Blackwell; New York: Columbia University Press.

Bloor, David 1999a: Anti-Latour. *Studies in the History and Philosophy of Science* 30 (1), 81—112.

Bloor, David 1999b: Discussion—Reply to Bruno Latour. *Studies in History and Philosophy of Science* 30 (1), 131—139.

Boghossian, Paul 2001: What is social construction? *Times Literary Supplement* February 23, 6—8.

Castells, Manuel 1996—1998: *The Information Age*, 3 vols. Oxford: Blackwell.

Doppelt, Gerald 1978: Kuhn's epistemological relativism: an interpretation and a defense. *Inquiry* 21, 33—86.

Elster, Jon 1999: *Alchemies of the Mind*. Cambridge, UK Cambridge University Press.

Evans-Pritchard, Edward 1964: *Social Anthropology and Other Essays*. New York: Free Press.

Fleck, Ludwick [1935] 1979: *The Genesis and Development of a Scientific Fact*. Chicago: University of Chicago Press.

Frisby, David 1992: *The Alienated Mind: The Sociology of Knowledge in Germany*. London: Routledge.

Fuller, Steve 1988: *Social Epistemology*. Bloomington, IN: Indiana University Press.

Fuller, Steve 1992: Social epistemology and the research agenda of science studies. In Andrew Pickering (ed.), 1992: *Science as Practice and Culture*. Chicago: The University of Chicago Press, 390—428.

Fuller, Steve 1993: *Philosophy, Rhetoric and the End of Knowledge*. Madison, WI: University of Wisconsin Press.

Fuller, Steve 1997: *Science*. Minneapolis: University of Minnesota Press. 231

Fuller, Steve 2000a: *The Governance of Science: Ideology and the Future of the Open Society*. Buckingham, UK and Philadelphia, PA: Open University Press.

Fuller, Steve 2000b: *Thomas Kuhn: A Philosophical History for Our Times*. Chicago: The University of Chicago Press.

Fuller, Steve 2000c: Social epistemology as a critical philosophy of multiculturalism. In Ram Mahalingam and Cameron McCarthy (eds.), *Multicultural Curriculum: New Directions for Social Theory, Practice, and Policy*. London: Routledge, 15—36.

Fuller, Steve 2001: *Knowledge Management Foundations*. Boston: Butterworth-Heinemann.

Gibbons, Michael et al. 1994: *The New Production of Knowledge: The Dynamics of*

Science and Research in Contemporary Societies. London: Sage.
Gilbert, G. Nigel and Michael Mulkay 1984: *Opening Pandora's Box: A Sociological Analysis of Scientists' Discourse*. Cambridge, UK and New York: Cambridge University Press.
Glaser, Barney and Anselm Strauss 1967: *The Discovery of Grounded Theory: Strategies for Qualitative Research*. Chicago: Aldine.
Goldman, Alvin I. 1999: *Knowledge in a Social World*. New York: Oxford University Press.
Goody, Jack 1995: *The Expansive Moment: The Rise of Social Anthropology in Britain and Africa*, 1918—1970. Cambridge, UK: Cambridge University Press.
Gross, Paul R. and Norman Levitt 1994: *Higher Superstition: The Academic Left and its Quarrels with Science*. Baltimore, MD: Johns Hopkins University Press.
Hacking, Ian 1983: *Representing and Intervening*. Cambridge, UK: Cambridge University Press.
Hacking, Ian 1999: *The Social Construction of What?* Cambridge, MA: Harvard University Press.
Hacohen, Malachi Haim 2000: *Karl Popper, the Formative Years, 1902—1945: Politics and Philosophy in Interwar Vienna*. Cambridge, UK: Cambridge University Press.
Hofstadter, Richard and Walter P. Metzger 1955: *The Development of Academic Freedom in the United States*. New York: Random House.
Hollinger, David 1990: Free enterprise and free inquiry: The emergence of laissez-faire communitarianism in the ideology of science in the United States. *New Literary History* 21, 897—919.
Hollis, Martin and Steve Lukes (eds.) 1982: *Rationality and Relativism*. Oxford: Blackwell.
Kevles, David 1977: The National Science Foundation and the debate over postwar research policy. *Isis* 68, 5—26.
Knorr-Cetina, Karin 1981: *The Manufacture of Knowledge: An Essay on the Constructivist and Contextual Nature of Science*. Oxford and New York: Pergamon Press.
Krause, Elliot 1996: *The Death of the Guilds: Professions, States, and the Advance of Capitalism*. New Haven, CN: Yale University Press.
Kuhn, Thomas [1962] 1996: *The Structure of Scientific Revolutions*, 3rd edn. Chicago: The University of Chicago Press.
Latour, Bruno 1987: Science in Action: How to Follow *Scientists and Engineers*

through Society. Cambridge, MA: Harvard University Press.

Latour, Bruno 1999: For David Bloor... and beyond. *Studies in History and Philosophy of Science* 30, 113—129.

Latour, Bruno and Steve Woolgar 1979: *Laboratory Life: The Social Construction of Scientific Facts*. London: Sage.

MacKenzie, Donald 1990: *Inventing Accuracy*. Cambridge MA: MIT Press. 232

Mannhcim, Karl [1925] 1952: *Essays in the Sociology of Knowledge*. London: Routledge & Kegan Paul.

Mannheim, Karl [1929] 1936: *Ideology and Utopia: An Introduction to the Sociology of Knowledge*. New York: Harcourt, Brace & World.

Mannheim, Karl 1940: *Man and Society in an Age of Reconstruction*. London: Routledge & Kegan Paul.

Marcus, George E. and Michael J. Fischer 1986: *Anthropology as Cultural Critique: An Experimental Moment in the Human Sciences*. Chicago: University of Chicago Press.

Murdoch, Jonathan 2001: Ecologising sociology: Actor-network theory, co-construction and the problem of human exemptionalism. *Sociology* 35 (1), 111—134.

Nelson, Rodney 1995: Pragmatic validity: Mannheim and Dewey. *History of the Human Sciences* 8, 25—46.

Perelman, Michael 1991: *Information, Social Relations, and the Economics of High-Technology*. New York: St. Martins.

Petras, E. M. and D. V. Porpora 1993: Participatory research: Three models and an analysis. *The American Sociologist* 23 (1), 107—126.

Pettit, Philip 1997: *Republicanism: A Theory of Freedom and Government*. Oxford: Clarendon Press; New York: Oxford University Press.

Pickering, Andrew 1984: *Constructing Quarks*. Chicago: The University of Chicago Press.

Pickering, Andrew (ed.) 1992: *Science as Practice and Culture*. Chicago: The University of Chicago Press.

Polanyi, Michael 1958: *Personal Knowledge*. Chicago: The University of Chicago Press.

Popper, Karl [1945] 1966: *The Open Society and Its Enemies*, 5th rev. edn. London: Routledge & Kegan Paul.

Popper, Karl 1972: *Objective Knowledge: An Evolutionary Approach*. Oxford: Oxford University Press.

Proctor, Robert 1991: *Value-Free Science?* Cambridge, MA: Harvard University

Press.

Reingold, Nathan 1994: Science and government in the United States since 1945. *History of Science* 32, 361—86.

Ross, Andrew (ed.) 1996: *Science Wars*. Durham, NC: Duke University Press.

Runciman, Walter G. 1998: *The Social Animal*. London: Harper Collins.

Schlick, Moritz [1925] 1974: *The General Theory of Knowledge*. Berlin: Springer-Verlag.

Sigurdsson, Skuli 1990: The nature of scientific knowledge. An interview with Thomas Kuhn. *Harvard Science Review* Winter, 18—25.

Stewart, Thomas 1997: *Intellectual Capital: The New Wealth of Organizations*. London: Nicholas Brealey.

Winch, Peter [1958] 1990: *The Idea of a Social Science and its Relation to Philosophy*, 2nd rev. edn. London: Routledge and Kegan Paul.

第三编

问　　题

第10章 “另见文学批评”：介于事实与比喻之间的社会科学

汉斯·凯尔纳（Hans Kellner）

（反）社会科学

最近，我去逛了一家大型国有书店，这对我确定当前社会科学的地位有所助益。在标着“社会学”的书架上贴着一个小标签——“另见文学批评”。这种将社会科学和文学批评相提并论的做法违背了19世纪主流思想的基本主张，即要把有关人类事物的规范知识与文学和修辞学区分开来。同时，这种做法还以某种非正式的然而却高度实用的方式强化了社会科学所面临的两难困境：社会科学若想取得与自然科学同等重要的地位，就必须使用一些与作为工具的社会科学传统相悖的方法。果真如此，这些科学就不再是社会科学，而成为内在一致的学科了。最近四个世纪以来，成为一门科学就是使人们的实践活动从给予—接受形式的社会行为和历史变迁中分离出来。由诸多个人所构成的社会在相互竞争的利益中所发生的冲突和暂时的一致会形成一些知识形式（有些哲学家根本不把这些知识看作知识），而科学方法，无论如何描述，都是对这些知识形式的挑战。

当然，自从一个世纪以前社会科学采取学术研究方式以来，其社会性就一直受到压制。它的目标是成为“有关”社会的科学，而不是通过其自身的社会形式而获得认知的科学。在社会科学图谱的每一点上，它所设定的奋斗目标都是获得某些关于世界上的客体的知识；这些客体是不确定的，譬如过去发生的事件、社会构成、经济交易、政治势力等。如果没有在规定的意义框架内命名这些“事物”的描述，任何人都不可能看到任何这样的“事物”。譬如，可以说，如果没有对什么是历史、什么可以被当作历史事件的内在结构和外在结构有一种复杂而默认的社会共识，那么所

237 发生的任何事都不能成为历史事件，甚至不能成为事件。然而这些现象之所以能作为研究的对象而保存下来，是因为存在着某种隐蔽的一致，若没有这种一致，在其现有形式上的所谓社会科学事业将会崩溃。

使得社会科学成为可能的这种一致性的作用就是使那些摆脱了方法论之局限的意义保持沉默和非理论化。因为要把社会科学的可能性基础理论化，必将会造成人们将注意力从实在方面移开——而社会科学倘若失去其“实在论”，那么在其现存形式上，就不会对这种注意力或对策有任何要求。也就是说，它所强调的东西，既不是这种科学本身，也不是产生于隐含在它所使用的方法中的东西，而只是承认它所归之于实在之表象的诸种形式的深度，承认那些总是威胁说要把它们自身显现为超越表象的形式，而实际上它们现实地构成了隐藏在对于现实之把握的任何要求之背后的力量。因此，通向这种现实的路径取决于对这些似乎提供了关于意义的修辞性和诗歌性创造路径之手段的抑制。譬如，作为社会学家去把握“大屠杀”无疑不同于政治学家、历史学家或人类学家的理解。但是，所有这些社会科学都一致地坚持如下观点：语言和人类观点不断变化的世界创造了那种“现实”，因而这些原理希望面对和说明这种现实。每一门社会科学的目的都是要创造出有关某种事件（诸如大屠杀之类）的描述，并试图使这种描述作为真相而站稳脚跟，不受各种意见的干扰。简言之，它们必须制造出某种具有强制性的论点，同时又不承认这是一种论点，不承认这是旨在为特殊目的而向特殊观众灌输的一种具有说服力的活动。

对世界的所谓现代主义理解形成于17世纪，而它作为一种理解人类事件的方法则是在19世纪确立的。这些理解均是一种由观察者、被观察之物和观察工具构成的稳定的三元结构。这种三元结构中的每一组成部分都被认为是实际存在的事物，它与其他事物相分离并拥有其自身的特性。世界以及世界上的事物都是固定不变的，它们既不依赖于用来观察和表现它们的工具，也不依赖于观察者。世界的存在独立于对它的任何知觉。就像望远镜（眼睛——工具——世界）或者海上旅行（出发的港口——船只——目的地），这种模型将观察理由与现存世界通过具有重要作用而又与理由和世界均无关系的中介系统结合起来。它在本质上与它们两者是同一的，因为它是在按照它们的方式而活动。（Reiss，1982：31）换言之，我思故我在。这个重要的系统即语言将会以不断增加的细节向我们展现这个世界，并通过其独特形式为我们作出恰当的解释。（Reiss，1982：41）

倘若把这种模式视为世界的结构，即现实的结构，那么观察者的心灵所具有的分离性和个体性就是由这种结构所产生的。观察者（或者主体）就是那体验着世界的存在，并且他因此而认识了世界。当然，由此就会得出将这种个体置于界定着人类自身的权利和责任之中心的伦理规范；而被 238 观察之物则是那个“外在”的世界，它由其事物性来界定。事物的存在所遇到的难题与体验这些事物的个体心灵的存在一样多。在这个框架内，世界有很多关节点，它可以被切割为许多小碎片，就像人类个体是作为可命名的、伦理的、经验性的实体存在一样。

观察者和被观察之物的结合并没有什么特别现代之处。在这一结构中，新颖之处在于处于中心位置的既不是观察者也不是被观察之物，而是观察工具本身。若要对这个结构作一个形象的说明，它就像伽利略（Galileo）通过望远镜来观察天空一样。新颖之处和具有现代性的是那架望远镜，而且具有现代性的还有对望远镜所观察到的东西的信任感。从隐喻上说，望远镜在这里代表词汇，尤其是概念性的词汇，它也可以被看作某种现代发明。因为关于词的古老概念，即认为词是与事物相等同的任意符号，已经让位于关于词的现代概念即显微镜，这种显微镜将会提供有关客体的映像或想象。现代世界不是一个人造世界，而是一个可知世界。(Reiss，1982：45)

社会科学在19世纪末形成了如今的形式，当时对历史的痴迷以及由这种痴迷所造成的相对主义导致了自然主义的历史主义和形而上学的历史主义的分离，前者以规律作为人类事件的基础，后者则以某种理性的计划统摄一切。前一种观点导致社会学的产生，而后者则导致诸如马克思主义之类哲学的产生。然而，关于人类事件的第三种研究方法则把这两者——实际上，是关于事物本身和现实的人类经验的研究——当作意识形态。这第三种方法是一种美学的社会想象，而且其研究中心并不是这些事件本身，而是关于它们的表象。譬如，美学历史主义认为，历史是历史编纂的某种功能。

这种美学观点对历史的目的以及一般的人文科学的目的都提出了质疑，因为它坚持认为它们不能像它所承诺的那样传递信息。人类事件的真相就是人类自己的所作所为。因此，它是被创造出来的而决不是被发现的事物，并随着有生命物质的变化而改变。维柯（Vico，［1725］1984）曾提出过与这种有关启蒙思想的实证主义相反的有关感觉力的观点。他的观点是，人类的创造必须为人类的需求服务，并且这些创造包含了对人类事件的再现。如果有关人类行为的观点是压制性的，对各种希望和积极性有挫伤，那么就必须加以克服。这种克服过程始终应该以某种可替代的形式即有竞争力的形式来进行。因而从某种意义上说，人文科学的目的就是要为生活本身的服务提供广泛的和各种各样的有关人类生活的可信形象。人类最终会作出选择。

从美学视角看，所有想要成为社会科学之一员的表象都必须做两件事。首先，它们必须被正式地——正如那些被制造出来的客体一样——当作是对实在可信而且可靠的描述，这是诗学的任务。其次，它们必须证明自身优越于对事物的其他不同描述，这是修辞学的任务。任何隐藏我们的
239 知识基础所具有的这种“被制造”和“被论证”出来的性质的企图，都会使之失去对认知责任的要求，尽管事实上这种企图恰恰正是欧美传统中各种学科性的社会科学的意识形态。学科性涉及通过方法论的隔板来分配人类的经验。任何事件都可以说具有某种社会学的、政治学的、经济学的或历史学的意义，尽管没有人能够指出事件的哪一部分包含着这种意义。实际上，指向事件的任何一个部分都会通过造成另一个其意义可进一步分配的事件而再次提出这个问题。学科表达了社会需求的各个方面（即：过去具有某种意义；人类可分为各个群体，并按照内在一致的标准而分类；权力具有可定义的种种形式；匮乏和限制可以概念化），通过宣扬和加强某一类特殊的、被当作方法的渴望或忧虑，它们强化了这种社会需求。

学科的创建意味着设定由一系列被认为是合适的问题所组成的概念范围，并使那些不合适的问题边缘化。表面上看这一设定适用于那些被认为适于学习的课题，但实际上形成社会科学的限制是很正式的，而且也适用于反省或反思的层面。譬如，在历史上，19 世纪末明确提出来的不属于“恰当的”实践问题的是有关如何看待事物的最低级和最高级（最具体和最抽象）的方式问题。探求历史的基本要素（个体、国家、战争等）在其中得以命名的那种最低的即词汇的层面，就是要想象某种令人不安的、没有内在一致性的场景——一旦我们不再承认这种给定的词汇领域是必不可少的和详尽无遗的，我们就将在历史的对象和观点方面面临无休止的混乱。

尽管历史学科最近就哪些东西可归入历史范畴的灵活性更大了，但它并不会接受这种不稳定的基础。历史学科的基础，就像一个世纪以前所形成的其他学科一样，会对任何潜在的给该领域命名的问题，即可能使这种活动的意义成为不可能的问题，以及寻找意义或寻找实在中的意义问题形成压抑。譬如，为了把“大屠杀”看作是具有多种意义的事件，这些意义超越了国家、团体、政治、观念、技术或其他恰当的历史研究形式，并且如果这种看法的宗旨是意义反思的最高层面，那么这种看法就可能会被认

为是宗教的或者神秘的。如果它所关注的焦点是诸如环境影响或化学物质的毒害作用这类比较低级的事物，它就有可能被认为是纯物质层面的。前一种情况是在语义上寻求终极意义，后一种情况则是要选择一些非传统历史意义上的历史词汇要素。另一方面，对意义的论述作为最高的和语义层面的论述，其中多种多样的事件形式均具有某种清晰的和必然的形态，它对那些似乎可信的学科的可能性同样构成威胁。因为在关于能够给过去的社会提供某种清晰的形态并能为未来社会提供某种清晰途径的控制系统这个不明确的表达中，存在着某种意识形态力量，这种意识形态力量只有在牺牲其学科的可信性的前提下，才是可接受的。因此，基督教的神意论、孔德的实证主义、黑格尔的辩证法以及马克思的唯物主义都偏离了作为学科的社会科学。对词汇层面的外在考察使得意义成为不可能；同样不能接受的是语义清晰性，因为这种语义清晰性提供了过多的意义。

这样，学科性就只能局限于表象的两个中间层，即语法和句法层面。在这两个层面上，规则和用法得以铭记和说明，而这正是社会科学诸学科所要完成的使命。方法涉及更加复杂的计算、规划和整理那些预先安排的项目的技巧。理想地说，这些操作活动的意义将会从其过程本身中凸显出来，而无须使用某些具有还原作用的外部解释系统。

“科学效应”与现代事实

在大多数社会科学研究所使用的词汇中，唯一没有受到质疑的就是事实，即那种确定的、已被证明和已知的东西。但是，事实性或对事实特性的认识也有其历史，并且正如玛丽·普维（Mary Poovey）所指出的那样，现代事实（对应于，譬如，古代事实或后现代事实）应与先前那种反映形而上学本质的事实区分开来。现代事实是经验性的，并用“明显的”数字语言来记录，尽管对事实和数字之关系的断定是相互缠绕和模糊不清的。复式记账法，由于其本身与16世纪的修辞活动相关联，创造了关于各类事物的编号方式，对政治和知识产生了巨大影响。有关数字的专门知识从本质上取代了会计所从事的烦琐工作；在这种情况出现时，账簿中的具体数字和记载就逐渐被视为“本来的事实”（Poovey，1998：29－91）。

到19世纪30年代，有关编号方式或者毋宁说从有关数字化事物中作出归纳的辩论，都成功地运用了统计学，这是“对愚蠢的数字所表现出来的乏味而无聊的炫耀”，与文学之类的“令人同情的故事”形成鲜明的对照；这些数字的价值正在于其乏味枯燥，“这正是其消除与虚构的故事、夸张和修辞有关的不恰当修饰的保证”（Poovey，1998：313）。方法论上所不能解决的归纳难题——如何从数字化事实中推出一般原理——被这种有关虚构故事和修辞的巨大胜利遮蔽了。同时，诗歌对归纳问题有其自己的解决方法。根据谢利（Shelley）的观点，诗歌在各个层面都体现着知识本身，它包含了所有科学及其参照点。科学的一般性与诗歌体验（数字化事实的对立物）的特殊性是和谐一致的，关键是其中的隐喻，这种隐喻将其特殊性转变为意义。（Poovey，1998：326）普维提到了谢利用以解决特殊性和一般性、部分和整体这种难题的数字化解决方法，但在其著作中她并未详述这些内容。她发现这一难题在漫长的现代性时代并没有解决。我们只有放弃寻求有关疑问、怀疑和不确定性的系统知识，才能避免这种两难境地。即使如此，她对现代事实即被孤立的特殊性的讨论，将古代哲学的基本假定搁置一旁、视而不见，相反却指向后现代事实，因而以同样的方式将围绕现代事实性的问题和争论搁置一旁，视而不见。（Poovey，1998：327—328）

将事实变为历史——实际上是在古代的、现代的和后现代的观点之间进行区分——是十分麻烦的，因为这引起对概念性词汇层面之构成的关注。在许多语言中，词典决定着无意义元素（譬如字母）的何种组合才被认为是词。在社会科学中，某些人类事务——譬如领导人的公开讲话——可以算作这种话语中合适的组成部分；而其他事情，比如一个人日常的消化过程，尽管也属于人类行为，就不能被看作其组成部分。如果现代事实可以被看作历史的产物，譬如像时装或性别角色那样，那么它所创造的超越诗歌和意识形态的社会科学效应就很难得以维系。这唤起了人们对诸如社会、权力、价值或事件等概念稍纵即逝的历史性的注意。因为作为学科的社会科学存在于概念化的中间层面，即一个其基本要素要起作用就必须得到承认的系统的语法和句法层面，所以，对基本要素之构成方式的关注也会引起各种难题，即使它们的起源与修辞学和诗学讨论无关。

“科学效应”与《美国心理学协会出版指南》

概念性的表象是一个开放的语义世界，“全部表象的意义”就是在这个世界中被断定的，然而在这个世界的对立面，当追问历史性的问题时，又会出现其他问题。因为社会科学是在一个世纪之前作为（现代）事实的非意识形态表述而确立起来的，它既不依赖于孔德实证主义或马克思主义关于历史过程的规律，也不依赖于对人类事务的文学描述或宗教说明中对善与恶充满浪漫色彩的传说。至少在理论上，值得信赖的社会科学唯一能表达的意义，即在这种学科的语法或句法过程之外归根到底不依赖于意识形态术语的意义，存在于如下观念之中——“这是科学”，广义上的科学，是没有附载任何价值预设的学科性研究。为了获得这种语义的完整性，每一种活动都必须以这种或那种方式来探究这种“科学效应”。

“科学效应”是一种修辞手法，意在引导读者形成适当的态度，以确立社会科学家的精神特质。这种科学效应来自于表现的形式，而不是被表现的事物。浏览一下长期以来一直作为社会科学领域从事研究准备工作的权威性指南《美国心理学协会出版指南》的发展历程，便可发现那些似乎是中立的和客观的规范限制创造了一种关于可能出现也可能不出现之物的严谨版本。查尔斯·贝泽曼（Charles Bazerman，1987）研究了这部著作的前三版所发生的变化，其结论是：这些变化表明了明显的偏离论证；它们重新塑造了研究者、主体和观众的角色；学者身份本身的功能也发生了变化。这些变化的结果是把我所说的“科学效应”的创造置于其他语义问题之上，譬如解决各种难题或提供一般性的结论。

参考文献从脚注体系（1927）到前后参照体系（1944）再到作者-日期体系（1967）的发展变化，标志着从论证向没有经过论证的实验主义的退却。论证面对脚注材料时，把它们当作同类对话者，人们可以对之表示同意、不同意或对它作出推论，而对实验主义者来说，这些材料是这种结构的内在组成部分。冲突和没有答案的问题很少出现；所有参考文献都具有同样的形式和地位，譬如“史密斯，1998；琼斯，1974”，就像他们的论文具有同样的形式一样。论证一直包含在论文风格本身之中，且总是以这样的面目出现，即“这就是科学；不是这种样式的东西就不是科学”。这种形式的固定化，正如贝泽曼在20世纪20年代末所表述的那样，由于把主体、作者、受众和文学都客观化了，标志着社会科学著作的表述被严格地以某种框架模式化，而这种模式化将规定着这一研究工作的本质。社会科学著作的作者（与实验者相对而言）会逝去，然而在假定具有一定知识并对可能出现的理论思辨持开放观念的读者面前，该领域中的其他作者对各种观念进行的讨论却仍在进行。对某种理论观点的论证也会消失，然而这种观点通常具有一定说服力，并会导致各种结论。在这种陈旧过时的形式中，这种实际活动的成功将有赖于有兴趣并善于推理的读者坚持不懈。

然而，我们在一篇文章中发现，即使不存在结论也可能会出现某种现代主义形式，在这篇文章中并没有循序渐进的推理。文章开头是“候选人声明”，其余部分则由根据严格的规则进行的测试构成。由于用测试代替了推理，技术语言便增多，而统计数据也变得越发重要。这样一来，读者群便被尽可能地严格限制在那些不需要推理的范围内，因为他们只认可一种正确的框架和具有权威的问题。这类文章的范围被缩小，长度被缩短，而多作者合著的著作则增多。这两种变化使一个行业受益，即独立出版商的数量得到了优先发展。在主题选择、技术性增强、各类缩写词使用和统计工具运用等方面的渐进性发展，创造了一种新的修辞。其目的并不在于说服任何人对任何东西都要非常相信，除非实验者的能力非常强而且遵守规则。其最大危险在于不能发表。放弃《美国心理学协会出版指南》的规则实际上会使社会科学的研究成果丧失在许多极其重要的社会科学杂志上发表的资格，在这些杂志上发表的论文，其科学效应是必不可少的。在研究这本指南及其所具有的力量时，贝泽曼提到最近数十年来大多数著述都超越了这本指南的有限框架，但指南对此并没有作出多大反应。

在有关贝泽曼的结论所作的索引中存在着颇为棘手的学术论文正文中的第一人称问题。“我”表明了相关论证者的存在，他正在一定的时间和地点发挥着作用；这种“我”所施加的压力可把这个真实的人转变为超越任何特定时间或情境的某物的功能。我敢肯定，在学术领域中，对诸如博
243 士论文之类的学术著作中使用第一人称的争论仍将持续下去，正如在修辞已获得承认的领域里断定任何真实的表象都不能忽视阐释的情境和任何作者的主体性一样。

我们在《美国心理学协会出版指南》的改进所展示的变化中发现的只是一种修辞被另一种修辞所替代。根据这种新的修辞，科学是由谨慎仔细而不是由严密的推理所构成的。引证参考文献是为了预先保证论文的全面性，而不是要引出其他推论者。种种哲学问题随着知识一点一滴地增加而丧失殆尽。在他人著述中寻找错误已成为大趋势。总之，那些固定的章节或许都有其标准的小标题，这消除了作为论证标志的过渡性推理。在此，这种形式本身就是论证，因为它既来源于——同时又推进着——这种共同体的潜在一致性。研究生教育的职业化首先就是要学会在出版所要求的话

语形式内进行研究、思考和写作。一名经济学家针对《美国心理学协会出版指南》写道："很明显这会成为一个笑柄。确实是这样，它提供了数页有关文体的意见供编辑编排最烂的文体，还有满满十页乱哄哄的有关科学论文正式格式的内容。"（McCloskey，1985：175）

实际上，《美国心理学协会出版指南》所提供的是如何维系概念化的中间层面的规则，它并没有论述语义推理问题，对事实本身的状态也未提出任何疑问。尽管它只是为那些较为正规的社会科学所提供的指南，却反映了横贯学术界中的标志学术之特质的反修辞之修辞。普维和贝泽曼分别描述了诗学是如何侵入这一领域的：普维引用了谢利解决特殊性和意义问题时所使用的隐喻方法；贝泽曼则详述了由于论文的类型逐渐从论辩性的探究转变为实验性的报告，叙述者、被叙述者以及所运用的结构是如何逐渐僵化的。

倘若"科学效应"继续在某些社会科学中占据着统治地位，那么各种回应观点就会持续不断。在社会科学中，一种重生意义的新的美学科学已经出现，这种科学与维柯的思想相似，它对人类的知识和真理进行考察，把它们视为我们在世界上的有限位置所具有的不可避免的错误，它所使用的工具是我们自身所形成的。在本章的剩余部分，我将会讨论政治学、社会学、经济学和历史学的研究，并将通过逐一阐述愈来愈激进的案例表达方式，考察有关其逻辑结论的对话。

作为本文的社会

理查德·哈维·布朗（Richard Harvey Brown）花费了20年时间发展了一种具有诗歌文体形式、介于实证主义和浪漫主义两个对立概念之间的社会学。布朗使用意义多样的术语实证主义来指一种关于呈现（或者陈述）的态度，这种态度要求在"科学之声"与其对象之间具有某种一一对应关系。在这种声音中必须排除的是内涵或含义，即把不可控制的个人之声带入对话中的语言共鸣。（Brown，1977：27）正如牛顿所说，这一共鸣属于诗学及其"具有独创性的胡言乱语"。浪漫主义拥护更高层次的直觉和艺术真理，但是与此同时，却采取了一种向内的转向，放弃了自然领域和外部世界，把它们交给了科学。因此，布朗可以这样来总结实证主义和浪漫主义的惯用形式： 244

科学	**艺术**
真理	美
实在	符号
事物和事件	感觉和意义
“外部存在”	“内部存在”
客观的	主观的
说明	解释
证据	洞察力
决定论	自由

布朗提出一种“认知美学”，这种认知美学将通过“一种辩证的解释学”来克服科学的社会结构的片面性，因为这种辩证解释学“通过对命题的解码超越其片面性而获得对论题意义的更加全面的理解”（1977：48）。这一陈述的乐观性并不能使我们从布朗所说的“文化悲剧”即认为我们的世界是从实在的异化中解脱出来，但是它在最前沿放置了一种关于整体性的隐喻，这使布朗成为后来著作攻击的靶子。

布朗正是通过讽喻手法来寻求克服社会科学所固有的片面性的。讽喻通常通过揭露演员的各种意图和这些意图所导致的后果之间的矛盾来创造一种紧张气氛和“丰富的戏剧效果”。讽喻得以产生，不仅在于它向观众展示了行为和结果之间的不和谐，而且也将观察者置于理解过程中另一个颇具讽刺意味的位置上。观察者成为演员，拥有这个角色所需要的所有不确定性。由于预先有所领悟，这些颇具讽刺意味的社会科学家们将会把他们自身看作是社会过程中（起解释作用）的演员，并且把由诗学和数字语言所扮演的角色看作，譬如，在这一幕中一直占支配地位的戏剧性隐喻。(Brown，1989：117—188)

在《作为本文的社会》一书中，布朗对“辩证的讽喻”的描述采取了黑格尔主义的立场。当面临两种似乎可信的选择时，社会科学家必须“在更加成熟和更具有反思性的层面上”对两者进行确认。（Brown，1987：142）两个对立观点互不相让将会塑造一个更深的意义，从而使我们从所有道德规范的束缚中解脱出来。从诗学角度看，意识到所有现实表象内在固有的错误表象将会提高我们的伦理直觉，即认识到道德规范本身也是一些比喻性的错误；这就是作为错误的真理，正如维柯所言，这是我们的宿
245 命。(Brown，1987：173、182、187)

通过修辞批评而孕育的相对主义是布朗向绝对主义者提出的挑战。考

虑这些可供选择的建设性意见是要使它们的效果成为可见的，并使它们更易于改进。修辞在这里具有某种伦理标准的作用，能将曾经破碎和扭曲的社会形象人性化，并把它们整合为一个整体。（Brown，1995：9）布朗在区分实证主义者拒绝接受的“纯修辞”和“批判性修辞”时的态度是谨慎的。“纯修辞”即组成我们关于“事实、逻辑和真理”的意义的修辞，而“批判性修辞”则具有其自身的派别性。（Brown，1989：171，注1）以同样的思路，他区分了“认识论的”相对主义和“判断性的”相对主义。（Brown，1995：10）讽喻是布朗所使用的另一个关键术语，它也有两种形式——一种是保守形式，它对社会压力发挥着安全阀的作用；另一种形式则是自由的或被掌控的形式，具有解放的作用。（Brown，1987：187）或许这种讽喻的明显例子是阿尔特·斯皮格尔曼（Art Spiegelman）在《茅斯》（*Maus*，1986）一书中所描述的一段情节。作为漫画家兼作家的阿尔特，在书中记录了他父亲在奥斯维辛集中营的经历，他和老人争论当时集中营里是否有一支管弦乐队。弗拉戴克（Vladek）坚持认为集中营里没有音乐；阿尔特则争辩说，历史记录可以证明集中营里有音乐存在。那么，谁是权威？是这位集中营的幸存者，还是这位以书本和照片为根据的儿子？我们应当承认经历与话语之间所存在的这种颇具讽刺意味的两难境地，从而为反思留有余地。（Spiegelman，1986：54）

倘若认知美学（实际上是讽喻诗学）能用相对论原理来解释社会学，从而能增强它对各种道德规范的敏感性并能弱化实证主义的绝对论，人们就会思考这种变化是如何发生的。转变学科的方向，甚至使之向感性转化，是极为大胆的举动，是具有政治性的举动，它将对那些年轻学者的职业生涯和训练产生各种影响。这种变化在什么地方、在何种环境下才会发生？如何转变一门学科的方向？对这一问题的回答是带有政治性的，而且正是在政治学领域中一种回应正在形成。

认识论即修辞学即政治学

观念在学术领域中是通过成为正式的子领域而形成的。因此，关注社会科学的话语构成逐渐被称为“修辞研究”。修辞研究运动始于20世纪80年代的爱荷华大学，迄今已发展出众多借自于文学和修辞学理论的课题。创造了“修辞研究”这一术语的政治科学家约翰·纳尔逊（John Nelson）

概括了其所处的地位。(Nelson，1987a)

持反对意见的是基础主义。基础主义是一个哲学概念，这是指在任何推理链条的结尾处仍要依赖一些基本的前提。由于把基础主义作为他的批判对象，纳尔逊便将自己的注意力转移到认识论即知识如何产生并获得有效性的种种方法的领域。哲学上的基础主义像政治体制一样依赖于一些关键文献和“创立之父”，并且这两者——实际上是所有基础主义——都采用了一些普遍的、与环境无关的标准。在此，纳尔逊认识到了“政治学”这个表达式中所存在的固有矛盾。如果存在一门名为政治学的科学，那么它就必须依赖于一些政治观点，而这些观点并不是从任何特殊事件中产生的，而是产生于对政治的抽象的和普遍的感觉，就像物理学家对物质的感觉一样。另一方面，如果我们把政治看作它在现实中所实际表现的那样，那么我们的“政治学”概念就需要一种不同的解释其自身的方式。

通过引用维柯的名言“各种学说必定开始于它们所研究的事物的起点”，纳尔逊实际上是在用政治学替代修辞学；与此同时，他把哲学与政治学相等同了：“认识论就是修辞学，就是政治学。”(Nelson，1987a：268)这是对16世纪彼得勒斯·雷默斯(Petrus Ramus，[1549] 1986)的著作所进行的一次异常明显且似乎可信的颠覆。彼得勒斯·雷默斯将统治了西方近两千年的修辞概念分裂成两部分，即哲学的精神系统和被称为修辞的起修饰作用的物质系统，而修辞概念则是一种能够产生知识的力量，它所回答的是整个人类灵魂的问题。必须先有思想，然后才有表达——在这方面，哲学是执牛耳的话语。纳尔逊是在传统意义上理解修辞的，认为发明是观念(认识)的源泉，诉诸情感是权力(政治)的源泉。他坚信所有学科语言都具有隐喻的本质。

众所周知，我们有关根据、基础、领域、根源、分支、空间、地点、论断、保证、支持、建构、解构、疑问、问题、立场、关联、转向以及严格地说所有关于论证的学术性话语，就像魔术师装满各种物件的魔术箱。各种双关语、形象、符号、联想、倒置和无数其他方法似乎永远不会停止，直到我们开口说话或开始写作为止。那时我们就忘了，即使学者们也在所难免，实际情况就是这样。(Nelson，1998：135)忘记语言是一个难题，而在政治学中这将导致各种政治问题。

颇具讽刺意味的是，对这种压制语言和比喻意识的基础主义的批判可能会造成相伴而生的开放性，这种开放性中的自我意识和反省能力会使得该共同体无法行动。纳尔逊对此持反对意见：

> 对基础主义的哲学批评似乎会使各种共同体或对话的目的免遭剥夺，但它们就是要期待这些没有边界的共同体和无目的的对话。相反，修辞学家必须认识到人自身的局限性导致其不能进行自由选择，因为这种局限排除了全面的关注和参与。若没有实质性的目的，我们所得到的就只能是“开放性社会”和“继续对话”这些含混不清的概念。(Nelson，1987a：266)

换句话说，我们不能全部了解我们需要了解的世界上各种政治行为的结果，这种现实使我们更有必要去设想各种明确的目标，并努力去实现。局限性是一个能动的概念。

纳尔逊认为，政治和认识论的基础是一些可以创造神话的基本原则。这样，政治学持续不断的实践，只要断言它是在该学科传统之内起作用的，就是一种神话。但是纳尔逊争辩说，这些传统在每一种意义上都带有政治性，都是由政治修辞创造出来的。因此，反基础主义的修辞研究学者应当将视线转向各种各样的反映该领域的现实实践的叙述、传言和学问。(Nelson，1987b：199—200) 在这场辩论中还有一种伦理关怀，因而纳尔逊必须面对根据国家共同体的观点而摧毁政治基础所导致的各种结果，国家共同体把自身既看作伦理上受制于那些基本概念，也是由那些概念所造成的。他承认，人们不愿意听到他们那些政治的或学术的基础被称作是修辞的，更不要说是神话了。这会对他们的身份提出质疑，并会对背叛了文明的虚无主义和野蛮行径提出指控。(Nelson，1987a：281) 面对这一问题，纳尔逊提出对这些基础的社会需求要持一种谨慎态度，同时他却试图将对政治的研究（作为论证）作为认识论的基础。

模型即故事

从传统观点看，经济学是一门有关人类交往最正式和最抽象的学科。它处于各门社会科学的边缘，试图归属于别的学科。根据迪尔德丽·麦克洛斯基（Deirdre McCloskey）的说法，经济学家希望达到一种纯科学的境界，一种能够精确地加以计算的模型世界，其中不管是论证还是讲故事都不妨碍对原理的证明。麦克洛斯基将经济学家从事的活动称为现代主义。

麦克洛斯基将经济学中的现代主义既与美学联系起来，也同关于“分离的感性”的心理学联系起来，这种现代主义所遇到的语言是谁也不讲的语言，其艺术形式是不表现现实的艺术形式，其经济模型是与世界无关的经济模型。然而，这类模型却是一些隐喻，经济学家在麦克洛斯基看来就是创作它们的诗人。隐喻和讲故事是经济学家尚未认可的工具，但由于经济学家找不到其作品的源头，他们就不得不讲一些蹩脚的故事。“未经批判的故事没有存在的价值。”（McCloskey，1985：vi）现代主义的问题在于其片面性；它拒绝关注人类心灵的大多数领域，而又过细地考察了其中的一小部分。在这里，麦克洛斯基是从修辞学观点来看人类心灵的，这一观点源于亚里士多德的主张，即说服有三种方式——逻各斯、性格和情感。（McCloskey，1990：para 1356a）经济学的性格就是经济学家的性格，他们像现代诗人一样，非常清楚地知道论证中的模糊性是要付出代价的。（McCloskey，1990：57）正是由于以统计意义为借口而过度地关注逻各斯，使得大多数现代主义经济学不讲伦理，不关注性格和本质。（McCloskey，1996：59）任何计算的重要性都必定来自于该系统自身以外，但由于计算成本降低，人们作为精于计算的经济主体，就会运用更多的计算，结果导致对模拟和模型的过分依赖，以及政策制定中的华而不实。

尽管物理学家早在17世纪就放弃了说故事而偏爱模型，叙述却依然是现代主义者进行推理活动的重要力量，即使这并未得到认可。经济学家喜爱“那些未曾预见的结果、戏剧性的结局，这种乐趣是经济学家与其他社会科学家所共有的”（McCloskey，1990：15）。经济学家所讲述的故事与弗拉迪米尔·普洛普（Vladimir Propp）在20世纪20年代所研究的俄国民间故事在结构上同出一辙。（Propp，［1928］1968）普洛普的研究表明，大多数民间故事都是根据一组很少的功能而构成的。当然，民间故事的功能与经济论证的功能相比要简单得多。尽管普洛普理论的形态学具有像禁止、节制、释放这样一些功能，经济学家对事物的描述却是使用进入市场、退出市场、价格确定、购买、销售、估价等术语。（McCloskey，1990：24）他们喜欢诉诸“隐藏于其中”的神奇力量。作为故事，经济学论文是对同样的批判策略的回应，如同任何文学叙述一样；麦克洛斯基阅读像保罗·萨缪尔森（Paul Samuelson）或亚里山大·格申克朗（Alexander Gershenkron）这样的经济学家的著作，就像文学批评家阅读亨利·詹姆斯的作品一样。（McCloskey，1985：69—72；1996：ch. 3）关键是故事及其结构无处不在——既在讲堂里，也在篝火旁。

麦克洛斯基希望通过强调社会是决定性的力量而重新定义经济学，并将其确定无疑地带回社会科学。“科学是修辞，是人类的论辩，由此可以一直论证下去……”（McCloskey，1990：8）她所面临的问题是：“那又怎么样?”而她的回答又创造了另外一个故事，即这种或那种专业技能可以带来幸福和更好的生活。与此同时，她加入到布朗和纳尔逊的行列，并预言在社会科学的修辞和诗学方面，不断增加的感性能带来比较明显的利益。实际上，麦克洛斯基在其分析中加入了性别维度，即把男性经济学家比作“沙盒中的男孩”，正在用他们的模型做游戏。当其以女性特有的挖苦讽刺态度直面那些自以为是的黑板经济学的确定性时，麦克洛斯基总是不断强调“有利可图的预测是不可能的”——这是她称之为美国问题的另一个版本：“如果你很聪明，为什么你不富有?”（McCloskey，1996：102）这时，其代价就是从反修辞立场的优越性里退却，这是另一种意义上的（关于人类局限性的）谦虚感（正如约翰·纳尔逊——即麦克洛斯基在爱荷华大学时的同事——所说的那样）。“另见文学批评”是对社会科学及其自负的警告。

全部用比喻

就社会科学的美学维度而言，其形式和结果得到最充分发展的图画，通常对人类事件和结构作了最现实和最少使用图表的描述——这就是历史。如上所述，这种历史再现的美学方面是19世纪末为获得认知的可解释性和学科地位而出现的运动所带来的不幸后果。维柯或米舍莱（Michelet）传统的历史编写方法被兰柯（Ranke）的专业化方法所取代。历史的诗性特征对其表现真相的能力提出了挑战。同时，在历史话语的文学形式方面的创新，在这种专业化进入那时占统治地位的小说流派即所谓现实主义小说的现实主义假定中时，就戛然而止了。（White，1978：43）以后的文学发展，尽管对这种再现手段提出了挑战，并强化了这种手段，同时也使记忆和意识出现了问题（例如，像现代主义作家沃尔夫和普鲁斯特的著作），却没有在学术领域的历史学家中找到任何模仿者。更有可能的是，这些历史学家对埃德蒙德·莫里斯（Edmund Morris）在其总统传记的新作中创造的虚构叙述角色感到害怕、不解，尽管叙述者在现代叙述学里总是一个虚拟角色。

海登·怀特（Hayden White），这位为将历史带回到美学和道德科学领域而进行了不懈努力的人，在其《历史的重负》（1966）一书中提出，在关于过去如何定性、证据如何确定以及什么样的基础数据应不予考虑等形式创新方面，主要应该由以学术为业的历史系以外的著作家来完成，譬如受过心理分析训练的福柯、艺术史学家 E. H. 冈布里奇（E. H. Gombrich）、心理分析批评家诺曼·O·布朗（Norman O. Brown），或者是科学史学家托马斯·库恩。历史学家一方面抵制叙述的创造性形式，另一方面又试图贬低叙述在历史中的地位，并将其引向更加数学化的社会科学领域。怀特坚持认为，学者们所制造的那种历史越来越成为重负，因而历史的复兴只能来自该领域之外。然而，首先需要对这些历史著作作出正式描述。

在《元历史：19 世纪欧洲的历史想象》一书中，怀特作了这种描述。怀特对历史著作的诗学阐述是以图示来表现的，以使其自身摆在桌面上。他注意到编写情节的四种模式（浪漫式、悲剧式、戏剧式、讽刺式）都发源于诺斯罗普·弗赖伊（Northrop Frye），论证的四种模式（形式主义、机械论、有机论、背景论）都来自于斯蒂芬·佩珀（Stephen Pepper），意识形态的四种模式（无政府主义、激进主义、保守主义、自由主义）则来自卡尔·曼海姆，用比喻修辞来组织部分和整体的四种方式（隐喻、转喻、提喻、讽喻）则来自维柯。正是最后这种理论框架，即比喻论，受到的关注最多，受到的批评和反对也最多。怀特使用乔姆斯基（Chomsky）的术语，把这些比喻视为思想的“深层结构”，并试图把比喻作为绝大多数话语特征的基础。这些比喻被描述成各种可能的方式，意识可以这些方式将难以把握的复杂体验加以整理，这样便使它们成为可分析和可说明的东西。（White，1973：36）换句话说，比喻是思想的预示，在其框架之内思想才是可能的。

隐喻相当于是以总体来对应于总体，它允许由一种形式来表现世界上
250 被认为有一大类对应物的另一种形式。米舍莱和卡莱尔（Carlyle）表达了这种本质上具有浪漫色彩的对世界的把握，它在形式主义中找到了合适的哲学表现。转喻将这些整体还原为由某一部分所统领的、由各部分所构成的总体，这种总体以机械方式代表着它们全体，其意义相当于，譬如，物质和力是牛顿宇宙学的术语。这种比喻已经成为受人欢迎的科学的说明模式，它们使诸如马克思或巴克尔（Buckle）这样期望达到科学地位的思想家可以诉诸历史进程的规律。提喻，即第三种形式的比喻，通过放置某种能以体现其内在精神为手段而将整体相统一的客体，从而掌握了某种给定整体的本质，创造了有机生命的意义。弗里德里希·兰柯（Friedrich

Ranke）是一位坚持提喻模式的历史学家，他将国家作为喻体，从而将所有人类活动线索连接在生命力这一剧目中。他不同于，譬如，马克思仅仅立足于意识形态基础之上，他还立足于比喻的基础之上。马克思所诉诸的经济结构从转喻上讲产生的是规律，而不是戏剧的情节。但是，马克思主义者有关事物过程的意义有一种不可逆转的悲剧性，因为外部力量通常使事物得以产生。另一方面，兰柯认为，国家毋庸说应完成其内在的使命，从目的论上说这归根结底又是喜剧性的。

上述三种比喻——隐喻、转喻、提喻——都有一个共同点：每一种比喻都以某种可信的确定性而发挥作用，因此世界可通过它所提供的策略来理解。采用这种或那种比喻就意味着对事物获得正确的理解。然而，第四种比喻——讽喻——却存在是否对事物得到正确理解的持久怀疑。一方面，它导致对某些方法强烈的自我意识，根据这些方法，所有的表象都是错误表象。正如维柯有可能会说的那样，我们恰恰因为对世界的错误理解而认识了这个世俗世界（并且正是在这一点上我们要保持清醒）。但是，讽喻也造成某种认知的绝望，从而会拒斥任何能唤起行动的肯定想法。正是怀特在大多数学术史中所发现的这种讽喻的绝望，平衡着以下两种拒斥：一是拒斥以文学想象模式来认识过去，另一个是相应地拒斥把有关过去的科学的意识形态当作政治行为的指导思想。因为这种讽喻的绝望把所有语言都看作是一个问题，因而任何特定的一方都可以运用讽喻来攻击对手。

但是，作为世界观的基础，讽喻试图解构实在的政治行动之可能性中的所有信念。在其对人类状况本质上是愚蠢和荒谬的理解中，它倾向于在文明自身的"疯狂性"中形成信念，并对那些试图要么以科学方式，要么以艺术方式来把握社会现实之本质的人，持有一种官僚式的傲慢态度。（White，1973：8）

怀特在《元历史》一书中试图阐明这种"关于人的科学"，正像这位法国人所说，这是一种超越了讽喻的方法论缺失的方法，它重新专注于那些由艺术而实现的人类存在方面。如果讽喻是这一问题存在的征兆，那么它也是其解决方法的一部分，因为怀特将讽喻理解为最重要的辩证比喻方法。并且辩证法，作为像黑格尔、马克思、尼采和克罗齐（Croce）这样伟大的历史学理论家明确的思维框架，只不过是关于话语的比喻本质的正式意识，以及关于它在对实在进行编码的不同方法之间徘徊倾向的正式意识。（White，1973：428；1978：4） 251

讽喻，我在别处曾将其描述成“比喻学的比喻”（用以描述比喻性思维是如何变化并干扰其思虑的比喻），能使我们以动态观点来看待我们正在探究的知识。（Kellner，1989：193—251）它迫使我们将各种观点之间的冲突视为实在的一部分，而这种实在也就是这些观点的客体；这些冲突所造成的变化因而成为其起因的首要的一部分。在讽喻学者看来，任何单一的方式或方法都不确切（Rorty，1989：Part II），我们唯一能确定的就是未来的情境将会有所不同。在半个世纪之后提出大屠杀可以通过讽喻方式来理解可能有些不妥，但是长期以来大量使用的讽喻，以及继续对其进行改造的许多似乎合理的结构和说明，都需要以讽刺的眼光把这些现象看作能动的、不断发展的事件。（Novick，1999）

叙述是一种人类事件的意义在其中通过情节构造可以建立起来的形式，它是对实在进行编码的至关重要的方式。然而，怀特（White，1987：4）认为，要现实地使这种欲望与真实事件的表象相调和也是不可能的，因为真实事件从来不以故事的形式向我们表现其本身。历史话语的魅力在于，它将实在表现为某种欲望的对象，并通过某种意义性和完整性来支撑它，而这种意义性和完整性则是通过情节构造的各种形式附加于对象的。一种文化在任何时候，在对于何物可构成一个似乎可信的故事的已接受的理解中，都可获得这种情节构造。因为这种意义性和形式的清晰性在我们的生活经验中是不可能获得的，所以，尽管关于事件本身之构成的任何概念一定来自情节的需要，历史叙述情节的本质也还必须被认为是在事件自身中被“发现”的。（White，1973：20—21）如果历史说明的情节——也就是其意义——不被看作是被发现的，而是根据现在普遍认可的形式发明出来的，那么，关于历史话语的各种论断和目的将会大相径庭。因此，历史说明的真实性只与存在于这种话语背后的那些事实的编年史有关。根据怀特的观点，这种编年史没有任何真实的意义，因为只有情节构造才能提供那些在文化上得到认可的形式，这些形式对任何共同体都有意义。（White，1973：43）历史的真实性，作为与编年史的真实性相对立之物，与我们归之于文学或神话的真实性同出一辙。这就是比喻和比喻学的逻辑的真实性。

怀特首先是一个历史的阅读者，他更感兴趣的是分析历史话语，而不是为历史学家制定任何特定的课程。他尤其感兴趣的是他所说的“重要本文”，即那些能对事物提供充分发展的和具有说服力的图画的历史著作，即使有些事实细节不能确定，也不能动摇它们的地位。重要本文必须受到重视，除非有别的作品提供了关于这个共同体的历史的更有说服力的描述。因此，怀特没有对那些常规性的专题历史本文进行分析，而是密切关注像维柯和福柯这样的一大批人物。历史话语所取得的进步通常来自这些人物的经典之作。从这个意义上说，历史就像文学作品一样，对事物的不同见解即使不一致也可以同时并存，就像巴尔扎克的小说和弗吉尼亚·沃尔夫的小说都是对这个世界的正确描绘一样。历史的目的就在于体现、挑战和扩展我们通过小说来比喻现实的这种文化手段的能力。怀特欢迎这种新形式，即对历史话语的可能性模式进行尝试，而不是一味地重复这种模式的实验性工作。 252

比喻加以命名和描述的各种现象之间的关系似乎是实在的组成部分，但毋宁说，它们是心灵和经验世界用来与寻找人类事件之意义的那种被意识到的需求之间达成协议的形式。(White，1978：72) 怀特的比喻理论以作为思想的深层结构的复兴模型为基础。可是，与乔姆斯基不同，怀特不认为这些结构仿佛与基本的和普遍的大脑模式"相联系"。相反，他根据历史学家的观点，把它们看作只不过是传统的西方思想形式罢了。

尽管怀特将自己称为形式主义者，并且其大部分研究工作所使用的分析方法也是十分形式化的，但是在他所有的工作中，却有一个至关重要的并一以贯之的例外。由这种形式化传统所产生的不同历史观，在任何给定的时间都没有提供如何在它们之间进行选择的方法，尽管对负责任的社会存在来说选择是必不可少的。譬如，怀特拒绝声称托克维尔与米舍莱相比是更"科学性的"历史学家，或马克思与黑格尔相比更为"现实主义"，因为"为了得出这种判断，我就必须忽视这样的事实，即**仅就历史根据本身来说**，我没有理由更喜欢一种历史'科学'的观念，而不喜欢另一种"(White，1973：432，黑体系原文所加)。因此，正像其他社会科学一样，历史可以提供很多教训，但是却不能告诉我们如何决定哪个是正确的。这类决定永远是建立在**道德**和**美学**根据之上的，它们存在于具有解释力的共同体之中，且不说学者们的专业意见。如果该共同体具有某种理解事物的特定方式，那么采用不同进路的任何历史著作都将会失败。(White，1973：430)

怀特提出，19 世纪对使用修辞的压制具有政治性。就修辞解释了语言和权力的关系，同时又传授了语言使用的政治而言，它已不能再服务于这样一些人的目的：这些人想使突然涌现的大批有阅读和写作能力的人成为信息的接受者，而不是其（擅长修辞的）读者。与此同时，修辞已远非只是通向政治权力的途径了。作为自我意识的分析系统，修辞已证明所有话语在每一种层面上都是比喻，从最基本的声音差异到话语的最大结构都是如此，因而修辞可能会将所有的知识导入误解境地，这将会由于经常使社会科学在每一转折关头相对化而动摇所有社会科学的根基。

对怀特的分析值得进行补充的是，他所描述的阶级政治学——其中修
253 辞意识的消失将会导致话语的消费者缺乏掌握语言的可能性以及重塑展现在他们面前的世界的工具——也是一种策略，社会科学就是运用这种策略通过一定方法来加强控制的。方法论课程是通向社会科学的最普遍的入口，它通常会使那些将自己定位为专业工作者的学者产生焦虑：社会学家对人类现象世界的观察必定会有别于历史学家，历史学家看待世界的方式则不同于政治学家，而他们两者观察世界的方式又都必定会有别于语言理论家。

那又怎么样?

我们必须认识到麦克洛斯基警告我们要注意的那种类型的故事。如果我们留心的话，我们就会发现在这样的故事里，专家提供给我们的信息会使我们感到温暖和高兴。然而很难想象这样一种情节，即任何学术努力会在没有利益承诺的前提下把目标定在将专业引向一个不同的方向上。对我在前面描述的这些立场所作出的反对意见具有一些可预见的形式："消灭过去"、虚无主义、相对主义。其他人会怀疑对表象的这种新的关注是否会顾及"对过去的真实体验，在这种体验中，仍可断言过去并不依赖于历史著作"（Ankersmit，1994：194）。书架上的"另见文学批评"这种建议似乎会产生一些不良影响，而且对它的反驳通常会激起已有数千年古老历史的道德争论。倘若社会科学所强调的这些实在从本质上看在每一点上都是由语言和话语的作用所构成的，那么，需要回答的是，在何种基础上我们能坚持任何原则，或我们可致力于任何一项事业？所有这些反应都假定在社会共同体以外的某个地方，可以用某种方式来证明信念的正当性，而这种方式对任何特定的共同体，甚至是学者共同体的有争议的规范来说都不是相对的。这种社会科学观要求它**不是**社会性的，并假定我们持有各种意见并参与公众活动，因为我们已经深信哲学的和经验的真理，并且不是因为我们在某一个群体中被社会化了。然而，正如理查德·罗蒂所指出的

那样，一旦我们接受了这种语言学转向，我们就会在我们一向拥有的同一基础上作出道德决定，因为我们不可能是我们已经所是的那个样子。(Rorty，1987：48—50)

对于本章所描述的这项事业来说，一个更加有趣的反应就是询问这项事业的目的到底是什么。倘若消除了现代主义、实证主义所坚持的作为基础的社会科学，或者使其变得敏感和谦虚，那么，你会对它进行改进还是用别的规范来替代它？并且人们可以从什么立场来这样做？本章所讨论的所有理论家都来自于他们的研究领域。这并不是叙述学家和修辞诡辩家的入侵问题，但是，从他们那里所借鉴来的分析工具到底有什么引人之处？毕竟，就像斯坦利·费希（Stanley Fish）所指出的那样： 254

> 文学批评不是存在于智慧中，而是存在于韵律学、叙述结构、双重三重以及四重意义、晦涩的暗示、明显的离散中的统一、表面上统一中的离散、颠倒、集中、镜像、暗藏的论点、高潮、结局、风格记录、角色之中。这个列表没有止境，但是并不包括军备控制或城市管理或修建桥梁或司法专业知识或无数其他事情，尽管其中有很多能成为批评家作为“话题”或“主题”来研究的本文。(Fish，1995：90)

如果是这样，为什么文学和修辞研究这么引人注目呢？

当终于能够证明历史本文是比喻性的预示或计量经济学家是在编造故事之时，文学和修辞领域所滋生的这些话语的恰当性就会提出这样的问题：如何使人相信？毕竟，诚如迪尔德丽·麦克洛斯基所说：“在学者生涯的大多数领域，心灵变化的典型数字是零。”(McCloskey，1990：50)对这个问题有几种可能的回答，其中有我们可称之为库恩式的和弗洛伊德主义的回答。库恩指出，对科学范式提出挑战的多是外行和年轻人。他显然赞同麦克洛斯基关于学者思想变化的评论。然而，这一理论并不能说明麦克洛斯基本人，也不能说明怀特、布朗、纳尔逊以及其他很多学者的观点。我们更应该考虑的是那些受人文科学压制的东西重新出现的可能性。正如弗洛伊德曾经指出的那样，这一“压制的重现”到底会变成什么样还不完全清楚。当然，理查德·拉纳姆（Richard Lanham）的观点认为我们只是回到西方正常的关于事物的认识框架，即那种直到“牛顿时代”一直占主导地位的对生活的修辞理想，描述了一种难以想象的“里卡索”(ricorso)，不管它可能会多么有暗示性。(Lanham，1993：195）无论如何，若果真出现，它将会成为文化变迁的一部分，远比这里所描述的学科兴趣要广泛得多。

本章行将结束，但并不会宣称一种新的社会科学即将诞生，或者旧的学科——实证主义、基础主义、现代主义——已经被或应该被反方法论的后现代主义所取代。我不相信这一点。我认为，已经发生并将继续发展的是在各学科内部的论证将更加复杂。真理的标准并不会消失，但会在不同的语境包括美学语境里获得不同的认知。（Fish，1989：480）正如罗蒂所说，“主题变换”可能会逐渐出现，因而对作为学术的社会科学话语的其他方面感兴趣似乎是非常正常的。在几年前看来很边缘的研究项目将会看上去十分正规，因为它们建立在相似的项目之上。最后，任何学科都很难因为在散文和社会现实世界与诗歌和幻想世界的分界中站到浪漫主义一边而赢得认可和尊重。我认为，像专业知识和科学效应在过去所自然带来的
255 尊重已经更难获得。人们对任何事情都不再盲目地相信，需要加以说服，并用理性来论证。关于其要点的所有问题，包括任何社会科学的应用和影响，都必须考虑其产物的想象、比喻和说服力。然而，这些论证的意义即力量最终将来自这些学科的外部，来自公共的劝说领域，来自社会。

参考文献

Ankersmit，Frank 1994：*History and Tropology*：*The Rise and Fall of Metaphor*. Berkeley：University of California Press.

Aristotle 1991：*On Rhetoric*：*A Theory of Civic Discourse*，trans. G. Kennedy. New York：Oxford University Press.

Bazerman，Charles 1987：Codifying the social scientific style：The *APA Publication Manual* as a behaviorist rhetoric. In D. McClosky，A. Megill，and J. Nelson（eds.），*The Rhetoric of the Human Sciences*：*Language and Argument in Scholarship and Public Affairs*. Madison：University of Wisconsin Press，125－144.

Brown，Richard Harvey 1977：*A Poetic for Sociology*：*Toward a Logic of Discovery for the Human Sciences*. Cambridge，UK and New York：Cambridge University Press.

Brown，Richard Harvey 1987：*Society as Text*：*Essays on Rhetoric*，*Reason*，*and Reality*. Chicago：University of Chicago Press.

Brown，Richard Harvey 1989：*Social Science as Civic Discourse Essay on the Invention*，*Legitimation*，*and Uses of Social Theory*. Chicago：University of Chicago Press.

Brown，Richard Harvey 1995：*Postmodern Representations*：*Truth*，*Power*，*and Mimesis in the Human Sciences and Public Culture*. Urbana：University of Illinois

Press.

Fish, Stanley 1989: *Doing What Comes Naturally: Change, Rhetoric, and the Practice of Theory in Literary and Legal Studies*. Durham, NC: Duke University Press.

Fish, Stanley 1995: *Professional Correctness: Literary Studies and Political Change*. New York: Oxford University Press.

Kellner, Hans 1989: *Language and Historical Representation: Getting the Story Crooked*. Madison: University of Wisconsin Press.

Lanham, Richard 1993: The *Electronic Word: Democracy, Technology, and the Arts*. Chicago: University of Chicago Press.

McCloskey, Deirdre 1985: *The Rhetoric of Economics*. Madison: University of Wisconsin Press.

McCloskey, Deirdre 1990: *If You're So Smart: the Narrative of Economic Expertise*. Chicago: University of Chicago Press.

McCloskey, Deirdre 1996: *The Vices of Economists—The Virtues of the Bourgeoisie*. Amsterdam: Amsterdam University Press.

Nelson, John S. 1987a: *The Rhetorical Turn: Invention and Persuasion in the Conduct of Inquiry*. Chicago: University of Chicago Press.

Nelson, John S. 1987b: Stories of science and politics: Some rhetorics of political research. In D. McCloskey, A. Megill, and J. Nelson (eds), *The Rhetoric of the Human Sciences: Language and Argument in Scholarship and Public Affairs*. Madison: University of Wisconsin Press, 198—220.

Nelson, John S. 1998: *Tropes of Politics: Science, Theory, Rhetoric, Action*. Madison: University of Wisconsin Press.

Novick, Peter 1999: *The Holocaust in American Life*. New York: Houghton Mifflin.

Poovey, Mary 1998: *A History of the Modern Fact: Problems of Knowledge in the Sciences of Wealth and Society*. Chicago: The University of Chicago Press.

Propp, Vladimir Iakovlevich [1928] 1968: *Morphology of the Folktale*, 2nd rev. edn., trans. Laurence Scott, ed. Louis A. Wagner. Austin, TX: University of Texas Press.

Ramus, Petrus [1549] 1986: *Arguments in Rhetoric against Quintilian*, trans. Carole Newlands. DeKalb, IL: Northern Illinois University Press.

Reiss, Timothy 1982: *The Discourse of Modernism*. Ithaca, NY: Cornell University Press.

Rorty, Richard 1987: Science as solidarity. In John S. Nelson, Allan Megill, and Donald N. McCloskey (eds.), *The Rhetoric of the Human Sciences: Language and Argument in Scholarship and Public Affairs*. Madison: University of Wisconsin Press,

38—52.

Rorty, Richard 1989: *Contingence, Irony, and Solidarity*. Cambridge, UK: Cambridge University Press.

Spiegelman, Art 1986: *Maus: A Survivor's Tale*. New York: Pantheon.

Vico, Giambattista [1975] 1984: *The New Science of Giambattista Vico*, 3rd edn., trans. Thomas Goddard Bergin and Max Harold Fisch. Ithaca, NY: Cornell University Press.

White, Hayden 1966: The burden of history. *History and Theory* 5 (2), 111—134. Reprinted in White 1978, *Tropics of Discourse*. Baltimore, MD: The Johns Hopkins University Press, 27—50.

White, Hayden 1973: *Metahistory: The Historical Imagination in Nineteenth-Century Europe*. Baltimore, MD: The Johns Hopkins University Press.

White, Hayden 1978: *Tropics of Discourse*. Baltimore, MD: The Johns Hopkins University Press.

White, Hayden 1987: *The Content of the Form*. Baltimore, MD: The Johns Hopkins University Press.

White, Hayden 1997: The suppression of rhetoric in the nineteenth century. In Brenda Deen Schildgen (ed.), *The Rhetoric Canon*. Detroit, MI: Wayne State University
257 Press, 21—31.

第11章　进化说明的承继：社会科学中的达尔文因素[1]

林恩·汉金森·纳尔逊（Lynn Hankinson Nelson）

进化论所讲的适应是一个特殊且麻烦的概念。

——威廉斯（Williams，1966：vii）

方法论特例

在我的大多数讨论中所进行的论证是：心理学和社会科学中提出的所谓进化论解释，如“进化的心理学”和“认知人类学”，并不是货真价实的科学。人们无法作出进化论解释的根源在于社会科学家所使用的方法。我要强调的是其中存在的两个败笔，其根源可以追溯到社会科学家所使用的方法。第一，那些使用“回溯工程”而非历史方法来引出关于他们所提出的人类心理学之特性的“进化论”解释的人，总是不能排除其他解释。因此，他们就无法合理地论证这些特征就是**适应**。第二，常见的推理方法认为，人类行为的所谓“普遍性”的发现构成某些天生心理机能的证据，而这种天生性就构成适应的显而易见的情形。这种方法论假定存在着某些众所周知的问题，对此我随后再谈。但是，要在其基础上造成这种适应情形，最低要求是要证明所假定的这种心理特征——认知“机能”或“预先倾向”——能**引导**而不是仅仅能**适应**行为的某个方面。我认为，上述理论的支持者们总是不能确立这种强有力的论断。结果，认知心理学最终只不过是为这里所考察的研究贡献了一些有关“认知模型”和“预先倾向”的概念而已，而进化论生物学只不过是贡献了一些有关自然选择和适应的概念而已。 258

这里有几点需要依次说明。首先，我所提出的论点很少是新颖的。许多论点依托于对相关研究项目中最显而易见和最有影响力的进化论心理学的批判，而且它们也是二十多年前对人类社会生物学批判的突出特色。令人遗憾的是，近来的资料中经常出现的话题证实了这些论点需要重新进行论述。

其次，虽然我对这些研究项目的目前状态与未来前景表示怀疑，我还是个达尔文主义者，用奎因在其他情况下所说的话来说，一个人在头脑清醒的情况下允许他是个达尔文主义者。但是，有人可能会认为，人类行为和人类心理学的这些方面来源于进化了的能力，并坚持认为，社会科学家们没有**成功地**为这些能力作出进化论的解释——而且在他们所使用的现有方法的前提下，他们也是不可能做到这一点的。（参见 Dupre，1998；Richardson，2001）换句话说，我的批判针对的是这些研究项目中所使用的种种方法和提出的种种假定的**证据保证**。我所作的批判并不像这些项目的倡导者们经常所说的那样，是因为我对人类有着幼稚的想法，或是害怕如果固执地调查人类特征将会发现人类特征中一些令人不悦的真相（这么说也未免太滑稽了吧，在这方面根本没有什么可怕的），或者是因为我反对任何形式的还原论。[2]

一般来说，这些项目都假定某种特定的概念整合模式，生物学根据这种模式来解释心理学，心理学根据这种模式来解释文化。更为具体地说，有人认为，进化论心理学为连接社会学和社会科学提供了一种“中间因果论”：“这些心理学机制一方面来源于选择压力论，另一方面充分实现了对他者的社会文化行为。”（Cosmides et al.，1992：6）但是，这样解析的概念整合当然不是定义社会性的行为科学与生物性的自然科学之关系的唯一方法。我们可以这样认为，各种科学所研究的对象的复杂性不同，因此可以把它们看作是处于梯子的不同梯级上的某物。我们还可以认为，假定物理学处在这架梯子的“底部”，那么往上流动便有各种制约因素。也就是说，经济周期与社会制度受制于物理学规律；人类的生物学属性决定我们不会飞，即使可以证明飞的欲望是人类心理的内在特性；进化过程不仅对人类的生物学作出了贡献，也对人类的心理和行为的某些方面作出了贡献。我们还可以认为，对于那些具有不确定身份标准的对象来说，有一种“较低水平”的描述——这种假设（如，认为“观念”或“信念”具有某种物理状态的假设）支持或同意我们现在对这些对象的责任。我们甚至可以坚持认为，这类假设并不只是我们所知道的科学预设，而且是科学发展到如今的种种**结果**。所有这些都与每一层次上都存在独特的因果关系的观点是相容的，因而是对继续包含在其中的东西的充分说明。

(Nelson and Nelson，2000b；参照 Dawkins，1989；Dennett，1995；Dupre，1998）此外，就这里所论述的观点而言，我们所考虑的研究并没有实现进化论生物学的真正整合。 259

我在这里所提出的批评也不是由那些头脑简单或粗俗不堪的进化论心理学家经常归于他们的评论者的那些“政治”考虑所驱动的。[3]但是，他们确实对那些坚持“价值中立”和没有政治立场的进化论心理学家为其假定所提出的论断，以及对那些他们试图侵占的进化生物学和人类社会生物学的论断提出了挑战。我也提出一种菲力蒲·基奇尔（Philip Kitcher）在几年前所提出的一个论点[4]，它坚持认为，我们有正当理由提出最严格的论据标准来证明那些假设人类心理的种种“内在”特性的假定，这只是**因为**这些论断通常具有重要的社会意义和（或）道德意义。[5]

那些严格而有正当理由的标准，以及对“新的”研究项目或理论的接受，都可以从经验结果之外找到正当根据。[6]这类根据是在作为竞争对手的研究项目或理论已被证明不成立，或科学发展存在某种已被认识到的需求时所获得的。但是，即使在这种情况下（而且这两种情况目前是否会出现尚不清楚）[7]，我们也需要追问这种新项目是否**有发展前景**。最起码，这需要根据与之紧密相关且成功的理论对其核心方法论假定、所要研究的问题和假设作出评估。所考察的这些研究项目声称**运用**了进化论生物学，并且由此而对人类的心理和行为提供了**进化论**的解释。因此，对进化生物学的核心原则和已经被接受的方法作出评价是恰当的。随后几部分的观点是，当我们在这样做时，这些项目的发展前景不佳。

最后，我要试图说明，在进化论心理学中，我们当中那些反对这个研究项目具有生命力的人被不恰当地描述为“扼杀一个新的研究项目”[8]。人们将会看到，这个研究项目中提出的许多假定是有关人类生物学各种假设的陈词滥调，在某些情况下也是有关此前出现的社会达尔文主义的各种假设的陈词滥调，进化论心理学家只是简单地从认知科学中给这些陈词滥调嫁接了一些专业概念而已。[9]

随后两部分则试图简要说明，要举出似乎可信的案例——更不用说要证明——以说明某种特性或能力是一种适应，会遇到某些有意义的难题；同时还要说明，运用历史方法去证明人类心理的某些特性是由适应造成的，会遇到某些严重的障碍。第四部分试图说明这些论证和其他依赖进化论心理学之方法的论证一样，无法为适应作出证明。第五部分则致力于分析亲代投资论。这一理论是进化论心理学家解释有关交配与抚育的所谓进化的预先倾向的主要依据。对理查德·道金斯（Richard Dawkins）关于非对称的性别作用所提出的论证进行分析表明，即使是进化论生物学提出的
260 高深理论——实际上这种理论不能适用于有关人类行为的思想——都会受到有关社会文化的和具有价值负荷的种种假定的深刻影响。在第六部分中，我援引认知人类学的一个假定来探究要证明某一特定的认知机能或预先倾向会引导人类行为都需要哪些因素，并试图表明，根据这个假定及其他一些假定无法作出这种证明。在结论部分，我坚持对那些提出具有社会意义的假定的科学家有一种特殊要求，这种要求在任何意义上都没有违反传统上（即使是有问题的）认为的科学与政治的界限。在这些例证中，我们应该要求科学家们坚持并执行最高的认识论标准。

适　应

对进化论的解释有多种形式，究其原因，一部分是因为我们知道影响进化方向和结果的有多种进程和力量。[10]自然选择，即在环境和/或繁殖问题上比同类的近亲具有某些优势的生物之所以具有不同的生存能力，是一种进化机能，一种能“选择”某些特性（和某些人所说的基因）的过程。[11]一些而不是全部进化论理论家把性别选择看成是选择有利于成功交配和/或抚育而不是生存特性的一种突出的机能。尽管选择机制，诸如基因漂变、突变和迁移以及发育中的制约之类的力量，无助于决定可以获得哪些基因型和表现型。对于这些众多过程的相关意义，包括对传统上归之于自然选择及其结果意义上的适应的异常重要性，还存在着种种异议。但是由于下面将要详细探究的种种原因，最可靠的观点是，并不是所有特性都是选择出来的——也就是说，有些特性在适应的意义上是中立的，有一些是“搭便车而产生的”，而有一些则是自然选择或性别选择之外的其他过程所产生的结果。只有被选择的特性才属于适应。[12]

这样理解的适应，正如G.C.威廉斯（G.C.Williams）所说的那样，是“一个特殊且麻烦的概念”（Williams，1966：vii）。威廉斯部分地是回应把这个概念不恰当地应用于那些仅仅表明只对适应性有益的特性之上的做法。（Williams，1966：vii）坚持这种区分的论证很普遍，并且来源于达尔文。埃利奥特·索伯（Elliot Sober）认为，一种特性当且仅当是“选择出来的”，且具有代表性时，才是适应（Sober，1993）。这正是理查德·伯

里安（Richard Burian）所批评的有些人口基因学家所作的假设，这种假设认为与更强的适应性相关联就足以证明一种特性是适应。（Burian，1992）[13]

这就指出了为什么适应是一个麻烦概念的第二个原因：**要证明一种既定的特性或能力是适应，要求排除其他同样可行的解释**。正如前面所提到过的那样，一种特性或能力可能是选择和/或适应意义上中立的生物过程的结果。此外，也像达尔文所认识到的那样，当前的功能可能会反映转化，且其自身不能确立最初的功能或因果历史。（Darwin，1859）最后，正如戴维·丹尼特（David Dennett）所指出的那样，当所谈论的“特性”是一类表现出一定程度的行为灵活性的物种所展示出来的某种适应行为或能力时，同样合理的解释当中应包括发现“被迫的一步”或“巧妙伎俩”——至少在人类方面，应包括文化遗传、共同发现和信息传播。（Dennett，1995）[14]

考虑到这些问题，通常就会形成这样一种看法，即要对某种给定的特性或能力是一种适应作出某种似乎可信的例证，且不说对其加以证明，就要求懂得历史并会运用历史。譬如，索伯强调说“适应是一个历史概念”（Sober，1993：84）。伯里安和欧内斯特·迈耶（Ernst Mayr）则认为，正是因为与更强的适应性有关联不能表明一种特性的历史渊源，因而并不足以证明适应。（Burian，1992：11；Mayr，1983；参见 Brandon，1978）由此就产生了第三个难题。由于在后面还要加以详细探讨的诸种原因，排除其他解释或要确定导致某一特性或能力的因果进程所需要的那些历史信息**通常是很难获得的**——有时只是因为选择会“覆盖自己的踪迹……破坏其活动以之为基础的变异”（Sober，1993：69）。

我们还会有理由回到目前为止所概括的大多数论点。在此我要指出它们的一般含义：**要对适应作出解释是一项极其艰难的任务。**

历史对适应的说明所起的作用

为了概述进化论理论家所认同的关于适应的解释的种种进路，我以罗伯特·理查森（Robert Richardson）在《没有历史的进化：对进化心理学的批判性反思》（2001）中的阐释作为依据。正如其书名所表明的那样，理查森坚持认为，缺乏对人类智力和语言产生条件的必要的历史知识，不仅使进化论心理学家提出的对人类智力和语言的具体解释难以成立，而且也危及该学科的存在理由。理查森的论点很有说服力，并且很明显能应用于其他社会科学家所提出的所谓进化解释上来。但我引用这些论点只是为了适当的目的。它们说明了前一部分所提到的种种难题，尤其是那些与人类的特有特征的进化论解释相关的难题。我援引这些论点也是要表明，尽管其论断相反，进化论心理学家并未运用历史方法来得出人类心理学特性的“进化论”解释。[15]

在关于适应的解释中，最直接的历史进路运用了人口基因学。在引用
262 了罗伯特·布兰顿（Robert Brandon）提出的相似列表后，理查森提出了关于适应的这种“理想上完美的”解释应当满足的标准。（参照 Brandon，1990）这种解释将会包括人口基因学中有关选择强度和祖传特性变异的信息，有关某特性在同种生物中的差异是遗传的证据，有关那些影响进化速度之因素的信息（如人口数量和结构、变异速度和基因流），以及关于该特性是原始的还是衍生的信息。这种解释中还应包括该历史环境（社会环境、物质环境等）中一个或多个因素的知识，正是这个或这些因素使得该特性从适应性上看具有了意义。（Richardson，2001：334—336）

理查森把这些标准当作理想状态下对适应的完美解释应满足的标准，而不是我们可要求所有这类解释所要满足的标准。首先，运用人口基因学资料的解释在涉及微观进化的情形中要比在宏观进化情形中更为可行。但即使在前一情况下，它们也很难获得。譬如，可以考虑那些涉及简单分子的案例。正如理查森所说：“要想区别选择的效果与漂变简直是太难了，而在复杂分子存在的情况下，会更加困难。”（Richardson，2001：336；参照 Lewontin，1974）理查森认为，在人类智力和语言方面，人们根本没有且以后也不会有用人口基因学得出的关于适应的解释所需要的历史信息。

> 关于选择的强度或变异的性质，我们没有任何信息。我们充其量掌握了少量有关生态条件和与其相关的社会条件的知识。遗传率也不为人知。我们不知道祖先的结构，祖先的相关特征也不为人所知。而这些信息恰恰表明，通过使用人口基因学资料，某种既定的进化之变化是自然选择的结果，而不是其他某些过程的结果。（Richardson，2001：336；参照 Richardson，1996）

必不可少的信息将会获得，对于这种可能性，理查森持悲观主义论调。人们不必以假定这些信息现在不能获得而赞同理查森的悲观主义。为

解释他的结论，他说，“我们必须另辟蹊径来捍卫”社会科学家提出的所谓进化论解释。(Richardson，2001)

“比较法”是关于适应解释的一种较为直接的历史方法。它是把一种特性与在系统发育上相关物种的特性相比较，并且在与祖传特性的关联中来确定这一特性是否表达了某种优势，是否起源于其现有功能与之有关联的家族。理查森指出，运用比较法得出关于适应的解释同样要求其具体的历史信息。

> 这种方法提出一些严格要求：我们需要一些与分类单元、进化信息、有关环境特点方面的信息，所考察的这种家族特征和几种分类单元特性的相对适应性有关的比较数据。(Richardson，2001：345)

理查森提到了运用比较法得出有关人类智力或语言的适应解释工作所遇到的巨大困难。这些困难有：在四个人科种类中，有三个种类之间的关系仍不清楚；不止一个系统发育得到了不同程度的认同；人们还不知道，语言使用是不是只是人类所特有的或是人科家族中普遍存在的；脑量越来越大似乎是人类家族发展的趋势，并且化石记录也很少提供有关人脑结构上的差异和人类智力功能差异的信息；几种人科物种的生态环境极不相同也排除了有关脑颅会不断增大的论断。(Richardson，2001，357－359) 因此，理查森总结说，“这完全不是可用于比较分析的理想案例”(Richardson，2001：359)。所考察的这些特性也许是人类或其祖先特有的，而且这些特性与历史生态环境的关系也不清楚。

因此，我们应该审视一下社会科学家在构造进化论解释时都使用了哪些方法。我想先考察一下进化论心理学。

进化论心理学中的回溯工程法

> 进化论对于社会科学家就像雕像对于鸟儿一样：一种排泄没有消化好的观念的方便场所。(Jones，1999/2000：xxvii)

进化论心理学家对基本的进化论观点是很清楚的，即使不如其他社会科学家强，至少也和他们旗鼓相当。进化论心理学家声称，他们能证明他们所提出的人类心理学特征就是适应，并且他们能够把这种观点同那些认为这些特征目前就是适应的观点区别开来。他们还认识到，且不说要作出证明，即使要对适应作出一种似乎可信而合理的例证都需要历史。最后，他们声称他们拥有并使用了必需的历史信息。在一本由该领域杰出的专家编著的文集《适应的心灵》(*The Adapted Mind*；Cosmides et al.，1992)的导论中，这些观点都得到了引用，并认为这些观点在这个研究项目的前提中占有中心地位。[16]

在这一部分里，我先不谈进化论心理学家是否给他们提出来的“进化心理机能”作出了哪怕是有一点点道理的论证。在此，我主要谈谈得出他们所援引的“历史”的那种推理的性质，这种推理被他们用来确定祖先们所面临的特定“适应问题”，被他们用来预测根据“已知的适应问题”而选择的特定“心理机制”。我认为，在每一种情况下，回溯工程法都是他们所使用的主要方法。由于使用这种方法得出关于适应的种种解释既有其支持者，也有其批评者，我先总结一下各方所持的观点。然后我再探讨一些能够证明进化论心理学家未能达到这一方法的支持者所提出的标准案例，并用图示说明这一方法的批评者所提到的一些纰漏。

就其性质来说，回溯工程法是一种非历史的解释方法，其出发点是假设一种现象是某种建立或“设计”过程的结果（也即是说，它是最一般意义上的人造物），人们可据此推断“为什么”它会这样，或者“为什么”它会成为这个样子。当它应用于与历史无关的进化论时——譬如，当它被用来解释一种特性在目前的适应性时——是毫无争议的。但是，倘若用它来形成关于适应的解释时——也就是说，当使用现在的特性或能力去推断种种历史条件和因果进程时——它就很有争议了。[17]

包括丹尼特在内的一些人坚持认为，回溯工程法不仅是恰当的，而且是关于适应的解释所不可缺少的，因为生物学就是工程，并且自然选择的运作就是研发。因此，丹尼特认为：“关于生物学的工程视角不仅在某些场合偶尔有用，不仅是一种有价值的选择，而且是所有达尔文思想的义务组织者及其力量的主要来源。”(Dennett，1985：185；参照 Pinker，1994；Pinker and Bloom，1992）这一方法的批评者在丹尼特看来是由“对它可能产生的东西有某种误置的恐惧感”所激发起来的。(Dennett，1985：185）丹尼特在此提到的“误置的恐惧感”会发生误导，因为对使用这一方法持批评态度的人，其担心并不止于此。但是他确实回击了他们的指责从而捍卫了这个方法：这个指责是，如果从某一给定特性是适应这种假设出发，就会助长斯蒂文·杰伊·古尔德（Steven Jay Gould）和理查德·卢旺廷（Richard Lewontin）所说的“情况就是如此理论”（Gould and Lewontin，1979）。丹尼特认为，批评这一方法的人“是在反对某种惰性：那些坚持适应论的人在对某种特定环境为何应占主导地位作出一种确实不错的解释后，就再也不愿劳神去检验它了——因为这种解释或许是太好了，因而不可能不是真的”（Dennett，1995：242）。

> ［但是］未来的回溯工程师们应遵循一些好的法则……（1）在进行其他低层次的解释（比如物理学）时，不要使用适应；（2）当一个特征是某种一般进化要求的结果时，不要使用适应；（3）当一个特征是另一种适应的副产品时，不要使用适应。（Dennett，1995：247）

这使我们想起，丹尼特坚持认为，当所要解释的现象是“那些不愚蠢的物种”所展示出来的行为或能力时，尤其是需要排除诸如“巧妙的伎俩”这种发现之类的同样切实可靠的解释时，还有一些其他要求。此外，就人类而言，丹尼特同意古尔德和理查德·道金斯（二者的共同点并不多）的说法，即要满足更多的条件。因为丹尼特作出这样一种说明：“生物圈的其他部分**说明了**根据自然选择所作的说明——明显的有用性、显而易见的价值、不可否认的设计合理性——这种考虑正好说明对人类行为**不需要**任何这类解释。”（1995：487－488，黑体为原文所加；参照 Gould，1980；Dawkins，1989）要对具有这些优点的特性或能力就是适应作出合理的证明，需要排除对某种巧妙伎俩、信息传播和诸如此类之物的共同发现。 265

那些对回溯工程法持批评态度的人则把矛头指向丹尼特没有谈到（或谈得不恰当）的其他问题。这些问题有：如果假定适应普遍存在，就有可能使自然选择的假定成为循环论证；若认为某一特性是适应，那么这些解释并**不能**排除其他解释；以及若把某些条件说成是先验的或后验的，从而把某一特性看作是“最佳的”或有适应性的，在很大程度上这是“对理论家独创力的检验……”（Lewontin，1984：242；参照 Maynard Smith，1984）[18]第二个和第三个批评与这里所谈的话题密切相关。正如丹尼特所说，一种关于适应的解释得到检验，并不足以克服这些批评。正如他自己的观点所表明的那样，一种假定的证明部分地是与之对立的那些假定的功能，而不只是它的可检验性或可证实性。

且让我来澄清一下我对回溯工程法的立场，这种立场使我的讨论保持平衡。倘若我们把自然选择理解为某种构造、分类和剔除的有规则的进程——我认为道金斯和丹尼特这样描述它是很正确的——那么，尽管由此而得出的解释并不如通过历史方法所得到的解释更牢靠，回溯工程法对于得出关于适应的解释来说也不失为一种恰当的方法。但是，所有这样的解释都必须受解释力准则的约束，因为解释的对象部分地决定着那些需要排除的可供替代的解释。在物理特性和能力上，其他解释包括功能的转化、适应的副产品、变异、迁移，等等。在人类心理特征上，其他切实可信的解释就更多了。

现在应该说明影响进化论心理学的几种观点了。首先是进化论心理学家提出的所谓“更新世生活方式”问题。他们认为，许多认知机能和预先倾向是在这种生活方式下被选择出来的。进一步的研究显示，关于这段“历史”的一般框架，是对祖先们面临的各种条件和选择压力的重构，关于这些条件和选择压力的观点是在20世纪五六十年代由“猎人”理论家第一次提出来的，他们认为正是这些条件和选择压力导致人类的智力和语言得以产生。这些观点后来得到人类社会心理学家的捍卫和扩展。[19]根据这一理论，相关的祖先群落是那些“生活在更新世捕猎-采集人”，而正是这种“捕猎适应”提供了推动大脑变大、变复杂以及语言和社会组织得以产生的选择性压力。

这并不是要强调在此有兴趣的捕猎（尽管有人英勇地试图恢复捕猎生活，捕猎仍然是有争议的，即使捕猎在很大程度上还没有完全被人们抛弃），而是要强调对“更新世的生命”的说明，这些说明是人类学家所提出来的，进化论心理学家进一步假定和发展了这些说明。在解读化石和人造物品时，以及在对祖先的行为和社会组织形式作出推断时，这一理论的构建在很大程度上依照的是当时流行的有关当代捕猎采集者的人种论研究和当时流行的一些有关非人类灵长目物种所展示的社会行为的说明。简言之，它们依赖的是回溯工程法，即利用对这些当代部落的行为说明来推断相关的祖先群落的情况。

如前所述，我们并不能确定“那种”祖先群落“及其”人类特有的特性和能力出现于其中的生态环境，等等。实际上，尽管进化论心理学家的解释假定人类的认知能力相对而言是突现的，在进化理论中并没有对如下问题达成共识，即：人类的认知能力是逐渐出现的还是突现的；是出现得比那些文物所提示的更早，还是在某些环境变化时所激发出来的，而以前一直处于隐性状态。即使没有这些考虑（并且尽管人们还不知道去读一读进化论心理学家作出的关于“更新世生活方式”的大多数说明[20]），由此而出现的历史一直以来而且直到现在还是有争议的。它的核心特征在20

世纪 70 年代和 80 年代受到实质性的批评，批评的根据正是回溯工程法的批评者所引述的那些理由。人类学家和生物学家已经证明，通过确定那些有可能一直在独特的人类特性的出现过程中蕴含的各种可能的选择压力，并不足以证明对猎捕的强调。他们还证明，并没有足够的证据支持有关更新世的猎捕-采集者的社会组织重建理论，包括关于传统的按照性别和统治权等级进行劳动分工的种种假设，其理由是，他们发现其他模式与通过文物和化石方法所提供的现有证据同样是符合的。与批评这一理论的灵长目动物学家一样，他们也指出，我们的祖先群落既不是由当时的猎捕—采集者也不是由非人类的灵长目物种构成的。[21]

对这种重建论的其他批评还包括这样一些，即认为关于当代猎捕-采集者群体行为的人种学说明有种族优越论和男子中心论之嫌，而男子中心论就是他们所诉求的原始行为模式的特点。同样，这里值得提一下 20 世纪 90 年代出现的考古学和古生物学中的一些评论。这些评论对有关化石和文物的传统解释提出挑战，并对有关史前社会生活的假定提出挑战，原因是它们不能从现有的证据得到证实，并且经常是男子中心论的。[22]因为在这些争论中不必偏袒任何一方的人会承认，进化论心理学家以之为根据的那种历史是有争议的，并且远比他们通常所承认的争议更大。

接下来我谈谈进化论心理学所提出的一些特殊假定，这些假定是它们依赖回溯工程法的典型表现。第一个假定是由大卫·M·巴斯（David M. Buss）等人提出来的。这一假定认为，妇女具有一种由进化心理机能赋予她们的更喜欢有经济实力或潜能之男子的倾向。（Buss，1999；参照 Symons，1979）正如我在后面还会探讨的那样，进化论心理学家经常援引“亲代投资论”来预测不同性别对交配和抚育的预先倾向。他们还预言说，建立在他们声称已经认识到的东西之上的不同性别的认知机制，是我们的祖先所面临的适应问题，这种认识反过来部分地建立在有关当代捕猎-采集群体的研究之上。这种方法是《适应的心灵》一书的编者所提出的两种方法之一。[23]

> 通过把古生物学和关于猎捕-采集人的研究材料与从进化生物学中得出的原则相结合，人们就能发展出一种任务分析法，这种分析法能够界定所要解决的适应信息处理问题的性质……人们一旦理解了这种问题的性质，就能作出一些特定的、经验上可以检验的假定，即关于通过进化而解决的信息处理机制之结构的假定。（Cosmides et al.，1992：11）

卡斯米德斯（Cosmides）等人坚持认为，因为这种方法得出了可以检验的假定，“它就不会受到通常出现的（但经常是愚蠢的）关于‘在此之后即因此之故’的指责”（1992：11）。也就是说，**预测**一种认知机能和**检验**这种预测的能力，被认为能够保证所讨论的这种假定不是“情况就是如此”论。但是，两者都不能保证所讨论的这个假定满足了“解释力”的标准，也就是说，比与之相对立的种种解释更切实可信，或可以由所获得的证据来证明。最后，使用这种方法来确定适应问题的研究者再次依赖于某种“历史”，包括有关化石和文物的古生物学和考古学假定，而这种历史本身在很大程度上是回溯工程法的产物。

巴斯针对妇女婚配偏好假定所进行的论证之一，在这几个方面具有代表性，而且对其他方面也有指导意义。[24]它的代表性体现在，巴斯认为，对这种偏好的预测来源于我们对更新世的女性面临的适应问题的认识。那时的女性需要确认一个能为她们及其后代投入的男性，因为那时的既定情况是，男性根据他们拥有的资源而有所不同，女性则要背负频繁生育、哺育婴儿和照料孩子的重担，因此单靠采集是不能养活她们自己及其后代的。（1999：77）这个“适应问题”是通过对当代猎人和采集者群体进行人种学研究而确认下来的。（1999：79－80，110－111）最后，巴斯指出，无数跨文化研究证明，当代妇女是具有偏好拥有资源的男性这种进化心理机制的女性之“后代”，她们又把这种机制继承下来。

巴斯的论点是有指导意义的，诚然，这是因为这个有关交配和抚育的“适应问题”仅仅构成那些影响全面适应问题中的一个子部分。[25]但是，进化论心理学家，像他们之前的人类社会生物学家一样，过多地去寻找和/或解释对交配和抚育策略的所谓有性别差异的倾向。[26]此外，他们在这个领域所提出的许多假定，包括我们现在正在讨论的这个假定，是人类社会生物学的主要内容。其中的“新”内容就是进化论心理学家从认知学中借鉴并嫁接到所讨论的这些假定上的“进化心理机制”（和倾向）概念。最后，在任何其他领域中，进化论心理学家对于回溯工程法或由回溯工程法所引发的问题的依赖都不会比这里更明显。这一点我在下面会进行探讨。

268

为了进行论证，我们姑且承认巴斯对当代狩猎人和采集者的说明。我们也暂时把他的一种明显的循环推理方式放在一边：他用**当代的**狩猎人/采集者来确定**祖先的**问题，并在此基础上进行所谓的**预测**，即预测**当代**妇女将会继承祖先的那些特定的心理机制。把这些观点暂时搁在一边将会使我们集中考虑一个更加严肃和普遍的问题，这个问题与运用回溯工程法所造成的关于适应的解释有关。确认一个有财力的配偶是我们的女性祖先所面临的一个适应问题——能够证明这个假设的**证据**的性质是什么？答案不能是巴斯在当代妇女中进行并引述的那种所谓女性偏好的跨文化调查。这些调查据称是要**检验一个预测，而这个预测则源于对历史适应问题的先验的确认**。难道这个适应问题能从当代狩猎人和采集者的行为中得到吗？再有，尽管这要求我们假定观察这些群体类似于时间旅行，我们姑且承认这些群体能使我们看到我们的进化史，并且虽然对此仍有争议，我们姑且也承认这些群体具有巴斯所说的那些行为。我们姑且进一步承认前面提到的历史适应问题的案例成立。那么，我们需要拷问：认为以某种心理机制形式而出现的**适应**是其**解决办法**，其根据是什么？毕竟，对于这种偏好有一种明显合理的解释：在男性控制着即使不是全部文化资源也是绝大多数资源的既定条件下，这种偏好即使不是丹尼特所说“被迫的一招”，也是非常合理的。实际上，学习达尔文进化论入门课程的新生一分钟左右就能发现这一选择。所有这些都表明，如果这里的推理不是彻头彻尾以假定作为论据来辩论，实际上也差不多。要接受这一解释，我们就必须**从一开始**就假定适应**正是**其解决办法。然而这个假定并没有得到确证，尽管实际上这正是要加以检验和确认的。

从进化论的角度看，一种更为可信的假定是莱达·卡斯米德斯和约翰·托比（John Tooby）提出的假定，即人类有一种内在的发现骗子的认知机制。（Cosmides and Tooby，1992）[27]卡斯米德斯和托比建议用这一机制来解释受试主体明显地共同具有能解决发现骗子这种逻辑问题，同样他们也能解决以抽象数学形式出现的同一难题。他们认为，这种机制应当被选择出来，因为它对维持社会契约的益处是显而易见的。他们对回溯工程法的依赖是显而易见的；这种心理机能是从逻辑推理的不连贯中推出来的，而且它所要解决的“适应问题”是从前面讨论过的处于更新世时期的生命重建中推出的。这种方法论走向是《适应的心灵》一书的编者把其描述为进化论心理学之核心的第二种方法。

> 研究者可以从已知的心理现象入手来探究其适应功能。如有可能，可以把它放在猎捕-采集人的生活和已知的选择压力中去考虑……尽力去理解它的适应功能是什么——为什么选择出这种设计而不是其他设计。（Cosmides et al.，1992：10）

出于下文将会探究的原因，正是逻辑推理中不连贯性的共性对进化解释的考察提供了保障。这是因为，这一现象如果被认为是“不合理的”，它就有可能被认为会落入弗朗西斯·克里克（Francis Crick）所称的“冰冻事件”范畴，和丹尼特在援引键盘排列时所称的“标准打字机键盘”现象——这些现象现在的不适应在起源上具有历史原因，并且在这种情况下，具有进化方面的原因。关于心理学和行为的“合理”方面，存在着太多切实可信的解释。

无论如何，卡斯米德斯和托比的假定存在着通过回溯工程法得出关于适应的解释时容易出现的一般性问题：对于这种现象有许多同样合理的解释。这些解释包括：人类在解决数学形式的逻辑难题上没有在解决现实应用情境中的逻辑难题上灵活，人类不善于解决不熟悉情况下的逻辑难题；人类有一种数学恐惧感，等等。实际上这里有一个更深层次的问题。除非我们认为人类的认知能力是能制造“完美”人造物（自然选择当然不是这种人造物）这一过程的产物，那么，在基本的逻辑进程中所涉及并通常需要克服的出错性无论如何不需要特别的适应解释。最后，就像任何学习基础进化论的学生所知道的那样，自然选择的两个基本要求是变异和遗传，然而他们对这二者都没有以案例来说明。

个案分析：亲代投资论

> 演绎论证是非常不可靠的，那些似乎“能够站得住脚”的东西有可能被某种为人所忽视的细节推翻。(Dennett，1995：49)

作为一种进化机制，性别选择的地位尚需进一步探究，并且在进化生物学上仍有争议。如同达尔文一样，有些人把性别选择看作是区别于自然选择的进化机制（例如，Dawkins，1989）；另一些人则把性别选择视为一种有用的思考方式，认为它可以思考最终作为自然选择之子范畴的那些过程（例如，Bateman，1948）；而有些人则坚持认为，即使它是一种独特的机制，其作用也“微乎其微”(Mayr，1972)。

意见分歧远非到此为止。阿尔弗雷德·卢瑟尔·沃雷斯（Alfred Rus-
270 sel Wallace）对性别选择的反对意见之一是关于“女性选择”的概念，这种性别选择与性别内选择共同构成了达尔文所界定的性别选择。正如近期关于相关文献的调查所表明的那样，关于性别之间的选择仍然存在着异议。（Spencer and Master，1992）一些异议关涉交配选择证明的方法论难题。批评家认为，许多声称探究雌性选择的实验和实地研究并没有成功地消除其他解释。（例如，Lambert et al.，1982）举一个例子来说，人们长期以来认为繁殖期聚集求偶物种的雌性愿意与处于这些求偶群中心的雄性交配，因为这样的雄性是“优越的”。帕特里奇和哈利迪（Partridge and Halliday，1984）则提出另外一种解释，认为繁殖期聚集求偶物种的中心区域给交配期间的食肉动物更多的保护。对诉诸性别内选择的解释所作的一般性批评人们并不陌生；但批评家认为，在大多数情况下，其他解释并没有引起人们注意，也没有被排除。

在这种情况下，对亲代投资理论进行广泛分析就显得奇怪了。这种理论是一组假定，它的支持者声称，这些假定源于性别选择。但是亲代投资理论明显地具有进化论心理学的成分，而且这一理论及其在这一学科中所使用的方法解释了目前所知的所有问题。由回溯工程法所得出的循环推理成为这一理论的论据及其用途的标志。尽管这一理论在过去三十年间受到了致命的批评，进化论心理学家却把它看作是得到广泛确认的进化生物学中的“主流”理论。最后，即使是道金斯提出的有关这一理论的最复杂的阐述（下文会有讨论）也深深打上了关于性别的社会文化假定的印记。下面我简要地综述一下它的历史。

亲代投资理论可以追根溯源到1948年遗传学家安格斯·约翰·贝特曼（Angus John Bateman）在果蝇身上做的大约64项实验。贝特曼认为，他发现的雄性生殖成功中一个更大的变异是有重要意义的，并由此得出“雌雄性别特性中几乎普遍存在的二分法……雄性的性渴望是没有差别的，而雌性的被动性则是有差别的”，包括人类中的男女也是如此。（1948：365）

在有关人类社会生物学的第二篇经常被引述的文章中，R. L. 特里弗斯（R. L. Trivers，1972）提出了现在所说的“亲代投资论”。由于把贝特曼的论文作为其“主要参考文献”，特里弗斯提出“亲代投资”这一概念能解释贝特曼的研究结果。他认为，配子的二形论本身就要求精子比卵子要“廉价”，而且因为雌性在后代身上的投资通常会延伸到怀孕或哺乳动物的孵卵和抚育上等，雌性的投资要比雄性的投资更重要。这种投资差异解释了贝特曼发现的哺育潜能上的不对称，并预见了传统上所“观察到的”生殖策略差异（雄性的“没有差别”和雌性的“害羞忸怩”）。

就像进化论心理学家所乐于指出的那样，亲代投资论是有预见性的，因此，他们认为这一理论可以免受先验推理或特设性理论的指责。现在我来简要谈谈这一理论在预见性上的成功问题。但是，应该清楚的是，刚才所概括的论点依赖于回溯工程法——贝特曼的论点依赖于果蝇实验的结果，特里弗斯的论点来源于由“亲代理论”概念所补充的结果。

进化论心理学家在很大程度上依赖于亲代投资论来得出那些能预测性别差异的适应问题和倾向的假定。前面所考察的假定，即雌性的进化具有偏好那些有可能给她提供良好物质保障的雄性的倾向，只是声称遵循亲代投资论的诸多假定中的一个。[28]据推测，雄性具有能保证父亲身份的行为（包括强迫行为）倾向，具有比雌性更强的估量未来配偶生育繁殖力的倾向，以及具有使他们认识到繁殖的认知机能倾向，等等。[29]当这些推测是有关这些“倾向”和“进化了的心理机能”概念的补充时，这些推测确实遵循着特里弗斯的假定。但是，就像进化论心理学家所假定的那种更新世生活的重构一样，特里弗斯的假定也遭到诸多实质性的批评，其中大多数批评是由其他生物学家所提出来的。只要稍微概述一下这些观点，就足以表明这一理论缺乏进化论心理学家所声称的那些条件。

特里弗斯关于精子相对廉价的核心假定在几个方面受到了挑战。这些挑战包括：其一，雄性只为雌性生产的一个卵子而生产出数百万精子，而且在许多物种中，要成功受精就需要精子的大量生产。其二，在一些物种中，精子的大量生产与其寿命较短有关。其三，许多物种的雄性会在生产精子的同时产生大量分泌物。[30]因此，批评家认为，关于亲代投资，更为准确的比较需要参照繁殖所需要的最低射精次数和一个卵子的成本。（例如，Lanier et al.，1975；Dewsbury，1982；Tang-Martinez，2000）

实地研究也没有证实该理论的预测。再有，列举反例的文献也有很多。1986 年桑德拉·赫迪（Sandra Hrdy）发表了一篇内容广泛的调查文章，其中详细考察了关于“害羞的雌性”假定的一些反例，这些反例证明，许多物种的雌性寻求交配的次数都要多于一两次，包括它们在非排卵期间和/或怀孕期间。（Hrdy，1986）[31]对鸟类、海洋生物、豹和一些非人灵长动物的实地研究表明，雌性并不是一夫一妻制的，在 1986 年发表的一篇翔实的调查中列举了对于害羞雌性假想的诸多反例。（Hrdy，1986）实际上，当时桑德拉·赫迪就声称，人们提出了“不止六个不同的模式来解释雌性如何会从与不同的雄性交配中受益”去解释 1975 年关于一妻多夫交配的报道。（1986：127）这些模式是根据早在 1975 年就有的关于一妻多夫制交配行为的诸多报道而提出的。简言之，针对亲代投资论所预测的“害羞雌性”假定有大量的反例报道。最后，这一假定似乎完全与进化论心理学家和其他人认为的“精子竞争”——性别选择的第三种类型，据称能根据一妻多夫行为来选择保证当上父亲的特性——的论点不相宜。

特里弗斯和这一理论的其他支持者还运用对后代的差别投资来论证这种性别兴趣（针对普通大众而出版的文献中俏皮地称之为“性别战争”）存在着内在的矛盾，即：雄性天生就乐于尽可能多地进行交配，而雌性则天生愿意与能够给予她们及其后代持久扶持的某一个配偶进行交配。但是，批评家认为，即使有性繁殖是有性繁殖物种求爱时期的主要功能，两性之间的内在冲突也是相当值得怀疑的。（例如，Tang-Martinez，2000）正如斯宾塞和马斯特（1992）所说：“雌雄之间的交往系统受强烈的稳定选择所支配。”因此，“非同寻常的或麻烦的个体”（暗指那些所谓“害羞的雌性”）明显处于劣势，因为要么她们更有可能遭到拒绝，要么她们更有可能拒绝合适的配偶。（1992：301）

最后，批评家们指出一些应用这一理论的循环论证的明显案例。在大家熟知的一个例子中，特里弗斯指出，在粪蝇中，“第一个跳到新来的母蝇身上的粪蝇就会与它交配”。但是，在这一例子中，雌性没有进行选择并不必然地会对亲代投资论提出挑战。特里弗斯论证说，这可能是“第一只粪蝇确立它健全的繁殖能力的明显例子”（Trivers，1972：170）。正如斯宾塞和马斯特所说的那样，在这段话中“这一理论极其明显地是不可验证的；即使完全没有雌性选择，也有可能根据雌性选择来解释这一现象”（1992：296）。通过对这些例子和刚才总结的这一论点的其他方面的反思，他们得出的结论是：

> 不加批评地接受［性别选择的］普遍存在（例如，特里弗斯1972年提出的观点）对进化论并没有什么用处……**以自然选择所不偏爱的那些特征为基础，生殖成功方面的遗传变异必定在有可能明确适用性别选择之前就可表现出来**。（Spencer and Masters，1992：301；黑体为引者所加）

在此，斯宾塞和马斯特斯暗指达尔文的性别选择论点，这里重提一下他的推论是有意义的。

试回想一下，达尔文提出性别选择机制来解释他认为自然选择所不能解释的现象：即那些根据生存来看似乎不具备任何优势并且有可能对生存不利的特性。达尔文并不认为每一个特性都是选择出来的；但是他确实认为这些特性的优势需要作出某种解释（也许仅仅是为了证明它们可能是通过自然选择而进化的假定的反例）。换句话说，那些通过性别选择而得以解释的特性，倘若仅仅以自然选择为假定，似乎是不合理的。

然而，若把性别选择因素考虑进来，这些特性就不再是不合理的了。273 但是那并不意味着为了要用性别选择解释某一行为，我们所需要的就是要确立它的用途。这样只会适得其反。性别选择对于根据它而解释的特性有严格限制：它排除如下行为和特性，即由非愚蠢物种所发现的那些有可能是“巧妙伎俩”的行为或能力，以及自然选择能加以解释的特性，它只包含那些在繁殖成功方面有遗传变异证据的特性。

这样，对特里弗斯的理论便提出了许多严峻的挑战。实际上，在《自私的基因》第一版中还是该理论之支持者的道金斯，在第二版中就承认，精子比卵子廉价的假设存在很大问题。但是道金斯还是相信，“在性别作用上有一种基本的不对称”，他还用一个篇幅很长的尾注对原始文本作了注释，提出另外一种解释。(Dawkins，1989：300－301)

这值得我们深思。首先，道金斯认为，把精子和卵子分开，其本身就是一种更为基本的性别不对称的产物，这与进化论心理学家提出的性别不对称密切相关。(因此，尽管他们引用亲代投资论是过时的，道金斯的解释有可能提供进化论心理学家所需要的另一种选择。) 此外，道金斯的解释是通过回溯工程法得出的，并具有此类解释易出现的种种问题的困扰。最后，尽管道金斯的解释比我们见到的一些假定更深奥，却仍然具有很深的性别偏见印记。

接下来在评论一些重大问题时，我将完整引述他的解释。(1989：300－301) 道金斯首先向我们发问：“假设我们从没有任何雌雄特性的两性开始。我们可称它们为中性的 A 和 B。”假设 A 族和 B 族没有雌雄性别的任何特性——我们确实需要这样假设，因为道金斯给出了它们的解释——即：它们没有精子或卵子，那么，在哪种意义上这些生物是**有性别**的呢？在这一章的正文中，道金斯运用了性别的标准定义，指出“在动植物中用来标识雄性之所以为雄性、雌性之所以为雌性的基本特征”是雄性的配子较小，而且比雌性的配子要多。(1989：141) 因此，在这一点上，A 族和 B 族充其量有一些原始的性别特征。

道金斯接着说：

> 至此，任何动物，不管是 A 还是 B，都要面临平衡问题。用在与对手争斗上的时间和精力就不会用在抚育现有后代身上了。反之亦然。任何动物都需要在这两个对立的要求方面平衡它们的精力。

也许是这样的。但是其他对立的要求也同样有道理。“现在是睡觉还是吃饭?”“找个寻欢作乐者还是找个新郎?”“寻找猎物还是与同类争食物或领地呢?”或者，如果这些具有原始性别的生物（它们将渐渐地变为**动物**）有可能过于简单而没有这类选择，那么就有一个问题：“漂到这里还是那里?”当然，如果它们确实如此简单，那么与对手争斗和抚育儿女就不可能成为它们的行为选择。 274

接下来，道金斯提出这些群体“可能”会出现“不同”的可能性。

> 接下来我要说的是：A族达成的平衡会与B族的不一样，如果是这样的话，它们之间的差异就会越来越大。
>
> 为弄清这一点，假设这两性A和B从一开始就在它们通过投资于它们的后代或通过投资于争斗上而最大限度地影响它们的成功方面有所不同。(我用“争斗”来代表同性之间所有形式的直接竞争。)

那么，为什么又要假设在生物群体中有可能获得的差别是出现在这些而不是其他方面呢？为什么此时的“争斗”就限制在性的内部竞争上呢？——或者说，如果我们假设如此限定是有道理的，为什么假定它不符合所有这些生物的最大利益呢?

> 最初，性别差异可能非常小，因为我认为这一差别具有一种内在的增长倾向。
>
> 譬如，A族通过争斗为它们繁殖成功所做的贡献要比亲代行为所能达到的更大；而B族则相反，它通过亲代行为为它们繁殖成功的变异所做的贡献要比争斗稍大。这就是说，譬如，尽管A无疑从亲代抚育中得到益处，A族中的成功照管者和不成功的照管者之间的差异，要比A中成功的斗士和不成功的斗士之间的差别小。而在B族中，情况恰好相反。因此，针对某给定的努力，A族只通过争斗就可以了，而B族则更有可能把它的努力从争斗转向亲代抚育，以此受益。

我不知道究竟是否应该重视这一点，但是道金斯在这里所用的措辞有些细微差别。对A来说，争斗对它的繁殖成功比亲代行为“做的贡献更大；对B来说，亲代行为比争斗做的贡献略大一些”。A“**可以**”通过争斗“而受益”，而B则“**更有可能**”使自己受益。也许道金斯和我一样都怀疑，就那些非常简单还未进化到通过性交而繁殖的生物来说，抬高“抚育”而不是“竞争”是没有道理的。毕竟后者有可能通过更快地漂变或变异来实现。

在任何情况下，道金斯都坚持认为，如果我们承认他作为“出发点”的假设，我们就一定会得出如下解释，即性别作用和配子二形上都有一种基本的不对称。

> 因此，在后代中，A族将比它们的上一辈进行更多的争斗，而B族的争斗会少一些，然而却比它们的上一辈在抚育后代方面投入得更
> 275 多。至此，最佳的A和最差的A在争斗方面的差别会更大，而在抚育方面的差别会减少。因此，A花更多精力用在争斗上就会得到更多，而花在抚育上所得到的会比较少。B在繁衍中的经历恰恰相反。
>
> 这里的核心观念是，性别之间最初的微小差异可以自我加强：选择可以从一个最初的细微差别开始，然后将这一差别逐渐扩大，最终A就变成了我们现在所说的雄性，而B则变成了雌性。

道金斯最后说，他对于性别作用不对称的解释推翻了此类解释的一般思路。将精子和卵子分开并不能解释雌雄之间的所有“特征”。相反，由抚育受益的生物与由竞争受益的生物之间的最初差异则可对此作出解释，并可解释这类特征。

道金斯的论证在逻辑上没有任何不妥。但我认为，他的解释要么是循环论证，要么是“就是如此”，其核心假设是我们没有理由接受的。在其中所穿插的种种问题和评论反映了这两方面的担忧。尽管道金斯没有假设配子二形论，但他却假设对于一些原生生物来说，所有好的繁殖策略就是与对手争斗和进行抚育。在论证初期，他很谨慎地谈到他所说的可能性上的那种“最初的”和“细微的”差别。但是这些生殖策略上的差别很明显地反映了所要解释的问题。

道金斯还认为，由于这些生殖策略之间的联系，它们将会经历某种决定性的选择。这在所有的A族进行抚育和所有的B族进行争斗的例子上是站得住脚的。但是道金斯在同一著作中也指出，实地研究显示了生殖策略的四种结合方式，而计算机模拟表明，每一种结合都能达到稳定性。这四种方式是：雄性离开（去争斗而不是去抚育），雌性抚育；雄性抚育，雌性离开；雄性抚育，雌性抚育；雄性离开，雌性离开。在表现出“雄性离开和雌性抚育”与“雌性离开和雄性抚育”这一对结合方式和“双方都离开”和“双方都抚育”这一对结合方式的群体中也能达到稳定。（Dawkins，1989：302）但是，即使有**这些**结果，要求我们假定作为出发点的情形，即关于性和“不对称的性别作用”的观点，再次与道金斯所要解释的观点

区分不开了。我们同样有理由说，这个故事开始时所涉及的所有生物最终都会落在“父母”身上。

换一种角度考虑：道金斯的解释并没有预设它试图解释的对象。因此，我们没有任何理由假设，他所描述的假想情形——包括两组无性生物间的最初差异——具有多么重要的特征，不管这些特征多么抽象；也没有理由假设这些情形有向“竞争”和“抚育”发展的倾向。道金斯在论证中的结束语是这样说的：“最初的差异很小，甚至可以随意出现。毕竟，两种性别的起始状态不可能完全一样。”（Dawkins，1989：301）这两句分别反映了对其细节未作论证的“就是如此”说，和我已经提到的循环论证。 276

我曾经论证过，道金斯对不对称性别作用的解释与其说是对它们进行解释，不如说是对它们进行推测。这在性别差异方面是一个非常普遍的问题。[32]但是在结束这一部分之前还得谈谈一件颇具讽刺意味的事。尽管道金斯指出传统观点所讲的害羞的雌性和混杂的雄性在我们考虑人类行为时会达成一致，他还认为人类的例子和其他例子一样，在应用所包含的原则时具有诸多困难。（Dawkins，1989：164）正是在这部著作中他坚持认为：“要想理解人类的进化和现代人，我们必须从一开始就不能认为基因是我们有关进化论思想的唯一基础。”并且他引进了“文化基因”概念，以之作为“文化传播”的单位。他争辩说，文化基因概念在人类行为研究中是比基因更为合适的解释性概念。（Dawkins，1989：189－201）论述进化论心理学的出版物中充满了对社会生物学的援引，道金斯的著作也被援引，但是我认为这一论证还没有得到正确的引用。

在这一部分和前一部分我已经论证说，尽管回溯工程法是得出适应解释的恰当方法，但运用这一方法在进化论心理学和人类社会生物学中得出的解释，却不符合这一方法的倡导者所提出的标准，而且还反映出该方法的批评家所指出的一些问题。我还没有考察社会科学家和心理学家是否为他们提出的认知机制以及（或）为这些作为所谓“科学对象”的机制的“可尊敬性”作出哪怕是有一点点合理性的证明。接下来我就考察这些问题。

“适应性”行为原则与“指导性”行为原则

在［关于内在的深层语法的］所有言论中，我敢肯定没有任何愚蠢的观点。对方法和证据的认真反思并不具有治疗作用，但这种治疗

通常需要耗费时间。(Quine，1972：447)

在相关文献中通常有另一种推论，即从人类行为中的所谓“普遍性”出发，得出这样一种论点：这种普遍性构成了内在认知结构或倾向的证据，并且把这一认知特性解释为适应。人类社会生物学和进化论心理学的批评家一再指出，普遍性并不一定需要“内在性”，而“内在性”也不足以证明适应。第三种批评对“这种普遍性”本身提出挑战。他们指责说，要证明这种普遍性所要求的那种模糊性程度（即使仅仅限制在人类行为上），会产生某些作为科学对象的“客体”，至少这是令人怀疑的。(例如，
277 Dennett，1995）第四种批评对有关适应的论证提出了挑战，这种论证诉诸所谓跨越物种的普遍性，坚持同源特征和同功特征之间的明确区别。(例如，Burian，1978；Gould，1977)

我这里强调一个不被经常提到但同样重要的问题。运用这一推论方法的适应解释，其关键在于它作出了如下假定：只要确定了某种能**适应**人类行为某些方面的认知算法或倾向，就足以证明所假设的那种心理学特征可以**指导**这一行为。在进化论心理学中提出并在前面加以考察的种种解释在这方面是有代表性的，这里所考察的假定也是如此。[33]

认知人类学家斯科特·阿特兰（Scott Atran）提出，生物种族分类学的普遍特性，即在各种不同文化和整个历史上所发现的特性表明，人类有一种认知模型能有助于对动植物作出分类，并由此对动植物作出归纳推理。(Atran，1995）阿特兰的第一个论点是从普遍性中得来的。他借用了人类学研究的成果，人类学研究提出一些相关的普遍性：第一，“实际上在所有文化中，所有人类”都把生物分成“植物”和“非人类动物”两大类；第二，对一种文化生活形式组织或单元而言，不管其特定的构成如何，“这种生活形式的水平或**等级**”都会将生物按等级和相互独立的部分区分开来；第三，动物和植物都可以被看作是“自然的种类”，它们的“本质”决定了它们的形态和行为特征。(1995：206－208）为了进一步证实这些现象的内在基础，阿特兰还引用其他心理学研究中有关幼儿更关注有生命的物体，并能在一岁期间“将动物的塑料制品与其他东西的塑料制品区分开”的报告。(1995：206）阿特兰在第三条论证中提到了一项比较哥地马拉的伊扎人（Itza）和在密歇根农村长大的大学生进行种族分类的研究。这一研究发现，这两种种族分类法能以极其相似的方法将动物分类（如：猫科和犬科）或者将各个物种进行分类。这一分类方法与科学分类不一致。阿特兰运用这一研究表明，“在种族和生物分类中，至少有一些

普遍的认知因素在起作用，而它们却被科学淡化或忽略了”（1995：212）。

基于这些论证，阿特兰提出“一种内在生物物种模型”，即一种内在驱动的“研究项目”，这个项目要求人们“深化和扩展与生物相关的信息领域，将之延伸到涵盖一切生物分类上”（Atran，1995：200）。由于将对象分成“自然类”的倾向并没有延伸到无生命的或不活泼的对象上，阿特兰坚持认为，把它解释为一种适应是可信的，并指出在理解有生命的物种时它具有“获得‘自主’能力的进化优势”，同时能对它们进行归纳推理。（1995：222）

或许，阿特兰把照料婴儿期的研究看作信息传播、拟态以及诸如此类东西的排除，看作是对种族生态学中所谓普遍性的合理解释（尽管在此基础上要推断一种内在的**研究项目**似乎还差得远）。同样，阿特兰可能将种族分类学的“自然种类”特性的假设看作是将其自身导向适应解释的那种不合理的现象。最后，他所提出的内在研究项目在他提到的那些方面肯定是有优势的。但是，尽管阿特兰可能成功地证明了他所提出的内在研究项目适合于婴儿或成人行为的某些方面，他却没有证明任何此类项目会成为这种项目的指南。[34]

到此为止，我们已有可能找到一个同样非常适合于我们所谈的这种行为的其他研究项目，因为还没有例子能证明所提出的这个项目能为之作指导。[35]我们可以援引奎因在不确定性论证中的例子作为参考来说明这一问题。一个内在研究项目，若把“事件的种类”而不是“生物的种类”作为其基本的本体论范畴，在外延上是与阿特兰提出的项目相当的，这种研究项目的基本的本体论范畴是柏拉图式的形式及其具体样式。因此，没有任何证据能证实如下结论：这些“无意识的项目”之一指引着我们所谈的行为。此外，如果奎因关于参照物的不确定性的说法是正确的，那么，关于生物分类中的跨文化普遍性的论证就不能作为出发点了。根据我们或其他任何人所承诺的本体论，根本不存在什么“客观事实”（Quine，1969）。

现在，我们再回到这一部分所谈的一般论证，即试图证明所提出的认知算法或倾向不仅仅适应于人类行为的某些方面，这种需要或需求对进化论心理学家来说具有重要意义。这个研究项目的核心方法论假设是，它认为普遍的人类本质存在于“已经进化的心理机制”水平上，**而不是**存在于（所表现出来的）文化行为上。（Cosmides et al.，1992：5）当然，正如我们在前一部分中所看到的那样，如果不指出进化论心理学家在试图设计进化解释时确实借助了“表现出来的行为”，那也是不负责任的。[36]但是，即使他们声称要确认存在于心理学层次上的人类本性，这一学科的**基本原则**也要依赖于证实指导性的那种能力，而不仅仅是相容性。对任何所谓认知机制的保护，部分地是由没有任何同样适合于所讨论的这种行为的**可供替代**的算法或倾向构成的。[37]这是一个很难逾越的障碍。回溯工程法不可能仅仅通过使用“认知模型”和“适应”这类专业术语，就使进化论心理学超越这种解释上的障碍。

负责任的科学

279 进化论心理学提供了某些揭开心理机制之奥秘的工具，而这种心理界定着作为人意味着什么。(Buss，1999：411)

那些支持进化论生物学的拥护者们通常会提出一种特定的论证，以此去说明他们认为在社会科学或行为科学与生物学或自然科学之间存在的“纵向一体化”。这一论证的前提是：某些科学负载着价值，其中一些“旧的”社会科学范式如“行为主义”和“文化相对主义”被认为是最好的例子；某些科学是价值中立的，其中进化生物学被推崇为范例。因此，这种观点认为，用进化论生物学去解释人类心理学和人类行为，是社会科学实现自然科学和生物科学所具有的客观性（在价值中立的意义上说）的方法。(例如，Brown，1991；Cosmides et al.，1992)

对这一论证有两个恰当的反驳。最显而易见的是，在最近五十年出现了令人信服的证据，对传统上归之于科学的“价值中立”观点提出了挑战。认识到这一点，就要进行一项重要的工作，其中大多数是由国家科学基金会之类的组织所支持的，并涉及科学家和学者们的协作，这项工作就是探究非认知价值在科学实践中发挥作用的方式——这种作用通常是**积极的**。此外，众所周知，对于达尔文的理论核心原则是否负载价值，包括（而不只是局限于）它与经济理论明显的相同之处是否负载价值，也存有争论，并且那些有关人类的社会生物学是臭名昭著的。

与本文有关，我们已探讨了雌性进化的交配偏好假定。这个假定在进化论心理学所提出的其他观点中很有代表性，它声称要解释基奇尔(Kitcher，1985）所说的关于性的酒吧间的传统看法。最后，我们对亲代投资论的探讨表明，即使是最为深奥的理论化研究，包括并不试图证明对人类有意义的理论化研究，也会受到有关性的社会文化假定的深刻影响。

第二种反应的最佳表达或许是基奇尔在《奢望》中的描述，他在这本书中批评了人类社会生物学。他指出：**“对人类社会生物学的争论也就是对证据的争论。”**（1985：8；黑体为原文所加）但是，尽管争论各方都认同社会生物学解释的社会意义和政治意义应该与它们的证据保证分开来进行评估，基奇尔则认为，事情并非如此简单。**“假定有足够的证据”**，我们当然应该接受关于人类本性的某种假定——不管它有何种政治意义。（1985：9；黑体为原文所加）但是，究竟有多少证据才足以保证接受这样一种假定，却不能脱离它们社会的、政治的和/或伦理的意义。

> 如果一位科学家甚至整个科学界都接受了一种有关遥远的星系之来源的错误观点，或者接受了一种关于蚂蚁搜寻食物之行为的不恰当方式，或关于恐龙绝迹的一种怪异的解释，那么，这种错误将不会是灾难性的。（Kitcher，1985：9）

与此相反，基奇尔指出，倘若我们采纳了关于人的本质的某种错误假定，而这种假定负载着社会意义和/或政治意义，那么其后果则可能是非常严重的。在这种情况下，我们应该寻找比其他领域更多的证据，这不仅是合理的，也是负责任的。（1985：8—10） 280

必须注意的是，这个论点并不是要求科学家出于政治的和/或道德的原因而放弃某种研究计划或假定（尽管这有可能成为进化论心理学家发起批评的工具或口实）。这个论证的目的是号召科学家们坚持严格的认识论标准，在存在着正确或错误的社会后果或伦理后果时，以此来评价那些假定有何种证据作保证。并且虽然这个论证承认并且切实强调科学假定的社会和伦理意义，这并不是号召科学家们直接介入社会的或伦理的问题。（实际上，也没有理由认为他们有能力这么做。）这个论证是认知权威科学家应当承认的，也是他们所声称和践行的，它负载着种种道德责任。为实现这一目标，科学家们应该严格按照他们所接受的训练要求去做：要从事善的科学研究。

基奇尔的论证与这里所考察的研究项目密切相关。针对这些研究项目，所要追问的中心问题是它们在证据方面有何保障。因此，我的讨论大部分是要致力于证明，根据进化论生物学的基本原则，以及根据解释力和经验上的成功准则来判断，就所使用的方法和提出的假定来说，它们在证据上的保障还严重缺乏。

事实上，进化论心理学家提出的许多假定还具有深远的社会意义和道德意义。这些意义包括所谓对强奸现象的进化论解释（Thornhill and Thornhill，1987）；用男人的“性别嫉妒”倾向来解释家庭暴力和其他强制性行为的假设（Thornhill and Thornhill，1992；Wilson and Daly，1992）；所谓对劳动分工和不同性别的内在性情的进化论解释（Buss，1999）。这告诫我们，声称进化赋予我们这个或那个“进化机能”，并不是断言这种机能**在当前**是适应的，也完全没有消除这类意义。通过假定人类心理具有这些特征，并经常把它们说成是“确定的”，进化论心理学家和其他提出这类观点的人并不能控制他们的解释如何被他人应用（当然，我们也不希望它们是这样）。人们必定还会审查如下论断，即进化论心理学并没有假定基因决定论，并试图扭转对其潜在结果的责任和我所提出的那种论点。把进化论心理学与任何形式的生物决定论区分开来，都会破坏这一学科可能会有的基本原理。最后，基奇尔对人类社会生物学的批评表明，社会生物学对“性别角色”方面的攻击行为的解释以及其他类似解释，正如社会生物学家所说的那样，并不是什么“新的”假说。他们的行为就是借用了社会达尔文主义者首先提出的当代进化理论化研究的假想中的观点。社会达尔文主义的著名的贫困，以及社会生物学家未能给他们自己的这些假想提供任何新的证据，破坏了寻求捍卫把人类社会生物学作为“一个新的、有前景的研究项目”的观点，也破坏了要解除人类社会生物
281 学家为他们的观点所引发的社会或伦理后果承担责任的观点。如果进化论心理学家提出的许多假想只是人类社会生物学家从认知科学借用过来的观点的另一种形式的话，那么为这项研究项目辩护的这些观点也同样受到了影响。

在引述了社会生物学经验上的失败和重要的社会意义之后，基奇尔借用《伟人盖茨比》结尾处的话指出，“那些导致破坏或缩短人类生命的粗心大意是不能原谅的”（1985：10）。不能达到标准规范（如解释力），忽视相关的明显反证和/或歪曲自己引用的假定都是没有理由的。具有这类特性的科学只能是坏的科学。当得出的假定对社会政策和/或人类的自我了解和人类抱负产生了重要影响时，就像进化论心理学提出的许多假定具有这种影响一样，这类研究的不负责任程度已经令人恐惧了。

注　释

[1] 杰克·纳尔逊（Jock Nelson）和保罗·罗思（Paul Roth）为本篇论文的早期版本

提供了大量的反馈意见，罗伯特·理查森（Robert Richardson）也提供了一些有益的反馈意见。这个早期版本曾提交华盛顿大学的 STA 学术讨论会和华盛顿州大学的哲学学术讨论会。在此我向那些给我有益评论和批评的读者，尤其是加兰·阿兰（Garland Allen）、肯· 克拉特鲍（Ken Clatterbaugh）、阿瑟·法恩（Arthur Fine）、安德烈亚·伍迪（Andrea Woody）和艾莉森·怀利（Alison Wylie）表示感谢。第四部分和第六部分中有与杰克·纳尔逊合作的内容，这些也曾提交华盛顿大学的 PNP 学术讨论会。（Nelson and Nelson，2000a）再次感谢给我评论和批评的那些读者。

[2] 给巴科等人（Barkow et al.，1992）、巴斯（Buss，1999）和舒伯特（Schubert，1989）等提供稿件的人提供了一些论点，对具有这些动机中的一些动机或一个动机的评论者给出了批评。

[3] 譬如《性、权力、冲突：从进化论和女权视角看》（*Sex，Power，Conflict：Evolutionary and Feminist Perspectives*）的编者们——他们是进化论心理学家——坚持认为，要明确区分进化论心理学的目标、理由、方法和女权主义（更为准确地说，是他们所称的女权主义）的目标、理由、方法。可以预见的是，他们认为进化论心理学关注的是“事物是怎样的”，而“女权主义”关注的是“事物应当是怎样的”（Buss and Malamuth，1996：3—8）。他们没有认识到许多女权主义者对进化论心理学的批评是**科学家**，实际上是生物学家提供的，并且他们强调该学科提出的假说是缺乏**证据保证的**。

[4] 我在结论部分提到的基奇尔的论点源于他在《奢望》（*Vaulting Ambition*；*Kitcher*，1985）中对人类社会生物学的批评。

[5] 我假定对证据作了全面的叙述，据此，任何具体的假定或声明的证据，同时要包括这一假定或声明的观察后果（以及更大的理论或它置根于其中的那些理论）**和** 282
所讨论的这种假定或声明与其他已被认可的理论的关系。（Nelson，1996）

[6] 对于“新的”内容我使用了一些骇人听闻的引言，因为我随后会指出，在进化论心理学对交配和抚育策略的研究方法方面，所提出的假定都是一些人类社会生物学的陈腐假定，进化论心理学家只是在这些假定上加了一些他们从认知科学中借用的专业术语罢了。

[7] 这里，就让那些更为熟知近期社会科学文献的人们去回应下述论断吧。这些论断认为，旧的社会科学范例已经死了，并且/或把进化论生物学整合到他们的解释中，这是社会科学获得尊重的唯一方法。（参见 Brown，1991；Cosmides et al.，1992；Rosenberg，1980；Schubert，1989 等）有时，那些赞成社会科学家有其他“选择”的人所给予的说明非常有限，这可以从卡斯米德斯等人所著的《适应的心灵》（1992）第一章“标准社会科学模型”的描述中看出来。而有时，对可供选择的替代物的说明是荒诞可笑的。譬如，巴斯（Buss，1999）认为“种子理论”和“神造说”是唯一可替代用进化论方法来看待人类心理学和人类行为的理论。

[8] 我要感谢肯·克拉特鲍、阿瑟·法恩和安德烈亚·伍迪，他们给我本篇论文的早期版本作了评论，使我更加认识到有必要把这一论点说得更明白。

[9] 社会科学中的许多研究项目试图或声称要把进化论理论融入到他们对人类心理学和文化的解释中来，此外在他们设想的进化论生物学关系的性质上还存在分歧。（譬如，可比较一下 Brown，1999 和 Schubert，1989）我强调进化论心理学有几个方面的原因。无论是在学术界内部还是外部，它在这些项目中都是最明显的，并且我也承认，我没有耐心把为普通大众写的出版物一概抹杀，把它们看作是不值得认真对待的“愚蠢的错误”。这也是二十年前女权主义者对人类社会生物学所作出的批评的回应。批评家指责说，女权主义者当时只关注一个无人认真对待的坏科学案例。但是，它最接近的继承者，即进化论心理学却提出许多同样的假定——尽管这些假定中添加了从认知科学中借来的专门术语。正如我在结论部分所谈到的那样，给普通大众提出的许多假定有着重要的社会意义，因此需要科学哲学家们严肃对待。与此相关，进化论心理学的目标、研究的问题和方法论的或形而上学的假设在其他社会科学中是有影响力的。这反映在其他社会科学家描述他们的研究时使用“进化心理学”和他们援引“认知模型”和“进化了的心理机能”这些概念之中。就这里所使用的情况而言，这一用语指的是范围较窄的研究项目，但我提出的许多论点则可广泛地应用。

[10] 就像下文中将会讨论的那样，得出进化解释所使用的种种方法也不一样，因为一些方法在解释微观进化论的例子时要比解释宏观进化论的例子更可行，而且他们用的是不同种类的历史信息。

[11] 当然在“选择的单位”上有不同意见，而且还有许多论点认为，自然选择只是在生物层次上起作用，而不是在基因层次上起作用。（参见，例如，Dawkins，1979；Mayr，1988：ch. 8；Ruse，1988：ch. 4 对这些分歧作了很好的概述）我
283 强调它在特性选择中的作用，因为这是我做的这项研究的重点。

[12] 在本段中概括介绍的代表性论点有布兰顿（Brandon，1984）、伯里安（Burian，1983，1992）、古尔德和卢旺廷（Gould and Lewontin，1979）、梅纳德·史密斯（Maynard Smith，1984）、迈耶（Mayr，1983，1988）、理查森（Richardson，2001）和韦斯特-埃布拉德（West-Ebelard，1992）。

[13] 参见布兰顿（1984）、迈耶（1988）和韦斯特-埃布拉德（1992）。欧内斯特·迈耶（Ernst Mayr）指出，大多数进化生物学家现在都承认，许多表现型特性是进化进程的副产品，他们也“非常谨慎”地承认了自然选择。（Mayr，1988：136）

[14] 丹尼特用“巧妙的伎俩”来指“保护［一种生物］或极大地提高其机会的一种行为才能”（1995：77－78）；他借用下棋术语“被迫的一着棋”来指称行为中为实现“避免灾难的唯一解决办法”而采取的调整（1995：128）。

[15] 这里我避开了理查森的方法，他认为进化心理学使用了历史方法但却不成功。

[16] 卡斯米德斯等人指出：“《适应的心灵》一书的核心前提是，存在着普遍的人类特

征……这一特征主要存在于进化了的心理机能层面上，而不是存在于表现出来的文化行为层面上……其第二个前提是，这些进化出来的心理机能就是适应，它们是由自然选择在进化的时间中构建起来的……其第三个假设是，人类心灵逐步进化出来的结构已经适应于更新世的猎捕—采集者的生活方式……”（Cosmides et al.，1992：5）

［17］对这些相关问题作了很好讨论的有丹尼特（1995）、卢旺廷（1977，1978）、梅纳德·史密斯（1984）和理查森（2001）。

［18］参照杜普雷（Dupre，1998）、古尔德和卢旺廷（1979）和理查森（2001）。

［19］譬如沃什伯恩（Washburn，1961）、李和德沃尔（Lee and DeVore，1968）、威尔逊（Wilson，1978）、托比和德沃尔（Tooby and Devore，1987）。

［20］在这个意义上，巴斯（1999）是一个特例。因为他指出了我接下来会提到的辩论。但是他还争辩说，猎捕适应和“人就是猎人”的理论为语言和社会组织的进化以及进化论心理学家和人类社会生物学家描述的性别劳动分工提供了最切实的解释。

［21］本段中提到的文献很多。有代表性的批评可以从以下找到：布莱尔（Bleier，1984）、哈拉威（Haraway，1978a，1978b）以及坦纳和齐尔曼（Tanner and Zihlman，1976）。

［22］关于本段中对批评的综述参见注释［21］中提到的作品，康基和斯佩克特（Conkey and Spector，1984）和怀利（Wylie，1997）。

［23］换句话说，他们用认知科学的专业术语创造了一个“新的”因果理论，以之来连接进化论生物学和社会科学。

［24］巴斯还为这个假定提出一个基于亲代投资论的论证。在下一部分我将讨论亲代投资论。

［25］萨拉·哈迪（Sarah Hrdy）对此给出这样的解释：“［在有关性别选择论的争论方面，］就像这类辩论经常表现的那样，实在只是存在于与该辩论预先确定的平台不同的平台之上。在这种情况下，实在就是一个小时接着一个小时，有时是一个月接着一个月的存在，而性别行为甚至还不是一个问题，它们只是动物的行走、吃食、休息和打扮的时光而已。”（Hrdy，1986：124）

［26］譬如，戴维·巴拉什（David Barash）指出，社会生物学“在很大程度上依赖于雌雄差别”（Barash，1977：283）；同样，巴斯认为，“倘若选择并没有形成旨在解决由性和交配所提出的适应性问题的心理机能的话，那么进化论心理学在其打下根基之前早就‘破产了’”（Buss，1999：97）。

［27］在下文中我要探讨的是，为什么这个假定从进化的理论视角来解释更为可行，但是对这个假定还有其他一些令人信服的批评。参见，例如，福多尔（Fodor，2000）。

［28］譬如，参见巴斯（1999）、戴利和威尔逊（Daly and Wilson，1981，1983，1990）

284

和西蒙斯（Symons，1979，1992）。仅仅在《适应的心灵》（Barkow et al.，1992）一书中，十八篇文章中的十一篇都引述了特里弗斯的亲代投资理论，以其一个或多个方面去得出有关交配和/或抚育策略的假定。

[29] 参见参考书目中列出的巴斯、戴利和威尔逊、威尔逊和戴利、西蒙斯以及桑希尔（Thornhill）和桑希尔的著作。

[30] 如今流行的对精子数为何比卵子数要多许多的假定，并没有进一步说明为何雄性投资是最小的。这些假定包括精子之间相互“竞争”；精子的数目相对多反映了雌性生殖管道的“敌意”；一些物种中的雌性能延迟受精并能在多次交配之后“选择”精子。唐-马丁内斯（Tang-Martinez，2000）对挑战亲代投资理论的生物学文献作了大量调查。

[31] 参见，例如，伊顿（Eaton，1978）、哈迪（1986）、格拉斯通（Gladstone，1979）、享特（Hunter et al.，1993）、拉尼尔（Lanier et al.，1975）、史密斯（Smith，1988）、唐-马丁内斯（2000）和范·沃里斯（Van Voorhies，1992）。

[32] 譬如，巴斯（1996）援引西蒙斯（1992）而提出一项声明：“对进化论心理学家来说，在漫长的人类历史中，鉴于性别会反复遇到不同的适应性问题，因此在这个领域中，性别在心理上完全保持一致的可能性从根本上说等于零。”（1996：301）但是，诚然，性别总是遇到不同的适应性问题，这并不是由历史研究而产生的。它既不是由亲代投资理论的需要所带来的，也不仅仅是假设，因而也不是循环论证。最后，尽管巴斯将这一声明（他在引用时并未表明出处）说成是西蒙斯（1992）的，然而在本文中却没有作此陈述，虽然我们可以将其看作是暗指西蒙斯的论点。

[33] 这一部分是以纳尔逊和纳尔逊（Nelson and Nelson，2000a）提出的论点为基础的。

[34] 由于撰写这一部分的缘故，我阅读了阿特兰近年来出版的著作，其中包括了更细微和更专业的论证，并且还放弃了他早期对物种分类特别重要的认知机能的确定特征所作的一些结论。但是目前讨论的重点——证明所提出的一种认知机能适合于人类行为的某个方面，并不足以证明它就能**引导**这个方面——也适合于这部新近的著作。

[35] 在建立这个强硬的声明时会遇到诸多困难，对这些困难进行论证的经典之作是由奎因作出的，他在批评诺姆·乔姆斯基时作出了这个论证。乔姆斯基断言，内在的语言结构有利于语言的获得，并能加强语言行为。（Quine，1972）奎因指出，根据表面价值谈论语言，认为每一种已知语言都可翻译为另一种语言，并可根据参照系、约束变项、逻辑算子等诸如此类的东西来构建，这是一回事；而断言这
285 是翻译或剖析该语言的**唯一**方法（并非如此），并且进一步的分析表明，有证据显示婴儿**使用**或**偏好**一套无意识的规则，而不喜欢另一套大体与此相同的理解和产生语言成果的规则，则是另一回事。（Nelson and Nelson，2000a）奎因认为，

"在这一新教条中，并非无足轻重的是，它把对一种规则体系的无意识偏好归于土著人，而没有看到另一种同样是无意识的、广义上与之相等的规则体系"(1972：443)。

[36] 正如我们在最后一部分所看到的那样，进化论心理学家运用当代关于猎捕-采集者的研究成果来确定祖先的适应性问题；他们还援引跨文化调研成果来支持所提出的进化心理机能的假定；他们根据心理学的研究发现来构建理论，从中引出所提出的认知机能假定（例如前面讨论过的发现骗子的算法）。或许，卡斯米德斯等人（1992）会强调，他们提出的人类特性是在心理机能层面上预先阻止那些曾经迷惑了人类社会生物学家的"表现出来的文化行为"的反例。进化论心理学家还会强调，他们关注的是论证的心理机能，因而他们所要建立的是一个"真正的新学科"，而不是（像它表面上看起来的那样）人类社会生物学的一个版本。（例如，Buss：ch. 1）

[37] 约翰·杜普雷作出了相似的论证："要证明存在着［进化了的精神模型］几乎是全面的，是排除其他一切的，同时假定这种行为的证据充其量是意义不明确的，我们就应当全力尊重基因决定论（进化论心理学）这一学派，就像有思维的人尊重社会生物学那样。"（Dupre，1998：162）

参考文献

Atran，Scott 1995：Causal constraints on categories and categorical constraints on biological reasoning across cultures. In Dan Sperber，David Premack，and Ann James Premack（eds.），*Causal Cognition：A Multidisciplinary Debate*. Oxford：Clarendon Press，205－233.

Barash，David P. 1977：*Sociobiology and Behavior*. New York：Elsevier North-Holland.

Barkow，Jerome H.，Leda Cosmides，and John Tooby（eds.）1992：*The Adapted Mind：Evolutionary Psychology and the Generation of Culture*. New York and Oxford：Oxford University Press.

Bateman，Angus John 1948：Intra-sexual selection in Drosophila. *Heredity* 2，349－368.

Bleier，Ruth 1984：*Science and Gender*. Elmsford，NY：Pergamon.

Brandon，Robert N. 1978：Adaptation and evolutionary theory. *Studies in History and Philosophy of Biology* 9，181－206.

Brandon，Robert N. 1984：Adaptation and evolutionary theory. In Elliott Sober（ed.），*The Nature of Selection：Evolutionary Theory in Philosophical Focus*. Cambridge，MA：MIT Press，58－82.

Brandon, Robert N. 1990: *Adaptation and Environment*. Princeton, NJ: Princeton University Press.

Brown, Donald E. 1991: *Human Universals*. Philadelphia: Temple University Press.

Burian, Richard M. 1978: A methodological critique of sociobiology. In A. L. Caplan
286 (ed.), *The Sociobiology Debate*. New York: Harper & Row, 376—395.

Burian, Richard M. 1983: Adaptation. In Marjorie Grene (ed.), *Dimensions of Darwinism: Themes and Counterthemes in Twentieth Century Evolutionary Theory*. Cambridge, UK and New York: Cambridge University Press, 287—314.

Burian, Richard M. 1992: Adaptation: Historical perspectives. In Evelyn Fox Keller and Elisabeth A. Lloyd (eds.), *Keywords in Evolutionary Biology*. Cambridge, MA: Harvard University Press, 7—12.

Buss, David 1996: Sexual conflict: Evolutionary insights into feminism and "the battle of the sexes." In David M. Buss and Neil M. Malamuth (eds.), *Sex, Power, Conflict: Evolutionary and Feminist Perspectives*. New York and Oxford: Oxford University Press, 296—318.

Buss, David M. 1999: *Evolutionary Psychology: The New Science of the Mind*. Boston: Allyn and Bacon.

Buss, David M. and Neil M. Malamuth (eds.) 1996: *Sex, Power, Conflict: Evolutionary and Feminist Perspectives*. New York and Oxford: Oxford University Press.

Conkey, M. W. and J. D. Spector 1984: Archaeology and the study of gender. *Advances in Archaeological Method and Theory* 7, 1—38.

Cosmides, Leda and John Tooby 1992: Cognitive adaptations for social exchange. In Barkow et al. (eds.), *The Adapted Mind: Evolutionary Psychology and the Generation of Culture*. New York and Oxford: Oxford University Press, 163—228.

Cosmides, Leda, John Tooby, and Jerome H. Barkow 1992: Introduction: Evolutionary psychology and conceptual integration. In Barkow et al. (eds.), *The Adapted Mind: Evolutionary Psychology and the Generation of Culture*. New York and Oxford: Oxford University Press, 3—18.

Daly, Martin and Margo Wilson 1981: Abuse and neglect of children in evolutionary perspective. In Richard D. Alexander and Donald W. Tinkle (eds.), *Natural Selection and Social Behavior: Recent Research and New Theory*. New York: Chiron, 405—416.

Daly, Martin and Margo Wilson 1983: *Sex, Evolution and Behavior: Adaptations for Reproduction*. Boston: Willard Grant Press.

Daly, Martin and Margo Wilson 1988: *Homicide*. Hawthorne, NY: Aldine de Gruyter.

Daly，Martin and Margo Wilson 1990：Killing the competition. *Human Nature* 1，83—109.

Darwin，Charles [1859] 1975：*On The Origin of Species by Means of Natural Selection*，*or*，*the Preservation of Favored Races in the Struggle for Life*. *A Facsimile of the First Edition*，ed. Ernst Mayr. Cambridge，MA：Harvard University Press.

Dawkins，Richard 1989：*The Selfish Gene*，2nd edn. Oxford：Oxford University Press.

Dennett，D. C. 1995：*Darwin's Dangerous Idea*：*Evolution and the Meanings of Life*. New York：Simon and Schuster.

Dewsbury，D. A. 1982：Ejaculate cost and male choice. American Naturalist 119，601—610.

Dupre，John 1998：Against reductionist explanations of human behavior，Part 1. *The Aristotelian Society* Supplementary vol. LXXII：153—171.

Eaton，R. L. 1978：Why some felids copulate so much：A model for the evolution of copulation frequency. *Carnivore* 1，42—51.

Fodor，Jerry A. 2000：*The Mind Doesn't Work that Way*：*The Scope and Limits of Computational Psychology*. Cambridge，MA：MIT Press.

Gladstone，D. 1979：Promiscuity in monogamous colonial birds. *The American Naturalist* 114 (4)，545—557.

Gould，Stephen J. 1977：Biological potentiality vs. biological determinism. In Philip Appleman (ed.)，*Darwin*：*A Norton Critical Edition*. New York and London：W. W. Norton & Co.，460—465.

Gould，Stephen J. 1980：Sociobiology and the theory of natural selection. *American Association for the Advancement of Science Symposia* 35，257—269.

Gould，Stephen J. and Richard C. Lewontin 1979：The spandrels of San Marco and the Panglossian paradigm：A critique of the adaptationist programme. *Proceedings of the Royal Society* B205，581—598.

Haraway，Donna 1978a：Animal sociology and a natural economy of the body politic，Part I. *Signs* 4 (1)，21—36.

Haraway，Donna 1978b：Animal sociology and a natural economy of the body politic，Part II：A political physiology of dominance. *Signs* 4 (1)，37—60.

Hrdy，Sarah 1986：Empathy，polyandry，and the myth of the coy female. In Ruth Bleier (ed.)，*Feminist Approaches to Science*. New York：Pergamon Press，119—146.

Hunter，F. M.，M. Petrie，M. Otronen，T. Birkhead，and A. P. Moller 1993：Why do females copulate repeatedly with one male? *Trends in Ecolology and Evolution*，8，

21—26.

Jones, S. 1999/2000: *Darwin's Ghost*. The Origin of Species Updated. New York: Random House.

Keller, Evelyn Fox and Elisabeth A. Lloyd (eds.) 1992: *Keywords in Evolutionary Biology*. Cambridge, MA: Harvard University Press.

Kitcher, Philip 1985: *Vaulting Ambition*. Cambridge, MA: MIT Press.

Lambert, D. M., P. D. Kingett, and E. Slotten 1982: Intersexual selection: The problem and a discussion of the evidence. *Evolutionary Theory* 6: 67—78.

Lanier, D. L., D. Q. Estep, and D. A. Dewsbury 1975: Copulatory behaviors of golden hamsters: Effects on pregnancy. *Physiological Behavior* 15, 209—212.

Lee, Richard B. and Irven DeVore (eds.) 1968: *Man the Hunter*. Chicago: Aldine, 159—213.

Lewontin, Richard C. 1974: *The Genetic Basis of Evolutionary Change*. New York: Columbia University Press.

Lewontin, Richard C. 1977: Adaptation. In Richard Levins and Richard C. Lewontin (eds.), *The Dialectical Biologist*. Cambridge, MA: Harvard University Press, 65—84.

Lewontin, Richard C. 1978: Adaptation. *Scientific American* 239 (3), 156—69.

Lewontin, Richard C. 1984. Adaptation. In Elliott Sober (ed.), *Conceptual Issues in Evolutionary Biology: An Anthology*. Cambridge, MA and London: MIT Press, 234—251.

Lloyd, Elisabeth A. 1996: Pre-theoretical assumptions in evolutionary explanations of female sexuality. *Philosophical Studies* 69, 139—53.

Maynard Smith, J. 1984: Optimization theory in evolution. In Elliott Sober (ed.), *Conceptual Issues in Evolutionary Biology: An Anthology*. Cambridge, MA and London: MIT Press, 289—315.

Mayr, Ernst 1972: Sexual selection and natural selection. In Bernard Campbell (ed.), *Sexual Selection and the Descent of Man*. London: Heinemann, 87—104.

Mayr, Ernst 1983: How to carry out the adaptationist program. *American Naturalist* 121, 324—334.

Mayr, Ernst 1988: *Toward a New Philosophy of Biology*. Cambridge, MA and London: The Belknap Press of Harvard University.

Nelson, Lynn H. 1996: Empiricism without dogmas. In Lynn H. Nelson and Jack Nelson (eds.), *Feminism, Science, and the Philosophy of Science*. Dordrecht: Kluwer, 95—119.

Nelson, Lynn H. and Jack Nelson 2000a: *On Quine*. Belmont, CA: Wadsworth/

Thompson Learning.

Nelson, Lynn H. and Jack Nelson 2000b: Quine on reconstituting empiricism. Paper delivered at the PNP Colloquium, Washington University, September 2000.

Partridge, L. and T. Halliday 1984: Mating patterns and mate choice. In J. R. Krebs and N. B. Davis (eds.), *Behavioral Ecology: An Evolutionary Approach*, 2nd edn. Oxford: Blackwell, 222—250.

Pinker, Steven 1994: *The Language Instinct: How the Mind Creates Language*. New York: William Morrow.

Pinker, Steven and P. Bloom 1992: Natural language and natural selection. In Barkow et al. (eds.), *The Adapted Mind: Evolutionary Psychology and the Generation of Culture*. New York and Oxford: Oxford University Press, 451—493.

Quine, W. V. O. 1969: Ontological relativity. In *Ontological Relativity and Other Essays*. New York and London: Columbia University Press, 26—68.

Quine, W. V. O. 1972: Methodological reflections on current linguistic theory. In Donald Davidson and Gilbert Harmon (eds.), *Semantics of Natural Language*. Dordrecht: D. Reidel, 442—454.

Richardson, Robert 1996: The prospects for an evolutionary psychology: Human language and human reason. *Minds and Machines* 6: 541—557.

Richardson, Robert 2001: Evolution without history: Critical reflections on evolutionary psychology. In Harmon R. Holcomb (ed.) *Conceptual Changes in Evolutionary Psychology*. Dordrecht: Kluwer.

Rosenberg, Alexander 1980: *Sociobiology and the Preemption of Social Science*. Baltimore and London: The Johns Hopkins University Press.

Ruse, Michael 1988: *Philosophy of Biology Today*. Albany, NY: SUNY Press.

Schubert, Glendon 1989: *Evolutionary Politics*. Carbondale and Edwardsville, IL: Southern Illinois University Press.

Smith, S. M. 1988: Extra-pair copulations in black-capped chickadees: The role of the female. *Behaviour* 197: 15—23.

Sober, Elliott 1984a: *The Nature of Selection: Evolutionary Theory in Philosophical Focus*. Cambridge, MA: The MIT Press.

Sober, Elliott (ed.) 1984b: *Conceptual Issues in Evolutionary Biology: An Anthology*. Cambridge, MA and London: The MIT Press.

Sober, Elliott 1993: *Philosophy of Biology*. Boulder, CO and San Francisco, CA: Westview Press.

Spencer, H. G. and J. C. Masters 1992: Sexual selection: Contemporary debates. In Evelyn Fox Keller and Elisabeth A. Lloyd (eds.), *Keywords in Evolutionary Biology*.

Cambridge, MA: Harvard University Press, 294—301.

Symons, Donald 1979: *The Evolution of Human Sexuality*. Oxford: Oxford University Press.

Symons, Donald 1992: On the use and misuse of Darwinism in the study of human behavior. In Barkow et al. (eds.), *The Adapted Mind: Evolutionary Psychology and the Generation of Culture*. New York and Oxford: Oxford University Press, 137—159.

Tang-Martinez, Z. 2000: Paradigms and primates: Bateman's principle, passive females, and perspectives from other axa. In S. C. Strum and L. M. Fedigan (eds.), *Primate Encounters: Models of Science, Gender, and Society*, Chicago: University of Chicago Press.

Tanner, Nancy M. and Adienne Zihlman 1976: Women in evolution, Part I: Innovation and selection in human origins. Signs 1 (3), 585—608.

Thornhill, R. and N. W. Thornhill 1987: Human rape: The strengths of the evolutionary perspective. In C. Crawford, M. Smith, and C. Krebs (eds.), *Psychology and Sociobiology*. Lubbock, TX: Texas Tech University Press, 269—291.

Thornhill, R. and N. W. Thornhill 1992: The evolutionary psychology of men's coercive sexuality. *Behavioral and Brain Sciences* 15, 363—421.

Tooby, John and Leda Cosmides 1992: The psychological foundations of culture. In Barkow et al. (eds.), *The Adapted Mind: Evolutionary Psychology and the Generation of Culture*. New York and Oxford: Oxford University Press, 19—136.

Tooby, John and Irven DeVore 1987: The reconstruction of hominid behavioral evolution through strategic modeling. In W. G. Kinzey (ed.), *The Evolution of Human Behavior: Primate Models*. Albany: SUNY Press, 183—237.

Trivers, R. L. 1972: Parental investment and sexual selection. In Bernard Campbell (ed.), *Sexual Selection and the Descent of Man*. Chicago: Aldine, 136—179.

Van Voorhies, W. A. 1992: Production of sperm reduces nematode lifespan. *Science* 360, 456—458.

Washburn, Sherwood L. (ed.) 1961: *Social Life of Early Man*. Chicago: Aldine.

West-Ebelard, M. J. 1992: Adaptation: Current usages. In Evelyn Fox Keller and Elisabeth A. Lloyd (eds.), *Keywords in Evolutionary Biology*. Cambridge, MA: Harvard University Press, 13—18.

Williams, George C. 1966: *Adaptation and Natural Selection*. Princeton, NJ: Princeton University Press.

Wilson, E. O. 1978: *On Human Nature*. Cambridge, MA.: Harvard University Press.

Wilson, M. and M. Daly 1992: The man who mistook his wife for a chattel. In Barkow et al. (eds.), *The Adapted Mind: Evolutionary Psychology and the Generation of Culture*. New York and Oxford: Oxford University Press, 289—322.

Wylie, Alison 1997: The engendering of archaeology: Refiguring feminist science studies. *Osiris* 12: 80—99.

290

第12章　立场方法论如何影响社会科学哲学

桑德拉·哈丁（Sandra Harding）

20世纪70年代和80年代，作为对知识与权力关系的女权主义批评理论，同时作为完善实际研究项目的指南即方法论，立场论再次出现。立场论的作者们认为，政治与知识生产之间的现存关系远不是科学的关系和在社会中不断进步的关系，即那些经济机构、政府与法律机构、医疗机构、保健机构、教育机构、福利机构、科学和其他主要机构，以及服务于它们的研究学科所宣称的那种关系。当谈到对性别关系的理解与解释时，处于主导地位的科学哲学和它们使之合法化的研究项目从政治上看是落后的，从哲学上看是软弱无力的，而从科学上看则远不是最有成效的。

支持这类论断的证据已出现在生物学和社会科学的男性至上主义和代表男性利益的研究结果日益增多的文献中。立场论理论家们分析了知识与权力的现实关系与理想关系之间的差距形成的原因，并且反思了社会科学和生物学中女权主义研究取得成功的原因。这些工作又导致一些著作中出现了如何进行理论上和经验上都更为成功的研究的论述。即使这些研究都是以女权主义政治目标为指导的，它们仍有可能取得知识和科学上的成功，因为某些特定的“善良政治”自身具有增进科学知识增长的潜能：某些政治有助于知识的生产。[1]

这类论证决定了立场论随后的历史发展将是纷繁复杂的。在迅速发展的女权主义理论领域，几乎任何一种分析都会受到该领域内部的挑战，更不用说外部的挑战了。一位观察家注意到，尽管如此，立场论还是竭力使
291 自身具有了一定的特征：

在女权主义关于知识与科学思考的第二次浪潮发展的25到30年间，立场论或许是所有被提出的有争议的理论中最有争议的理论之

一。立场论所提倡的东西正是其批评者强烈反对的，如关于立场论的来源，它作为一种理论的地位，以及最重要的是，它与女权主义当前的知识思考的关系。（Wylie，即将出版）

对立场论颇具争议的某些原因是非常明显的：立场论对现在仍然被广泛认可的唯理论、经验论和实证主义教条提出了挑战，或者更为严重的是，它削弱了这些教条的基础。其中的一些教条，比如说，必须把政治排除在研究之外，选择价值中立的研究方法，在某些后实证主义形式中得到了保留。[2]而且，批评家们坚持将三种情况强加于立场论的论述之中，而这三种情况则是立场论理论家们从未持有或研究过的，因此他们不得不一次又一次地予以否认和回击。这三种情况是：对女性（和男性）的本质主义假设；宣称受压迫者的知识是自主享有的假设；致力于或无意识地研究某种具有破坏性的认识论上的相对主义。[3]

但立场论具有争议的其他原因或许就不那么明显了。例如，立场论独立发展的历史和在几种不同学科——这些学科有不同的发展历史，关注对象也不同——背景下的争议，导致了对其不同方面的重视。如果仔细观察从事知识社会学、政治哲学和科学哲学与认识论——立场论发展的三个中心领域——研究的理论家和研究专家关注的对象，就会清楚地看到这一点。此外，立场论已成为当代有趣的或者说是令人头疼的知识与政治问题的辩论场所，而这些问题只有一部分是对实证主义遗产的反思。立场论是后现代主义还是反后现代主义，它是坚持现代性还是创造性地更新了现代性的种种难题？立场论的目标是要恢复受压迫者（在认识论上是天赋的）“获得知识的途径”，还是要产生“情境性知识”、“民族科学”、“同一认识论”，或进行意识形态批判？它是一种人种论，还是一种批判理论？它是一种认识论、社会学、方法论还是一种社会理论？它对反欧洲中心论和后殖民主义研究项目的作用有哪些？它对自然科学研究和库恩以后的科技研究有哪些作用？

尽管有如此之多的争议，令人惊讶的是，立场论在长达二十多年的争论之后仍然幸存下来，甚至重新蓬勃发展起来。在过去几年间，人们对立场论进行了大量的重新评价，以详细了解它近年来的发展史及其依然光明的发展潜力。（Campbell and Manicom，1995；Garcia Selgas，即将出版；Harding，即将出版 b；Hekman，1997[4]；Kenny and Kinsella，1997；Pels，1997；Wylie，即将出版）而且，另一些论者继续把立场论是对女权主义、科学和一般文明的严重威胁这个论断当作对立场论的赞誉。（Gross and Levitt，1994；Walby，2001[5]）尽管每个人都会发现立场论这样或那样的看法和研究项目实质上令人讨厌，但立场论显然已注定至少要坚持一段时间，成为思考与辩论当代两难问题的一个引人入胜而又变化多端的场所。

本章仅集中探讨这些争议和讨论中的一部分，即方法论问题及其对传统的认识论和自然科学哲学与社会科学哲学提出的挑战。科学哲学家和政治哲学家们通常倾向于把立场论看作认识论，但是多萝西·史密斯、帕特里夏·希尔·柯林斯（Patricia Hill Collins）和其他经验论社会科学研究者们总是把立场论理解为对研究实践的描述。一些学者明显把立场论看作某种参与式行为研究。立场论的研究方法作为一种研究方法论，已经在全国乃至全球的社会科学系、专业学院和独立研究机构与研究项目中得到了广泛的讲授和运用。立场论的方法被当作如何提高研究项目的科学质量和政治效果的理论而加以运用。在这种情况下，立场论又掀起了关于如何回击本质上是“殖民的”政治学和社会研究项目所提出的科学与认识论方面的挑战的争论，并由此更突出了立场论对后实证主义认识论和科学哲学的威胁。[6]因此，方法论方面的考虑就为认识论和社会科学哲学论证提供了资源。同时这也表明了立场论在遭遇重重疑虑的情况下仍能坚持下去的重要原因：它确实试图创造，也试图去“理智地重建”在经验上和理论上都更为丰富的研究成果。

下一部分将简要概述立场论的起源以及在其纷繁复杂的发展历程中出现的一些重要主题。立场论的起源和这些重要主题形成了作为研究方法论的立场论在其发展过程中的核心力量，这些都在第二部分中有所论述。

立场的逻辑：起源

弗雷德里克·詹姆森（Frederic Jameson）指出，直到20世纪70年代和80年代女权主义理论家们所做的工作才使卢卡奇（Lukacs）关于马克思的“无产阶级立场”的逻辑所作的论证得以继续，而在此之前，卢卡奇的论证早已被抛弃了。（Jameson，1988；Lukacs，［1923］1971）[7]但是这种“探究的逻辑”还有其他来源，这类遗产在这些来源中是无法直接看清的。而且，对其主题的回应也出现在其他文章中。社会学家们还引用了曼海姆（Mannheim，［1929］1936）、默顿（Merton，1972）和席美尔

(Simmel，1921）关于“陌生人”社会地位所提供的资源这方面权威性很强的文章。柯林斯对此加以进一步发展，把那些源自被边缘化的社会群体但却训练有素的研究者们发展成为“置身其中的局外人”——这种地位使他们能够观察到仅仅作为“局外人”或“局内人”都无法观察到的社会关系的方方面面。（Collins，1986，1991）[8] 保罗·弗雷尔（Paulo Freire，1970）和一些参与式行为研究者的文章都回应了立场论的这些主题。（Mctaggart，1997；Maguire，1987；Petras and Porpora，1993）[9]

其他女权主义著作家们也至少部分地但却是独立地发展了立场论的观点。例如，凯瑟琳·麦金农（Catharine MacKinnon，1983）的一篇颇具影响力的法学论文就推进了立场论的观点，即我们如何看待“国家是男性的”这一提法所坚持的所谓客观理解针对妇女的暴力标准问题，这与男性而不是女性理解和评价这类暴力的存在和性质的方法是一致的。[10] 从库恩以后的科技研究和灵长目动物学史视角看，唐娜·哈拉维（Donna Haraway，1981，1991）与立场论作者们一起研究了他们自身对坚持知识的“情境性”的矛盾心理——这一概念她曾经很有影响地阐述过。正如库恩对此所作的著名评论一样（Kuhn，[1962] 1970：1），库恩的事业“展示了……科学在其自己的时代中的历史性统一”，开辟了思考这种“历史性统一”的道路，即自然科学与社会科学的概念框架、它们那个时代的性别关系的方法与实践的历史性统一的道路。（[1962] 1970：1）[11] 同时，现在可以说，立场论的逻辑近年来在多元文化与后殖民时期的科学与技术研究运动中做了大量工作。西方的自然科学与技术，和其他文化中的科学技术一样，都属于“地方的知识系统”。西方科学与它们时代的全球社会关系具有“历史性的统一”，而反过来，西方科学又有助于全球社会关系的形成和保持。[12]

那么，这种曾经被抛弃而如今又为女权主义立场论理论家重新捡起的“探究的逻辑”究竟是什么呢？根据马克思的论述，资产阶级对阶级关系的理解不仅可以通过对诸如工人的劣等性和受教育阶层的优越性这类事情的具体论断表现出来，而且也可以通过抽象的概念框架来表现，对诸如人类进化、再生产实践、智力的显著特征和分配、社会差异、对工作和经济的适当组织，以及“群众”的思想和行为之类课题的研究，都是在这种抽象的概念框架下得以组织和进行的。（Sohn-Rethel，1978）女权主义理论家们对男性至上主义者和代表男性利益者以最抽象的概念操作来理解性别关系的方法作了类似的论述。她们认为，就像马克思所认为的那样，女性和男性的社会关系在很多重要方面都类似于工人与老板的关系：性别关系和阶级关系具有平行的社会结构。男性，由于具有作为社会机构的强大而绝对的、在很大程度上是排他的设计者和经营者，以及作为一家之主的双重能力，往往有意或无意地剥削着女性的再生产与生产劳动。作为男性，同时他们中的一部分人有能力作为经营者、管理者和资本家，他们从对女性的身体、女性无报酬的家庭劳动的控制中，从对女性有酬劳动的歧视和剥削中获益。对女性家务劳动和工作劳动的剥削是有一定因果联系的，因为其中每一种剥削都削弱了女性在另一个领域中的权力。[13]

女权主义社会学家、政治学家、法律理论家、人类学家、心理学家、经济学家和生物学家，由于经常积极参与到当时逐渐兴起的妇女运动的公共政治中去，他们便开始解释性别关系如何不仅仅通过男性与女性及他们适当的社会角色表现出来，而且在为他们服务的主要机构和学科的明显的价值中立的抽象概念框架下表现出来。用多萝西·史密斯的话（Smith，1990a）说，他们开始注意到"权力的概念化实践"。这些理论家们指出，他们是通过研究女性在日常生活中的考虑与实践，而不是通过研究各种机构与学科而进行解释的。例如，卡罗尔·吉利根（Carol Gilligan，1982）的分析就是从思考女性作为母亲和家庭照顾者所面临的各种不同道德决策与道德理论之间的差距来进行的。只有当所作出的决策是有关家庭外部的社会关系时，后者才上升为最高层次的伦理类型，但是家庭外部的社会关系是由男性作为经营者、管理者、律师及其他类似角色来进行道德决策的，女性则长期被排斥在这种决策制定之外。为什么那些最具影响力的道德与道德发展的作者（比如康德、弗洛伊德、皮亚杰、罗尔斯和科尔伯格[Kohlberg]）也未能将女性道德决策视为道德思想最高范畴的例证呢？与此类似，麦金农发现何种行为被视为强奸和何为客观性，仅仅与男性关于此类事件的概念相符合，这一点很令人沮丧，而男性关于此类事件的概念无疑来自于他们同女性和法庭打交道的独特社会经历。[14]

自然科学与社会科学学科既缺少认真研究它们自身的概念框架如何服务于大型社会中等级式权力关系的意愿，也缺乏进行这种研究的有效机制。传统的科学哲学认为"发现的背景"应该不受方法论的控制。然而这一立场使社会价值观和利益进入研究过程的主要途径无法受到严格审查，而这又使研究过程相对地避免了即使是最严格的科学方法所能进行的各种控制。只有在研究者（及其赞助者）选择了所要研究的社会现象或自然现象，确认了这些现象存在的问题，作出了他们研究这些问题的假设和概念，并且设计好研究过程之后，科学方法才能在“证明的背景”中发挥作用。只有在研究设计中才能明确研究方法，显然，研究方法无法对通向指定目标的研究过程施加任何影响。[15]

由于从女性生活出发进行研究，女权主义研究项目似乎在几个方面都与各学科关于如何判断优秀研究项目的标准不一致。他们未能尊重“发现的背景”应不受方法论控制这条自律。人们认为他们是进入研究女性主义政治议程之中的人。由于这些研究者大多数是女性，因此人们认为他们没有尊重公正、独立和在研究者与研究对象的关系中保持距离的重要性。而且，根据传统的科学哲学来看，他们的一些提法显得不尽合理，譬如认为研究性学科在文化上应保持所谓中立的概念框架，包括客观性和好方法的标准，事实上这些并没有在文化上保持中立。但是，不容否认的是，从女性生活出发进行的女权主义社会科学和生物学的实质性研究，通常都会对自然和社会生活产生在经验上更为精确，在理论上更为全面的论述。然而，这些实质性研究的成就却总是被立场论认识论和科学哲学的批评者们完全忽略。

那么，如何才能使这种明显违背常规的女权主义研究实践为人们所理解呢？曾经被抛弃的立场论认识论似乎为此提供了资源，而这些资源则是传统认识论深刻地回应这个问题时所缺少的。立场论论述中的几个中心主题详细地说明了这些资源。[16]

首先，社会如何构造具有认识论的意义。知识与权力具有内在的联系；它们相互构成并相互维持。人们所做的一切——他们在社会关系及其与自然世界的关系中所进行的互动——使人们能够知道他们所知道的一切，同时也限制了他们所能知道的一切。[17]然而，人们典型地能“做”的事情，部分地取决于他们在社会结构中的位置——不管他们是被分配照看孩子，还是被分配照管人们的身体和居住场所，还是被分配去管理大型机构、公司或研究机构。物质生活既使人们能够逐渐认识自己以及周围世界，但同时也限制了人们对自身和周围世界的认识。因此，社会结构为我们提供了一个实验室，在这里我们可以研究各种不同的被分配和被选择的活动如何使我们能够了解一些事情，如何阻碍了我们对其他事情的了解。

其次，当物质生活按照等级来组织时，就像社会是由阶级、性别、种族或民族、宗教或其他形式的压迫和歧视来构建时，“统治者”和“被统治者”对这种等级关系的理解在某些方面通常是完全相反的，而占主导地位的群体对这种等级关系的理解则往往是歪曲的。（Hartsock，1983：

287）奴隶主往往把他的奴隶的行为仅仅看作是由于奴隶的低劣本性及其对主人意志的服从而产生的（非自愿）“行为”：他命令，他们服从。在奴隶主看来，奴隶似乎不是完全的人。但是，贴近奴隶的日常生活，你就会发现他们所谓天生的懒惰其实只是他们认为他们可以做到的一种政治抗议，或者他们对主人的微笑也只是掩盖他们秘密计划逃跑甚至杀死主人的欺骗手段。你会看到他们在别无选择的条件下努力挣扎着创造他们自己的人类历史。与此相类似，20 世纪 70 年代的妇女运动揭示出妇女的工作既是社会必需的，也是被社会剥削的劳动，而不仅仅是男性和公共机构所认为的只是女性自然倾向的表露或者只是“爱的劳动”。女权主义者揭露了更多在主导机构概念框架下对社会关系的颠倒与歪曲理解。再举一个例子说，女性从未“请求”或认为“应该”受到强奸或身体应当遭受暴力，而这与对她们施暴的人和法律制度的观点恰恰相反；毋宁说，“社会是男性的”观点坚持认为针对妇女的性暴力是客观的和理性的，但这只有从性别等级结构中的男性视角来看才是合情合理的。（MacKinnon，1982）

因此，第三，压迫者的这种错误而片面的观点被当作“真实的”并被付诸实施，因为所有人都被迫生活在为满足压迫者对自己和社会的理解而设计的社会结构和各种机构中。这些等级结构和机构都参与到概念化实践和意识形态中来，并将其固化和传播开来，认为它们是自然的、不可避免的和令人满意的，从而强化着它们持续不断的权力。社会科学和自然科学自觉或不自觉地在形成和保持这种意识形态中发挥了重要作用。[18]

第四，因此，这就需要科学和政治学从压迫者的制度化视野“之后”、“之下”或者“之外”来观察世界。[19]这样看来，采取一种立场就是一种成就，而不是一种归属。它必须为反对由主导群体使之成为“自然”而“明显”的实在而斗争，为反对仍在进行的政治上对受压迫群体的剥夺而斗争。占主导地位的群体既不愿意暴露其物质和概念实践的荒谬性，也不愿意暴露其不公正的政治后果。他们通常并不知道他们的假定是错误的（奴隶是完全意义上的人，男人并不是理想人类的唯一模型），也不愿意面对“不公正的政治条件正是由他们的观点所造成的”这样的指责。要确立那些权力实践，使之仅仅出现在占主导地位的社会机构和学科所推崇的那些明显是抽象的、价值中立的概念框架之下，则需要“强烈的客观性”的方法。（Harding，1992a，1998）重要的是，立场论认为，揭露这些机构和学科实践所必需的政治斗争本身就可以系统地创造知识。[20]

因此，那些实验研究是从受压迫群体的日常生活“开始”的，而不是从占主导地位的社会机构和学科的概念框架“开始”的，正是这些概念框架给那些占主导地位的社会机构和学科提供了统治和管理受压迫者所需要的资源。但是，这类研究并没有就此止步，像传统的解释学和人种学方法那样，停留在受压迫群体的生活方面。相反，用多萝西·史密斯（1990a）的话来说，它“进一步加深研究”，以确认“权力的概念化实践”。立场论是后马克思主义批判理论的一部分，后马克思主义批判论认为，意识形态批判对知识的发展和解放都是至关重要的。造成受压迫者生活状况的种种原因不可能仅仅通过观察他们的生活而获得。相反，人们必须批判性地考察最高法院、五角大楼、跨国公司和福利、医疗以及教育体制是如何“思考”的，以便理解美国妇女、少数民族和穷人为什么只有有限的生活道路可供他们选择。由于这些机构的维持和合法性取决于研究性学科的服务，人们还必须批判地考察这些概念框架和社会学哲学、经济学和其他社会（和自然）科学，以理解那些占主导地位的机构的思维。

第五，获得某种立场就会带来解放的可能性。[21] 为了使自己了解通过参与政治和科学斗争，以便从自身生活的视角来看待世界的重要性，受压迫群体必须成为“自为”的群体而不能只是“自在”的群体。女性总是属于社会思想可识别的范畴——即可由外部群体概念化的对象。但是对女性来讲，就需要妇女运动来帮助她们认识到她们的共同利益以及把她们自身改变为女性“自为”群体——定义自我、定义她们自己的生活和她们自身的需要和愿望。她们共同学习，并认识到并不是“她们的男人”（父亲、丈夫、老板）吝啬和粗鲁，而是文化的意义和制度实践鼓励着男性在家庭、在生活场所和在公共生活中以这种方式来对待她们，并使这种做法合法化。妇女运动为参与其中的妇女（还有许多观察者）创造了一种群体意识，这种群体意识使女权斗争成为可能并推进了女权主义观点。与此类似，20 世纪 60 年代的民权运动和黑人民族主义运动就动员非裔美国人组织集体政治行动来结束种族不平等。奇卡诺（Chicano）运动也发展成为动员墨西哥裔美国人的群体意识，以结束他们所面临的不公正的运动。还有同性恋者权利运动也具有类似的目标和效果。通过这些过程创造出一些新的群体意识，这种意识能使人们对过去和现在的社会关系产生新的理解。 297

值得一提的是，尽管立场论理论家们最初曾刻意保持自己的观点与实证主义的距离，但他们近来则不得不声明它们与后现代主义或后结构主义过度的相对主义也保持着距离，还要和某些人种学和文化研究的研究方法保持距离。从马克思到 20 世纪 70 年代和 80 年代初的女权主义著作，早期的立场论方法的表述没有经过批判的考察就保留了启蒙运动一些有疑问的概念和目标，而现在大部分这样的概念和目标都已被最初的女权主义立场论理论家和后来的思想家们抛弃或修改了。这样，一些立场论理论家明显运用了后结构主义观点来影响科学认识论。[22]其他人实际上也是这样做的。毕竟，马克思主义有关如何对知识进行社会定位的理论是非常强大的，而且这一理论洞察力也不是最近才产生的。这些著述并没有抛弃启蒙运动的遗产，相反，在这些著作中，尤其是那些研究后殖民主义和科学的著作中，可以发现一些新的和更强有力的关于客观性、理性、好方法、“真科学”和其他这类自然科学哲学和社会科学哲学中核心概念的标准和记录。[23]

可以很容易地发现，渗透于方法论描述中的这些主题违反了好的研究及其“客观主义”的传统标准。这些描述因而加深了标准认识论和科学哲学，包括自我宣称的后实证主义科学哲学，与立场论之间的严重分歧。立场论既为自然科学与社会科学提供了认识论的和哲学的洞见，也为之提供了方法论的指导。[24]

而且，如果对人们推荐的立场论方法的研究实践进行考察，就很容易回击把立场论方法作为认识论和科学哲学而进行批评的三个来源。正如开篇部分所表明的那样，这些指责就是指立场论要么欣然接受，要么不可避免地承认本质主义、相对主义和自主地理解受压迫群体的知识特权的假设。尽管这些指责多次遭到立场论理论家们的反驳，但由于没有这种实证主义假设的帮助也能成功地避免这种处境，他们的坚持就有可能严重威胁到现行的认识论和哲学假设，即使对那些原本已远离实证主义的人也是如此。[25]也许，从立场论方法所推荐的研究实践视角来解决这些忧虑，至少可以给怀疑立场论可能性的人们一些勇气。

方法的哲学

优秀的社会研究传统模型有一种殖民结构，且让我们通过对这种殖民结构的批判来进入这个话题吧。（Blauner and Wellman，1973；L. T. Smith，1999；Wolf，1996）在诸多批评家中，当然并非只有女权主义者才认为，传统上所认可的研究者与研究对象之间的关系内在地在政治上就是不平衡的，甚至是一种“殖民”关系。从传统上说，正是研究者，由于受到他们自己学科和文化假定的影响——更不用说他们背后的资助者的影响了——

决定着哪些社会条件、民族、事件或者过程是该研究项目将要重点研究的，以及该项目将如何组织、进行、解释，以及在一定程度上如何发布。他们决定哪些社会状况需要研究；有关它们存在哪些问题；哪些假设需要求证；需要依赖哪些概念和背景文献；何种东西构成适当的研究设计，包括方法的选择；如何解释、分类、分析并把数据整理成论据；研究结果如何发布及向谁发布。从传统上讲，研究对象在这一过程中几乎没有任何话语权。通过严格关注学科方法论规则这种自律，研究者们将会保证对他们的研究对象不带任何个人感情，不偏不倚，并保持距离——对研究过程的控制完全属于他们这些研究者们。如果情况并非如此，根据传统思考方式，该研究项目就未能做到足够的客观和科学。

但是解放运动有两种理由可以批评这种层次的研究者对研究的控制。一个是政治方面的原因。通常被研究对象所属的社会群体不如研究者和资助者所属的社会群体强大。正是这些弱势群体——工人、工会活动家、雇佣军、囚犯、学生、潜在消费者、女性、领取福利者、已经在经济上和政治上处于劣势的种族和阶级，再加上实际或很快就要被殖民的群体——的行为，是资助社会研究的那些机构希望发现如何才能更好地加以管理的对象。然而，这些被研究对象被这种研究过程剥夺了权利——对于已处于劣势的群体来说，则是进一步剥夺了他们的权力。这种权力剥夺也说明了占主导地位的群体拒绝成为社会科学家研究对象的原因。“深入研究”对那些被研究者来说在政治上也有冒犯之意。

但是，另一个原因是科学方面的：在研究过程中（还有研究过程之外）对研究对象的权力剥夺往往会强化对他们的信仰和行为的歪曲说明。放手让研究者用自己的方法来研究，研究者就会像我们一样，有可能将他们的文化和学科中所重视的概念和框架强加于他们的观察对象，对如何解释这些对象施加影响，而他们的概念框架通常已受到更大的社会中的强势群体的重视。更有甚者，众所周知，这种殖民情形同时也会加深对研究者及其所属和服务的社会群体的扭曲说明。占主导地位的群体对自身的片面理解由于得到研究而加强，而这种研究又进一步剥夺了有可能对他们的主导地位提出最严厉批评的那些群体的权力。

这并不意味着研究者们没有试图去阻止这种概念上的强加于人，出于两点原因他们经常阻止这种事情的发生。人种学、社会学和其他学科的历史表明，探究者们一直在努力控制他们的文化冲动——他们的努力在很多方面已经取得成功。这并不是意味着所有强加的概念框架都是不可靠的；

它们中有许多都是有价值的，因为“陌生人”经常能观察到“本地人”难以发现的行为模式和行为的原因。问题却是，即使意图最好的研究者也缺少研究对象所拥有的一些资源——这些资源可以用来批判地评价研究者自己以为理所当然的概念框架。不管研究者和研究对象相对的社会地位如何，事实总是如此。但是，如果研究者的概念框架不可靠的概率增加的话，那么观察者和被观察者的社会权力差异就越大。因此，对在政治上已处于劣势的研究对象进行权力剥夺，不仅往往会进一步剥夺他们的权力，而且还容易产生“恶的科学”（L. T. Smith，1999；Wolf，1996）。

如何才能阻止研究者们在研究过程中明显固有的剥夺研究对象的权力和进行扭曲描述的权力，以防止研究的殖民化呢？如何能在不丧失有价值的“陌生人的权力”条件下完成这一研究呢？首先，需要认识几种被广泛运用的策略的无用性。例如，应该认识到，研究者和研究对象进入研究过程时的社会地位大部分是固定不变的。西方的、白人的、通常是男性的、受过大学教育或者由国际机构资助的研究者们在离开研究过程时，他们原有的经济、政治和文化资源大部分将不会有任何变化，任何换位或移情、悉心聆听、“做本地人”的策略（这些策略由于各种各样的原因可能有价值）都不能抹煞这一事实。并且，研究对象离开研究过程时，与他们进入研究过程时所拥有的任何资源也大致一样。当然研究过程通常能扩大视
300 野，使人反思，并从其他途径有益于研究者和研究对象的个人成长。也许彼此都受到激励而去体验对方世界中更多的资源。但是，最初为研究者和研究对象在社会关系中定位的基本经济、政治和社会结构的不平等，仅通过研究过程是不会有任何改变的。（Blauner and Wellman，1973）

另外一种必然不会成功的在研究者和研究对象之间平衡权力的策略——这种策略有许多年轻的（唉，还有不那么年轻的）研究者都尝试过——是研究者通过向读者“坦白”他们自身特定的社会地位而试图剥夺他们自己的个人权力，例如：“我，本书作者，是一名欧裔女性，出身中产阶级，受过哲学方面的教育，一直生活在美国。”此类信息可能对读者有用，但是如果研究者对自己社会地位的分析仅仅停留于此，停留于这种坦白上，那么她就是把所有的工作都留给了读者。读者就必须思考这样的社会地位如何形成了所使用的这种学科和其他概念框架，为何能提出这些问题，如何解决这些问题，等等。此外，这种策略作出了人们熟悉的自由主义假设，即个体能够主动识别形成其研究实践所有相关的文化假设；马克思、弗洛伊德和历史学家们已经告诉我们这种假设多么具有自我欺骗性。

然而，研究者们尝试的另外一种无用的策略，或至少认为他们的研究方法引导他们去运用的策略，是试图放弃在研究过程本身中加入任何理论的或概念化的内容。研究者有时会认为，他们所运用的最有用的程序只是“记录研究对象的声音”。立场论方法的批评家们（甚至是被误导的捍卫者们）通常认为这就是立场论的研究项目。确切地讲，想要记录所有研究对象的声音也是很合理的。而且建议研究者们在研究某种情况时，不管这种情况他们是否熟悉，都要先把他们自己的假设搁置一旁，这是很有价值的。然而，把研究局限在这种方法里会使研究者成为某种（不太确切的）复印机器。这种策略的结果就是抛弃了研究者最具有价值的某些政治和科学资源。确切地说，其中就包括研究者们通常所具有的较高的社会地位，这种地位可以作为研究对象使用，而不能用来设定殖民的目的。它包括一些技能和资源，这些技能和资源可以把社会关系概念化，并且能对之加以明确阐述，其悖谬地使用的那些专业化的和制度化的语言是公共政策制定者及其所依赖的学科和制度能够听到的。

因此，立场论方法能够为阻止社会研究的内在殖民关系起到什么作用呢？它们如何才能提出被传统的科学哲学所忽视或禁止的新的哲学和科学问题呢？研究过程可以分为四个阶段，在这四个阶段中，观察者和被观察者之间的这种“殖民”关系很突出。第一阶段是研究问题的选择和研究项目的设计——“发现的背景”。第二阶段是研究的进行——档案工作领域；第三阶段是研究结果的整理——对数据的解释和理论化。最后一个阶段则是研究者有意或无意进行的发布程序。立场论方法论在该过程的后三个阶段是非常有价值的，然而在第一阶段则有非同寻常的价值。

立场论方法创造性地指出，“发现的背景”应受方法论的控制。占主导地位的群体的价值观和利益或许会以前面所提到的途径强有力地形成研究项目。然而，只有“证明的背景”才被认为可受方法论的合法控制。所谓“科学探究的逻辑”的确是以大胆猜测开始的，但是这些学科已经设计好各种方法，这些方法仅仅关注为资助研究者所考虑的那些主要假设寻求严格反驳的过程。的确，在研究费用支出非常高昂的领域，只有这些假设才能到达起跑线，直面人们所尝试的反驳的检验。这样一个新问题又产生了：为使“发现的背景”受到方法论的控制，哪些在政治上和科学上是有价值的方法，哪些是不受重视的方法？回答这个问题需要运用一种更为强大的自反性：努力尝试批判式地评价研究论题及其概念框架和方法的选择。[26]

第二，与传统的方法论描述相反，立场论方法是参与其中的。它们并非不带任何感情，漠不关心，保持距离和价值中立。立场论方法需要政治和科学从那些为政治和经济上的强势群体服务的制度规则和实践之下、之后，或通过这些原则和实践来观察问题。立场论方法发现一些类型的感情、利益、价值观和政治可以促进知识的增长，而其他一些类型则会阻碍或限制知识的增长。政治既可以有助于知识的增长，同样也可以阻碍它的增长，实际情况通常都是这样。在此，第一个新问题也就出现了：哪些政治参与促进知识的增长，哪些限制知识的增长？立场论分析所作出的合理假设是：有力地保证“最困难的群体”的民主参与、保证对他们公正和负责，也可能会促进知识的增长。这些保证不会自动这样做，但是它们也不应该被自动排除在研究过程中发挥某种可能的有益作用之外。

基于这些考虑，就需要对传统上为追求客观性最大化所需要的价值中立进行重新评价。立场论认为，这种传统的需要阻碍了对有助于提高研究的参与性、公正性和责任感的政治的运用。如果研究只是对实际上服务于统治机构的学科概念框架和方法论的要求负责，而不对“被统治者”负责的话，将会有更多的研究进一步成功地确立这种统治性的概念框架，并扩大“所有者”和“一无所有者”之间的差距。在此，解决问题的方法，不
302 是要抛弃追求客观性最大化这个项目，而是要停止为了达到客观性最大化而要求整个社会中立达到最大化。(Harding，1992a；1998：ch. 8)

最后，经济、社会、心理和文化的异质性在立场论方法里是要得以运用而不是要受到压制。那些主要的假设都抽象地隐藏于社会机构和研究性学科的概念框架中。但是这些只代表了一种特别的文化观点和一种带有疑问的、特别不可靠的观点——统治群体的观点。有一种观点认为，可以把自然关系和社会关系看作是从许多被压迫群体的生活中产生的——如果我们能集中关注这种说明，就会对理解自然和社会关系如何起作用形成更为广阔的视野。并不是这些受压迫群体的理解会自动成为建立在合理的经验和理论依据上的最佳理解，而是他们的理解可以导致对附加问题的确认或有趣的自然和社会现象，为对它们进行探究提供不同的假定和概念框架，为所运用的证据实践提供不同的证据链和质疑，揭示整理数据时未被注意到的文化倾向，并可为与当代产权制度研究所运用的惯例有所不同的发布活动作强有力的论证。

运用这种异质性的理想条件要求有真正的民主社会，在这个社会中，不平等已经消失，而且支持民主的团体不能由任何正式或非正式的途径

使之保持沉默，也不能通过合法手段使之保持沉默。在选择所要研究的问题，在详述有关它们存在哪些问题，在选择概念框架和研究方法等诸如此类的问题时，所有这些都应当平等地阐述清晰。当然，我们还不具备这样的条件。我的主要观点是——立场论理论家的看法也是如此——立场论认识论、科学哲学和方法论可以帮助我们达到这个目标。没有任何轻松的公式可以保证受压迫群体会在研究过程中被授予权力。然而现在对这个课题已有大量思考。（Collins，1986；McTaggart，1997；Maguire，1987；Petras and Porpora，1993；D. Smith，1987，1990a，1990b，1999；L. T. Smith，1999；Wolf，1996）

我希望，通过考察立场论的方法论描述能有助于驱散一些广泛流传的疑虑，即对这种科学哲学和认识论不同于其传统的先驱者的某些方法的疑虑。但是，注意到有两个事实会使这一希望受挫也是有意义的。一方面，立场论方法的批评者坚持指责本质主义、相对主义，并坚持把自主的认识特权强加于关于受压迫者的假设和观点中，在面对立场论理论家和其他理论家对这种情况进行了几十年的辩论之后，他们还是如此。另一方面，虽然面对这些持续不断的批评，立场论的方法却仍然继续在这里和全世界越来越多的研究中得以发展和传播。这些事实表明，立场论方法本身比对其面临的指责的直接讨论要重要的多。通常，有关知识和知识生产的新的思维方法要被广泛认可，就需要社会关系本身发生变化。我们也许还要经历关于立场论的目前仍在进行的争议，尽管我们周围正在发生着某些变化。这些争议能使这些变化成为什么类型的变化，对此展开陈述将是未来研究的课题。[27]

注　释

[1] 这种说法最早是由多萝西·史密斯在20世纪70年代末80年代初提出的，随后收集在她1987和1990a的著作中。（另见D. Smith，1990b，1999）此后不久出现了Hartsock（1983），Rose（1983），Jaggar（1983：ch. 11），Collins（1986，1991）和Harding（1986）。

[2] 从更为普遍的意义上讲，女权主义科学研究也参与了一些这样的项目。参见罗斯（Rouse，1996）对女权主义科学研究方法的论述，与当代（后实证主义）科学社会学和传统的科学哲学项目相反，女权主义科学研究方法对科学知识的生产采取的是罗斯所说的“后认识论”立场。

[3] 这三种强加的情况都是多余的，或者也许是批评家们可想象得到的、立场论摒弃

传统形式的唯一可替代情况。因此，批评家们认定，那些宣称女性是自由政治哲学中的政治群体而不是个体的人，必定对女性具有某种本质主义的理解。他们假设，如果立场论理论家认为女性对她们自身以及其他人生活的看法的确具有权威，那么立场论必定赋予女性以自主的认识论特权。他们同样认定，如果某人认为女性或女权主义者所处的认识立场和主导机构完全不同，那么，他们就会说，立场论必定会陷入认识论上的相对主义。参见哈索克（Hartsock，1998）和怀利（Wylie，即将出版）对这些指责进行回击的两篇评论文章。

[4] 另可参见帕特里夏·希尔·柯林斯、桑德拉·哈丁、南希·哈索克（Nancy Hartsock）、多萝西·史密斯作出的回应以及赫克曼（Hekman）的答复，刊登在《符号》(*Signs*) 的同一期，367～402页。

[5] 另可参见乔伊·斯帕格（Joey Spague）和桑德拉·哈丁作出的回应以及沃尔比(Walby) 的答复，刊登在《符号》同一期，511～540页。

[6] 尤其是但并不绝对是社会科学研究。(参见 Harding，1986，1991，1998；Sismondo，1995；Weasel，2000 对其在自然科学中的用途的讨论）正如库恩以后的科学研究一次又一次表明的那样，自然科学审查的对象通常已经是知识客体，已经由先前的科学论述和当代的社会关注认可并赋予一定的特征。所以从受压迫群体的生活开始研究有关自然秩序的项目，可以揭示出主导机构所关注的研究事物的附加模式和因果关系。后殖民主义、多元文化和女权主义科学研究都以自己的方式表明了这一点。(参见 Harding，1998；Hess，1995 对后殖民主义自然科学问题的概述)

[7] 哈索克（1983)、贾格尔（Jaggar，1983：ch. 11）和佩尔斯（Pels，1997）也重新回顾了马克思主义者研究该方法的历史。女权主义理论家一般都回避卢卡奇提出的黑格尔主义机械论。

什么原因使立场论在卢卡奇的论著和欧美妇女运动第二次浪潮之间逐渐衰退
304 了呢？当然卢卡奇的论著在马克思主义中从一开始就有争议。但是，美国的马克思主义社会科学家们在20世纪60年代、70年代及以后就倾向于选择波普的实证主义科学哲学来证明他们的研究战略是正确的。(Popper，[1963] 1992）在当时盛行的麦卡锡主义和“冷战”政治环境下，可以理解的是，研究者和哲学家们都使自己的工作远离了认识论和方法论，因为可以这么讲，当时的认识论和方法论既有自身的政治承诺，其起源也有特别的马克思主义色彩。

[8] 研究者提出的类似观点表现为安扎杜阿（Anzaldua，1981）的“边界”意识论、胡克（Hook，1983）的“从边缘到中心的理论”和多萝西·史密斯（1987）的女性社会学研究生“分叉意识”论。W. E. B. 杜博伊斯（W. E. B. DuBois）的非裔美国人“双重意识”论则是这类观点中的先驱之一。

[9] 参见艾莉森·怀利（Alison Wylie，即将出版）的注释。

[10] 哈索克（1998)、赫什曼（Hirschmann，1997）和佩尔斯（1997）对这些类似的

说明作了评论。

[11] 在哲学领域，W. V. O. 奎因关于科学的“信仰网络”如何把日常思考与科学思考紧密联系起来的著作，以及他对逻辑实证主义批判的某些方面，至少直接影响了某些立场论理论家。(Quine，1953；Harding，1976)

[12] 关于这一文献的不同方面的观点，参见哈丁（1998）、赫斯（Hess，1995）和塞林（Selin，1997）。菲格罗和哈丁（Figueroa and Harding，即将出版）是美国哲学协会的一个国家科学基金发布项目的一部分。

[13] 正如女性主义肤色学者和立场论理论家们随后指出的那样，这样的分析通常也不能说明女性家庭工作者的生活。(Collins，1991)

[14] 请注意，立场论方法开始于受压迫者的生活，但它们拒绝在这里结束。立场论的方法不是人种论，而是“深入研究”的批判理论的一种形式。这一点在下面还要作进一步探讨。

[15] 我在大量有关“强烈的客观性”的论文中讨论过这一问题。参见，例如，哈丁（1992a；1998：ch. 8）。

[16] 如前所述，这类理论是在大量的发展历史不同、关注对象各异的学科中，由研究马克思主义到启蒙项目的理论家们发展起来的。其结果是，要试图把这种方法总结成一套统一的论述是非常困难的。然而，不同学科的理论家的确具有相同的重要假设和研究项目，而且这些假设和项目与传统的对什么才能形成好科学，包括我所提议的如下情况的理解是不同的。(我表述它们的形式与哈索克 1983 年的论述比较接近。)当然，每位理论学家对这些假设和研究项目的优先次序和重要性的排列不会完全相同，因为在社会学背景下重要的，不一定在政治哲学或科学哲学中就重要，反之亦然。同样，各学科关注的对象本身就是不同的，也不是导致在立场论方法是如何发展这一问题上产生分歧的唯一原因。

[17] 请注意，这一主题体现了对科学方法有效性的标准信念：在自然和社会领域中从事哪些互动，对自然和社会领域进行哪些观察，既可以使人认识，又限制着人们的认识。

[18] 在此我用“意识形态”一词，意指人们假装感兴趣的信仰体系，而不是指任何一种人们感兴趣的信仰体系。

[19] 当然，人的理解无法完全摆脱他所处的历史时刻——这是实证主义的梦想，而立场论方法对此予以否认。所有的理解都处于一定社会中或具有社会情境性。立场论研究的成功只要求在一定程度上摆脱占主导地位的群体的理解，而不是要完全摆脱它。正是受压迫者的社会结构地位提供了如下可能性，即通常有可能以较小然而却非常重要的程度摆脱占主导地位的论述，包括制度及其实践和文化。

[20] 20 世纪 70 年代妇女运动早期有一句名言说：“他的反抗程度正是衡量你受压迫的尺度。”如果忘记了这一点——一些立场论捍卫者有时竟然忘记了这一点——“立场”似乎就只是视角或看法的另一种表示而已。然而，当立场论的技术用途

被抛弃（我在此仍保留了这种用途）时，立场论有关某些政治斗争的认识论价值的论述——有关研究者参与其中的认识论价值——却因此而模糊不清了。这一点与立场论究竟是最好表述为女权主义者立场，还是表述为女性立场的分歧有关。哈索克赞成前者，多萝西·史密斯则选择了后者，其原因我想可能与他们各自学科的关注对象有关——这个话题需要另外再谈。

[21] 我更愿意认为立场论方法是内在递进的，因为这正是立场论方法在今天通过为社会公正而进行的主要运动所继承的马克思主义遗产被人们所理解的途径。然而，回顾一下纳粹意识形态是有益的，它同样（矛盾地）以立场为理由反对现代科学，并实际上将其谋杀计划概念化为推进社会公正的计划。（参见 Pels，1997）宗教中的原教旨主义运动、按地域划分的种族运动和爱国者或新纳粹社会运动，通常都未能合理地被当作占主导地位的群体。但是，它们也受到了现代性的政治价值观和利益的威胁。它们经常提出的一些论点接近于政治上的倒退立场。因此，必须发展一些理论来说明哪些类型的社会运动，为谁而进行的社会运动是解放运动，以证明自然和社会科学研究项目的合理性。参见卡斯特尔斯（Castells，1997）对当今世界各种以个体为基础的社会运动的不同政治潜力的讨论，以及卡斯特尔斯（2000）对涉及该讨论的研究项目的概述。另可参见哈丁（即将出版 a）在这种背景下对认识论问题的讨论。

当然，自然和社会科学采用这样的政治理论屡见不鲜；传统的自然和社会科学哲学通常采用——有意识或无意识地——自由主义的政治哲学以及它们对知识、政治和社会解放之间关系的理解。以另一种方式来表述库恩的观点，不妨说，科学以及科学哲学通常都至少部分地融入到更为广泛的经济、政治和社会结构之中。这样一来，并不是立场论引入了社会理论和认识论的连接，更不用说它们与社会现实的历史特征的“统一性”了。

[22] 哈拉威（Haraway，1999）和哈丁（1991，1998）同样如此。加西亚-塞尔加斯（Garcia-Selgas，即将出版）讨论了立场论为解决后现代主义观点对批判理论提出的问题而提供的资源。另可参见赫什曼（Hirschmann，1997）。

[23] 此类认识论记录的范例，参见加莉森和斯顿普（Galison and Stump，1996）、哈拉威（1991）、哈丁（1991，1998，即将出版 a）、赫斯（1995）、贾格尔（1989）、拉图尔（Latour，1988）、罗斯（1987）、舒斯特和约（Schuster and Yeo，1986）、塞林（Selin，1997）、沙宾（Shapin，1994）、沙宾和沙弗尔（Shapin and Shaffer，1985）、多萝西·史密斯（1987，1990a，1990b，1999）。

306

[24] 正如乔·罗斯（Joe Rouse，1996）所指出的那样，这只是女权主义科学研究与库恩之后的科学社会学相分离的领域之一。社会学家像传统的科学哲学家一样，将认定“好方法”和好的研究结果的最终权力交给了科学家。立场论和其他女权主义（以及其他社会运动）方法并不是这样。

[25] 参见，例如，哈丁（1992b）、哈索克（1998）和怀利（即将出版）对立场论理论

家此类回应的评论。

[26] 当然研究提议面临同样的审核。但是立场论方法所谈的问题是普遍情况，在该情况下，整个“同类群体”具有普遍的种族主义优越感假设，而研究者也作出了这种假设：诸如代表男性利益、以欧洲为中心、白人至上主义、以阶级为基础、异性恋的假设等。

[27] 再次感谢斯蒂芬·特纳和艾莉森·怀利对本文初稿所作的有价值的评论。

参考文献

Anzaldua, Gloria 1981: *Borderlands/La Frontera*. San Francisco: Spinsters/Aunt Lute.

Blauner, Robert and David Wellman 1973: Toward the decolonization of social research. In Joyce A. Ladner (ed.), *The Death of White Sociology*. New York: Random House, 310—330.

Campbell, Marie and Ann Manicom (eds.) 1995: *Knowledge, Experience, and Ruling Relations: Studies in the Social Organization of Knowledge*. Toronto: University of Toronto Press.

Castells, Manuel 1997: *The Power of Identity*, vol. II of *The Information Age: Economy, Society & Culture*. Oxford: Blackwell.

Castells, Manuel 2000: Materials for an exploratory theory of the network society. *British Journal of Sociology* 51 (1), 5—24.

Collins, Patricia Hill 1986: Learning from the outsider within: The sociological significance of black feminist thought. *Social Problems* 33 (6), S14—32.

Collins, Patricia Hill 1991: *Black Feminist Thought: Knowledge, Consciousness, and the Politics of Empowerment*. New York: Routledge.

Figueroa, Robert and Sandra Harding (eds.) forthcoming: *Diversity and Philosophy of Science*. New York: Routledge.

Freire, Paulo 1970: *Pedagogy of the Oppressed*. New York: Herder & Herder.

Galison, Peter and David J. Stump (eds.) 1996: *The Disunity of Science: Boundaries, Contexts, and Power*. Stanford, CA: Stanford University Press.

Garcia Selgas, Fernando J. forthcoming: Feminist epistemologies for critical social theory: From standpoint theory to situated knowledge. In Sandra Harding (ed.), *The Standpoint Reader*.

Gilligan, Carol 1982: *In a Different Voice: Psychological Theory and Women's Development*. Cambridge, MA: Harvard University Press.

Gross, Paul R. and Norman Levitt 1994: *Higher Superstition: The Academic Left and its Quarrels with Science*. Baltimore, MD: Johns Hopkins University Press.

307 Haraway, Donna 1981: In the beginning was the word: The genesis of biological theory. *Signs* 6 (3), 469—481.

Haraway, Donna 1991: Situated knowledges: The science question in feminism and the privilege of partial perspectives. *In Simians, Cyborgs, and Women*. New York: Routledge, 183—201.

Harding, Sandra (ed.) 1976: *Can Theories be Refuted? Essays on the Duhem-Quine Thesis*. Dordrecht and Boston: Reidel.

Harding, Sandra 1986: *The Science Question in Feminism*. Ithaca, NY: Cornell University Press.

Harding, Sandra 1991: *Whose Science? Whose Knowledge? Thinking From Women's Lives*. Ithaca, NY: Cornell University Press.

Harding, Sandra 1992a: After the neutrality ideal: Politics, science, and "strong objectivity." In Margaret Jacob (ed.), *The Politics of Western Science, 1640—1990*, Atlantic Highlands, NJ: Humanities Press.

Harding, Sandra 1992b: Rethinking standpoint epistemology. In Linda Alcoff and E. Potter (eds.), *Feminist Epistemologies*, New York: Routledge, 49—82.

Harding, Sandra 1998: *Is Science Multicultural? Postcolonialisms, Feminisms, and Epistemologies*. Bloomington: Indiana University Press.

Harding, Sandra forthcoming a: Identity and social transformation in the net society: Epistemological resources. In Linda Alcoff, Satya P. Mohanty, Paula Moya, and Michael Hames-Garcia (eds.), *The Future of Minority Studies: Redefining Identity Politics*.

Harding, Sandra (ed.) forthcoming b: *The Standpoint Reader*.

Hartsock, Nancy 1983: The feminist standpoint: Developing the ground for a specifically feminist historical materialism. In Sandra Harding and Merrill Hintikka (eds.), *Discovering Reality*, Dordrecht: Reidel/Kluwer, 283—310.

Hartsock, Nancy 1998: The feminist standpoint revisited. *In the Feminist Standpoint Revisited and Other Essays*. Boulder, CO: Westview Press, 227—248.

Hekman, Susan 1997: Truth and method: Feminist standpoint theory revisited. *Signs: Journal of Women in Culture and Society* 22 (2), 341—365. See also responses by Patricia Hill Collins, Sandra Harding, Nancy Hartsock, and Dorothy Smith, and Hekman's reply, in the same issue, 367—402.

Hess, David J. 1995: *Science and Technology in a Multicultural World: The Cultural Politics of Facts and Artifacts*. New York: Columbia University Press.

Hirschmann, Nancy 1997: Feminist standpoint as postmodern strategy. In Sally J. Kenney and Helen Kinsella (eds.), *Politics and Feminist Standpoint Theories*. New York: The Haworth Press, 73—92.

Hooks, bell 1983: *Feminist Theory: From Margin to Center*. Boston: South End Press.

Jaggar, Alison 1983: *Feminist Politics and Human Nature*. Totowa, NJ: Rowman and Allenheld.

Jaggar, Alison 1989: Love and knowledge: Emotion in feminist epistemology. *Inquiry: An Interdisciplinary Journal of Philosophy*, 32. Reprinted in Alison Jaggar and Susan Bordo (eds.) 1989, *Gender/Body/Knowledge; Feminist Reconstructions of Being and Knowing*. New Brunswick, NJ: Rutgers University Press, 145—171.

Jameson, Frederic 1988: "History and class consciousness" as an unfinished project. *Rethinking Marxism* 1, 49—72.

Kenney, Sally J. and Helen Kinsella (eds.) 1997: *Politics and Feminist Standpoint Theories*. New York: Haworth Press. Published simultaneously as a special issue of *Women and Politics* 18 (3).

Kuhn, Thomas S. [1962] 1970: *The Structure of Scientific Revolutions*, 2nd edn. Chicago: University of Chicago Press.

Latour, Bruno 1988: *The Pasteurization of France*. Cambridge, MA: Harvard University Press.

Lukacs, Georg [1923] 1971: *History and Class Conciousness*, trans. Rodney Livingstone. Cambridgc, MA: MIT Press.

MacKinnon, Catharine 1982 and 1983: Feminism, Marxism, method, and the State, Parts I and II. *Signs: Journal of Women in Culture and Society* 7 (3), 515—544; 8 (4), 635—658.

McTaggart, Robin (ed.) 1997: *Participatory Action Research: International Contexts and Consequences*. Albany, NY: State University of New York Press.

Maguire, Patricia 1987: *Doing Participatory Research: A Feminist Approach*. Amherst, MA: The Center for International Education, University of Massachusetts.

Mannheim, Karl [1929] 1936: *Ideology and Utopia: An Introduction to the Sociology of Knowledge*. New York: Harcourt, Brace & World.

Merton, Robert 1972: Insiders and outsiders: A chapter in the sociology of knowledge. *American Journal of Sociology* 78 (1), 9—47.

Pels, Dick. 1997: Strange standpoints. *Telos* 108, 65—91.

Petras, E. M. and D. V. Porpora 1993: Participatory research: Three models and an analysis. *The American Sociologist* 23 (1), 107—126.

Popper, Karl 1972: *Objective Knowledge: An Evolutionary Approach*. Oxford: Oxford University Press.

Popper, Karl [1963] 1992: *Conjectures and Refutations: The Growth of Scientific Knowledge*, 4th rev. edn. London: Routledge.

Quine, W. V. O. 1953: Two dogmas of empiricism. In *From a Logical Point of View*. Cambridge, MA: Harvard University Press, 20—46.

Rose, Hilary 1983: Hand, brain, and heart: A feminist epistemology for the natural sciences. *Signs: Journal of Women in Culture and Society* 9 (1), 73—90.

Ross, Andrew (ed.) 1996: *Science Wars*. Durham, NC: Duke University Press.

Rouse, Joseph 1987: *Knowledge and Power: Toward a Political Philosophy of Science*. Ithaca, NY: Cornell University Press.

Rouse, Joseph 1996: *Feminism and the social construction of scientific knowledge*. In Lynn Hankinson Nelson and Jack Nelson (eds.), *Feminism and the Philosophy of Science*. Dordrecht: Kluwer Academic Publishers, 195—215.

Schuster, John A. and Richard R. Yeo (eds.) 1986: *The Politics and Rhetoric of Scientific Method: Historical Studies*. Dordrecht: Reidel.

Selin, Helaine (ed.) 1997: *Encyclopedia of the History of Science, Technology, and Medicine in Non-Western Cultures*. Dordrecht: Kluwer.

Shapin, Steven 1994: *A Social History of Truth*. Chicago: University of Chicago Press.

Shapin, Steven and Simon Schaffer 1985: *Leviathan and the Air Pump: Hobbes, Boyle and the Experimental Life*. Princeton, NJ: Princeton University Press.

Simmel, Georg 1921: The sociological significance of the "Stranger." In Robert E. Park and Ernest W. Burgess (eds.), *Introduction to the Science of Sociology*. Chicago: University of Chicago Press.

Sismondo, Sergio 1995: *The scientific domains of feminist standpoints*. *Perspectives on Science* 3 (1), 49—65.

Smith, Dorothy E. 1987: *The Everyday World as Problematic: A Sociology for*
309 *Women*. Boston: Northwestern University Press.

Smith, Dorothy E. 1990a: *The Conceptual Practices of Power: A Feminist Sociology of Knowledge*. Boston: Northeastern University Press.

Smith, Dorothy E. 1990b: *Texts, Facts, and Femininity: Exploring the Relations of Ruling*. New York: Routledge.

Smith, Dorothy E. 1999: *Writing the Social: Critique, Theory, and Investigations*. Toronto: University of Toronto Press.

Smith, Linda Tuhiwahi 1999: *Decolonizing Methodologies: Research and Indigenous Peoples*. Atlantic Highlands, NJ: Zed Press.

Sohn-Rethel, Alfred 1978: *Intellectual and Manual Labor*. London: Macmillan.

Walby, Sylvia 2001: Against epistemological chasms: The science question in feminism revisited. *Signs: Journal of Women in Culture and Society* 26 (2), 485—510.

Weasel, Lisa 2000: Laboratories without walls: The science shop as a model for feminist community science in action. In Maralee Mayberry, Banu Subramania, and Lisa Weasel (eds.), *Feminist Science Studies*, New York: Routledge, 305—320.

Wolf, Diane L. (ed.) 1996: *Feminist Dilemmas in Fieldwork*. Boulder, CO: Westview Press.

Wylie, Alison forthcoming: Why standpoint matters. In Robert Figueroa and Sandra Harding (eds.), *How Diversity Matters to Philosophy of Science*. New York: Routledge.

310

第13章 超越理解：人文科学对“理解”概念的探讨历程

保罗·A· 罗思（Paul A. Roth）

只有精神所创造的东西才能理解。

——维科（Vico，[1725] 1984）

一个基本的直觉支撑着人们努力去区分人文科学和自然科学：人类创造并保持着社会秩序而不是自然秩序。因此，对社会秩序之构成的把握涉及诸如人类价值观和目的之类的因素，而这些因素并不属于自然秩序。理解将（各种形式的）社会置于人类所关注的各种事务和假定维持社会所必需的种种目的所组成的网络之中。

理解者通过领会他人的所作所为或他人如何评价以及他们为什么这样做或为何评价他们的所作所为来理解。解释则将所有需要解释的对象置于世界的一般因果结构之中；解释者通过确认在特殊场合中起作用的一般因果过程来解释。解释者将作为社会存在的人的研究看作是对作为自然客体的人的研究的继续。理解者将人文科学看作是关于人自身的研究，一个由价值和利益构成的非自然客体的研究王国。根据由我们作为假定而创造的范畴来解析经验的能力使我们与自然界的其他事物区分开来。

然而，尽管经过几十年的争论，人们还是不清楚对“理解”的需求到底给“解释”所要求的一切提供了某种真正的对比，还是某种最终一致的可供替代的选择。该问题不需要与所谓事物的一种秩序“还原”为另一种秩序有关。更基本的问题是，是否有某种事物能够从根本上区分解释人类

311 行为所需要的过程和解释自然界其他过程所需要的过程。要回答这个问题，就需要探索理解及其相关术语——解释、意义和转译的概念——是如何进入哲学争论之中并在其中发挥作用的。对这些术语及其用法的探究是否能为严格区分理解和说明提供认识论上的合法性呢？[1]

因为关于理解、意义和诸如此类扮演着恰如其分地分配给它们的独特角色的概念要求表明它们如何有可能致力于系统地将社会的因果秩序与一般的因果秩序区分开来。为使社会因素成为人类所共享的世界的一部分使它们成为真实；它们在建构行为中的作用给它们提出了系统化的要求，并因而成为科学的对象。要维持说明和理解之间的原则性区分，就要求对，简言之，譬如各种利益和价值观是如何创造那些不能用研究自然秩序怎样起作用的方法而得知的秩序给予某种说明。

然而，谈论非自然因素似乎是荒唐的具体化，或者说纯粹是套话，除非这些关于共享和系统性的断言被证实对我们组织和把握社会世界的各种方法来说是必然的。理解及其同类概念都是非自然的——这个假定隐含着可能存在着与意义相对的“事实”——一种关于意义的实在论。这种理解的目标要求一门特殊的科学；也就是说，为了对被观察物形成系统的感觉，我们必须把这些非自然因素加到我们的本体论目录之中。然而，将世界划分为本体上没有可比性的两大块——自然的与非自然的、有意义的与无意义的——要求有强制性的正当性证明。[2]

本章第一部分考察历史地蕴含在区分说明与理解的潜在问题中的某些问题。通过检验非自然的意义为何在自然王国里没有任何说明却能被科学地加以研究，可为独特的理解科学奠定基础。第二部分则转向考察某种重要的、涉及“意义实在论”的历史主义形式，并追问附着于这种“实在的意义”之上的经验意义是什么。它是否支持对那些“文化上不相近”的民族进行研究？最后一部分则集中论述克里斯托弗·布朗宁（Christopher Browning）和丹尼尔·乔纳·戈德哈根（Daniel Jonah Goldhagen）有关大屠杀历史著作中的争论，这个争论乍看上去似乎可能会带来某种从对他人观点的探究中所产生出来的理解有所不同的理解。然而，我坚持认为，对这些个案来说也是如此，诉诸某种特殊的理解科学根本于事无补。通过提供某些理由，我的结论是，我们并不需要在说明与理解之间划一条泾渭分明的分界线。

真正的理解

在这一部分和下一部分里，我所关注的是有关理解的对象——理解所关注的某种共有物、某种逃避说明的东西——的某种基本的历史主义 312

基本原理。支持理解的同仁们需要指出社会的意义是怎样在自然秩序之内逃避说明的。不然的话，我们将没有任何可用来区分说明与理解的原则了。

思想界通常认为，由于对世界有某种视角，有感知力的存在物与空间中的原子截然不同。由于允许人类阐明他们自己对事物秩序的看法，因而拥有某种视角便会对行为产生影响。这种理解结构“凌驾于”自然秩序之上，并与之截然不同。狄尔泰的名言“自然需要我们说明，精神生活则需要我们理解”[3]，表达了自然界不变的秩序与人类把握重大历史时刻的偶然性之间一直存在的明显差异。

但是重要的是，必定有某种共有物，这种共有物使理解成为理解。因为倘若没有这种**共享**之物，理解就不能为社会秩序的说明提供任何路径。然而，人类与其共享视角之间的关系绝不仅仅像演员与同一剧本的关系。因为那种共享性通过将人类描述为“具有判断力的傻瓜”（哈罗德·加芬克尔令人难忘的说法）而排除了理解的任何特殊地位。因此，社会剧本成为自然法则的替代品，任何进一步区分说明和理解的需求便不复存在。

所以，为了支持在说明和理解之间作出原则性的区分，理解中的任何共有的东西必定是“双重的偶然”[4]。第一种偶然是时间和地点上的偶然。如果环境不同，共有的材料也将与原来有所不同。在此，理解的任务是发现文化源头的共有物。

第二种偶然涉及“内在论者”怎样阐释社会规则的多样性和诸如此类的东西。在此，理解的任务是提供某种说明，这种说明能使人类不再是社会自动机。也就是说，为了支持理解的特殊作用，这种共有物不仅在历史上必定是偶然的，而且必定会允许不是由环境严格决定的应用。偶然性的第二种形式要求社会秩序**内部**（而不只是它们之间）的多样性。与没有头脑的自然界不同，个体会**判断**什么重要以及它们如何重要。这种多样性使有知觉力的存在所创造和栖息的社会世界无论如何与自然界中那些持久不变的规律区别开来。因此，由思维框架所构成的理解具有稳定性，大家可以共有，但它同时又具有可变性，允许个体对其进行改变。

这种观点主张，自然科学并不能涵盖社会经验世界，因为价值取向规定着这个世界。这个世界由各种行为所支配，而这些行为则受世界上非物质性的客体如宗教信仰、个人关系以及对群体和组织机构忠诚的影响，并“指向于”这些客体。对此，韦伯根据自然科学所使用的解释方法，通过把价值取向确定为“遮蔽”对人类行为进行说明的东西而支持这种传统。

> 文化概念是一种**价值概念**。因为我们迄今为止一直将经验实在与价值观念联系在一起，经验实在对我们来说就成为文化……然而，通过对经验材料所进行的没有预设的探究，我们并不能发现什么对我们有意义。毋宁说，对于它对我们的有意义性的知觉正是其成为研究**客体**的预设。(Weber，［1904］1949：76—77)

韦伯至少在两方面对后来的争论具有决定性的影响。一是休谟学派的人指出宇宙中的所有存在物并不包含价值陈述。二是认为文化并不是自然的一部分，**人类**根据自然可推出意义和重要性。“文化实在”是“产生于特殊观点的知识”(Weber，［1904］1949：81)。[5]社会现实仅仅从一个被历史所接受并且是偶然形成的视角“显现”出来。

文化的意义展示了心灵怎样建构经验并相应地构成了理解的任务。伽达默尔精致地以下述方式提出了这些问题。就像自然科学中类似于法则的结构组成了强加于关于物质世界的经验说明框架一样，每个社会和每个时代所特有的价值观念和预设构成了在其中理解像我们这样的人类经验的框架。(Gadamer，1979：116) 各门自然科学通过把特殊事件安排得与世界运转的一般方式相一致来说明它们（从因果性上说明）。与之相反，人文科学则试图理解历史上的特殊文化事物是怎样与历史上的特殊生命相一致的。对前者的回答要求具有普遍的必然性模式，而对后者的回答则要求时间上的偶然性模式。

但是，这种把理解作为把握人类内心生活之手段的优势，由于其自身的缘故，便把其特有的真实性和客观性问题引入这个内在王国之中。倘若这里确实需要有一门科学的话，那也一定是一些被接受的证据和值得信赖的检验方法，人们可通过这些证据来检验某些论断的真伪。因为如果确有一个与自然界并存的可以信赖的世界，那么就一定存在着可作为真理之形成者的理解的客体和可作为其检验手段的理解的方法。

在这里，狄尔泰发挥了决定性的影响。狄尔泰坚持认为，理解决不是对心灵的解读，因为我们无法直接进入他人的心灵中。最好是把理解看作类似于大家都能相互理解的文本之类的东西——可以被所有人阅读。翻译、解释以及最终理解一篇文本的过程——也就是意义在共同体内如何达成一致的问题——便成为研究理解的范式。

诚如伽达默尔所说，倘若“理解是为了共同目标而进行的参与”(1979：147)，那么，还有什么比“知道怎样进行”社会文本的“解释”更能证明获得了这种参与呢？通过将理解科学的概念吸收到这种文本隐喻之中，并因而对阅读过程和意义进行类比，人们就可以获得所期望的与说明相类似的东西。因为这样就把理解与各种已知方法和可辨别的结果相等同了。将文化艺术品作为意义的具体化，成功地处理这类文本，便构成把真实性赋予翻译和解释的证据，就像在自然试验中取得的成功似乎支持了表象的真实这些论断一样。[6]

这里出现了三种假设。首先，文化产品是意义的证据，是具体化的内在生命的证据。其次，这样呈现出来的意义是可以转译的，可以按照字面意思把其创造者的用语转换成我们可以理解的用语。最后，转译——将一种用语转换为另一种用语——可以得到恰当的解释，也就是说，将它置入一个决定其对我们和其他人之意义的情境之中。[7]

总而言之，这些假设——文化产品是意义的证据、意义的转译、转译允许通过进一步情境化（解释）而合理地消除歧义性——共同支撑着这样一个直觉：感官为自然秩序之外的某种东西——即意义提供了证据。这些假设还界定了什么有利于探究他人社会经验的客观性——成功的转译和解释。阅读与意义的连接隐含着理解所要求的系统性、主体间性和（解释的）个体性。非自然状态——事物怎样处于那些被研究者的心灵之中——可以说明世界上的各种客体——各类文本和其他文化产品。就像在自然科学中一样，理解的科学也是从已知推出未知。

这样一来，理解和意义的概念就连接起来，就共同的意义是人类从一个特殊的文化视角之内来看给经验添加了什么而言，确实如此。理解构成了这种视角中的参与，或已成为这个视角的一部分。[8]

远距离经历——理解夏威夷风格

历史主义视角实际上能使强有力的理解概念取得合法性吗？前一部分所提到的那些假定是否像它所标榜的那样，可成为意义这个非自然王国的基本原理和特殊的理解科学的基本原理呢？这里所设想的历史主义寻求重构共有的精神材料，以期回答历史上那些特殊群体的“它有可能是什么”的问题。要做好这项工作，非自然的意义在他人看来必定对“参与”来说是**必然的**。如果非自然的意义并不构成人们为了在社会中参与所必须理解的东西，那它就失去了其合理性，至少对保证特殊的理解科学的目的来说是这样。倘若没有假定与那些被研究的东西相连的共有物，也就没有任何特殊的精神需要重构，与其相关的历史主义也就不复存在了。

为了使这种“共有材料”假定中的潜在难题更加突出，我将举一个最近正在进行的争论作为范例。这个争论的焦点集中在如下一些问题上：怎样“揭示”人们以什么样的标准在思考，因而怎样解释他们的行为。这是人类学家 G. 奥贝塞克（Gananath Obeyesekere）和马歇尔·萨林斯（Marshall Sahlins）之间的争论。[9]他们两人对于 18 世纪时夏威夷人对詹姆斯·库克上尉登陆夏威夷的反应，以及他后来如何死在夏威夷人手上持有不同的解释。 315

实际上，库克之死之所以看上去具有非同寻常的意义，只不过是因为它展示了切入本土概念框架“内部机制”的一个关键点而已。具有讽刺意味的是，奥贝塞克和萨林斯都声称自己的理论是从当地人的“内在”视角提出的。然而，奥贝塞克却坚持将一种显然是普遍的一般游戏论智慧形式强加给了那些“当地人”。萨林斯则为某种强烈的被适应文化概念作辩护，而这个概念是那个时间和地点根本没有的。[10]

不争的事实是，詹姆斯·库克上尉是在 1778 年底或 1779 年初，当地人的马卡基节（Makahiki）时登上夏威夷岛海滩的。短暂停留之后，他就离开了。此后不久，他的船队中有一只船遭到破坏，这迫使他在没有预先计划并出乎夏威夷人意料的情况下返回那个岛屿。库克的返回使他与当地首领发生了严重分歧。库克很快就卷入与当地夏威夷居民的冲突之中，其间，夏威夷人殴打了他，用刀子刺伤他，直到把他杀死，然后将他的尸体抬走，并（显然是）把他的尸体肢解了。

为什么会发生这种事情？萨林斯认为库克在马卡基节期间到达的这种方式和情形，使夏威夷人认为他就是洛挪神（Lono）[11]；同时萨林斯还暗示，是库克的返回把事情弄糟了。库克在无意中使自己成了洛挪神，而他返回到海岛却不符合他置身于其中的文化范畴。对于他的返回，萨林斯评论说，“库克此时成为魔鬼”（1981：22）。根据他的说明，库克之死被“解释”为是他“触犯”了他被赋予的角色所造成的。因为马卡基节是关于夏威夷文化生活中基本政治模式的挑战和更替的节日。“杀死库克上尉并不是夏威夷人预先策划好的阴谋。但是从结构上说，这也不是一次意外事故。它正是某种历史形式中的马卡基。”（Sahlins，1981：24）既然被赋予神的角色，库克就要承担这种仪式上的命运。[12]

对萨林斯来说，围绕库克之死的各种情境构成“文化即兴创作”（1981：67）的一个案例。萨林斯把这种即兴创作叫作“同时发生的结构”，即在既有的概念资源条件下，努力去同化与之不协调的经历（库克的返回出乎夏威夷人的意料）。在萨林斯看来，库克起初与夏威夷人在范畴上相一致以及后来相违背，是在与人类的预期不相符时怎样重新形成范畴的一种自然而然的实验。[13]萨林斯所提出的问题颇像一个人在有限的概念框架中都会问的问题一样，尽管这个框架有其特殊的人物、时间和地点。在这方面，理性的概念是“本土性的”。

奥贝塞克至少有两个论点与萨林斯相反。首先，奥贝塞克提出的一个否定的或批判性的论点是，他谴责萨林斯将自己的先入之见和偏见注入夏威夷人的心理当中。尤其是，这是西方人类学家假设黑人很傻以至于看不出英国人是和他们一样的凡人的另一个案例。萨林斯将夏威夷人看作是这样的：他们死抱着自己的文化传说不放，因而不能把浅肤色的外国人和神话中的上帝区别开来。

奥贝塞克批评萨林斯的第二个论点在逻辑上是独立的。这个论点提出一种解释性的说明，认为夏威夷人天生具有“实践理性”。“在西方，思想的理性体系被说成是‘实用理性’，其中目标的达成是通过技术上有效的方法实现的，这在现代资本主义中达到了顶峰……我的立场是，‘实践理性’，即使不是存在于概念思想的系统化过程中，也必定会不可否认地以不同的重要存在于大多数（即使不是全部）社会之中。”（Obeyesekere，［1992］1997：263，注48）但是，奥贝塞克将这个概念扩展到实用考虑之外，包括“在任何问题情境中经过计算和权衡而对问题所作的反思性决定”（［1992］1997：20）[14]。“反思性”决定“看到过去”文化中所蕴含的巧合（库克在马卡基节时的登陆）直到事件的真实情形（库克是英国的一个“首领”；［1992］1997：91）。[15]

更重要的是，这种概念上的扩展意味着文化行动者能够决定是否将理解的正常方式应用于特殊情境。因此，例如，夏威夷人既可以将库克登上夏威夷海岸看作洛挪神的来临，也可以视之为某个巧合的发生。实际上，他们的选择取决于事件怎样发生对他们最有利。[16]与萨林斯的“文化专制”相反，奥贝塞克提出了理性的普遍根基在于“认知和知觉的肉体和神经基础”（［1992］1997：60，也可参见20—22）。

但是，奥贝塞克和萨林斯从来没有停止过弄清什么是“真正的”理解这个基本的方法论问题，以此来捍卫他们自己对事件的特殊解释。倘若人们认为他们中每个人所做的假设都含有夏威夷人共有的文化真实性，那么这个争论就具有特别的意义。但是没有任何论据可以证实这个假设；除了激化争论之外，这个假设毫无价值。也就是说，尽管奥贝塞克和萨林斯都指责对方将西方人的方式看作是夏威夷人的习俗，但他们都没有质疑他们所解释的文本“背后所存在”的非自然的意义。在提供理解杀死库克的基本理论的过程中，他们两人都详述了夏威夷人所认同的东西。但是，他们两人都不曾试图阐明这些共有的东西是构成夏威夷（或其他）文化的必要条件。[17]

只要这个争论一直围绕着是否经得起经验检验的问题，例如使用了哪些标准（萨林斯的标准？奥贝塞克的标准？抑或其他人的标准?），那么，这个争论就只能是“哲学的或思辨的”。对他们两者来说，必须首先作出人类认知本性的实质性假定，而且这些假定会推动着随后对证据的解释。不同的假定会对当地人想什么以及怎样想形成逻辑上不协调但在经验上则相同的判断。并不是只有那些关于理解的论断缺乏论据的支持。关于存在一个特殊的、具有决定性的理解这一论断的合理性也没有被证明，实际上这一论断缺乏任何论证的支持。

斯蒂文·卢克斯是关于彼得·温奇对埃文斯·普里查德论《阿赞德》的早期解读中具有争论的重要人物，他对萨林斯和奥贝塞克的交锋提供了一个有趣的视角。[18]卢克斯也将这些问题看作是连续的。理性到底是（像萨林斯所主张的那样）一个本土问题，还是（像奥贝塞克所坚持的那样）一个跨文化的规范问题？

卢克斯不无道理地提出要打破这种区别：他人肯定“或多或少地”具有我们对真理和实在的感觉，并且具有由具体环境所限定的根据。(Lukes，2000：13）但是，就像已经说明过的那样，这也只不过是为了可以转译而假定或假设共有的便利——共有性是转译的一个必要假设。即使如此，这也并没有讲清楚，这种共性（如果有的话）是或必定是什么。或许为了“进行”交流，普通人只不过是盲目地被迫接受。**这跟把我们自己的标准强加于人，然后再“发现”他们也有和我们一样的标准没有任何区别**。每一种哲学假定——我们使得这些假定成为我们的假定，或者我们发现它们在本质上与我们相似——都会适应那些可能的结果。在这方面，没有任何**证据**能够**有可能**在关于“当地人如何思考”的不同观点之间作出取舍。毋宁说，这个争论提醒我们，这个假定已经达到这样的程度，以致在

“心灵中”只存在一种“意义”，它在任何情况下对于已经完成的东西而言都具有无可辩驳的合法性。[19]

在这方面，可回顾一下前面所确证的意义实在论的三个主要支撑点：社会产品（包括语言）是意义的证据、意义的转译和允许通过解释而进一步消除歧义的转译。由于使用这些假定，历史主义视界论肯定了“真正的意义”这一概念和一门相应的理解科学。但是要注意围绕转译和解释的争论是怎样在实践中忽视了这种有关意义的具体观点的。因为现实的争论表明，转译和解释**并没有**产生独特的效果。倘若现有的证据对解释者产生了完全不同的作用，那么对本土人来说又何尝不是如此呢？因此，**关于意义生产本身背后必定存在着某一种意义、某种固定的思维框架的论断，其正当性尚需进一步加以证明**。

就像文本隐喻所隐含的那样，“意义”可能是各个共同体进行探究的过程，但是，这**决不是说**除了维持高度一致的社会机制之外，意义一定还有其他方面。然而，没有任何证明显示一些理性的转译者如果不停地翻译同一文本就必定会或将会达成一种特殊的解释。实际上，经验在这方面所揭示的恰巧与此相反。**意义被“读入”社会产品之中建立在一种尚待证明的假定之上：共有某种意义是社会产品被他人所使用的一个条件**。但是，迄今为止没有任何证据证明对文本的这种社会消费需要一种预先共有的

318 意义。

近距离经历——理解大屠杀罪犯

要想历史地重构或在文化上重建远距离的理解框架，通过假定某种“理解的客体”并无多大用处。意义能以不同的和相互冲突的方式“确定”下来。因此，作为一种替代方案，可以把重点放在历史上或文化上相近的合理行为上。这会突出解释的双重偶然性的第二个方面——共同体内规范应用的变化。当通过关注于说明为什么明显的文化近亲以某种方式行动而提出这些问题时，求助于理解有助于推进寻找答案的研究吗？我翻阅了最近关于大屠杀历史的某些争论，这些争论均在致力于发现这种不同寻常的集体大屠杀行为中的那些决定性因素。

就 18 世纪末真正接触欧洲人之前的夏威夷人而言，这个问题难道仅仅是他们对另一类人的观点与我们的观点到底有什么不同吗？对 20 世纪三四

十年代与犹太人后裔有着长期接触历史的德国人来说，这个问题难道也仅仅是他们对待另一类人的观点与我们的观点有什么不同吗？在第一个情况下，文化距离导致问题的产生；而在第二种情况下，文化上的相近产生了困惑。每一个群体是怎样根据经验来推理或怎样看待他们的经验？成为他们中的一员会怎么样？[20]

何种因素在推动着纳粹时代的德国人容忍并参与对犹太人和其他种族的大屠杀呢？[21]这类选择最终导致劳尔·希尔伯格（Raul Hilberg，1985）恰如其分地说的“欧洲犹太人的毁灭”——大屠杀。[22]从广义上说，解释的冲突点在于或者强调结构—功能要素——极权主义国家的本质、现代性的推动力、邪恶的平庸；或者强调动机或意向因素——希特勒及其下属的反犹太主义，或者德国普遍的反犹太主义。每一个观点单独看都不充分。前者不能解释整个灭绝过程中所带有的同谋感，甚至是热情。而意向主义观点则不能解释时机的选择，不能回答为什么大屠杀发生在德国（而不是［比如］法国和俄国）。[23]

为什么不能简单地把这两种观点结合起来？因为它们从逻辑上是（或看起来是）不相容的。一个通过详述屠杀的动机来解释，另一个则解释了为什么在没有任何能够预测结果的详细而明确的计划下屠杀却发生了。譬如，对功能主义者来说，驱逐到马达加斯加将是一个“最终的解决方法”，而对意向主义者来说，“最终解决方法”则意味着采取一切可能手段的大屠杀。在这方面，功能主义的观点并不是意向主义观点的补充，而是取而代之。[24]简言之，意向主义者和功能主义者不能使用同一种说明框架，因为他们所追问的是截然不同的说明问题。[25]

关于这场争论，一个显而易见的例子是关于“罪犯史”的争论。这里的主要人物是丹尼尔·乔纳·戈德哈根（Daniel Jonah Goldhagen，1997，esp. chs. 6—9）和克里斯托弗·布朗宁（Christopher Browning，1992a）。 319
争论主要是围绕着怎样解释纳粹死亡小组在波兰和其他纳粹占领地的行为而展开的。[26]经过考察，解释上的不一致只是反映了对所需要说明的问题存在着更为基本的深层差异。

布朗宁的写作是以一位“经过修正的功能主义者”（1992b）的身份进行的，而戈德哈根则是一位坚定的意向主义者。他们都用大致相同的档案材料来解释预备警察101营的行为。布朗宁和戈德哈根都试图回答我所提到的“选择问题”：为什么有那么多以前并没有任何野蛮史或参与过谋杀的人或多或少地参与了这次大屠杀呢？如果神学上的邪恶问题是为什么被认为仁慈的上帝会允许人类遭受折磨，那么历史学上的邪恶问题便是由选择问题所决定的。就像 A. D. 摩西（Moses）所说的那样："我们在这里讨论的是历史学家所研究的有关邪恶问题最基本的危险取向。"（Moses，1998：199—200）人们要在此寻找原因。

在戈德哈根看来，杀人方式的形成和演变——枪杀、毒气、死亡行军——对解释为什么犹太人被杀害是次要的。根据戈德哈根的解释，所有德国人都想杀死所有犹太人。只要环境允许，屠杀就会出现。在他解释大屠杀为什么会出现时，并没有提到官僚主义的结构形式。

相反，布朗宁认为大屠杀是一个逐渐演变的过程，下级军官对各种问题和压力小心谨慎，例如模棱两可的指示、人员和物力的困乏以及杀害任务中的效率低下等。根据布朗宁的看法，图便利在一定程度上解释了从发配东部到枪杀再到工厂式屠杀的转变。"大屠杀"中所出现的一切都是真实的，但对布朗宁来说，这些表现不是单独的或思维简单的意向。其中，非意向因素产生并保持着致命的动力。

通过其 1992 年的作品，布朗宁把"罪犯史"推上了学术舞台中心。他提供的是一部微观史，是对一个单独的（但是其数据表明是典型的）预备营（也就是，那些年龄太大或不适合到前线打仗的德国人）在被占领的波兰做军事警察的事实考察。这些"普通人"成为大屠杀的工具，他们枪杀了大约 130 万平民，包括妇女、儿童和老人。参与屠杀行动的人大约有 30 万。另外，现在普遍认为，当时一般的平民百姓都知道降临到犹太人身上的厄运。

在整个罪犯史背景中，特别是预备营 101 案件，那些明显缺乏无罪开脱的因素需要得到解释。例如，就像布朗宁和戈德哈根都认为的那样，拒绝杀害犹太人的人并没有遭到报复。被分配到屠杀营的士兵可以拒绝参加而且不会受到明显的报复。有些士兵确实也这样做了。但是，大部分人并没有这样做。另外，对布朗宁和戈德哈根所研究的预备营来说，反犹太主
320 义并不是其明确表达出来的动机。在战后接受原告采访时，没有一个屠杀营中仍健在的士兵把痛恨犹太人作为他们参与屠杀的原因。

此外，与臭名昭著的 SS 营（*SS Einsatzgruppen*）不同，预备营不是自己选择的，在分配任务前也没有经过筛选。相反，根据布朗宁所说，101 营的预备军来自德国出名的低调反犹太主义地区，他们没有政治的和民事的犯罪前科。同样，既然这些人是预备人员，他们的行为就不能用战争服役所引起的残忍心理效应来解释。这些人并没有目睹战争。最后，大

屠杀的执行并没有任何明显的保密上的考虑。到处都是照片。配偶即使不在事故现场也在这个区域。他们的家信频繁，通常会告诉家人那里所发生的一切。[27]由于学者们更关注“罪犯史”，所以，解决选择问题便成为成功分析的检验标准。[28]

布朗宁所说的德国人到底有多么“普通”？布朗宁通过援引战后由斯坦利·米尔格拉姆（Stanley Milgram），后来由菲利普·津巴多（Philip Zimbardo）承担的重要研究项目总结说（尽管有些后悔）：“我必须意识到，假如我处在那种情况下，我也可能要么成为杀手，要么成为逃避者——他们都是人——如果我想最好地理解和解释这两者的行为，就必须这样。”（Browning，1992c：36）“如果101预备警察营的人们在这种情形下能成为杀手，其他人为什么不能？”（Browning，1992a：189）[29]简言之，我们是不是杀手，只不过是一个道德上的运气问题。

在其对布朗宁的书（比他自己的作品早几年发表，而且写的时候显然已有很多想法）所作的评论中，戈德哈根将自己和布朗宁的不同观点陈述如下：“101预备警察营的人并不是普通‘人’，而是拥有特殊政治文化的普通人，这种文化就是对犹太人有着致命性幻想观点的德国纳粹文化。这种观点实质上就是那种自发的野蛮化的主要原因。”（Goldhagen，1992：52）布朗宁（1996：88—89）认可对两者差异的这种判断。

这里起作用的词是“自发的”，这使戈德哈根的说明同其他人区分开来。因为戈德哈根指责对选择问题的情境式或功能主义的说明并没有提供任何答案。[30]即使没有上面所提到的其他可能无罪开脱的原因，布朗宁也试图将那些动机性的因素——或者是直接情境或者是就近情境（同伴的压力、角色的分配等）或者是其背景中的因素——列入预备军人在其中行动的那种文化中普遍且持久的部分。正如布朗宁所说，其结果不仅是可以预测的，而且任何人都有可能或将会成为受害者。但是，戈德哈根则提出异议，他认为布朗宁的说明将德国人描述成了不折不扣的缺乏判断力的傻瓜。“一个人没有必要先成为康德式的哲学家再来认识，然后说对没有武器和反抗力的男人、女人和孩子进行大屠杀是错误的。”（Goldhagen，1992：51）[31]功能主义的说明没有奏效，我认为戈德哈根的意见就是这样的，因为他发现功能主义者所说的那种动机太软弱无力，因而不能合理地说明对犹太人所做的一切。 321

人们一直严厉地批评戈德哈根观点的每一个方面——从他鼓吹大屠杀只有一个原因（反犹太主义，他们都是反犹太主义者）到他富有独创性的种种论断。[32]但是，他的评论者们所不欣赏的是他对那种新颖而重要的选择问题所作的复杂解释，以及这些复杂解释怎么会赋予他的单因果解释以或多或少的可信性。

戈德哈根以极其尖锐的方式把对他的批判性挑战归结为功能主义："无疑，关于这些人（预备军人）的那种明显的意味、预备营中许多人所表现出的那种语调，使人怀疑布朗宁的书中所充满的那种不情愿、不赞同的感觉"（Goldhagen，1992：51），可以称为"微笑问题"。这个问题其实就是：根据功能主义的描述，什么东西可以解释迫害和屠杀犹太人时所表现出来的那种快乐和热情？同伴的压力或环境因素似乎可以解释那种顺从，而不能解释那种热情。诉诸"邪恶的平庸"似乎不能解释进入这种死亡营之前那种充满血腥的个人杀害方式。

值得赞扬的是，布朗宁认可和赞同功能主义和"情境主义"说明中的这种重要的反常，对这种说明，他以别的方式加以认同。在描述一系列"追杀犹太人"的事件时——横扫了几个原先认为已经清除了犹太人的地区——布朗宁对这些预备军人如何"超越"要求他们执行的那种令人恐怖的任务感到困惑不解。"但是'追杀犹太人'事件不是一个短暂的插曲，而是一场顽强执著、坚持不懈和持续不断的战役。在这一过程中'猎人'追踪到'猎物'，并以直接的个人对抗方式杀死他们。这不是一个转瞬即逝的阶段，而是时刻准备着杀死可能发现的最后一个犹太人。"（Browning，1992a：32）对于他们所表现出的持续不断的热情和主动性，功能主义者无法提供自圆其说的解释。

实际上，戈德哈根一直千方百计地想解释的就是这个迫害和残杀犹太人时所表现出来的那种邪恶和热情——即"微笑问题"[33]。"因为这些凶手……不必非去杀人不可，根据这些证据，任何与凶手选择的可能性不相符合的解释都应被排除。这些德国人对大屠杀可以说'不'。但是，他们选择了说'是'。"（1997：381，也可参见487，注4）任何其他人都没有对"微笑问题"作出解释，只有戈德哈根这样做了。

在《大屠杀的结构和动力》（1998）[34]一文中，A. D. 摩西赞扬了"微笑问题"在戈德哈根论点中的重要性。但是，摩西看到对结构——布朗宁所赞赏的那种普遍因素——和文化因素——德国历史和文化的特殊性，这些特殊性允许所需要的那种广泛参与，并使大屠杀对**德国人**来说成为可能——的说明存在矛盾。摩西断言，这些是**元历史**的基本的"叙述策略"；他指出，这是历史的潜在决定性的基本形式。也就是说，历史学家总是能够将这些事实与这些解释链条上的这一条解释或那一条解释连接起来。“当前的争论之所以两极对立，是因为戈德哈根和他的评论者们就像对‘事实’进行争论一样，就这些有争议的叙述进行争吵。”（Moses，1998：199）结果是， 322
“他（戈德哈根）为研究大屠杀而提出的种种问题并不是那种可以通过参照关于事实的某种协议和专业上的正统性就可以解决的”（Moses，1998：197）。根据摩西的看法，裁定这些争论的唯一方法是进入“更深层次”。

不幸的是，摩西再次提到的“更深层次”依赖于戈德哈根对其次要论点的自我描述，也就是说，只有他自己的说明才能确认并详细叙述那些驱使犯罪行为产生的无处不在的动机因素。

> 我承认那些行动者具有与众不同的特殊人性……我意识到罪犯并不是机器人或木偶，而是有着信仰和价值观的个体……这些信仰和价值观被赋予那些人的选择中，因而这些个体就……做了。我的分析是依据如下认知而作出的：每个人自己作出了如何对待犹太人的选择。因此，个体责任的概念得以恢复。（Goldhagen，1996：38）[35]

他对动机因素的说明揭示了德国人在对待犹太人方面为什么残忍性大大超过环境所要求的程度。他断言说，只有通过理解德国人反犹太主义的这种特殊性格，“普通的”德国人和“普通的”人之间的重要区别才能显现出来。

戈德哈根为说明恰当性而进行的石蕊试验解决了“微笑问题”，他用其知识保证“微笑问题”是非常引人注目的，并被功能主义者认为是反常的。“我的评论者说，我的解释并没有给出任何内在一致的选择，因而是错误的……评论者没有说的是，我一点也没有轻视选择，我通过探究所得出的结论是，传统解释并不能说明罪犯的行为和他们所进行的大屠杀的其他核心特征。”（Goldhagen，1996：39）就其所说而言，戈德哈根是正确的。

但是，这里颇具讽刺意味的是，戈德哈根的说明完全没有使自己和他所反对的人的观点区分开来。因为戈德哈根眼中的德国人好像是木偶，而且就像功能主义脚本中的演员一样心理不正常。因为如果德国人确实像功能主义者所想象的那样在道德上有着难以理解的麻木，那戈德哈根的自愿行刑人和布朗宁的普通人一样，都是社会机器人，而且是由于大致相同的原因——不能期望任何一个人可以合情合理地摆脱他们所处环境条件的约束。

根据戈德哈根的说明，德国人的反犹太主义构成一种心理试剂，一个不可抵抗的、强迫性的信仰—欲望结合体。

> 要解释为什么会出现大屠杀，需要对迄今已写下的内容进行根本的修订。这本书就是这个修订本。
>
> 这个修订本要求我们承认长期以来由学术的和非学术的解释者一直拒绝或遮掩的东西：德国人针对犹太人的反犹太信仰是大屠杀的核
> 323 心动因。这种信仰不仅是希特勒决定灭绝欧洲犹太人的**核心动因**……也是罪犯们自愿杀害和残酷对待犹太人的核心动因。这本书的结论是：反犹太主义推动着好几千“普通的”德国人——并且可能会推动数百万人，如果他们被放在适当位置上的话——屠杀犹太人。不是经济上的艰辛，不是极权主义国家的强迫手段，不是社会心理学上的压力，不是稳定的心理倾向，而是弥漫于整个德国的对犹太人的看法，并且这种看法持续了好几十年，驱动着数千个普通的德国人有组织地、毫不同情地去杀害那些手无寸铁、毫无反抗力的犹太男人、女人和孩子。(Goldhagen，1997：9，黑体系引者所加)

戈德哈根坚持“浓墨重彩的描述”，即将人们描画为确实不能违背自己的信仰，就像被锁在由社会反复灌输的范畴的铁笼里。“在纳粹时期，甚至在这之前很久，大多数德国人已不能容忍与他们的社会所不同的认知模式……就像没有听过罗马尼亚语就不会讲一口流利的罗马尼亚语一样。”(1997：34，也可参见 46) 比萨林斯所描述的夏威夷人还过分，戈德哈根所描述的德国人甚至不能摆脱他们特殊的文化禁锢来思考。

当戈德哈根将“灭绝主义者的反犹自主力量”描述为“塑造德国人之行为的自由缰绳，以诱使德国人自主自愿残忍地对待犹太人”时，他对文化铁笼的沉思冥想用尽了一切华丽的修辞。(1997：449) 人们怎样才能调和信仰拥有“自主的力量”和人们的行为是“自愿的”以及“具有其自主性”这种相互矛盾的观点呢？戈德哈根笔下那些确实受到信仰之催眠影响的德国人与布朗宁的“普通人”之间相似点多于不同点。如果说布朗宁笔下的士兵表现出一种令人困惑的道德麻木，那么戈德哈根笔下的德国人看起来则完全被文化洗脑。两者都是由他们所无法抵抗或控制的环境所推动的。

戈德哈根从来没有认识到——更别说解决——他自己将德国人变成了有判断力的傻瓜。[36]但是，如果戈德哈根的“浓墨重彩的描述”是正确的，他的描述与功能主义在道德上便是对等的。对功能主义者来说，大屠杀所以会发生是因为在那个制度环境中，这是“最终解决方法”的唯一现实选择。在戈德哈根看来，造成种族灭绝的原因是由于某种文化观点，这个观点认为，除了降临到犹太人身上的这种命运以外，他们不配有任何其他命运。在两人的说明中，那些实际参与屠杀的人们的行动是盲目的、机械的，而且他们对环境的反应大都可以准确地预测。

正如前面我已提到的那样，A. D. 摩西很有见地地描述了这种理论的和叙述的策略。这些策略表明，大屠杀历史中的各种细节可以无限地融入经验上对等而逻辑上不相容的策略之中，一个强调结构－功能方面，另一个则着重意向方面。但是，我在前面已经论述过，就其接受了戈德哈根对“微笑问题”的阐述——“重要的不是杀人的方式，而是杀人的愿望”（Moses，1998：213）——但他没有意识到戈德哈根的描述与功能主义的机器人没有多大区别而言，摩西的分析太出格（Moses，1998：217）。戈德哈根只不过是通过其他方式描述了决定论。面对既有的两种理论的或描述性的选择，摩西看到了文化决定论的缺陷，但他未敢作出必要的结论——布朗宁所采用的社会科学方式或路径与戈德哈根所采用的人种学方式或路径在这一点上毫无二致。[37]

这样，真正的争论仅仅应当关注人们是通过何种途径而成为机器人的，而不是他们是不是机器人。如果在这些案例中，人们使用“理解”意味着需要把握个体怎样使他们的行为理性化，那么，无论是布朗宁还是戈德哈根都认为保存着理解罪犯行为的需要。因为他们两人都将罪犯列入“由一定原因造成的强迫”情境之中。绝大多数预备军注定要按他们实际所做的那样行事。布朗宁依靠“轻描淡写的描述”（没有太多的文化或历史背景需要说明），而戈德哈根则依靠“浓墨重彩的描述”（为了说明而提供了大量的文化背景），但他们异曲同工，效果相同。我们只有一些具有判断力的傻瓜，而且这种说明性的争论被归结为条件的作用。正如托马斯·内格尔（Thomas Nagel）所说的那样，“关注他不能控制的力量之影响，其后果就是使这种负有责任的自我似乎消失了，被纯粹的事件秩序吞噬了”（Nagel，1987：440）。道德上的运气决定了一个人是否变成心甘情愿的行刑者。[38]

在前一部分里，我试图说明诉诸理解对主体间性的基础没有提供任何洞察力，因为“稳定的”意义存在着多种可能性，而且任何东西都不能确立某种“原初的”意义必定会扮演这个角色。然而，就像这部分里所提到的那样，在文化相近的案例里，即使为了不同的理由而诉诸非自然的意义也不会有任何结果。对理性“更加轻描淡写的”描述不需要引起任何“原创性的”或有意识的协商成分。就重构行为而言，布朗宁的方式是将那个行为描述为其环境的产物。但是，“浓墨重彩的”描述也没有增加非自然意义的案例。在我们的例子中，“灭绝主义的反犹太主义”是那么强烈，除了像他们所做的以外，人们没有其他可能的想法或选择。[39]在这两个案例中，关于意义的决定性的假定都没有推进经验性的工作或消除每一个描述中所存在的明显的（即使是不同的）心理上的弱点。实际上，“罪犯”案例告诉我们，放弃“特殊”理解的需求首先要求对意志自由有清晰的说明，因为不然的话，情境主义的说明可能会探测所有的“深度”，即存在着对动机因素的说明。[40]

结　论

根据后两部分所考察的案例，我要求的哲学道德是这样的：就人类科学的种种目的而言，不需要任何非自然的东西。因为在说明人们为什么做
325 了他们所做的一切时，之所以会存在假设的难题，只是因为有这样一种假定：那些行动者先前就拥有某种共同的信仰和动机。重建这些信仰和动机成为理解科学的任务。但是人们在文化上相距较远还是较近并不影响解释或缩小对那些可能的说明所具有的可变性的需求。我们称之为“说明”或“理解”的东西最终取决于我们与世界之间正在进行的相互作用以及我们彼此之间的相互作用。

最后，我建议任何关于怎样解析说明和理解之区别的争论，都将以生物学中怎样区分生物与非生物的争论方式进行。一个强烈的直觉支撑着如下思想：某种根本的生物差异必定可以说明有生命的物质和其他物质的差别，这个差别是种类的差别。但是假定一些理论实体，并以此来说明这个差异，已被证明是一种具有方向性错误的策略。因为与生物和非生物可能具有的差别一样有趣的是，要使它有意义根本不需要在种类上有根本区别。对生命科学所特有的实体和方法的探讨服从于对所有事物共有的组织模式的探讨。这种统一方案足够做好种类区分所要求的工作。

生物科学是这样，社会科学也是这样。因为在社会科学中，某些归纳主义者宣称，人文科学感兴趣的各类问题可在具体科学的帮助下得到解答（如果它们要求得到科学答案的话）——它们都可在我们的基因里找到根

据，它们只不过是行为而已，如此等等。[41]但是这类论断正确与否，即使在人们引入理解之后，仍然是一个有待证实的经验问题——要把它看作与探究自然世界的其他方式相同的一部分。[42]

我在这一章中的观点可归结为：长期以来所坚持的那种认为某物一定能从根本上将人文科学与自然科学区分开来的假设，从理论上看毫无根据，它就像那种认为某物可在本质上将生物与其他东西截然分开的假设一样。至少，我试图表明为什么那些支持具体的理解科学的人仍然不得不想方设法假定某种与这门科学有关的本质性的东西、某种“共同的意义”或者某种“特殊的视角”。[43]

注　释

[1] 卡尔-奥托·阿佩尔（Karl-Otto Apel）的《理解与说明》（1984）和 J. 哈贝马斯的《论社会科学的逻辑》（［1968］1988）为这些争论的学术起源提供了很好的历史背景。在分析传统方面，参见彼得·温奇的《社会科学的概念》（1958）。理查德·伯恩斯坦（Richard Bernstein）为温奇在《社会与政治理论的重建》（1976）一书中发起的争论提供了很好的综述。关于温奇作品的一本非常重要的评论集是布赖恩·威尔逊（Brian Wilson）的《合理性》（1970）。关于温奇最近发表的评论，参见布赖恩·费伊的《温奇的哲学研究方向》（2000）和其他关于这个问题的文章。 326

[2] 倘若不对将世界以这种特殊方式分开进行论证——即什么是理解科学的对象以及什么是自然科学的对象——意义就是不确定的。就意义而言，根本不存在为达到解释的目的而要求某种意义的本体论的事实或事物状态。就像我长期以来一直所论证的那样，对意义王国预先作出证明的需要将意义的不确定性与丰富多彩的理论的不确定性变化区分开来——逻辑上相区分的理论过多，而在经验上则是相等的解释理论。（参见 Roth，1987，2000）

[3] 达迈尔和麦卡锡（Dallmayr and McCarthy，1977：4）。戴维·D·罗伯茨（David D. Roberts）的《唯有历史》（1995）一书对历史主义作了清晰完整的简介。

[4] 吉姆·博曼（Jim Bohman）告诉我，这是塔尔科特·帕森斯（Talcott Parsons）为了类似目的而使用的一个术语。

[5] 关于韦伯观点的一般学术背景有一篇有价值的综合性介绍，参见乔治·G·伊格斯（Georg G. Iggers，1997：chs. 1—3）。伊格斯对相关文献也作了综述。

[6] 特别参见伽达默尔（1979：150 f.）对这个观点的发展。

[7] “转译”在这里对我们来说可能是最狭义的概念，因为它牵涉符号系统转化为另一系统的过程。但是，转译很难与解释区分开来，即使我们仅仅寻求分析上的对等，

也是如此。因为转译包含着解释，好像是人们对怎样将一个用语转化为另一种用语作出明确的合理性证明。我没有发现所谓转译和解释有任何绝对的差别。

[8] 伽达默尔预测并表明了什么是对历史概念和文化实在论的根本异议。因为伽达默尔指出，只有将所谓动态的（历史）进程转化为静态的，才会使实在论成为真实可信的。自然科学在“支配变化的过程是静态的”这一理论基础上取得了成功——也就是让法则成为法则。但是，如果认为把历史和自然区分开来的恰恰是前者一直缺乏的那些一般特征，那么理解的支持者们就不可能同时使用这两种方式。理解就不能作为以在种类上同自然世界相区分为目的的动态过程来把握，而应把它当作一种为了使人文科学有可探究的实在的静态过程来把握。例如，参见伽达默尔关于“历史客观主义”的评论（1979：158－159）。当然，就所谓人文科学的本质而言，其“文本性”在关于人文科学的“后现代条件”的争论中是一个关键因素。参见本书中汉斯·凯尔纳撰写的章节。

[9] 这场学术风暴中的重要文献是：奥贝塞克的《库克船长的神化》（*Apothesis of Captain Cook*，[1992] 1997）以及马歇尔·萨林斯的《“本土人”如何思考：以库克船长为例》（*How “Natives” Think：About Captain Cook，For Example*，1995）。关于“长期争论不休的人类学家读者指南”，参见克利福德·格尔茨（Clifford Geertz）的《文化战争》（“Culture Wars”，1995）和罗伯特·伯罗夫斯基（Robert Borofsky）的《库克、洛挪、奥贝塞克和萨林斯》（“Cook，Lono，Obeyesekere，and Sahlis”，1997）。伊恩·哈金以及他的《对什么进行社会重建?》（*The Social Construction of What*？1999：ch. 8）在这场争论中颇有影响。

[10] 正如克利福德·格尔茨所说：“这里有一个极为重要的问题，这个问题困扰人类学家已有100多年，而且现在更加困扰着工作在非殖民世界中的我们：我们究竟如何看待在我们看来奇怪的、不合逻辑的文化实践？……其根据究竟在哪里？这个问题所追问的并不是18世纪的夏威夷人……它所追问的是18世纪的英国人、水手和导航员，他们很不体面地在海上漂游，寻求新的发现……寻求新奇之物、
327 富有挑战性的社会、知识就是荣耀的世界，并希望最终通过现世的救助，将那些英国人送达目的地。”（Geertz，1995：6）

[11] 例如，参见马歇尔·萨林斯（1981：20f.）。

[12] 萨林斯与奥贝塞克的交锋引起许多关于后现代主义、后殖民主义等争论的雄辩之词。富有智慧或政治性的问题是社会科学是否能被其他方式所支配。在这方面，这场争论的主要人物是詹姆斯·弗雷泽爵士（Sir James Frazer）以及以《金枝》（*The Golden Bough*，1963）为代表的传统派。具有讽刺意义的是，温奇认为支持“本土人怎样思考”这一理解的整体性要求驳斥理性单一标准的观点，而奥贝塞克却声称它仅仅列举了这个普遍模式来寻求保持本土理性的整体性。下面有更多关于这个问题的论述。

[13] 库克的返回有待于重新解释，即洛挪的返回是不是对首领和神父权威的挑战。他

们迎接了这个挑战，但库克之死并没有否定他先前被赋予的神圣地位。这个挑战和文化反应符合先前对这个世界的理解。

[14] 事实上，奥贝塞克将实践理性归因于夏威夷人而不是库克——或因此而归因于萨林斯。参见萨林斯的评论（1981：148）。

[15] 也可参见奥贝塞克（[1992] 1997：60）。

[16] 但是，萨林斯抱怨说，人们以推理方式所共享的，明确地说“在原则上独立于任何特殊的文化和历史知识”。对奥贝塞克所描述的夏威夷人来说，只要他们不再以夏威夷人的方式进行思考，就是理性的。(Sahlins，1995：150)

[17] “描绘”社会交往规则的一个重要评论，参见斯蒂芬·特纳（Stephen Turner，1994）。当然，这并不是说一个人不能因为充足的理由（例如，一个看起来比另一个更能成功地提供证据）而偏爱另一个叙述。正如贝雷尔·达夫·勒纳（Berel Dov Lerner）和卡斯腾·斯蒂伯（Karsten Stueber）向我所强调的那样，反对意义实在论并不会使整个争论无意义，或者使人得到这样的结论：意义的任何罪名都和其他的一样好。

[18] 在关于这个问题的争论上，卢克斯三十多年来一直保持着令人惊讶的一致。参见他的《关于合理性的某些难题》（“Some Problems about Rationality”，1970）、《相对主义的真谛》（“Relativism in it's Place”，1982）和《不同文化有不同的合理性?》（“Different Cultures，Different Rationalities?” 2000）。

[19] 这是《意义与方法》(Roth，1987：ch. 9）一书中的重要论点。

[20] 这些是程度上的不同，而不是种类上的不同。没有任何东西依赖于接受我所表明的什么是反常或距离。我想要强调的一点是，意义问题并不依赖于奇异的案例，就像奎因所说的翻译问题在于母语一样。

[21] 许多有趣的解释性争论就大屠杀历史的各个方面展开。一个是历史学家的争论（*Historikerstreit*)，关于怎样将纳粹时期与现代德国历史的其他方面相融合统一的问题。例如，参见查尔斯·S·梅厄尔（Charles S. Maier，1997）和彼得·鲍德温（Peter Baldwin，1990），特别是马丁·布罗斯扎特（Martin Broszat）和索尔·弗里德兰德（Saul Friedlander）的论战，以及《历史与记忆》（*History and Memory*，9，1997 秋季号）杂志上的一个特殊问题。第二个是关于大屠杀解释的回旋余地，以海登·怀特的历史相对主义的评论为代表。（参见 Friedlander，1992)

[22] 希尔伯格的权威巨著（1985）是任何对这方面确有兴趣的学者必须首先阅读的。 *328*

[23] 就功能主义者划分大屠杀历史领域的观点而言，意向主义的经典陈述是蒂姆·马森（Tim Mason）的《意向和解释：当前关于国家社会主义的争论》（1981）。有趣且有重要意义地对这个领域进行评论和系统组织的是迈克尔·马罗斯(Michael R. Marrus）的《历史上的大屠杀》（*The Holocaust in History*，1987）和《对大屠杀之编纂史的反思》（“Reflections on the Historiography of the Holo-

caust", 1994)。但是，必须注意在 1994 年的文章中，他试图以不同方式组织这个领域。

[24] 经典著作是汉纳·阿伦特（Hannah Arendt）的《耶路撒冷的富人》（*Eichmann in Jerusalem*，[1965] 1990）和齐格蒙特·鲍曼（Zygmunt Bauman）的《现代性与大屠杀》（*Modernity and the Holocaust*）。希尔伯格的作品（1985）也具有同样地位。例如，参见鲍曼（1989：105—106）。如果问功能主义者"为什么会发生大屠杀"，他们通常不会强调反犹太主义和德国人。但对于意向主义者来说，这些因素是必不可少的。没有任何显而易见的方法能将这两个论点"区分开来"。

[25] 有人或许会争论说功能主义者和意向主义者所寻求回答的是不同的说明问题。功能主义者回答的问题是：为什么杀害（而不是驱逐、重新安置、逮捕）犹太人？答案是"到奥施威茨（Auschwitz）道路难走"（参见 Schleunes，1970）。意向主义者回答的问题是：为什么杀害犹太人（而不是法国人、瑞典人等）？答案是反犹太主义在作祟。功能主义者否认从一开始杀人就是目的；这不是有意为之，而是其他政策不可避免的后果。意向主义者则坚持从一开始其目标就是杀人；唯一的问题是人力和机会问题。布朗宁等功能主义者在 101 预备警察营里看到的仅仅是道德上邪恶的"普通人"；而戈德哈根等意向主义者描绘的则是"希特勒心甘情愿的行刑者"。

[26] A. D. 摩西（1998）对这场充满讽刺和怒火的争论所涉及的问题和重要文献作了很好的介绍。

[27] 所有这些使迈克尔·马罗斯（Micheel Marrus）在其 1994 年对这方面的文献进行评论时引用了沃尔特·拉克（Walter Laqueur）的讽刺性话语："当许多德国人认为犹太人不再活着的时候，他们并不必然地相信他们实际已经死了。"（1994：110）

[28] 正如罗伯特·布朗恩（Robert Braun）所说："邪恶的平庸是阿伦特对选择问题的回答。'邪恶的平庸'并没有回答我们关于人类灵魂的真谛这一问题，而是向我们展示了'没有思考'的行为的可能性。"（1994：185）

[29] 关于"罪犯心态"，参见约翰·萨比尼（John Sabini）和莫里·西尔弗（Maury Silver）的《用明白的良心摧毁无知：有关大屠杀的社会心理学》（1980）。

[30] 灭绝性杀害的记录是令人难以想象的。关于这个问题显而易见的例子是布朗宁引用的战后一位预备军人的证词："我努力了，而且可能的话，我只会射杀那些孩子。当碰巧他们的母亲用手拉着他们，我旁边的人于是就杀死了他们的母亲，而我就杀死了她的孩子。因为我认为，没有他们的母亲，那些孩子也活不了。"（1992a：73）他们中没有一个人被指控为战犯。

[31] 但是往下看，并要关注这句话是怎样让戈德哈根听到，并一直萦绕在其头脑中挥之不去的。

[32] 到目前为止，有好几本关于戈德哈根著作的书。初露端倪的否定性的学术反应，

参见，例如，杰夫·埃利（Geoff Eley，1997）或者奥默·巴托（Omer Bartov，1996）。也可参见罗伯特·尚德利（Robert R. Shandley，1998）。

[33] 实际上，戈德哈根对这场争论众周所知的贡献是他在《希特勒的自愿行刑者》（*Hitler's Willing Executioners*，1997）第13和14章中关于死亡行军的描述。与他的评论者们不同，戈德哈根抱怨时似乎有坚定的立场，无论他们认为他的描述怎样无力，他的论述仍然是这个城市里唯一的游戏，是唯一公开提出“微笑问题”的人。（参见，例如，Goldhagen，1996） 329

[34] 这篇文章的参考资料大多是这场争论所产生的二手文献。但是，即使随意扫一眼各类杂志，譬如《历史与理论》（*History and Theory*）或《历史与记忆》中的最新议题，就会发现大家对这本历史书所记载的大屠杀仍有浓厚兴趣。

[35] 对此，戈德哈根反复强调了许多次。例如，戈德哈根是怎样明确地陈述他所反对的描述，参见《希特勒的自愿行刑者》（1997：389－399）。

[36] 相反，他坚持认为，德国人“并不是机器人，而是负责任的演员，他们能做选择，他们是自己行为的最终决定者”（1997：482）。在1998年NEH夏季学院，多米尼克·拉卡普拉（Dominic LaCapra）就大屠杀的历史记载作了题为《社会科学的观念——40年以后》（“The Idea of a Social Science——40 Years Later”）的演讲。那时，他说让过去的人不要有种族上的负责行为。关于他对大屠杀历史书中的细微差别的观点，参见他的《再现大屠杀》（*Representing the Holocaust*，1994）和《奥施威茨之后的历史与记忆》（*History and Memory after Auschwitz*，1998）。

[37] 摩西似乎认为关于意识形态的讨论都差不多。（参见他的《结论》[“Conclusion”] 1998：217－219）但是，根据前面所提到的原因，根本没有理由相信一个人会无条件地采纳一种意识形态而不是其他意识形态。

[38] 戈德哈根早期愿意支持康德反对他的敌手被证明是具有讽刺意义的。因为一个康德主义者期望仅仅使用理性力量就可以使人将道德提升到文化之上，并认识到道德的真理。但是戈德哈根将他的德国人与他们的文化信仰相连，认为任何这样的升华都是不可能的。

[39] 野蛮不能单独或首先追溯到那些具有反犹太主义历史前科或支持它的人们身上。同事或邻居突然打起来可能让人心寒到极点。例如，参见维克托·克莱姆帕勒（Victor Klemperer）的《我将作证：纳粹年代的日记，1933—1941》（*I Will Bear Witness：A Diary of the Nazi Years，1933—1941*，1998）。

[40] 哈贝马斯对戈德哈根的支持可以用他的如下观点来解释：戈德哈根所提供的一切可使人们意识到他们对别人的“共同意志”的后果。在这里，我们同样可发现人们对奥贝塞克-萨林斯版本里所涉及的问题的强烈反应。

无论是谁赢得了战争或者是谁控制了新闻舆论，这些都具有偶然性，然而那些不确定的说明就不能被排除吗？这方面的文献有很多。若要评论那些特殊的历史编年史方面的争论，就不应忽视下列一般性的背景著作：吉恩·怀斯（Gene Wise）的《美国人对历史的说明》（*American Historical Explanations*，1980）、彼得·诺维克（Peter Novick）的《诺贝尔之梦："客观性问题"与美国人的历史职业》（*That Nobel Dream*：*The "Objectivity Question" and the American Historical Profession*，1998）、乔治·G·伊格斯（Georg G. Iggers）的《21世纪编年史》（*Historiography in the Twentieth Century*，1997）和H. 怀特（Havden White）的《元历史学：19世纪欧洲的历史想象》（*Metahistory*：*The Historical Imagination in Nineteenth-Century Europe*，1973）。也可参见怀特有影响的两本散文集：《形式的内容》（*The Content of the Form*，1987）和《论说的回归线》（*Tropics of Discourse*，1978）。对怀特著作颇有见地的介绍是W. 康斯坦纳（Wulf Kansteiner）的《怀特对历史著作的批评》（"Hayden White's Critique of the Writing of History"，1993）。也可参见费伊（Fay）等人的《历史与理论：当代解读》（*History and Theory*：*Contemporary Readings*，1998）。

[41] 想对这个问题有更多了解，参见林恩·汉金森·纳尔逊（Lynn Hankinson Nelson）在本书里的文章。

[42] 对生物学中各种争论的历史背景有趣且富有启发的描述，参见罗纳德·芒森（Ronald Munson）的《机械论、生机论、还原论和有机论生物学》（"Mechanism, Vitalism, Reductionism, and Organismic Biology"，1979）。对还原论的反对如何混乱不堪并与自然主义的反对相混淆的有洞察力的说明，参见克利福德·格尔茨（Clifford Geertz）在《可见光》（*Available Light*，2000：83—95）中的《奇异的疏远：泰勒与自然科学》（"The Strange Estrangement：Taylor and the Natural Science"）。

[43] 我想要感谢詹姆斯·鲍曼、拉瑞·戴维斯（Larry Davis）、劳拉·霍华德（Laura Howard）、B. D. 勒纳（Berel Dov Lerner）、皮尔斯·罗林、卡斯腾·斯蒂伯（Karsten Stueber）和斯蒂芬·特纳，感谢他们在我起草本文的过程中给予我的帮助。

参考文献

Apel，Karl-Otto 1984：*Understanding and Explanation*. Cambridge，MA：MIT Press.

Arendt，Hannah［1965］1990：*Eichmann in Jerusalem*，rev. and enlarged. New York：Penguin.

Baldwin，Peter（ed.）1990：*Reworking the Past*. Boston：Beacon Press.

Bartov，Omer 1996：Ordinary monsters. *The New Republic* 214（April 29），32—38.

Bauman，Zygmunt 1989：*Modernity and the Holocaust*. Ithaca，NY：Cornell University Press.

Bernstein, Richard 1976: *The Restructuring of Social and Political Theory*. Philadelphia, PA: University of Pennsylvania Press.

Borofsky, Robert 1997: Cook, Lono, Obeyesekere, and Sahlins. *Current Anthropology* 18, 255—282.

Braun, Robert 1994: The Holocaust and the problems of historical representation. *History and Theory* 33, 172—197.

Browning, Christopher 1992a: *Ordinary Men: Reserve Police Battalion* 101 *and the Final Solution in Poland*. New York: HarperCollins.

Browning, Christopher 1992b: Beyond "intentionalism" and "functionalism": The decision of the final solution reconsidered. In Christopher Browning, *The Path to Genocide*. Cambridge, UK: Cambridge University Press, 86—121.

Browning, Christopher 1992c: German memory, judicial interrogation, and historical reconstruction: Writing perpetrator history from postwar testimony. In Saul Friedlander (ed.), *Probing the Limits of Representation: Nazism and the "Final Solution."* Cambridge, MA: Harvard University Press, 22—36.

Browning, Christopher 1996: Daniel Goldhagen's willing executioners. *History and Memory* 8, 88—110.

Dallmayr, Fred and Thomas McCarthy (eds.) 1977: *Understanding and Social Inquiry*. Notre Dame, IN: University of Notre Dame Press.

Eley, Geoff 1997: Judeocide and German history. *Michigan Quarterly Review* 36 (Spring), 361—368.

Fay, Brian 2000: Winch's philosophical bearings. *History of the Human Sciences* 13, 50—62.

Fay, Brian, Philip Pomper, and Richard T. Vann (eds.) 1998: *History and Theory: Contemporary Readings*. Malden, MA: Blackwell.

Frazer, James 1963: *The Golden Bough*, abridged. New York: Macmillan.

Fried. lander, Saul (ed.) 1992: *Probing the Limits of Representation*. Cambridge, MA: Harvard University Press.

Friedlander, Saul 1997: *Nazi Germany and the Jews*, vol. 1. New York: HarperCollins.

Gadamer, Hans-Georg 1979: The problem of historical consciousness. In Paul Rabinow and William M. Sullivan (eds.), *Interpretive Social Science: A Reader*. Berkeley, CA: University of California Press, 103—160.

Geertz, Clifford 1995: Culture wars. *New York Review of Books*, November 30, 4—6.

Geertz, Clifford 2000: The strange estrangement: Taylor and the natural sciences. In *Available Light*. Princeton, NJ: Princeton University Press, 83—95.

Goldhagen, Daniel Jonah 1992: The evil of banality. *The New Republic* July 13 and 20, 49—52.

Goldhagen, Daniel Jonah 1996: Motives, causes, and alibis. *The New Republic* December 23, 37—45.

Goldhagen, Daniel Jonah 1997: *Hitler's Willing Executioners: Ordinary Germans and the Holocaust*. New York: Vintage Books.

Habermas, Jürgen [1967] 1988: *On the Logic of the Social Sciences*, trans. Shierry Weber Nicholson and Jerry A. Stark. Cambridge, MA: MIT Press.

Hacking, Ian 1999: *The Social Construction of What?* Cambridge, MA: Harvard University Press.

Hilberg, Raul 1985: *The Destruction of the European Jews*, 3 vols, rev. and definitive edn. New York: Holmes & Meier.

Iggers, Georg G. 1997: *Historiography in the Twentieth Century*. Hanover, NH: Wesleyan University Press.

Kansteiner, Wulf 1993: Hayden White's critique of the writing of history. *History and Theory* 32, 273—295.

Klemperer, Victor 1998: *I Will Bear Witness: A Diary of the Nazi Years*, 1933—1941. New York: Random House.

LaCapra, Dominic 1994: *Representing the Holocaust. Ithaca*, NY: Cornell University Press.

LaCapra, Dominic 1998: *History and Memory after Auschwitz*. Ithaca, NY: Cornell University Press.

Lukes, Steven 1970: Some problems about rationality. In Brian Wilson (ed.), *Rationality*. New York and London: Harper & Row, 194—217.

Lukes, Steven 1982: Relativism in its place. In Martin Hollis and Steven Lukes (eds.), *Rationality and Relativism*. Cambridge, MA: MIT Press, 261—305.

Lukes, Steven 2000: Different cultures, different rationalities? *History of the Human Sciences* 13, 3—18.

Maier, Charles S. 1997: *The Unmasterable Past*. Cambridge, MA: Harvard University Press.

Marrus, Michael R. 1987: *The Holocaust in History*. New York: Meridian.

Marrus, Michael R. 1994: Reflections on the historiography of the Holocaust. *Journal of Modern History* 66, 92—116.

Mason, Tim 1981: Intention and explanation: A current controversy about the interpretation of National Socialism. In Gerhard Hirschfield and Lothar Kettenacker (eds.), *The "Fuhrer State": Studies on the Structure and Politics of the Third Reich*, Stuttgart: Klett-Cotta, 21—40.

Moses, A. D. 1998: Structure and agency in the Holocaust: The case of Daniel Jonah Goldhagen. *History and Theory* 37, 194—219.

Munson, Ronald 1979: Mechanism, vitalism, reductionism, and organismic biology. *Enciclopedia Del Novecento (estratto dal volume IV)*. Rome: Instituto dell'Enciclopedia Italiana.

Nagel, Thomas 1987: Moral luck. In George Sher (ed.), *Moral Philosophy*, New York: Harcourt Brace Jovanovich, 430—441.

Novick, Peter 1988: *That Noble Dream: The "Objectivity Question" and the American Historical Profession*. Cambridge, UK: Cambridge University Press.

Obeyesekere, Gananath [1992] 1997: *The Apotheosis of Captain Cook*. Princeton, NJ: Princeton University Press.

Roberts, David D. 1995: *Nothing But History*. Berkeley, CA: University of California Press.

Roth, Paul 1987: *Meaning and Method in the Social Sciences: A Case for Methodological Pluralism*. Ithaca, NY: Cornell University Press.

Roth, Paul 2000: The object of understanding. In Hans Herbert Kögler and Karsten Stueber (eds.), *Empathy and Agency*, Boulder, CO: Westview Press, 243—269.

Sabini, John and Maury Silver 1980: Destroying the innocent with a clear conscience: A sociopsychology of the Holocaust. In J. E. Dimsdale (ed.), *Survivors, Victims, and Perpetrators*. New York: Hemisphere Publishing, 329—358.

Sahlins, Marshall 1981: *Historical Metaphors and Mythical Realities*. Ann Arbor, MI: University of Michigan Press.

Sahlins, Marshall 1995: *How "Natives" Think: About Captain Cook, For Example*. Chicago: University of Chicago Press.

Schleunes, Karl 1970: *The Twisted Road to Auschwitz*. Urbana: University of Illinois Press.

Shandley, Robert R. (ed.) 1998: *Unwilling Germans? The Goldhagen Debate*. Minneapolis, MN: The University of Minnesota Press.

Turner, Stephen P. 1994: *The Social Theory of Practices: Tradition, Tacit Knowledge, and Presuppositions*. Chicago: University of Chicago Press.

Vico, Giambattista [1725] 1984: *The New Science of Giambattista Vico*, 3rd edn., trans. Thomas Goddard Bergin and Max Harold Fisch. Ithaca, NY: Cornell University Press.

Weber, Max [1904] 1949: "Objectivity" in social science. In *The Methodology of the Social Sciences*, trans, and ed. Edward A. Shils and Henry A. Finch. New York: The Free Press, 49—112.

White, Hayden 1973: *Metahistory: The Historical Imagination in Nineteenth-Century Europe*. Baltimore, MD: The Johns Hopkins University Press.

White, Hayden 1978: *Tropics of Discourse*. Baltimore, MD: The Johns Hopkins University Press.

White, Hayden 1987: *The Content of the Form*. Baltimore, MD: The Johns Hopkins University Press.

Wilson, Brian R. (ed.) 1970: *Rationality*. New York and London: Harper & Row, Publishers.

Winch, Peter [1958] 1990: *The Idea of Social Science and its Relation to Philosophy*, 2nd rev. edn. London: Routledge.

Wise, Gene 1980: *American Historical Explanations*, 2nd rev. edn. Minneapolis, MN: University of Minnesota Press.

参考文献

Agassi, Joseph 1970: Tautology and testability in economics. *Philosophy of the Social Sciences 1*, 49—63.

Agassi, Joseph 1975: Institutional individualism. *The British Journal of Sociology 26*, 144—155.

Alchian, Armen A. 1961: Some economics of property rights. In Armen Alchian (ed.), *Economic Forces at Work*. Indianapolis, IN: Liberty Press, 127—149.

Alchian, Armen A. and Harold Demsetz 1972: Production, information costs, and economic organization. *American Economic Review*, 62, 777—795.

Allais, Maurice 1953: Le comportement de l'homme rationnel devant la risque: Critique des postulats et axiomes de l'Ecole Américaine. *Econometrica* 21: 503—546.

Allais, Maurice 1979: The foundations of a positive theory of choice involving risk and a criticism of the postulates and axioms of the American School. In Maurice Allais and Ole Hagen (eds.), *Expected Utility Hypothesis and the Allais Paradox*. Dordrecht: D. Reidel Publishing Co., 27—145. Originally published 1953: *Econometrie* 40.

Ankersmit, Frank 1994: *History and Tropology: The Rise and Fall of Metaphor*. Berkeley: University of California Press.

Anzaldua, Gloria 1981: *Borderlands/La Frontera*. San Francisco: Spinsters/Aunt Lute.

Aristotle 1991: *On Rhetoric: A Theory of Civic Discourse*, trans. G. Kennedy. New York: Oxford University Press.

Atran, Scott 1995: Causal constraints on categories and categorical constraints on biological reasoning across cultures. In Dan Sperber, David Premack, and Ann James Premack (eds.), *Causal Cognition: A Multidisciplinary Debate*. Oxford: Clarendon Press, 205—233.

Ankersmit, Frank 1994: *History and Tropology: The Rise and Fall of Metaphor*. Berkeley: University of California Press.

Anscombe, G. E. M. [1957] 1963: *Intention*. Ithaca, NY: Cornell University Press.

Apel, Karl-Otto 1984: *Understanding and Explanation*. Cambridge, MA: MIT Press.

Arendt, Hannah [1965] 1990: *Eichmann in Jerusalem*, rev. and enlarged. New York: Penguin.

Aristotle 1991: *On Rhetoric: A Theory of Civic Discourse*, trans. G.
334 Kennedy. New York: Oxford University Press.

Arrow, K. 1987: Rationality of self and others in an economic system. In R. M. Hogarth and M. W. Reder (eds.), *Rational Choice. The Contrast between Economics and Psychology*. Chicago: The University of Chicago Press, 201—215.

ASP (Archive of Scientific Philosophy), Special Collections Department, University of Pittsburgh Libraries, Pittsburgh, PA.

Axelrod, Robert 1997: *The Complexity of Cooperation*. Princeton, NJ: Princeton University Press.

Baldwin, Peter (ed.) 1990: *Reworking the Past*. Boston: Beacon Press.

Barash, David P. 1977: *Sociobiology and Behavior*. New York: Elsevier North-Holland.

Barber, Benjamin 1995: *Jihad vs. McWorld*. New York: Ballantine Books.

Barkow, Jerome H., Leda Cosmides, and John Tooby (eds.) 1992: *The Adapted Mind: Evolutionary Psychology and the Generation of Culture*. New York and Oxford: Oxford University Press.

Barnes, Barry, David Bloor, and John Henry 1996: *Scientific Knowledge: A Sociological Analysis*. Chicago: Chicago University Press.

Barry, Brian [1970] 1978: *Sociologists, Economists and Democracy*. Chicago: The University of Chicago Press.

Bartholomew, David J. 1982: *Stochastic Models for Social Processes*. 3rd edn. Chichester: John Wiley and Sons.

Bartov, Omer 1996: Ordinary monsters. *The New Republic* 214 (April

29), 32—38.

Bateman, Angus John 1948: Intra-sexual selection in Drosophila. *Heredity* 2, 349—368.

Bauman, Zygmunt 1989: *Modernity and the Holocaust*. Ithaca, NY: Cornell University Press.

Bayes, Thomas 1763: An essay towards solving a problem in the doctrine of chances. *Philosophical Transactions of the Royal Society* 53, 370—418. Reprinted 1958: *Biometrika* 45: 293—315, and in E. S. Pearson and M. G. Kendall (eds.), 1970: *Studies in the History of Statistics and Probability*. London: Griffin, 134—153.

Bazerman, Charles 1987: Codifying the social scientific style: The *APA Publication Manual* as a behaviorist rhetoric. In D. McLosky, A. Megill, and J. Nelson (eds.), *The Rhetoric of the Human Sciences: Language and Argument in Scholarship and Public Affairs*. Madison: University of Wisconsin Press, 125—144.

Becker, Gary S. 1976: *The Economic Approach to Human Behavior*. Chicago: The University of Chicago.

Beltrami, Edward 1993: *Mathematical Models in the Social and Biological Sciences*. Boston: Jones and Bartlett.

Berger, Peter and Thomas Luckman 1967: *The Social Construction of Reality*. Garden City, NY: Anchor.

Bernstein, Richard 1976: *The Restructuring of Social and Political Theory*. Philadelphia, PA: University of Pennsylvania Press.

Bicchieri, C. 1993: *Rationality and Coordination*. Cambridge, UK: Cambridge University Press.

Binswanger, Ludwig 1958: The existential analysis school of thought. In Rollo May, Ernst Angele and Henri F. Ellenberger (eds.), *Existence: A New Dimension in Psychiatry and Psychology*. New York: Basic Books, 191—213.

Binswanger, Ludwig 1963: *Being in the World*. New York: Basic Books.

Black, Donald 1997: *The Social Structure of Right and Wrong*. Orlando, FL: Academic Press.

Blackburn, S. 1984: The individual strikes back. *Synthese* 58, 281—303. 335

Blaike, Norman 1993: *Approaches to Social Inquiry*. Oxford: Polity Press.

Blalock, Hubert (ed.) 1971: *Causal Models in the Social Sciences*. Chicago: Aldine.

Blaug, Mark 1980: *The Methodology of Economics: Or, How Economists Explain*. Cambridge, UK and New York: Cambridge University Press.

Blauner, Robert and David Wellman 1973: Toward the decolonization of social research. In Joyce A. Ladner (ed.), *The Death of White Sociology*. New York: Random House, 310—330.

Bleier, Ruth 1984: *Science and Gender*. Elmsford, NY: Pergamon.

Bloor, David 1976: *Knowledge and Social Imagery*. London: Routledge.

Bloor, David 1983: *Wittgenstein: A Social Theory of Knowledge*. Oxford: Blackwell; New York: Columbia University Press.

Bloor, David 1997: *Wittgenstein, Rules and Institutions*. London: Routledge.

Bloor, David 1999a: Anti-Latour. *Studies in the History and Philosophy of Science* 30 (1), 81—112.

Bloor, David 1999b: Discussion-Reply to Bruno Latour. *Studies in History and Philosophy of Science* 30 (1), 131—139.

Bloor, David 2001: Wittgenstein and the priority of practice. In Schatzki et al. (eds.), *The Practice Turn in Contemporary Theory*. London and New York: Routledge, 95—106.

Blumstein, A. and R. Larson 1971: Problems in modeling and measuring recidivism. *Journal of Research in Crime and Delinquency* 8, 124—132.

Boghossian, Paul 2001: What is social constructions? *Times Literary Supplement February* 23, 6—8.

Bohman, James 1991: *New Philosophy of Social Science: Problems of Indeterminacy*. Cambridge, MA: MIT Press.

Bohman, James 1996: *Public Deliberation: Pluralism, Complexity and Democracy*. Cambridge, MA: MIT Press.

Bohman, James 1999a: Democracy as inquiry, inquiry as democratic: Pragmatism, social science, and the cognitive division of labor. *American Journal of Political Science* 43, 590—607.

Bohman, James 1999b: Theories, practices, and pluralism: A pragmatic interpretation of critical social science. *Philosophy of the Social Sciences*, 29, 459—480.

Bohman, James 2000a: The importance of the second person: Normative attitudes, practical knowledge, and interpretation. In Karsten Stueber and Hans Koegler (eds.), *Empathy and Agency: The Problem of Understanding in the Human Sciences*. Boulder, CO: Westview Press, 222—242.

Bohman, James 2000b: When water chokes: Ideology, communication, and practical rationality. *Constellations: An International Journal of Critical and Democratic Theory* 7 (3), 382—392. http://www.blackwellpublishers.co.uk/asp/journal.asp? ref=1351—0487&src=arc&vid=7&iid=3

Boland, Lawrence 1979: A critique of Friedman's critics. *Journal of Economic Literature* 17, 503—522.

Boland, Lawrence 1982: *The Foundations of Economic Method*. London: George Allen & Unwin.

Bolker, Ethan D. 1966: Functions resembling quotients of measures. *Transactions of the American Mathematical Society* 124: 292—312.

Bolker, Ethan D. 1967: A simultaneous axiomatization of utility and subjective probability. *Philosophy of Science* 34: 333—340. 336

Borofsky, Robert 1997: Cook, Lono, Obeyesekere, and Sahlins. *Current Anthropology* 18, 255—282.

Bourdieu, Pierre 1977: *Outline of a Theory of Practice*, trans. Richard Nice. Cambridge, UK: Cambridge University Press.

Boutroux, Émile 1914: *Natural Law in Science and Philosophy*. London: D. Nutt; New York: Macmillan.

Boutroux, Émile 1920: *The Contingency of the Laws of Nature*, trans. Fred Rothwell. Chicago and London: Open Court.

Braithwaite, Richard B. 1947: Teleological explanation. *Proceedings of the Aristotelian Society* 47, i—xx.

Braithwaite, Richard B. 1953: *Scientific Explanation. A Study of the Function of Theory, Probability and Law in Science*. Cambridge, UK:

Cambridge University Press.

Brandom, Robert 1994: *Making It Explicit: Reasoning, Representing, and Discursive Commitment*. Cambridge, MA: Harvard University Press.

Brandon, Robert N. 1978: Adaptation and evolutionary theory. *Studies in History and Philosophy of Biology* 9, 181—206.

Brandon, Robert N. 1984: Adaptation and evolutionary theory. In Elliott Sober (ed.), *The Nature of Selection: Evolutionary Theory in Philosophical Focus*. Cambridge, MA: MIT Press, 58—82.

Brandon, Robert N. 1990: *Adaptation and Environment*. Princeton, NJ: Princeton University Press.

Braun, Robert 1994: The Holocaust and the problems of historical representation. *History and Theory* 33, 172—197.

Braybrooke, David (ed.) 1965: *Philosophical Problems of the Social Sciences*. London: Collier-MacMillan.

Braybrooke, David 1987: *Philosophy of Social Science*. Englewood Cliffs, NJ: Prentice-Hall.

Brennan, G. and J. M. Buchanan 1984: Voter choice: Evaluating political alternatives. *American Behavioral Scientist* 28, 185—201.

Brentano, Franz [1874] 1972: *Psychology From an Empirical Standpoint*, trans. Antos C. Rancurello, D. B. Terrell and Linda L. McAlister, ed. Linda T. McAlister. London: Routledge and Kegan Paul.

Brodbeck, May 1958: Methodological individualisms: Definition and reduction. *Philosophy of Science*, 25, 1—22. Reprinted in Brodbeck 1968, *Readings in the Philosophy of Social Science*, 280—303.

Brodbeck, May (ed.) 1968: *Readings in the Philosophy of Social Science*. London: Macmillan.

Broome, John 1991: *Weighing Goods: Equality, Uncertainty, and Time.* Cambridge, MA: Blackwell.

Broome, John 1993: Can a Humean be moderate? In R. G. Frey and Christopher W. Morris (eds.), *Value, Welfare, and Morality*. Cambridge, UK: Cambridge University Press, 51—73.

Brown, Donald E. 1991: *Human Universals*. Philadelphia: Temple Uni-

versity Press.

Brown, Richard Harvey 1977: *A Poetic for Sociology: Toward a Logic of Discovery for the Human Sciences*. Cambridge, UK and New York: Cambridge University Press.

Brown, Richard Harvey 1987: *Society as Text: Essays on Rhetoric, Reason, and Reality*. Chicago: University of Chicago Press.

Brown, Richard Harvey 1989: *Social Science as Civic Discourse: Essays on the Invention, Legitimation, and Uses of Social Theory*. Chicago: University of Chicago Press.

Brown, Richard Harvey 1995: *Postmodern Representations: Truth, Power, and Mimesis in the Human Sciences and Public Culture*. Urbana: University of Illinois Press.

Browning, Christopher 1992a: *Ordinary Men: Reserve Police Battalion 101 and the Final Solution in Poland*. New York: HarperCollins.

Browning, Christopher 1992b: Beyond "intentionalism" and "functionalism": The decision of the final solution reconsidered. In Christopher Browning, *The Path to Genocide*. Cambridge, UK: Cambridge University Press, 86—121.

Browning, Christopher 1992c: German memory, judicial interrogation, and historical reconstruction: Writing perpetrator history from postwar testimony. In Saul Friedlander (ed.), *Probing the Limits of Representation: Nazism and the "Final Solution."* Cambridge, MA: Harvard University Press, 22—36.

Browning, Christopher 1996: Daniel Goldhagen's willing executioners. *History and Memory* 8, 88—110.

Buchanan, James M. 1988: The constitution of economic policy. In J. D. Gwartney and R. E. Wagner (eds.), *Public Choice and Constitutional Economics*. Greenwich, CT: JAI Press, 103—114.

Buchanan James M. 1989: Rational choice models in the social sciences. In *Explorations into Constitutional Economics*. College Station: Texas A&M University Press, 37—50.

Burian, Richard M. 1978: A methodological critique of sociobiology. In A. L. Caplan (ed.), *The Sociobiology Debate*. New York: Harper &

Row, 376—395.

Burian, Richard M. 1983: Adaptation. In Marjorie Grene (ed.), *Dimensions of Darwinism: Themes and Counterthemes in Twentieth Century Evolutionary Theory*. Cambridge, UK and New York: Cambridge University Press, 287—314.

Burian, Richard M. 1992: Adaptation: Historical perspectives. In Evelyn Fox Keller and Elisabeth A. Lloyd (eds.), *Keywords in Evolutionary Biology*. Cambridge, MA: Harvard University Press, 7—12.

Buss, David 1996: Sexual conflict: Evolutionary insights into feminism and "the battle of the sexes." In David M. Buss and Neil M. Malamuth (eds.), *Sex, Power, Conflict: Evolutionary and Feminist Perspectives*. New York and Oxford: Oxford University Press, 296—318.

Buss, David M. 1999: *Evolutionary Psychology: The New Science of the Mind*. Boston: Allyn and Bacon.

Buss, David M. and Nell M. Malamuth (eds.) 1996: *Sex, Power, Conflict: Evolutionary and Feminist Perspectives*. New York and Oxford: Oxford University Press.

Cairns, John E. 1875: *The Character and Logical Method of Political Economy*. London: Macmillan & Co.

Caldwell, Bruce 1991: Clarifying Popper. *Journal of Economic Literature* 29, 1—33.

Caldwell, Bruce J. 1982: *Beyond Positivism: Economic Methodology in the Twentieth Century*. London: George Allen & Unwin.

Campbell, Marie and Ann Manicom (eds.) 1995: *Knowledge, Experience, and Ruling Relations: Studies in the Social Organization of Knowledge*. Toronto: University of Toronto Press.

Campbell, Richmond and Lanning Sowden (eds.) 1985: *Paradoxes of Rationality and Cooperation. Prisoner's Dilemma and Newcombe's Problem*. Vancouver: University of British Columbia Press.

Carnap, Rudolf 1932: *Die physikalische Sprache als Universalsprache der Wisenschaft*, revised and trans, as *The Unity of Science* [1934] 1995.
338 Bristol, UK: Thoemmes Press.

Cartwright, Nancy, Jordi Cat, Lola Fleck, and Thomas E. Uebel 1996:

Otto Neurath: Philosophy between Science and Politics. Cambridge, UK: Cambridge University Press.

Castells, Manuel 1996—1998: *The Information Age*, 3 vols. Oxford: Blackwell.

Castells, Manuel 1997: *The Power of Identity*, vol. Ⅱ of *The Information Age: Economy, Society & Culture*. Oxford: Blackwell.

Castells, Manuel 2000: Materials for an exploratory theory of the network society. *British Journal of Sociology* 51 (1), 5—24.

Casti, J. L. 1992: *Reality Rules: 1*. New York: John Wiley & Sons.

Chong, D. 1995: Rational choice theory's mystical rivals. *Critical Review* 9, 37—57.

Coase, R. H. 1937: The nature of the firm. *Economica* 4, 386—405.

Coase, R. H. 1960: The problem of social cost. *The Journal of Law and Economics* 3, 493—496.

Cohen, G. A. 1978: *Karl Marx's Theory of History: A Defence*. Princeton, NJ: Princeton University Press.

Coleman, James S. 1964: Collective decisions. *Sociological Inquiry* 34, 166—181.

Coleman, James S. 1986a: *Individual Interests and Collective Action: Selected Essays*. New York: Cambridge University Press.

Coleman, James S. 1986b: Social theory, social research, and a theory of action. *American Journal of Sociology* 91, 1309—1335.

Coleman, James S. 1990: *Foundations of Social Theory*. Cambridge, MA: Harvard University Press.

Coleman, James S. 1994: A rational choice perspective on economic sociology. In N. J. Smelser and R. Swedberg (eds.), *The Handbook of Economic Sociology*. Princeton, NJ: Princeton University Press, 166—180.

Collins, Harry [1985] 1991: *Changing Order: Replication and Order in Scientific Practice*, 2nd rev. edn. Chicago: University of Chicago Press.

Collins, Harry and Trevor Pinch 1998: *The Golem at Large: What You Should Know About Technology*. Cambridge, UK: Cambridge University Press.

Collins, Harry and Trevor Pinch [1993] 1999: *The Golem: What Everyone*

Should Know About Science, 2nd rev. edn. Cambridge, UK: Cambridge University Press.

Collins, Patricia Hill 1986: Learning from the outsider within: The sociological significance of black feminist thought. *Social Problems* 33 (6), 14—32.

Collins, Patricia Hill 1991: *Black Feminist Thought: Knowledge, Consciousness, and the Politics of Empowerment*. New York: Routledge.

Conkey M. W. and J. D. Spector 1984: Archaeology and the study of gender. *Advances in Archaeological Method and Theory* 7, 1—38.

Coser, Lewis 1975: Presidential address: Two methods in search of a substance. *American Sociological Review* 40 (6), 691—700.

Cosmides, Leda and John Tooby 1992: Cognitive adaptations for social exchange. In Barkow et al. (eds.), *The Adapted Mind: Evolutionary Psychology and the Generation of Culture*. New York and Oxford: Oxford University Press, 163—228.

Cosmides, Leda, John Tooby, and Jerome H. Barkow 1992: Introduction: Evolutionary psychology and conceptual integration. In Barkow et al. (eds.), *The Adapted Mind: Evolutionary Psychology and the Generation of Culture*. New York and Oxford: Oxford University Press, 3—18.

Crary, Alice and Rupert Read (eds.) 2000: *The New Wittgenstein*. New York: Routledge.

Dallmayr, Fred R. 1973: Phenomenology and Marxism: A salute to Enzo Paci. In George Psathas (ed.), *Phenomenological Sociology*. New
339 York: John Wiley, 305—356.

Dallmayr, Fred and Thomas McCarthy (eds.) 1977: *Understanding and Social Inquiry*. Notre Dame, IN: University of Notre Dame Press.

Daly, Martin and Margo Wilson 1981: Abuse and neglect of children in evolutionary perspective. In Richard D. Alexander and Donald W. Tinkle (eds.), *Natural Selection, and Social Behavior: Recent Research and New Theory.* New York: Chiron, 405—416.

Daly, Martin and Margo Wilson 1983: *Sex, Evolution and Behavior: Adaptations for Reproduction*. Boston: Willard Grant Press.

Daly, Martin and Margo Wilson 1988: *Homicide*. Hawthorne, NY: Al-

dine de Gruyter.
Daly, Martin and Margo Wilson 1990: Killing the competition. *Human Nature* 1, 83—109.
Danziger, Kurt 1990: *Constructing the Subject: Historical Origins of Psychological Research.* Cambridge, UK: Cambridge University Press.
Darwin, Charles [1859] 1975: *On The Origin of Species by Means of Natural Selection, or, the Preservation of Favored Races in the Struggle for Life. A Facsimile of the First Edition*, ed. Ernst Mayr. Cambridge, MA: Harvard University Press.
Davidson, Donald 1963: Actions, reasons and causes. *Journal of Philosophy* 60. Reprinted in Davidson 1980: *Essays on Actions and Events.* New York and Oxford: Oxford University Press, 3—19.
Davidson, Donald 1970: Mental events. In Lawrence Foster and J. W. Swanson (eds.), *Experience and Theory*, Amherst: University of Massachusetts Press. Reprinted in Davidson 1980: *Essays on Actions and Events.* New York and Oxford: Oxford University Press, 207—224.
Davidson, Donald 1974a: On the very idea of a conceptual science. *Proceedings and Addresses of the American Philosophical Association* 47. Reprinted in Davidson 1984: *Inquiries into Truth and Interpretation.* Oxford: Clarendon Press, 183—198.
Davidson, Donald 1974b: Psychology as philosophy. In S. C. Brown (ed.), *Philosophy of Psychology*, New York: Barnes & Noble. Reprinted in Davidson 1980: *Essays on Actions and Events.* New York and Oxford: Oxford University Press, 229—239.
Davidson, Donald 1976: Hempel on explaining action. Reprinted in Davidson 1980: *Essays on Actions and Events.* New York and Oxford: Oxford University Press, 261—275.
Davidson, Donald 1980: *Essays on Actions and Events.* Oxford: Clarendon Press.
Davidson, Donald 1984: *Inquiries into Truth and Interpretation.* Oxford: Clarendon Press.
Davidson, Donald 1985a: Incoherence and irrationality. *Dialectica* 39 (4), 345—354.

Davidson, Donald 1985b: A new basis for decision theory. *Theory and Decision* 18: 87—98.

Davidson, Donald 1989: What is present to the mind? In Johannes Brandl and Wolfgang L. Gombocz (cds.), *The Mind of Donald Davidson*. Amsterdam and Atlanta, GA: Editions Rodopi, 3—18.

Davidson, Donald 1990: The structure and content of truth. *Journal of Philosophy* 87 (6), 279—328.

Davidson, Donald 1999: Reply to Richard Rorty. In Lewis Edwin Hahn (ed.), *The Philosophy of Donald Davidson*. Carbondale, IL: Open Court Publishing, 595—600.

Dawkins, Richard 1989: *The Selfish Gene*, 2nd edn. Oxford: Oxford University Press.

Debreu, G. 1954: Representation of a preference ordering by a numerical function. In Robert M. Thrall, C. H. Coombs, and R. L. Davis (eds.), *Decision Processes*, New York: Wiley, 159—165.

de Finetti, Bruno 1931: Sul significato soggettivo della probabilita. *Fundamental Mathematics* 17: 298—329.
340
de Finetti, Bruno [1937] 1964: Foresight: Its logical laws, its subjective sources, trans. Henry E. Kyburg, Jr. In Henry E. Kyburg, Jr. and Harold E. Smokler (eds.), *Studies in Subjective Probability*. New York: Wiley, 97—158. Originally published as La prévision: Ses lois logiques, ses sources subjectives. *Ann. Inst. Henri Poincaré* 7, 1—68.

de Finetti, Bruno 1972: *Probability, Induction and Statistics: The Art of Guessing*. New York: Wiley

de Finetti, Bruno 1974: *Theory of Probability: A Critical Introductory Treatment*, vol. 1. New York: Wiley.

De Marchi, N. 1988: *The Popperian Legacy in Economics*. Cambridge, UK: Cambridge University Press.

Demsetz, Harold 1964: The exchange and enforcement of property rights. *The Journal of Law and Economics* 7, 11—26.

Demsetz, Harold 1966: Some aspects of property rights. *The Journal of Law and Economics* 9, 61—70.

Demsetz, Harold 1967: Toward a theory of property rights. *American*

Economic Review 57, 347—359.

Dennett, D. C. 1995: *Darwin's Dangerous Idea: Evolution and the Meanings of Life*. New York: Simon and Schuster.

Descartes, René 1991: *The Philosophical Writings of Descartes: The Correspondence*, vol. Ⅲ, trans. John Cottingham et al. Cambridge, UK and New York: Cambridge University Press.

Dewey, John 1988: The Public and Its Problems. In *The Later Works*, vol. 2. Carbondale: Southern Illinois University Press.

Dewsbury, D. A. 1982: Ejaculate cost and male choice. *American Naturalist* 119, 601—610.

Diamond, Cora 1991: *The Realistic Spirit: Wittgenstein, Philosophy and the Mind*. Cambridge, MA: MIT Press.

Diamond, Peter A. 1967: Cardinal welfare, individualistic ethics and interpersonal comparisons of utility: Comment. *Journal of Political Economy*, 75, 765—766.

Doppelt, Gerald 1978: Kuhn's epistemological relativism: An interpretation and a defense. *Inquiry* 21, 33—86.

Douglas, Mary 1986: *How Institutions Think*. Syracuse, NY: Syracuse University Press.

Downs, Anthony 1957: *An Economic Theory of Democracy*. New York: Harper & Brothers.

Dray, William 1957: *Laws and Explanations in History*. London: Oxford University Press.

Dreyfus, Hubert 1972a: The perceptual noema: Gurwitsch's crucial contribution. In Lester Embree (ed.), *Life-World and Consciousness: Essays for Aaron Gurwitsch*. Evanston, IL: Northwestern University Press, 135—170.

Dreyfus, Hubert 1972b: *What Computers Can't Do*. New York: Harper and Row.

Dreyfus, Hubert 1980: Holism and hermeneutics. *Review of Metaphysics* 34 (1), 3—24.

Dreyfus, Hubert 1991: *Being-in-the-World: A Commentary on Heidegger's* Being and Time, Division I. Cambridge, MA: MIT Press.

Dreyfus, Hubert 2000a: Responses. In Mark Wrathall and Jeff Malpas (eds.), *Heidegger, Coping, and Cognitive Science: Essays in Honor of Hubert L. Dreyfus*, vol. 2. Cambridge, MA: MIT Press, 313—349.

Dreyfus, Hubert 2000b: Could anything be more intelligible than everyday intelligibility? Reinterpreting division I of *Being and Time* in the light of division Ⅱ. In James E. Faulconer and Mark A. Wrathall (eds.), *Appropriating Heidegger*. Cambridge, UK: Cambridge University Press,
341 155—174.

Dreyfus, Hubert and S. Dreyfus 1999: The challenge of Merleau-Ponty's phenomenology of embodiment for cognitive science. In Honi Haber and Gail Weiss (eds.), *Perspectives on Embodiment: The Intersection of Nature and Culture*. New York and London: Routledge, 103—120.

Dummett, Michael 1993: *Origins of Analytical Philosophy*. Cambridge, MA: Harvard University Press.

Dupre, John 1993: *The Disunity of Things*. Cambridge, MA: Harvard University Press.

Dupre, John 1998: Against reductionist explanations of human behavior, Part 1. *The Aristotelian Society* Supplementary vol. LXXII: 153—171.

Durkheim, Émile 1982: *The Rules of Sociological Method*, ed. Steven Lukes, trans. W. D. Halls. New York: Free Press.

Eaton, R. L. 1978: Why some felids copulate so much: A model for the evolution of copulation frequency. *Carnivore* 1, 42—51.

Edwards, W., Lindman, H., and Savage, L. J. 1963: Bayesian statistical inference for psychological research. *Psychological Review* 70 (3), 193—242.

Eley, Geoff 1997: Judeocide and German history. *Michigan Quarterly Review* 36 (Spring), 361—368.

Ellsberg, Daniel 1961: Risk, ambiguity, and the Savage axioms. *Quarterly Journal of Economics* 75, 643—669.

Elster, Jon 1979: *Ulysses and the Sirens. Studies in Rationality and Irrationality*. Cambridge, UK: Cambridge University Press.

Elster, John 1982: Marxism, functionalism and game theory: The case for methodological individualism. *Theory and Society* 11, 453—482.

Elster., Jon 1985a: *Making Sense of Marx*. Cambridge, UK: Cambridge

University Press; New York: Maison des Sciences de l'Homme.

Elster, Jon 1985b: Rationality, morality and collective action. *Ethics* 96, 136—155.

Elster, Jon (ed.) 1986: *Rational Choice*. Oxford: Blackwell.

Elster, Jon 1989: *The Cement of Society. A Study of Social Order*. Cambridge, UK: Cambridge University Press.

Elster, Jon 1999: *Alchemies of the Mind*. Cambridge, UK: Cambridge University Press.

Elster, Jon 2000: Rationality, economy, and society. In Stephen P. Turner (ed.), *The Cambridge Companion to Weber*. Cambridge, UK: Cambridge University Press, 21—41.

Emmett, Dorothy and Alasdair MacIntyre (eds.) 1970: *Sociological Theory and Philosophical Analysis*. London: Macmillan.

Epstein, Joshua 1997: *Nonlinear Dynamics, Mathematical Biology, and Social Science*. Reading, MA: Addison-Wesley.

Epstein, Joshua and Robert Axtell 1996: *Growing Artificial Societies: Social Science from the Bottom Up*. Cambridge, MA: The MIT Press.

Epstein, Stephen 1996: *Impure Science: AIDS, Activism and the Politics of Knowledge*. Berkeley: University of California Press.

Evans-Pritchard, Edward 1964: *Social Anthropology and Other Essays*. New York: Free Press.

Fay, Brian 1996: *Contemporary Philosophy of Social Science*. Oxford: Blackwell.

Fay, Brian 2000: Winch's philosophical bearings. *History of the Human Sciences* 13, 50—62.

Fay, Brian, Philip Pomper, and Richard T. Vann (eds.) 1998: *History and Theory: Contemporary Readings*. Malden, MA: Blackwell.

Feigl, Herbert and May Brodbeck (eds.) 1953: *Readings in the Philosophy of Science*, New York: Appleton-Crofts. 342

Feigl, Herbert and Wilfried Sellars (eds.) 1949: *Readings in Philosophical Analysis*. New York: Appleton-Century-Crofts.

Ferejohn, J. A. and Morris P. Fiorina 1974: The paradox of not voting. A decision theoretic analysis. *The American Political Science Review* 68,

525—536.

Figueroa, Robert and Sandra Harding (eds.) forthcoming: *Diversity and Philosophy of Science*. New York: Routledge.

Fine, Arthur 1996: Science made up: Constructivist sociology of scientific knowledge. In Peter Galison and David J. Stump (eds.), *The Disunity of Science: Boundaries, Contexts, and Power*. Stanford, CA: Stanford University Press, 231—254.

Fiorina, Morris P. 1990: Information and rationality in elections. In J. A. Ferejohn and J. H. Kuklinski (eds.), *Information and Democratic Processes*. Urbana, IL: University of Illinois Press, 329—342.

Fish, Stanley 1989: *Doing What Comes Naturally: Change, Rhetoric, and the Practice of Theory in Literary and Legal Studies*. Durham, NC: Duke University Press.

Fish, Stanley 1995: *Professional Correctness: Literary Studies and Political Change*. New York: Oxford University Press.

Fishburn, Peter C. 1964: *Decision and Value Theory*. New York: Wiley.

Fishburn, Peter C. 1981: Subjective expected utility: A review of normative theories. *Theory and Decision* 13, 139—199.

Fisher, Kuno [1866] 1976: *A Commentary on Kant's Critick of the Pure Reason: Translated from the History of Modern Philosophy*, trans. J. P. Mahaffey. London: Longmans Green.

Fisk, Donald W. and Richard A. Shweder (eds.) 1986: *Metatheory in Social Science*. Chicago: University of Chicago Press.

Fleck, Ludwick [1935] 1979: *The Genesis and Development of a Scientific Fact*. Chicago: University of Chicago Press.

Fodor, Jerry A. 2000: *The Mind Doesn't Work that Way: The Scope and Limits of Computational Psychology*. Cambridge, MA: MIT Press.

Fogelin, Robert [1976] 1987: *Wittgenstein*, 2nd rev. edn. London: Routledge & Kegan Paul.

Foucault, Michel 1979: *Discipline and Punish*. New York: Vintage Books.

Frazer, James 1963: *The Golden Bough, abridged*. New York: Macmillan.

Freedman, David 1999: From association to causation: Some remarks on the history of statistics. *Statistical Science* 14 (3), 243—258.

Freedman, David and Paul Humphreys 2000: Are there algorithms that discover causal structure? *Synthese* 121, 1—26.

Freedman, David, Roger Pisani, and Roger Purves 1998: *Statistics*, 3rd edn. New York: W. W. Norton.

Freire, Paulo 1970: *Pedagogy of the Oppressed*. New York: Herder & Herder.

French, Peter A., Theodore E. Uehling, Jr. and Howard K. Wettstein (eds.) 1990: *The Philosophy of the Human Sciences*. Notre Dame, IN: University of Notre Dame Press.

Frenkel-Brunswik, E. 1954: Psychoanalysis and the unity of science. *Proceedings of the American Academy of Arts and Sciences* 80, 271—350.

Frey, R. G. and Christopher W. Morris (eds.) 1993: *Value, Welfare, and Morality*. Cambridge, UK and New York: Cambridge University Press.

Friedlander, Saul (ed.) 1992: *Probing the Limits of Representation*. Cambridge, MA: Harvard University Press. 343

Friedlander, Saul 1997: *Nazi Germany and the Jews*, vol. 1. New York: HarperCollins.

Friedman, Michael 1998: On the sociology of scientific knowledge and its philosophical agenda. *Studies in the History and Philosophy of Science* 29, 239—271.

Friedman, Milton 1953: The methodology of positive economics. In *Essays in Positive Economics*. Chicago: The University of Chicago Press, 3—46.

Frisby, David 1992: *The Alienated Mind: The Sociology of Knowledge in Germany*. London: Routledge.

Fuller, Steve 1988: *Social Epistemology*. Bloomington, IN: Indiana University Press.

Fuller, Steve 1992: Social epistemology and the research agenda of science studies. In Andrew Pickering (ed.), 1992: *Science as Practice and Culture*. Chicago: The University of Chicago Press, 390—428.

Fuller, Steve 1993: *Philosophy, Rhetoric and the End of Knowledge*. Madison, WI: University of Wisconsin Press.

Fuller, Steve 1997a: *Science*. Minneapolis: University of Minnesota Press.

Fuller, Steve 1997b: Why practice does *not* make perfect: Some additional support for Turner's *Social Theory of Practices. Human Studies* 20 (3), 315—323.

Fuller, Steve 2000a: *The Governance of Science: Ideology and the Future of the Open Society*. Buckingham, UK and Philadelphia, PA: Open University Press.

Fuller, Steve 2000b: *Thomas Kuhn: A Philosophical History for Our Times*. Chicago: The University of Chicago Press.

Fuller, Steve 2000c: Social epistemology as a critical philosophy of multiculturalism. In Ram Mahalingam and Cameron McCarthy (eds.), *Multicultural Curriculum: New Directions for Social Theory, Practice, and Policy*. London: Routledge, 15—36.

Fuller, Steve 2001: *Knowledge Management Foundations*. Boston: Butterworth-Heinemann. Gadamer, Hans-Georg 1979: The problem of historical consciousness. In Paul Rabinow and William M. Sullivan (eds.), *Interpretive Social Science: A Reader*. Berkeley, CA: University of California Press, 103—160.

Gadamer, Hans-Georg 1992: *Truth and Method*, trans. Joel Weinsheimer and Donald G. Marshall. New York: Seabury.

Galison, Peter and David J. Stump (eds.) 1996: *The Disunity of Science: Boundaries, Contexts, and Power*. Stanford, CA: Stanford University Press.

Garcia Selgas, Fernando J. forthcoming: Feminist epistemologies for critical social theory: From standpoint theory to situated knowledge. In Sandra Harding (ed.), *The Standpoint Reader*.

Garfinkel, Harold 1967: *Studies in Ethnomethodology*. Englewood Cliffs, NJ: Prentice Hall.

Geertz, Clifford 1971: Thick description: Toward an interpretive theory of cultures. In *The Interpretation of Cultures*. New York: Basic Books, 3—30.

Geertz, Clifford 1995: Culture wars. *New York Review of Books*, November 30, 4—6.

Geertz, Clifford 2000: The strange estrangement: Taylor and the natural sciences. In *Available Light*. princeton, NJ: Princeton University

Press, 83—95.

Gellner, Ernest [1959] 1979: *Words and Things*, 2nd rev. edn. London: Routledge & Kegan Paul.

Gellner, Ernest 1998: *Language and Solitude: Wittgenstein, Malinowski and the Habsburg Dilemma*. Cambridge, UK: Cambridge University Press.

Gibbons, Michael et al: 1994: *The New Production of Knowledge: The Dynamics of Science and Research in Contemporary Societies*. London: Sage.

Gilbert, G. Nigel and Michael Mulkay 1984: *Opening Pandora's Box: A Sociological Analysis of Scientists' Discourse*. Cambridge, UK and New York: Cambridge University Press.

Gilligan, Carol 1982: *In a Different Voice: Psychological Theory and Women's Development*. Cambridge, MA: Harvard University Press.

Giorgi, Amadeo 1970: *Psychology as a Human Science. A Phenomenologically Based Approach*. New York: Harper and Row.

Gladstone, D. 1979: Promiscuity in monogamous colonial birds. *The American Naturalist* 114 (4), 545—557.

Glaser, Barney and Anselm Strauss 1967: *The Discovery of Grounded Theory: Strategies for Qualitative Research*. Chicago: Aldine.

Goldhagen, Daniel Jonah 1992: The evil of banality. *The New Republic* July 13 and 20, 49—52.

Goldhagen, Daniel Jonah 1996: Motives, causes, and alibis. *The New Republic* December 23, 37—45.

Goldhagen, Daniel Jonah 1997: *Hitler's Willing Executioners: Ordinary Germans and the Holocaust*. New York: Vintage Books.

Goldman, Alvin I. 1999: *Knowledge in a Social World*. New York: Oxford University Press.

Goldman, Alvin I. and M. Shaked 1991: An economic model of scientific activity and truth acquisition. *Philosophical Studies* 63, 31—55.

Golinski, Jan 1998: *Making Natural Knowledge: Constructivism and the History of Science*. Cambridge, UK: Cambridge University Press.

Goody, Jack 1995: *The Expansive Moment: The Rise of Social Anthro-*

pology in Britain and Africa, 1918—1970. Cambridge, UK: Cambridge University Press.

Gould, Stephen J. 1977: Biological potentiality vs. biological determinism. In Philip Appleman (ed.), *Darwin: A Norton Critical Edition*. New York and London: W. W. Norton & Co., 460—465.

Gould, Stephen J. 1980: Sociobiology and the theory of natural selection. *American Association for the Advancement of Science Symposia* 35, 257—269.

Gould, Stephen J. and Richard C. Lewontin 1979: The spandrels of San Marco and the Panglossian paradigm: A critique of the adaptationist programme. *Proceedings of the Royal Society* B205, 581—598.

Gourevitch, Victor 1968: Philosophy and politics. *Review of Metaphysics* 22, 282—328.

Green, D. P. and I. Shapiro 1994: *Pathologies of Rational Choice Theory. A Critique of Applications in Political Science*. New Haven, CN: Yale University Press.

Gross, Paul R. and Norman Levitt 1994: *Higher Superstition: The Academic Left and its Quarrels with Science*. Baltimore, MD: Johns Hopkins University Press.

Grunberg, E. 1966: The meaning of scope and external boundaries of economics. In S. R. Krupp (ed.), *The Structure of Economic Science*. New York: The Free Press of Glencoe, 148—165.

Gurwitsch, Aaron 1966: *Studies in Phenomenology and Psychology*. Evanston, IL: North-western University Press.

Habermas, Jürgen [1967] 1988: *On the Logic of the Social Sciences*, trans. Shierry Weber Nicholson and Jerry A. Stark. Cambridge, MA: MIT Press.

Habermas, Jürgen 1971: *Knowledge and Human Interests*. Boston: Beacon Press.

Habermas, Jürgen 1973: *Theory and Practice*. Boston: Beacon Press.

Habermas, Jürgen 1984: *The Theory of Communicative Action*, vol. Ⅰ,
345 trans. Thomas McCarthy. Boston: Beacon Press.

Habermas, Jürgen 1987: *The Theory of Communicative Action*, vol. Ⅱ, trans. Thomas McCarthy. Boston: Beacon Press.

Habermas, Jürgen 1996: *Between Facts and Norms*. Cambridge, MA: MIT Press.

Hacking, Ian 1983: *Representing and Intervening*. Cambridge, UK: Cambridge University Press.

Hacking, Ian 1999: *The Social Construction of What?* Cambridge, MA: Harvard University Press.

Hacohen, Malachi Haim 2000: *Karl Popper, the Formative Years, 1902—1945: Politics and Philosophy in Interwar Vienna*. Cambridge, UK: Cambridge University Press.

Hampton, Jean E. 1998: *The Authority of Reason*. Cambridge, UK: Cambridge University Press.

Haraway, Donna 1978a: Animal sociology and a natural economy of the body politic, Part Ⅰ. *Signs* 4 (1), 21—36.

Haraway, Donna 1978b: Animal sociology and a natural economy of the body politic, Part Ⅱ: A political physiology of dominance. *Signs* 4 (1), 37—60.

Haraway, Donna 1981: In the beginning was the word: The genesis of biological theory. *Signs* 6 (3), 469—481.

Haraway, Donna 1991: Situated knowledges: The science question in feminism and the privilege of partial perspectives. In *Simians, Cyborgs, and Women*. New York: Routledge, 183—201.

Harding, Sandra (ed.) 1976: *Can Theories be Refuted? Essays on the Duhem-Quine Thesis*. Dordrecht and Boston: Reidel.

Harding, Sandra 1986: *The Science Question in Feminism*. Ithaca, NY: Cornell University Press.

Harding, Sandra 1991: *Whose Science? Whose Knowledge? Thinking From Women's Lives*. Ithaca, NY: Cornell University Press.

Harding, Sandra 1992a: After the neutrality ideal: Politics, science, and "strong objectivity." In Margaret Jacob (ed.), *The Politics of Western Science, 1640—1990*, Atlantic Highlands, NJ: Humanities Press.

Harding, Sandra 1992b: Rethinking standpoint epistemology. In Linda Alcoff and E. Potter (eds.), *Feminist Epistemologies*, New York: Routledge, 49—82.

Harding, Sandra 1998: *Is Science Multicultural? Postcolonialisms, Feminisms, and Epistemologies*. Bloomington: Indiana University Press.

Harding, Sandra forthcoming a: Identity and social transformation in the net society: Epistemological resources. In Linda Alcoff, Satya P. Mohanty, Paula Moya, and Michael Hames-Garcia (eds.), *The Future of Minority Studies: Redefining Identity Politics*.

Harding, Sandra (ed.) forthcoming b: *The Standpoint Reader*.

Harsanyi, J. C. 1977: *Rational Behavior and Bargaining Equilibrium in Games and Social Situations*. Cambridge, UK: Cambridge University Press.

Hartsock, Nancy 1983: The feminist standpoint: Developing the ground for a specifically feminist historical materialism. In Sandra Harding and Merrill Hintikka (eds.), *Discovering Reality*, Dordrecht: Reidel/Kluwer, 283—310.

Hartsock, Nancy 1998: The feminist standpoint revisited. In *The Feminist Standpoint Revisited and Other Essays*. Boulder, CO: Westview Press, 227—248.

Hausman, Daniel M. 1992: *Essays on Philosophy and Economic Methodology*. Cambridge, UK: Cambridge University Press.

Hayek, Friedrich A. von (ed.) 1935: *Collectivist Economic Planning*.
346 London: Routledge & Sons.

Hayek, Friedrich A. von [1937] 1948: Economics and knowledge. *Economica* 4, 33—54. Reprinted in Hayek 1972: *Individualism and Economic Order*. Chicago: The University of Chicago Press, 33—56.

Hayek, Friedrich A. von [1942—1944] 1952a: *The Counter-Revolution of Science: Studies on the Abuse of Reason*. Glencoe, IL: Free Press.

Hayek, Friedrich A. von [1942—1944] 1952: Scientism and the study of society. In *Economika* 9, 267—291; 10, 34—63; 11, 27—39. Reprinted in *The Counter-Revolution of Science: Studies on the Abuse of Reason*, Glencoe, IL: Free Press 17—182.

Heap, James L. and Phillip A. Roth 1973: On phenomenological sociology. *American Sociological Review* 38, 354—367.

Heckathorn, D. D. 1997: Overview: The paradoxical relationship between sociology and rational choice. *The American Sociologist* 22, 6—15.

Hedström, Peter and Richard Swedberg 1996: Rational choice, empirical research, and the sociological tradition. *European Sociological Review* 12, 127—146.

Hegel, G. W. F. [1807] 1977: *The Phenomenology of Spirit*, trans. A. V. Miller. Oxford: Oxford University Press.

Heidegger, Martin [1927] 1962: *Being and Time*, trans. John Macquarrie and James M. Robinson. New York: Harper & Row.

Heidegger, Martin [1925] 1985: *History and the Concept of Time*, trans. T. Kisiel. Bloomington: University of Indiana Press.

Hekman, Susan 1997: Truth and method: Feminist standpoint theory revisited. *Signs: Journal of Women in Culture and Society* 22 (2), 341—365. See also responses by Patricia Hill Collins, Sandra Harding, Nancy Hartsock, and Dorothy Smith, and Hekman's reply, in the same issue, 367—402.

Hempel, Carl 1942: The function of general laws in history. *Journal of Philosophy* XXXIX, 35—48. Reprinted in Hempel 1965: *Aspects of Scientific Explanation and Other Essays in the Philosophy of Science*. New York: The Free Press, 231—243.

Hempel, Carl 1958: The theoretician's dilemma: A study in the logic of theory construction. In Herbert Feigl, Michael Scriven, and Grover Maxwell (eds.), *Minnesota Studies in the Philosophy of Science*. Minneapolis, MN: University of Minnesota Press. Reprinted in Hempel 1965: *Aspects of Scientific Explanation and Other Essays in the Philosophy of Science*. New York: The Free Press, 173—226.

Hempel, Carl G. 1959: The logic of functional analysis. In L. Gross (ed.) *Symposium on Sociological Theory*. Reprinted in Hempel 1965, *Aspects of Scientific Explanation: And Other Essays in the Philosophy of Science*, 297—330.

Hempel, Carl G. 1965: *Aspects of Scientific Explanation and Other Essays in the Philosophy of Science*. New York: The Free Press.

Hempel, Carl G. 1969: Logical positivism and the social sciences. In Peter

Achinstein and Stephen F. Barker (eds.), *The Legacy of Logical Positivism: Studies in the Philosophy of Science*. Baltimore, MD: John Hopkins Press, 163—193.

Hempel, Carl G. 1988: On the cognitive status and the rationale of scientific methodology. *Poetics Today* 9, 5—27. Reprinted in Hempel 2000: *Selected Philosophical Essays*, ed. Richard Jeffrey. Cambridge, UK: Cambridge University Press, 199—228.

Herder, Johan Gottfried 1969: *J. G. Herder on Social and Political Change*, trans. F. M. Barnard. Cambridge, UK: Cambridge University Press.

Herschel, John F. W. 1850: Quetelet on probabilities. *The Edinburgh*
347 *Review* (American edn.) 92, 1—30.

Hess, David J. 1995: *Science and Technology in a Multicultural World: The Cultural Politics of Facts and Artifacts*. New York: Columbia University Press.

Hilberg, Paul 1985: *The Destruction of the European Jews*, 3 vols, rev. and definitive edn. New York: Holmes & Meier.

Hiley, David R., James F. Bohman, and Richard Shusterman (eds.) 1991: *The Interpretive Turn: Philosophy, Science, Culture*. Ithaca, NY: Cornell University Press.

Hirschmann, Nancy 1997: Feminist standpoint as postmodern strategy. In Sally J. Kenney and Helen Kinsella (eds.), *Politics and Feminist Standpoint Theories*. New York: The Haworth Press, 73—92.

Hobbes, Thomas [1651] 1965: *Leviathan*. London: J. M. Dent & Sons.

Hofstadter, Richard and Walter P. Metzger 1955: *The Development of Academic Freedom in the United States*. New York: Random House.

Holland, P. W. 1988: Causal inference, path analysis, and recursive structural equations models. *Sociological Methodology* 18, 449—493.

Hollinger, David 1990: Free enterprise and free inquiry: The emergence of laissez-faire communitarianism in the ideology of science in the United States. *New Literary History* 21, 897—919.

Hollinger, Robert 1994: *PostModernism and the Social Sciences*. Thousand Oaks, CA: Sage Publications.

Hollis, Martin 1987: *The Cunning of Reason*. Cambridge, UK and New York: Cambridge University Press.

Hollis, Martin 1994: *The Philosophy of Social Science*. Cambridge, UK: Cambridge University Press.

Hollis, Martin 1996: Philosophy of social science. In Nicholas Bunin and E. P Tsui-James (eds.), *The Blackwell Companion to Philosophy*. Oxford: Blackwell, 358—387.

Hollis, Martin and Steve Lukes (eds.) 1982: *Rationality and Relativism*. Oxford: Blackwell.

Hood, W. and Tjalling Koopmans (eds.) 1953: *Studies in Econometric Methods*. New York: J. Wiley and Sons.

Hooker, Richard 1888: *Laws in The Works of Mr. Richard Hooker with an Account of His Life and Death by Isaac Walton*, vol. Ⅰ, 7th edn., arranged by Rev. John Keble, revised by Rev. R. W. Church and Rev. F. Paget. Oxford: The Clarendon Press.

Hookway, Christopher and Philip Pettit (eds.) 1978: *Action and Interpretation: Studies in the Philosophy of the Social Sciences*. Cambridge, UK: Cambridge University Press.

Hooks, bell 1983: *Feminist Theory: From Margin to Center*. Boston: South End Press.

Horkheimer, Max 1982: *Critical Theory*. New York: Seabury Press.

Horkheimer, Max 1993: *Between Philosophy and Social Science*. Cambridge, MA: MIT Press.

Hrdy, Sarah 1986: Empathy, polyandry, and the myth of the coy female. In Ruth Bleier (ed.), *Feminist Approaches to Science*. New York: Pergamon Press, 119—146.

Hume, David [1739] 1968: *A Treatise of Human Nature*, ed. L. A. Selby-Bigge. London: Oxford University Press.

Humphreys, Paul 1989: *The Chances of Explanation*. Princeton, NJ: Princeton University Press.

Humphreys, Paul and David Freedman 1996: The grand leap. *British Journal of Philosophy of Science* 47, 113—123.

Hunter, F. M., M. Petrie, M. Otronen, T. Birkhead, and A. P. Moller

1993: Why do females copulate repeatedly with one male? *Trends in*
348 *Ecolology and Evolution*, 8, 21—26.

Husserl, Edmund [1891] 1994: *Philosophie der Arithmetik.* In *Early Writings in the Philosophy of Logic and Mathematics*, trans. Dallas Willard. Dordrecht: Boston.

Husserl, Edmund [1900—1901] 1970: *Logical Investigations*, vols 1 and 2, trans. J. N. Findlay. London: Routledge and Kegan Paul.

Husserl, Edmund [1913] 1931: *Ideas: General Introduction to Pure Phenomenology*, trans. E. Gibson. London: Allen and Unwin.

Husserl, Edmund [1913—1928] 1980: *Phenomenology and the Foundations of the Sciences*, vols Ⅰ—Ⅲ, trans. Ted E. Klein and William E. Pohl. The Hague: M. Nijhoff; Boston, MA: Kluwer.

Husserl, Edmund [1936] 1970: *The Crisis of European Sciences and Transcendental Philosophy: An Introduction to Phenomenological Philosophy*, trans. David Carr. Evanston, IL: Northwestern University Press.

Husserl, Edmund [1952] 1989: *Ideas Pertaining to a Pure Phenomenology and to a Phenomenological Philosophy, Second Book: Studies in the Phenomenology of Constitution*, trans. Richard Rojcewicz and André Schuwer. The Hague: Kluwer Academic.

Husserl, Edmund 1994: *Early Writings in the Philosophy of Logic and Mathematics*, trans. Dallas Willard. Dordrecht: Boston.

Hutchison, T. W. [1938] 1965: *The Significance and Basic Postulates of Economic Theory*. New York: Augustus M. Kelley.

Iggers, Georg G. 1997: *Historiography in the Twentieth Century*. Hanover, NH: Wesleyan University Press.

Jaggar, Alison 1983: *Feminist Politics and Human Nature*. Totowa, NJ: Rowman and Allenheld.

Jaggar, Alison 1989: Love and knowledge: Emotion in feminist epistemology. *Inquiry: An Interdisciplinary Journal of Philosophy*, 32. Reprinted in Alison Jaggar and Susan Bordo (eds.) 1989, *Gender/Body/Knowledge: Feminist Reconstructions of Being and Knowing*. New Brunswick, NJ: Rutgers University Press, 145—171.

Jameson, Frederic 1988: "History and class consciousness" as an unfinished project. *Rethinking Marxism 1*, 49—72.

Janssen, C. W. 1993: *Microfoundations. A Critical Inquiry*. London: Routledge.

Jeffrey, Richard C. 1976: Savage's omelet. *Proceedings of the 1976 Biennial Meeting of the Philosophy of Science Association* 2, 361—371.

Jeffrey, Richard C. [1965] 1983. *The Logic of Decision*, 2nd edn. Chicago: The University of Chicago Press.

Jeffrey, Richard C. 1986: Probabilism and induction. *Topoi* 5, 51—58.

Jeffrey, Richard C. 1992: *Probability and the Art of Judgment*. Cambridge, UK: Cambridge University Press.

Jevons, Stanley [1871] 1979: *The Theory of Political Economy*. Harmondsworth, UK: Penguin.

Jones, Robert Alun 1999: *The Development of Durkheim's Social Realism*. Cambridge, UK and New York: Cambridge University Press.

Jones, S. 1999/2000: *Darwin's Ghost*. The Origin of Species *Updated*. New York: Random House.

Joyce, James M. 1998: A nonpragmatic vindication of probabilism. *Philosophy of Science* 65, 575—603.

Joyce, James M. 1999: *The Foundations of Causal Decision Theory*. Cambridge, UK: Cambridge University Press. 349

Kahneman, Daniel, Paul Slovic, and Amos Tversky (eds.) 1982: *Judgment Under Uncertainty: Heuristics and Biases*. Cambridge, UK: Cambridge University Press.

Kant, Immanuel 1963: Idea for a universal history from a cosmopolitan point of view. In Lewis White Beck (ed.), *On History*, trans. Lewis White Beck, Robert E. Anchor, and Emile L. Fackenheim. Indianapolis, IN: Bobbs-Merrill Educational Publishing, 11—26.

Kansteiner, Wulf 1993: Hayden White's critique of the writing of history. *History and Theory* 32, 273—295.

Kant, Immanuel 1988: *Critique of Judgement*, trans. Werner S. Pluhar. Indianapolis, IN: Hackett Publishing Company.

Kaplan, Mark 1996: *Decision Theory as Philosophy*. Cambridge, UK:

Cambridge University Press.
Kauder, E. 1958: Intellectual and political roots of the older Austrian school. *Zeitschrift für Nationalökonomie* 17, 411—425.
Kaufmann, Felix 1936: *Methodenlehre der Sozialwissenschaften*. Vienna: Springer.
Kaufmann, Felix 1944: *Methodology of the Social Sciences*. Oxford and New York: Oxford University Press.
Keat, R. 1981: *The Politics of Social Theory: Habermas, Freud and the Critique of Positivism*. Chicago: The University of Chicago Press.
Keller, Evelyn Fox and Elisabeth A. Lloyd (eds.) 1992: *Keywords in Evolutionary Biology*. Cambridge, MA: Harvard University Press.
Kellner, Hans 1989: *Language and Historical Representation: Getting the Story Crooked*. Madison: University of Wisconsin Press.
Kelly, Terrence 2000: The unhappy liberal: Critical theory without cultural dopes. *Constellations: An International Journal of Critical and Democratic Theory* 7 (3), 372—381.
Kelly, Terrence and James Bohman (eds.) 2000 *Theories of Ideology*. Special issue of *Constellations: An International Journal of Critical and Democratic Theory* 7 (3). http://www.blackwellpublishers.co.uk/asp/journal.asp? ref=1351—0487&src=arc&vid=7&iid=3
Kenney, Sally J. and Helen Kinsella (eds.) 1997: *Politics and Feminist Standpoint Theories*. New York: Haworth Press. Published simultaneously as a special issue of *Women and Politics* 18 (3).
Kevles, David 1977: The National Science Foundation and the debate over postwar research policy. *Isis* 68, 5—26.
Keynes, John Maynard [1936] 1973: *The General Theory of Employment, Interest and Money*, in *The Collected Writings of John Maynard Keynes*, Ⅶ. London: Macmillan.
Kincaid, Harold 1996: *Philosophical Foundations of the Social Sciences: Analyzing Controversies in Social Research*. Cambridge, UK and New York Cambridge University Press.
King, Anthony 2000: Thinking with Bourdieu against Bourdieu: A "practical" critique of the habitus. *Sociological Theory* 18 (3), 417—433.

Kitcher, Philip 1985: *Vaulting Ambition*. Cambridge, MA: MIT Press.

Kitcher, Philip 1993: *The Advancement of Science*. New York: Oxford University Press.

Klemperer, Victor 1998: *I Will Bear Witness: A Diary of the Nazi Years, 1933—1941*. New York: Random House.

Knight, Frank H. 1921: *Risk, Uncertainty and Profit*. Chicago: The University of Chicago Press.

Knorr-Cetina, Karin 1981: *The Manufacture of Knowledge: An Essay on the Constructivist and Contextual Nature of Science*. Oxford and New York: Pergamon Press.

Koffka, Kurt 1935: *Principles of Gestalt Psychology*. New York: Harcourt, Brace, and World.

Kohler, Timothy and George J. Gumerman 1999: *Dynamics in Human and Primate Societies*. Oxford: Oxford University Press.

Kolmogorov, A. N. 1933: *Grundbegriffe der Wahrscheinlichkeitsrechnung*, Berlin: Springer. Translated 1950 as: *Foundations of the Theory of Probability*, trans. Nathan Morrison. New York: Chelsea Pub. Co.

Koopman, B. O. 1940: The axioms and algebra of intuitive probability. *Annals of Mathematics 41*: 269—292.

Koopmans, Tjalling (ed.) 1950: *Statistical Inference in Dynamic Economic Models*. New York: J. Wiley and Sons.

Koopmans, Tjalling C. 1957: *Three Essays on the State of Economic Science*. New York: McGraw-Hill.

Krause, Elliot 1996: *The Death of the Guilds: Professions, States, and the Advance of Capitalism*. New Haven, CN: Yale University Press.

Kreps, David M. 1990: *Game Theory and Economic Modelling*. Oxford: Oxford University Press.

Krimerman, Leonard (ed.) 1969: *The Nature and Scope of Social Science: A Critical Anthology*. Appleton-Century-Crofts, New York.

Kripke, Saul 1982: *Wittgenstein on Rules and Private Language*. Cambridge, MA: Harvard University Press.

Kuhn, Thomas [1962] 1996: *The Structure of Scientific Revolutions*, 3rd edn. Chicago: University of Chicago Press.

LaCapra, Dominic 1994: *Representing the Holocaust*. Ithaca, NY: Cornell University Press.

LaCapra, Dominic 1998: *History and Memory after Auschwitz*. Ithaca, NY: Cornell University Press.

Laing, R. D. 1965: *The Divided Self: An Existential Study of Sanity and Madness*. Harmondsworth, UK: Penguin Books.

Lakatos, I. 1970: Falsification and the methodology of scientific research programmes. In I. Lakatos and A. Musgrave (eds.), *Criticism and the Growth of Knowledge*. Cambridge, UK: Cambridge University Press, 91—196.

Lambert, D. M., P. D. Kingett, and E. Slotten 1982: Intersexual selection: The problem and a discussion of the evidence. *Evolutionary Theory* 6: 67—78.

Lanham, Richard 1993: *The Electronic Word: Democracy, Technology, and the Arts*. Chicago: University of Chicago Press.

Lanier, D. L., D. Q. Estep, and D. A. Dewsbury 1975: Copulatory behaviors of golden hamsters: Effects on pregnancy. *Physiological Behavior* 15, 209—212.

Latour, Bruno 1987: *Science in Action: How to Follow Scientists and Engineers through Society*. Cambridge, MA: Harvard University Press.

Latour, Bruno 1988: *The Pasteurization of Francel*. Cambridge, MA: Harvard University Press.

Latour, Bruno 1999: For David Bloor... and beyond. *Studies in History and Philosophy of Science* 30, 113—129.

Latour, Bruno and Steve Woolgar 1979: *Laboratory Life: The Social Construction of Scientific Facts*. London: Sage.

Latsis, S. (ed.) 1976: *Method and Appraisal in Economics*. Cambridge,
351 UK: Cambridge University Press.

Laudan, Larry 1981: *Science and Hypothesis*. Dordrecht, Boston, and London: D. Reidel Publishing.

Lee, Richard B. and Irven DeVore (eds.) 1968: *Man theHunter*. Chicago: Aldine, 159—213.

Leonard, Robert forthcoming: *From Red Vienna to Santa Monica: von*

Neumann, Morgenstern and Social Science, 1925—1960. Cambridge, UK: Cambridge University Press.

Lewis, David K. 1986: Causation. In *Philosophical Papers*, vol. 2, Oxford: Oxford University Press, 159—213.

Lewontin, Richard C. 1974: *The Genetic Basis of Evolutionary Change*. New York: Columbia University Press.

Lewontin, Richard C. 1977: Adaptation. In Richard Levins and Richard C. Lewontin (eds.), *The Dialectical Biologist*. Cambridge, MA: Harvard University Press, 65—84.

Lewontin, Richard C. 1978: Adaptation. *Scientific American* 239 (3), 156—169.

Lewontin, Richard C. 1984: Adaptation. In Elliott Sober (ed.), *Conceptual Issues in Evolutionary Biology: An Anthology*. Cambridge, MA and London: MIT Press, 234—251.

Lindenberg, Siegwart 1992: The method of decreasing abstraction. In J. A. Coleman and T. J. Fararo (eds.), *Rational Choice Theory Theory. Advocacy and Critique*. Newbury Park, CA: Sage Publications, 3—20.

Lindley, D. V. 1983: Theory and practice of Bayesian statistics. *The Statistician* 32, 1—11.

Little, Daniel 1991: *Varieties of Social Explanation*. Boulder, CO: Westview.

Lloyd, Elisabeth A. 1996: Pre-theoretical assumptions in evolutionary explanations of female sexuality. *Philosophical Studies* 69, 139—153.

Longino, Helen 1990: *Science as Social Knowledge*. Princeton, NJ: Princeton University Press.

Luce, R. Duncan and Howard Raiffa 1957: *Games and Decisions*. New York: Dover.

Lukacs, Georg [1923] 1971: *History and Class Conciousness*, trans. Rodney Livingstone. Cambridge, MA: MIT Press.

Lukes, Steven 1968: Methodological individualism reconsidered. *British Journal of Sociology* 19 (2), 119—129. Reprinted in Michael Martin and Lee C. McIntyre (eds.) 1994: *Readings in the Philosophy of Social Science*. Cambridge, MA: MIT Press, 451—458.

Lukes, Steven 1970: Some problems about rationality. In Brian Wilson (ed.), *Rationality*. New York and London: Harper & Row, 194—217.

Lukes, Steven 1982: Relativism in its place. In Martin Hollis and Steven Lukes (eds.), *Rationality and Relativism*. Cambridge, MA: MIT Press, 261—305.

Lukes, Steven 2000: Different cultures, different rationalities? *History of the Human Sciences* 13, 3—18.

Lundberg, George Andrew 1961: *Can Science Save Us?* New York: D. McKay.

Lynch, Michael 1997: Theorizing practice. *Human Studies* 20 (3), 335—344.

Macaulay, T. B. [1829] 1978: *Mill's Essay on Government*: Utilitarian logic and politics. In J. Lively and J. Rees (eds.), *Utilitarian Logic and Politics*. Oxford: Clarendon Press, 97—127.

McCannell, Juliet F. and Laura Rakerin 1994: *Thinking Bodies*. Stanford, CA: Stanford University Press.

McCarthy, Thomas and David Hoy 1994: *Critical Theory*. Oxford: Blackwell.

McClennen, Edward F. 1990: *Rationality and Dynamic Choice*. Cambridge, UK: Cambridge University Press.

McCloskey, Deirdre 1985: *The Rhetoric of Economics*. Madison: University of Wisconsin Press. 352

McCloskey, Deirdre 1990: *If You're So Smart: The Narrative of Economic Expertise*. Chicago: University of Chicago Press.

McCloskey, Deirdre 1996: *The Vices of Economists—The Virtues of the Bourgeoisie*. Amsterdam: Amsterdam University Press.

McDowell, John 1981: Non-cognitivism and rule-following. In S. H. Holtzmann and C. M. Leich (eds.), *Wittgenstein: To Follow a Rule*. London: Routledge & Kegan Paul, 141—162. Reprinted in A. Crary and R. Read (eds.) 2000: The New Wittgenstein. New York: Routledge, 38—52.

McDowell, John 1993: Meaning and intentionality in Wittgenstein's later philosophy. In *Midwest Studies in Philosophy Volume XVIII: The Wittgenstein Legacy*. Notre Dame, IN: Notre Dame University Press, 40—

52.

McGinn, Colin 1984: *Wittgenstein on Meaning*. Oxford: Blackwell.

Machlup, F. 1978: *Methodology of Economics and Other Social Sciences*. New York: Academic Press.

McIntosh, Peggy 1988: White privilege and male privilege: A personal account of coming to see correspondences through work in women's studies, *Working Paper* No. 189. Wellesley, MA: Center for Research on Women, Wellesley College.

MacIntyre, Alasdair 1958: *The Unconscious*. London: Routledge & Kegan Paul.

MacKenzie, Donald 1990: *Inventing Accuracy*. Cambridge, MA: MIT Press.

McKim, Vaughn R. and Stephen P. Turner 1997: *Causality in Crisis? Statistical Methods and the Search for Causal Knowledge in the Social Sciences*. Notre Dame, IN: University of Notre Dame Press.

MacKinnon, Catharine 1982 and 1983: Feminism, Marxism, method, and the State, Parts Ⅰ and Ⅱ. *Signs: Journal of Women in Culture and Society* 7 (3), 515—544; 8 (4), 635—658.

McTaggart, Robin (ed.) 1997: *Participatory Action Research: International Contexts and Consequences*. Albany, NY: State University of New York Press.

Maguire, Patricia 1987: *Doing Participatory Research: A Feminist Approach*. Amherst, MA: The Center for International Education, University of Massachusetts.

Maier, Charles S. 1997: *The Unmasterable Past*. Cambridge, MA: Harvard University Press.

Mäki, U. 1989: On the problem of realism in economics. *Ricerche economiche* 42, 176—198.

Mäki, U. 1990: Mengerian economics in realist perspective. *History of Political Economy* 22, 289—310.

Maltz, Michael D. 1984: *Recidivism*. Orlando, FL: Academic Press.

Manicas, Peter T. 1987: *A History and Philosophy of the Social Sciences*. Oxford: Blackwell.

Mannheim, Karl [1925] 1952: *Essays in the Sociology of Knowledge*.

London: Routledge & Kegan Paul.

Mannheim, Karl [1929] 1936: *Ideology and Utopia: An Introduction to the Sociology of Knowledge*. New York: Harcourt, Brace & World.

Mannheim, Karl 1940: *Man and Society in an Age of Reconstruction*. London: Routledge & Kegan Paul.

Mansbridge, Jane 1991: Feminism and democratic community. In J. Chapman and I. Shapiro (eds.), *Democratic Community*. New York: New York University Press, 339—396.

Manuel, Frank E. and Fritzie P. Manuel 1979: *Utopian Thought in the Western World*. Cambridge, MA: Harvard University Press.

Marcus, George E. and Michael J. Fischer 1986: *Anthropology as Cultural Critique: An Experimental Moment in the Human Sciences*. Chicago: University of Chicago Press.

Marrus, Michael R. 1987: *The Holocaust in History*. New York: Meridian.

Marrus, Michael R. 1994: Reflections on the historiography of the Holocaust. *Journal of Modern History* 66, 92—116.

Marshall, Alfred [1890] 1920: *Principles of Economics*, 8th edn. London: Macmillan & Co.

Martin, Michael and Lee C. McIntyre (eds.) 1994: *Readings in the Philosophy of Social Science*. Cambridge, MA: MIT Press.

Martineau, Harriet 1858: *The Positive Philosophy of Augusta Comte*. New York: Calvin Blanchard.

Marx, Karl 1963: Contribution to the critique of Hegel's philosophy of right. An introduction. In *Karl Marx's Early Writings*, trans. T. B. Bottomore, London: C. A. Watts and Company.

Marx, Karl and Frederick Engels 1972: *The German Ideology*. New York: International Publishers.

Mason, Tim 1981: Intention and explanation: A current controversy about the interpretation of National Socialism. In Gerhard Hirschfield and Lothar Kettenacker (eds.), "*The Fuhrer State*": *Studies on the Structure and Politics of the Third Reich*, Stuttgart: Klett-Cotta, 21—40.

Maynard Smith, J. 1984: Optimization theory in evolution. In Elliott Sober (ed.), *Conceptual Issues in Evolutionary Biology: An Anthology*. Cambridge, MA and London: MIT Press, 289—315.

Mayr, Ernst 1972: Sexual selection and natural selection. In Bernard Campbell (ed.), *Sexual Selection and the Descent of Man*. London: Heinemann, 87—104.

Mayr, Ernst 1983: How to carry out the adaptationist program. *American Naturalist* 121, 324—334.

Mayr, Ernst 1988: *Toward a New Philosophy of Biology*. Cambridge, MA and London: The Belknap Press of Harvard University.

Menger, Carl [1883] 1963: *Problems of Economics and Sociology*. Urbana, IL: University of Illinois Press.

Menger, Karl [1934] 1974: *Moral, Wille, Weltgestaltung*. Translated as *Morality, Decision and Social Organization. Toward a Logic of Ethics*. Dordrecht: Reidel.

Merleau-Ponty, Maurice [1945] 1962: *Phenomenology of Perception*. London: Routledge and Kegan Paul.

Merton, Robert 1972: Insiders and outsiders: A chapter in the sociology of knowledge. *American Journal of Sociology* 78 (1), 9—47.

Mill, James [1820] 1955: *An Essay on Government. Indianapolis*, IN: Bobbs-Merrill.

Mill, J. S. [1836] 1950: On the definition of political economy and on the method of investigation proper to it. In *Philosophy of Scientific Method*. New York: Hafner, 407—440.

Mill, John Stuart [1843] 1974: *A System of Logic. Ratiocinative and Inductive (Collected Works, vol. Ⅶ—Ⅷ)*. Toronto: Toronto University Press.

Mill, John Stuart 1929: *Principles of Political Economy: With Some of Their Applications to Social Philosophy*, ed. W. J. Ashley. London: Longmans, Green and Co.

Mills, Charles 1997: *The Racial Contract*. Ithaca, NY: Cornell University Press.

Minnow, Martha 1990: *Making All the Difference*. Ithaca, NY: Cornell University Press.

Mises, Ludwig von [1929] 1976: *Epistemological Problems of Economics*. New York: New York University Press.
354 Mises, Ludwig von [1949] 1966: *Human Action. A Treatise on Economics*. Chicago: Contemporary Books.
Molière, Jean Baptiste Poquelin [1673] 1987: *The Imaginary Invalid*, trans. Miles Malleson. New York: Samuel French.
Monroe, K. R. (ed.) 1991: *The Economic Approach to Politics. A Critical Reassessment of the Theory of Rational Action*. New York: HarperCollins.
Morgan, M. 1990: *The History of Econometric Ideas*. Cambridge, UK: Cambridge University Press.
Morgenthau, Hans Joachim 1946: *Scientific Man vs. Power Politics*. Chicago: The University of Chicago Press.
Moser, P. K. (ed.) 1990: *Rationality in Action. Contemporary Approaches*. Cambridge, UK: Cambridge University Press.
Moses, A. D. 1998: Structure and agency in the Holocaust: The case of Daniel Jonah Goldhagen. *History and Theory* 37, 194—219.
Munson, Ronald 1979: Mechanism, vitalism, reductionism, and organismic biology. *Enciclopedia Del Novecento (estratto dal volume IV)*. Rome: Institnto dell'Enciclopedia Italiana.
Murdoch, Jonathan 2001: Ecologising sociology: Actor-network theory, co-construction and the problem of human exemptionalism. *Sociology* 35 (1), 111—134.
Murphy, J. B. 1995: Rational choice theory as social physics. *Critical Review* 9, 155—174.
Nagel, Ernest 1952: Problems of concept and theory formation in the social sciences. In American Philosophy Association, *Science, Language and Human Rights*. Philadelphia: University of Pennsylvania Press. Reprinted in M. Nathanson 1963: *Philosophy of the Social Sciences: A Reader*. New York: Random House, 189—209.
Nagel, Ernest 1953: Teleological explanation and teleological systems. In S. Ramer (ed.) *Vision and Action*. New Brunswick, NJ: Rutgers University Press. Reprinted in Feigl and Brodbeck (eds.) 1953: *Readings in*

the Philosophy of Science, New York: Appleton-Crofts, 537—558.

Nagel, Ernest 1957: A formalization of functionalism. In *Logic without Metaphysics*. New York: Free Press, 247—283.

Nagel, Ernest 1961: *The Structure of Science: Problems in the Logic of Scientific Explanation*. New York: Harcourt, Brace and World.

Nagel, Thomas 1987: Moral luck. In George Sher (ed.), *Moral Philosophy*, New York: Harcourt Brace Jovanovich, 430—441.

Natanson, Maurice (ed.) 1963: *Philosophy and the Social Sciences: A Reader*. New York: Random House.

Natanson, Maurice (ed.) 1973: *Phenomenology and the Social Sciences*, 2 vols. Evanston, IL: Northwestern University Press.

Nelson, John S. 1987a: *The Rhetorical Turn: Invention and Persuasion in the Conduct of Inquiry*. Chicago: University of Chicago Press.

Nelson, John S. 1987b: Stories of science and politics: Some rhetorics of political research. In D. McCloskey, A. Megill, and J. Nelson (eds.), *The Rhetoric of the Human Sciences: Language and Argument in Scholarship and Public Affairs*. Madison: University of Wisconsin Press, 198—220.

Nelson, John S. 1998: *Tropes of Politics: Science, Theory, Rhetoric, Action.* Madison: University of Wisconsin Press.

Nelson, Lynn H. 1996: Empiricism without dogmas. In Lynn H. Nelson and Jack. Nelson (eds.), *Feminism, Science, and the Philosophy of Science*. Dordrecht: Kluwer, 95—119. 355

Nelson, Lynn H. and Jack Nelson 2000a: *On Quine*. Belmont, CA: Wadsworth/Thompson Learning.

Nelson, Lynn H. and Jack Nelson 2000b: Quine on reconstituting empiricism. Paper delivered at the PNP Colloquium, Washington University, September 2000.

Nelson, Rodney 1995: Pragmatic validity: Mannheim and Dewey. *History of the Human Sciences* 8, 25—46.

Neurath, Otto 1911: Nationalokonomie und Wertlehre. *Zeitschrift für Volkswirtschaft, Sozialpolitik und Verwaltung* 20. Reprinted in Neurath 1998: *Gesammelte ökonomische, soziologische und sozialpoli-*

tische Schriften, vol. 1, R. Haller and U. Höfer (eds.). Vienna: Hölder-Pichler-Tempsky, 470—590.

Neurath, Otto 1931: *Empirische Soziologie*. Vienna: Springer. Reprinted in Neurath 1981: *Gesammelte philosophische und methodologische Schriften*, ed. R. Haller and H. Rutte. Vienna: Hölder-Pichler-Tempsky, 423—527; excerpts trans, as Empirical sociology in Neurath 1973: *Empiricism and Sociology*, ed. Marie Neurath and Robert S. Cohen, trans. Paul Foulkes and Marie Neurath. Dordrecht and Boston, MA: Reidel, 319—421.

Neurath, Otto 1932a: Soziologie im Physikalismus. *Erkenntnis* 2, trans, as Sociology and physicalism in A. J. Ayer, ed. 1959: *Logical Positivism*. New York: Free Press, 282—317, and as Sociology in the framework of physicalism in Neurath 1983: *Philosophica Papers* 1913—1946, ed. and trans. R. S. Cohen and M. Neurath. Dordrecht: Reidel, 58—90.

Neurath, Otto 1932b: Sozialbehaviorismus. *Sociologicus* 8. Reprinted in Neurath 1981: *Gesammelte philosophische und methodologische Schriften*, ed. R. Haller and H. Rutte. Vienna: Hölder-Pichler-Tempsky, 563—569.

Neurath, O. 1933: Das Frendpsychische in der Soziologie [unsigned abstract]. *Erkenntnis* 3, 1906—1907.

Neurath, O. 1936a: Mensch und Gesellschaft in der Wissenschaft. *Actes du Congres Internationale de Philosophie Scientifique, Sorbonne, Paris 1935, Facs. II, Unite de la Science*. Paris: Herman & Cie. Reprinted in Neurath 1981: *Gesammelte philosophische und methodologische Schriften*, ed. R. Haller and H. Rutte. Vienna: Hölder-Pichler-Tempsky, 711—718.

Neurath, Otto 1936b: Soziologische Prognosen. *Erkenntnis* 6. Reprinted in Neurath 1981: *Gesammelte philosophische und methodologische Schriften*, ed. R. Haller and H. Rutte. Vienna: Hölder-Pichler-Tempsky, 771—776.

Neurath, O. 1937: Prognosen und Terminologie in Physik, Biologie, Soziologie. *Traveaux du Ixeme Congres International de Philosophie, IV. L'Unite de la Science: La Methodeet les Methodes, le partie*. Paris: Herman & Cie, Paris. Reprinted in Neurath 1981: *Gesammelte philoso-*

phische und methodologische Schriften, ed. R. Haller and H. Rutte. Vienna: Hölder-Pichler-Tempsky, 787—794.

Neurath, Otto 1944: *Foundations of the Social Sciences*. Chicago: University of Chicago Press.

Neurath, Otto and Joseph A. Lanwerys 1945: Plato's Republic and German education. *The Journal of Education* 77, 57—59, 222—224, 394.

Neyman, J. [1923] 1990: Sur les applications de la théorie des probabilités aux experiences agricolcs: Essai des principes, trans. D. Dabrowska and T. Speed. *Statistical Science* 5, 463—480. Originally published in *Oczniki Nauk Rolniczki* 10: 1—51.

North, Douglass C. 1981: *Structure and Change in Economic History*. New York: W. W. Norton and Company.

North, Douglass C. 1990: *Institutions, Institutional Change and Economic Performance*. Cambridge, UK: Cambridge University Press.

Novick, Peter 1988: *That Noble Dream: The "Objectivity Question" and the American Historical Profession*. Cambridge, UK: Cambridge University Press.

Novick, Peter 1999: *The Holocaust in American Life*. New York: Houghton Mifflin.

Obeyesekere, Gananath [1992] 1997: *The Apotheosis of Captain Cook*. Princeton, NJ: Princeton University Press.

Ogburn, William F. 1934: Limitations of statistics. *American Journal of Sociology* 40, 12—20.

Olson, Mancur [1965] 1971: *The Logic of Collective Action. Public Goods and the Theory of Groups*, Cambridge, MA: Harvard University Press.

O'Neill, John 1972: Can phenomenology be critical? In *Sociology as a Skin Trade*. New York: Harper Torchbooks, 221—236.

Oppenheim, P. and Hilary Putnam 1958: The unity of science as a working hypothesis. In H. Feigl, G. Maxwell, and M. Scriven (eds.), *Minnesota Studies in the Philosophy of Science* 2. Minneapolis, MN: University of Minnesota Press, 3—36.

Ordeshook, P. C. 1990: The emerging discipline of political economy. In

J. E. Alt and K. A. Shepsle (eds.), *Perspectives on Positive Political Economy*. Cambridge, UK: Cambridge University Press, 9—30.

Ordeshook, P. C. 1992: The reintegration of political science and economics. In G. Radnitzky (ed.), *Universal Economics. Assessing the Achievements of the Economic Approach*. New York: Paragon House, 171—200.

Ordeshook, P. C. 1995: Engineering or science: What is the study of politics? *Critical Review* 9, 175—188.

Ortner, Sherry 1984: Theory in anthropology since the sixties. *Comparative Studies in Society and History* 26, 126—166.

Papandreo, A. G. 1950: Economics and the social sciences. *The Economic Journal* 60, 715—723.

Partridge, L. and T. Halliday 1984: Mating patterns and mate choice. In J. R. Krebs and N. B. Davis (eds.), *Behavioral Ecology: An Evolutionary Approach*, 2nd edn. Oxford: Blackwell, 222—250.

Pearl, Judea 1988: *Probabilistic Reasoning in Intelligent Systems*. San Mateo, CA: Morgan-Kaufman.

Pearl, Judea 2000: *Causality: Models, Reasoning, and Inference. Cambridge*, UK: Cambridge University Press.

Pearson, Karl [1892] 1911: *The Grammar of Science*, 3rd edn. London: A & C. Black.

Peel, J. D. Y. [1972]: Introduction. In Herbert Spencer 1972: *Selected Writings*. Chicago: University of Chicago Press.

Pels, Dick 1997: Strange standpoints. *Telos* 108, 65—91.

Perelman, Michael 1991: *Information, Social Relations, and the Economics of High-Technology*. New York: St. Martins.

Peters, Richard 1967: *Hobbes*. Harmondsworth, UK and Baltimore, MD: Penguin Books.

Petras, E. M. and D. V. Porpora 1993: Participatory research: Three models and an analysis. *The American Sociologist* 23 (1), 107—126.

Pettit, Philip 1997: *Republicanism: A Theory of Freedom and Government*. Oxford: Clarendon Press; New York: Oxford University Press.

Pickering, Andrew 1984: *Constructing Quarks*. Chicago: The University of Chicago Press.

Pickering, Andrew (ed.) 1992: *Science as Practice and Culture*. Chicago: The University of Chicago Press.

Pickering, Andrew 1997: Time and a theory of the visible. *Human Studies* 20 (3), 323—333.

Pinker, Steven 1994: *The Language Instinct: How the Mind Creates Language*. New York: William Morrow.

Pinker, Steven and P. Bloom. 1992: Natural language and natural selection. In Barkow et al. (eds.), *The Adapted Mind: Evolutionary Psychology and the Generation of Culture*. New York and Oxford: Oxford University Press, 451—493.

Polanyi, Michael 1958: *Personal Knowledge*. Chicago: The University of Chicago Press.

Poovey, Mary 1998: *A History of the Modern Fact: Problems of Knowledge in the Sciences of Wealth and Society*. Chicago: The University of Chicago Press.

Popper, Karl [1934] 1959: Die Logik der Forschung. Vienna: Springer. *The Logic of Scientific Discovery*, trans, with addenda by Karl Popper. London: Hutchinson.

Popper, Karl [1944—1945] 1961: *The Poverty of Historicism*, 2nd rev. edn. London: Routledge & Kegan Paul. First published in *Economica* 11—12.

Popper, Karl [1945] 1966: *The Open Society and Its Enemies*, 2 vols, 5th rev. ed. London: Routledge and Kegan Paul.

Popper, Karl [1963] 1992: *Conjectures and Refutations: The Growth of Scientific Knowledge*, 4th rev. edn. London: Routledge.

Popper, Karl 1972: *Objective Knowledge: An Evolutionary Approach*. Oxford: Oxford University Press.

Popper, Karl 1994: *The Myth of the Framework. In Defence of Science and Rationality*. London: Routledge.

Posner, R. A. 1980: The theory of primitive society, with special reference to primitive law. *The Journal of Law and Economics* 23, 1—54.

Preda, Alex 2000: Order with things? Humans, artifacts, and the sociological problem of rule-following. *Journal for the Theory of Social Be-*

haviour 30 (3), 269—298.

Priest, G. 1981: Review of *Theory and Meaning*, D. Papineau. *The Philosophical Quarterly* 31, 77—79.

Proctor, Robert 1991: *Value-Free Science?* Cambridge, MA: Harvard University Press.

Propp, Vladimir Iakovlevich [1928] 1968: *Morphology of the Folktale*, 2nd rev. edn., trans. Laurence Scott, ed. Louis A. Wagner. Austin, TX: University of Texas Press.

Psathas, George (ed.) 1973: *Phenomenological Sociology*. New York: John Wiley and Sons.

Putnam, Hillary 1994: *Words and Life*. Cambridge, MA: Harvard University Press.

Quine, W. V. O. 1953: Two dogmas of empiricism. In *From a Logical Point of View*. Cambridge, MA: Harvard University Press, 20—46.

Quine, W. V. O. 1960: *Word and Object*. Cambridge, MA: The MIT Press.

Quine, W. V. O. 1969a: Epistemology naturalized. In W. V. Quine, *Ontological Relativity and Other Essays*. New York: Columbia University Press, 26—68.

Quine, W. V. O. 1969b: Ontological relativity. In *Ontological Relativity and Other Essays*. New York and London: Columbia University Press, 26—68.

Quine, W. V. O. 1972: Methodological reflections on current linguistic theory. In Donald Davidson and Gilbert Harmon (eds.), *Semantics of Natural Language*. Dordrecht: D. Reidel, 442—454.

358 Quinn, Terrence J. 1983: *Temperature*. London: Academic Press.

Ramsey, Frank P. [1926] 1931: Truth and probability. Reprinted in *The Foundations of Mathematics and other Logical Essays*, ed. R. B. Bralthwaite. London: Routledge and Kegan Paul, 156—98.

Ramus, Petrus [1549] 1986: *Arguments in Rhetoric against Quintilian*, trans. Carole Newlands. DeKalb, IL: Northern Illinois University Press.

Rawling, Piers 1993: Choice and conditional expected utility. *Synthese* 94,

303—328.

Rawling, Piers 1997: Expected utility, ordering, and context freedom. *Economics and Philosophy* 13, 79—86.

Reingold, Nathan 1994: Science and government in the United States since 1945. *History of Science* 32, 361—386.

Reiss, Timothy 1982: *The Discourse of Modernism*. Ithaca, NY: Cornell University Press.

Resnik, Michael D. 1987: *Choices: An Introduction to Decision Theory*. Minneapolis, MN: University of Minnesota Press.

Richardson, Robert 1996: The prospects for an evolutionary psychology: Human language and human reason. *Minds and Machines* 6: 541—557.

Richardson, Robert 2001: Evolution without history: Critical reflections on evolutionary psychology. In Harmon R. Holcomb (ed.) *Conceptual Changes in Evolutionary Psychology: Innovative Research Strategies*. Dordrecht: Khiwer, 327—373.

Riker, William H. 1990: Political science and rational choice. In J. E. Alt and K. E. Shepsle (eds.), *Perspectives on Positive Political Economy*. Cambridge, UK: Cambridge University Press, 163—181.

Riker, W. H. and P. C. Ordeshook 1968: A theory of the calculus of voting. *American Political Science Review* 62, 25—42.

Riker, William H. and Peter H. Ordeshook 1973: *An Introduction to Positive Political Theory*. Englewood Cliffs, NJ: Prentice-Hall.

Ritzer, George 1988: *Contemporary Sociological Theory*, 2nd edn. New York: Alfred A. Knopf.

Roberts, David D. 1995: *Nothing But History*. Berkeley, CA: University of California Press.

Roberts, M. J. 1974: On the nature and conditions of social science. *Daedalus*, 47—64, 103.

Robbins, Lionel [1932] 1935: *An Essay on the Nature and Significance of Economic Science*, 2nd edn. London: Macmillan.

Robins, J. and L. Wasserman 1999: On the impossibility of inferring causation from association without background knowledge. In Clark Glymour and Gregory F. Cooper (eds.), *Computation, Causation, and*

Discovery. Cambridge, MA: MIT Press, 305—321.

Robinson, W. S. 1950: Ecological correlations and the behaviour of individuals. *American Sociological Review* 15, 351—357.

Roche, Maurice 1973: *Phenomenology, Language, and the Social Sciences*. London: Routledge and Kegan Paul.

Rogers, Mary 1983: *Sociology, Ethnomethodology and Experience*. Cambridge, UK: Cambridge University Press.

Rorty, Richard 1987: Science as solidarity. In John S. Nelson, Allan Megill, and Donald N. McCloskey (eds.), *The Rhetoric of the Human Sciences: Language and Argument in Scholarship and Public Affairs*. Madison: University of Wisconsin Press, 38—52.

Rorty, Richard 1989: *Contingence, Irony, and Solidarity*. Cambridge,
359 UK: Cambridge University Press.

Rorty, Richard 1991: Inquiry as recontextualization. In David Hiley, James Bohman and Richard Shusterman (eds.), *The Interpretive Turn: Philosophy, Science, and Culture*. Ithaca, NY: Cornell University Press, 59—80.

Rorty, Richard 1993: Wittgenstein, Heidegger, and the reification of language. In Charles Guignon (ed.), *The Cambridge Companion to Heidegger*. Cambridge, UK: Cambridge University Press, 337—357.

Rorty, Richard 1996: The ambiguity of "rationality." *Constellations* 3 (1), 74—82.

Rorty, Richard 1999: Davidson's mental-physical distinction. In Lewis Edwin Hahn (ed.), *The Philosophy of Donald Davidson*. Carbondale, IL: Open Court Publishing, 575—594.

Rose, Hilary 1983: Hand, brain, and heart: A feminist epistemology for the natural sciences. *Signs: Journal of Women in Culture and Society* 9 (1), 73—90.

Rosenberg, Alexander 1979: Can economic theory explain everything? *Philosophy of the Social Sciences* 9, 509—529.

Rosenberg, Alexander 1980: *Sociobiology and the Preemption of Social Science*. Baltimore and London: The Johns Hopkins University Press.

Rosenberg, Alexander 1983: If economics isn't science, what is it? In M.

Martin and L. C. MacIntyre (eds.), *Readings in the Philosophy of the Social Sciences*. Cambridge, MA: The MIT Press, 661—674.

Rosenberg, Alexander 1988: *Philosophy of Social Science*. Boulder, CO: Westview Press.

Rosenberg, Alexander 1992: *Economics—Mathematical Politics or Science of Diminishing Returns?* Chicago: The University of Chicago Press.

Rosenberg, Alexander 1994: *Instrumental Biology*. Chicago: The University of Chicago Press.

Ross, Andrew (ed.) 1996: *Science Wars*. Durham, NC: Duke University Press.

Roth, Paul 1987: *Meaning and Method in the Social Sciences: A Case for Methodological Pluralism*. Ithaca, NY: Cornell University Press.

Roth, Paul 1998: What does the sociology of scientific knowledge explain? Or, when epistemological chickens come home to roost? *History of the Human Sciences* 7, 95—108.

Roth, Paul 2000: The object of understanding. In Hans Herbert Kogler and Karsten Stueber (eds.), *Empathy and Agency*. Boulder, CO: Westview Press, 243—269.

Rouse, Joseph 1987: *Knowledge and Power: Toward a Political Philosophy of Science*. Ithaca, NY: Cornell University Press.

Rouse, Joseph 1996a: *Engaging Science: How to Understand Its Practices Philosophically*. Ithaca, NY: Cornell University Press.

Rouse, Joseph 1996b: Feminism and the social construction of scientific knowledge. In Lynn Hankinson Nelson and Jack Nelson (eds.), *Feminism and the Philosophy of Science*. Dordrecht: Kluwer Academic Publishers, 195—215.

Rouse, Joseph 2000: Coping and its contrasts. In Mark Wrathall and Jeff Malpas (eds.) *Heidegger, Coping, and Cognitive Science: Essays in Honor of Hubert L. Dreyfus*, vol. 2. Cambridge, MA: MIT Press, 7—28.

Rouse, Joseph forthcoming: *How Science Practices Matter*. Chicago: University of Chicago Press.

Rubin, D. 1974: Estimating causal effects of treatments in randomized and non-randomized studies. *Journal of Educational Psychology* 66, 688—701.

Rudner, Richard 1966: *Philosophy of Social Science*. Englewood Cliffs, NJ: Prentice-Hall.

Runciman, Walter G. 1998: *The Social Animal*. London: Harper Collins.

Ruse, Michael 1988: *Philosophy of Biology Today*. Albany, NY: SUNY Press.

Russell, Bernard 1940: *An Inquiry into Meaning and Truth*. London: Al-
360 lan & Unwin.

Russell, Bernard 1945: Letter. *The Journal of Education* 77, 224.

Ryan, Alan. 1970: *The Philosophy of the Social Sciences*. London: Macmillan.

Ryan, Alan (ed.) 1973: *The Philosophy of Social Explanation*. Oxford: Oxford University Press.

Sabini, John and Maury Silver 1980: Destroying the innocent with a clear conscience: A sociopsychology of the Holocaust. In J. E. Dimsdale (ed.), *Survivors, Victims, and Perpetrators*. New York: Hemisphere Publishing, 329—358.

Sahlins, Marshall 1981: *Historical Metaphors and Mythical Realities*. Ann Arbor, MI: University of Michigan Press.

Sahlins, Marshall 1995: *How "Natives" Think: About Captain Cook, For Example*. Chicago: University of Chicago Press.

Salmon, Wesley C. 1989: *Four Decades of Scientific Explanation*. Minneapolis, MN: University of Minnesota Press.

Samuelson, P. 1938: A note on the pure theory of consumer behavior. *Economica* 5, 51—61.

Samuelson, P. 1963: Problems of methodology-discussion. *American Economic Review. Papers and Proceedings* 53, 231—236.

Sartre, Jean Paul [1943] 1953: *Existential Psychoanalysis*, trans. Hazel Barnes. New York: Philosophical Library.

Sartre, Jean Paul [1943] 1956: *Being and Nothingness*, trans. Hazel Barnes. New York: Philosophical Library.

Savage, Leonard J. 1967: Difficulties in the theory of personal probability.

Philosophy of Science 34, 305—310.

Savage, Leonard J. [1954] 1972: *The Foundations of Statistics*, 2nd edn. New York: Dover.

Scharff, Robert C. 1995: *Comte After Positivism*. Cambridge, UK and New York: Cambridge University Press.

Schatzki, Theodore 1996: *Social Practices: A Wittgensteinian Approach to Human Activity and the Social*. Cambridge, UK: Cambridge University Press.

Schatzki, Theodore, Karin Knorr Cetina, and Eike von Savigny (eds.) 2001: *The Practice Turn in Contemporary Theory*. London and New York: Routledge.

Schelling, Thomas 1971: *Micromotives and Macrobehavior*. New York: Norton.

Schick, Frederic 1986: Dutch bookies and money pumps. *Journal of Philosophy* 83, 112—119.

Schleunes, Karl 1970: *The Twisted Road to Auschwitz*. Urbana: University of Illinois Press.

Schlick, Moritz [1925] 1974: *The General Theory of Knowledge*. Berlin: Springer-Verlag.

Schmaus, Warren 1982: A reappraisal of Comte's three-state law. *History and Theory* XXI (2), 248—266.

Schonfeld, Martin 2000: *The Philosophy of the Young Kant: The Precritical Project*. New York and Oxford: Oxford University Press.

Schubert, Glendon 1989: *Evolutionary Politics*. Carbondale and Edwardsville, IL: Southern Illinois University Press.

Schuster, John A. and Richard R. Yeo (eds.) 1986: *The Politics and Rhetoric of Scientific Method: Historical Studies*. Dordrecht: Reidel.

Schutz, Alfred 1962: Concept and theory formation in the social sciences. In Alfred Schutz, *Collected Papers*, vol. I, ed. Maurice Natanson. The Hague: Martinus Nijhoff, 48—66.

Schutz, Alfred 1966: The problem of transcendental intersubjectivity in Husserl. In Alfred Schutz, *Collected Papers*, vol. III, ed. Ilse Schutz. The Hague: Martinus Nijhoff.

Schutz, Alfred [1932] 1967: *The Phenomenology of the Social World*, trans. George Walsh and Frederick Lehnert. Evanston, IL: Northwestern University Press.

Scott, Dana 1964: Measurement structures and linear inequalities. *Journal of Mathematical Psychology* 1: 233—247.

Searle, John 1984: *Minds, Brains, and Science*. Cambridge, MA: Harvard University Press.

Seidenfeld, T. and M. J. Schervish 1983: A conflict between finite additivity and avoiding Dutch Book. *Philosophy of Science* 50, 398—412.

Selgin, George 1988: *The Theory of Free Banking: Money Supply under Competitive Note Issue*. Totowa, NJ: Rowman & Littlefield.

Selin, Helaine (ed.) 1997: *Encyclopedia of the History of Science, Technology, and Medicine in Non-Western Cultures*. Dordrecht: Kluwer.

Sen, Amartya K. 1970: *Collective Choice and Social Welfare*. San Francisco: Holden-Day.

Sen, Amartya 1979: Rational fools: A critique of the behavioural foundations of economic theory. In F. Hahn and M. Hollis (eds.), *Philosophy and Economic Theory*. Oxford: Oxford University Press, 87—109.

Sen, Amartya 1990: Rational behavior. In J. Eatweu, M. Milgate, and P. Newman (eds.), *The New Palgrave: Utility and Probability*. New York: W. W. Norton and Company, 198—216.

Shandley, Robert R. (ed.) 1998: *Unwilling Germans? The Goldhagen Debate.* Minneapolis, MN: The University of Minnesota Press.

Shapin, Steven 1982: History of science and its sociological reconstructions. *History of Science* 20, 157—211.

Shapin, Steven 1994: *A Social History of Truth*. Chicago: University of Chicago Press.

Shapin, Steven and Simon Schaffer 1985: *Leviathan and the Air Pump: Hobbes, Boyle and the Experimental Life*. Princeton, NJ: Princeton University Press.

Shapiro, Kenneth 1985: *Bodily Reflective Modes*. Durham, NC: Duke University Press.

Sigurdsson, Skuli 1990: The nature of scientific knowledge. An interview with Thomas Kuhn. *Harvard Science Review Winter*, 18—25.

Simmel, Georg 1921: The sociological significance of the "Stranger." In Robert E. Park and Ernest W. Burgess (eds.), *Introduction to the Science of Sociology*. Chicago: University of Chicago Press.

Simon, Herbert 1954: Spurious correlation: A causal interpretation, *Journal of the American Statistical Association* 49, 467—79.

Simon, H. A. 1986: Rationality in psychology and economics. In R M. Hogarth and M. W. Reder (eds.), *Rational Choice. The Contrast between Economics and Psychology*. Chicago: The University of Chicago Press, 25—40.

Sismondo, Sergio 1995: The scientific domains of feminist standpoints. *Perspectives on Science* 3 (1), 49—65.

Smith, Adam [1776] 1976: *The Wealth of Nations. An inquiry into the nature and causes of the wealth of nations.* Oxford: Clarendon Press.

Smith, B. 1986: Austrian economics and Austrian philosophy. In W. Grassl and B. Smith (eds.), *Austrian Economics*. London: Croom Helm, 1—37.

Smith, B. 1990: Aristotle, Menger, Mises: An essay in the metaphysics of economics. In B. J. Caldwell (ed.), *Carl Menger and his Legacy in Economics*. Durham, NC: Duke University Press, 263—288.

Smith, Dorothy E. 1987: *The Everyday World as Problematic: A Sociology for Women*: Boston: Northwestern University Press. 362

Smith, Dorothy E. 1989: Sociological theory: Methods of writing patriarchy. In Ruth A. Wallace (ed.), *Feminism and Sociological Theory*. Newbury Park, CA: Sage Publications, 34—64.

Smith, Dorothy E. 1990a: *The Conceptual Practices of Power: A Feminist Sociology of Knowledge*. Boston: Northeastern University Press.

Smith, Dorothy E. 1990b: *Texts, Facts, and Femininity: Exploring the Relations of Ruling*. New York: Routledge.

Smith, Dorothy E. 1992: Sociology from women's experience: A reaffirmation. *Sociological Theory* 10 (1), 88—98.

Smith, Dorothy E. 1999: *Writing the Social: Critique, Theory, and Investigations*. Toronto: University of Toronto Press.

Smith L. D. 1986: *Behaviorism and Logical Positivism: A Reassessment of the Alliance*. Stanford, CA: Stanford University Press.

Smith Linda Tuhiwahi 1999: *Decolonizing Methodologies: Research and Indigenous Peoples*. Atlantic Highlands, NJ: Zed Press.

Smith S. M. 1988: Extra-pair copulations in black-capped chickadees: The role of the female. *Behaviour* 197: 15—23.

Sober Elliott 1984a: *The Nature of Selection: Evolutionary Theory in Philosophical Focus*. Cambridge, MA: The MIT Press.

Sober Elliott (ed.) 1984b: *Conceptual Issues in Evolutionary Biology: An Anthology*. Cambridge, MA and London: The MIT Press.

Sober Elliott 1993: *Philosophy of Biology*. Boulder, CO and San Francisco, CA: Westview Press.

Sohn-Rethel, Alfred 1978: *Intellectual and Manual Labor*. London: Macmillan.

Spencer, Herbert 1901: *Essays Scientific, Political and Speculative*, vol. Ⅱ. New York: D. Appleton and Company.

Spencer, Herbert [1892] 1954: *Social Statics*. New York: Robert Schalkenbach Foundation.

Spencer, Herbert 1972: *Selected Writings*, ed. J. D. Y. Peel. Chicago: The University of Chicago Press.

Spencer, H. G. and J. C. Masters 1992: Sexual selection: Contemporary debates. In Evelyn Fox Keller and Elisabeth A. Lloyd (eds.), *Keywords in Evolutionary Biology*. Cambridge, MA: Harvard University Press, 294—301.

Spiegelberg, Herbert 1972: *Phenomenology in Psychology and Psychiatry*. Evanston, IL: Northwestern University Press.

Spiegelman, Art 1986: *Maus: A Survivor's Tale*. New York: Pantheon.

Stern, David G. 1995: *Wittgenstein on Mind and Language*. Oxford: Oxford University Press.

Stern, David G. 1997: Heidegger and Wittgenstein on the subject of Kantian philosophy. In David Klemm and Günter Zöller (eds.), *Figuring the Self: Subject, Individual and Other in German Idealism*, Albany, NY: SUNY Press, 245—259.

Stern, David G. 2000: Practices, practical holism, and background practices. In Mark Wrathall and Jeff Malpas (eds.), *Heidegger, Coping, and Cognitive Science: Essays in Honor of Hubert L. Dreyfus*, Volume 2. Cambridge, MA: MIT Press, 53—69.

Stern, David G. 2002: Sociology of science, rule following and forms of life. In Michael Heidelberger and Friedrich Stadler (eds.), *Vienna Circle Institute Yearbook 9/2001: History of Philosophy of Science—New Trends and Perspectives*. Dordrecht: Kluwer, 347—367.

Stern, David G. (forthcoming): The methods of the *Tractatus*: Beyond positivism and metaphysics? In Paolo Parrini, Wes Salmon, and Merrilee Salmon (eds.), *Logical Empiricism: Historical and Contemporary Perspectives*. Pittsburgh, PA: Pittsburgh University Press.

Stewart, Thomas 1997: *Intellectual Capital: The New Wealth of Organizations*. London: Nicholas Brealey.

Stigler, G. 1984: Economics—the imperial science. *The Scandinavian Journal of Economics* 86, 301—313.

Sugden. R. 1991: Rational choice: A survey of contributions from economics and philosophy. *The Economic Journal* 101, 751—785.

Symons, Donald 1979: *The Evolution of Human Sexuality*. Oxford: Oxford University Press.

Symons, Donald 1992: On the use and misuse of Darwinism in the study of human behavior. In Barkow et al. (eds.), *The Adapted Mind: Evolutionary Psychology and the Generation of Culture*. New York and Oxford: Oxford University Press, 137—159.

Tang-Martinez, Z. 2000: Paradigms and primates: Bateman's principle, passive females, and perspectives from other axa. In S. C. Strum and L. M. Fedigan (eds.), *Primate Encounters: Models of Science, Gender, and Society*. Chicago: University of Chicago Press.

Tanner, Nancy M. and Adienne Zihlman 1976: Women in evolution, Part I: Innovation and selection in human origins. *Signs 1* (3), 585—608.

Taylor, Charles 1964: *The Explanation of Behavior*. New York: Humanities.

Taylor, Charles 1971: Interpretation and the sciences of man. In Fred

Dallmayr and Thomas McCarthy 1977: *Understanding and Social Inquiry*. Notre Dame, IN: University of Notre Dame Press, 101—131, and in Michael Martin and Lee McIntyre 1994: *Readings in the Philosophy of Social Science*. Cambridge, MA: MIT Press, 181—212.

Thornhill, R. and N. W. Thornhill 1987: Human rape: The strengths of the evolutionary perspective. In C. Crawford, M. Smith, and C. Krebs (eds.), *Psychology and Sociobiology*. Lubbock, TX: Texas Tech University Press, 269—291.

Thornhill, R. and N. W. Thornhill 1992: The evolutionary psychology of men's coercive sexuality. *Behavioral and Brain Sciences* 15, 363—421.

Tilliette, Xavier 1970: *Merleau-Ponty: ou la mesure de l'homme*. Paris: Editions Seghers.

Tooby, John and Leda Cosmides 1992: The psychological foundations of culture. In Barkow et al. (eds.), *The Adapted Mind: Evolutionary Psychology and the Generation of Culture*. New York and Oxford: Oxford University Press, 19—136.

Tooby, John and Irven Devore 1987: The reconstruction of hominid behavioral evolution through strategic modeling. In W. G. Kinzey (ed.), *The Evolution of Human Behavior: Primate Models*. Albany: SUNY Press, 183—237.

Trivers, R. L. 1972: Parental investment and sexual selection. In Bernard Campbell (ed.), *Sexual Selection and the Descent of Man*. Chicago: Aldine, 136—179.

Tullock, Gordon 1967: *Towards a Mathematics of Politics*. Ann Arbor, MI: University of Michigan Press.

Tullock, Gordon 1972: Economic imperialism. In J. M. Buchanan and R. D. Tollison (eds.), *Theory of Public Choice. Political Applications of Economics*. Ann Arbor, MI: The University of Michigan Press, 317—329.

Turner, Stephen P. 1986: *The Search for a Methodology of Social Science: Durkheim, Weber, and the Nineteenth-Century Problem of Cause, Probability, and Action*. Dordrecht: D. Reidel.

Turner, Stephen P. 1994: *The Social Theory of Practices: Tradition,*

364

Tacit Knowledge, and Presuppositions. Chicago: University of Chicago Press.

Turner, Stephen P. (ed.) 1996: *Social Theory and Sociology: The Classics and Beyond*. Oxford: Blackwell.

Turner, Stephen P. 1997: Bad practices: A reply. *Human Studies* 20 (3), 345—356.

Uebel, Thomas E. 1991: Neurath's programme for naturalistic epistemology. *Studies in the History and Philosophy of Science* 22, 623—646.

Uebel, Thomas E. 1993: Neurath's protocol statements: A naturalistic theory of data and pragmatic theory of theory acceptance. *Philosophy of Science* 60, 586—607.

Uebel, Thomas E. 1996: Normativity and convention. On the constructivist element in Neurath's naturalism. In F. Stadler and E. Nemeth (eds.), *Encyclopedia and Utopia*. Dordrecht: Kluwer, 97—112.

Van Voorhies, W. A. 1992: Production of sperm reduces nematode lifespan. *Science* 360, 456— 458.

Varela, Francisco, Evan Thompson, and Eleanor Rosch 1991: *The Embodied Mind. Cognitive Science and Human Experience*. Cambridge, MA: MIT Press.

Veblen, Thorstein 1884: Kant's Critique of Judgment. *The Journal of Speculative Philosophy*. XⅧ, July. Reprinted in Leon Ardzrooni (ed.), 1964: *Essays in Our Changing Order*. New York: Augustus M. Kelley, Bookseller, 175—193.

Veblen, Thorstein 1898: Why is economics not an evolutionary science? *The Quarterly Journal of Economics* Ⅻ, July, 373—397. Reprinted in Max Lerner (ed.), 1948: *The Portable Veblen*. New York: The Viking Press, 215—241.

Verba, Sidney, Kay Lehman Scholzman, and Henry Brady 1995: *Voice and Equality: Civic Voluntarism in America*. Cambridge, MA: Harvard University Press.

Vico, Giambattista [1725] 1984: *The New Science of Giambattista Vico*, 3rd edn., trans. Thomas Goddard Bergin and Max Harold Fisch. Ithaca, NY: Cornell University Press.

Villegas, Carlos 1964: On qualitative probability σ-algebras. *Annals of Mathematical Statistics* 35, 1787—1796.

Voltaire 1924: *Voltaire's Philosophical Dictionary*. New York: Alfred A. Knopf.

von Neumann, John and Oskar Morgenstern [1944] 1953: *Theory of Games and Economic Behavior*, 3rd edn. Princeton, NJ: Princeton University Press.

Walby, Sylvia 2001: Against epistemological chasms: The science question in feminism revisited. *Signs: Journal of Women in Culture and Society* 26 (2), 485—510.

Wallace, Ruth A. and Allison Wolf, 1999: *Contemporary Sociological Theory*, 5th edn. Upper Saddle River, NJ: Prentice Hall.

Walsh, Vivian Charles 1996: *Rationality, Allocation, and Reproduction*. Oxford: Clarendon Press.

Washburn, Sherwood L. (ed.) 1961: *Social Life of Early Man*. Chicago: Aldine.

Weasel, Lisa 2000: Laboratories without walls: The science shop as a model for feminist community science in action. In Maralee Mayberry, Banu Subramania, and Lisa Weasel (eds.), *Feminist Science Studies*, New York: Routledge, 305—320.

Weber, Max [1904] 1949: "Objectivity" in social science. In *The Methodology of the Social Sciences*. New York: The Free Press, 49—112.

Weber, Max [1917] 1949: The meaning of "ethical neutrality" in sociology and economics. In *The Methodology of the Social Sciences*. New York: The Free Press, 1—47.

Weber, M. [1903—1906] 1975: *Roscher and Knies. The Logical Prob-
365 lems of Historical Economics*. New York: The Free Press.

Weber, Max [1922] 1978: *Economy and Society: An Outline of Interpretive Sociology*, 3 vols. Guenther Roth and Claus Wittich (eds.), Berkeley and Los Angeles: University of California Press.

Weber, Max 1949: *The Methodology of the Social Sciences*, trans, and ed: Edward A. Shils and Henry A. Finch. New York: The Free Press.

Weber, Max. 1958: *The Protestant Ethic and the Spirit of Capitalism*.

New York: Charles Scribners' Sons.

Weintraub, E. R. 1979: *Microfoundations. The Compatibility of Microeconomics and Macroeconomics*. Cambridge, UK: Cambridge University Press.

West-Ebelard, M. J. 1992: Adaptation: Current usages. In Evelyn Fox Keller and Elisabeth A. Lloyd (eds.), *Keywords in Evolutionary Biology*. Cambridge, MA: Harvard University Press, 13—18.

White, Hayden 1966: The burden of history. *History and Theory* 5 (2), 111—134. Reprinted in White 1978, *Tropics of Discourse*. Baltimore, MD: The Johns Hopkins University Press, 27—50.

White, Hayden 1973: *Metahistory: The Historical Imagination in Nineteenth-Century Europe*. Baltimore, MD: The Johns Hopkins University Press.

White, Hayden 1978: *Tropics of Discourse*. Baltimore, MD: The Johns Hopkins University Press.

White, Hayden 1987: *The Content of the Form*. Baltimore, MD: The Johns Hopkins University Press.

White, Hayden 1997: The suppression of rhetoric in the nineteenth century. In Brenda Deen Schildgen (ed.), *The Rhetoric Canon*. Detroit, MI: Wayne State University Press, 21—31.

Wicksteed, Philip H. 1910: *The Common Sense of Political Economy*. London: Macmillan.

Wiggershaus, Rolf 1994: *The Frankfurt School*. Cambridge, MA: MIT Press.

Williams, George C. 1966: *Adaptation and Natural Selection*. Princeton, NJ: Princeton University Press.

Williamson, Oliver E. 1975: *Markets and Hierarchies. Analysis and Antitrust Implications*. New York: The Free Press.

Williamson, Oliver E. 1985: *The Economic Institutions of Capitalism: Firms, Markets, Relational Contracting*. New York: The Free Press.

Wilson, Brian R. (ed.) 1970: *Rationality*. New York and London: Harper & Row.

Wilson, E. O. 1978. *On Human Nature*. Cambridge, MA. Harvard Uni-

versity Press.

Wilson, M. and M. Daly 1992: The man who mistook his wife for a chattel. In Barkow et al. (eds.), *The Adapted Mind: Evolutionary Psychology and the Generation of Culture*. New York and Oxford: Oxford University Press, 289—322.

Wilson, N. L. 1959: Substances without substrata. *Review of Metaphysics* 12, 521—539.

Winch, Peter 1964: Understanding a primitive society, *American Philosophical Quarterly I*, 307—324. Reprinted in B. Wilson (ed.) 1970 Rationality. New York and London: Harper & Row, 78—111.

Winch, Peter [1958] 1990: *The Idea of a Social Science and its Relation to Philosophy*, 2nd rev. edn. London: Routledge and Kegan Paul.

Wisdom, John 1953: *Philosophy and Psycho-Analysis*. Oxford: Blackwell.

Wise, Gene 1980: *American Historical Explanations*, 2nd rev. edn. Minneapolis, MN: University of Minnesota Press.

Wittgenstein, Ludwig [1953] 1958: *Philosophical Investigations*, 2nd edn., trans. G. E. M. Anscombe, ed. G. E. M. Anscombe and R.
366 Rhees. Oxford: Blackwell.

Wittgenstein, Ludwig 1969: *On Certainty*, trans. G. E. M. Anscombe and D. Paul, G. E. M. Anscombe and G. H. von Wright (eds.). Blackwell, Oxford.

Wittgenstein, Ludwig 1980: *Remarks on the Philosophy of Psychology*, vol. Ⅱ, trans. C. G. Luckhardt and M. A. E. Aue, G. H. von Wright, and H. Nyman (eds.). University of Chicago Press, Chicago.

Wolf, Diane L. (ed.) 1996: *Feminist Dilemmas in Fieldwork*. Boulder, CO: Westview Press.

Wolff, Christian Freiherr von 1962: Deutsche Teleology. In *Gesammelte Werke* Ⅰ, vol. 7, J. Ecole, H. W. Arndt, Ch. A. Corr, J. E. Hoffmann, and M. Thomann (eds.), Hildesheim and New York: G. Olms, 74—75.

Wrathall, Mark: 2000: Background practices, capacities, and Heideggerian disclosure. In Mark Wrathall and Jeff Malpas (eds.) *Heidegger*,

Coping, and Cognitive Science: Essays in Honor of Hubert L. Dreyfus, vol. 2. Cambridge, MA: MIT Press, 93—114.

Wright, Sewall 1960: Path coefficients and path regressions: Alternative or complementary concepts? *Biometrics* 16, 189—202.

Wylie, Alison 1997: The engendering of archaeology: Refiguring feminist science studies. *Osiris* 12: 80—99.

Wylie, Alison forthcoming: Why standpoint matters. In Robert Figueroa and Sandra Harding (eds.), *How Diversity Matters to Philosophy of Science*. New York: Routledge.

Zaner, Richard 1973: Solitude and sociality: The critical foundations of the social sciences. In George Psathas (ed.), *Phenomenological Sociology*. New York: John Wiley, 25—46.

Zilsel, Edgar 2000: *The Social Origins of Modern Science*. Diedrick Raven, Wolfgang Krohn and Robert S. Cohen eds. Dordrecht and Boston: Kluwer Academic Publishers.

索　引

action explanation　10，32—33，119　行为说明
actions　6，28，33—34，186，195　行为，活动
　consequences and　128，130，133　结果与行为
　explanation of　15n. 11　行为说明
　intentional　33，37，38　意向行为
　see also social action　也可参见社会行为
actor-network theory　188，215　行为者网络理论
adaptation　258，260—261　采纳
　explanation　262—266，277—278　说明，解释
　problems　268—269，272　难题，问题
Adorno，Theodor　15n. 8　西奥多·阿多尔诺
aesthetics　239，245—246　美学
Agassi，Joseph　152　约瑟夫·阿加西
agency　1—2，6，11—12，14n. 6，91，98，201　动因，能动作用，力量
aggregation errors　179　集合错误
AIDS　98，100，105　艾滋病
Alchian，Armen　153　阿门·阿尔奇恩
Allais，Maurice　134　莫里斯·阿莱
American Psychological Association（APA）　美国心理学协会
　Publication Manual　242—244　美国心理学协会出版手册
American Sociological Association　56　美国社会学协会
analytic philosophy　5，7—9，64—68，71，82　分析哲学
analytic-synthetic distinction　6　分析—综合的区分
antipositivism　65，67，71—72　反实证主义
antireductionism　71—72，76，95　反还原主义
anti-Semitism　320—325，329nn. 24、25，330n. 39　反犹太人主义

Arendt, Hannah　329nn. 24、28　汉纳·阿伦特
Aristotle　21, 143, 147, 188　亚里士多德
　persuasion　248　劝说
　practical syllogisms　10　实践推理
association　169　联想
asymmetry　22—24, 229, 274—277　不对称
　in sex roles　260, 271　性别角色不对称
atomism　原子论
　see methodological individualism　参见方法论的个体主义
Atran, Scott　278—279, 285n. 34　斯科特·阿特兰
attitude　35, 43, 46　态度
　normative　97—98, 101—102, 105, 119　规范态度
　performative　97　履行态度
　theory　5　理论态度
Austrian economics　145—149　奥地利经济学
autonomy　210, 212, 221, 223　自治，自律，自主性
Ayer, A. J.　15n. 8　艾耶尔
Azande　6—7, 9, 53, 208, 318　阿赞德

background　186, 191, 203, 226　背景
　knowledge　29, 177　知识背景
　practices　189—190, 196　实践背景
　theory　177—178　理论背景
banality of evil　关于恶的陈词滥调
　see evil　参见恶
Barash, David　285n. 26　戴维·巴拉什
Barber, Benjamin　214　本杰明·巴伯
Barry, Brian　156　布赖恩·巴里
Bateman, Angus John　271—272　安格斯·约翰·贝特曼
Bayes theorem　110, 114, 126—127, 135, 139n. 13　贝叶斯定理
Bazerman, Charles　242—244　查尔斯·贝泽曼
Becker, Gary S.　154　加里·贝克尔 368

behavior 4, 14n. 105, 191 行为
behaviorism 74—76, 80, 131, 280 行为主义
belief 8—10, 94, 97 信念
degrees of 114—115, 118—119, 121—128 信念度
explicit 189 明确的信念
force of 227, 324 信念的力量
vs. intuition 126 信念与直觉
meaning and 34 意义与信念
practical vs. theoretical 110 实践信念与理论信念
simpliciter 115, 118—119, 138n. 5 绝对的/普遍的信念
systems 191 系统信念
tacit 189 默示信念
Bentham, Jeremy 143 杰里米·边沁
Berger, Peter 47, 198 彼得·伯杰
Bergmann, Gustav 5 古斯塔夫·伯格曼
Bernal, J. D. 211 伯纳尔
Binswanger, Ludwig 59n. 8 路德维希·宾斯万格
Black, Donald 174 唐纳德·布赖克
Bloor, David 187, 193, 197—198, 216—217 戴维·布卢尔
body 47—48, 52 物体，肉体
see also embodied subject 也可参见具体化的主体
Bogen, David 188 戴维·博根
Bolker, Ethan 120, 135 伊桑·博尔科
Boltzmann, Ludwig 65 路德维希·博茨曼
Bourdieu, Pierre 36, 38, 38n. 6 皮埃尔·布尔迪厄
practice theory 布尔迪厄的实践理论
Boutroux, Emile 31 埃米尔·布特鲁
bracketing 43, 45, 49 加括号
Braithwaite, R. B. 83n. 10 布雷斯韦特
Brandom, Robert 60n. 18 罗伯特·布兰朵
Braybrooke, David 68 戴维·布雷布鲁克
breaching experiments 47 破坏实验

Brentano，Franz　59n. 9，147—148　弗兰兹·布伦塔诺
Bridgeman，Percy　5，222—223　珀西·布里奇曼
Brodbeck，May　67—68，70　梅·布罗德贝克
Broome，John　113—114，129，134　约翰·布鲁姆
Brown，Norman O.　250　诺尔曼·布朗
Brown，Richard Harvey　244—246，255　理查德·哈维·布朗
Browning，Christopher　312，319，321—325，329n. 30　克里斯托弗·布朗宁
Buchanan，James M.　154　詹姆斯·M·布坎南
Buckle，Henry Thomas　251　亨利·托马斯·巴克尔
Burian，Richard　261—262　理查德·伯里安
Bush，Vannevar　212　万尼瓦尔·布什
Buss，Daniel　267—269　丹尼尔·巴斯

Callon，Michel　188　迈克尔·卡伦
Campbell，Donald　5，220　唐纳德·坎贝尔
capacity　才能，能力
　see trait　参见特性
Carlyle，Thomas　251　托马斯·卡莱尔
Carnap，Rudolf　64—65，72—75，84n. 18，226，229　鲁道夫·卡尔纳普
Carnot cycle　172　卡诺循环
Cassirer，Ernst　50，65　恩斯特·卡西尔
causalism　69　因果论
causality　10，15n. 9，23—24，28—29，30—37，38n. 8，94，192　因果性，因果关系
　probabilistic　15n. 11，177　概率论的因果性
causation（Humean）　12，15n. 11　因果关系，因果作用（休谟主义的）
cause　21，70，146，169，191—192　原因，起因
cellular automata model　元胞自动机模型
　see models　参见模型
ceteris paribus（other things being equal）　144，151，159n. 2，183n. 6，

215 其余情况相同
chiasmus 219—220 交错配列（一种修辞手段）
Chicago School 芝加哥学派
see economics 参见经济学
methodological individualism 方法论的个体主义
choice 32 选择
choice problem 320—322，329n. 28 选择问题
public choice 154—155，159n. 1 公共选择
see also rational choice 也可参见理性选择
Chomsky，Noam 250，253，285n. 35 诺姆·乔姆斯基
Coase，Ronald 152—153 罗纳德·科瑟
cognition 48，318 认识，认知
cognitive anthropology 258，261，278 认知人类学
cognitive dissonance 104 认识不一致
cognitive mechanism（or predisposition） 258—259，261，266—269，272，279 认知机制（或倾向）
rationality and 317—318，328n. 12 理性与认知机制
cognitive science 12，48 认知科学
Cohen，Gerald 35—37 杰拉尔德·柯亨
coherence 118，120—121，124—128 一致
Cold War 207，212—213，218，224，305n. 7 "冷战"
Coleman，James 11，157 詹姆斯·科尔曼
Collingwood，Robin 226 罗宾·科林伍德
Collins，Harry 197—198 哈里·柯林斯
Collins，Patricia Hill 293 帕特里夏·希尔·柯林斯
colonization of research 293，297—302 研究的殖民化
see also power 也可参见权力或力量
communicative reason 93，95 交往理由
communism 79 共产主义
369 communitarianism 193，199 社群主义
community 共同体
of scholars 244，247，254 学者共同体

scientific 212 科学共同体
compatibilism 33 相容论
complexity 复杂性
see models 参见模型
comprehensive social theory 93—96，99—101，106—107 综合社会理论
computational models 计算模型
see models 参见模型
Comte，Auguste 3，13n. 3，26—31 奥古斯特·孔德
Conant，James Bryant 211—212 詹姆斯·布赖恩特·科南特
conceptual framework 概念框架
see framework 参见框架
confounding 169 混乱的
consciousness 42—45，48—50，52—54，57—58，59n. 8 意识
constant act problem 144，135 常规行动难题
constructivism 207，210，213，215—218，244—245 建构主义
context 131—132 背景
of discovery 76，301—302 发现的背景
see also justification 也可参见正当性证明
continental philosophy 7—8，49，64 大陆哲学
contingency 偶然性
see meaning 参见意义
coping 190—191，196 竞争
Coser，Lewis 56 刘易斯·科瑟
Cosmides，Leda 269—270 莱达·卡斯米德斯
Coulter，Jeff 188 杰夫·卡尔特
Craig's theorem 4 克雷格定理
Crick，Francis 270 弗朗西斯·克里克
Critical Theory 56—57，70，91—107，291—292 批判理论
Croce，Benedetto 251 本尼德图·克罗齐
cultural determinism 322—325，329n. 30 文化决定论
cultural relativism 文化相对主义
see relativism 参见相对主义

Cultural Studies 71, 298 文化研究
culture 33, 51—53, 200, 210, 316, 324, 326 文化的
tragedy of 245 文化悲剧
tyranny of 317 文化专制

Darwin, Charles 261—262, 269—271, 273 查尔斯·达尔文
Darwinism 259, 208 达尔文主义
see also Social Darwinism 也可参见社会达尔文主义
Dasein 45—46, 50—52, 190 亲在
data-based models 数据型模型
see models 参见模型
Davidson, Donald 33, 38n. 2, 67, 118 唐纳德·戴维森
analytic tradition and 64, 65 分析传统与戴维森
conceptual scheme 9 概念框架
decision theory 119—122, 124 决策论
rationality and 8—10 合理性与戴维森
Dawkins, Richard 260, 265—266, 271, 274—277 理查德·道金斯
decision theory 2, 118—120, 128, 131—132, 135, 212 决策论
vs. rational choice 116—118 决策论与理性论
see also belief, degrees of 也可参见信念、信念度
deductive-nomological model 演绎法则学模型
see explanation, models 参见说明，模型
deep structure 250, 253 深层结构
de Finetti, Bruno 120, 124, 126—127, 130 布鲁诺·德芬蒂
degrees of belief 信念度
see belief 参见信念
democracy 100—101, 288 民主
liberal 105 自由民主
Dennett, Daniel 262, 265—266, 269—270, 284n. 14 丹尼尔·丹尼特
dependency relations 178 依赖关系
Descartes, René 23 勒内·笛卡儿
description 118, 120 描述
desire 123, 131 欲望

de Solla Price，Derek　212　德里克·德·索拉·普赖斯
determinism　170　决定论
see also cultural determinism　也可参见文化决定论
Dewey，John　94，96，98　约翰·杜威
Diamond，Peter　113，129，134　彼得·戴蒙德
dialectics　68，240，251　辩证法
difference　53　差异，差别
Dilthey，Wilhelm　7，228，313－314　威尔海姆·狄尔泰
disciplinarity　240－241，247，255－256，299，301　学科性
discovery　发现
see context　参见背景
disposition　186，202　位置，部署
dominance reasoning　129，132　主导性推理
dormitive power　催眠力
see intrinsic nature　参见内在性质
Douglas，Mary　38，208，217　玛丽·道格拉斯
Downs，Anthony　155－156　安东尼·唐斯
Dray，William　69　威廉·德雷
Dreyfus，Hubert　188－191，193，196，202　休伯特·德雷福斯
Duhem，Pierre　80　皮埃尔·杜恒
Dummett，Michael　64　迈克尔·德米特
Durkheim，Émile　28，30－32，65，228　艾米尔·涂尔干
Dutch Book argument　124－128　荷兰式赌博论点

econometrics　167　经济计量学
economics　32，66－67，79，146，149，158　经济学
Austrian　145－149　奥地利经济学
Chicago School　145，152－3，160n. 8，167　经济学芝加哥学派　370
German Historical School　33，147－148　德国历史学派经济学
neoclassical　147，150－152　新古典经济学
rationality of　94，143－144　经济学的合理性
theory　5，102，145，154－155　经济学理论
Virginia School　152，154　弗吉尼亚学派

see also laws, models 也可参见规律、模型
ego 49—52, 58n. 7, 59n. 9 自我
eidetic reduction 43 直观的还原
Einstein, Albert 65 阿尔伯特·爱因斯坦
Ellsberg, Daniel 134, 212 丹尼尔·埃斯伯格
Elster, Jon 38n. 6, 146, 152, 227 乔恩·埃斯特
collective action 156 集体行动
principle of charity 159n. 4 慈善原则
embodied subject 48, 52, 56, 243 具体的主体
Emmett, Dorothy 68 多萝西·埃米特
empathic understanding 移情理解
see Verstehen 参见理解
emplotment 250, 252 情节
enforcing authority 117 强迫性权威
Enlightenment 25, 220, 239, 298 启蒙，教化
Epicurus 143 伊壁鸠鲁
epistemology 6, 10, 103, 291, 293 认识论
methodology and 299 方法论与认识论
and practice theory 294—295 认识论与实践论
research and 295—296 研究与认识论
and science studies 304n. 2 认识论与科学研究
standpoint 296 认识论立场
and standpoint theory 292—293, 298 认识论与立场论
Epstein, Stephen 98, 105 斯蒂芬·爱泼斯坦
equiprobability 130 或然率相同
error terms 169, 177 错误术语
essences 31, 43, 52 本质
essentialism 303 本质论
ethnomethodology 47, 53, 56, 60n. 17, 103, 188 民族方法学
Evans-Pritchard, Edward 6—7, 208, 215 爱德华·伊万斯-普里查德
evidential warrant 259, 281, 282n. 3 证据保证
evil 319, 320, 322, 329n. 28 恶
evolution 31, 263, 283n. 10, 285n. 32 进化

Just So Stories 265, 268, 276—277 情况就是如此理论
see also adaptation explanations, parental investment theory, sociobiology 也可参见适应说明、亲代投资论、社会生物学
evolutionary biology 259—261, 270—271, 280—281, 283n. 9 进化论生物学
evolutionary psychology 258—260, 264, 266—269, 279—281, 282n. 3 进化论心理学
adaptation explanation and 278 适应说明与进化论心理学
sociobiology and 277 社会生物学与进化论心理学
see also asymmetry, parental investment theory, reverse engineering 也可参见非对称、亲代投资论、溯逆工程法
evolutionary theory 210 进化论
existential phenomenology 44—46, 48, 52 存在现象学
existential psychology 46, 59n. 8 存在心理学
experts 104 专家
explanation 2—4, 7, 11—12, 23, 91, 187 说明
vs. description 192 说明与描述
intentional 1—2, 6, 9, 34, 38 意向性说明
intentional vs. functional 319 意向性说明与功能性说明
mechanistic 26, 31 机械论的说明
natural law 22 自然规律说明
naturalistic 13, 95—96 自然主义的说明
nomological 12, 15n. 11 法则学的说明
normative 99, 103 规范化说明
rational 69—70 理性的说明
rational choice 9, 34 理性的选择说明
reasons 10, 12 理由说明
understanding and 311—314, 316, 326 理解与说明
see also models 也可参见模型
explanatory necessity 23—24 说明的必要性
external validity 169, 182n. 3 外在的有效性

factuality 241—242 事实性，实在性

falsification of economic laws 148，150—152，159n.7 经济规律的虚假性
fascism 80 法西斯主义
feedback mechanism 35，103—104 反馈机制
Feigl，Herbert 14n.6，67，83n.5 赫尔伯特·费格尔
Feyerabend，Paul 220 保罗·费耶阿本德
final cause 26—27 终极原因
final solution 319，324 最终解决
finalism 201 目的论
finitude 247，249 界限，限制
first-order problem solving 98—99 第一层次的问题解决
first person 243—244 第一人称
first-person experience 103，104 第一人称经历
first-person knowledge 98 第一人称知识
first-person interpreter 97—98 第一人称解释者
first-person observer 96 第一人称观察者
first-person perspective 101，104 第一人称视角
Fish，Stanley 254—255 斯坦利·费希
Fleck，Ludwick 38，230n.1 路德维克·弗赖克
371 following a rule 60n.18，188，192—195 遵循规则
forces 36，31 力
  as causes 32 作为原因的力
  hidden 201 隐藏的力
  operative 77 实施的力
formalism 175 形式主义
formism 243—244，247，250，253 形式主义
forms of life 53，191，194，196—198，200，202 生活的形式
Foucault，Michel 53，250，252 米歇尔·福柯
foundationalism 246—248，254—255 基础主义
Fraasen，Bas van 3 范·弗拉森
frame problem 183n.6 框架问题
framework 226—267，229，240，243 框架
  conceptual 294—295，300—303，316 概念框架

explanatory 314，319 说明框架
nomological 69 法则学框架
of understanding 319 理解框架
see also explanation 也可参见说明
Frankfurt School 8，15n. 8，91 法兰克福学派
Frazer，Sir James 328n. 12 詹姆士·弗雷泽爵士
Frege，Gottlob 64，65 格特洛普·弗雷格
Freud，Sigmund 74—75，255，295 西格蒙德·弗洛伊德
Friedman，Milton 150—151，158，159n. 6，167 米尔顿·弗里德曼
Frye，Northrop 250 诺斯罗普·弗赖伊
Fuller，Steve 200 斯蒂夫·富勒
function vs. purpose 30—31 功能与目的
functional arguments 35—36 功能性论证
functional explanation 36，68—70 功能性说明
functionalism 69—70，160n. 8，319—325，329nn. 23、24 功能主义

Gadamer，Hans 60n. 20，105，314，327n. 8 汉斯·伽达默尔
game theory 66，116，146，155，158，166 博弈论
Garfinkel，Harold 47，53，56，188，313 哈罗德·加芬克尔
Geertz，Clifford 51，327n. 10 克利福德·格尔茨
Geisteswissenschaften 7，77，80 人文科学
Geistkreis 67 思想界
Gellner，Ernest 199—200 欧内斯特·盖尔纳
Gemeinschaft 215 共同体
gender 35，57，71，103，105，271，274，280 性别
relations 294，296 性别关系
general equilibrium theory 146，149 一般均衡论
general principles 一般原理
induction and 241 归纳与一般原理
genetic determinism 281 一般决定论
genetic drift 261 遗传漂移
German Historical School 德国历史学派
see economics 参见经济学

German Idealism 106 德国唯心主义
German Sociological Society 210 德国社会学协会
Gershenkron, Alexander 249 亚里山大·格申克朗
Gesamthaltung 84n. 19 全部姿态，整个力场
Gesellschaft 215 社会
Gestalt 77，79 格式塔
gestalt psychology 43，58nn. 4、6 格式塔心理学
Giddens, Anthony 187 安东尼·吉登斯
Gilligan, Carol 295 卡罗尔·吉利根
globalization 214—215 全球化
Goldhagen, Daniel Jonah 312，319，321—325 丹尼尔·乔纳·戈德哈根
Goldstein, Leon 69 利昂·戈尔茨坦
Gombrich, E. H. 250 冈布里奇
Gould, Stephen Jay 265 斯蒂芬·杰伊·古尔德
Gourevitch, Victor 36 维克托·古尔维奇
ground/grounding 42，44，48 基础
  of meaning 51 意义的基础
group-grid theory 217 群体—晶格理论
Gurwitsch, Aaron 58n. 6 阿龙·格威施

Habermas, Jürgen 7，50，330n. 40 尤根·哈贝马斯
  communicative reason 95 交往理性与哈贝马斯
  and critical theory 93—97 哈贝马斯与批判理论
  deliberative democracy 228 协商式民主与哈贝马斯
habit 210 习惯
habitus 186，192，201—202 习惯，习俗
Hacking, Ian 207，224—226 伊恩·哈金
Haraway, Donna 294 唐娜·哈拉维
Hare, R. M. 64 海尔
Hausman, Daniel 151—152 丹尼尔·豪斯曼
Hawaiians 316—18，324 夏威夷人
Hayek, F. A. 5，14n. 6，67，77—80，82 哈耶克
  economics and knowledge 148 经济学与知识

see also methodological individualism　也可参见方法论的个体主义
Hegel, G. W. F.　54—56, 214, 251, 253　黑格尔
Heidegger, Martin　8, 59n. 8　马丁·海德格尔
Marburg Lectures　58n. 6　马丁·海德格尔的马堡讲演
and phenomenology　44—46, 48, 50—52, 58n. 7　海德格尔与现象学
practice theory and　188—192, 201—202　实践理论与海德格尔
see also Dasein　也可参见亲在
Hempel, Carl　4, 5, 38n. 2, 68—70, 83n. 7　卡尔·亨佩尔
and Kuhn　84n. 14　亨佩尔与库恩
Heraclitus　214, 216　赫拉克利特
hermeneutics　8, 49, 60n. 20, 65, 71, 91, 103, 106, 188　解释学
Herschel, John F. W.　3, 13n. 3　约翰·F·W·赫舍尔
Hilberg, Raul　319　劳尔·希尔伯格
historical change　237　历史变迁
laws of　242, 251　历史变迁的规律
historical materialism　历史唯物主义
see Marxism　参见马克思主义
historical realism　327n. 8　历史唯心主义
historicism　8, 77—80, 84n. 23, 239, 242, 313—314　历史决定论
German tradition　69　德国传统与历史决定论
meaning realism and　318　意义唯心主义与历史决定论
perspectivalism and　318　视角论与历史决定论
history　239—240, 244, 249—252　历史
vs. information　262—264, 267—268, 283n. 10　历史与信息
methodology of　258, 260, 265—266　历史的方法论
narrative strategies　322, 324　叙述策略
perpetrator　319—321, 325, 329nn. 29、30　作恶者的历史
teleological　30　目的论的历史
undetermined　327　未决定的历史
Hobbes, Thomas　24, 116—117, 143, 216　托马斯·霍布斯
holism　2, 78, 83n. 8, 147, 185　整体论
practical　188—193　实践的整体论
theoretical　189— 193　理论的整体论

Holocaust 238，240，252，319—320，322—323 大屠杀
historiography of 312，324，328n. 21，329nn. 23、24，330nn. 34、36 大屠杀历史编纂学
Hooker，Richard 22 理查德·胡克
Horkheimer，Max 15n. 8 马科斯·霍克海默
and critical theory 91—92，95 霍克海默与批判理论
Hrdy，Sandra 272 桑德拉·赫迪
Hume，David 115—116，143 大卫·休谟
see also causation，preferences，rationality 也可参见因果性、偏好、合理性
hunter-gatherers 捕猎—采集群体
contemporary 267—269，286n. 36 当代的捕猎—采集群体
Pleistocene 266—267 更新世的捕猎—采集群体
Husserl，Edmund 8，42—44，49—52，58nn. 2、3、7，148 埃德蒙德·胡塞尔
analytic tradition 64 分析传统与胡塞尔
bodily perception 48 身体感知与胡塞尔
transcendental consciousness 45 超验意识与胡塞尔
Hutchison，T. W. 150 哈钦森

ideal type 15n. 11，47，147，149，151，159n. 5，220—221 理想类型
see also Weber 也可参见韦伯
idealizations 4 理想化
identifiability 177 可辨认性
identity 214，242，292，298 同一性
ideology 226—267，242，250，306nn. 18、21 意识形态
critique of 292，297 意识形态批判
imperialism 207，209—210，212，214，217 帝国主义
incommensurability 215，224 不可通约性
individualism 2，79—80，193，199 个体主义
anti-individualism 80 反个体主义
institutional 151，153，159 制度上的个体主义
in-itself/for itself 54—55 自在/自为

innateness 260，277—279，285n. 35 天赋
inside/outside 214 内在/外在
insiders/outsiders 91，217，293，313 内在论者/外在论者
institutionalism 150—152，154—155，159 制度论者
instrumentalism 150—151，157，159n. 6，212 工具主义
intelligibility 190 可理解性
intentional actions 意向行为
  see actions 参见行为
intentional explanations 意向性说明
  see explanations 参见说明
intentionalism 319—320，323—324，329nn. 23、24 意向论
intentionality 32，50，59n. 9，80，119 意向性
internal/external factors 221，224，226，229 内在因素/外在因素
International Encyclopedia of Unified Science 84n. 18 统一科学国际百科全书
interpretation 30，91，120，122，175，188—189 解释
  adequacy 95，97，100 适当的解释
  cognitive assumptions and 317 认知假定与解释
  contingency of 319 解释的偶然性
  disagreement 320 不一致的解释
  meaning and 50—52，188—189，318 意义与解释 373
  normative claims and 99，101，105—106 规范主张与解释
  objectivity and 10 客观性与解释
  as practical knowledge 96 作为实践知识的解释
  predictions and 29 预言与解释
  theories as 100 作为解释的理论
  translation and 327n. 7 翻译与解释
  understanding and 312—315 理解与解释
interpretive community 253 解释共同体
intrinsic nature 23—24，31 内在本质
  dormitive powers 23，25，34，37—38 催眠力
intuition 29 直觉
invisible hand 38，116—117 看不见的手

irony 245—246，251—252 讽喻
irrationality 7，122，124，148，219，220，229 非理性

Jameson，Frederic 293 弗雷德里克·詹姆森
Jarvie，J. C. 83n. 4 贾维
Jaspers，Karl 8 卡尔·雅斯贝尔斯
Jeffrey，Richard 120，126—127，135 理查德·杰弗里
Jevons，Stanley 145 斯坦利·杰文斯
Jews 319—324，329n. 25 犹太人
Joyce，James M. 120，127，130，135 詹姆斯·M·乔伊斯
judgmental dopes 313，324—325 具有判断力的傻瓜
justificaiton 73，99，102，174—175，191，199，210 合理性证明，辩护
  context of 76，222，301—302 合理性证明的背景
  language and 223 语言与合理性证明
  subject specificity of 182 合理性证明的主体特征
  see also community of scholars 也可参见学者共同体

Kant，Immanuel 26，31，32，38n. 3，201，210，214 伊曼努尔·康德
  Hegel and 60n. 22 黑格尔与康德
  moral development and 295，330 道德发展与康德
Kaplan，Harold 83n. 4 哈罗德·卡普兰
Kaufmann，Felix 67 菲利克斯·考夫曼
Keats，Russell 70 罗素·基茨
Keynes，John Maynard 146 约翰·梅纳德·凯恩斯
King，Anthony 202 安东尼·金
Kitcher，Philip 260，280—282，282n. 4 菲力蒲·基奇尔
Knight，Frank 145，149 弗兰克·耐特
know-how 186，192 知道如何
knowledge 知识
  objects of 304n. 7 知识的客体
  production 303 知识生产
  subject-specific 176，182 具体主体的知识

see also power, practical knowledge, tacit knowledge　也可参见权力、实践知识、默示知识
knowledge claims　知识论断
refuting and　224—227　反驳与知识论断
unmasking　224，226—227　揭示出的知识论断
Kolmogorov probability axioms　110，115，120—121，130，136n. 2　柯尔莫戈洛夫概率论公理
and the Dutch Book　124—127　柯尔莫戈洛夫概率论公理与荷兰式赌博
violation of　135—136　柯尔莫戈洛夫概率论公理的违背
Koopman，B. O.　130　库普曼
Krimerman，Leonard　68，70　伦纳德·克里摩曼
Kripke，Saul　60n. 18，192—193　萨尔·克里普克
Kuhn，Thomas　8，9，198，207，212，217—224，229，230n. 3　托马斯·库恩
and Hempel　84n. 14　库恩与亨佩尔
history of science　250，294　科学史
incommensurability　215　不可通约性
normal vs. revolutionary science　98，255　常规科学与科学革命
paradigm　186，197　范式
practice turn and　200—201　实践转向与库恩
reception　221　接受，感受
revolutionary science　217，220—222　革命的科学
syncretism　219—220，227　皈依

Laclau，Ernesto　187　欧内斯多·拉克拉乌
Laing，R. D.　59n. 8　莱恩
Lakatos，Imre　152，219　伊姆雷·拉卡托斯
language　49—50，52，188，194，238，245，253　语言
figural　245，247，256　比喻性的语言
game　186，195—196，198　语言游戏
rule-governed　196　由规则支配的语言
shared　190　共有的语言
theory　193　语言理论

see also lingusitic turn，ordinary language，power　也可参见语言学转向、日常语言、力量

Latour，Bruno　188，208，216－217，225　布鲁诺·拉图尔

Laudan，Larry　3，219，229　拉里·劳丹

Laws　4，12，174，242　规律

causal　146　因果律

of development　77－78　发展规律

374 of economics　68，144－145，147－148　经济发展

and explanations　34　规律与说明

of forces　30　力的规律

mechanical vs. teleological explanations　26，28　机械规律与目的论说明

prediction vs.　29　预言与规律

predictive　24，27－28　可预言的规律

reducibility of　75　规律的还原

scientific　2，25，31，81，76　科学规律

social science　25，68－69，76，174　社会科学规律

of three stages　27　规律的三个阶段

Lebenswelt　46，52　生活世界

Lévy-Bruhl，Lucien　228　L·列维-布卢尔

Lewontin，Richard　265　理查德·卢旺廷

life world　46－47　生活世界

linguistic turn　64，254　语言学转向

LISREL　178　一种计算机软件

logic　逻辑

of choice　149　选择的逻辑

of inquiry　293－294　探究的逻辑

logical empiricism　64，67　逻辑经验主义

logical incompatibility　6，12　逻辑上不相容

Longino，Helen　105　海伦·朗吉诺

lottery　抽彩给奖法

see preferences　参见偏好

Luckman，Thomas　47　托马斯·卢克曼

Lukes, Steven 70, 318 斯蒂文·卢克斯
Lundberg, George 14n. 6 乔治·伦德伯格
Lynch, Michael 188 迈克尔·林奇
Lyotard, Jean-Francois 187 让-弗朗索瓦·利奥塔

Macaulay, T. B. 159n. 1 麦考利
McClosky, Deidre 248—249, 254—255 迪尔德丽·麦克洛斯基
MacIntyre, Alasdair 15n. 11, 68—69 阿拉斯代尔·麦金泰尔
MacKinnon, Catharine 293, 295 凯瑟琳·麦金农
Malchup, Fritz 159n. 5 弗里茨·马克卢普
Malinowski, Bronislaw 70 布罗尼斯拉夫·马林诺夫斯基
Mandelbaum, Maurice 69 莫里斯·曼德尔鲍姆
Mannheim, Karl 79, 226—229, 231n. 3, 293 卡尔·曼海姆
  modes of ideology 250 意识形态的模式
Markov chain models 174, 179 马尔可夫链模型
Markov process 172 马尔可夫程序
Markov property 173 马尔可夫特性
Marshall, Alfred 145 阿尔弗雷德·马歇尔
Marx, Karl 35—36, 39n. 12, 78, 188, 227 卡尔·马克思
Marxism 227, 239—240, 298, 305n. 7 马克思主义
  class relations 294 马克思主义阶级关系
  economic theory 102 马克思主义经济理论
  historical materialism 70, 93, 102, 240 马克思主义历史唯物主义
  historical social theory 102—103, 251, 253, 294 马克思主义历史社会理论
  and phenomenology 56, 60nn. 23、24 马克思主义与现象学
  and situated perspective 102 马克思主义和所处的视角
materialism 73, 201 唯物主义
Mathematical Colloquium 66 数学研讨会
Maus 246 茅斯
Mayr, Ernst 262, 284n. 3 欧内斯特·迈耶
Mead, George Herbert 96 乔治·赫尔伯特·米德
meaning 188, 191, 193—194, 240, 325, 327n. 2, 238n. 17 意义

adequacy 34 意义的恰当性
conditions of 56 意义的条件
construction of 46 意义的建构
contingency and 42 偶然性与意义
creation of 238 意义的创造
cultural 52，57，314—315，318 文化意义
ground of 42，51 意义的根据
individual experience and 49—50，57 个体经验与意义
nonnatural 312，315，317，325 非自然的意义
realism 312，318，328n. 17 意义实在论
sources of 51 意义的源泉
structures of 54，56 意义的结构
meaningfulness 33—34，49，73，97，252 意义性
means-ends 31，107，115，147，211，218，231 手段和目的
see also reversible means-ends reversal 也可参见可逆的手段—目的变换
mechanistic explanation 机械论说明
see explanation 参见说明
Menger，Karl 66 卡尔·门格尔
mental states 119 精神状态
Merleau-Ponty，Maurice 44，47—48，52 M·梅洛-庞蒂
Merton，Robert 67，70，224，293 罗伯特·默顿
metaphor 248，250—251，314 隐喻
metapublic goods 210 后公共产品
Methodenstreit（battle of methods） 15n. 8，81，147 方法论之争
methodological dualism 95 方法论的二元论
methodological individualism 68—70，72，76，83n. 8，149—151，157，159，160n. 8 方法论的个体主义
Chicago School and 153 芝加哥学派与方法论的个体主义
Hayek and 77，149 哈耶克与方法论的个体主义
Mill and 145，147 穆勒与方法论的个体主义
375 Popper and 77—78，80，82，150—151 波普与方法论的个体主义
methodological pluralism 71，93—94 方法论的多元论
methodology 1，4，6，240—241，294—295，302—303 方法论

feminist standpoint 291，293 女权主义立场方法论
nomological 68 法则学的方法论
see also history 也可参见历史
methodology of 历史的方法论
Michelet，Jules 250，253 朱尔·米舍莱
migration 261 迁移
Milgram，Stanley 321 斯坦利·米尔格拉姆
military-industrial complex 218，222—223，229 军工企业
Mill，James 144 詹姆斯·穆勒
Mill，John Stuart 3，11—12，28，78 约翰·斯图亚特·穆勒
political economy 144—145，147，151—152，158 穆勒的政治经济学
see also methodological individualism 也可参见方法论的个体主义
Mills，C. Wright 229 怀特·米尔斯
mind 35，45，48，119，193 心灵，思维
Minnesota Center for the Philosophy of Science 83n. 5 科学哲学明尼苏达中心
Mises，Ludwig von 148—149 路德维希·冯·迈瑟斯
mistake 7，121，195 误认为
modeling 169 建模
simplification and 170 简化与建模
see also methodological individualism 也可参见方法论的个体主义
models 166，179—180，248—249 模型
assumptions of 170 模型的假设
biological 12 生物模型
building 173—175 建筑模型
causal 169，176—178 因果模型
cellular automata 179—180 细胞的自控模型
complexity 168，180 复杂性模型
computational 171，174—175 计算模型
data-based 171，176 以数据为基础的模型
deductive-nomological 68—69，83n. 7 演绎—法则学的模型
economics and 179—180，248 经济学与模型
rational choice 12 理性选择模型

statistical 12，180—181 统计模型
stochastic 170，175 随机模型
structural equation 12，176 结构平衡模型
theory-based 171，174，177，199 以理论为基础的模型
modernism 238，241—243，248—249，254—255，292 现代主义
Molière 23，37 莫里哀
Moore，G. E. 7，64 莫尔
moral cognitivism 99 道德认知主义
moral luck 321，325，329n. 25 道德运气
moral neutrality 103 道德中立
moral numbness 323—324 道德麻木
Morgenstern，Oskar 奥斯卡·摩根斯坦
see von Neumann and Morgenstern 参见冯·纽曼和摩根斯坦
Morgenthau，Hans 14n. 6 汉斯·摩根索
Morris，Charles 84n. 18 查理斯·莫里斯
Morris，Edmund 250 埃德蒙德·莫里斯
Moses，A. D. 320，322—325 摩西
Mouffe，Chantal 187 尚达·穆菲
mutation 261 突变

Nagel，Ernest 35—36，68—70，82，84n. 18 欧内斯特·内格尔
Nagel，Thomas 325 托马斯·内格尔
Natanson，Maurice 68 莫里斯·那坦森
National Science Foundation 211，280，305n. 12 自然科学基金会
native cognition 318 素朴的认知
native perspective 316 原始的视角
native practices 208—209，215 原初的实践
native rationality 328n. 12 素朴的理性
native worldview 209 素朴的世界观
natives 207，217，300 本地人，土著人
natural law 22—24，27，32，147，313 自然规律
natural order 311—313，315 自然秩序
natural selection 261，266，270，273 自然选择

naturalism　12—13，68—70，73，77，82，91，95　自然主义
naturalistic explanation　自然主义的说明
see explanation　参见说明
Naturwissenschaften　7　自然科学
Nazi Germany　319，321，324　纳粹德国
Nazism　79，80，306n. 21，319—320　纳粹主义
necessary truth　214，224　必然真理
Nelson，John　246—248，255　约翰·纳尔逊
neo-Kantianism　7—8，65　新康德主义
Neurath，Otto　15n. 8，66，72，79—82，84n. 18　奥托·纽拉特
physicalism　73—77　纽拉特的物理主义
and Plato　84n. 24　纽拉特与柏拉图
New School for Social Research　社会研究新学派
Nietzsche，Friedrich　251　弗里德里希·尼采
noesis　43，58n. 6　理智
nomological explanations　法则学的说明
see explanation　参见说明
nomological framework　法则学的框架
see framework　参见框架
nomological method　法则学的方法
see methodology　参见方法论
nonnatural meaning　非自然的意义
see meaning　参见意义
normal science　220—223，225　常规科学　376
normative perspectives　95，99　规范视角
normative practices　103，105，107，191—192　规范的实践
normative reconstruction　228　规范的重构
normativity　2，13，42—44　规范性
inquiry as normative　91，107　作为规范的探究
Kuhn's model and　221　库恩的模型与规范性
vs. naturalism　13　规范性与自然主义
rational choice and　理性选择与规范性
norms　98，105—107　规范

action explanation and 119 行为说明与规范
of coherence 120—121，124 一致的规范
moral 99—100，245—246 道德规范
practice theories and 186，189—190 实践理论与规范
of preference 120 偏好性规范
prescriptive 119 说明性规范
and rationality 95，119，317—318，328n. 12 规范与理性
Nuer 208 奴尔人

Obeyesekere，Gananath 315—318 甘纳纳斯·奥贝塞克
objectivism 185，201—202，298，327n. 8 客观主义
objectivity 10，68，70，91，100，102—103，225，295 客观性
strong 297 强硬的客观性
understanding and 314 理解与客观性
observation 238—239 观察
Ogburn，W. F. 29 奥格本
Olson，Mancur 156 曼柯尔·奥尔森
O'Neill，John 83n. 4 约翰·奥尼尔
open system 169—170，183n. 6 开放系统
operational definition 6 操作性的定义
operationalism 222—223 操作主义
Ordeshook，Peter 155 彼得·奥德斯胡克
ordinary language 6，15n. 9，199 日常语言
"ordinary men" 320，324，329n. 25 普通人
vs. "ordinary Germans" 321，323 普通的德国人
organic analogy 30—31 有机体的相似性
origins 25 起源
Ortner，Sherry 186 谢利·奥特纳
otherness 215，318 他人，异类

Papandreo，A. G. 150 帕潘德里奥
paradigm 8，151，186，197—198，219，221，225—226，255 范式
see also Kuhn 也可参见库恩

paradox of voting　投票悖论
see rational choice　参见理性的选择
parental investment theory　260，267，270－273，280，285n. 32　父辈投资论
Pareto，Vilfredo　65，229　威尔弗雷多·帕雷托
Parsons，Talcott　70，327n. 4　塔尔科特·帕森斯
path analysis　176　路径分析
Pearl，Judea　178　朱迪·珀尔
Pearson，Karl　14n. 6，29，38n. 8　卡尔·皮尔逊
peer review　211－212，223　同类观点
Pepper，Stephen　250　斯蒂芬·佩珀
perception　知觉
see phenomenology　参见现象学
standpoint　知觉立场
Perlman，Michael　210　马歇尔·佩尔曼
perspective　91，98，101－104　视角
cognitive　95　认知视角
historicism and　318　历史唯物主义与视角
multiple　106　多重视角
normative　95，107　规范视角
shared　315　共同视角
social　92　社会视角
see also first-person perspective，secondperson perspective，third-person perspective，native perspective　也可参见第一人称视角，第二人称视角，第三人称视角，本地人视角
phenomenology　42，43，45－50，52－57，67－68　现象学
phenomenological sociology　47，58　现象学社会学
Philosophy of Social Science　71，83n. 4　社会科学哲学
physicalism　73－75，80　物理主义
Piaget，Jean　295　让·皮亚杰
Pierce，Charles Sanders　211，220　查尔斯·桑德斯·皮尔士
Plato　84n. 24，115　柏拉图
pluralism　98－101　多元论

poetics 238—239，241—245，249—250 诗学
Poincaré，Henri 65 享利·彭加勒
Polanyi，Michael 222—223 米歇尔·波兰尼
political economy 144 政治经济学
politics 92—93 政治学
　see also democracy 也可参见民主
Poovey，Mary 241，244 玛丽·普维
Popper，Karl 5，14nn.6、8，72，82，210 卡尔·波普
　analytic philosophy and 66—67 分析哲学与波普
　falsificationism 149—152，159n.7 证伪主义
　and Mannheim 227—228 波普与曼海姆
　methodological individualism 77—82 方法论的个体主义
　and Plato 84n.24 波普与柏拉图
　rationality 227，229 合理性
　science criticism 220，224 科学批判主义
377 *see also* methodological individualism 也可参见方法论的个体主义
population genetics 261—262 人口遗传学
positive science 28 实证科学
positivism 4—5，14n.8，28，77，150—151，157—158，159n.7，240，246，254—245 实证主义
　analytic philosophy and 66—67 分析哲学与实证主义
　Critical Theory and 103 批判理论与实证主义
　methodology and 14n.6 方法论与实证主义
　rationality and 12 合理性与实证主义
　vs. romanticism 244—245 实证主义与浪漫主义
Science & Technology Studies and 208，210 科技研究
　standpoint theory and 292，298—299，305n.11 立场论与科技研究
Posner，Richard 160n.8 理查德·波斯纳
postcolonialism 328n.12 后殖民主义
postmodernism 8，65，72，215，292，298，327，328n.12 后现代主义
postpositivism 65，67，71，77，82，292—293 后实证主义
power 295 力量

conceptual practices of 295，297 力量的概念实践
knowledge and 291，296 知识与力量
language and 253 语言与力量
relations 56—57，301 关系力量
see also colonization of research 也可参见研究的殖民化
practical knowledge 24，92，98，96，103，106－107，107n.1 实践知识
practice theory 76，185—189，191—193，200—203 实践理论
see also epistemology 也可参见认识论
practices 35—38，97，186—188，190，193—194，196，199，200—203 实践
context 185 实践背景
gender relations and 294 性别关系与实践
grounding 43，45 实践基础
scientific stages of 219 实践的科学阶段
social 51，56 社会实践
pragmatism 82，92，97，100—101，106—107，188，229 实用主义
praxeology 148—149 人类行为学
Preda，Alex 187 亚里克斯·普里达
prediction 2，28—29，167，169，180，187 预测
predictive law 110—120，122—123，128—132，150，215 预言性规律
preferences 110—120，122—123，128—132，150，215 偏好
axiom 114，120，130 公理偏好
consistency of 126—127，143 偏好的一致性
Humean account 115 人类说明偏好
lottery 111—113，128，137n.3 抽彩给奖法
see also rational preference 也可参见理性偏好
prescriptive enterprise 118—120 描述性计划
prisoner's dilemma 116，129，179 囚徒困境
private language argument 50，60n.18，96 私人语言论证
probability 概率
see Kolmogorov probability axioms 参见柯尔莫戈洛夫概率论公理
problem of evil 恶的问题

see evil 参见恶
property rights tradition 153 产权传统
Propp，Vladimir 249 弗拉迪米尔·普洛普
Proust，Marcel 250 马塞尔·普罗斯特
psychological entities 5 心理实体
psychological mechanisms 264，266，268—269，272，280—281 心理机制
psychologism 145 心理主义
public choice 公共选择
see choice 参见选择
purpose 26，30—31，34 意图
purposive system 35 有目的的系统
purposive universe 27 有目的的宇宙

Quetelet 13n. 3 奎特赖特
quietism 193 沉默论
Quine，W. V. O. 6，12，64—65，73，218，285n. 35，305n. 11 奎因
and Davidson 122，138n. 9 奎因与戴维森
indeterminancy of reference 279，328n. 20 偏好的非决定性
principle of charity 119 慈善原则

race 35，71，103 种族，民族
Radcliffe-Brown，A. R. 70 瑞德克里夫-布朗
Ramsey，Frank P. 65，114—115 弗兰克·P·拉姆齐
decision theory 122—126，130，135，138n. 9 决策论
Ranke，Friedrich 250—251 弗里德里希·兰柯
Rawls，John 295 约翰·罗尔斯
rational action 24，146，148，157 理性行为
rational choice 10—11，14n. 6，84n. 15，132 理性选择
collective action and 156 集体行为与理性选择
economics as 145—146，152 作为理性选择的经济学
intentional explanations and 38 国际说明与理性选择
Popper and 150 波普与理性选择

sociology and 157 社会学与理性选择
theory 115—117 理性选择理论
voting and 155—156 投票与理性选择
Weber and 15n. 11 伯与理性选择
see also explanation，models，utility rational explanation 也可参见说明、模型、效用、理性说明
see explanation rational preference (conditions on) 112—14，124，130 参见说明、理性偏好（以……为转移）
better chances 112，114 更好的机遇
better prizes 114，117，128 更好的奖赏
see also preference 也可参见偏好
rationalism 292 理性主义
Rationalitätstreit 12 合理性
rationality 1—2，11—12，68—70，208，225 理性
cognitive predisposition and 317—318，328n. 12 认知倾向与理性
communicative 93 交往理性
continental philosophy and 7—8 大陆哲学与理性
Humean 115—116，118 休谟式的理性
instrumental 15n. 11，118，218 工具理性
irrationality and 219，227，229 非理性与理性
Kantian 212—213 康德式的理性
native 208—209，318，328n. 12 本地人的理性
normative 208—209，318，328n. 12 规范理性
norms (criteria) of 96，119，208—209 理性的规范（标准）
practical 110，317 实践理性
pragmatic 317 实效理性
principles of 151，158 理性的原则
purposive 32 有目的的理性
science and 218—221，230 科学与理性
theoretical 110 理论理性
theory of 97 理性理论
see also Davidson，Weber，Winch 也可参见戴维森、韦伯和温奇
rationality debates 194，200 理性争论

realism 11, 28, 73, 238, 252 实在论
antirealism 217 反实在论
scientific 213—225 科学实在论
vs. instrumentalism 68, 71 实在论与工具主义
vs. nominalism 224 实在论与唯名论
reality 55—56, 150 实在
economic theory of 149 关于实在的经济理论
modeling 167 实在模型
rational choice theory and 158 理性选择论与实在
realm of necessity 45, 48 必然性领域
reason 8, 13, 191 理由
reasons and causes 6, 7, 10, 12, 69, 72 理由与原因
reasons explanations 理由说明
see explanation 参见说明
received view 65 被接受的观点
reductionism 2, 65, 73, 75, 77, 259, 326, 331n. 42 还原论
reflective participants 97—99, 101, 103, 107 反思的参与者
interpretation and 106 解释者与反思的参与者
perspective and 102 视角与反思的参与者
reflexivity 247 自反性
Reichenbach, Hans 229 汉斯·赖辛巴赫
relativism 6—9, 68, 207—208, 214, 239, 246, 303 相对主义
and constructivism 215—217 相对主义与建构主义
cultural 70, 280 文化相对主义
epistemic 304n. 3 认识的相对主义
parallel universe and 9—10 平行宇宙与相对主义
political success of 209 相对主义在政治上的成功
vs. universalism 208—209 相对主义与普遍性
see also Culture, Science & Technology Studies 也可参见文化、科技研究
representation 241, 244, 251—252 表现
forms of 238 表现形式
historical 249 历史表现

means 250 表现方式
truth of 315 表现的真理
representation theorem 110，111，113—115，120，123，130，135 表现法则
research 研究
see colonization of research 参见研究的殖民化
reverse engineering 210，258，264—267，271—272，274，279 溯逆工程法
reversible means-ends reversal 209，212，217，219，231 可颠倒的目的—手段变换
Reserve Police Battalion 101 320—322，324，329n. 25 预备警察 101 营
revolutionary science 科学革命
see Kuhn 参见库恩
rhetoric 219，238—239，241—242，244，247，253，255 修辞学
of inquiry 246，248 探究的修辞学
poetics of 250 修辞学的诗学
science as 249 作为修辞学的科学
Ricardo，David 144 大卫·李嘉图
Richardson，Robert 262—264 罗伯特·理查森
Rickert，Heinrich 7，65 海因里希·李凯尔特
Riker，William 155 威廉·H·赖克
Robbins，Lionel 146，148—149，151 莱昂内尔·罗宾斯
Rochester School（economics） 153—155 罗彻斯特学派（经济学）
romanticism 244—245 浪漫主义
Rorty，Richard 9，95，254 理查德·罗蒂
analytic tradition 64 分析传统
pragmatism 100 实用主义
Rosenberg，Alexander 152 亚历山大·罗森伯格
Rotblat，Joseph 211 约瑟夫·罗特布拉特
Royal Society of London 221—222 伦敦皇家学会
Rudner，Richard 68，70 理查德·鲁德纳
rules 50，186，189，192，196，241，243 规则
of conduct 188 行为规则

379

implicit　195　潜在规则
see also following a rule　也可参见遵循规则
Russell，Bertrand　64，65，84n. 24　伯特兰·罗素
Ryan，Alan　68　阿兰·莱恩

Sahlins，Marshall　315—318，324　马歇尔·萨林斯
Samuelson，Paul　150，249　保罗·萨缪尔森
Sartre，Jean Paul　53，59n. 8　让·保罗·萨特
Savage，Leonard　114，120　列奥纳多·萨维奇
decision theory　128—135　决策论
Schaffer，Simon　198　西蒙·谢弗
Schatzki，Theodore　187　西奥多·沙茨基
Schelling，Thomas　104，179　托马斯·谢林
Schick，Frederic　125，138n. 11　弗里德里克·希克
Schlick，Moritz　15n. 8，65，210　莫里茨·石里克
Schmoller，Gustav　81　古斯塔夫·舒莫勒
Schutz，Alfred　44，46—50，52，59n. 9，60n. 16　阿尔弗雷德·舒茨
nomological critic　69　舒茨法则学批判
science　230　科学
criticism　220　科学批判主义
effect　242—244　科学效果
governing and　218　支配与科学
history of　219，227　科学史
as inquiry　223　作为探究的科学
as object of inquiry　229　作为研究对象的科学
secularized　213　世俗化的科学
see also Kuhn：normal vs. revolutionary science　也可参见库恩：常规科学与科学革命
Science & Technology Studies（STS）　207—231，294　科技研究
antirealism and　217　反实在论与科技研究
Edinburgh School　230n. 2　爱丁堡学派的科技研究
relativism and　208—209，213　相对主义与科技研究
see also Kuhn：reversible means-ends reversal，sociology of knowledge，

sociology of science, science studies 208, 298 也可参见库恩：可颠倒的手段—目的颠倒、知识社会学、科学社会学、科学研究
see also epistemology 参见认识论
Science Wars 224—225 科学战争
scientific method 3, 12, 223, 237 科学方法
scientism 79 科学主义
Searle, John 174 约翰·瑟尔
Second Congress for Unified Science 80 统一科学第二次代表大会
second-order reflection 98—99 第二层次的反省
second-person perspective 96—98, 104—106 第二人称视角
normative attitude 101—102 规范态度
self-awareness 247 自我意识
self-interest 116—118, 156, 160n. 10 自我利益
Sellars, Wilfried 67, 68 威尔弗里德·塞拉斯
sexual selection 216, 270—271, 273—276 性的选择
see also asymmetry 参见非对称
Shapin, Steven 197—198 斯蒂文·沙宾
virtual witnessing 208 本质的证明
Shapiro, Ian 156 伊安·夏皮罗
Shapiro, Kenneth 48 肯尼斯·夏皮罗
Shelley, Percy 241, 244 珀西·谢利
signification 51 意义，表征
Simmel, Georg 65, 293 乔格·席美尔
simplification 简化
see modeling 参见模型
situational logic 150 模态逻辑
situated reasoner 224, 292, 294 置身于其中的推理者
see also smile problem 也可参见微笑问题
smile problem 322—323, 329nn. 30、33 微笑问题
Smith, Adam 24, 116—117, 143 亚当·斯密
Smith, Dorothy 56—57, 293, 295, 297, 304n. 1, 306n. 20 多萝西·史密斯
Snow, John 28 约翰·斯诺

380 Sober, Elliot 261—262 埃利奥特·索伯
social action 46—47, 237 社会行为
social criticism 92 社会批判主义
Social Darwinism 260, 281 社会达尔文主义
social illusions 56 社会幻像
social inquiry 5, 44, 49, 50, 52, 91—92, 94 社会研究
social knowledge 1, 5, 10 社会知识
social objects 34—35, 39n. 11, 237, 240 社会客体
social order 311 社会秩序
social structures 56 社会结构
social world 46—47 社会世界
sociobiology 259—260, 266, 268, 271, 277, 280—282, 283n. 9, 284n. 20, 285n. 26, 286n. 36 社会生物学
380 sociology of knowledge 207, 221, 224—230 知识社会学
sociology of science 207, 218—219, 221—223, 225, 227—231 科学社会学
sociology of scientific knowledge (SSK) 197—198 科学知识社会学
Sophists 143 诡辩论者
Spence, Kenneth 5 肯尼斯·斯彭斯
Spencer, Herbert 30—31, 216 赫尔伯特·斯宾塞
Spiegelman, Art 246 阿尔特·斯皮格尔曼
SS Einsatzgruppen 321 SS营
standpoint 8, 10, 43, 296—298, 303, 306n. 20 立场
  methodology 291, 293, 302—303 方法论立场
  see also epistemology 也可参见认识论
standpoint theory 56—57, 291—292, 297—299, 303, 304n. 3, 306n. 21 立场论
  as an epistemology 293 作为认识论的立场论
  and feminism 292, 298 立场论与女权主义
stochastic system 175, 177 随机系统
Strauss, Leo 23, 37 列奥·斯特劳斯
Strong Program 230n. 2 强纲领
stranger 293, 300 陌生人

see also insiders outsiders 也可参见内在者/外在者
strong objectivity 强客观性
see objectivity 参见客观性
structuralism 91，157，159，319 结构主义
subject 主体
see embodied subject 参见具体化的主体
subjectivism 185，201—202 主观主义
subject-specific knowledge 具体主体知识
see knowledge 参见知识
Sugarscape models 179—180 糖柄模型
sure-thing principle 129，134 确定事物原则
Swarm modeling programs 179 蜂窝模型程序
syncretism 219，221，224，227 皈依，汇集

tacit knowledge 186，238 默示的知识
Taylor，Charles 22，187 查里斯·泰勒
teleological arguments 11，30，36 目的论证明
teleological explanation 21，23—25，68，70 目的论说明
vs. causal 30，83n. 10 目的论说明与因果说明
dispositional 37 具有倾向性的目的论说明
force vs. process 26 目的论说明的力量与过程
teleological worldview 25 目的论世界观
teleology 30，32—35，37 目的论
vs. cause 26，28，33—35 目的论与原因
harmony and 30 和谐与目的论
historicized 26 历史性的目的论
testability 74，99，101 可检验性
theory-based models 理论型模型
see models 参见模型
thick description 324—325 详细描述
third-person critic 98，103，106 第三人称批判
third-person interpreter 97 第三人称解释
third-person knowledge 95—96 第三人称知识

third-person perspective　97，101—102　第三人称视角
thought collectives　38　思想集合
time-ordering　177　时间顺序
tipping point　104　倾斜点
Tocqueville，Alex de　253　亚历克斯·德·托克维尔
Tönnies，Ferdinand　65，210，215　费尔迪南·托尼斯
Tooby，John　269　约翰·托比
tradition　186—187　传统
trait　260—265，267，273—274　特性
transaction costs　153　交易成本
translation　74，312，314—315，318，328n. 20　翻译
Trivers，R，L.　271—274　特里弗斯
trope　247，250—253，255　比喻，修辞
truth　255　真理
　as error　245　作为谬误的真理
　history and　250，252　历史与真理
　myth and 252　神话与真理
Tucker，A. W.　116　塔克
Turner，Stephen P.　200—201　斯蒂芬·特纳

understanding　32，91，103，106，191—193，318　理解
　and explanation　311—314，326　理解与说明
　framework　319　理解框架
　modes of　317　理解模式
　rationalization and　325　理性化与理解
　science of　315，327n. 2　理解的科学
Ulam，Stanislaw　179　斯坦尼斯拉·乌拉姆
unity of science movement　4，66，73，75—76　科学运动的统一
universalism　213—214，223，247，277—279　普遍性，一般性
　vs. relativism　209　普遍性与相对主义
unmasking　揭示
　see knowledge claims　参见知识论断
utility　110—115，122，123，130，135，160n. 10　效用，有用性

expected 110，114 期待效用
maximizing 113，120，143，145，154—156，187 最大效用
utopianism 79 乌托邦的理想

values 2，261，294，302，313 价值
and assumptions 260 价值与假定
judgments 68，70 价值判断
meaning and 34 意义与价值
natural order and 312 自然秩序与价值
neutrality 280，292 价值中立
social order and 311 社会秩序与价值
variable 169—170，172，175，177—178 变量
Veblen，Thorstein 32 索尔斯坦·维布伦
verification 92—93，107，144，150 确证
public 99，101，103 公共确证
verificationism 65 确证论
Verstehen 44，149，167，198 理解
Vico，Giambattista 239，245，247，250—252 贾姆巴蒂斯塔·维科
Vienna Circle 66—67，229 维也纳小组
vicwpoint 33 观点
Villegas，Carlos 120 卡洛斯·维勒加斯
Virginia School 弗吉尼亚学派
see economics 参见经济学
virtual witnessing 208 虚拟证明
Voltaire 25—26，37 伏尔泰
voluntary barbarism 321，330n. 38 自发的野蛮
von Neumann and Morgenstern 110—114，117，120，122，124，127—130 冯·纽曼与摩根斯坦
game theory 66，146 冯·纽曼与搏奕论

Wallace，Alfred Russell 270 阿尔弗雷德·卢瑟尔·沃雷斯
Walras，Leon 145 列奥·沃尔拉斯
Watkins，John W. N. 69—70 约翰·W·N·沃特金斯

"we perspective" 104—106 我们的视角
wealth maximization 144—145 财富最大化
Weber, Max 12, 15n. 11, 38n. 8, 46, 65, 71, 73, 94 马克斯·韦伯
causality vs. teleology 33—34 因果性与目的论
ideal type 147, 149, 151, 157, 221 理想类型
rational choice 158 理性选择
theory of action 44, 158—159 行动理论
value orientation 313—314 价值取向
worldview 314 世界观
Whewell, William 3 威廉·惠威尔
White, Hayden 250—253, 255 海登·怀特
Wicksteed, Philip 145 菲利普·威克斯蒂德
Williams, G. C. 261 威廉姆斯
Williamson, Oliver E. 153 奥利弗·E·威廉森
Winch, Peter 11, 15n. 11, 69, 318, 328n. 12 彼得·温奇
agency and rationality 5—7 动因与理性
practice turn and 192—195, 197—198 实践转向与温奇
relativism and 208 相对主义与温奇
Wisdom, J. O. 83n. 4 威兹德姆
Wissenschaft 242
Wittgenstein, Ludwig 15n. 8, 64—65, 69, 208 路德维希·维特根斯坦
practice turn and 187—189, 190—203 实践转向与维特根斯坦
private language argument 50, 60n. 18 私人语言证明
Wolff, Christian 25 克里斯琴·沃尔夫
Woolf, Virginia 253 弗吉尼亚·沃尔夫
Woolgar, Steve 208 斯蒂夫·伍尔加
world 世界
intelligibility of 189 世界的可知性
language and 194 语言与世界
mind and 193 心灵与世界
multiple 215 多重世界
worldview 186, 215, 251 世界观

see also Weber　也可参见韦伯
Wundt, Wilhelm　210　威尔海姆·旺德

Yule, G. U.　38n. 8　尤尔

Zilsel, Edgar　66—67　埃德加·齐塞尔
Zimbardo, Philip　321　菲利普·津巴多

译者后记

本书的翻译历经近三年之久。2005年初，本书第四章的初稿已由刘力博士（讲师）译出，第五章的初稿由王元歌讲师译出，第七章的初稿由张琼讲师译出，第八章的初稿由李伟娜讲师译出，第十章的初稿由刘辉讲师译出。其他各章，即导言，第一、二、三、六、九、十一、十二、十三章和索引部分，均由我译出。

由于初稿其他各位译者除刘力博士以外主要是英语教师，加之本书的内容——社会科学哲学——对国内读者来说比较陌生，因此，在初稿译出后，我又逐一核对原文进行了校改，对原初译稿进行了较大的修改和加工整理，有的地方已经把原译稿改得面目全非。当然，原译稿中的误译虽已尽力改正，其中的精彩语句仍然保留；而其中仍然可能存在的误译，无疑当由终校者负责。尽管如此，我仍对这几章的初译者所付出的辛苦表示衷心的感谢，这几章译稿仍是他们的劳动成果。

因为对初译稿的译文质量包括对我自己的译稿不太满意，本书译稿被搁置一年左右。此间，我通过查阅和研读国内外与社会科学哲学有关的资料和译作，一方面在社会科学哲学知识方面“充电”，另一方面又根据对社会科学哲学的新理解，对本书译稿中的主要概念、人名译名和比较难以理解的长句、难句进行了校改，根据本书的“索引”译名对全书中的人名和主要概念重新进行了统一，同时在文字上也做了进一步的加工润色，最终形成现在这个定稿。

毋庸讳言，由于社会科学哲学对国内读者乃至对本书译者均是个新领域，现在这个译本中一定还存在着不少错讹之处。敬请读者诸君若发现本书翻译中存在的硬伤，一定不吝赐教，本书译者在此预先表示感谢。我的联系方式是：yangfubin@bisu. edu. cn。

最后，我特别感谢母校——中国人民大学的培养和训练。在哲学系三年的博士生学习期间，虽然我所学的专业是马克思主义哲学，但我对西方哲学尤其是现代西方哲学情有独钟。人大浓厚的学术氛围，相关学术讲座的深刻影响，旁听冯俊老师开设的英文哲学文献选读课程，与西方哲学专业的博士生同学之间的讨论和请教，尤其是晚上睡觉之前同学们自发形成的“宿舍沙龙”，以及有关老师（如李秋零教授等）提供的撰写有关论著的机会，均增加了我在西方哲学方面的素养。这本书的翻译也是冯俊老师给我提供的又一次学习机会。在此，我对给我提供帮助的各位老师和同学均表示诚挚的谢意。

杨富斌

2008 年 8 月 30 日于望京花园

本书译自 The Blackwell Guide to the Philosophy of the Social Sciences, First Edition, edited by Stephen Turner and Paul A. Roth

First published 2003 by Blackwell Publishing Ltd

图书在版编目（CIP）数据

社会科学哲学/［美］特纳，罗思主编；杨富斌译.
北京：中国人民大学出版社，2009
（布莱克韦尔哲学指导丛书）
ISBN 978-7-300-10482-9

Ⅰ. 社…
Ⅱ. ①特…②罗…③杨…
Ⅲ. 社会科学－科学哲学－研究
Ⅳ. C02

中国版本图书馆 CIP 数据核字（2009）第 043178 号

布莱克韦尔哲学指导丛书
丛书总主编：［美］斯蒂文·M·卡恩（Steven M. Cahn）
中文翻译总主编：冯俊
社会科学哲学
［美］斯蒂芬·P·特纳（Stephen P. Turner）
保罗·A·罗思（Paul A. Roth） 主编
杨富斌 译

出版发行	中国人民大学出版社			
社　　址	北京中关村大街 31 号	邮政编码		100080
电　　话	010－62511242（总编室）	010－62511398（质管部）		
	010－82501766（邮购部）	010－62514148（门市部）		
	010－62515195（发行公司）	010－62515275（盗版举报）		
网　　址	http://www.crup.com.cn			
	http://www.ttrnet.com(人大教研网)			
经　　销	新华书店			
印　　刷	涿州星河印刷有限公司			
规　　格	165 mm×235 mm　16 开本	版　　次		2009 年 4 月第 1 版
印　　张	30.75 插页 3	印　　次		2009 年 4 月第 1 次印刷
字　　数	512 000	定　　价		59.00 元